清史列传

简体字本

王钟翰 点校

清史列传

卷六一～卷六七

中华书局

清史列传卷六十一

新办大臣传五

王德榜

王德榜,湖南江华人。咸丰二年,发逆窜扰江华,德榜以监生偕兄吉昌散家赀,募勇剿贼。三年,团练大臣侍郎曾国藩檄吉昌剿宁远、道州、常宁土匪,四年,剿龙阳、益阳、湘潭等处土匪,奖六品军功。

五年,巡抚骆秉章檄吉昌援江西,从官军克复万载、新昌、上高、安义、靖安等县;进攻奉新,吉昌战殁,德榜领其众。七年正月,拔奉新,进攻瑞州,裹创力战,复其城。历保府经历、州同,赏戴蓝翎。复从官军攻丰城,扫平白马寨贼垒,援广信,肃清江西东路。随将军福兴率师援浙,克寿昌,解衢州围。克复江山、常山、开化、处州、遂昌等城,德榜功为多,擢知州。九年二月,转战至安徽,克婺源,晋直隶州知州,加捐道员。先是,逆匪踞江西景德镇,扼江西、安徽、浙江三省门户,官军久攻不下。六月,德榜会诸军攻克之。十年,剿贼广信,连战皆捷,贼遁入浙。德榜移防玉山,十一月,贼来犯,击走之,赏换花翎。十一年三月,伪侍王李世贤自开化围玉山,六月,贼复自常山来犯,德榜连战破之。八月,伪忠王李秀成纠大股至,[一]志在必逞。德榜激励士卒,随机堵御,俘斩甚众,卒却之。先后论解围功,赏给锐勇巴图鲁名号,并加按察使衔。同治元年三月,以所部索饷哗争,又违浙江巡抚左宗棠节制,越境驻广丰,为江西巡抚沈葆桢所劾,革职留营。寻回援浙江,平江山花园港贼垒,克十字街逆巢,进军龙游,贼以死拒,久不拔。二年正月,筑三垒城南以逼之,贼穷蹙宵遁。左宗棠奏请开复,奉旨以道员留浙江补用,并赏给二品封典。三月,移防江西浮梁,逆酋黄文金踞鄱阳石门司、陶溪渡,增垒浚濠,负嵎死守。五月,德榜率师进剿,及贼于崇光渡,斩千馀级,削平诸垒。遂会诸军攻陶溪渡,逼垒而阵,纵火焚之,毙贼无算。捷闻,奉旨仍以道员留浙江尽先补用。进攻石门,大败援贼于铁炉冈,贼窜走。三年三月,攻贼华埠,乘胜进解广信围,赏布政使衔。四月,伪烈王林彩新犯弋阳,德榜力战败之。诏军机处存记,遇有道员缺出,请旨简放。五月,击逆酋汪海洋于陈湖坊,进军安仁,败贼鹰潭、罗田。六月,攻东乡,七月,克之。八月,攻湖州窜贼于开化,复其城,回剿江山、玉山、广丰、铅山,连战皆捷,受降数万人。于是湖州、广信诸路皆平。论功,诏以按察使记名简放。时逆酋李世贤、汪海洋游弋浙、粤边界,由广东犯福建之武平,遂陷龙岩、南靖、古田、永定诸县。

　　闽浙总督左宗棠调德榜援闽,四年正月,署福建按察使,二月,实授。德榜次师汀州,与帮办军务大臣刘典分路进剿,败贼新泉,贼退踞下车南岭一带。德榜令部将李运胜、王福泰夜袭贼垒,拔之;躬率诸军继进,破贼马洋洞、禾树凹。贼自南阳来援,又败之,斩悍贼无算,毙贼目汪海林于阵。德榜以古田不克,后路堪虞,乃饬诸将攻其南,自攻其西,两军夹击,乘胜逐北,追之小池。当是时,李世贤踞漳州,汪海洋踞南阳,相为犄角。海洋虽叠衄,其党皆骁悍能战,谋与世贤合,德榜回军新泉以截之。海洋纠其悍党分道猛扑,德榜率诸将奋击,复合刘典军蹙贼,前后夹击,斩贼精锐略尽,半溺于河。海洋回窜南阳,官军攻之急,弃不守,走金丰、苦竹、梅林、上下奎洋一带。德榜分攻金沙贼垒,毙贼无算。逆酋丁太阳穷蹙,率众诣刘典降。李世贤于漳州东北乌头门增筑营垒,谋袭官军后。四月,德榜檄诸军合击,遂夺乌头门,复漳州。李世贤走永定,馀贼窜南靖,德榜率军追败之。汪海洋既为刘典所败,由大埔走南靖,德榜适至,与典合军奋击,复南靖,海洋走广东镇平。叙功,赏换达冲阿巴图鲁勇号。旋擢布政使。海洋复自镇平南窜嘉应州,德榜会援粤各军,筑长围困之。海洋遣其养子汪长林、伪王李海清等三百馀人,与其妻张氏图出走,为德榜所俘,皆伏诛。十二月,官军复嘉应,诛海洋,搜捕逆党,招降四万馀人。捷入,赏穿黄马褂。五年,督军回剿兴化、泉州各属积匪,闽境肃清。德榜以亲老力请终养,允之。六年,丁父艰。

　　十年,钦差大臣陕甘总督左宗棠奏调德榜剿河州逆回,攻边家湾、三家集踞贼,裹创血战,平贼垒数百。回匪以河州大东乡、太子寺为巢穴,德榜进攻甘坪拔之。会各军剿大东乡,夺其要

隘,分军攻太子寺,擒斩悍贼马哈思等。十一年,总统甘南四百
馀营,底定全境,招抚回众十馀万。复以狄道河渠湮塞,广开水
利,溉田百馀万亩,甘民便之。寻以关陇肃清,赏加头品顶戴。
光绪元年,丁母忧回籍。六年,起复。奉旨交陕甘总督左宗棠差
遣委用。时俄罗斯以改议交收伊犁条约有违言,宗棠督师出屯
哈密,令德榜率旧部取道蒙古草地,赴张家口备俄。七年,宗棠
入京,调德榜教练火器健锐营,复从宗棠勘治永定河上游工程,
八年,工竣。九年正月,奉旨交浙江巡抚刘秉璋差遣委用。德榜
旋乞假省墓,允之。三月,两江总督左宗棠奏留德榜修治朱家山
河工。

　　十一月,法越构衅,奉旨驰赴广西关外助剿,十年二月,抵越
南。时广西巡抚徐延旭固守谅山,迁延不进,以提督黄桂兰、道
员赵沃驻守北宁,战不利,北宁陷,桂兰及赵沃皆逮问。上命德
榜署广西提督驻军观音桥,以遏法军。闰五月,复命苏元春代
之。旋诏德榜入关。九月,奉诏出关,当那阳一路,进逼船头,累
战皆捷。以援谅山不力,革职。十一年二月,驻军油隘,法军攻
镇南关,德榜自间道出法军后,败其援军,夺粮械无算。越日,进
军甫谷,遇法军又败之,尽获其枪炮、子药,复挥军夹击,法军大
溃,追奔十馀里,毙法兵二千馀;乘胜合诸军攻谅山,克之。进克
谷松、观音桥、屯梅,前失地尽复。捷入,奉旨开复革职处分,赏
给白玉搬指、白玉翎管、大小荷包。和议成,德榜乞假回籍。十
五年,授贵州布政使。

　　十九年,卒。巡抚崧蕃奏闻,谕曰:“贵州布政使王德榜,前
于咸丰年间,在籍募勇剿办发逆;调援江西、安徽,叠克坚城,身

受多伤。嗣后转战浙江、福建、广东、广西、甘肃、新疆各省,均著战功。擢任贵州布政使,克勤厥职。兹闻溘逝,轸惜殊深! 着照布政使例赐恤。生平战绩事实,宣付国史馆立传,以彰劳勋。"寻赐祭葬。

子汉云,户部郎中;汉文,分省补用知府。

【校勘记】

〔一〕伪忠王李秀成纠大股至　"大股"原颠倒作"股大"。今据王德榜传稿(之六)改正。

刘连捷

刘连捷,湖南湘乡人。咸丰五年,以外委隶知县刘腾鸿湘后营,击贼湖北之咸宁、蒲圻,遂与宁绍台道罗泽南合军规武汉,肉薄而登,受伤几殆,卒复其城。罗泽南以谋勇兼优荐诸湖北巡抚胡林翼,即委带副后营独当一路。六年,叙剿贼功,奖千总,并赏戴蓝翎。嗣江西瑞州、临江、袁州、吉安四府相继陷,连捷偕刘腾鸿由新昌、上高以援瑞州,军其南城。贼惧诈降,期夜分献城,而阴伏大队于城厢左右,乘间来袭。连捷严阵以待,得不逞。翌日,刘腾鸿督师攻城,中炮阵殁。连捷愤甚,百计苦攻,竭三日夜之力,拔之,擒逆首严守和于阵。团练大臣兵部侍郎曾国藩许为儒将,改保文职。八年三月,奉旨以知县留江西补用,并赏加同知衔。先是,贼屯吉安、阜田,扰临江,为知府张运兰军所败,窜走峡江。至是,连捷会九营之师驰剿,贼分三路拒战,中路贼佯令骑解鞍放马,陈辎重饵我。他军失次,连捷独整队山立,人殊死战,贼骇奔。乘胜进驻吉安,隶同知曾国荃军。八月,克吉安。九年三月,奉旨以同知补用,并赏换花翎。

　　曾国藩复檄连捷赴皖助剿。十年正月,大败逆酋陈玉成于小池驿,太湖、潜山两城皆下,擢知府。三月,从道员曾国荃屯集贤关,进攻安庆,援贼陈玉成率悍党大至,十月,破走之。十一年三月,陈玉成再至,勾结捻党二十馀万入集贤关,围攻曾国荃军。连捷出奇袭击,大小数十战,阵毙贼之精锐于菱湖及集贤关,先后以六七万计。八月,复安庆,晋道员,赏给果勇巴图鲁名号。自是庐江、舒城及泥汊口、神藤河各要隘皆平。〔一〕九月,败贼无为州。同治元年三月,又败贼巢县、含山、和州,加按察使衔。四月,连克太平、芜湖各郡县,并夺回金柱关、东西梁山、秣陵关、江心洲,赏三品封典。六月,江苏布政使曾国荃进规江宁,连营雨花台,连捷所部居颜行。逆酋李秀成以劲贼六十万来援,官军固不满三万,贼围数重,垒土列巨炮环攻,复穴地轰官军营垒,兵士死亡枕藉。有议暂退江北避贼锋者,连捷不可,使其弟归诀父母,誓以身殉。日率死士捍营,炮发即伏,稍间,则乘懈出击。令善听者循声知所穴处,迎而掘之,歼其人。历四十六昼夜如一日。贼计穷,遁去。诏以按察使记名简放,加布政使衔。

　　时金陵围师倚无为州通饷运,连捷急率三千人绕出贼前,扼城以守,贼至却之。二年,与道员毛有铭合军营城外石涧埠,李秀成复困我长围,军粮垂尽,杂驴马为食,犹不得一饱。侍郎彭玉麟蜡丸为书,谓兵少贼多,徒死无益,宜伺隙突围出,以图再举,自愿代为任过。连捷得书感泣,仍决计坚守。嗣道员彭毓橘援军至,表里合击,贼败退。交部优叙。四月,移攻东关,贼所恃为窟宅也。连捷饬骁健数十人木罂渡江,纵火焚垒,水陆夹击之,再复巢、含、和州诸城,赏穿黄马褂。江北事稍定,乃谋合围江宁,约水师进攻九洑洲,遏贼接济。连捷力争下关贼垒,兼断贼援。突贼炮如雨,飞中左右,从者皆殪,血溅衣不为动。贼众愕然,无敢逼者。三年六月,龙膊子地道成,连捷促诸军即日举火,从倒口冲入,战于太平、神策、仪凤等门,东荡西决,当者辟易。江宁平。两江总督曾国藩上其功,诏以布政使记名简放,赏头品顶戴,给骑都尉世职。十月,逆首汪海洋败窜广东嘉应州境,连捷追歼之。四年,东南底定,凯撤旋籍。光绪四年,山西巡抚曾国荃奏令驻防关外包头。六年,俄罗斯以议交收伊犁条约有违言,国荃遣连捷移屯山海关备战守。十年,曾国荃总督两江,适法兰西侵我越南,沿海戒严,复奏令连捷募旧部防守沿江一带。

十三年,监修江阴黄山洋式大炮明台,工甫竣,七月,卒。曾国荃胪陈战绩以闻,谕曰:"头品顶戴记名布政使刘连捷,秉心忠挚,谋勇兼优。于咸丰、同治年间,经曾国藩、胡林翼、曾国荃檄令统带湘营,转战湖北、江西、安徽、江苏等省,身经千数百战,收复大小城隘百馀处。同治三年,克复江宁省城,厥功尤伟。嗣于光绪四年,曾国荃派包头一带驻防。六年,移军山海关屯守。十年,派赴沿江等处扼扎。历著勋劳,深资倚任。兹闻溘逝,轸惜殊深! 刘连捷着照布政使军营立功后在营病故例从优议恤。加恩予谥。原籍及立功省分,准其建立专祠,由地方官春秋致祭。并将战功事迹宣付国史馆立传,以彰忠荩。"寻赐祭葬,赠内阁学士衔,予谥勇介。

【校勘记】

〔一〕神藤河各要隘皆平　"藤"原误作"藤"。今据刘连捷传稿（之
　　六）改。

刘倬云

刘倬云，湖南宁乡人。兄典陕西巡抚，谥果敏，自有传。

倬云少随兄读书长沙，[一]与湘乡罗泽南友善。既冠，食饩
县学。会发逆石达开围湖南宝庆，所在震动。巡抚骆秉章檄典
主宁乡团练，倬云佐兄治军书，兼任筹饷事。同治元年，浙江巡
抚左宗棠调典统楚军赴浙助剿，倬云充营务处。克遂安，援衢
州，平石门花园港贼垒十四，倬云遂领偏军，独当兰溪一路。二
年正月，克兰溪，斩贼二千徐，龙游、汤溪及金华府城同时皆下。
乘胜进克浦江、诸暨。二月，赴援皖南，大破贼于潜山，进规休
宁，拔黟县。父病假归，旋丁忧。三年，左宗棠以军事急，调典兄
弟仍赴浙助剿。会江宁平，巨酋李世贤、汪海洋迸走江西，倬云
力扼临江，使贼不敢西；遣诸军分袭崇仁、东乡、宜黄各城，克之。
倬云先以功奖训导，至是晋知县，并赏戴蓝翎。

旋从左宗棠入闽，四年正月，败贼龙岩，蹑击至南靖，降贼将
丁太阳。闽中郡县悉定。汪海洋骇窜广东，倬云兄弟从左宗棠
追之入粤，各军皆集，会克嘉应，汪海洋伏诛。保以同知直隶州
补用，并赏换花翎。[二]其克龙岩也，城中粮米半为贼焚掠，军民
乏食。倬云倡议假邻县仓米，并遣员渡台购运枭之，龙岩怀其
德，为立生祠。五年，省亲归，适邻境有哥老会之乱，倡办团练，
捕获略尽，事遂平。七年，左宗棠奉命督办陕西军务，刘典为之

副,倬云亦奉西安将军库克吉泰檄委统先锋后劲营,从左宗棠入陕,大小数十战,战辄居颜行。八年,提督高连陞帐下卒为变,杀连陞,谋与回寇合。倬云闻变,驰入其军,擒斩首恶,谕抚其馀众,败回寇来援者于山河镇,逆谋遂沮。克绥德、郿州、正宁,平马兰、云岩、桥扶谷、三不通诸险垒。时典为巡抚,引嫌不叙倬云功,特旨以知府仍留原省补用。当是时,陕甘全境皆为回寇残破,庆阳尤甚。贼平后,荒土弥望,人至相食。倬云分设赈局于庆阳五属,又于正宁兴屯政,其垦熟者则招民领耕。不数月间,流民还业,往往为倬云兄弟立生祠。以全陕肃清,赏加道衔。假归,值湖南会匪猖獗,陷踞列县,巡抚刘崐复委统乡团往捕,立复龙阳、益阳二县。诏以道员用,并加盐运使衔。

光绪十年,法人犯闽,总督何璟调倬云总营务。七月,法人阑入马江,倬云力陈兵船不宜聚泊一处,主兵者不能用,乃率所部扼鼓山,以铁练联船塞海口,敌不敢入。十一年,法人犯浙,倬云复统师备温州、宁波,防御甚严。浙江巡抚刘秉璋荐于朝,请送部引见,得旨报可;而闽督复奏留办善后事。寻署福建按察使。十二年,闽浙总督杨昌濬亦奏保送部引见,命交军机处存记。八月,回闽,仍委办兴、泉、漳械斗,歼渠解胁,人无冤者。海盗张阿知、张野横行闽、粤,为行旅患。倬云遣兵逐捕,至香港始就擒,而外人留不遣。倬云据约争于总理衙门,卒置于法。自是海盗屏迹,外人亦重其名。赏加二品顶戴,并交军机处存记。

十四年,署兴泉永道。冬,总督卞宝第复委充保甲局总办,倬云以闽俗轻忍,习于强狠,立章程十馀条,劝民相联以情,相安以分,相接以礼,相裁以义,恶习为之稍变。十五年,又率兵船出洋,捕沿海盗二十馀人,洋面一清。署<u>延建邵道</u>。有<u>江西</u>盐商与<u>广东</u>茶商相仇杀,奸民因缘为乱,祸且不测。大吏将戡以兵,<u>倬云</u>曰:“是速乱也!”谕解之,执为首者十馀人,论如律,馀悉纵不问。八月,奉旨补授<u>汀漳龙道</u>。<u>汀</u>、<u>龙</u>介万山中,<u>漳州</u>枕山面海,民俗尤傈悍,好劫夺。<u>倬云</u>以为教民当先富之,<u>漳</u>地宜桑,而蚕利未溥,乃遣员航海购<u>浙湖</u>蚕种桑苗,著<u>种桑饲蚕法</u>,下之州县,督吏劝课,数年丝利大兴。复出廉俸建<u>丹霞书院</u>,延名师,购书籍,订学约,公暇,辄至院亲与诸生讲论实学。其他恤灾、修堤诸政,动必利民,民尤敬而爱之。然<u>倬云</u>亦以监视堤工积劳,感湿热,患风痹,请开缺,<u>闽</u>督<u>谭钟麟</u>巡阅至<u>漳</u>,重其能固留之。二十一年,复请开缺回籍。

　　家居数载,日与父老子弟讲求农桑、经史及立身大节,仿<u>吕氏乡约</u>,撰条教刊行,力以挽救弊俗为己任。二十九年九月,卒。<u>湖南</u>巡抚<u>陆元鼎</u>奏请照军营立功后积劳病故例从优议恤,及生前战功事迹宣付史馆立传,并附祀其兄<u>典</u>专祠,以慰忠魂,得旨允之。寻赐恤如例,赠内阁学士衔,荫一子知县。

　　子<u>本针</u>,郎中衔主事;<u>本钟</u>,光禄寺署正衔,承荫知县。

【校勘记】

〔一〕倬云少随兄读书长沙　原脱“倬云”二字。今据<u>刘倬云传稿</u>(之六)补。

〔二〕并赏换花翎　“换”原误作“戴”。今据<u>刘倬云传稿</u>(之六)改。按上文已有“赏戴蓝翎”语。

宗室敬信

宗室敬信，正白旗人。咸丰九年，由宗人府效力笔帖式授七品笔帖式。同治元年，升经历。六年，玉牒全书告成，奏保免补副理事官，以理事官补用。九年，补理事官。光绪元年，监修普祥峪工程出力，赏加四品衔。二年，京察一等，记名以四五品京堂补用。二月，调补户部银库郎中。三年，接充普祥峪工程处监督。五年二月，京察一等，仍以四五品京堂补用。三月，授内阁侍读学士。十月，普祥峪工程处奏保，钦奉懿旨遇缺题奏。十二月，迁太常寺卿。

六年九月，擢内阁学士，兼礼部侍郎衔。十月，授正红旗蒙古副都统。十二月，升刑部右侍郎。八年三月，署左翼前锋统领。四月，充右翼监督。五月，调兵部右侍郎，授左翼总兵。六月，调工部左侍郎。九年二月，调镶蓝旗满洲副都统。六月，调户部右侍郎，兼管钱法堂事务。十一月，以病乞开缺，允之。十年七月，病痊，授礼部右侍郎。八月，兼署工部右侍郎，兼管钱法堂事务。九月，补镶白旗汉军副都统。十二月，兼署镶红旗蒙古副都统。寻充经筵讲官。十二年二月，调镶白旗满洲副都统。三月，兼署户部左侍郎，兼管三库事务。五月，转补礼部左侍郎。九月，兼署正蓝旗满洲副都统。十月，充玉牒馆副总裁。十三年二月，兼署工部左侍郎，并兼署管理三库事务。八月，兼署正蓝旗满洲副都统。十四年八月，兼署吏部右侍郎，复兼署正蓝旗满洲副都统。九月，礼部奏上大婚典礼，缮折疏漏，懿旨下部议处，寻议降四级调用，加恩改为革职留任。十一月，调户部右侍郎，兼管钱法堂事务。十五年三月,调吏部右侍郎。七月,兼署礼部右侍郎。十六年二月,充会试知贡举。五月,补左翼总兵。六月,以吉林官、绅互讦,命偕侍郎汪鸣銮往谳之,寻奏论如律。十二月,兼署户部左侍郎,兼管三库事务。十七年十一月,调镶黄旗满洲副都统,复命署都察院左都御史。十八年三月,署正蓝旗护军统领。八月,转补吏部左侍郎。十月,赐紫禁城内骑马。十一月,兼署刑部左侍郎。十二月,充左翼监督。十九年正月,兼署正黄旗蒙古副都统。九月,擢都察院左都御史。

二十年,恭逢孝钦显皇后六旬万寿,正月奉懿旨,赏戴花翎。旋授兵部尚书,补正白旗蒙古都统。七月,命在总理各国事务衙门行走。八月,兼署理藩院尚书。十二月,兼署镶红旗满洲都统。二十一年六月,调户部尚书。十一月,署步军统领。二十四年七月,命毋庸在总理各国事务衙门行走。十一月,奉懿旨,加恩在西苑门内骑马,并坐船只、拖床。二十六年三月,调兵部尚书。五月,奉上谕京师戒严,着敬信等昼夜梭巡。七月,乘舆西幸,充留京办事大臣,署步军统领。复调户部尚书,留京办理旗务。闰八月,授步军统领,管理神虎营事务。九月,调吏部尚书。十月,充崇文门副监督。十二月,兼署礼部尚书,补授内大臣。二十七年四月,召赴西安行在。六月,诏管理理藩院事务。七月,以病,命先行回京调理。旋得旨仍接管崇文门副监督。二十八年四月,开步军统领缺,六月,命前往东陵查办差役聚众滋事,并官役扣减钱粮案。寻查实覆奏,得旨照所拟自守护大臣以下议处治罪各有差。二十九年二月,署步军统领。旋调正红旗满洲都统。

四月,命以吏部尚书协办大学士。八月,授大学士,旋授为体仁阁大学士。三十年九月,因病奏请开缺,温旨慰留。顷之,再申前请,遂以大学士致仕,仍赏食全俸。先后历充覆核朝审拣选官缺、磨勘武进士试卷、考试笔帖式、翻译进士覆试阅卷、考试应封宗室、考验军政、点验军器大臣,管理咸安宫三学、雍和宫事务、沟渠河道、火器营新旧营房、鸟枪处、稽察左翼宗学、右翼宝坻四处事务,充镶黄旗总族长。

三十三年七月,卒。谕曰:"致仕大学士敬信,恪慎持躬,老成练达。由宗人府笔帖式,荐跻卿贰,擢任尚书。旋登揆席,管理部旗事务。宣力有年,克尽厥职。前因患病奏请开缺,以大学士致仕。方冀克享遐龄,长承恩眷。兹闻溘逝,轸惜殊深!着赏给陀罗经被,派散秩大臣溥倬带领侍卫十员即日前往奠醊。加恩追赠太子少保衔,入祀贤良祠,照大学士例赐恤。任内一切处分,悉予开复。应得恤典,该衙门察例具奏。伊次子玉麒,着以道员用,以示笃念耆臣至意。"寻赐祭葬,予谥文恪。

子墨麒,兴京副都统;玉麒,特用道。

崇礼

崇礼,蒋氏,内务府正白旗汉军人。咸丰七年,由拜唐阿助捐,议叙六品苑丞。八年,补清漪园苑丞。十年,升员外郎。同治元年,京察一等,奉旨交军机处记名。十月,派充杀虎口监督。七年,充粤海关监督,因恭办木器陈设,赏给二品顶戴,并赏戴花翎。十一年,捐助直隶赈务,交部从优议叙,特加内务府大臣衔,并加二级。十二年,奉旨以内务府三院卿候补。八月,粤海关差满回京,呈进贡品,赏加头品顶戴。旋因捐办洋炮,命以副都统记名简放。十三年,补授正黄旗汉军副都统。

光绪元年,调补山海关副都统。二年十月,因病奏请开缺,三年九月,病痊,召见。十一月,署镶白旗满洲副都统,旋补正红旗蒙古副都统。四年二月,署理左翼前锋统领。九月,署正白旗满洲副都统。十月,署镶白旗护军统领。十二月,派管右翼查城大臣。旋调补正白旗满洲副都统。五年正月,署镶黄旗护军统领。二月,署正黄旗汉军副都统。六月,署镶蓝旗汉军副都统。七月,擢内阁学士,兼礼部侍郎衔。八月,暂署左翼总兵。九月,奉上谕在总理各国事务衙门行走。十一月,署刑部右侍郎。六年三月,署左翼总兵。八月,署镶黄旗护军统领。旋补礼部右侍郎。十月,补左翼总兵。七年,兼署户部右侍郎,旋署步军统领。时新疆初定,奏请裁勇节饷,以筹善后之计。八年三月,步军统领衙门技勇兵访拿土棍古香臣,辄拘锁举人古铭猷,攒殴多伤,御史邓承修奏劾之,谕崇礼查明据实具奏。翰林院侍讲学士陈宝琛复以为言,命大学士刑部会审。五月,讯实覆奏,兵弁论如律。上以崇礼于所属司员营弁不职,漫无觉察,降旨交查之件,并不确切查明,仅据捏禀之词,率请交部讯办,意图诿卸,回护掩饰,着交部照例议处。旋议革职,奉旨加恩改为降三级调用。九年三月,授光禄寺卿。六月,晋通政司通政使。十二年,升理藩院左侍郎。十四年,调补兵部右侍郎,兼署工部左侍郎。十五年,调补户部右侍郎。十六年,简放左翼监督。十二月,兼署刑部右侍郎。十七年,兼署理藩院左侍郎。十一月,复命在总理各国事务衙门行走。十八年,转补户部左侍郎。十九年,奉上谕加恩在紫禁城骑马。十一月，德宗景皇帝诣大高殿拈香，还宫时，神武门外人声喧杂，御前大臣晋祺等奏参，以崇礼约束不严，交部议处。

二十年，恭逢孝钦显皇后六旬万寿，正月，奉懿旨赏加太子少保衔，并赏穿黄马褂。旋擢理藩院尚书，兼署礼部尚书。八月，补热河都统。二十一年，因病奏请开缺，二十三年，病痊召见，奉旨着在总理各国事务衙门行走。是年八月，署都察院左都御史。二十四年三月，补镶白旗蒙古都统。四月，补刑部尚书。旋署步军统领。八月，工部主事康有为结党营私，莠言乱政，牵涉大小臣工多员，崇礼以案情重大，奏请钦派大学士、军机大臣会同审讯。九月，派充崇文门副监督。十一月，奉懿旨在西苑门内骑马，并乘坐船只、拖床。十二月，充经筵讲官。二十六年，调补户部尚书。十月，兼署镶白旗汉军都统。旋奉上谕以户部尚书协办大学士。二十七年六月，总理各国事务衙门改为外务部，特设专官，遂开去兼差。二十八年三月，上谒东陵，派为留京办事大臣。七月，兼署吏部尚书。二十九年二月，上谒西陵，命与庆亲王奕劻等分日轮班在内值宿。四月，授大学士。五月，补东阁大学士。闰五月，奉旨加恩免其带领引见。七月，充国史馆总裁。八月，补授文渊阁大学士。三十一年，因病奏请开缺。

三十三年五月，卒。遗疏入，谕曰："致仕大学士崇礼，恪慎持躬，老成练达。由部曹荐升卿贰，擢任尚书。旋登揆席，管理部旗事务。宣力有年，克尽厥职。前因患病奏请开缺，以大学士致仕。方冀克享遐龄，长承恩眷。兹闻溘逝，轸惜殊深！着赏给陀罗经被，派副都统溥倬带领侍卫十员即日前往奠醊。加恩入祀贤良祠,照大学士例赐恤。任内一切处分,悉予开复。应得恤典,该衙门察例具奏。伊子锡鑫,着赏给员外郎,用示笃念耆臣至意。"寻赐祭葬,予谥文恪。

钱应溥

钱应溥,浙江嘉兴人。道光二十九年,选拔贡生,朝考一等,以七品小京官用,签分吏部。学习期满,奏留以本部主事候补。咸丰八年,奉旨记名以军机章京用。十年七月,充军机章京。十一年,以亲老乞终养。时粤寇犹盛,两江总督曾国藩调赴安庆勷办营务。同治三年,官军克复江宁,以应溥赞画有功,保加五品卿衔,并赏戴花翎。五年,随营驰剿捻匪,复经曾国藩奏保,疏曰:"五品卿衔军机处行走,吏部主事钱应溥,随臣安庆军营,佐治章奏,参赞戎机。臣察其器识闳通,久欲登诸荐牍,共济时艰。惟该员家有老母,情殷侍养,不愿扬历仕途。在营五年之久,仅攻克金陵案内奏保一次。上年随臣北征,驰驱数省,艰险不辞,情形尤熟,实为臣营不可多得之才。仰恳天恩,特加优异。"奉上谕赏加四品卿衔,并赏给三品封典,以示鼓励。

光绪五年,养亲事毕,服阕来京,有旨仍在军机章京上行走。九年二月,补主事。六月,擢员外郎。十月,记名以御史用。十一年八月,奉旨加恩开缺,注销记名御史,以五品京堂候补。十二年三月,授光禄寺少卿。十三年,改太仆寺少卿。十五年四月,迁太常寺卿。六月,署都察院左副都御史。七月,授宗人府府丞,奉上谕着仍在军机章京上行走。十六年十一月,除礼部右侍郎,十二月,转左侍郎。十七年八月,署工部右侍郎,兼管钱法堂事务。九月,遵旨偕礼部尚书昆冈驰驿前往河南查办参案,查明覆奏,自巡抚裕宽以下议处降革有差;并陈防范游勇之策,如遇裁撤勇丁时,派员押送回籍,不准沿途滋事。诏如所议。十八年五月,署刑部右侍郎。十月,赐紫禁城内骑马。十九年八月,署户部右侍郎,兼管钱法堂事务。二十年四月,兼署吏部右侍郎。五月,赏头品顶戴。二十一年二月,兼署工部右侍郎,兼管钱法堂事务。六月,命在军机大臣上行走。寻充方略馆副总裁。二十二年十月,授都察院左都御史。二十三年,京察优叙。是年七月,擢工部尚书。十二月,兼管沟渠、河道事务。二十四年五月,因病叠次乞假,十月,得旨西苑门内赏坐二人肩舆,并免带领引见。二十五年三月,假满病仍未痊,专疏吁请开缺,奉旨赏假一月安心调理。五月,奏陈病状如前,奉旨准其开缺,加恩赏食半俸。二十六年,德宗景皇帝三旬万寿,应溥以年逾七旬,恩赏蟒缎。

　　二十八年二月,卒。上谕:"前工部尚书钱应溥,持躬恪慎,练达老成。由部曹军机章京,经大学士曾国藩调赴军营,运筹决策,悉合机宜。赏给四品卿衔,回京供职,[一]加恩以五品京堂候补,荐陟卿贰,命在军机大臣上行走,补授工部尚书。夙夜靖共,克勤厥职。嗣因患病,准予开缺,并赏食半俸。兹闻溘逝,轸惜殊深! 加恩着照尚书例赐恤。任内一切处分,悉予开复。应得恤典,该衙门察例具奏。伊子侍讲衔翰林院检讨钱骏祥,着服阕后以应升之缺升用;伊孙两淮试用运判钱苏颂,着以运副用:以示笃念荩臣至意。"寻赐祭葬。

　　子骏祥,翰林院侍讲;孙苏颂,云南盐提举。

【校勘记】

〔一〕回京供职　"职"原误作"差"。今据钱应溥传稿（之一九）改。

徐会沣

徐会沣,山东诸城人。同治七年进士,改翰林院庶吉士。十年,散馆,授编修。十二年,充顺天乡试同考官。〔一〕光绪三年,充文渊阁校理。六年五月,上以出使俄国大臣侍郎崇厚擅定条约,狱久未决,敕廷臣集议。时俄人方介英、德使臣以释崇厚为请。会沣偕检讨黄自元疏称:"今日之事,莫如坚持前议,任其恫喝,不为所摇。即或不能,亦当俟前议既废,然后徐减崇厚之死。庶几权自我操,事出有名。"九年二月,补国子监司业。八月,擢詹事府司经局洗马。十月,转翰林院侍讲。十年闰五月,充日讲起居注官。十月,命在上书房行走,授辅国将军溥侗读。十一月,转侍读。十一年,授詹事府右庶子,十二年,转左庶子。十三年,命授贝子溥伦读。十四年二月,擢侍讲学士。七月,充山西乡试正考官。十月,转侍读学士。十五年,充武会试副考官。十六年七月,授詹事府少詹事。十一月,署光禄寺卿。十七年,擢詹事。十八年,升内阁学士,兼礼部侍郎衔。十九年二月,授工部右侍郎,兼管钱法堂事务。六月,充江南乡试正考官。

二十年,恭逢孝钦显皇后六旬万寿,正月,奉懿旨,赏戴花翎。八月,提督顺天学政。二十二年,转补礼部左侍郎。二十三年八月,兼署吏部左侍郎。九月,调补吏部右侍郎,兼署礼部左侍郎,充玉牒馆副总裁。二十四年三月,充会试副考官。五月,充国史馆副总裁。于时上锐意图治,令部院司员及士民皆得上书,不准稍有阻格。礼部主事王照条陈时政,尚书怀塔布等一再驳斥,不即为上,下部议处。部议上,奉朱谕罪其抗违,会沣亦坐是革职。八月,命署户部左侍郎,兼管三库事务。旋补吏部右侍郎,仍在上书房行走。十月,赐紫禁城内骑马。署兵部左侍郎。十一月,赏西苑门内骑马,并坐拖床。十二月,充经筵讲官。二十五年,授都察院左都御史。二十六年四月,补工部尚书。七月,署礼部尚书。八月,命兼管顺天府府尹事务。二十七年,转兵部尚书。二十九年,充会试副考官。先后历充大考翰詹考试试差、新贡士朝考、考试汉荫生、庶吉士散馆、经济特科阅卷大臣。

三十一年十二月,卒。遗疏入,谕曰:“兵部尚书徐会沣,持躬谨慎,学问优长。由翰林院侍讲入直上书房,荐陟卿贰。叠掌文衡,擢任尚书,并兼管顺天府府尹事务。宣力有年,克勤厥职。前因患病赏假调理,遽闻溘逝,轸惜殊深!加恩着赏给陀罗经被,派载搜带领侍卫十员即日前往奠醊。照尚书例赐恤。任内一切处分,悉予开复。应得恤典,该衙门察例具奏。伊嗣子一品荫生徐桂轸,着以郎中用,用示笃念耆臣至意。”寻赐祭葬。

【校勘记】

〔一〕充顺天乡试同考官　“顺天”下原衍一“府”字。今据徐会沣传稿（之一八）删。

廖寿恒

廖寿恒,江苏嘉定人。同治二年进士,改翰林院庶吉士。七年,散馆,授职编修。九年,提督湖南学政。十三年,充国史馆纂修。光绪元年五月,大考二等,奉旨以洗马升用。寻授司经局洗马,充广西乡试正考官。二年十月,擢翰林院侍讲。十二月,充文渊阁校理。三年九月,恭纂穆宗毅皇帝实录全书过半,寿恒曾充纂修,诏遇有应升之缺开列在前,并赏加随带三级。

　　四年二月,以旱灾连岁,春雨愆期,两宫下诏修省。寿恒上疏曰:"臣维应天以实不以文。今日事势,正如身有痼疾,饮食起居无异平时,藐视之以为无恙也。不知元气久亏,一遇外邪,诚恐不支。同治初年,贼氛遍地,府库空虚。朝廷励精图治,擢任贤才,实事求是,一洗因循陋习,卒成奠定之功。自是以后,政事务为宽大,而臣工不知仰体上意,遂相率为具文,一若晏然无事者然。昔也大吏少瞻徇之情,犹能综核名实;今则取巧徇私,粉饰之积习如初也。昔也州县修廉洁之名,犹能讲求民事;今则复多贪纵,疲玩之积习如初也。吏治坏则民情郁,所谓以其愁苦之气薄阴阳之和而灾气为之生也。夫此上下相蒙者,皆以为天下已治,势可苟安耳。岂知外人之窥伺其旁者,方将幸我之怠而乘我之隙,此臣所谓痼疾也。近虽新疆恢复,而强邻密迩,以后措置,方厪圣虑。臣闻皇太后、皇上于红旗报捷之时,以近畿荒旱,命廷臣勿递如意。此其忧勤惕厉之忱,凡有血气,莫不感涕。且我皇上已下诏罪己矣,亦罚枢臣矣,有谏必纳,有言必从,臣复何言?所愿皇上与廷臣持以实心,审敬怠,明是非,核功罪,信赏罚,重申有名无实之戒,上下交儆,勿仍为具文,庶几人心振而天变弭矣。"旋以内务府覆陈用款含混失实,疏请严饬,以为疲玩因循者戒。五年正月,提督河南学政。二月,擢侍讲学士。八月,命留学政任。十二月，穆宗毅皇帝实录庆成，复命以应升之缺开列在前。七年二月，转侍读学士。六月，迁詹事府詹事。十月，授内阁学士，兼礼部侍郎衔。八年，以疏察生员欠考案，下部议处。

九年，法兵占据越南安定，寿恒上疏曰："自咸丰十年换约以来，我中国之待外夷，[一]亦可谓诚信相孚，怀柔备至矣。而外夷动辄以事要挟，难厌所求。各国惟利是图，一意专营商务。法兰西则以传教为事，蔓延几半天下。今乃思开辟商务，而偏取径于越南。夫越南我朝属国也，岁时贡献，恭顺有加，内与粤、滇依为唇齿，万无弃而不顾之理。顾方今而谈兵事，船只无多，战具未备，一言轻发，患在目前，诚不可以孟浪尝试。而越南使臣待命于津，法国兵船且将游弋于外。然则听其深入而靡所底止乎？越南可让，凡系属国皆可让；属国可让，边境之地亦将可让。夫固不能不早为之计矣。臣愚以为此时有必战之势，而后有必和之局。议者谓当今办理洋务，宜专责北洋大臣李鸿章一人，或云当催之来北筹防以固根本，或云当命之驻粤统兵以图进取，或云当遣其居中调度以为可北可南之计。臣窃谓李鸿章威望最隆，不容轻亵，且与各国使臣朝夕谋面，固结邦交。一旦言兵，虽李鸿章操纵有权，不难出奇制胜，而情势究不免有窒碍之处；况骤改驻扎之地，风声遍布，势必决裂。又虑一发难收，北洋劲旅非他人所能指挥，而别求经略三省之重臣，尤非伉直朴诚久经战阵之员，不能胜此巨任。为今之计，求其机势便捷，进退自如，莫若饬李鸿章仍回北洋大臣本任，整顿防军，并兼署直隶总督，坐镇津门，以卫畿辅。现署直隶督臣张树声忠勇深沉，将才夙裕。上年朝鲜之役，先声夺人，群夷颇为慑服。[二]如令回两广总督本任，节制两广、云南三省，相机调遣，进兵越南，以伸保护属国之义。该督臣办事精密，谅能动合机宜。当此时局艰难，亦断不敢意存诿卸。法人逆料中国之决无战志，故敢狡焉思逞；苟闻宿将南来，兵机难测，亦必不肯恃强蠢动，致败各国和好之谋。知己知彼，势固如此。矧我中国之进兵保护属国，条约昭彰，并非与法人构难。傥在彼有转圜之意，一切尽可缓商，若必欲并吞越南，是兵端自彼而开，不得谓我不修邻好。以此诘责法人，亦当俯首无辞。且两督臣各回本任，事属循例，可不启外国之疑，而进战退守，能发能收，又非零生枝节，致将来或有罅隙可指，此善棋者所以贵藏活着也。"六月，稽察中书科事务。

九月，法越和议成，寿恒以洋务机会可乘，复奏请先发制人，以杜后患。略谓："臣风闻法使到津，称越南和议已成，以分界、撤兵等事要求于北洋大臣李鸿章。李鸿章不允，法使即拟来京，与总理各国事务衙门辩论。议者谓越南已去，事无可言，法使此来祇宜迁就。臣以为此不足虑，法使之所欲者，皆我之所必不与者也。何也？据越南而去我属国之名分，逐黑旗而撤我边省之藩篱，通红江而夺我滇江之大利，此皆患在眉睫，显而易见，当局诸臣孰不知之？而顾肯委蛇隐忍，听其得寸进尺，以坏我全局哉？是则法使之来，直可置之不答，或屏之弗见。然而先机已失，不可不图挽回；时事所乘，不能不谋结束。日复一日，将越裳又蹈中山之辙，何以尊国体？何以慑群夷？且我不保越，法且窃笑于我；我不逐刘，法且迁怒于我：何能相安于无事？为今之计，直宜以欺陵属国之罪，布告各国，折以公法，责令将所立条约全行改削，河内、南定一律让还，然后缓议法越通商之约。况彼国于香港、澳门等处屡次招募华人，充当勇丁，结以种种违背之条，何辞可辩！现闻津、粤各海防早已饬备，严阵以待，军容改观。臣谓仍须选派知兵大员，酌带兵轮船数艘，驶赴越都以观动静，无论为战为和，有此劲旅一枝，法人必仓皇失措。一面飞檄广西防军，援助刘永福，刻期进赴河内。法人虽悍，断不能四路屯兵。比闻其国政出多门，实无斗志；即欲兴戎构怨，不特苦糗粮之告罄，亦且畏德国之乘虚。该使臣势已穷蹙，无可自恃，乃以孤注之谋，来此尝试。与其舌敝唇焦，启彼族难填之欲壑，孰若名正言顺，断后来无数之葛藤。声威振则辞气强，即法人自觉腼颜，未肯遽为哀乞，而各国顾全商本，亦必力解兵争，待其遵约而来，然后一言可定。谓因此而兵连祸结，竟无已时，又事理所必无者也。苟不得已而思其次，则河内一省为越南之精华，实为粤、滇之屏蔽，法人所力据，即中国所必争。傥任其久踞此都，则东由海阳以达广东，北扰北宁以窥广西，西犯山西以直趋云南，三省边防，从何布置？及今越议未定，惟有筹饷数十万金，专责刘永福添兵制械，迅拔河城，以扼敌冲而固门户。河城既下，北圻乃安。并闻充鹤东西土田肥沃，此后不劳转饷，徐图以垦为防，保越国之旧都，亦可以留越君之权势。盖我不与法构兵，刘永福不能不为越守土。况近来暗助黑旗，有战必捷，法人早已深知，掩耳毁钟，徒烦饶舌，声言保护，彼将奈何？刘永福忿懑填胸，苟奉诏书，无不以一当百。该敌被创之馀，势必屈求于我，画界而守，或可言和。如此则粤、滇之边患稍纾，而法、越之兵端可戢。伏惟圣明采择，越南幸甚！天下幸甚！”

　　寻以根本至计,首在宸躬,复上疏曰:"臣闻一人有庆,兆民赖之。所谓有庆者,盖德业辉光,神明强固,足以作四方之睹,而絜万民之原,薄海内外,莫不引领焉。伏维皇上御极,九载于兹。仰承慈训,力挽时艰,未明求衣,日不暇食。圣经古史,以次贯通。讲学之勤,崇德之懋,无逾于此,更何庸臣之鳃鳃过虑者?然而盈廷赞襄之际,有师保可以匡维;深居燕息之时,非外臣所能调护。窃虑皇躬暇豫,自有陶情适性之常,而近侍之妄为揣摩者,或任意以迎合,恐日久遂不自觉。臣愚以为崇德之要,典学为先;而慎选近侍,尤不可缓。昔宋臣程颐上疏曰:'今日至大至急为宗社生灵长久之计,在辅养上德;而辅养之道,非徒涉书史览古今而已,要使跬步不离正人,乃可以涵养气质,薰陶德性。'其论经筵曰:'请于左右服侍内臣,并选年四五十已上厚重小心之人,不使侈靡之物、浅俗之言接于耳目。'程颢有言曰:'人主当防未萌之欲。夫欲之未萌,何从窥测?要在平日目所见、耳所闻、跬步所不离者,不至隐导所欲,而后能力杜其萌也。'我皇上春秋日富,转瞬举行大婚,亲裁大政,万世之基,系于一人。知虑益开,纲纪独揽,危微之渐,敬肆之几,间不容发,殆有不可不深长思者!周书曰:'侍御仆从,罔匪正人。出入起居,罔有不钦。先儒谓陪仆褒御之臣,后世视为贱品而不知择者。曾不知人主朝夕与居,气体移养,常必由之。潜消默夺于隐隐之中,而明争显谏于昭昭之际,抑末矣!'三复斯言,诚可警惕。朝廷家法相承,整饬宦寺,律令从严,杜渐防微,一洗前代弊政。伏读高宗纯皇帝圣训有曰:'总管等保举首领,务择其行走勤慎,为人诚实,已过三十年者,方准保举。'煌煌圣训,允宜遵守。臣拟请皇太后、皇上御前服役之太监，慎加选择，务取厚重朴实之人，其有年纪太轻、性情浮动者，一概屏勿使近，饬下总管敬谨遵行。并请懿旨时加训饬，凡一切浅俗委琐之言，勿许达于宸听。大抵便佞之徒，鲜知体要，老成之辈，较识艰难。其中阅历年久者，于列圣宫中遗范，尚能称述前闻，随事随时，亦可获知往行。盖至洒扫之役，亦守礼章，晏佚之时，不逾绳度。庶几深宫居息，无往非崇德之端，或可补毓庆宫课程所不备。皇上冲龄践阼，一日之间，勤劳过半。祇此数时以为游息，必须于寝膳之常度，备求摄养。但使左右得人，于圣躬实不无裨益。所谓气体移养，常必由之者，其谓此欤！抑臣更有请者，凡宫廷土木之工，内府传办之件，事属寻常，却最易导引侈念。外间传闻，多系无稽。臣知皇太后崇俭黜奢，时以民生为念，即偶有饬办者，亦皆御用所必需，力求撙节，无可议拟。第念皇上瞻依问视，一惟懿训是遵，目染耳濡，动关德性。臣总愿皇太后燕翼贻谋，随时用意，所以薰陶成就者，无微弗周。如是则慈闱教胄，更胜于典乐命夔，圣主守身，何必以达孝让武，德业日益辉光，神明日益强固，根本之计立乎不败，臣民之望慰于无穷，而时势艰难不足言矣。"

　　十年三月，署刑部左侍郎。闰五月，命在总理各国事务衙门行走。旋往天津会同李鸿章等商议法国详细条约。十一年二月，命偕尚书崇绮查办安徽凤阳关宿弊。六月，充江西乡试正考官。十二月，迁兵部右侍郎，十三年正月，转左侍郎。十五年二月，调礼部右侍郎。三月，充会试副考官。八月，署户部左侍郎，兼管三库事务。十六年闰二月，兼署兵部右侍郎，三月，转左侍郎。十二月，调户部左侍郎，兼管三库事务。十七年八月，充顺天乡试副考官。十八年,调吏部右侍郎。二十年,恭逢孝钦显皇后六旬万寿,正月,赏加太子少保衔。时御史钟德祥、给事中吴光奎先后奏参四川盐务积弊,吏治贪纵,上遣寿恒偕左都御史裕德驰往查办。寻察明覆奏,自道府以下,请旨降黜有差。十二月,兼署户部左侍郎。二十一年三月,兼署礼部右侍郎。五月,以阅卷失察,下部察议。六月,调仓场侍郎。二十三年七月,迁左都御史,命在军机大臣上学习行走,仍兼总理各国事务衙门大臣。八月,署兵部尚书。九月,擢刑部尚书,兼署兵部尚书。二十四年闰三月,充会典馆副总裁。六月,寿恒年届六旬,恩赉有加。八月,调礼部尚书。十二月,充经筵讲官。

先后历充拣选官缺大臣,考试御史、汉荫生、笔帖式、举人覆试、贡士覆试、庶吉士散馆阅卷大臣,殿试读卷大臣,朝考阅卷大臣。二十六年,以病开缺回籍。二十九年八月,卒。遗疏入,谕曰:“前礼部尚书廖寿恒,秉性肫诚,持躬端谨。由翰林荐升卿贰,叠掌文衡,补授礼部尚书。夙夜靖共,克勤厥职。嗣因患病,准予开缺回籍。兹闻溘逝,轸惜殊深! 加恩着照尚书例赐恤。任内一切处分,悉予开复。应得恤典,该衙门查例具奏。”寻赐祭葬。

子世荫,直隶试用道;世雍,二品荫生。孙家驹,二品荫生。

【校勘记】

〔一〕我中国之待外夷　“夷”原作“人”。今据廖寿恒传稿(之一九)改。下同。

〔二〕群夷颇为慑服　“群夷”原作“外人”。今据廖寿恒传稿(之一九)

改。按下文有"何以慑群夷"可相互印证。

立山　　联元

立山，土默特氏，内务府正黄旗蒙古人。咸丰八年，由官学生奖奉宸苑笔帖式。同治元年，补官。九年，京察一等，旋升八品苑丞。十一年，恭办大婚典礼事竣，赏加委护军参领衔，俟升六品苑丞后，以员外郎尽先升用。十二年，擢六品库掌。光绪元年，迁员外郎。十一月，以观德殿供差奏奖，赏加护军参领衔，遇有应升之缺尽先升用。二年，国史馆议叙，赏加武备院卿衔。三年，署本苑郎中。五年，命管理苏州织造。六年四月，擢郎中。八月，诏仍接管织造，先后凡历四任。寻以丁忧回京，百日孝满，仍回织造任。九年，还京供职。十四年，承修南海工程完竣，奉懿旨赏给二品顶戴、花翎，以三院卿候补。十五年，兼管南苑郎中事务。自二年至是，五更京察，皆列一等，四蒙记名。十七年二月，擢奉宸苑卿。十一月，命在总管内务府大臣上行走。旋授总管内务府大臣，兼管奉宸苑事务。复授正白旗汉军副都统。十八年正月，充右翼监督。三月，迁户部右侍郎，兼管钱法堂事务。十九年，调镶白旗满洲副都统。二十年，孝钦显皇后六旬万寿，正月，奉懿旨，赏加太子少保衔，并赏穿带嗉貂褂。寻转左侍郎，兼管三库事务。二十四年十一月，奉懿旨，赐西苑门内骑马，并乘坐船只、拖床。二十五年，赐紫禁城内骑马。

二十六年三月，迁户部尚书。时义和团起，以仇教为名。宗亲大臣多惑之者，立山颇议其失，当事者滋不悦。由是构陷，蜚语日上闻，立山遂获罪下狱，于七月十七日弃市。

及事平,上知其冤。十月,奉上谕:"本年五月间拳匪倡乱,势日鸱张,朝廷以剿抚两难,叠次召见臣工,以期折衷一是。乃内阁学士联元等经朕一再垂询,词意均涉两可,而首祸诸臣,遂乘机诬陷,交章参劾,以致身罹重辟。惟念立山、联元宣力有年,平日办理交涉事件,亦能和衷,尚著劳勤。应着加恩开复原官。"二十七年十二月,奉旨:"前户部尚书立山之子、奉宸苑员外郎联荣,着以郎中补用。前内阁学士联元之子、笔帖式椿寿,着以主事用。"

宣统元年三月,奉上谕:"朕恭读光绪二十六年、二十七年叠奉谕旨,特将诬陷被罪之前户部尚书立山、兵部尚书徐用仪、吏部左侍郎许景澄、内阁学士联元、太常寺卿袁昶,开复原官,并录用子嗣。仰见我德宗景皇帝秉承我孝钦显皇后慈恩垂训,一秉至公。惟念该故员等心存君国,忠謇可矜,允宜再沛恩施,嘉名特锡。立山、徐用仪、许景澄、联元、袁昶均着加恩予谥,用示朕推广慈仁之至意。"寻予谥忠贞。十月,顺天府兼尹陆润庠、府尹凌福彭据八旗顺天绅商公呈疏请在京师宣武门外捐建专祠,合祀立山、联元,允之。

联元,崔佳氏,镶红旗满洲包衣人。同治七年进士,改翰林院庶吉士。十年,散馆,授检讨。十二年六月,充协办院事,七月,迁侍讲。十一月,充功臣馆纂修。十二月,充文渊阁校理。十三年,充国史馆协修。光绪元年,大考三等,以中允降补。二年三月,补右春坊右中允。七月,充奏办院事,兼功臣馆提调。五年二月,京察一等,记名以道府用。三月,擢侍讲。六年,补国史馆纂修。八年二月,京察一等,复以道府记名。三月,授安徽安庆府遗缺知府,补太平府知府。十二年,安徽巡抚吴元炳以联元明决爽直,调署安庆府知府,寻回本任。十三年二月,复调署安庆。六月,两江总督曾国荃疏荐联元慈祥恺悌,宽则得众,请调补安庆府知府,诏从之。十七年,大计卓异,引见,奉旨回任候升。二十年,署安庐滁和道。二十一年,授广东惠潮嘉道。二十四年七月,迁安徽按察使。十月,入京陛见,奉旨着开缺以三品京堂候补,并在总理各国事务衙门行走。二十六年三月,补太常寺卿。四月,迁内阁学士,兼礼部侍郎衔。值义拳之变,为人构陷,七月,与尚书立山同时弃市。追谥文直。

子笔帖式椿寿,以主事用。

薛允升

薛允升,陕西长安人。咸丰六年进士,以主事签分刑部,同治八年,补主事。民人吕二落河身死,团勇王凤与王宏馨挟嫌,陷以谋害,刑逼诬服。允升为之平反,赏加四品衔。十一月,升员外郎。九年二月,京察一等,六月,补授郎中。十一年七月,俸满截取,奉旨记名以繁缺知府用。十二年七月,授江西饶州府知府。十三年,访获鄱阳匪徒王胜扬等勾结外匪,潜谋起事,禀请正法。

光绪三年,擢四川成绵龙茂道,旋调署建昌道。四年,升山西按察使。五年闰三月,授山东布政使。八月,署理漕运总督,旋授刑部右侍郎。筹防邳宿运河,又挑浚河清等六闸。其馀各坝一律兴堵。江北徐、海、沭阳一带,素为积匪出没之区,允升饬各巡道会同马步各营歼灭匪首多名,居民安堵。六年四月,至京供职。七年二月,承修东陵、西陵工程。四月,转左侍郎。五月,出使俄国大臣崇厚以擅定条约议斩,英、法使臣从中调停,欲减其罪。有旨交王大臣各衙门会议,允升亦议以减等罪名,可示法外之仁,以释外国之嫌。江宁三牌楼民人周五等谋杀朱彪,脱逃未获,参将胡金传诬拿曾绍棕、曲学如,二人不胜酷刑,诬服论死,为翰林院侍讲学士陈宝琛所劾。允升奉命偕理藩院尚书麟书往查,得实,承审各员皆按律定拟。八年八月,兼署工部左侍郎。十月,充顺天武乡试副考官。十一月,兼署兵部左侍郎。九年三月,署刑部尚书。时户部云南报销案发,事连太常寺少卿周瑞清、御史李郁华等,命允升会同查办。五月,奏结革降有差。会光禄寺卿尚贤、御史曾培祺等先后陈奏奉天吏治疲玩,民不堪命,上命允升偕吏部尚书徐桐往查。十年三月,查覆,自奉天府府尹以下,开缺黜降有差;仍为奏减各项摊款之半,以纾民力。是年,法人寻衅,攻越南谅山,兵船内犯,夺占台湾鸡笼。上命廷臣妥筹战和利害,允升主筹战备,以遏凶锋。

　　十一年七月,奏请裁减募勇,并将中外各旗营加饷训练,略曰:"我朝绿营兵额五十八万四千有馀。乾隆时增兵六万六千馀名,复裁去一万七八千名。咸丰初,始为招勇之计。嗣后各省视为成规,均以办防为词,甚或托言盗风甚炽,伏莽堪虞,资勇弹压。上年法人构衅,增添尤多。统计勇数不下三十馀万,费饷不下二千馀万。乃勇日增而制兵仍旧,兵饷外又加勇饷。是兵之耗财有定,勇之耗财转无定。况现在所招之勇,与额兵相去无几。当国家财赋支绌之时,何堪糜费?我朝开创,八旗兵力居多,乃渐染习气,日益偷窳,一经畿辅设防,辄纷纷征调外兵。当日所称劲旅，反置之可有可无之列，似非设立旗营本意。臣愚以为与其以有用金钱，招致游勇，何如就旗兵领项，量为加增。现在东三省业经练兵加饷，京旗及各省驻防旗营，应一体照办。总之，各督抚募勇为权宜之计，朝廷应以练旗兵为固本之图。"奏入，廷臣会议请酌裁营勇浮滥者，从之。

十二年三月，复署工部左侍郎。十三年四月，湖南巡抚卞宝第为人所劾，言其贪劣皆有状。允升奉旨查办，力辨其诬。时河南郑州黄河决口。九月，上谕允升就近驰赴工次，会同礼部尚书李鸿藻确查。洛阳知县王道隆非法拷毙民人李延勇捏报病故，允升劾之落职。郑州民女蒲爱妮者，叩阍代兄鸣冤，皆具情实以闻。十六年，随扈德宗景皇帝谒东陵，十月，赏在紫禁城内骑马。十七年八月，署兵部右侍郎。九月，兼署礼部左侍郎。十八年十二月，西苑门外直庐忽有太监投递纸条，允升严拒之。十九年十二月，补授刑部尚书。二十年，恭逢孝钦显皇后六旬万寿，正月，奉懿旨，交部从优议叙。八月，充顺天乡试正考官。十月，御史钟德祥奏参内务府各员扣侵工款，允升查明具奏，获罪有差。二十二年三月，上耕耤田，充从耕礼大臣。

四月，太监李苌材、张受山等纠众逞凶，杀伤捕人，上谕刑部照康熙年间谕旨，从严定议具奏。允升援光棍例分别首从定拟，上以例内有"伤人致死按律问拟"之语，令按照本律再行分别定拟。允升具疏分晰，略曰："李苌材等纠众杀伤捕人，上谕从严定议。其非寻常伤人致死可比，故特明降谕旨，宣布天下。天下人民咸晓然于圣主之严明，将以遵祖训，饬纪纲也。且莫不翘首望部臣之有以副朝廷辟以止辟之心，以成此令出惟行之举。乃臣部遵旨定拟奏闻,又复奉旨再行定拟。臣亦知皇上是钦恤刑章之意,非轻纵寺宦之心。然而天下不知,不以为圣主之慎刑,而以为臣部之纵恶。臣部问刑衙门,以饬法明刑为要;而刑法之允协,以情真罪当为先。李芪材等一案,论其起衅之由,既非有心致死,固不得谓之谋故杀;[一]论其执械逞凶之情形,又何得谓之斗殴? 既非谋故,又非斗殴,则与道光年间上谕内'伤人致死'一语,其不能强为附合也明矣。谋故、斗殴各律,均不可拟。将谓之拒捕杀人,按律或可稍稽夫显戮,依例亦当立置之典刑。然较之光棍例文,究有区别。臣愚昧之见,太监与平人不同,我朝家法甚严,凡所以整饬寺宦者,无不加倍治罪,亦深恐一时姑息,异日或致养奸。此防微杜渐之深心,实寓成全之至意。所以我国家宫禁肃清,实为前代所未有。溯自康熙年间办理太监刘进朝一案之后,数百年来,太监尚知畏惧,不敢以身试法。实以惩一警百,其为保全若辈者,诚匪浅也。此次从严惩治,私心窃谓当可上邀允准。岂知办理过严,亦有未惬圣心之处。总由臣等拘滞鲜通,不能仰体圣主钦恤哀矜之意,已觉有愧于心。傥因此又复迁就其词,依违定谳,致情法不得其平,并置初奉谕旨于不顾,则负咎更深。此臣等所以几经筹画,几经详审,而不敢冒昧从事者也。伏查朝廷法令,轻重各殊,而法之最严者,无过光棍一项,为首者拟斩立决,为从者俱拟绞候,秋审入于情实。所以惩强暴,儆凶顽,懔然示人以不可轻犯之意。臣等亦知此条例文,不可轻用,惟既经谕旨指明从严定议,舍此再无可引之条;而又恐后来援为定式,特于片奏内声明情节较轻者,不得率引此例。荷蒙圣明,早鉴及此,臣等何敢仍执原议。窃维立法原以惩恶,而法外亦可施仁。臣等为守法之吏,原不容涉于两歧;皇上宏解网之恩,或可稍宽其一面。昔宋臣苏轼有云:'当尧之时,皋陶为士。将刑人,皋陶曰:"杀之三。"尧曰:"宥之三。"故天下畏皋陶执法之坚,而乐尧用刑之宽。'臣等愚昧,何敢妄希古贤?而皇上其仁如天,实与帝尧先后同揆。皇上如果俯念辇毂之下,总宜肃清,阉宦之流,不宜宽纵,将该太监等仍照臣等原奏,照光棍例分别首从办理,臣等无任钦佩。倘以为未免太严,无妨量从末减,亦请于原定罪名上略为区别,或严首恶而稍宽从犯。总期与初奉谕旨符合,不致大相悬绝,是在皇上权衡至当,断自宸衷,非臣等所敢率行定拟也。"疏入,上以仍系请旨办理,语涉含混,着拟定罪名,再行具奏。允升奏云:"臣等为执法之吏,不敢擅自从轻;皇上施法外之仁,原可量为末减。"又云:"初奉谕旨,一发而不可收;原定罪名,一成而不可变。从犯或可稍宽,首恶断不可纵。是于钦恤之中,仍寓严明之意。皇上慈祥为念,一时不忍骈戮二人,请将张受山一名立即处斩;李苌材仅止伤人,究未杀毙,似尚有一线可原,量减为斩监候。"上知其执法不挠,卒从其议。

二十三年五月,御史张仲炘奏称玉田县绅民贿买御史溥松奏参该县苛派差徭一案,允升侄薛济为之包揽贿通,允升又为设法销弭,有旨命大学士徐桐穷治其事,按验不实,但以不知避嫌,降三级调用。十一月,补授宗人府府丞。允升历充拣选官缺大臣、考试汉荫生、庶吉士散馆、新贡士覆试、各直省举人覆试、拔贡覆试阅卷大臣,新贡士殿试读卷官。二十四年三月,奏请开缺。二十五年,陕西巡抚魏光焘奏允升年登八秩,重逢乡举,奉旨赏加二品顶戴,重宴鹿鸣。

　　二十六年,拳匪肇乱,两宫西幸长安。允升已归里,即赴行在请安,复召用为刑部左侍郎。十二月,补授刑部尚书,以老辞,不允。时陕西旱荒,奉命办理赈务,允升通筹大局,挽运江、浙、鄂省米石,采买甘肃杂粮,挑浚各渠,以工代赈,清查贫户,赈救饥民一百七八十万馀口。二十七年九月,两宫回銮,随扈北行。十月,以疾卒于河南行次。谕曰:"刑部尚书薛允升,持躬清介,练达老成。由部曹简放知府,历任监司,荐跻卿贰,补授刑部尚书。治狱廉平,克称厥职。前因患病赏假,方冀调理就痊,长承恩眷。兹闻溘逝,轸惜殊深! 薛允升着照尚书例赐恤。赏银一千两治丧,由户部给发。任内一切处分,悉予开复。应得恤典,该衙门察例具奏。伊孙二品荫生薛承熙,着赏给主事;一品荫生薛承谟,着赏给员外郎:均着分部学习行走,用示笃念耆臣至意。"寻赐祭葬。著有读例存疑五十四卷、汉律辑存六卷、唐明律合编四十卷、服制备考四卷。其读例存疑一书,由刑部恭呈御览,刊刻行世。

　　子浚,举人,内阁侍读。

【校勘记】

〔一〕固不得谓之谋故杀　原脱"杀"字。今据薛允升传稿(之一八)补。

　　张百熙

　　张百熙,湖南长沙人。同治十三年进士,改翰林院庶吉士。光绪二年,散馆,授编修。五年,充山东乡试副考官。七年,命提督山东学政。九年，丁父忧。十四年，充四川乡试正考官。十五年，命直南书房。二十年，恭逢孝钦显皇后六旬万寿，正月，赏加五品衔，并赏戴花翎。〔一〕二月，京察覆带，奉旨交军机处记名以道府用。四月，大考翰詹列二等，得旨以侍讲升用。五月，〔二〕授侍讲。十二月，转侍读。旋充文渊阁校理。

是年，朝鲜东学党之乱，日本藉端与我开衅，百熙以备员禁近，亲见宵旰焦劳，屡陈兵事：集师接济之法，固本捍卫之方，捐助军输之策，拘治奸细之律，疏先后十馀上，多蒙采纳。及海陆军连挫于日，百熙复上奏，谓："北洋大臣李鸿章一意以战事为非，并不督饬诸军实力进剿，致使倭人逐日布置，逐段增兵，而我后路绝无准备，军械不足，粮饷不继，即勇敢善战如左宝贵、聂士成等亦顿兵韩境，进退失据。近闻海军兵轮俱为敌人击败，我军退保安州之后，如再有挫衄，则东三省岌岌可危。应请饬得力重兵严阵以守，且必将领得人，而后兵可得力。"因荐宿将前福建水师提督彭楚汉等，又片劾："军机大臣礼亲王世铎以宗支管枢务，数年以来纳贿招权，无所顾忌，亦无所补救。倭人肇衅之初，了无措置，及我皇上命伸天讨，礼亲王等又一切诿之北洋大臣，若无与己事，贻误兵机，大取挫衄。伏愿皇上察以日月之聪明，断以雷霆之奋迅，天下幸甚！"

时点景工作犹未停，百熙因奏言："臣恭读八月上谕，钦奉懿旨，本年十月庆辰典礼，着仍在宫中举行。其颐和园受贺事宜，即行停办。仰见皇太后俯恤外藩，预防内患，高深之德，至仁极明。乃承办诸臣不仰体圣怀，仍复于西直门内外张皇其事。推诸臣之心，不过谓敌人扰及边陲，辇毂近地，目前无事耳。岂知犬羊之族,诡计百出,外省及天津等处,拿获剃发改装、身藏军火之奸细亦已不少,况景物繁盛之会,中外四大洲、二十三省士民夹道纵观,所有点景设坛,大率蓆棚木架,地段较广,防范难周。脱有不虞,变生呼吸,一夫窃发,奸宄乘之,仓猝之际,何堪设想?皇太后圣明在上,必将以红旗报捷为乐,不以点缀景物为娱;即我皇上尊亲圣孝,亦必以宗社安全为大。请饬点景诸臣懔遵懿旨停办,以成皇太后仁明之盛美,俾息谣传而靖地方。"疏入,称旨。

百熙以外患日亟,请修复圣武,大兴边屯,生自然之利,辅铁路兵械所不足。又偕翰林院侍讲学士陆宝忠等联名劾枢臣孙毓汶等朋比误国十大罪。二十一年,威海失守,旅顺戒严。百熙奏山东防务吃紧,宜迅速择要布置。四月,日本与我议和。百熙奏和议条约,传闻骇听,请饬下王公、贝勒、大学士、六部、九卿、翰詹、科道公同会议;又以日本要挟过甚,宜维后患,急筹战备以挽危局。迨和议已定,百熙复请急图自强以收后效,胪陈管见十四条,又言通商条约,弊混滋多,中国利权宜防损失,请饬通商全权大臣将日本臣民入口以后商务,及中国自有之商务,划断明晰,详慎订议。所言皆切中时弊。旋与侍郎李文田等合词请旨起用恭亲王,俾管枢务,以为"倭人开衅据我外藩,内而军机大臣,外而北洋大臣,办理乖方,以致牙山、平壤之役,无所策应。固由李鸿章意不欲战,贻误事机;亦军机大臣等无有宏识远略,如当日恭亲王之综理枢务者也。臣维恭亲王懿亲重望,执政有年,平定发、捻、苗、回诸匪,才猷恢豁,度越礼亲王世铎等远甚。昔宋哲宗朝宣仁皇太后起用司马光为相,[三]辽、夏之主至敕其边吏毋生事开衅。今恭亲王之贤，不知于司马光何如，而亲贵则过之。我皇太后之圣明，尤非宣仁所及。恭亲王艰巨重膺，益当感激奋兴，力图报称。薄海人心，边疆士气，必因此立加振刷。不独朝廷纲纪足资整饬，即军务当有起色，外患可冀歼平矣。"未几，遂命恭亲王复入军机。

二十二年，充日讲起居注官，旋擢国子监祭酒。二十三年六月，充江西乡试正考官。八月，命提督广东学政。十月，迁内阁学士，兼礼部侍郎衔。十一月，奉谕张百熙仍留学政任。旋特派稽察中书科事务，盖异数也。百熙在粤，倡设时敏学堂，严杜闹姓之弊，士论翕服。二十四年三月，重修会典全书过半，百熙以曾充总纂，奉旨从优议叙。六月，遵议改变武科章程，百熙奏上十二条，曰：编团籍，别军省，开制造，颁定式，设学堂，延教习，筹经费，严限制，考舆地，习测绘，勤操练，定考试。九月，以滥保康有为等，部议革职，加恩改为革职留任。十二月，开复处分。二十六年七月，补礼部右侍郎。九月，擢都察院左都御史，命回京供职。十二月，派充头等专使大臣，百熙驰赴行在。二十七年二月，覆命，得旨仍在南书房行走。

时乱事初定，两宫下诏求言，百熙首抗疏陈大计五大端：[四]曰增改官制，曰整理财政，曰变通科举，曰广建学堂，曰创立报馆，略谓："我朝设官。大半沿前明数百年旧制。及通商以后，事多创办，而官位不增，惟设一总理衙门以综理之，遂使商务、学务及一切新法，悉隶外部，各国无此例也。任官之法，莫善于一事分任诸人，莫不善于一人普任各事，如京员尚、侍诸职，今日习礼者，明日使之知兵。外吏藩、臬等员，此处掌刑者，他处责以治赋,弊不可胜言也。其实中国庶官久任,与夫专门分治诸法,本极精详,徒以展转变通,致防弊之意太多,任人之意转少。今欲因时制宜,特加厘定,应请以总理各国事务衙门正名外部,不分满、汉,设尚书、侍郎各一人,专办外交各事。至内外一切商务,宜专设商部,以总其成。更须参考西书,酌体中国商情,定为商律;又宜由商部详立名目,分门颁发格式簿,令关卡及州县地方各官随时填报,年终由部汇齐,编为商部岁计总册,用资考核。各省旧有之商务局,应改为商务衙门,设实任官,使上隶于本部;其无商务局者,亦照此办理。一切商务利弊申诉等事,悉令赴本衙门呈控。至学校一门,尤关紧要。今日礼部所司,仅稽核成案,例行文书而已。若议京师暨各省广设学堂,则于详定章程,广筹经费,暨编辑教科新书等事,均非设立专部,不足以事创举而得真才,应请增设学部,如商部例。所有商部、学部设官位数,亦拟照外部例,设尚书、侍郎各一人。至农政切于民生,亦为当务之急。拟请推广各省农政局,归户部总理,无庸并设农部,以免同时并举之烦。财政则议加进口税,整顿圜法,推广银行,讲求矿务,通行钞票,由部鼓铸银圆。变通科举,则请用张之洞分场考试之法,广建学堂,则议创设小学、中学、大学及资遣游学生出洋,习专门之业。创立报馆,则议开办官报,编定报律,分设译书等局。”且谓:“今日国势如斯,欲济时艰,振全局,又不仅在条目而在本原。区画既定,诸事待行。其本尤在上下一心,内外一心,满、汉一心,庶几无事则一德以图自强,有事则同力以御外侮。”又奏修改商约,虑失利权,宜筹抵制补救之法:曰洋关进口税,宜示区别;曰无益民生货物,宜议重征;曰进口食物无税,宜限制；曰铁路矿产，宜准令中外合办；曰养游民，宜广兴工艺；曰机器制造货物厂，宜定详章；曰通商税，我宜有自主之权；曰内地商埠，宜由我管辖；曰我国商货出洋，宜一体优待。"又以"富强之基，不外理财、教士、用人、练兵四大纲，而积习相仍，弊端丛出，拟请严刑峻法以治之。吏治隳坏，内患方深，拟请严旨责成疆吏以振之。[五]恭引祖宗故事，请将辅佐不职、遗误大局之枢臣，泄沓偷安、罔上行私之疆吏，丧师失地之将领，病民蠹国之监司、牧令，明申宪典，肆诸市朝，以慰天下之望"。

　　是年四月，回銮有期，特派百熙与桂春、景沣、陈夔龙修理跸路。六月，迁工部尚书，兼署都察院左都御史。七月，调补刑部尚书。百熙回京后，奏裁向来工程节省陋规，计省帑金近百万；又以台纲久弛，分别举劾，奉上谕："张百熙奏称升任御史陈璧才识优长，明达治体，前管理京师街道，时论翕然。去秋巡视中城，严缉盗贼，地方安堵。请嘉奖录用等语。陈璧办事认真，不辞劳怨，朝廷业经不次擢用，仍着传旨嘉奖。巡视东城掌湖广道监察御史阎锡龄，习于夤缘，有亏名节；巡视南城掌江西道监察御史郑炳麟，交接非人，颇滋物议：该尚书所请撤差查看，不足蔽辜，均着即行革职。"另片奏："翰林院编修冯恩崐身列词林，不知自爱，并有肆意妄为、鱼肉平民情事，着即革职。冯恩崐现充云南副考官，无论行抵何处，即行撤回。该尚书此奏，洵能破除情面，举劾一秉大公，深堪嘉尚！嗣后各衙门堂官，皆当随时考察，激浊扬清，以肃官常而昭惩劝。该衙门知道。"九月，遵议变通翰林院规制，奏言："一省之士，多者万馀，拔其尤者为举人；会试之士，一省数百，拔其尤者数十人、数人为贡士，贡士之中拔其尤者为翰林。择之可谓精矣,而举世以不达时务轻之。沿江、沿海之人日与外人相习,其所学乃能为国家之用。夫取之而不用,是取非其道也;用之非所取,是不得已而用之也。欲救其弊,莫如使取与用出于一。欲取与用出于一,莫如使今日已取之士尽习有用之学。经世之学,不过二端:曰政、曰艺。拟请旨将翰林院官制酌量变通,改掌院学士为尚书,以领其事。废詹事府,以詹事、少詹事为侍郎,升讲读学士为三品,庶子以下并为侍读、侍讲等官,令学士以下,各视性之所近,分研实学,以备时用。人才之兴,必有超出学堂之上者。"

是月,有"作育人才、端在修明学术"之谕,百熙请将京师大学堂改隶国子监,正名大学,以一学术而育真才。推论前年于国学之外,又设大学,意见多歧、人才不出之弊,请旨将国子监定名大学,简放管学大臣,由政务处王大臣会同管学大臣,并集京外通人,酌采中西有用之学,妥定划一章程,俾生徒得以时肄习。又请改总理衙门附设之同文馆隶于大学,派员办理提调事宜。十月,调吏部尚书。十二月,派充管学大臣、经筵讲官,命妥订学堂章程,随时具奏。二十八年正月,奏陈筹办大学堂大概,豫定通国办法宗旨,先开豫备、速成两科,豫科为入大学正科之豫备,速成科则分仕学、师范两馆。仕学馆造就已登仕版者,以应目前创办新政之需;师范馆则为中学堂教习之用。兼添设讲舍,附设编译书局,广购书籍图器,筹拨的款,言之甚备。又奏设医学实业馆、译学馆、[六]宗室觉罗学堂。吏部书吏历世盘亘,舞文巧法,为吏道之蠹。百熙奏整顿吏部事务,凡六事,首裁书吏,责成司员用士人缮写稿件,除苛例之不便者数十条,皆奉旨如所请行。三月,随扈谒东陵,赏穿黄马褂。七月,奏进所拟各级学堂章程,参酌古今中外之制,分级分科,限年毕业,大旨务归于实用。明诏奖其周备,颁行各省,令各督抚实力奉行。百熙又以教习乏材,资遣高等生四十馀人分赴东西洋肄习专门,以为各省倡。各省之派官费留学生自此始。十月,赐紫禁城骑马。二十九年正月,上命刑部尚书荣庆会同百熙管理大学堂事宜。二月,上谒西陵,命与庆亲王奕劻等分日轮班,在内值宿。五月,以殿试刊刻题纸错误,交部照例议处。七月,兼署礼部尚书。九月,充政务处大臣。旋改管学大臣为学务大臣,奏设教习进士馆。三十年二月,充会试副考官。八月,奏遣新进士出洋游学。三十一年四月,改授户部尚书。十一月,奏请先设法政科、文学科、格致科、工科,以备大学豫科学生,及各省高等学生,毕业后之升入,并勘广安门外瓦窑及德胜门外官地各一区,均合建造大学堂之用,奉旨议行。是月,诏立学部,百熙乃销学务差。十二月,兼管顺天府府尹事务。三十二年四月,百熙年六十,孝钦显皇后赐御书“匡时耆德”匾额,德宗景皇帝赐御书“平均锡福”匾额,及诸珍物。五月,举劾顺天州县,请旨嘉奖、降革有差。

百熙历充考试汉荫生、考试试差、考试各省优生、各省驻防翻译举人覆试、新贡士覆试、新贡士朝考阅卷大臣,新贡士殿试读卷大臣。

先是,朝命镇国公载泽等五大臣出洋考查政治,锐意变法,至是先后归。百熙以变法宜先统筹全局,若支节而为之,则先后均于寡效。因上疏论官制及地方自治两事,谓:“非速定官制,则提纲挈领,无以集政权于中央;非速兴地方,则至纤极微,无以被精神于通国。盖官制者，政治之机关；而地方者，国家之分体。诚使内外官制定，而地方制度兴，则诸事易行，而万端可理也。"因考历代成法之精密，及外国成绩之显效，以备采择。七月，命与<u>载泽</u>等充编纂官制大臣。九月，改定官制之诏下，特设邮传部，综辖铁路、航业、邮政、电报四项。<u>百熙</u>调补邮传部尚书。十月，赐<u>西苑门</u>内骑马。邮传创办伊始，经纬万端，<u>百熙</u>及侍郎<u>唐绍怡</u>意见不合，十一月，均奉旨严行申饬。十二月，因病请假，

三十三年正月，病笃，懿旨派内务府大臣<u>增荣</u>看视，传取方案，颁赏肉桂、于术诸药品。二月，卒。遗疏入，谕曰："邮传部尚书<u>张百熙</u>，公忠清亮，学问闳通。由翰林入直南书房，叠司文柄，荐擢正卿，均能恪尽厥职。办理学务，尤著勤劳。上年调任邮传部尚书，创办伊始，正资擘画。旋因患病赏假，方冀调理就痊，长承倚畀。兹闻溘逝，悼惜殊深！着赏给陀罗经被，派贝勒<u>载洵</u>带领侍卫十名，即日前往奠醊。加恩追赠太子少保衔，赏银二千两治丧，由广储司发给，照尚书例赐恤。任内一切处分，悉予开复。应得恤典，该衙门察例具奏。伊子<u>江苏</u>试用道<u>张振镛</u>，着以道员即补；<u>张振鋆</u>、<u>张振镗</u>均着俟及岁时带领引见。其灵柩回籍时，着沿途地方官妥为照料，用示笃念荩臣至意。"寻赐祭葬，予谥<u>文达</u>。

【校勘记】

〔一〕并赏戴花翎　原脱"赏"字。今据<u>张百熙</u>传稿（之二三）补。按本卷陆宝忠传亦脱一"赏"字，依此补。

〔二〕五月　"五月"上原衍"二十一年"四字。今据<u>张百熙</u>传稿（之二三）删。

〔三〕宣仁皇太后起用司马光为相　原脱"太"字。今据张百熙传稿
　　（之二三）补。

〔四〕百熙首抗疏陈大计五大端　原脱"百熙"二字。今据张百熙传稿
　　（之二三）补。

〔五〕拟请严旨责成疆吏以振之　原脱"请"字。今据张百熙传稿（之
　　二三）补。

〔六〕译学馆　"学"原误作"书"。今据张百熙传稿（之二三）改。又见
　　本卷陆宝忠传。

寿山

寿山，袁氏，正白旗汉军人，黑龙江驻防。父吉林将军富明
阿。光绪三年，寿山以二品荫生在本城学习当差。五年，办理中
外交涉，保加五品顶戴。八年，富明阿病伤卒，有旨寿山俟百日
孝满后，由旗带领引见。九年八月，奉旨以员外郎选用，兼袭骑
都尉世职，供差神机营。

十一年，调入通州防营，十二年，从醇贤亲王巡阅北洋，十三
年，神机营奏保，俟选员外郎后，以郎中升用。十四年，充颐和园
工程处监修。十七年，海军衙门奏保，俟选缺后，在任仍以六部
郎中遇缺即选。二十年，恭逢孝钦显皇后六旬万寿，正月，赏加
三品衔。八月，日本寇奉天等处；〔一〕寿山陈请赴前敌效力，有旨
交黑龙江将军依克唐阿差遣委用。旋奉檄招募敌忾两营，派充
步队统领，连与日人接战，攻拔草河，夺回草河岭，截拒后路。寻
克连山关，复战于凤凰城，我军不利。寿山弟永山阵殁，寿山额
角亦中枪伤。依克唐阿以其敢战，令兼统镇边军全营马队。二

十一年，依克唐阿复以寿山谋勇兼优，奏请破格录用，奉旨俟克复海城后，再行明降谕旨，着先行传旨嘉奖。大军既复海城，寿山领七十骑侦敌辽南，遇之于汤冈子，下马搏战，枪弹入右腹，贯左臀出，战愈猛，敌为之却。回营衣裤透湿，血积厚盈指。依克唐阿电陈其事，谕以“寿山与敌接仗，身受重伤，犹能裹创奋战，实属勇往可嘉！着以知府分省补用，并赏戴花翎”。二十二年，盛京将军依克唐阿、吉林将军长顺先后奏荐，并请破格录用，奉旨送部引见。

寻黑龙江将军恩泽调充镇边军左路统领，奏请暂缓赴京，遂率中营移驻黑龙江城，捐修营垒。二十四年八月，补授河南开封府遗缺知府，未赴任。[二]时东北边防益棘，用恩泽奏，超授黑龙江副都统。明年二月，入觐，垂询边事甚悉，遂奉帮办边防练军事宜之命，并令添募十五营，专归管辖。六月，抵黑龙江副都统任，即会商恩泽，择其所知长于边事者，奏调十馀人赞画新军。又奏请自赴上海采办军装，遂由长崎、海参崴、伯利循海归，密觇形势，为战守备。新军甫草创，而恩泽卒于任。十二月，遂命寿山署理黑龙江将军印务。受事后，剔厘奸弊，手订行阵操法，图绘要隘，申明赏罚，颁发在外将领，并更番调省，授以方略。下至末弁，亦令该管将领出具切实考语，接见时分别籍记，以备擢用。

二十六年夏，义和拳匪之乱起，联军深入，战局遂开。寿山连奉赶紧预备，严密防范，并备兵听候征调。暨京、津一带业与洋人开仗之谕，奏派爱珲副都统凤翔充北路翼长，呼伦贝尔副都统依兴阿充西路翼长，通肯副都统庆祺充东路翼长，候补知府程德全为行营营务处，布置粗有端绪，心念俄人觊觎东三省久矣，但无所藉口,未得侵入耳。因严饬各翼长悉心守御,慎勿孟浪开战。寻即照会俄伯利总督暨哈尔滨总监工,并我驻俄钦使杨儒转请俄廷,江省既无教堂,无庸置议,所有阖省铁路,当力任保护,如有损失,照数赔偿,约以勿庸进兵;而俄兵顾已分道入扰,不半月,凡吉之珲春、三姓、江之呼兰、呼伦贝尔、爱珲,无处不有俄兵阑入。一时爱珲江左六十四屯,皆请避兵内徙,军民咸愤,而大石桥、白龙驹接连省界,均经开战,风声日亟。拳匪复流入,愚民愈惶惑,又铁路土工十馀万众,因久不得值,竞倡罢工,扬言拆铁轨,劫银行,与俄人重为难。维时俄人之在富拉尔基、哈尔滨、吉林属界者,众至万数,群情汹汹,争欲藉以释憾。寿山乃明以保铁路、护难民,藉全睦谊,宣示于众,违者重惩不贷。因派统领吉祥约富拉尔基监工盖尔肖甫入城,冀一释其疑惧;而盖尔肖甫乃以枪毙索值工人,乘夜遁去。

　　寿山仍派西路统领保全自富拉尔基起西至呼伦贝尔,北迄粗鲁海图,俄人之由陆路归国者,妥为护送出境。又会商吉林将军电饬松花江南北,凡水路回国俄人,概放行勿阻,各处所遗房屋、糗粮等物,及银行存款,均籍录,待事定交还。俄兵不为止,六月,攻爱珲及黑河屯华民之在海兰泡及江左六十四屯,被驱迫入江死者,尸蔽江下。旋攻三姓,掠呼伦贝尔,寿山见寇祸益深,乃电致吉林将军长顺转达俄总监工,傥修好罢兵,愿身赴哈尔滨,以全家为质,并电奏请旨,责以不应开衅,将全眷拿交刑部治罪,以谢俄人。时道路梗塞,未奉寄谕,北路官军之退守北大岭者,已为俄兵所败,统领崇玉,营官德春、瑞昌阵亡。墨尔根、布特哈两城官弁旗民,望风逃溃。败军退至布特哈属讷默尔河南岸,凭河固守。西路官军之退守雅克岭者,复为俄军所麋,初战获胜,进至呼伦贝尔城外之小桥子、黑山嘴一带,困于俄。援师统领保全陷阵死。全德、吉祥与营官傅岐标、张毓芳等溃围出。岭防相继失陷,而西北两路俄兵逼近黑龙江省城矣。未几,朝命授李鸿章为全权大臣,与联军约和,来电以俄外部颇愿停战告寿山,即飞饬各路一体遵照,立派行营营务处程德全前赴北路俄营,告以朝廷已遣使议和,彼此应即停战,辨论至再。八月初一日,议始定。

寿山守军覆则死之义,于初三日以将军印信交副都统萨保护理,并派程德全佐之,以便主持和局。手具遗疏,谓:“欲御外侮必修内政,而修内政尤以添设民官、力兴垦务为要。”且谓:“江省之事,非开荒无从下手。开荒之举,非招民无从下手。以七城之大,土地之沃,如果得人而理,不出十年,必能自立。”阅日,具衣冠望阙谢恩,卧棺中,以枪自击死。先是,诏旨责寿山不应妄开边衅,着开缺听候查办。寻照部议革职。三十二年,经黑龙江巡抚程德全奏陈当日实在情形,〔三〕请开复原官,照将军殉难例议恤,予谥建祠。寻复偕东三省总督徐世昌合疏上请免其查办,照将军议恤,并附祀其父富明阿专祠,得旨允行。旋照武职例给恤,并恩赏骑都尉兼一云骑尉世职,〔四〕袭次完时,以恩骑尉世袭罔替。

子庆恩,袭。

【校勘记】

〔一〕日本寇奉天等处　“寇”原作“兵犯”,又脱“等处”二字。今据寿山传稿(之四〇)改补。

〔二〕未赴任　原脱"任"字。今据寿山传稿(之四〇)补。

〔三〕经黑龙江巡抚程德全奏陈当日实在情形　原脱"经"字。今据寿山传稿(之四〇)补。

〔四〕并恩赏骑都尉兼一云骑尉世职　原脱"一"字。今据寿山传稿(之四〇)补。

陆宝忠

陆宝忠,江苏太仓州人。光绪二年进士,改翰林院庶吉士。三年,散馆,授职编修。十一年,提督湖南学政。十五年八月,充顺天乡试同考官。十七年九月,命在南书房行走。十九年八月,复充顺天乡试同考官。二十年,孝钦显皇后六旬万寿,正月,奉懿旨赏加五品衔,并赏戴花翎。二月,京察一等覆带,记名以道府用。四月,大考一等,奉旨以侍讲学士升用。八月,补侍讲学士。二十一年五月,充日讲起居注官。七月,转侍读学士。二十二年七月,授詹事府少詹事。十一月,迁詹事。十二月,擢内阁学士,兼礼部侍郎衔。二十三年,充山东乡试正考官。寻命提督浙江学政,宝忠以母老固辞,允之。寻丁母忧,二十五年,服阕,有旨仍在南书房行走。二十六年闰八月,授兵部右侍郎。九月,提督顺天学政。时朝廷方锐意变法,宝忠疏请整顿大学堂,多设蒙小学堂,并宜为八旗设学以开风气;又请裁撤武科,广设武备学堂。事旋施行。二十八年,顺天乡试借闱河南,宝忠以学政充监临。二十九年,仍留顺天学政任。七月,复充乡试监临。

三十一年,宝忠以学校渐兴,请设立文部,自京师大学堂、译学馆以下,各省学堂皆属文部管理,由部编纂则例,以便遵行。因上疏曰:"学堂奖励之法,原定章程,或予以举人、进士,或以翰林、主事、中书、知州、知县、州同等官,分别录用。盖官职骤难更改,而学堂初立,宜有激劝。开办之始,势不得不然。然其中名实不符,诸多窒碍。仍与从前科举所学非所用,同一弊端。国家广立学堂,令通国无不学之人,原所以浚民智而图自强,势不能尽纳之于官禄之途。若照原定章程,数十年后,天下学人皆授以官,而官又不能各尽其用,则于实际有何裨益?窃以为凡学堂毕业,宜严科级,予以学士、博士名号,而毋庸授以官职。至内外各衙门员缺,应查照各国随时考选用人之法,各据其所习本科,由何项卒业,即考选该项官职,使天下晓然于朝廷精神所属。所用必于其所学,以学茂名高为美,不以能薄官显为荣。即不骤改官制,而学堂人士亦不贵官位而贱职事。此奖励宜变通者,一也。兴学教员为重,今师范学堂已立,然犹缓不济急,各省宜广设师范传习所,由学政拨派教习,分赴各属传习师范,无论生监,皆可自备膳费,入所肄业,毕业给以文凭,俾充蒙小学堂教习。如蒙学教科书目及教授规则,通行刊发后,凡乡曲向学之士,能购取自行研习,熟谙教法,即未入所传习,亦准其呈明学政,考验合格,一体给予文凭,充当教习。此师资宜广储者一也。日本学制,凡师范生曾经任职十五年,或年六十以上,并无过误,自愿乞退者,国家给以全俸或半俸以赡之。今宜略仿其意办理,凡曾充当师范十五年并无过误自愿乞退者,即分别授以教授、教谕、学正、训导等官。此项学官即可派充管理学堂。此教员宜优礼者一也。各国学堂,皆以国文为重。前次奉定章程,小学堂本以国文为初学基础，自中学堂以上，必肄习洋文。第小学堂毕业学生，中文程度甚浅，若入中学堂以后，汉文不再深求，大学堂虽设有经学、文学专科，势必无人及格。环球文字，以中国为最难、最雅，虽质性文采甚高者，亦非十馀年不能优。十三经，周、秦诸子，史、汉、说文，即以文论，渊雅朴茂，实为国粹。近日争习各国语言文字，风气趋重，避难就易。数十年后，恐文字尽成鄙儜一路。现在各省中学堂每偏重洋文，汉文遂不复力求进步。应责成学政切实查考各学堂教习所注积分表，凡国文及洋文不得偏重，其课目钟点，应恪遵定例，不得任意加减。此国文宜兼重者一也。东西各国学制，学生鲜在学堂寄宿者，亦无不缴纳学费者，至于奖赏津贴，尤所未闻。现京师各学堂岁费十馀万金不等，而学生不过三四百人，如是而欲广建学堂，以待全国求学之人，其何能给？窃谓中、小学堂以上，均应酌定学费、膳费，尽可格外从轻，然必照章缴纳。其功课程度能达最优等，合于日本所谓特待生资格者，准破格免收学费，于体恤之中，仍寓鼓励之意。中学堂、高等学堂毕业生品学兼优，以次升送高等学堂、大学堂，因实在无力缴费不能升学者，则由地方官贷费。贷费生毕业之后，仍须将所贷之费分期偿纳。中学堂收费稍轻，不得援此为例。此学费宜筹议者一也。从前科举之士，不辨菽麦，遑论实业？故幸得一衿，而屡试不第，则终身废弃，分利之人日益多，生利之人日益少，上下交受其困。今拟于各州县小学堂以上，多设实业学堂，如商学、农学、工学、蚕学、林业、渔业之类，务使通国学人于实业占其多数。其程度高者自可渐次升选，否则于升选之外，人人亦皆能自养。中国下等工商，或略认之无，便营执业；

或一丁不识,而自为生理。此即工商窳败、游民充斥之由。各乡镇蒙学堂以上,并宜多设寻常实业学堂,其平民无力,或学生资质鲁钝,不能入小学者,皆令入此等学堂,卒业后即能自求生计,虽无恒产,亦不至游手无归。此实业宜注重者一也。欲求教育普及,官立学堂势有不逮,则莫如奖励公立,凡地方绅富有能独力捐办,及鸠赀倡办学堂,遵照文部教科书及教法专书办理,著有成效者,由地方官禀知学政,派员查验,分别奏请奖给虚衔、封典。学生卒业之后,准其一体考选,按级升送。其私家学塾,或由有力之家各自延师,训其子弟;或由各师招集生徒,自成私塾。今若概令归入学堂,学堂既不胜容,而人情亦或不便。若能遵照定章,改良教法,则不妨听其并存。但各塾教员,须得有师范文凭,方能充当,以期一律。蒙学最关紧要,凡七岁以上不入学者,罪其父兄家长。除编入则例外,应请并饬修订法律大臣,将此条增入新定法律,饬各省切实查办。幼稚园与家庭教育相联络,各省府、厅、州、县宜令多为筹建。国民资格,实基于此。此宜推广者一也。他若地方官办理学堂之勤惰,宜归学政会同督抚考察,三年甄别,以设蒙学堂之多寡为殿最。各学堂积分表册,平日宜由学员审注。若至学期经主考者试验不符,教员应有处分。若至毕业经文部、学政考验不符,主考者应有处分。以上各节,似可备文部编纂遵行。若夫教科书籍及教授详法,关系綮要,现在各州县蒙小学堂需用教科书甚急,<u>直隶</u>、<u>湖北</u>虽各有编辑成书,呈学务大臣审定,然篇简无多,不敷教授,各省坊刻,希图射利,所出之书,体例多不完善。宜饬部臣多选精通学务之员,扩充编书办法,先从蒙学下手,并通饬海内学人及出洋明达之士,分编各科学粗浅教科书,经呈文部鉴定,予以版权,俾得专利。或由国家购回其版权,刊发各省,广为排印。各省有现行各种教科书及编勘善本,亦可由学政选择,汇送文部审定,并应由文部先行刊布各教科书目,详列提要,以期传布迅捷。至教授通法,在奏定章程太略,尤应迅速翻译东西各国中小学堂教授法专书,参以中国现在情形,由文部酌核审定,一并通行各省,遍发州县遵办。现在高等及中小学堂,并应严行甄别,以齐学级。从前学堂创办伊始,务广招徕,年岁材质不尽合格,由高等以及小学堂,名称虽别,学生程度无甚差殊。查定章蒙小学堂为普通学,至中学堂则渐入专门。凡文科、理科、法律、政治,以及各种科学,皆基于此。今府治皆立中学堂,边郡士风僻陋,勉强招集,但求形似,应即切实考察各中小学堂学生,由学政随时派员查验。如中学堂学生不合格者,即令退入小学堂;小学堂不合格者,即令退入初级小学堂。其各省高等学堂,由学政自行考察,有不合格者,各按其学级程度所至,退入各该籍中小学堂补习。现在高等学堂合格之人极少,应即暂改为初级师范,或高等预备科,俟各府中学堂学生或高等预备生实在毕业,再行举办高等学堂,以符名实。京师大学堂已经奏请暂改习师范及大学预备科,应请即行通饬各省,一律遵照办理,不得滥混科级。迨三年之后,大学堂改建落成,分别专科教授。各省高等学堂亦必实有成效,[一]然后由学政奏请简员会同考察咨送。应于编订则例内,责成学政随时认真清理各学堂学级,以便升选,庶不致再有参差矣。”

　　十二月,授都察院左都御史。三十二年正月,署礼部尚书。九月,厘定官制,改都察院左都御史为都御史,仍以宝忠补授。

十月,赐紫禁城内骑马。三十三年正月,充国史馆副总裁。御史赵启霖因言事革职,宝忠恐言路阻塞,疏请留台,上不允,而明诏宣示凡有言责诸臣,务各殚诚献替,尽言无隐。五月,又言:"近日督抚奏调言官,与祖制不合。应请申明旧章,维持纲纪。"特诏允行。六月,复请严禁党援,广开言路,上疏曰:"臣综观自古以来,天下之乱,其端皆始于人心之不平。不平则相激,相激则不和,由是门户纷纭,竞争不已,而国家受其实祸,势遂无所底止。汉、唐以来,轨迹相寻,如出一辙。史册具在,读之最可痛心者也。方今时事艰难,百倍往昔,内忧孔迫,外患方长。我皇太后、皇上宵旰焦劳,为臣子者宜如何涤虑洗心,和衷共济,即各奋其心思才力,尚恐补救之无从;乃自去年改定官制以来,大臣不和之事,时有所闻,其几实起于细微,其害驯至于倾轧。譬诸驾漏舟于巨波之内,至舵工篙师犹复互逞意气,以楫相击刺,其不至覆舟者几希! 臣诚私心忧之。周易上下交则为泰,上下隔则为否。泰之彖传曰:'其志同也。'否之彖传曰:'天下无邦也。'方今治术无序,民气郁结而不宣。乱党朋兴,蠢然思动。设朝廷之上,尚植党营私,互相攻伐,将皇太后、皇上成孤立之势,其祸何可胜言! 又台谏为耳目之官,现议院未立,公论不彰,大小臣僚所以稍知忌惮者,惟在言官之举发,倘一有弹劾,辄互相猜忌,将使戆直者寒心,庸懦者结舌,势必至隔者愈隔,否者愈否,泰交之象,其何望耶? 应请严诫臣工,精白乃心,实事求是,务化其忮求排挤之念,用以尽同寅协恭之诚。复激励言官,如有见闻,直言无隐,庶几壅蔽尽除,忠良日进。抑臣更有说者,孟子有言:'进贤如不得已,将使卑逾尊、疏逾戚,可不慎欤!'当兹举行新政之时,亟宜以镇定从容为宗旨,至于用人关系大局,尤宜审慎。设或轻于更易,如举棋之不定,窃恐天下人心益复张皇,谣言纷起,奸民生心,将启变乱之渐,其非国家之福也。”

九月,严旨敕京外大小臣工戒除烟毒,宝忠请开缺,得旨慰留。十月,疏请改都察院为国议会,以立下议院基础,而符立宪政体,得旨交会议政务处议奏。寻覆奏都察院系独立衙门,不可轻议更张。三十三年九月,上以降旨禁烟,宝忠积习未除,严敕迅速戒断。三十四年正月,陈明戒烟净尽,奉旨仍照旧供职。四月,因病疏请开缺,诏许之。寻卒。遗疏入,谕曰:“前任都察院都御史陆宝忠,谨慎持躬,学问优裕。由翰林入直南书房,荐升卿贰。叠掌文衡,擢任都御史。宣力有年,克勤厥职。前因患病,准予开缺。兹闻溘逝,轸惜殊!深加恩着赏给陀罗经被派,贝勒载涛带领侍卫十员即日前往奠酹,照都御史例赐恤。任内一切处分,悉予开复。应得恤典,该衙门察例具奏。”寻赐祭葬,予谥文慎。

子大坊,农工商部主事,恩赏员外郎。

【校勘记】

〔一〕各省高等学堂亦必实有成效　原脱“高等”二字。今据陆宝忠传稿(之一九)补。

杨昌濬

杨昌濬,湖南湘乡人。咸丰二年,由附生随道员罗泽南练乡勇于长沙。四年七月,随攻湖北田家镇,镇东有半壁山,绝险,昌濬鼓勇先登,克之;并复广济、黄梅。积功,奖训导。九年,以办理团防出力,擢教授。十年,随剿粤逆于江西,败贼于枫树岭,复德兴;又败之于高沙,复婺源。擢知县,并加同知衔,赏戴花翎。

同治元年正月,浙江巡抚左宗棠率师入浙,昌濬随营出力,诏以同知留浙江补用。九月,擢衢州府知府。二年,贼渠刘政宏等踞金华府城,分党据汤溪、龙游、兰溪三城,为犄角,昌濬攻汤溪,诱擒贼酋李尚扬等八名,复其城。龙游、兰溪及金华府城亦相继收复。捷入,诏开缺以道员留于浙江补用。九月,授浙江粮储道。三年二月,复杭州省城及馀杭,赏加按察使衔。十二月,授浙江盐运使,旋升浙江按察使。五年二月,升浙江布政使。八年十二月,署浙江巡抚,九年八月,实授。时外患渐殷,十年三月,昌濬亲往宁波、镇海,巡视海口,筹办防务。奏谓:"自强之计,宜用夷人之器,师夷人之长。先就抚标杭协选精兵五百,教练洋枪开花炮,其馀各营亦次第番练,期成劲旅。至沿海炮台,旧用砖石,恐难适用,俟经费稍充,当更筹改筑。"上以为政首在得人,各省藩、臬两司有用人、理财、察吏、安民之责,关系甚重,乃通饬督抚于运司、道、府中察访保荐,以备简擢。昌濬遵举浙江督粮道如山等四员,而以甘肃文县知县陶模附列剡章,谓其品学纯正,心在利济,实为远大之器。后模荐历封疆,克如所言。浙江象山、宁海二县,滨海有岛曰南田者,向系封禁之地,而土性沃饶,两县民多潜往垦种,光绪元年,昌濬乃为奏恳弛禁。

会馀杭县民葛品连急病身死,其母疑品连妻与举人杨乃武有奸,辄以身死不明控县,县令刘锡彤误认尸毒,锻炼成狱。给事中王书瑞劾奏,命浙江学政侍郎胡瑞澜提讯,仍未得实。于是绅士汪树屏等联名呈控都察院，御史王昕亦劾奏大员瞻徇，奉旨提交刑部会鞫，检验尸身无毒，狱白。谕曰："巡抚杨昌濬据详具题，既不能据实平反，且于奉旨交胡瑞澜提讯后，复以问官并无庆刑逼供等词，哓哓置辨，意存回护，尤属非是。杨昌濬着即行革职，馀着照所议完结。人命重案，罪名出入攸关，全在承审各员尽心研鞫，期无枉纵。此次葛品连身死一案，该巡抚等讯办不实，始终回护，几至二命惨罹重辟，殊出情理之外！嗣后各直省督抚于审办案件，务当督率属员悉心研究，期于情真罪当，不得稍涉轻率。"

四年，命帮办甘肃新疆善后事宜，赏给四品顶戴。五年，陕甘总督左宗棠请援前任帮办刘典成案，准令昌濬专折奏事，[一]奉旨俞允。九月，赏给二品顶戴，署理甘肃布政使。六年正月，叙筹解西饷功，赏加头品顶戴。十一月，护理陕甘总督，仍会办新疆善后事宜。七年八月，授甘肃布政使。寻因据甘绅呈请奏为前陕甘总督琦善建立专祠，为言官所劾，奉上谕："琦善在甘有罪无功，不宜祠祀。杨昌濬率行具奏，着传旨申饬。"九年二月，授漕运总督。

十年，法人扰海疆，七月，命帮办福建军务。旋授闽浙总督。时言官劾翰林院侍讲学士张佩纶弃师潜逃，命左宗棠暨昌濬查办。覆奏入，上责其语多含混，依违两可，传旨申饬。十一年六月，兼署福建巡抚。十月，上谕台湾南北地舆，袤延甚远。以形势而论，台北各海口尤为紧要，原设台湾道一员，远驻台南，深虑难以兼顾。且巡抚常川驻扎，一切钱谷刑名事宜，必须分员管理，各专责成。应否于台湾道之外，添设台北道一员，着杨昌濬、刘铭传悉心会商妥议具奏。"昌濬奏添设台北道,不如添设藩司,上从之。十二年三月,上谕:"刘铭传奏澎湖为闽台门户,非特设重镇不足以资控制。杨昌濬与该抚意见相同,拟将澎湖副将与海坛镇对调,仍归总督管辖等语,即着杨昌濬会同筹议具奏。闽台防务关系紧要,该督等商办一切,务当和衷共济,不分畛域,力顾大局。上年谕令该督等会议台湾改设各事宜,并着一并妥议,毋稍迟延。"昌濬等疏言:"台湾为南洋门户,七省藩篱,奉旨改设巡抚,以资控制,实为保固海疆远大之谋。惟沿海数县之地,其馀番地尚系化外,气局未成,孤悬海外,与新疆情形不同。闽台本系一省,今分为二,尤须唇齿相依,以收指臂之助。诚应遵旨内外相维,不分畛域,乃可于事有成。兹就省局司道及署台湾道陈鸣志、总理粮台前贵州藩司沈应奎筹议各条,覆加酌核,谨缮清单恭呈御览。现在整顿海防,百废待举,加以改设行省经费浩繁,如澎湖一岛办防需银八十万两,业经臣等先后奏请敕部指拨。此外办防制械、设电、添官、分治、招垦、抚番,均关紧要,至建立省城衙署、坛庙各项工程,虽不妨稍缓,既已分省,亦不能不次第举办。台地防营,除裁撤外,尚存三十五营,分布沿海一千馀里,势难再减。臣等悉心筹画,拟由闽海关本年照旧协银二十万两,经臣铭传咨请福州将军古尼音布,嗣后由厦关径拨解台。其闽省各库局无论如何为难,每年按限协银二十四万两,陆续筹解。并请旨敕下粤海、江海、浙海、九江、江汉五关,[二]每年协银三十六万两,共成八十万两。以五年为度,统计闽省及闽海关所协四十四万,合之台地岁入百万两,专为防军月饷之需,其五关每岁各协银七万两,尚属轻而易举,而台事稍得藉手,庶不致尽托空言。"下部议行。

十四年二月,调补陕甘总督。十五年九月,以监临乡试填榜红号错误,自行检举,得旨交部议处。二十年正月,谕曰:"朕钦奉慈禧端佑康颐昭豫庄诚寿恭钦献皇太后懿旨,本年予六旬庆辰,在廷臣工业经降旨加恩,因念各省文武大臣有久膺重寄、卓著勋劳者,允宜同膺懋赏。陕甘总督杨昌濬着赏加太子太保衔。"二十一年七月,回匪肇事,谕曰:"杨昌濬在甘有年,于回众情形,岂不深悉? 乃忽剿忽抚,迄无定见,以致湟中、河狄,遍地皆贼,实属措置乖方,受回愚弄。发给枪械,转藉寇兵,亦属庸愦不职。杨昌濬着交部议处。"寻议革职,得旨加恩改为革职留任。十月,奉旨开缺回籍。

二十三年,卒。湖南巡抚陈宝箴奏闻,奉旨杨昌濬着开复革职留任处分,交部照例议恤。寻赐祭葬。二十六年,陕甘总督魏光焘复据甘肃绅民呈请,恳为昌濬在甘肃省城建立专祠,并将战功事迹宣付史馆,可否予谥,以表勋勤,出自殊恩。奉旨毋庸予谥,馀依议。

【校勘记】

〔一〕准令昌濬专折奏事　原脱"令"字。今据杨昌濬传稿(之一九)补。

〔二〕九江江汉五关　原脱一"江"字。今据杨昌濬传稿(之一九)补。

刘秉璋

刘秉璋,安徽庐江人。咸丰十年进士,改翰林院庶吉士。同治元年,散馆,授编修。

时洪逆犹据江宁,贼势张甚。秉璋先以举人从钦差大臣张芾军于皖南,常资赞画,故大学士曾国藩、李鸿章皆深器之。至是,鸿章新被江苏巡抚之命,移军上海,遂具疏奏调,得旨发往江苏酌量委用。上海为通商大埠,旧有洋将戈登所练常胜军颇骄悍,淮军初至,粮械缺乏,军服敝陋,洋弁或笑侮之。秉璋辄诚军士曰:"此不足病也,顾吾曹能战否耳。"与鸿章深谋密议,蒐讨军实,多崇朴勇,洋弁心折,卒为我用。二年,贼陷福山,围常熟甚急。秉璋会同铭、鼎诸军,攻福山以救之,并约洋弁以大炮轰贼垒,贼惊溃。常熟围解。旋复会攻太仓,躬冒矢石,累战拔之。

时浙西各郡犹为寇据,与苏省犬牙相接。鸿章令秉璋自募一军,进图嘉善。嘉善东曰枫泾,其北曰西塘,两镇皆水陆冲要,贼以悍党数万筑石为垒,设守甚严。秉璋率六千人,以吴长庆、况文榜、王占魁等为将,逼贼垒而营。贼悉众来扑,败之,乘势攻拔枫泾。嘉兴、平湖、乍浦各贼来援者数万,秉璋督军破之,逆悉败去,〔一〕因拔西塘,平坚垒二十馀,获逆首伪王宗廖姓、伪罗天安施得柱、伪敬天福汪敬之、伪登天侯曹盛勇等,擒斩数千。捷入,得旨以侍讲遇缺题奏。贼虽屡败,仍踞嘉善,别以悍党扼张泾汇以拒官军。张泾汇者,当嘉善东,滨江冲要地也。秉璋策取嘉善,当先下张泾汇,于是约太湖师船水陆夹攻,军士凫濠直进。方相持间,嘉善援贼大至,秉璋凭河督战,腿受枪伤,不稍却,遂克张泾汇,擒斩及溺水死者不可胜计。嘉善及平湖、乍浦、海盐之贼皆穷蹙乞降。秉璋遂进屯新丰,规取嘉兴,伪荣王廖发受悉锐来犯,秉璋迎击,大破之。三年三月,补侍讲。七月,秉璋会总兵程学启军攻嘉兴,尽毁城外贼垒。秉璋、学启均肉薄以登,学启中炮阵亡,官军益愤,昼夜仰攻,掷火焚城中药库,贼众溃乱,遂克嘉兴,斩廖发受及伪挺王刘得功。得旨赏戴花翎。进规湖州,攻吴溇、南浔,连战皆捷。遂会浙军复湖州。浙西肃清,奉旨:"翰林院侍讲刘秉璋,躬冒矢石,治军严整。着赏给振勇巴图鲁名号,遇有应升之缺开列在前。"十月,补右春坊右庶子,旋转左庶子。四年二月,晋侍讲学士。

时捻寇大炽,上命曾国藩为钦差大臣督办捻匪。五年春,曾国藩奏调秉璋,奉上谕:"刘秉璋统带淮军,素称得力,着迅赴曾国藩军营,襄办军务。"四月,授江苏按察使,仍统军驻徐州。捻患流窜无定,曾国藩、李鸿章皆主驱贼一隅、聚而歼之之计,众议其迂,秉璋独深赞之。五月,贼扰宿迁埠子镇、洋河集,径扑运河,秉璋遣其将吴长庆、王占魁夜捣贼巢,循旧堤追击至仓家集,贼大溃。时各路军皆捷,捻酋任柱、赖文光与张总愚相失,复折而南,渡浍、涡两河,入怀远凤台境,秉璋率军追至蒙城,会盛军击之,捻弃辎重西窜。八月,任、赖两逆复与张逆合于河南石固镇,将犯山东,秉璋率军至禹城寨,以马队进击,大破贼众,擒斩无算。贼弃寨走,追败之湾店,又败之吕桥。会铭、鼎各军踵至,贼连败不可复合,张逆西窜,是为西捻。任、赖两逆东窜,是为东捻。曾国藩以西捻委总兵刘松山,令秉璋与提督杨鼎勋等军豫西,以图东捻。十二月,东捻窜入鄂,秉璋追败之德安。六年二月,授山西布政使,仍未之任。时援师大集,捻折而入皖,英、霍、太湖间,士民大震。秉璋日夜疾驰至宿松,迎击败之。贼还走鄂,自孝感小河溪窜河口镇,秉璋会勋军追之,勋军先至,遇伏,总兵张遵道等皆死。贼挟溃卒辎重而下,势不可遏。秉璋率军横截之,吴长庆、况文榜等各殊死战,斩其贼目,始溃走豫。时李鸿章已奉命代曾国藩督师,自归德移驻济宁,始议扼运蹙贼海隅,檄秉璋随赴济宁,布置运防。六月,秉璋率所部屯运西,合东、皖、豫三省兵,并力蹙贼,贼窜地渐狭。七月,捻败山东军于潍河,自安丘、临朐南走,将由沂、莒窥江、淮。李鸿章虑贼自下流逸出,急檄秉璋由台庄渡河,赴桃源,会浙军防清江。自八月至十一月,提督刘铭传、郭松林等军叠获大捷,捻酋任柱死,赖文光率残骑千馀,南走清江。十二月,秉璋与道员李昭庆追及于淮城,大破之。赖逆窜高、宝水乡,遇华字营统将吴毓兰,生俘以献,东捻平。东、苏、皖、豫、鄂五省一律肃清。得旨赏给白玉翎管等件。

东捻既平,秉璋亟议息兵筹善后。七年,遂乞假归。八年,丁父忧,十一年,服阕,入都。诏授江西布政使。江西自军兴以来,二十馀年,库款纠葛,秉璋厘查各属交代,追官逋数百万。光绪元年,擢江西巡抚。二年,入觐,赏穆庙御制诗文集及平定粤匪、剿平捻匪方略。旋以母胡氏年逾八旬,乞终养,温诏慰留。四年,再表陈情,得旨俞允。五年,以母胡氏春秋高,称庆于家,赏御书匾额,并他珍物。六年,诏征之,谕曰:"现在时事艰难,该前抚向来办事实心,朝廷正资任使。得旨后,着即起行,毋稍拘泥。"秉璋疏辞,略曰:"自维愚直,何补时艰? 傥以宠利为心,藉口宏济,天下安用有是子? 即朝廷何贵有此臣?"是岁新疆南北肃清,以秉璋前在江西抚藩任内筹解甘饷,赏头品顶戴。旋丁母忧,八年,服阕。授浙江巡抚。时台匪黄金满啸聚海滨,官兵追捕则窜入重洋,兵去复出为民害。秉璋至,侦知内地多间谍,故兵机悉漏,乃檄府县严办保甲,黄金满穷蹙就抚。十年,法越事起,秉璋躬巡海口,沿岸筑长墙,绵亘数十里,置地雷,封海口,悉所有兵轮五艘,辅以红单师船,据险设防。十一年二月,法舰突入蛟门,炮台守将守备吴杰手发巨炮,伤法船二,遂退泊金塘山。越数日,复入虎蹲山北,官军迎轰之,中其烟筒,再发,中后艄,法将迷禄中炮死。自是不敢再犯招宝山口。时放小轮潜窥南岸,守将总兵钱玉兴选敢死士潜伏清泉岭下,突起击之,法兵纷纷落水死,遂遁去。事平,秉璋复议扩充海防,以备不虞。时部议筹办海军经费及旗兵复饷二事,秉璋密疏请并力海防,先其所急。

十二年,擢四川总督。川省幅员寥阔,外接番夷,内多奸盗。秉璋先后历平万县崔英河、茂州何三木匠、川北陈坤山、秀山姚复乾、大足余蛮子诸盗,皆不动大众,旋起即扑灭之。大小凉山、拉布浪、瞻对各夷叛服无常,秉璋行屯田之策,夷皆请服。十六年,税务司赫德议加抽土厘,秉璋以“内地种烟无利,则洋土益将畅销。今洋药既不能加税,但重抽土厘,于国计民生,两俱有损”。累疏持之,川土得免加厘。二十年,恭逢孝钦显皇后六旬万寿,正月,奉懿旨赏加太子少保衔,并御书长寿字、福寿字、如意、蟒袍等件。先是,秉璋奏调试用道叶毓荣、总兵钱玉兴等至蜀,颇见信任,为御史钟德祥所劾。诏湖北巡抚谭继洵驰往按验,颇有状,覆奏入,部议照滥举非人例,议以革职留任。上以秉璋措施失当,任用非人,致遭物议,应照溺职例办理。及部议革职,卒蒙恩诏,改为革职留任。十月,奉旨开缺来京,另候简用。秉璋疏乞骸骨,允之,仍命俟新督到任再行交卸。逾年而教案起,秉璋乃去官。先是,秉璋甫至蜀,值重庆民教相哄,互有杀伤,秉璋至,捕乱民石汇等置之法,并戮教绅罗元义以泄民愤。至是省城民教构衅,各属继起,旬日间教堂被毁者数十处。奉上谕:"各国设立教堂,叠经谕令各省督抚严饬地方官加意保护,以期民教相安。本年五月间,四川省城匪徒滋事,打毁东校场教堂,省外各处旋又屡出教案,皆由地方官平日不知劝谕百姓,致酿事端。迨闹事后,又不赶急惩办。该督刘秉璋督率无方,厥咎甚重。据御史吴光奎奏参省城滋事之始,刘秉璋坚置不理,并未派兵弹压,无业游民愈聚愈多,以致省外教案层见叠出。该督任意废弛,有负委任,着即革职永不叙用,以示惩儆。其馀办理不善之道府等官,着鹿传霖确切查明,分别参办。"二十五年,诏再征之,以疾不能赴。

三十一年,卒于家。两江总督周馥奏曰:"故督臣刘秉璋结发从戎,身先士卒。考其平生战绩,与程学启、刘铭传等相埒,而任事勇直,持躬廉介,则尤过之。历官江、浙、四川督抚,遗爱所留,绅民至今称道。程学启诸臣故后,奉旨加衔予谥,建祠立传,恩赉有加。该故督臣勋绩相等,四十年来,中兴将帅,凋零殆尽,仅存刘秉璋一人。今闻病殁,远近军民,同声感悼!应如何加恩赐恤之处,伏乞圣明裁酌。"谕曰:"前四川总督刘秉璋,学问优长,老成练达。由翰林随同前大学士曾国藩、李鸿章剿平发、捻各匪,叠克名城,战功卓著。擢任两司,荐陟封圻。任事勇直,持躬廉介。嗣因案革职。兹据周馥胪陈战功事迹,宿将凋零,殊深怅惜!前四川总督刘秉璋着加恩开复革职处分,照总督例赐恤。任内一切处分,悉予开复。应得恤典,该衙门察例具奏。并将生平功绩,宣付国史馆立传,以示笃念勋臣至意。"寻赐祭葬。明年,苏绅前工部侍郎恽彦彬等以秉璋前在江苏统兵,叠克名城,治军整肃。吴民爱戴,呈恳建立专祠。巡抚陆元鼎以闻,奉旨着照所请。

子体乾,江苏补用道,袭二品荫生;体仁,举人,分省补用知府;体信,分省补用知府;体智,度支部郎中;体道,分部行走郎中。

【校勘记】

〔一〕逆悉败去　原脱"逆"字。今据刘秉璋传稿(之一九)补。

陶模

陶模,浙江秀水人。同治七年进士,改翰林院庶吉士。十年,散馆,〔一〕授甘肃文县知县。县有剧盗,屡捕不可得,模掩获其孥以致之,令作线勇自赎,盗风顿息。十二年夏,调补皋兰县知县。回酋闪殿臣叛,河州被围,省城大震。总督左宗棠急征援兵,车马粮刍,一促县令储备。模朝昏擘画,缓急皆济。光绪元年,陕甘初分乡闱,辟地建屋,以及闱中事宜,无巨细,模皆躬自经纪,丝粟不以累民。是年冬,补秦州直隶州知州。时各郡大旱,饥民流徙秦州者数十万。模为度栖止,设粥厂,输廉倡募,遴贤能绅士以经理之,全活甚众。又修养济院,增义学田租,恤嫠经费,州南藉水啮城基。模捐廉筑堤三百五十丈,浚洼地为池,植芙蕖,畜鳞介,取其利以资岁修。堤旁栽树十馀万株,州人目曰陶公堤。五年,署甘州府知府。

新疆初复，左宗棠欲得贤牧令以抚辑之，奏称可任迪化州者，无若陶模，上从之。六年，翰林院编修廖寿丰以俄争伊犁，议约未定，国家当留意边才，奏言："陶模器识宏远，声名久著。请谕询左宗棠量加超擢，假之事权，用备他日阃寄。"模到官后，抚遗黎，徕商贾，和辑土客，汉、回军民，迁筑乌鲁木齐满城，经营两载，百废俱举。赏加盐运使衔。兵燹之余，汉民无几，流寓者多秦、陇、湘、楚、皖、蜀从军之众，土田荒芜，播种者不及三之一。作辍靡常，人无固志。模准周礼一易、再易之制而变通之，以二亩作一亩，上地亩纳粮八升，中地五升半，下地三升，并暂以六成征收，六年后始依定额，边氓始有久居计。七年，擢宁夏府知府。九年，署兰州府知府。旋升兰州道。十年，署甘肃按察使。十一年，擢直隶按察使。十二年三月，入都陛见，随醇贤亲王阅兵津沽，五月，莅任。十四年三月，擢陕西布政使。十月，护理陕西巡抚。十六年，复护巡抚，旋还本任。十二月，以筹解新疆饷议，叙赏给头品顶戴。

十七年二月，补授甘肃新疆巡抚。葱岭之西有帕米尔者，西邻什克，东距疏勒州，约一千四百里。葱岭东南有坎巨提者，其酋所居城曰棍杂，与哪格尔隔水相望，在莎车州西南约二千里。模至新疆前数月，俄兵已侵入帕境，英亦侵入哪格尔及坎巨提界，十一月，攻破哪、坎两部。于是议者争言与俄、英开衅，模谓："能戡土匪之将士，未足以御强敌。当此民穷财匮之际，尤不可轻言战。惟购置机炮，推广电线，饬边将简练军实，慎固封守。振抚哪、坎流民，羁留坎酋，毋令走俄，具牍与俄费尔干巡抚〔二〕、英印度总督，据理力争。"时时咨商总理衙门，争于俄、英二使，又请驻俄使臣许景澄、驻英使臣薛福成争于其外部。然俄曰防英，英曰防俄，语多诡谲，莫可究诘。十八年春，俄兵筑垒于让库尔及六尔阿乌，英官唆使阿富汗国人遣兵至苏满、波孜纳，皆帕境也，新疆文武咸愤激，谓巡抚不肯战示弱。时喀什噶尔提督董福祥频与俄领事相忤，模多方维持，谓："属地当争，边要当守，洋操当习，兵衅万不可开。有罪则一身当之。"规画主客攻守情形，不欲劳师糜饷以竭民脂，而边地卒赖以安。五月，奏请废黜坎巨提旧酋赛必德艾里汗。会英人及克什米尔国人立其弟买卖提艾孜木为酋，谕令镇抚部民，守我藩服，惟俄兵在帕忽增忽减，用意叵测。两国使臣勘议边界，久未能定。模具疏自劾，请予罢斥，上不允。边营沿湘军制，多用大旗长矛，宽袖号衣，模招致明德国兵法者，教习新操，于抚署练幼兵百馀人，兼课浅近文字，并测算诸法，递推之各营，平日见将弁必语以习劳苦、爱枪械，仓卒有事，则挖小沟隐身，伏地发枪，宿将狃积习，多以为迂。初，俄人借我巴尔鲁克山广袤数百里，有林木水草，为塔城厅西北屏蔽，模屡请及早索取，又商之将军长庚，往复辩论，逾年始如约。缠回素不学，入官塾者目为当差。模别定义学章程，严督塾师以教之。尝叹我国财力支绌，建筑台垒，未能用欧洲新法，因言今日当与地争利，派员探求矿质，如济木萨之铁，喀喇沙尔之铅，达坂城、温宿、拜城之铜，绥来、库尔喀喇乌苏、噶斯山之金，迪化之石油，凡数十百计，终以道远赀乏，工不克举。

二十年，日本因朝鲜事与我构衅，辽、沈各军失利，河、湟回族乘隙蠢动。二十一年三月，撒拉回破积石关，围循化城，河州逆回闪伏英、马永琳相继揭竿陷堡，攻狄道、河州，而西宁、大通各逆皆拥众数万,四出焚掠,所在响应。九月,<u>绥来</u>县城逆<u>回</u>乘间为乱,<u>迪化</u>莠<u>回</u>亦蓄异志,约期举事。<u>模</u>严密防范,选亲信戈什哈授以机宜,悬重赏擒逆首<u>杨进栽</u>等六人,置之法,馀悉不问,人心大定。<u>模</u>以时事孔亟,当培养人才以图补救,疏言:"海防事起,议和议战,众论纷然。臣以为国之强弱,视人才为转移。人才不足,不但和与战均无可恃,即幸而战胜,亦无益于根本。自古用人,文武并重。文有科目,武有营伍。立法之初,未尝不善。积久弊生,仕途日益杂,民生日益困,人才日益不可恃。<u>易</u>曰:'穷则变,变则通。'天下事所当变通者,不止一端,而人才其尤亟,非惩前毖后、破除一切拘牵之习,无以作天下之士气,而收实效于将来。"所陈凡十三条:曰国子监宜先整饬也;汰考生,减中额,以慎科名也;定小试年限,以端蒙养也;停捐例,以清仕途也;各部院堂司官宜练习政事也;旗兵宜破除积习,以固根本也;文武大员宜勤以率属也;禁食洋烟,宜自士大夫始也;分设算学、艺学科目,以裨时务也;水军、陆军急需文武兼通之才,宜破格鼓励也;各省操法宜变通也;工艺为富强之基,宜加意考求也;大小臣工宜力戒自欺也。末言:"当此危疑震撼之时,舆论孔多,泥古者谨守旧章,忧时者竞谈新法,然积习不能不改,而变法亦未敢轻言。诚能发愤自强,合群策群力,急起直追,何事不可勉为?若仍缚于成例,淆于浮议,不以全力赴之,虽勉行十之八九,亦无济于事。臣尤伏愿皇上鉴天灾之屡警,念民困之莫苏,懔内政之宜修,知外患之难弭,励精图治,日新又新。自朝廷以至百执事,毋始勤而终怠,毋狃目前而忘远虑。上有卧薪尝胆之大臣,下有断齑画粥之志士,贤才争奋,庶政修明,四境绥安,远人宾服。实天下臣民所旦夕仰望者也。”

十月，贼陷水泉堡，张掖岌岌。模复由俄线电奏永昌被围，标兵挫折，请加派大军进剿，兼求新疆急援。奉电旨：“甘州紧急，该抚拨营往援，实为力顾大局。此后折报取道蒙古自是正办，惟台站安设不易，是否可行，当令科、乌等处照案举办。陶模现署甘督，疏通饷道，为第一要义。如再带数营入关，沿途剿抚，更资得力。”时模已奉旨署陕甘总督，董福祥所部甘军已渡洮，云南巡抚魏光焘率湘军将至湟水东，兵力既厚。模虑贼西窜，或出合黎左右，逾北漠直达伊吾、蒲类，乃议俟迪化、镇西防务周匝，然后启行；俟哈密防务周匝，然后移师入安西、玉门而东。于是檄饬各将领分道防守，凡漠中僻路有水草者，皆扼要隘。贼游骑数队横出驿路之北，循边墙西行，掠抚彝北境各堡，窥漠北虚实，知有备，乃引归。十二月，模亲率马步八营旗以行，过吐鲁番城，回王玛木特自鲁克沁来会，勖以大义，俾固结良回以消奸宄。至哈密，巡视汉回二城，缮完守备，较阅各营，命回王沙木胡索特所练缠回与汉兵合操，示无猜疑，以固新疆门户。

二十二年三月，莅署督任。大通县西北境地曰大通营，回族皆犷悍，习为盗，渠魁散处十大庄堡。模以其屡扰驿道，破民堡，罪恶尤著，令痛剿之。西宁回匪悉众由水峡口西窜青海，模度贼党无谋，必不据青海，谓宜以现有兵力，固守河西四郡，拒贼于南山荒碛；乃檄候补道潘效苏偕诸将由北大通退归山外，西驰出塞，陈兵于玉门迤南诸山径以待，戒无得纵贼出平地。青海蒙古诸王、贝勒以羽书告急，电旨敕魏光焘、董福祥分兵追剿。模以“羌中荒邈，必责后路州县筹粮刍车驮，重困小民；且贼行速，尾追无及。今兵单饷绌,专顾郡县完区,力已不足;若宿兵绝漠,内地空虚,为祸更大"。乃奏请敕罢青海之师,衅回果狂走不少留。模急檄玉门之师倍道赴安西州,五月,大败贼于牛桥阵,冻饿僵踣碛中者数万人。逆回刘四伏以千馀骑跳走。模令罗布淖尔守将设伏以俟,并饬副将金兰益等星夜蹙贼,令无扰敦煌。贼穷蹙,由色尔腾海向罗布淖尔流沙荒远,饿毙强半。七月,刘四伏就擒于淖尔东南之和儿昂。于是徙降回于塔里木河滨,令诸将还兵入甘州南山野牛沟番地,搜捕馀匪。

关内外肃清,奉旨褒奖,遂实授陕甘总督。模以甘省财力奇绌,所经营矿务、制造学堂诸要政,率不获行其志。乃于覆奏中外臣工条陈疏中,请朝廷核实用财,破格储才,推行宜渐,本根宜急;又疏陈变通武科,谓兵士宜自幼入学校,分别水陆,各习专门,学成后,作为水军、陆军秀才,咨部考试作为举人,而罢去旧例武科。督陕甘三年,忧劳成疾,累疏乞罢,均蒙温诏慰留。

二十五年冬,任满述职。二十六年二月,东行至陕,病作,奏请赏假留陕就医。闰八月,奉旨调补两广总督。模以才力不胜,疏请收回成命。时闻两宫西幸,力疾至蒲州迎驾,召见时,面陈病状,坚求罢职。上不许,乃扶病南行。二十七年正月,疏请变通学校、科举,略言:"分设蒙学、小学、中学、大学,给以生员、举人等荣名。无论由何项出身,非有学堂执照者,不得授实官。其教习皆须品端学粹,择要试行,逐渐推广,勿一时并举,致有名无实。俟学校齐备,即将科举停止,俾归于一途。"二月,复疏言:"宦官干政之祸,史不绝书。至其有关君德者,其几甚微,而为害尤烈。我朝家法严明,二百馀年,从未有内监预闻政事。至治之盛，往古所无。然除弊当如除莠，留其芽蘖，终恐发生；不若绝其根株，永无滋长。伏思前代之用宦官，盖由妃嫔众多之故。我皇上后宫减少，左右使令，本有宫女。至内廷各项差使，悉可改用士人，不必定须内监，臣愚以为宜大加裁汰。回銮之后，请旨敕下王公大臣公同筹议，定宫府一体之制，永不再选充内监。非惟一时之盛事，实亦千古之美谈。"寻又奏："变通政治，宜务本原。本原在于朝廷，必朝廷实能爱国爱民，乃能以爱国爱民责百官；必朝廷先无自私自利，乃能以不自私不自利望天下。转移之道：一曰除壅蔽，二曰去畛域，三曰务远大。今者环球各国，角智竞能，因循苟且，将无以自立于五洲。伏愿速定国是，以奠危基，天下幸甚！"

时国威既损，外人恣睢蓁甚。葡萄牙假地澳门，初止半岛，道、咸以来，渐肆蚕食，然所侵旧界久未定议，乃又图取毗连各乡，并大小横琴各岛，遣使白朗毅至京要挟。模乃胪列形势利害，咨请外务部坚持驳斥，得戢狡谋。粤素多盗，手定清乡章程，实行缉捕之法，凡练军营哨分屯在外者，许由牧令节制，信赏必罚，一岁中捕斩著匪二千数百人。廉、钦各邑及防城之十万大山曩为贼薮者，皆遣明干大员督率将弁，先后讨平之。肇、罗所属新兴、阳春、东安各县，山深地险，向为匪徒巢窟，模严劾缉捕废弛者，并遣员督营缉办，两月之间，歼获要匪二百馀人。又令府县设劝工厂，教养轻罪，而于奏报治盗折内，兢兢以宽民力、清盗源为要。二十八年五月，奏陈开办大学堂、武备学堂，因请竟废科举以收学堂实效，上韪之。以病连疏乞假，并求解任，慰留至再。六月，奉旨准其开缺，甫受代而病革。

寻卒。遗疏言："粤东虚有殷富之名,实已民穷财尽,而迫于时势,仍不能不百计筹款,闾阎益困,盗贼日繁。长此不已,后患正多可虑。惓惓愚忱,窃欲朝廷深加之意。至粤西匪事,近闻势尚猖獗,而夏潦之后,又苦亢晴。晚稻若再失收,办理更为棘手。此尤臣夙夜疚心而瞑目难忘者也。"署总督德寿上其疏,并言:"模历官忠诚,制行坚卓,久在圣明洞鉴之中。中外臣僚亦夙相推服。至其生平学行,一以宋儒为宗,而又通达时务,无拘墟腐旧之见。自奉俭约,清德为一时所称。于公家款项,尤不肯稍有糜费。律己甚严,而待人则宽恕。嫉恶甚峻,而爱才若饥渴。乃积劳尽瘁,赍志以终。士庶官绅,同声忱惜。臣等检阅其奏疏遗稿,忠言谠论,洞达体要。忠爱之忱,深远之识,实有名臣遗风,尤不能不为国惜此人也!"奏闻,谕曰:"两广总督陶模,秉性朴诚,精勤练达。由庶吉士起家县令,荐历封圻。在陕甘边省二十馀年,抚绥培养,吏畏民怀。调任两广总督,办事实心,不辞劳瘁。旋因患病,迭次赏假调理,旋准开缺,方冀医治就痊,长资倚任。兹闻溘逝,轸惜殊深!陶模着加恩追赠太子少保衔,照总督例赐恤。任内一切处分,悉予开复。应得恤典,该衙门察例具奏。灵柩回籍时,着沿途地方官妥为照料。伊子陶葆廉,着赏给员外郎;长孙荫生陶善培,着赏给主事:用示笃念荩臣至意。"寻赐祭葬,予谥勤肃。二十九年,陕甘总督崧蕃据绅民呈恳,奏请于甘肃省城建立专祠,〔三〕列入祀典,以顺舆情而隆报飨。三十年,新疆巡抚潘效苏复据绅民呈请于新疆省城捐建专祠,并将政绩宣付史馆立传,以彰忠荩。诏并从之。

【校勘记】

〔一〕十年散馆　原脱"十年"二字。今据陶模传稿(之一九)补。

〔二〕具牍与俄费尔干巡抚　"干"原作"千",形似而误。今据陶模传稿(之一九)改。

〔三〕奏请于甘肃省城建立专祠　原脱"城"字。今据陶模传稿(之一九)补。

饶应祺

　　饶应祺,湖北恩施人。咸丰九年,由廪生候选训导,倡办团练出力,叙国子监学正衔。同治元年,中式举人。六年,拣选知县,改捐主事。钦差大臣陕甘总督左宗棠督师讨回逆,调应祺办理营务。十年,叙克金积堡功,奉旨免补主事,以直隶州知州留陕补用。十三年,论克巴燕戎格暨河州各城功,擢知府。光绪二年,关陇肃清,汇案请奖,诏俟补缺后以道员用。三年,署同州府知府。

　　时陕西大饥,同州尤甚,奸民因以煽乱。应祺遍谕各属商民出粜,蠲廉为倡,并截留他省粮运,全活甚众。乱定,复招集流亡,兴水利、树植。四年,以陕西筹拨西征军火出力,赏加盐运使衔。六年,左宗棠疏荐应祺,有旨交军机处存记。十年,授甘肃甘州府知府。巡抚边宝泉委查陕西差徭,定通行章程四十条,分别兵流,扫除浮冗,岁省银数十万两。十一年,擢甘肃兰州道,旋署按察使。十五年,〔一〕调甘肃新疆镇迪道。十六年,调喀什噶尔道。十七年,署新疆布政使,十九年,补授。与俄罗斯订立阿尔泰山界约。二十一年,署新疆巡抚。值汉、回构逆,蔓延甘、凉,应祺调提督牛允诚各军回防玉门、安西、敦煌,分扼阿不旦、红柳峡、阿武斯各要隘,并于哈密、镇西、喀喇沙尔、阿克苏各后路,节节设防。二十二年,逆匪刘四伏扑犯昌马,大破之。贼分路逃窜,穷追至雅不冷,斩刘四伏,馀众尽降。库车、宁远诸回同时解散。有诏褒勉。旋授新疆巡抚。二十五年,剿平绥来回乱。二十六年,疏请设立左右两翼马队,略言:"新疆地多戈壁,转馈万难,步队不如马队之轻便。一旦有事,分合多少,临时可酌量分布。"二十七年,兴设武备学堂及选立常备、续备、巡警等军,疏言:"他事用人,皆可尝试。选将则非久经战阵、屡奏成功者,万不可轻用。振兴戎政,非徒袭德操阵法,要在将卒一心,期有实用。惟先就原有将弁,择其朴实勤奋者,操习新式枪炮,认真训练,以成劲旅。"上韪之。

应祺任布政使时,以新疆南路罗布淖尔地居偏僻,广袤千馀里,详请开办屯田;及二十二年剿平回匪,降众八千馀人,悉安插罗境,奏升附近喀喇沙尔厅为焉耆府,而于罗布淖尔设兴平县及卡克里克县丞隶之,兼设蒲昌营屯防游击、守备、千总、把总等官。二十八年,会同陕甘总督崧蕃疏请将疏勒、莎车、温宿三直隶州升为府,改库车直隶厅为直隶州,玛纳巴什直隶厅为巴楚州,增蒲犁通判一,伽师、泽普、洛浦、温宿、轮台、婼羌、沙雅、孚远、鄯善县九,柯坪、呼图壁县丞二,分地而理,庶于新疆吏事、边事,均有裨益。又疏请增乡试中额二名、会试中额一名,暨各府学官学额。又以新疆偿款太巨,协饷不敷,请照内地行省额征钱粮之例,统按一五加耗,征收耗羡,先后均得旨允行。

九月,调安徽巡抚。十二月,行抵哈密,卒。陕甘总督崧蕃、新疆巡抚潘效苏以闻,并陈:"应祺一生谨慎,用人处事,诚实不欺,而持身务俭,为人所难及。新疆界连英、俄,随机因应,筹理防务,尤能处以镇静。"谕曰:"安徽巡抚饶应祺由举人投效军营,保升知府,荐擢封圻。在关陇、新疆前后三十馀年,整顿地方,卓著劳勋。上年调补安徽巡抚,由新疆交卸入关,殁于哈密途次,殊甚轸惜! 加恩着照巡抚例赐恤。任内一切处分,悉予开复。应得恤典,该衙门察例具奏。生平政绩,宣付国史馆立传。灵柩回籍时,着沿途地方官妥为照料。伊子陕西候补道饶凤珪,着俟服阕后以道员仍留原省即补。"寻赐祭葬。

子凤珪,即补道;凤璜,举人;凤琯、凤璪,均附生;中书科中书衔凤琼;附生凤璸。

【校勘记】

〔一〕擢甘肃兰州道旋署按察使十五年　原脱此十四字。今据饶应祺传稿(之一九)补。

谭钟麟

谭钟麟,湖南茶陵州人。咸丰六年进士,改翰林院庶吉士。九年,散馆,授职编修。是年秋,大考翰詹,列二等,赏袍料一匹。十年,充会试同考官。钟麟甫留馆,未与考差,盖异数也。同治元年,充湖北乡试副考官。二年五月,记名以御史用。十一月,补江南道监察御史。

时天下多事,言官率毛举细故,钟麟以为御史当效忠补阙,深维国家利便,令可施行;若但讦阴私,立朋党,非朝廷重谏官意也。乃疏请申明定例,非廉明伉直有节操者,勿得保送御史,违者坐其长官。下部议如所请。三年,截取,奉旨记名以繁缺知府用。四年春,恭亲王奕訢被严旨罢议政,下其事内阁,令王公以下详议具奏,罪且不测。钟麟独与吏科给事中宗室广诚等联名上奏,曰:"三月初九日,内阁奉旨交下惇亲王及编修蔡寿祺具奏折件,着王公、大学士、九卿、翰詹、科道会议;又于十四日,奉旨发下醇郡王等各折,着一并详议具奏,等因钦此。仰见皇太后、皇上审慎周咨之至意。臣等恭阅惇亲王、醇郡王等所奏,均系为大局起见。恭亲王自议政以来,夙夜在公,尚无遗误,屡荷优诏,奖其贤劳,在圣恩非私于一人,此天下臣民所共信。至于召对之时,言语不检,诚不得为无罪。一经天威震叠,当必愧悔交集,补救不遑。臣等伏念海内多事之秋,全赖上下一心,共资康济,而于懿亲为尤甚。若庙堂之上,先启猜嫌,根本之间,未能和协,骇中外之观听,增宵旰之忧劳,于大局实有关系。臣等忝居谏职,未敢缄默不言;至用舍之权,操之自上,非臣下所敢妄议。"疏入,上奉懿旨以广诚等折内各语,持论固属重大,于朝廷办理此事苦心,尚未领会,因复降旨宣示百僚,以毫无猜嫌之意,命恭亲王仍在内廷行走,并仍管理各国事务衙门。

十二月,授杭州府遗缺知府,五年,到省。时浙江当大兵之后,百废待举,巡抚马新贻重钟麟名,即奏补杭州府知府。下车以恤流亡、理狱讼、清赋税为务。六年二月,以前在国史馆纂办大臣年表,赏加道衔。是冬,署杭嘉湖道,督海塘工,浚长安河,皆称利赖。马新贻密保其才可大用。七年,擢河南按察使。八年三月,母忧去官,十年,服阕,入都。陕甘总督左宗棠疏请饬赴甘肃。既得请,未行,授陕西布政使。十一年正月,护理巡抚事。钟麟故尝游陕,知其民情,取所疾苦更易之。初,汉、回积不相能,至是值回乱,众禁回民出城,穷饿者无以营生计。钟麟弛其禁,令汉民不得相仇,遇诉讼,戒属吏毋有所袒。回众感泣,誓不犯法。旋还布政使任。时左宗棠方督师甘肃,设粮台于陕西,各省协甘军饷,亦皆道陕。钟麟乃设局行钞,征发立应,悉无留误。更以馀暇兴学,立书局,浚郑白渠,教民种桑,蚕织大兴。

光绪元年,擢陕西巡抚。先以筹饷功,赏头品顶戴。左宗棠复奏言:"数年来百姓绥靖,粮饷不匮,臣得一意军事,无兼顾忧,皆钟麟力。"奉旨赏戴花翎。三年,陕西大旱。先是,钟麟依社仓法,督州县积谷,至数万石,乃尽发以赈。选任干吏,不假手胥役,颁禁令十条,严治囤户及侵渔者。富平知县刘志同、高陵知县陈衍昌办赈欺饰,钟麟奏革讯治,斩胥吏以徇,官民震慑。时晋、豫皆旱饥,两宫为之旰食,发内帑,籴沿江粟以赈之,犹不能全济,陕独晏然。论者以晋、豫、陕灾同,而有司请发独异,疑陕讳灾。朝廷乃以钟麟前后奏宣示,且有"实惠及民"之褒焉。五年春,因病请开缺,奉旨赏假两月,勿庸开缺,并勉以时事艰难,当力图报称,未可遽萌退志。八月,调浙江巡抚,加兵部尚书衔。浙江自兵燹后,田业失主,多为豪强兼并,号荒产,匿不纳租,有司按问,率不得要领。钟麟遣官按籍稽征,晓以祸福,遂各还其初。钱塘县吏何秉仁浮收漕粮,计赃盈万,逮斩之,知县陈国香亦坐遣戍。尽革垫完透息诸弊,民情大欢,踊跃输纳,增运十馀万石。于盐则查减晒版,召商集货承运。又更定厘税,于货物首所过局,计远近并征,听其所之,不再留难,商民称便。筑炮台,修海塘。重建文澜阁,庋藏高宗所赐四库书,开局延文儒校刊群籍,治闻一时。

七年八月,迁陕甘总督。甘省边远贫瘠,屯军岁饷数百万,皆仰给他省,至不以时。钟麟奏奖诸布政使运解迅速者,自是馈饷相属。新疆既平,创设巡抚,岁以甘饷三之二济之,时其缓急,不令缺乏。西域道远,轺传相望,州县辄敛民车,费时失业,最为害。钟麟乃立官车局以供转运,民不知役。旧商人承运花马池盐,贪利昂其直,私贩因以充斥。商困税绌,乃罢旧商,定就场征课法,税增什二,盐直反大减。尽罢诸苛细捐及刍豆征累民者,民困以苏。又以久遭兵燹,士多失学,于兰州建求古书院,甘州建河西精舍,选高才生讲肄其中。十年,法越事起,钟麟奏请自率精兵五千人入卫,有诏止之;乃以提督雷正绾自代,饷械自给,不别请部款,迄于罢兵。十三年,河决郑州,工久不就。钟麟筹解六十万金,助塞河及赈灾民,奉旨优叙。督甘九年,库储至百馀万两,州县积谷数百万石,十倍初至时。初,钟麟至甘肃,即患目疾,前后四请解任,均赏假慰留,赐珍药。十四年,益剧,至不能视。自陈乞开缺,两奏,始奉朱批:"谭钟麟向来办事认真,深资倚任。前因目疾,屡经宽予假期,并赏药饵,以期速愈。兹据缕陈病势日剧,万难任事,情词迫切,未便拂其所请。谭钟麟着准其开缺回籍,安心调理。一俟就愈,即行来京陛见。"家居两载,目复明。

十七年二月,奉诏入都,恩赐紫禁城内骑马。四月,诏以尚书衔补吏部左侍郎。八月,兼署户部左侍郎,兼管三库事务。十八年三月,署工部尚书。五月,授闽浙总督。二十年,恭逢孝钦显皇后六旬万寿,正月,懿旨赏加太子少保衔。七月,兼署福州将军。十月,调四川总督,未行。二十一年四月,调两广总督。粤素多盗,赌风尤甚。奸猾之徒,惧为吏所持,则公请以博进赢馀助军饷,岁输三十万金,所谓四成报效者也。钟麟至任,以赌为盗源,不禁赌则盗终不可止;而官征赌款,尤伤政体,乃奏罢赌饷,尽封禁诸赌馆,尤严官吏赇请之罚。又闱姓商岁输公家亦数十万金。闱姓商者,乡会试方入闱时,取与试士子姓为覆,听人射之,谓之卜榜花,得多者胜,赢利巨万。闱商六年一更易,争欲承充,则竞纳贿,自总督以下多寡有差。钟麟恶之,将议禁而闱饷所从来尤久,关于部款,猝未可革。钟麟乃令输赀百六十万者充之,自总督以下不得更索一钱,示定期限,逾期不如数,以所输没入官。群不便者造蜚语百端,不为动。久之,中外言筹饷者,稍稍及赌捐,欲弛禁。朝廷下总督议,钟麟覆奏曰:"禁赌以来,议者纷纷,至谓赌为粤民生计,禁终不止,费出于赌,取之无伤。臣愚窃所不解。夫上之于民,犹父兄之于子弟,为父兄者必无恃子弟博以自奉之理!况国家岁得不过数十万金,而小民倾家荡产者,何止百数十万?民之不利,国何利焉?臣非不知赌禁虽严,未必遽绝,然上无所利,则聚赌之匪人,受贿之官吏,无可藉口,尚不敢肆意横行。一旦弛禁,人民既无忌惮,不肖官吏复因而牟利,上下交征,乱可立待。虽有百万,将焉取之?至如所言禁赌则生计日穷,一省之民恃赌为生计,中外古今,安有是理?若谓盗风之炽由于禁赌,言尤不经。闻因赌而窝盗,赌输而为盗者矣;不闻赌可弭盗也。无识之徒,罔顾利害,饰辞耸听,所言万不可信。所请断不可行。"奏上,上深韪之,然言者犹不止,钟麟复疏争之,事乃寝。

广东交涉日繁,钟麟不得行其志,乃以病求去。疏五上,二十五年十一月,命来京陛见。旋赏假两月,回籍就医。明年,万寿覃恩,赏戴双眼花翎。四月,入觐,复自陈,始命开缺留京当差。七月,乘舆西幸,钟麟以衰疾不能从,乃乞归。三十一年,卒。遗疏入,谕曰:"前任两广总督谭钟麟,老成练达,学问优长。由翰林改官御史,简放外任,荐陟疆圻。服官四十馀年,所有整饬吏治,勤恤民依,于地方要政,尤能力持大体。前因患病,奏请开缺回籍。兹闻溘逝,轸惜殊深!谭钟麟着加恩予谥,照总督例赐恤。任内一切处分,悉予开复。应得恤典,该衙门察例具奏。伊子安徽试用道谭宝箴,着俟服阕后以道员仍留原省尽先补用;伊孙谭辅宸,着赏给员外郎:用示笃念荩臣至意。"寻赐祭葬,予谥文勤。

子宝箴,安徽道员;延闿,翰林院编修。

孙辅宸,员外郎。

聂士成

聂士成,安徽合肥人。由武童投效钦差大臣袁甲三军营。同治元年四月,随大军克复庐州府城,叙功奖外委。八月,平湖沟浍北捻巢,拔把总,加五品顶戴。二年,随淮军克复太仓、镇洋、昆山、新阳、吴江、震泽。擢守备,赏戴蓝翎。三年,克苏州、江阴、无锡、金匮各城,升都司,加游击衔,赏换花翎。四年,连克宜兴、荆溪、溧阳、嘉兴、常州。论功,超迁参将。五年,追叙淮军分援浙、皖、闽三省战绩,士成奉旨以副将补用。旋从直隶提督刘铭传蹑击东捻任柱等股,屡获大捷,赏力勇巴图鲁名号。六年,叠败贼于山东曹县、安丘、潍县及湖北黄安紫坪铺,又追贼江苏赣榆城南,阵毙逆首任柱,馀匪平。七年五月,诏以总兵交军机处记名简放,并赏给一品封典。七月,录平西捻张总愚功,以提督记名。

光绪十年,法人袭据基隆,士成率军渡台援剿,每战辄胜。十一年,台防解严,有旨记名以海疆总兵简放。寻统庆军驻防旅顺口。十七年,海军大阅,礼成,赏加头品顶戴,调统芦台淮、练诸军。十月,剿热河、朝阳各属教匪,生擒逆首杨悦春,斩之。捷入,赏穿黄马褂。十八年三月,热河全境肃清,赏换巴图隆阿巴图鲁名号。五月,授山西太原镇总兵,仍统芦台防军。二十年五月,与直隶提督叶志超赴援朝鲜,志超军驻成欢,遇伏,士成力战却之,全军而还。七月,赏换刚安巴图鲁名号。既而平壤军溃,叶志超逮问,士成扼守大高岭,屡败敌众,乘胜规复连山关、分水岭各隘。十月,补直隶提督。十二月,日兵乘除夕潜袭我军,士成设伏以待,大破之于分水岭,斩日将富刚三造。优诏褒勉,赏白玉翎管、小刀、荷包诸珍物。二十一年,和议成,撤兵回驻芦台,归并武毅淮军三十营,以士成总训练之。二十四年,诏改士成所部三十营为武卫前军。二十五年二月,大学士荣禄奏北洋武毅军训练三年,著有成效,请将出力员弁择尤保奖。奉上谕:"北洋自创立武毅军以来,经提督聂士成悉心擘画,综理精详,现在训练已届三年,确著成效。该提督公忠笃实,办事认真,深堪嘉尚!聂士成着交部从优议叙。"十月,赐紫禁城内骑马。

二十六年,拳匪构衅,英、法诸军犯津沽,士成以十营护铁路，以十营留芦台，而自率五千人赴津防堵，连夺陈家沟、武库、跑马厂、八里台诸处，复由八里台径攻紫竹林，敌来益众，军士少却。士成冠服立桥上，手刃退卒，愤谓诸将曰："此致命遂志之日也，虽及死，不得逾此一步！"未几，遍体鳞伤，衣襦尽赤，犹奋臂指挥督战，最后飞炮洞胸，肠胃溃流，遂殁于阵。事闻，奉上谕："统带武卫前军直隶提督聂士成，从前著有战功，训练士卒亦尚有方。乃此次办理防剿，种种失宜，屡被参劾，实属有负委任。昨降旨将该提督革职留任，以观后效。朝廷曲予矜全，望其力图振作，藉赎前愆。讵意竟于本月十三日督战阵亡，多年讲求洋操，原期杀敌致果，乃竟不堪一试，言之殊堪痛恨！姑念该提督亲临前敌，为国捐躯，尚非退葸不前者比。着开复处分，照提督阵亡例赐恤，用示朝廷格外施恩、策励戎行之至意。"寻赐恤如例，赏骑都尉兼一云骑尉世职，袭次完时，以恩骑尉世袭罔替。

二十八年，署直隶总督袁世凯奏陈士成生平勋绩及死事惨烈情形，略言："士成自束发从戎，即有誓死报国之志。历随故大学士李鸿章征剿发、捻，卓著战绩。至其援台援朝，力守辽沈，不避艰险，尤为人所难能。当癸巳、甲午之交，边燧无警，而士成独慨然虑东边有事，亲往东三省游历，凡经过要隘，皆用西法绘图立说，山川扼塞形胜，瞭如指掌，著有东游纪程一书，阅时半载，跋涉数千里。喘息未定，果有中东之役、庚子之变，寇乱相寻，军务棘手。士成以少敌众，身任其难，为群强所詟服，而拳匪独仇视之，蹈瑕抵隙，龃龉百端。处事势万难之中，值众寡悬殊之地，毅然不顾，甘殉疆场。迹其善战授命，武臣中实惟一人。"谕曰："已故直隶提督聂士成，秉性忠贞，沉毅果敢。历随前大学士李鸿章征剿发、捻各寇,摧坚陷阵,叠著勋劳。嗣在北洋整顿海防,讲求训练,壁垒一新。前岁拳匪事起,仓猝用兵,备多力分,众寡不敌,卒以身殉。洵属大义凛然！披览死绥情状,至为惨烈,悯悼弥深！聂士成着追赠太子少保,照提督阵亡例赐恤,加恩予谥。该故提督生平战功事迹及死事本末,宣付史馆立传,并准于立功省分死事地方及原籍建立专祠,为以死勤事者劝。该提督子嗣几人,有无官职,着袁世凯查明覆奏,候旨施恩。”及袁世凯查覆奏入,复谕曰:“朕钦奉慈禧端佑康颐昭豫庄诚寿恭钦献崇熙皇太后懿旨,已故提督聂士成之母,年逾八旬,着赏银一千两,由广储司给发。伊子分省补用知府聂汝魁,着以道员分省补用;候选知府聂宪藩,着以知府分省遇缺即补:以示锡类推恩、有加无已之至意。”予谥忠节。

黄万鹏

黄万鹏,湖南宁乡人,原籍善化。咸丰三年,由武童投效前礼部右侍郎曾国藩军,转战湖南北。六年,优贡生曾国荃领军援江西,万鹏以哨长从,击贼安福,复其城;再战于大汾河,又破之。奖六品顶戴。七年,移军天华山,以规吉安,连毙贼白鹭洲、棱潭湾等处。万鹏力战,枪子洞左股,官军遂克郡城。保以外委尽先拔补。九年二月,从破贼于信丰,五月,调援景德镇。

十一年二月,进围安庆,逆首陈玉成来援,连营数十重,分扑后濠,拊官军之背,筑月墙濠外以避炮。万鹏率众逾濠,立毁其墙,增修新垒以拒之,贼不得逞。左足被枪,裹创血战,自夜达旦,军中皆服其勇。八月朔,官军地道成,火发轰城西北隅,坏数十丈,万鹏冒烟直前,大军继之,遂克安庆。叙绩,以千总尽先拔补,赏戴蓝翎。同治元年三月,官军乘胜复巢县,下和州。四月,复太平府城,克芜湖、烈山各石垒,乘势破周村,驻军江宁板桥,五月,收复秣陵关,夺大胜关要隘,逼雨花台而军。万鹏皆有功,诏以守备尽先补用,并赏换花翎。

闰八月,伪忠王李秀成分令群酋自苏州扰太平、宁国,而自率十三伪王救江宁,众号六十万,直薄官军。万鹏空壁逐之,飞丸中左额,力战不顾,毁贼垒十二,杀贼三千人。十月,围解,论功,擢都司,并加游击衔。二年四月,进攻雨花台,万鹏率壮士数十,夜半蛇行,潜近石城,从炮台下蚁附而升,歼守炮者,移炮内向以轰之。贼惊窜,遂拔台城,并平聚宝门外各石垒。七月,官军出印子山,压贼垒而阵,悍贼以死拒。万鹏率骑队出贼后击之,贼始骇溃,追至秣陵关,连破十馀卡,尽平河西及江东桥、上方门、高枪门、双桥门、七瓮桥各垒,江宁之围始合。诏免补游击以参将补用。三年六月,大军克江宁。万鹏逐贼纯化镇,手擒伪烈王李万材,复追至湖熟镇,尽毙伪巨王、幼西王、幼南王、定王、崇王、璋王等。捷奏,上大喜,命以总兵记名简放,并赏给力勇巴图鲁名号,赐奖武银牌一方。

五年,捻寇犯湖北,巡抚曾国荃檄万鹏募选锋马队驻防黄花涝。时德安、随州、枣阳、天门、应城、云梦各郡县为捻所躏。七月,移军德安,未至三十里,贼凭险拒战,万鹏击败之,复败贼于德安、应城、云梦,皆克之。十二月,诸军追贼至臼口,别营失利,贼遂犯安陆。万鹏偕诸军力却之,枪伤发际。六年二月,贼复上窜,万鹏会师新洲,夹击之,贼退走;追破旧街、柳林贼,又败之大畸山、碾子河、沙河,大小二十馀战,皆捷。命以提督记名简放。

九年,钦差大臣陕甘总督左宗棠调赴甘肃行营差遣。十年三月,檄署汉中镇总兵。十一年七月,叛回马本源等纠陕回及撒拉回众围西宁,左宗棠檄万鹏率守备李凤来等赴讨,至碾伯,与贼遇,大破贼于硖口,遂解西宁围。十二年正月,会湘军克向阳堡逆巢,乘胜复大通县,擒逆酋马长忠等百馀名,骈斩之。馀众就抚,遴其精壮,立为旌善马队,万鹏自领之,并统寿字后旗。叙功,赏三代正一品封典。[一]时官军围肃州,久不下。万鹏以师会之,寻克其城。关陇肃清,奉旨优叙。十三年,降寇闪殿臣复以河州叛,官军进讨,平之。闪殿臣就擒,[二]万鹏所领马队功为多。交部优叙,并赏换伯奇巴图鲁勇号。

光绪二年,左宗棠用兵新疆,檄万鹏随道员刘锦棠出关。当是时,天山南北皆为贼扰,首逆白彦虎连结安集延及各缠回踞乌鲁木齐,倚古牧地为巢穴。六月,官军进袭之,夜次黄田。黎明。贼始惊觉,角声四起,官军严阵山上,万鹏与总兵余虎恩先率马队驰击贼骑,却之;旋复合步贼来攻,万鹏与余虎恩督马队张两翼,总兵谭拔萃率步队居中,钞而进,贼大溃;乘胜径薄古牧地,败援贼夷目阿托爱,火其巢,遂复乌鲁木齐、迪化州及伪建王城,追贼至盐池墩而还。捷上,赏穿黄马褂。八月,大军进攻玛纳斯,地道轰发,城陷二丈馀,各军摧锋直前,贼亦以死抗,士卒多伤。矢集万鹏臂,[三]拔之,更疾战,各军继之,遂克玛纳斯。掘伪清真王妥明尸,戮之。得旨,优叙。三年三月,官军由乌鲁木齐逾岭而南,进攻达坂城。师至柴窝铺,夜大雾,万鹏与余虎恩各率所部衔枚疾行,近城多水草,泥没马腹,逾淖傅城而阵。天明，雾收，贼始知，仓皇不得遁。城立拔，逆首伏诛，馀贼无一脱者。进剿托克逊城，至小草湖，遇贼伏，围万鹏数匝。万鹏率队荡决，所向皆靡。会刘锦棠以大军至，内外夹击，贼大败，举火焚粮药，弃城遁。是役也，毙贼二千馀人，生擒数百名，受降二万有奇。论功称最，诏予云骑尉世职。

七月，大军驻苏巴什阿哈布拉，刘锦棠自向开都河，而檄万鹏与余虎恩率马步十四营取道乌沙塔，出库尔勒之背。万鹏败贼于布告尔，驰抵托和奈，遇贼复破之，复库车，进驻拜城。履冰夜行，抵铜厂，贼方列阵，诸军直搏之，贼骇失措，万鹏麾兵合击，毙贼无算。馀贼相率狂奔，官军逐北过查尔齐克台西，遂薄阿克苏城。白逆率死党弃城走乌什，万鹏踏冰渡胡玛讷克河，行戈壁八十馀里，疾追之，俘其后队马有才等斩之，进拔乌什。一月中行三千里，于是南疆东四城皆下，予骑都尉世职。白逆之败于乌什也，逾雪山入喀什噶尔，助攻汉城，刘锦棠檄万鹏由乌什取道布鲁特境，与余虎恩期会喀城。万鹏星夜疾驰，沿雪山千馀里，雪深或至丈馀，时以毡贴地济师。十一月，抵喀城北麻古木，虎恩亦抵城东牌素特，相距六十里。贼骑瞥见官军，驰呼于城曰："大军至矣！"缠回皆惊溃，安集延酋杀之不能止。白逆乃与安酋分道遁，而留其党守城。夜三鼓，两军抵城下，城内火光烛霄汉，万鹏自北入，虎恩自东入。天未明，贼启门走；乃留营守城，自率兵急追之，一日夜驰三百里。至爱岌槽与贼后队相值，生擒伪元帅马元，斩其副白彦龙。白逆遁入俄罗斯。新疆平，录功，改授二等轻车都尉世职。四年八月，凯旋，乞假归省。

六年，仍赴新疆，统带扬威等营。十年，南北山边防敉平，赏头品顶戴。十二年,统带定边、定远等营旗。十五年,新疆巡抚刘锦棠以万鹏叠著战功,熟悉营伍边情,疏请留新疆补用,允之。调署喀什回城协副将,以城署各工告竣,予优叙。十六年,新疆巡抚魏光焘疏荐万鹏驭军整暇,韬略优娴,委署阿克苏镇总兵,并统东四城各营。寻补阿克苏镇总兵。恭逢德宗景皇帝二旬万寿,恩诏加一级,赏万鹏母杨氏御书匾额,暨如意、文绮诸珍品。十八年,录边防功,优叙。二十年,署新疆提督,并统西四城马步各军,恭逢孝钦显皇后六旬万寿,叠拜“福”“寿”字、如意、文绮、冠缨之赐,又特赏其母杨氏匾额、如意、金花、金杯、丝缎等物。二十一年,调署巴里坤镇总兵,并统东路防剿各军。时甘回刘四伏等率党由玉门西窜,欲道哈密,扰南路。万鹏扼要隘,贼不敢过,改道安西,谋犯新疆省城,行至戈壁,悉为官军所歼。诏予优叙。

二十三年,因叔父黄登和等先后阵亡乏嗣,各有云骑尉世职,万鹏例得兼袭,湖南巡抚疏请并为二等男爵,上从之。四月,命开缺送部引见,时万鹏旧伤举发,闻命力疾就道,二十四年九月,卒于陕西途次。二十六年,新疆巡抚饶应祺奏陈万鹏勋绩,请照提督军营立功后积劳病故例从优议恤,并附祀大学士左宗棠甘肃、新疆两省专祠;三十年,湖南巡抚赵尔巽复奏请将战功事迹宣付史馆立传,原籍省城及立功省分建立专祠;皆得旨允行。寻赐祭葬。

子钺,候选道,袭爵;翼章,县丞。孙承宪,二品荫生。

【校勘记】

〔一〕赏三代正一品封典　原脱“正”字。今据黄万鹏传稿(之一八)补。

〔二〕闪殿臣就擒　"闪"原误作"闵",又"擒"误作"抚"。今据黄万鹏
　　传稿(之一八)改。

〔三〕矢集万鹏臂　"集"原误作"及"。今据黄万鹏传稿(之一八)改。

闪殿魁

闪殿魁,顺天昌平州人。咸丰二年,由行伍投效宣化镇标,
随征江南。七年,寿春镇总兵总统诸军郑魁士檄赴安徽,战颇
力,给六品顶戴。十一年四月,从江宁将军都兴阿击退江、皖各
逆,有功,叙六品蓝翎。同治二年十一月,嘉善县贼酋陈占榜、余
嘉鳌诣官军乞降,殿魁请于统带吴毓芬,单身入贼营,晓谕降众。
翌日整队而入,陈占榜等伏迎道左,军士无哗。自是从江苏巡抚
李鸿章军,屡克城池,皆与有功,荐保花翎,以游击留两江补用,
并加参将衔。

六年,充淮军华字营哨官,任扬州防务。时捻逆由仙女庙窜
扬州湾头,统带吴毓兰檄殿魁侦贼情,挈数十人往,至七闸,适大
股贼至,从者骇顾欲逃,殿魁呵止之,令多植旗械以疑贼;仍飞报
大营迎击,贼驰近,果惧有伏,不敢前。已而大队至,合力痛剿,
获捻酋赖文光于阵。捷入,奉上谕以副将仍留两江补用,并加总
兵衔。九年,以剿平西捻功,赏给胜勇巴图鲁名号。十二年,借
补江南提标游击,署中军参将。光绪七年,两江总督刘坤一及江
南提督李成谋檄办江南操练轮船营务处。十年,法越事起,长江
戒严。殿魁驻防白茆港,李成谋令兵轮泊吴淞口内,殿魁虑潮退
时炮力不得施,亟见成谋力言之,成谋悟,立下令驶出口外。和

议成,撤防,升补江苏抚标参将。十二年,两江总督曾国荃奏称:"殿魁军律严明,兼谙船务,防守要地,能得兵心。"有旨以水陆总兵交军机处存记。十三年六月,曾国荃续保堪胜提镇,七月,江苏巡抚崧骏复奏保将材,皆奉旨交军机处存记。

九月,授甘肃凉州镇总兵。凉州当甘、新出入之冲,石路险仄,行旅苦之。殿魁至任,躬出履勘,东极庄浪,西尽永昌,袤延七百馀里,伐石开山,平治道路,阅十八月而工竣,官民称便。创订兵弁赏恤章程,永著为例。十七年,历俸三载期满,循例详请陛见,陕甘总督杨昌濬以大阅届期,西路各营方资整顿,奏请缓行,允之。十九年三月,奉旨开缺送部引见。明年,中日失和,军事旁午。十月,督办军务恭亲王奕訢、帮办军务庆亲王奕劻檄募马步十营,驻昌平州沙河,顾京师北路。十一月,引见,仍以总兵用。旋授四川建昌镇总兵,仍留防次。二十一年正月,移驻乐亭。五月,和议成,撤防,赴建昌任。至则整饬营务,镇抚番、夷,开浚宁远府城外东西两河,下通邛海。自后水道疏畅,民生赖之。二十六年,四川总督奎俊奏署松潘镇总兵,剿办靖远勒摹夷,赏头品顶戴,寻署四川提督。二十八年,旧伤触发,开缺回籍。二十九年,卒于家。

子国璋,奉天候补知县;国勋,孝廉方正;国贤,江苏候补同知;国书,两淮候补盐大使;国翰,浙江候补巡检;国策、国训,均候选县丞。

孙崇仁,江苏候补县丞;崇寿、崇羲、崇和,均候选县丞。

清史列传卷六十二

已纂未进大臣传一

蒋凝学

蒋凝学，湖南湘乡人。咸丰五年，由监生随浙江宁绍台道罗泽南军，规复武昌，迭克崇阳、通城、蒲圻，以从九选用，并赏戴蓝翎。十一月，随攻武昌，前后八十馀战，颇有擒斩。免选从九，以国子监典簿选用。六年十一月，湖北巡抚胡林翼围武昌，合水陆诸军进剿。凝学率湘左两营当左路为策应，迭战皆捷。武昌克复，以知县尽先选用，加同知衔。

七年六月，皖贼大举上犯，凝学御诸童司牌，败之。时按察使用、安庆府知府李续宾攻九江，城垂克，伪英王陈玉成来援，童司牌复为所踞。将军都兴阿被围，续宾檄凝学率四营救之，贼众我寡，军情恇惧。凝学谓诸将曰："童司牌不克，则水师不能安扎龙坪、武穴，攻剿九江之师亦掣肘无功。利钝在此一举。愿与诸君共任其难。"于是士皆感奋,遂大破贼,复与多隆阿等前后夹击,纵火焚烧,两日之间,踏毁贼垒四十八座,斩馘五千。保擢同知,加知府衔。八年四月,诸军合攻九江,续宾潜开地道,坏东门十余丈,而贼以火器抵御,不能入。续宾复令凝学督军士穴地道,迤东而南,遂轰坍城垣一百余丈。我军踊跃齐进,登城掩杀,克之。捷闻,以知府选用,并赏换花翎。

时皖匪窜湖北,陷麻城、黄安,踞城负固,以守险筑垒为长技。凝学偕道员李续宜驰援,审察贼情地势,议进兵计,多设伏兵,张旗帜。续宜自率湘中营,以凝学为伏兵,与诸军互相策应,遂生擒伪总制陈天寿等。各路贼垒一律平毁。旬日之间,两城均复,以道员尽先选用。十年正月,会福州副都统多隆阿等军击破援贼陈玉成等,遂克太湖。赏加盐运使衔。十一年,忠逆李秀成等窜踞江西瑞州等郡,扰及湖北之兴国、崇阳、通城、大冶、通山、武昌、咸宁、蒲圻等州县,逼近省城。湖广总督官文调各军分路剿办。五月,凝学会广东按察使彭玉麟克武昌。六月,会已革徽宁池太广道李元度克通城、崇阳。七月,胡林翼檄凝学及彭玉麟会攻黄州。黄州城坚,凝学与诸将分开地道,四面环攻,不能克,乃以计诱贼出城,伏发,各路截击,贼遂大败。黄州克复,诏以道员记名简放,加布政使衔。十二月,授甘肃安肃道。旋经安徽巡抚李续宜留办总统湘、皖水陆各军。同治元年,逆捻张大佩等盘踞六安,凝学分路驰剿,歼之,进克霍丘,得旨嘉奖。二年,凝学驻兵舒城,贼李秀成悉众围攻,分军迎剿,却之,执伪天将羽天福。自春徂夏,李秀成叠扑各处城营,凝学会合各军苦守力战,庐江、桐城、舒城、六安先后解围,城营均获保全。六月,逆练苗沛霖围攻寿州,两江总督曾国藩檄凝学偕成大吉等往救。凝学以兵单,愿俟成大吉至,并力解围,未及期,外委邱维城举城献贼,以救援不力,褫布政使衔。

寿州既陷,皖北、豫、鄂三省震动。凝学奉檄由三河尖移扎颍州,以保要郡而卫豫境。时悍逆秦宣等踞颍之迎仙店,为皖、豫巨患,凝学抽队进剿,平之,遂收复下蔡、正阳、颍上各县。三年,湖北发、捻由麻城入罗田,窜六安。凝学进兵金家铺,营甫定而贼至,击败之。贼趋英山,复驰援却之。厥后蕲水、罗田、英山之贼麋集,环城逼攻,粮运文报一时俱绝。[一]凝学忍饥誓众,鏖战历四十馀昼夜,屡获大胜。贼知不逞,悉退窜楚疆。初,伪扶王陈得才纠合发、捻各贼,[二]扰蕲州、蕲水、广济、孝感、云梦,曾国藩檄凝学等分道堵御。凝学扼贼于英山,贼败,退入蕲水、罗田,依山据险,绵亘二百里。时钦差大臣科尔沁亲王僧格林沁由商城进驻黄冈之上巴河,与官文会剿。贼复窜皖境,凝学由英山之陶家河、镇口山追剿,抵卡岭庵,饬各营赶修墙垒,率兵抵御,招降伪天将吴清泰等;又侦知捻首倪隆淮、张总愚率众齐至杨家河。凝学自率各营督降众进剿,大败之。次日,贼范立川、陈汉泰、周天顺等亦诣营降。得才一股素称剽悍,此时被官军四面兜剿,江宁巢穴已失,逆众悉降,无党可纠,势穷计蹙,遂服毒死。凝学掘其尸,送僧格林沁营剉戮之。上以凝学身先士卒,殄灭巨寇,嘉其奋勇,赏还布政使衔。

是年十一月,官文以凝学久历戎行,谋勇兼优,新疆军事孔亟,奏请驰赴甘肃援剿,而僧格林沁因追剿发、捻各军失利;又有饬率所部移扎商城之疏,凝学遂由商城取道,驰赴商南。四年,官文复因西路空虚,饬赴荆子关,[三]以顾西秦门户。旋陕甘总督杨岳斌奏调赴甘,饬令带兵赴安肃道任。五年,署兰州道。六年八月,回匪犯河州,[四]势极猖獗。凝学督兵进剿,大挫凶锋。岳斌疏请以按察使记名遇缺题奏,允之。八年十月,历署按察使,旋授山西按察使。十一年,选带精壮亲兵弁勇七百,驰赴山西办理河防。是年冬,履任,即驻军河干。十二年五月,入都陛见,叠蒙召对。六月,署布政使,仍带水陆各营,兼筹防务。光绪元年,授陕西布政使。三年,陕甘总督左宗棠奏请甄叙筹兵转饷各员,奉旨赏给头品顶戴。四年,因病恳请开缺回籍营葬,得旨俞允。六月,卒。奏入,谕照军营立功后病故例议恤。寻赐恤如例。

【校勘记】

〔一〕粮运文报一时俱绝　"运"原误作"道"。今据蒋凝学传稿(之三一)改。

〔二〕伪扶王陈得才纠合发捻各贼　"扶"原误作"福"。今据蒋凝学传稿(之三一)改。按本卷宋庆传同。

〔三〕饬赴荆子关　"子"原误作"紫"。今据蒋凝学传稿(之三一)改。参卷五〇多隆阿传校勘记〔一〕。

〔四〕回匪犯河州　"州"原作"洲",音近而讹。今据蒋凝学传稿(之三一)改。

裕禄

裕禄,喜塔腊氏,满洲正白旗人。咸丰六年,由监生报捐笔帖式,分刑部。七年,补授实缺。同治元年,京察一等,记名以理事同知、通判用。三月,擢主事。五月,补清档房堂主事。二年,升员外郎。三年,京察一等,诏加一级。九月,迁郎中。五年,京察覆带,记名以道府用。六年,京察一等,仍记名以道府用。旋授直隶热河兵备道。七年四月,擢安徽按察使。十一月,署布政使。十一年十月,授安徽布政使,旋署巡抚。十二月,以历年筹办防饷出力,赏戴花翎。十三年,授安徽巡抚。光绪六年,因筹济新疆协饷,赏头品顶戴。

十一年二月,署湖广总督。十月,兼署湖北巡抚。十三年正月,补授湖广总督。五月,入觐,赏紫禁城内骑马。七月,调署两江总督,兼充办理通商事务大臣。九月,回湖广总督任。十五年,授盛京将军。十七年,热河匪徒滋事,焚烧教堂,仇杀蒙古人民。适大军会哨至朝阳,击败之。未旬日,奉、直诸军征调四集,捣穴擒渠,搜杀殆尽。自是平泉、朝阳、建昌、赤峰诸州县及敖罕各王旗,一律安谧。事闻,上以裕禄亦派劲旅,同奏肤功,交部优叙。自署湖广总督以来,蒙恩旨交部议叙者二,优叙者五。二十年正月,赏尚书衔。是年,中日构衅,奉天戒严。南路安东、凤凰等城战败失守,裕禄以筹防未密,自请议处,命降二级留任。嗣是金州、宽甸、复州、海城、盖平、熊岳、牛庄各城及营口以次失守,叠下部议,均降二级留任,不准抵销。二十一年,调福州将军。二十二年正月,以荐举失察,部议降二级调用,奉旨加恩革职留任。六月,兼充船政大臣。十一月,授四川总督。二十四年五月,命在军机大臣上行走,并署镶蓝旗汉军都统。七月,署礼部尚书,旋即补授。

命在总理各国事务衙门上行走。八月,补授直隶总督,兼充办理通商事务北洋大臣。是岁,山东冠、临一带拳民聚众仇教,蔓延直南威、曲等县。裕禄檄盛、练各军防堵,会同东省营印并力弹压,擒首犯姚洛奇,匪党四散。二十五年七月,刀匪入开州,滋扰教堂,抢毁教民多家。旋获匪首刘赓韶等五人正法,馀匪瓦解。直境稍靖,而山东巡抚毓贤纵民戕教,词多粉饰,匪势复张。刀、拳各匪混合,丑类蜂起,由德州而北,散入直隶河间、深、冀各属,掳掠焚杀,鸱张无忌。保定居民亦复蠢动。裕禄迭檄各镇派兵镇慑,惟始终以解散为主,此拿彼窜,故卒无成效。十一月,工部侍郎袁世凯电商,以奏请明降谕旨惩办拳匪为言,而裕禄覆称:"拳匪无大伎俩,但能捕获首要,胁从自易解散;若奏请明降谕旨,所虑民、教结怨甚深,有所挟持,妄攀诬指,多生枝节,转非所宜。"

十二月,世凯任山东巡抚,电称东省拳匪焚掠教民教堂,当惩办匪首以清祸源,请将实在情形详细上闻,以杜浮议。裕禄以已达总署却之。二十六年正月,以察典奉旨交部议叙。三月,奏请裁并大沽协标六营,改为练军步队三营,以资防守,从之。是年正月,寄谕各属:"义和拳会以仇教为名,到处滋扰,恐无知愚民被其煽惑,着直隶、山东各督抚剀切出示晓谕,严行禁止;倘仍执迷不悟,即行从严惩办,勿稍宽纵。"于是山东拳匪经巡抚袁世凯实力剿办,渐次肃清,而直隶滋蔓益甚,裕禄迭饬营印以禽渠解从为上策,然旋扑旋燎。四月,涞水大乱,抗拒官长,戕害军官,定、兴、安肃、新城、落垡诸匪相继蠢动,奏奉上谕:"裕禄电称查拿首要,解散胁从,办法均是。此事各处情形不同,迁就适足养奸,操切亦恐滋变。该督务当严饬文武相机操纵,勿稍大意。"亡何,匪踞涿州,毁铁路,折电杆,势益猖獗。

五月,拳匪哄京师,持械寻仇,杀人焚市。上以此等乱民显系奸匪,叠谕步军统领、顺天府五城御史、暨直隶总督严拿惩办,然横扰如故。未几,戕德使,攻交民巷各使馆,情势危急。各国兵舰麇集海口,洋兵络绎登岸,以保护为名,无阻之者。十九日,天津河东拳匪炮击紫竹林租界,各国兵官亦于次日夜强索大沽炮台,提督罗荣光不允。寻开战,我军不利,遂失守。先是,裕禄以大沽炮台情形急迫,疏请饬派董福祥统带所部来津接应。至是奏称:"大沽开炮,兵端已开,津防万分吃重,分饬驻扎天津之武卫军,并本处练军严加准备,以防不测;并因天津义和团民近已聚集不下三万人,日以焚教堂、杀洋人为事,当将该团头目传入,示以收抚之意。该头目等均称情愿报效朝廷,义形于色,现在事已决裂,似难轻易挽回。拟即一鼓作气,使洋兵巢穴尽覆,以壮我军之威而夺彼族之气,然后并力大沽。现已将军粮城一带铁路拆毁,并启陈家沟铁闸泄水,以杜洋人续行进兵之路。"又探闻各国前次进京兵队千馀人,因前后铁路全毁,为拳民困于杨村一带,欲由水路窜回天津,亦经分队往御。疏入,上深嘉之。

六月,裕禄又疏陈我军与洋兵接战,及攻紫竹林情形,并俟帮办北洋军务四川提督宋庆抵津,当会同该提督与马玉昆、聂士成熟察机宜,督饬将士,以期迅扫敌氛。十五日,诏授李鸿章为直隶总督,兼充北洋大臣。未到任以前,仍责成裕禄会同宋庆妥筹办理。是日,我军与敌兵大战于车站,提督聂士成死之。我军退守北仓。十八日,天津陷,拳匪遁。裕禄自刭。二十一日,奉旨着革职留任。七月初十日,北仓陷,我军退守杨村。十三日,裕禄见势不支,遂自杀于杨村。师退蔡村。联军陷通州,遂入京师。二十七年三月,谕曰:"上年拳匪肇乱,京畿一带多被扰害,以致各省人心煽动,焚毁教堂,伤害教士。教民之案,层见迭出。朝廷屡降谕旨,敕令妥为保护,乃地方官奉行不力,致酿事端。直隶总督裕禄,着追夺官职。"

毓贤

毓贤,内务府正黄旗汉军。监生,由选用同知报捐知府,指分山西。光绪五年,改指山东。八年,以堵筑山东桃园河口出力,奏保归候补班补用。十五年,委署曹州府事。巡抚张曜胪陈政绩,传旨嘉奖。十七年,张曜疏陈:"毓贤讲求吏治,整顿捕务,署任两年,民怀吏畏。"得补曹州府知府。二十一年,升授山东兖沂曹济道。二十二年,补山东按察使。九月,来京陛见。十月,巡抚李秉衡以节交霜降,黄河各工俱庆安澜,追陈毓贤在兖沂曹济道任内出力,得旨交部优叙。二十四年,巡抚张汝梅以毓贤志趣正大,果毅性成,奏署山东布政使。八月,调湖南布政使。十一月,署江宁将军。先是,江宁驻防八旗原有八卦洲办公地租银万馀两,久被历任将军侵没。毓贤力加整顿,裁革一切供给,上嘉之。

旋授山东巡抚。毓贤官山东久,河工尤为熟手。时户部按照大学士李鸿章查勘黄河工程办法,次第分次筹措覆陈。上以毓贤巡抚山东,兼管河工,责无旁贷,即着悉心经理。六月,毓贤督同道员尚其亨出省,先赴上游巡视两岸坝埝,顺流下驶,赴利津海口一带周览形势，因疏陈培堤经费，及修筑疏浚与迁民购地各事宜。上谕令详细履勘，据实奏报。是年，江北漕粮仍由河运，毓贤挑浚运河淤浅工段，并修筑陶城埠口门坝各工，以故江北漕船于七月内得全数挽入东境，又以黄河中游工段吃紧，奏设雒口镇分局，以资办公。十一月，来京陛见。

二十六年二月，调补山西巡抚。抵任后，清理财政，依限筹拨英、德借款，内务府经费，奏裁山西储材馆，以节糜费。六月，恭遇万寿庆典，毓贤母方氏年逾八十，蒙恩赏"福""寿"字，暨紬缎、如意等件。时拳匪肇乱，京师戒严。山西派队赴京调用，毓贤乃添募步队，以厚省城兵力。旋以拳匪之故，中外失和，战局已开。毓贤筹解京饷，护送过境饷鞘，采买江南米石解京以济兵食，截留铁路经费银两，购买杂粮以备山西旱赈；一面札调练军步队，驻扎固关以固边圉，分往太原、榆次、介休等县，拿办土匪以靖地方。

毓贤嫉恶甚严，果于杀戮，捕务是其所长，惟不知大局。巡抚山东时，容纵拳匪，酿成巨祸；至山西任，又杀教士多名，贻人口实。事闻，褫职，发往极边，充当苦差，永不释回。十二月，和局既成，上追论误国诸臣，谕曰："毓贤前在山东巡抚任内，妄信拳匪邪术，至京为之揄扬，以致诸王大臣受其煽惑。及在山西巡抚任，复戕害教士、教民多命，尤属昏谬凶残。着传旨即行正法。"寻伏法。

恩铭

恩铭，于库里氏，满洲镶白旗人，盛京锦州驻防。同治十二年举人。光绪四年,报捐,以知县铨选。九年,丁父忧。山东河决,巡抚陈士杰调办河工。十二年,以劳绩保免选本班,以同知不论双单月选用。寻遵例捐指山东试用,办理皖省宿州督销事务。时州境私贩及土产硝盐,侵销颇多。恩铭示地方官以欲禁私盐,先办官盐之法,其弊遂绝。十六年,张村等处漫口合龙,叙绩,免补本班以知府尽先补用。十七年,又以河工抢险出力,保加三品衔。十八年,报捐花翎,署兖州府知府。白茅坟漫口合龙,巡抚张曜上其功,奉旨免补本班,以道员遇缺题奏,并加二品顶戴。山东黄河下游所恃以不溢者,一线单堤为之保障,堤身狭处,宽不及丈。治河者但加高培厚,岁糜巨帑,任其事者又往往侵蚀致富。恩铭办理河防赈务,事必核实,款无虚发。抚臣廉其能,遂以明白河务,留心地方政治,堪备任使之选,入告。十九年十二月,奉上谕交军机处存记。

　　恩铭在东久患湿疾,因于二十一年改官山西。二十六年夏,拳匪肇乱,由直隶蔓延山西。时恩铭方署山西按察使,劝抚臣饬属护送教士,解散教民,以遏乱萌,弗听。七月,联军入京,两宫西幸。巡抚毓贤率师守固关,恩铭兼摄抚、藩两篆,筹边饷,备供具,晨夕不遑。迨乘舆至太原,而恩铭已以忧劳感发旧疾,疾愈召见,始知两宫艰险状,奏对声泪俱下。十一月,补授归绥道。先是,口外七厅杀教士四十馀人、教民二千馀口。二十七年正月,恩铭抵任,教民尚二万馀口待抚,复值年饥,赈事尤亟,乃请发帑金十万两,檄发七厅仓谷,为劳来安集之计。会洋兵至大同,百姓望风皆逃。恩铭令教士驰往谕阻,并持先所搜获逃军与蒙古约毁教堂之檄示之,夷酋信其无他变,[一]遂收队去。归绥一隅，始得无患。五月，有主教闵清者，自甘肃阿拉善蒙境三道河教堂奔至，言其处蒙民约期仇杀教民，祸将不测。恩铭乃檄包头镇马队驰赴三道河，果见蒙众蠢动，大兵至，皆敛械而散。教士感其义，陈于法使，以恩铭保护教堂，不分畛域，求外务部请奖。恩铭闻之，亟请抚臣岑春煊咨部力辩，冀杜外人干预内政之渐。

二十八年三月，调口北道。口北十三厅自拳匪变后，民生凋敝，而教民凶焰日张，时图报复。恩铭日以调和民教为务，宣化县天主堂华教士率众携洋枪逼人入教。恩铭延郡城洋教士至署，与反复辩论，定议不许勒逼入教，擅伐平民树木。于是前之被逼者，皆得出教；其附教作恶者，亦交洋教士管束。自此口北民、教皆得相安。七月，巡抚岑春煊以恩铭前办赈务奏请从优议叙，允之。口北保甲久裁，然每年仍收费千金，练勇冒领马群生息银九万馀两，积弊已久，恩铭皆蠲除之。十二月，擢浙江盐运使。

二十九年五月，奉上谕，补授两淮盐运使。十一月，擢江苏按察使。然朝廷以两淮盐务有关军国，恩铭老于鹾政，仍命久署，以尽其才。恩铭乃先之以缉私，使私贩越卡者咸皆敛迹；又以为透私皆由煎丁，禁于出场之后，不若防于未出之先，为之加桶价、恤煎丁，而透私之弊亦绝。两淮引盐行销遂畅，岁增国课至三十万两。庚子乱后，朝廷锐意变法，或请于商部，欲改营场为公司，举煎盐运销各法，创为煤煎轮运，有旨下盐运使议。恩铭疏言："自通商以来，各项贸易，多有公司之目。其中华、洋杂处，莫可究诘。盐务为中国仅存之专利，外人虽觊觎久，无从而入。若以公司为名,其始不必有洋商,倘他日效尤蜂起,恐将因西法为干预盐法之渐,不可不慎之于始。淮南煎盐以草,更取其灰以淋卤,草取之于本境,煤则仰给于外来,煎盐以煤,则草无所用,蓄草之地渐垦为田。异时煤不足用,或价过昂,将复求草而不得,无草即无盐。国家千百万常年大利,将焉取之? 轮运转输最捷,然夹带洒卖,百弊丛生,查缉无从,且江滨近海者,必居先而速;处腹地者,必落后而迟,亦非所以示持平也。"一再抗论,其事遂寝。又有议开垦者,谓招民领种,缴价纳赋,可集巨款。恩铭具言开垦利虽厚,方之产盐岁入千百万者,得失悬绝,既力陈开垦之不可行,复议于淤滩中择其卤气浓厚者,招商增置埠灶,取馀荡之草,供新埠之煎,岁可增十万引,并令纳地价,交埠租,寓筹款于增灶之中,而商灶亦均受其益。保甲之法,久存具文。恩铭遵新法改设巡警,沿江圩洲及诸湖久为盗窟,时遣骁将率健儿捕擒之,盗风以息。

三十一年七月,两江总督周馥奏称:"恩铭才长心细,用人理财,综核精密,于杜绝灶私,清理场垣,及催运筹销诸事,不避劳怨,实力整理,销数渐畅。请旨从优议叙。"八月,授江宁布政使。十月,陕甘总督升允以山西协饷出力请奖,奉上谕赏给头品顶戴。三十二年二月,补授安徽巡抚。时皖北洪水为灾,奏闻,发帑金十万两,蠲缓丁漕钱粮,又请开七项常捐,请拨奉天溢捐银二十万两,虑官赈之不逮也。复筹劝募,延义绅放义赈,先后共得数百万金,设法赈恤,必期民无流亡而后已。省城之东,有广济圩绵亘数十里,为安徽产谷之区。恩铭初抵任时,桃汛方生,加以暴雨江潮迭至,圩不没者几不盈尺,乃派员昼夜巡视,设法抢护，并劝集民夫协力防守。以故圩得无坏，水既退，复为筹款岁修，俾无或替。

四月，红莲会匪倡乱，自江西鄱阳窜入皖南之建德，毁法教堂数处。恩铭发兵驰赴救护，别调队分防祁门、婺源，匪遂遁入时山，又檄兵越境追剿，歼其渠魁，所获馀匪分别监禁。皖南匪踪遂绝。朝廷预备立宪，警察一事尤所注意。恩铭以皖省旧设警务学堂，规模简陋，乃推本求源，详定条章，一以教巡官、巡弁，一以教巡长、巡士，筹画咸得事宜。湖北民有寄居霍山县者，与法教堂启衅，查办各员多祖教而压民，以致民怨未平。五月，聚众毁堂，匪党亦乘之而起。恩铭调兵防剿，击散麻城、罗田诸匪，缉其首恶，解放胁从，举劾地方官之酿祸者数人，事遂平。六月，考察各属学堂，择其不能实力任事者劾之，自新政日增，财用日绌。恩铭乃循旧例清丈各州县沿江洲地，分等缴价，按年收科。皖、江一带河洲，尽成粮地，又为之务垦牧，谋树艺，利源辟而时政因之咸举。十二月，奏请蠲缓各属钱粮漕粮，皆奉旨如所请行。朝廷重念刑事，参考东西各国法律，简派法律大臣，立刑事、民事诉讼法，命下各省将军、督抚、都统等体察情形，悉心研究，其中有无捍格之处，即行缕析条分，据实具奏。恩铭以皖北民情强悍，赖有旧法严以绳之，行新法适足滋桀骜者之诪张，因择其不便施行者六条奏陈之。

三十三年五月，革命党密运军火，由江、浙、皖南等处潜入。恩铭侦知之，密加搜捕，其党试用道徐锡麟，适充巡警处会办，六月，值巡警学堂毕业，恩铭率司道亲往考验。徐锡麟即于学生整齐行列之际，与同党数人皆手执双枪，相向环击，恩铭受伤多处，并伤毙巡捕知县、试用府经历陆永颐、收支委员、府经历顾松等，即回署饬营队严防，仍谕令镇静以安民心。部署毕，始延医启视，除左手、右腿、腹部三伤外，左右胯骨及下部复有枪伤四五处，皆前后洞穿，惟腹部枪子未出，渐上行攻心，自知伤重不起，因详具始末，口授其子，缮折奏上。寻卒，事闻，两宫震悼，谕："照总督阵亡例从优议恤。[二] 灵柩回旗时，着沿途地方官妥为照料"。子山西候补道咸麟，以道员即用。寻赐祭葬，予谥忠愍。

【校勘记】

〔一〕夷酋信其无他变　"夷酋"原误作"洋将"。今据恩铭传稿（之三一）改。

〔二〕谕照总督阵亡例从优议恤　"谕"下原脱"照"至"议恤"十字。今据恩铭传稿（之三一）补。

　　启秀

　　启秀，库雅拉氏，满洲正白旗人。同治四年进士，改翰林院庶吉士。七年，散馆，以主事用，分刑部。八年，补官盛京。十年，充中江税务监督。十一年，补盛京户部员外郎。十二年，恭逢穆宗毅皇帝亲政，恩诏加一级。光绪元年，题销试俸。是岁恭值德宗景皇帝登极，暨崇上穆宗尊谥，叠奉恩诏，加一级。二年五月，授詹事府右庶子，七月，转左庶子。九月，充日讲起居注官。三年三月，擢翰林院侍讲学士。六月，充咸安宫总裁。十二月，转侍读学士。四年二月，扎萨克图汗车林端多布病故，[一] 上命启秀前往致祭。七月，补詹事府少詹事。九月，晋詹事。十月,诏授内阁学士,兼礼部侍郎衔。十二月,充文渊阁直阁事。五年正月,擢工部右侍郎,兼管钱法堂事务。二月,调补刑部右侍郎。旋因穆宗毅皇帝、孝哲毅皇后永安惠陵,随扈御营,加一级。四月,充会试覆试阅卷大臣。

六月,调补盛京刑部侍郎。六年十月,因事议处,部议降三级调用,恩予留任。十二月,协同管理宗室觉罗学事务。七年秋,父忧回京,服阕,授盛京户部侍郎。旋命查办吉林事件。六月,管理威远堡等六关口事务。八月,命协同管理内务府,并移居宗室事务。九年四月,以盛京工部侍郎兴恩赏假接署工部印钥。是时言者力攻启秀,谓前查铭安参案,任意草率,且与随带各员有受赃巨万情事,上命盛京将军崇绮确查具奏。嗣以受赃鬻法均无左证,其办理亦无不合,诏予免议。十二年,以文溯阁共存物件被窃,下兵部议镌级留任,奉旨准其抵销。九月,复署理盛京工部印钥。十三年,恭逢德宗景皇帝亲政,恩诏加一级。十四年,因病赏假一月,寻吁请开缺,允之。十七年,病愈销假,奉旨补授礼部左侍郎。十八年正月,命知贡举。三月,调授正红旗汉军副都统。四月,充殿试读卷大臣。五月,充朝考阅卷大臣。八月,复调补盛京兵部侍郎。十九年,诏管理牛马税务。

二十年正月朔,恭逢孝钦显皇后六旬万寿,奉懿旨交部议叙。四月,命考试宗室觉罗学生。八月,复奉恩诏加一级,擢理藩院尚书。十月,命管理咸安宫本学事务。十一月,充崇文门副监督,并补授镶黄旗蒙古都统。寻充专操大臣。十二月,充经筵讲官,署稽察坛庙大臣。二十一年二月,署镶白旗汉军都统,充乡试覆试阅卷大臣。三月,充会试副考官,续充朝考阅卷大臣。

旋以校阅诸臣是非倒置,为御史熙麟所劾,上谕掌院学士将戴锡之等七卷,固封呈览,卓孝复一卷写作俱妥,诏改列等第,原阅之尚书启秀着交部察议。寻遵例以罚俸议覆,得旨宽免,销纪录一次。闰五月,充武英殿总裁,复补授总管内务府大臣。六月,署正红旗满洲都统,命充会典馆副总裁。十二月,充管理三库大臣。是岁,内务府奏派紫禁城值年及牺牲所值年,皆以启秀充之。二十二年三月,充幼官学管学大臣。五月,管理圆明园八旗、包衣三旗事务。[二]十月,赐紫禁城骑马。十一月,以内务府盗物案举,部议降三级调用,加恩改为留任。寻派充查城大臣。二十三年正月,署正黄旗蒙古都统。四月,充抖晾实录大臣。七月,上奉懿旨醇贤亲王庙工程着派启秀承修。八月,署镶黄旗汉军都统。九月,命查勘燕郊等处行宫工程,择要修理。二十四年春,复命查勘惠陵工程。旋署正蓝旗蒙古都统,充国史馆副总裁。八月,调补礼部尚书,充武举覆试大臣。十一月,奉懿旨赏西苑门内骑马,并乘坐船只、拖床。旋命开去总管内务府大臣,在军机大臣上行走。十二月,开复降三级留任处分。二十五年二月,以礼库遗失银两,堂司各员失于觉察,命销去纪录一次。四月,署兵部尚书。二十六年正月,恭逢德宗景皇帝三旬万寿,赏戴花翎,复奉旨优叙。二月,调补镶白旗满洲都统。五月,命在总理各国事务衙门大臣上行走。六月,万寿庆典届期,赐启秀母杨佳氏匾额、"福""寿"字,及如意、文绮诸珍品。

是时拳匪构乱,外侮日亟,列邦烽火,震惊畿甸,而朝野上下,玩泄如故。嗣兵部侍郎许景澄、太常寺卿袁昶疏参首祸诸王大臣,并劾启秀胶执己见,愚而自用,均请立置重典,以遏乱源。

疏入，为谗者所构，下景澄、昶于狱，杀之。七月，联军入京师，乘舆西幸，启秀以母忧被拘于日本军。十二月，朝旨革职，命奕劻、李鸿章查明所犯确据，即行奏明从严惩办。二十七年正月，奉行在旨："启秀、徐承煜，各国指称力庇拳匪，专与洋人为难，昨已革职。着奕劻、李鸿章照会各国，交回即行正法，派刑部堂官监视。"旋由拘所逮入刑部，越日弃市。

【校勘记】

〔一〕扎萨克图汗车林端多布病故　"汗"原误作"罕"。今据启秀传稿（之三一）改。

〔二〕包衣三旗事务　原脱"三旗"二字。今据启秀传稿（之三一）补。

　　刚　毅

　　刚毅，满洲镶蓝旗人。同治五年，由笔帖式议叙主事。八年，保员外郎。光绪五年，转补郎中。京察一等，引见，奉旨交军机处记名，以道府用。六年，除广东惠潮嘉道。七年，擢江西按察使。八年，调直隶按察使。旋授广东布政使。十年，调云南布政使。

　　十一年，擢山西巡抚。疏陈筹议套外、鼺金等处屯田事宜，曰："鼺金即台吉地，属河北，套外系伊克昭盟所属之达拉特、杭锦两旗牧界河坐落西北，斜向东南，袤长五百馀里，平川广漠，一望无垠。正北狼山，迤西红山，即黄河旧道，由南北行，折而迤南，迤东之处，则东大余、太什拉干、乌拉前山、后山，峰峦凑接，气势回合，续而不断。由西而东，渐就收缩。此鼺金一带山势地向之大略也。套外地势西南高而东北低。溯查康熙以前河行北道,并无水利,自改行南道,蒙古始令素与交易之商,租种分佃,即就黄水冲刷低洼处所,因利乘便,修成渠道。西则躔金,计共五渠;东则土人名为后套,计共三渠。中间支渠,曲折蜿蜒,不可枚数,而馀水仍可退至河之旧道,由东北折向西南,绕过乌拉前山之西山嘴归入南河,土本膏腴,渠又顺利,麦谷粱秫,种无不宜。以故山、陕、直隶无业之民,从前承佃到此,均能自立生业。此套外一带水利土宜之大略也。达拉特旗牧界内台吉波罗搭拉地方,[一]道光八年,曾奉谕旨准其租给商种,五年抵还债项。嗣后奉部文而承种者有之,由台吉而私放者有之,由各庙喇嘛公放者有之,开垦甚多。至同治初年,甘回逼扰宁夏,躔金附近各商分立仁、义、礼、智、信五社,办理团练,以资安辑。迨后防剿各军驻扎防堵,或设台转输,各商分办运粮,致荒本业,渠道旋坏,不复疏浚。止存一二巨商不忍弃业,力耕自给;而土人所称后套地方商人,其时尚复不少。迨光绪二年,马贼蹂躏,不特躔金之僻东西陲者,牛坝商号不过数家,即后套左右亦不过二百馀家。该处土本红垆,利于浇灌,现在红柳及织机草、枸杞树等,茂然成林。闻咸丰年间,达旗岁收租银不下十万,近岁所收租钱不及三千串文。此达拉特旗套外地界今昔衰旺悬殊之大略也。今若于该处议设屯政,则险要藉以扼,地利藉以复,蒙旗藉以赡,诚如原奏所云'于时局不无裨益'等情。臣伏念躔金一带,诚能及时筹议屯政,无事则固吾边圉,免为逋逃渊薮;有事则防敌伺隙,便于控制事机,策诚至善。第该旗牧地,历经奉旨准其租种抵债,以及养育闲散、备办公费等项,与他处蒙古无着闲田不同。臣阅伍至萨拉齐之包头、伊克昭正盟长固山贝子札那吉尔迪来见，据称该盟达拉特等旗闻有是议，率皆欢忻鼓舞，冀开屯后，上可急公，下可沾利。惟是目前议屯，先务其要，约有三端：一曰分段。套外西则䝙金、和永、牛坝上下，东则后套沙忽庙左右，均属适中之地，于此分为三段，拨兵一千，䝙金正扎三百，二道坝渠以西分扎二百，湖尔庙正扎三百，西山嘴南哈木尔台少北分扎二百，且耕且练，西可以联络甘凉、陇秦之声气，东可以联络余、太之马营。每兵一名给田五十亩，计需田五百顷，并给牛种，先就易开之渠督兵挑修，通畅以后，兵农两便，兵则耕种自食，由营官经理。其馀地亩，悉由蒙古商人按照向规办理，以仍其旧。惟兵屯地段，如西山嘴、哈木尔台少北等，须就近借拨乌拉特地，其馀各就近借拨杭锦、达拉特地以资分拨。一曰修渠。套外渠道达拉特、杭锦二旗为最多。此外则乌拉特中旗界内大余、太昭有山水一道，向来引水浇地，宽窄不过二十里，两旗界内西山嘴南有珊瑚湾河道，无庸另开大渠，止须于湾之东北建筑一坝，多开支渠，则乌拉前山之前，全归浇灌；西口界内有乌拉河渠一道，系藉黄河北流旧道之口，引水浇地。曩系商人自开，各旗领租。若开商屯，应将䝙金、后套各渠，官为修浚通利，其各处旧商界内支渠，仍责成各商修理，务臻一律顺畅，以利引浇。如此则商既易于招徕，蒙又多获租价。将来或再于寻常租价外，酌加商人二成交官，名曰地粮，以资公费。其租多寡，仍由蒙、商自行定价，不准抑勒。一曰设官。套外地方连乌拉特三旗牧界合算，东西袤延七八百里，南北斜宽二百里至三百六七十里不等。蒙地界址，商民不能深悉，向年租种者，往往此招彼逐，致启争端。今既议开屯垦，该处距萨厅甚远,势难兼顾。拟另设文武官各一员,驻扎鼟金,专理兵屯、商屯事务。其设官经费,即取给于地粮二成,免耗公帑。遇有屯兵滋事,即会同营员办理。如商欠租暨蒙人逐佃,官为分别讯理,免致构衅。以上三端,不过撮其大纲,至屯垦详细事宜,必俟奉准开办时,再行条议具奏。但事属创始,需用浩繁,库乏积储,经费无出,则筹款难;开办必自兵屯始,口外地方辽阔,现练军驻扎要隘,无可抽调,则拨兵难;该处系达拉特、杭锦、乌拉特等旗牧地,必须筹商画一,方可通融屯垦,则借地难。计惟有裁撤树军,另行挑练屯军,树军岁需饷银八万四千馀两。臣现咨照大同镇总兵张树屏查照遣撤湘军章程,厚给资粮,分起护送回籍,计岁省银八万四千馀两。拟仿练章于大同镇属额兵内,挑兵千名,作为屯军,岁需薪粮及加练军饷乾银二万八千馀两,尚馀银五万六千馀两,即作屯费,尚可无庸别筹。如将来屯务得手,屯饷等项均有所出,即将节省树军全饷,报部备拨。若夫应借蒙部地段,及招商纳租办法,应请旨饬下伊克昭正盟长,并乌兰察布盟长,转行达拉特、杭锦二旗,暨乌拉特等三旗,遵照妥议,或先试办三年,如有明效,即行相地审宜斟酌损益,著为定章,无失寓兵于农之意。"疏入,得旨下部议行。十二年五月,巡阅大同镇属营伍。六月,霪雨为灾,省城傍西汾河溃溢,冲灌城垣。疏陈设法堵救赈抚情形,得旨:"览奏均悉,即着分属确切查勘,妥为抚恤,以拯灾黎。一面赶紧堵截新溜,挑浚旧河,务使水归故道,毋任再行漫溢。"

十四年,调江苏巡抚。时江苏各属迭遭水患,疏言:"苏州、松江、太仓等州县居浙下流,古称泽国,偶值霪潦,便不免泛澜为灾。故治三吴者，不患旱而患水。考古之三江，皆在今江苏境内，吴淞一江独当娄江、东江之中，经昆山、嘉定、青浦、上海四县入海，为浙江之尾闾。倘得疏通，则水势畅消，偶有偏灾，自不为患。惟此江袤延三百馀里，节经前抚臣择要挑浚，苦于需费不赀，未毕全功，俾苏州、松江、太仓及浙江之杭州、嘉兴、湖州六府州民，普沾利益。现值春赈方亟，积困未苏，拟俟将来冬令水涸之时，由臣察看情形，再图大加挑挖，俾东南之民共享水利，不被水害。臣查得宝山县境内蕴藻河一道，俗又称蕴草浜，间于刘河、吴淞江之中，分泄上游之水以入海，仅就宝山县一邑水利言之，则蕴藻浜为该邑之干河；就通省全局水利言之，则蕴藻浜仍为吴淞之支河。自吴淞海口直达嘉定，蜿蜒三十馀里，向系商贾往来孔道，农田宣泄要区，年久失修，深者仅通舟楫，其淤塞尤甚之处，不啻渐成平陆。并经嘉定商民于该河迆西唐家桥地方建筑大堤，名为拦截浑潮，实则壅遏水脉。此蕴草浜日就淤浅之实在情形也。臣稽诸志书，询诸耆老，金谓河身即形浅涸，易于程功；河道不甚宽广，亦易于筹款。此处挑挖深通，然后由支溯干，吴淞江即可逐渐疏浚。当此水潦告灾之后，民间待食方殷，拟用以工代赈之法，招集民夫，趁东作未兴，赶紧开浚，并函商督臣调拨狼山镇总兵唐德庆所部驻扎吴淞防营各勇丁，一面抽拨臣标防营，前往通力合作，以冀妥速竣事，其中一切挑浚之法，非臣亲往指授，恐难悉协。臣拟乘坐小舟，前赴该处，督率营县详加查办，饬令兴工。"得旨下部议行。十七年八月，疏言江苏镇江等属各教案分别办理议结，得旨仍着严拿逸匪，务获究办。十一月，以应解甘肃新饷扫数批解，奉上谕着赏加头品顶戴。十八年，调广东巡抚。奏："胪举人材，吁恳简用。查有知府周莲、惠荣，知县诸可宝、沈佺四员，虽无奇才异能，均属言行如一，朴笃不渝，堪期远大之用。"得旨如所请行。

二十年正月，特旨召来京祝嘏。十月，补授军机大臣，署礼部右侍郎，赏紫禁城内骑马。十一月，补礼部右侍郎。十二月，转补礼部左侍郎，充方略馆总裁。二十一年，调户部右侍郎，兼管钱法堂事务，充满洲翻译副考官。二十二年四月，擢工部尚书。七月，充崇文门监督。九月，充会典馆正总裁。二十三年，调刑部尚书。二十四年，补正红旗蒙古都统。调兵部尚书、协办大学士，赏西苑门骑马，充经筵讲官，充翻译阅卷官。是年三月，疏请裁汰冗员薪水，暨各员杂支，以重款项。奉上谕："各省设立办公局所，多立名目，任意开销，迭经谕令认真裁汰，迄无一省核实遵办，实属积习相仍，不知振作。着各督抚责成藩、臬两司将各局径行裁撤，应办各事归并藩、臬两司办理，以节糜费，毋得滥派滥支。"又以积谷为备荒要政，各省常平社仓、民间义仓，必应劝办，疏陈每处每年积数千石、三年数逾万石详细办法，奉旨饬各直省如所议行。又疏请饬各省举行保甲，严裁空粮，奉旨："各省保甲，原为弭盗而设，特奉行日久，不免虚应故事。至勇营空粮，实为近来恶习。既据该尚书历陈弊窦，更应实力稽察，严行整顿。着各督抚一面饬属严办保甲，联络渔团；一面将各营勇数认真整顿，不得视为具文"。闰三月，以神机、火器等营操演各项阵法，技艺娴熟，步伐整齐，特旨赏加一级。二十五年二月，补内大臣。四月，钦差赴江南查办事件。七月，回京，条陈筹饷事宜，及整顿厘金、关税、盐务裁并局所各办法，大要在剔除中饱，杜绝虚糜；并请酌提各海关盈馀严核各省厘金比较以及疏通压纲筹增引数，以维艖政；又奏查办江苏清赋事宜一疏，均奉旨如所议行，但闻此次所到各省多有收受陋规之事。

二十六年五月，命统带义和拳民纵庇拳匪，以致京城失陷，两宫西幸西安，缘刚毅不学无术，实启此衅。旋即病故。九月，奉上谕："前协办大学士刚毅派往查办拳匪，回京覆奏，语多纵庇。本应从重严惩，现已病故，免其置议。"

【校勘记】

〔一〕达拉特旗牧界内台吉波罗搭拉地方　原脱"特"字。今据刚毅传稿（之三一）补。按下文有"拉特旗套外地界"又脱"达"字，亦依此补。

马如龙

马如龙，云南建水人。武生。咸丰十一年二月初一日，云南巡抚徐之铭奏言："回匪马现即马如龙，前与徐元吉假名求抚，暗袭省垣。饬兵剿击获胜，省城危而复安。并将徐元吉歼毙，马现等乘隙逃窜。"

同治元年三月三十日，徐之铭奏："澄、昆回夷马起等由晋宁、呈贡进逼省城，知府岑毓英亲带兵练赴省援应。途遇各回，就便劝导，该回等弃戈投地哭诉回、汉构衅，实因前官办理不善所致。岑毓英允为到省代陈，回夷等欣然自散。适武生马如龙驰赴省城，约林自清出城面诉，林自清单骑出城相见。马如龙自称系从前殉难九江镇总兵马济美之侄，世受皇恩，情愿解散，招抚回夷,各安生业。马如龙等旋即传知所踞之昆阳、新兴、晋宁、嵩明、呈贡各州县,尽行撤退。已令其署理临元镇总兵,留省襄办安抚事宜。"上命议政王、军机大臣传谕潘铎、张亮基曰:"滇省军务,应剿应抚,久无定见。徐之铭前奏回匪攻扑省城,势甚猖獗。兹复奏称因林自清攻克碧鸡关等处,马如龙等遂愿投诚。抚议之成,难保非回众业已阑入省城,徐之铭为所挟制,辄为恳请奖励,以图见好。惟事势至此,亦不能不姑予羁縻。惟马如龙甫经就抚,而徐之铭已令其代办临元镇总兵印务;并据奏称文武员缺,有越级委署者,有回教无职之人而委以任事者,是该抚于文武官员委署重务,任意紊乱,且镇将重任,辄令甫经投诚未有官职之回人署理,势将不可复制。潘铎、张亮基现在行抵何处,接奉此旨后,着即迅速前进,于行抵滇省后,将徐之铭撤任,听候查办。其马如龙等代办各缺,自应分别撤任,惟不可操之太急,遂致召变。"上又谕内阁曰:"上年十一月,云南省城被围,总兵林自清缒城而出,与回人武生马如龙相见,开诚晓谕,回众就抚撤兵,城围立解。马如龙已加恩以总兵用,着遇有云南总兵缺出,请旨简放。"六月初八日,上又命议政王、军机大臣传谕骆秉章曰:"本日已据张亮基将探明云南实在情形,及在川省筹助兵饷各节驰奏,至骆秉章所称马如龙等包藏祸心,势必中变。若张亮基带兵数千,筹饷数月,身入险地,转致堕其术中,莫如置之不问,仗徐之铭暂且羁縻回众。俟蜀事大转,再移得胜之师,令潘铎、张亮基统帅入滇。已谕令潘铎、张亮基前赴滇、蜀交界处所,暂时驻扎。俟蜀中渐次肃清,再行移师,大举入滇。"

七月十三日,徐之铭奏言:"大理府一带尚未收复,其地以杜文秀为总事，现经面商掌教马德新并总兵马如龙等，寄信前往。如须用兵，亦当委马如龙分别剿抚。至所保回教各员，因事在安抚，希冀名器，仍望圣恩允准，以卫地方。"奏入，报闻。二十九日，上命议政王、军机大臣传谕潘铎、张亮基曰："滇省抚局，据徐之铭奏称，全赖马如龙等办理安抚事宜。现在回、汉相安，澄江、河阳各府州县，均经派员到任。惟迤西大理一带，主事者杜文秀，尚须设法开导，如其抗拒，马如龙情愿带兵剿办等语。马如龙如果诚心就抚，何以韩超等探得该总兵出示，仍用大元帅字样，且欲阻潘铎、张亮基入滇，并有如立意赴滇，须撤兵众，随带百馀人解饷而来之语？狂悖情形，实堪痛恨！韩超等折，着钞给阅看。马如龙欲阻潘铎、张亮基入滇，以民情疑惧为词，禀请撤去兵众，随带百人，是欲令该署督等减从入滇，遂伊等胁制之计。潘铎、张亮基仍须详细斟酌，不可堕其术中。"闰八月初八日，上命议政王、军机大臣传谕骆秉章、潘铎、张亮基曰："云南军务，前据张亮基奏，有刻不容缓之势。当谕令该前督等克日赴滇，相机剿办。现据岑毓英禀词，拟请潘铎早日赴滇，监督该代理藩司及马如龙办理任其兴革，并称张亮基如带兵赴滇，恐汉、回概行激变，即有意外之虞。是徐之铭、岑毓英等于地方诸事，任令回众把持，且欲互相固结，藉以自全。其狂悖叵测情形，显而易见。潘铎、张亮基自当仍遵叠次寄谕，迅速起程，并于沿途地方先行张贴告示，俾知此来并非专事剿回，既以释回众之疑，兼以孤徐之铭等三人之势。"

十四日，上从徐之铭之请，授如龙为鹤丽镇总兵。二年二月初六日，潘铎奏言："前奉谕旨，据韩超、田兴恕奏，马如龙未能诚心就抚等因。臣查马如龙自同治元年二月就抚之后,迄今已逾十月,省城附近以及迤东一带,汉、回相安如常。马如龙蒙恩简放鹤丽镇总兵,益加感奋。臣到任已逾两月,察看马如龙此次求抚,实出诚心。其与岑毓英会禀,请臣与前督臣张亮基撤去兵练。查因张亮基发示来滇内有剿办之语,不及大理,似其意专指省城。又闻林自清有回滇之信。诚恐因此又生枝节,是以禀请撤兵练。迨至张亮基续出告示,有不用兵练之语,众心始觉释然。"八月二十三日,上命议政王、军机大臣传谕劳崇光、贾洪诏曰:"劳崇光奏,查明前署督臣潘铎死事缘由,与前日骆秉章所奏,大略相同。现在杜文秀仍盘踞大理,叛逆已成。马荣踞寻甸、马联陞踞沾益,皆受杜文秀伪职,时至附近各处滋扰。马如龙心术隐微,固不可知。既据该督奏称外貌颇袭取忠义之名,不肯自居叛党,具禀该督,词尚恭顺,即着劳崇光、贾洪诏乘机诱掖,或尚有可用之处。即照该督所拟设法,暂与羁縻,但须随时防范,不可堕其诡谋。"十一月二十四日,上命议政王、军机大臣传谕骆秉章、劳崇光、贾洪诏曰:"本日据御史张澐卿奏:'访闻总兵马如龙,于回众之中,实属稍知大义。现有大举规复迤西之议,请饬川省选派劲旅,交劳崇光督率,相机进取,以壮声援'等语。马如龙与杜逆构衅,是否激于义愤,抑系专欲遂其吞并之谋,殊属未可深恃。着骆秉章、劳崇光、贾洪诏确切查明,如马如龙诚心效顺,其才尚可驱策,或可用为前驱之处,惟该督抚等妥商会办。"

三年八月二十六日,上谕:"前据劳崇光奏:'马如龙弹压省垣,筹济粮饷军火,岑毓英带兵出省数月之中,克坚城十数处。'"

复据尚书赵光奏:'滇省现在情形,并将该省绅耆士庶公启呈览,内称马如龙、岑毓英均属勉图上进,不惮以回攻回,为同教所忌。亟宜优加奖叙。'着劳崇光等仍遵前旨,赶紧查明,据实保奏,以示鼓励。"九月,如龙肃清马龙州,进规寻甸,会同杨盛宗分路围攻,克之;遂将逆首马荣、马兴才擒获,解省正法。十月,乘胜直逼曲靖,回目马文升等开门迎降,如龙整队入城,斩马联陞于军前。四年二月,奉上谕:"劳崇光奏云南官军剿办曲、寻逆回,生擒首逆,分别正法。迤东一律肃清。云南鹤丽镇总兵马如龙,筹调兵练,力挫贼锋,收复城池,歼擒巨憝,勇敢过人,深堪嘉尚!马如龙着赏加提督衔,并赏给效勇巴图鲁名号。"又谕:"议政王、军机大臣将林鸿年咨文,并昭通、临安官绅禀词呈览,临安官绅坚不附回,为国家保此疆土,其诚悃甚属可嘉。惟近因马如龙率众数万,围攻江川,虽经恩荣、梁士美等援救获胜,而贼众兵单,饷糈告竭,岌岌可危。着林鸿年迅速筹措银数万两,源源接济,以维系该绅民向义之心。马如龙既称归诚向化,何以于林鸿年处从未见禀,且舍杜文秀不讨,而日与临安士民为仇,其居心殊不可问!林鸿年与劳崇光等务当随时访察,妥筹办理。"又谕曰:"滇省迤东现已肃清,即当檄饬诸军进规大理。以目前时势而论,亟须督抚大吏前赴滇中,督办指授机宜,使各军有所禀承。事权既归画一,始可迅蒇全功。如但委之岑毓英、马如龙等,非但诸军无所统一,且恐成尾大不掉之势。劳崇光身任云贵总督,责无旁贷,且于马如龙等均深信其可恃,自必熟筹驾驭之方。马如龙围攻江川之说,是否实有其事,有无别故,仍着劳崇光等随时察看,谕以大义,饬令马如龙蠲除私忿,约束回众,毋许再启衅端。并可札饬梁士美等,告以马如龙现既力图自效,即当与之同心协力,进规迤西,一意以歼除杜逆为事。马如龙等此次已加优奖,倘迁延疑贰,有始无终,仍着劳崇光据实参办。劳崇光等如不能妥为驾驭,致马如龙等或生反侧,贻误事机,亦必治劳崇光以应得之罪,〔一〕懔之慎之!"

闰五月,劳崇光奏明滇省临安汉、回互斗缘由,上以"临安汉练梁士美等怀挟私忿,与省回构衅,虽经劳崇光檄令止斗息争,尚未能联为一气。马如龙有志向上,力尚能钳制诸回,而回民赋性梗顽,仍多首鼠两端,游移莫定。马如龙势处孤危,诚恐迟久生变,亟须大吏驰赴滇垣,妥筹钤束。马如龙有所禀承,自必倍加奋勉,不特所部回众易于慑服,即临安汉练见马如龙奉令维谨,效顺出于至诚,亦不致再生异议。即着劳崇光克期赴滇,严饬梁士美、马如龙等蠲除私忿,联络进取,一以剿除杜逆为事"。又谕劳崇光、林鸿年"传知马如龙、岑毓英等,令其慎守疆土,共济时艰,毋得怀挟私忿,致有贻误。至林鸿年前奏岑毓英、马如龙意见不合,未能浃洽,恐系奸匪从中构煽各等语,着仍于羁縻之中,寓防范之意,是为至要。林鸿年奏称探闻滇省回练,或袭通海,或扰广南,省回马起龙等亦有带兵占住宜良县署之事,并分攻古城小仓口各营寨。其分扰通海、宜良、广南之回,是否即马如龙部伍,何以肆行构变,并着林鸿年传知马如龙、岑毓英妥筹镇抚,毋任别滋事端"。

五年,如龙署云南提督。劳崇光疏请以如龙专办西路。六年,如龙征杜文秀屡失利,劳崇光病故。杜文秀倾巢下窜,众数十万,连陷二十馀城,省城戒严。七年三月,如龙与巡抚岑毓英,总兵李维述、马忠等各率所部,分地防御。七月,岑毓英亲督何秀林等攻呈贡,如龙派副将曹星柏等助剿,克之。十月,官军进攻澄江,逆贼马自新纠党来援,如龙派马兴勤驰往斩之。十二月,新降回目马祥麟所守果马里古城营堡失陷,副将贺联璧、总兵金祖凯相继溃败,附省逆匪侦知消息,出扑东门外各营,攻陷营碉五座。岑毓英约如龙援剿。时贼锋甚锐,力战三昼夜,如龙身先士卒,遂将失陷营垒收复。八年三月,克复武定等州县。上以如龙歼除内患,叠挫贼锋,功过尚足相抵,开复降级留任处分,并赏换法什尚阿巴图鲁名号,以示优异。五月,补授云南提督。如龙督战受伤,又出城攻克羊神庙贼垒,乘胜进攻江右馆,身中炮伤甚重。上嘉其异常奋勇,由内府发去如意拔毒散四料,交岑毓英转给该提督祗领,以资调理。八月,省城围解。河西县属之大东沟、小东沟地方,久为贼匪占踞。十年,如龙督队进剿,斩馘甚多。官军乘胜进攻,立将小东沟贼巢攻克,并擒斩逆首哈国治等;进攻大东沟,如龙身受枪伤,回营。上命刘岳昭、岑毓英传知如龙加意调养,并赏给白玉翎管、白玉搬指、火镰、大小荷包等物,奖其劳勋。十二年,全滇底定,赏穿黄马褂。十三年九月,到京。旋调补湖南提督。十月,给事中春庆等奏拿获多年在逃逆犯,请交刑部审办。[二]嗣奉上谕:"已革署参将张兆绥系因通匪奉旨正法之员,胆敢逃匿提督马如龙门下,改名张瑞臣,潜行来京,实属不法已极!现经拿获,供认不讳。着即交刑部严行审讯,按律惩办。湖南提督马如龙先行解任,听候传质。"十一月,兵部奏遵议提督失察在逃逸犯处分,上谕马如龙着照部议革职留任。

　　光绪四年八月，如龙以伤疾举发，恳请开缺调理。十七年，病卒。王文韶奏闻，谕曰："前任湖南提督马如龙，世笃忠贞，深知大义。咸丰、同治年间，云南汉、回衅起，该提督创和汉安回之议，开导回众。其时回党马荣、回酋杜文秀两次窜扰省城，马如龙带兵援剿，歼馘悍贼，擒斩叛党，先后杀贼万馀，城围遂解。身系滇省安危，厥功甚伟。嗣经擢授云南提督，调任湖南，因病开缺。兹以伤发身故，殊堪悯恻！马如龙着照提督军营立功后病故例议恤，于云南省城建立专祠，生平战绩宣付国史馆立传，以彰忠荩。该提督之子已革四川道员马广惠，着加恩开复革职处分，仍归原省补用，并免缴捐复银两。"十月，云南京官编修陈思霖等胪列如龙功不掩罪各款，呈都察院代奏，请收回成命，奉上谕："马如龙前在云南曾著战功，嗣以伤发身故。朝廷赏功宥过，恩恤有加。惟建祠一节，必须舆论咸孚，方称褒扬巨典。今既毁誉参半，所有建立专祠之处，着即撤销。"

【校勘记】

〔一〕亦必治劳崇光以应得之罪　原脱"劳崇光"三字。今据马如龙传稿（之三一）补。

〔二〕请交刑部审办　原脱"刑部"二字。今据马如龙传稿（之三一）补。

　　欧阳利见

　　欧阳利见，湖南永州府祁阳县人。咸丰四年，由俊秀投效湖南礼部侍郎曾国藩水师军营，随同克复岳州，打仗出力，赏给六品功牌。五年，以熸岳州贼船功，拔补外委，并赏戴蓝翎。

贼陷广信府，罗泽南会师攻剿，屡战克之，欧阳利见叙劳，擢千总。七年，官军克临江府，录功，赏加守备衔。九年，曾国荃进攻景德镇，击退浮梁援贼，三战皆捷，欧阳利见等由右路湖湘街进，斩馘追奔，十五日辰刻，抵浮梁县，鏖战久之，从南门外钞入断后，悍贼殄歼殆尽。十月，奉旨以都司尽先补用，并赏换花翎。

十年，官军会攻安庆省城，逆酋陈玉成率党回援，留四垒于关外之赤冈岭，以梗我师。官军奋力围攻，夷其垒，长发老贼无不就戮。命欧阳利见搜剿集贤关以东。时岭贼入犯，陷黟县，提督江长贵，总兵朱品隆，开归道张运兰，副将娄云庆、唐义训等，商定两面夹攻，而欧阳利见等亦列队西武岭上，分途前进，一面围攻贼垒，一面剿击各村。踞贼始犹拼命抗拒，我军猛进，贼不能支，弃垒而遁。诸将乘胜追杀，直至城下，立将附城二垒击破，贼惊，弃城遁，遂复县城。各军跟追扫荡，羊栈、樟岭等处贼垒一律肃清。援贼闻风胆落，分路遁去。八月，官军用地雷轰开安庆北门城垣，逾濠登城，贼抵死拒敌，诸将奋勇杀入，立将安庆省城克复。利见预有功，奏入，得旨以游击留于两江督标尽先补用。

先是，伪护王陈坤书等拥众四五万，突入太平府之张公桥，图犯金柱关。同治元年闰八月，各营会合外江水师及陆师数营，御贼于花津、护驾墩，五战却之。退踞薛镇，贼节节延窜，潜约贼船衔尾而西，环泊花津上驷渡之下，杨岳斌闻警，自带欧阳利见等五营力疾赴援，金柱关得此水陆依护，贼乃不敢逼。九月，贼纠众至龙山桥，先以排炮拒我师船，潜结筏偷渡。我军斜刺而入，截贼数段，纵横掩杀，贼又倚河筑垒，形若贯珠，以冀乘间再逞。初六日，贼进逼金柱关，水军排炮轰击，逆众稍退。十八日，官军水陆大举分道进逼，欧阳利见亦率水师由星子桥决堤驶入，攻贼之后，天甫向曙，遇贼于花山，血战数时，贼不少挫。诸军益鼓勇冲压，分两路钞击，贼乃向上驷渡纷纷窜遁，弃尸骈积，河水不流，然窑头、护驾墩、大小花津等处尚为贼踞。欧阳利见等乃于二十日进次马音街，会水师李朝斌等十营于二十一日侵晓出队，先用炮船渡陆师过三汊河，毁平窑头数垒，水师径取护驾墩，登陆焚桥，率队直进，贼乃窜聚花津。我军紧蹑贼后，搏斗移时，周万倬困入重围，适王可陞、梁美材等由官圩联骑冲至，〔一〕欧阳利见等率炮队排击水次，周万倬立刃数贼，突围跃出，两面夹攻，立破花津两岸坚巢，获贼划七十，焚贼粮数万石，各营还驻马音街。二十五日，攻洞阳象山之贼，欧阳利见率水营自太平府东循堤而进，甫至小桥，望见贼旗掩映林谷，周万倬、洪得胜纵礮冲入，往来荡击，贼尽披靡。俄闻鼓角一声，伏贼突出，火机触发，枪子群飞，周万倬、洪得胜均受创，会救至，合阵掩袭，既焚象山贼馆，并将采石矶援贼悉驱出薛镇、小丹阳一路。二十八日，欧阳利见等闻贼船出石臼湖，聚泊小丹阳之背，以护新市镇四垒。乃于二十九日留曾泗美右营守塘沟，亲带两营进湖雕剿，破垒殄贼，得船十二号；喻俊明亦得二十八艘。自是贼舟之由东坝来者，存留无几，芜湖、金柱关六十里内无一贼矣。录功汇奏，命以参将尽先补用，并赏副将衔。

　　二年四月，率水师营会攻桐城闸贼巢，并南北两街各垒，破之，遂进师巢湖，绕湖而阵。旋从曾泗美、喻俊明同攻东门石垒，并约陆师彭毓橘移逼城根，二更后，水师环堤猛击，悉焚湖中贼划，毁其浮桥。刘连捷亦自河南飞骑驰至，共破窑庙沿河六石垒，贼遁入城。欧阳利见即蹑踪从东门入，[二]克复巢县。会鲍超克含山，遂袭和州，与水师环垒急攻。贼大怖，乞降，尽释胁从，而斩其酋以徇。于是各整部伍入城，获遗谷甚多。四日之内，叠下三城。得旨，着赏给强勇巴图鲁名号。

五月，调赴江苏一带攻剿。曾国藩奏请以欧阳利见补狼山镇标右营游击，允之。旋克复嘉定县城，并北新泾、四江口。两次血战解围，得旨狼山镇游击欧阳利见着以副将仍留两江补用。又攻克昆山、新阳两县，命以总兵记名简放。苏州踞贼以吴江、震泽当江、浙之冲，为嘉、湖援贼必由之路，贼党麕集花泾港、同里等处。[三]欧阳利见进攻花泾港贼垒，毁贼船二十馀，分路并进，尽破湖口贼营，生擒五百馀名。溃贼凫水遁，官军以枪炮排击，毙贼数千。官军进逼城根，合力攻打，贼惧，开门出降。吴江、震泽县城均收复。得旨欧阳利见遇有总兵缺出尽先题奏，并赏给二品封典。苏州省城被匪占踞四年之久，李鸿章督师围剿。欧阳利见会师进攻，连克娄、齐、葑、盘四门外贼垒，城内贼胆已寒，乞为内应。十月二十日，逆酋李秀成见官军攻逼日紧，城贼散乱，率死党万馀宵遁，以城交贼首谭绍光固守。二十三、四等日，水陆诸军分由各门进攻，昼夜开炮轰击。二十五日，谭绍光上城抵拒，伪王郜云官等商令伪天将汪有为将谭逆乘隙刺杀，[四]并毙该逆死党千馀，开门迎降。欧阳利见带队入城，诛悍贼数千名，立将苏州省城克复。上其功，命交军机处记名，遇有提督缺出请旨简放。

三年二月,官军进攻浙江嘉兴府城,轰塌城垣百馀丈,欧阳利见竖梯登城,以炸炮击入城中,贼众骇乱,乘势拔桩过濠,由东南两门攻入,逆酋廖发受率悍贼数千人巷战,毙贼无数。馀贼将由西门出遁,分投截杀,悉就擒诛。获伪荣王廖发受戮之,遂复嘉兴府城。三月,奏捷,命遇有提督缺出尽先题奏。四月,江苏常州踞逆陈坤书等拥众死守,欧阳利见乘雨搭造浮桥,四面环击。初六日,将南门城垣轰倒,屋瓦皆飞,各军奋勇登城,冲入贼队,生擒伪护王陈坤书、伪佐王黄和锦。馀众奔溃,弃械投降者六七万人,悍贼截杀净尽。复常州府城。是月十四日,得旨欧阳利见着交部从优议叙。十九日,简授江南淮扬镇总兵。七月初二日,叙江宁克复功,加一级。四年九月,以克复宜、荆、溧阳、嘉、常等城,及调援江阴、常熟、无锡,力战解围,截剿金坛窜贼,赏给正一品封典。七年正月,清、淮军务大定,三月,赏穿黄马褂。七月十一日,以捻逆削平,在事出力,加一级。九年三月,叙平西捻,并后路筹饷转运功,赏给奇车伯巴图鲁名号。

十一年七月,欧阳利见会同沂州兵拿获幅匪首朱方茂于宿迁,正法。得旨交部从优议叙。五年五月,军需报效银二万两,恩准广原籍祁阳县文武学额二名。光绪二年,以礼去官。四年九月,服阕,仍署淮扬镇总兵。六年七月,奉旨补授江南福山镇总兵。七年六月,搜捕海匪,获匪首朱振刚,交部从优议叙。十一月,擢任浙江提督。十年,防守镇海炮台,叠被法兵轮攻扑,部将接仗获胜。得旨浙江提督欧阳利见亲驻前敌,督率有方,着赏给头品顶戴。十五年十一月,因病开缺。二十一年三月,刘坤一调办海防,中途病故。奏入,谕曰:"前任浙江提督欧阳利见,上年刘坤一调办海防,行至中途,患病身故,殊堪悯恻！着照军营立功后病故例从优议恤,并将战功事迹宣付史馆立传,以彰忠荩。"卒年七十一岁。

子鸿,江西候补道。

【校勘记】

〔一〕梁美材等由官圩联骑冲至　原脱"官"字。今据欧阳利见传稿(之三○)补。

〔二〕欧阳利见即蹑踪从东门入　原脱"从"字。今据欧阳利见传稿(之三○)补。

〔三〕同里等处　原脱"处"字。今据欧阳利见传稿(之三○)补。

〔四〕汪有为将谭逆乘隙刺杀　"杀"原误作"死"。今据欧阳利见传稿(之三○)改。

康国器

康国器,广东南海人。由吏员投效军营,保以从九品选用。道光二十七年,除江西赣县巡检。咸丰二年,调乐安县巡检。四年,因吉安等属堵剿出力,巡抚陈启迈保奖,以府经历、县丞即补。六年,保荐卓异。旋因克复饶州、丰城等处汇奖,晋知县,并赏六品翎顶。七年,随浚沙湖河以达临江,〔一〕贼屡阻挠,国器督炮船击之。工既竣,我军得据两河之险,迭获胜捷。贼欲偷渡新淦河来援,亦为国器水师堵截,斩擒颇多。叙功以同知升用。八年,因克复临江府城,赏换花翎。九年,因攻安仁逆匪出力,奉旨俟候补同知后以知府升用,〔二〕先换顶戴。十一年,广东巡抚耆龄以阳山县附近之一带逆匪鸥张,檄国器偕总兵勒福会剿。国器等先攻岭背田贼,破其沿路炮台,匪退回巢,我军薄垒环攻,夺路而上,蹂平岭头、岭背各老巢,获首逆梁柱、陈才、潘赤方等。〔三〕耆龄疏请免补同知以知府仍留江西遇缺即补,并赏加道衔,允之。七月,进剿赫岩贼,国器饬军功朱向善营山后,断其接济,拨战船大炮,饬都司吴光亮轰村前炮台,制其要害,而自督队三路进逼,歼匪无算。乘胜攻猪豚、螃脚各逆巢,逆首周裕、梁星保、梁神通等先后就擒。蓝山一律肃清。同治元年正月,捷入,得旨嘉奖。

既而耆龄迁闽浙总督,檄国器率粤勇三营援浙,归浙江巡抚左宗棠节度。九月,随藩司蒋益澧合围汤溪,国器壁南门,断贼汲道。贼连夜来袭,皆击却之。十月,毁贼新筑三垒,阵斩伪级天义李占魁,杀贼二百。十一月二十二日,迎剿伪首王范汝增、伪梯王练业坤于白龙桥,行至后北地方,贼漫亘十馀里,各营冲击大胜。国器军毙贼千,俘百馀。城贼突出千馀,参将吴光亮等复纵击,败之。二十六日,分击酤坊援贼,遇之蒋塘,国器饬吴光亮等直冲贼队,参将古捷芳与百长廖胜,领抬枪手、大旗手四十馀人,争先陷阵,立毙悍贼多名。全军继进,贼败却,阵斩数百。捷芳回军,国器复饬援上威营盘,击退伪首王贼党。十二月,会剿开化村援贼,歼数百。二年正月,踞逆伪朝将彭禹兰密通款。初十夜,诛伪忠裨天将李尚扬等,出皆就擒,遂疾启西门纳官军。城贼仓皇窜出,国器遮之南门,击斩四千,同复汤溪县城。越二日,总兵刘培元等克龙游,溃贼图窜金华,过汤溪,蒋益澧与国器截击,又毙数千。左宗棠、耆龄先后叙其功,晋道员,仍归江西尽先补用。三月，兼统南康勇营。

闽浙总督左宗棠檄赴富阳，与蒋益澧合剿。八月，由富阳直趋馀杭，攻东路一路贼隘。十八日，拔宝塔山，毙悍贼甚夥，因据其垒。二十日，击败杭州援贼，追抵仓前，其夕，会道员魏喻义攻馀杭城，入其旧郛。嗣是两日贼仍由仓前渡河结垒西葛村，设炮台于外，官军乘其初筑破之。国器移营北岸，架浮桥以断水道。二十六日，破长沙堰坚卡，复逼攻南门贼垒，直薄濠边，伪归王邓光明率党来援，我军分起迎击，殪先锋贼十馀，并破小耿庙贼卡。九月，自率亲兵进薄文昌阁，鏖战三时许，贼败将遁，吴光亮游击林珠从树林突出，古捷芳同知康熊飞亦疾涉至，合力夹攻，立拔石垒，逆党尽歼。城贼悉锐出，复击败之。十一月初五、初七等日，剿东门埭贼营，迭有斩获。十七日，左宗棠督诸军进击获胜，国器阵东门，掣贼势，击杀亦夥。二十四日，复合击大捷。国器一军吴光亮及参将丁应龙等亦攻破柯埭贼卡，连击下牛畈、太平桥贼垒，分兵败仓前援贼，斩馘甚多。十二月初四日，攻克姚家埭、王家庙、闵竺堰贼垒四，歼贼数百，乘势复攻牛畈贼垒，逆首汪海洋嗾党来援。吴光亮、古捷芳、康熊飞截击败之，毙贼六七百，夺获贼械数百件。二十五日黎明，国器乘贼未觉，急麾兵进，连破东路四垒，击败大股援贼，复从杨家桥钞我后路，康熊飞游击林本匹马陷阵，手刃数贼，各营继之，立毁杨家桥贼卡。明日，与道员杨昌濬分路齐进，捣林清堰汪逆老巢，国器毙贼数十。三年二月十六、十八等夜，国器攻仓前、李家塘等处，毙贼近千。二十夜，左宗棠督攻城垒，贼惊乱，翼日，国器勒兵出，贼数千逆战，吴光亮、林本冲击，毙悍贼数十。后队贼蜂拥至，康熊飞、古捷芳急进,殄贼无算。乘势克蒋元坝,伪裕王刘逆复以悍党来援,吴光亮、古捷芳等并力痛击,立轰毙之,并斩黄衣贼目多名,贼败走。时仓前援贼由横渡桥钞出,游击蔡盛恩战殁,古捷芳驰援,贼愈裹愈厚,亦力战阵亡。林珠麾队突围入,康熊飞、吴光亮、林本决围出,并力冲杀,歼数百,贼始溃。二十四日,汪逆海洋开东门向瓶窑遁,其未及逃窜者,国器悉歼之,遂克馀杭县城。奉谕康国器着遇有福建道员缺出请旨简放,并赏加按察使衔。

　　寻以贼股窜入福建,国器叠奉寄谕入闽兜剿。六月,补授福建延建邵道。七月,由浦城、崇安驰抵邵武,顷之,伪侍王李世贤、伪康王汪海洋窜踞漳州及龙岩、永定、上杭,纵横数百里,一片贼氛。十一月,左宗棠檄国器分剿龙岩州踞逆,国器遂饬知府康熊飞等率昭武、彰武、飞虎、揭阳诸营前进,游击陈允彩、守备熊应烈分扼朝天岭。十二月初二日,康熊飞等进扎龙岩城外铁石洋,贼乘营垒未就,突出大股来犯,力战却之。初五日,出队距城三里,毙贼多名,毁城外贼巢。越二日,康熊飞等薄东门,贼固匿,至午突出悍党二千,官军奋战,贼却。大队贼复从南门、北门出,冀钞后路,游击林本、林福喜分投驰击,枪毙无算。忽悍贼千馀又从北门潜出,径扑铁石洋营垒,彰武营竭力堵御,康熊飞等急回援,鏖战两时,又败之,共毙贼目十馀、悍贼数百。是夜,我军潜攻城外贼垒,破之,歼贼数百。十一日,各路援贼分扑飞虎、揭阳两营,康熊飞分兵扼蒋武小路,自以一营往援,奋击败之。嗣两日,城贼迭出万馀,猛扑十馀次,均击却,共殄贼千馀。十六日,贼大股突出东门,另股由焉岩岭趋下老图,两路夹攻。时国器已抵雁石,密伏兵山谷间,而虚张旗帜于雁石隘口。贼望见,恐截其归路，即退去。当康熊飞之攻龙岩也，逆首丁太阳由永平出漳平，漳平永福里土匪为之导。朝天岭守将陈允彩未筑营，贼至辄溃。熊应烈退保漳平县城，贼遂逼攻之，游击赖长与熊应烈卧旗鼓，伏壮士城外。贼意城无备，突过浮桥，城上枪炮骤发，贼惊却，伏兵起，左右蹙之，贼溃；复开城出击，大败之。贼走洪桥，我军乘夜燔其馆。

四年正月二十三日，龙岩城贼分五路扑铁石洋，国器麾队力战，败之；追至城下，侦知古田逆万馀来援。明日雨后，遂击毙贼二千有奇，乘夜攻州城东北，火箭喷筒齐发，贼启南门走，追杀至前林，还复龙岩州城。二月，帮办军务刘典剿贼上杭之白沙，国器饬营官罗洪标助之，奋威冲杀，贼遂大奔。时汪逆窜龙岩、南靖、永定间，左宗棠檄国器与总兵关镇国严防永定湖、雷抚溪一带。三月二十日，国器侦知苦竹贼分踞茅畲，明日，亲督所部进剿，饬都司关镇邦坚守龙潭，防梅林贼钞袭。军至东安遇贼，迎击败之。茅畲踞逆倾巢出，我军更番叠战，贼不退，副将吴光亮、参将詹惠绕小径攻破山腰贼寨。贼骇欲遁，康熊飞等乘势急进，立毁贼垒三座。二十七日，国器进剿苦竹，抵磜下，攻贼垒火之，三路蹑追。适苦竹大股贼来援，吴光亮等冲杀，贼败退入山顶垒中，我军遂破山腰炮台、山后小垒。康熊飞等出大坪，见杨校梅林贼翻山至，饬詹惠游击罗洪标分路伏，自率轻骑挑之，入伏中，两路突起，贼溃。正追剿而后股援贼麇至，康熊飞鼓众陷阵，大败之，共歼贼千馀，生擒百馀。四月初十日，国器军败贼于岩前，十一日，奎洋贼分扰大溪，次日黎明，乘雾衔枚进，贼误谓其党就之，官军噪而前，贼骇却。后股至，康熊飞等奋击败之，吴光亮别由东安薄苦竹，饬参将林福喜、游击林槟猱腾上，破山前营卡游击陈观光等亦破贼卡一区。十三日，林福喜、林槟各率健男百，携火具夜往，大队继之，烧山前贼营八。各军纵横痛击，苦竹附近之贼垒、贼馆悉蹋毁。汪逆以悍党来援，官军遇之东坑，鏖战数时，愈接愈厉。哨弁陈罗、陈魁绕山后夺踞岭巅，众军一鼓上，贼哗溃。明日，追剿至湖坑、大溪，扫其垒，直抵广东大埔境，始收队，俘斩二千有奇。二十三日，国器进驻湖雷，次日，毁罗滩浮桥，毙贼百馀。二十五日，汪逆嗾伪佑王黄逆等七路来扑，国器督吴光亮等迎剿，而令康熊飞、关镇邦分左右路钞截获胜，贼别袭吴光亮营，我军并力击败之。明日，贼复来犯，至辄败，汪逆亲刃数贼，拼死回斗。国器麾军奋击，贼大溃，并击败阁坑伏贼，山边屯逆，两战殄贼五千，生擒六百。嗣仍督队进蹋平剑滩贼垒，毙贼数百。复合刘典军沿途追杀，又截贼剑滩，击散殆尽。五月初二日，国器至塔下，挥众夺浮桥，分击山上、山下贼，其未济者扼桥坚拒，林槟、林福喜、陈罗间道攻贼背，贼惊溃，大军急进，擒斩二千，追逼溺死者六七千。山上下贼同时溃，复击杀二千，俘千有馀，收降万馀。明日，追剿，又降馀党三千。是役，淹毙伪天将潘起亮、伪朝将刘贵福，阵斩贼帅曾洋贵、陆连福、邓云贵等。捷奏入，赏加布政使衔。于是闽疆肃清。

贼徒窜广东境，左宗棠檄各军越境追剿，国器进驻嘉应之松源，拟会提督高连陞规镇平。时伪利王朱兴隆、伪稽王吴玉堂约降，国器令密图汪逆。已而歧误，内间未成。闰五月十五日，遂由三溪口进抵蓝坊，与贼遇，直前奋击，大溃，进薄贼卡，破之。忽汪逆分党攻陷石峰径之保字营、白渡之升字营，扰及连塘岗、江南竹、新铺墟一带，嘉应州城岌岌。国器改赴龙牙，二十二日，贼数千攻嵩山民寨，都司汤彪以哨队击之，围立解。明日，国器驻嵩山队千馀抵瓦窑，饬总兵吴光亮迎击，汤彪绕击贼后，贼骇走。官军蹑踪追剿，缘途斩擒二百，乘锐平白渡、新铺墟一带垒卡。六月，国器诇贼筑卡棠海亭，乘夜疾进，出不意纵击之，俘斩百馀。贼遁回镇平。七月初六日，督所部分路进攻，康熊飞、吴光亮先破石坑排贼垒三，复会林本、关镇邦击败蓝坊贼，隳其垒，追至拱桥。时罗洪标、熊应烈、汤彪逼攻南坑头贼垒，贼将何明亮忽率数千贼来援，康熊飞等从山中横出夹击，垒破，贼败走，毙一千数百，擒数十。初八日，逆首胡瞎子率悍党三万，阵南坑头山冈，国器令以枪炮仰攻，贼坚抗至午。适约降之李积、曾务等率四千为内应，焚营冲出，后队贼惊溃，我军乘之，胡逆被创坠马，贼大败，俘斩二千数百。国器因进壁镇平东南高思塘，分营扼程官埠。十三日，康逆汪海洋直扑程官埠，营官林本等更番猛战，贼稍却。国器饬康熊飞、袁岳云横出夹攻，吴光亮、关镇邦分路钞截，贼败，生获伪神将祝云等，阵斩伪神将朱三元等，殄贼八百。明日，汪逆复选标旗手来犯，国器料贼必虚攻程官埠，待高思军出，图袭后路，因部勒以待。辰刻，果先扑程官埠营垒，林本等屹不动，俟贼近，排枪轰击。汪逆知官军难撼，乃留党牵缀，自以悍贼扑高思、康熊飞；佯退，诱贼入伏，吴光亮从两山突出，伏兵尽起，伪王宗汪大力中枪死，伪奉王黄十四伤体遁。官军四围纵击，贼纷纷溃，汪逆勒诸贼回斗，我军猛进，哨弁康达本裹创血战，康熊飞复调线枪队指击，洞汪逆左腕，贼队大乱。吴光亮、关镇邦又两路钞至，纵横荡决，贼大败。程官埠营亦击败逆党胡瞎子、何明亮。是役，毙悍贼二千有奇，堕岩落涧死者不可稽计。

三十日，击贼石古排，败之，又收降伪天将张祥顺等千馀人。八月初八日，国器督队分攻石古排对门营白果山贼寨，康熊飞甫出长旗岭，逆首胡瞎子挑洋枪骑贼逆战，我军奋击，殪贼数十，林本、关镇邦左右夹击，歼数百，贼溃走。吴光亮等追抵贼濠，顺民龚长春等拔桩进，遇大雨，收队，霁复攻。是夜，胡逆乞降，国器料知其诈，饬各营疾进，守备李如先登，中枪，死之。康熊飞麾军破栅入，立赭、石古排贼垒各寨亦同时溃。乘胜攻城，汪逆开西门走，遂克镇平县，时初十日昧爽也。蹑追至河边，贼据桥力堵，康熊飞与高连陞等督队奋杀，阵斩悍贼千馀，逼溺约二三千。十一日，国器督所部追至竹子澳。贼方设伏，康熊飞饬龚长春佯入诱之，贼起，康熊飞从山前杀出，林本等钞其旁，吴光亮截其后，毙贼千馀，毁贼馆二十馀所。十二日，进抵茅楼坪，遇别股贼截击败之，追剿至平远大柘墟。十三日，高连陞抵石正，适国器先至枫叶坑，正与贼战，合军奋击，追杀十馀里，斩馘四五千名。十四日，合追兴宁黄陂墟，进及高坳，击败大股贼，歼七八千。明日，高连陞由罗冈先进，康熊飞继之。高连陞行二十里，遇贼数千，突从两山出，麾军迎敌，康熊飞等从后杀入，汪逆复率悍贼层层逼裹。都司关镇邦匹马取汪逆，胸受矛伤，裹创力战，枪弹复贯胸，亲兵欲负之走，镇邦叱之，目眦尽裂，麾令杀贼，手刃悍逆数名。贼矛丛刺其喉，殒命。营官冯南斌疾驰往救，亦重创，亲兵死者五十馀人。各军益愤，并力冲杀，贼渐不支。讵白水寨一带土堡伏贼尽起，直钞官军后，康熊飞、高连陞以后队作前锋，前队作后殿，排开枪炮，四面轰击，围始解。越日，复穷追抵樟树坪,乃还驻兴宁县。贼遂阑入江西长宁、定南境,寻复回窜。十月,陷嘉应州。十一月,国器营州城北乌泥坪。十二月十二日,列阵葵岭,会高连陞军击贼双板桥,败之,追至黄竹洋。是役,首逆汪海洋中枪,伏诛。二十二日,同克嘉应州城。明日,国器向黄砂嶂追剿,直抵丰顺北白水寨,俘斩无算,生擒伪金王钟英、伪幼陪王谭标,伪朝将黄松等多名,钟英贼渠洪秀全婿也。五年正月,左宗棠录功入告,赏给三代二品封典。军务葳,请假省墓。九月,升按察使。

七年五月,迁广西布政使。十年四月,护理广西巡抚。时剿办边境土匪,克复越南木马省城,与提督冯子材等议剿抚机宜,合词入奏,谕云:“冯子材等拟俟各军到防后,约会该国先将边界各匪分别剿抚,即分兵扼要驻扎,随时相机应援,所筹甚是。至庆、泗等府属境,屡有黔苗窜扰,尤当加意严防。着冯子材、康国器迅饬副将孔宪隆等越境进兵,协同黔军,扫除独山、荔波各匪,进规古州捣其巢穴,免致侵轶为患。密迩省城,该处有匪徒抢掠,富川、恭城等处,亦有华匪股窜入,虽均经兵勇痛剿,擒获多名,尚恐外来匪徒勾通内匪滋事。着康国器饬令曾协均迅将败匪就地殄除,毋任逃匿。”既,逆首李高脚一股由黔窜粤,经我军击败,仍遁回丹江、都匀交界小五戌地方。越南匪首邓建新、周仲文等窜踞安世县香洧社。六月,总兵刘玉成进剿,覆其巢,并克廊猛硝厂各处,东潮贼目王大等亦悉数就歼。七月,国器疏言:“此次出关援剿,未及旬日,即能捣穴擒渠,兼为越南疏通饷道,固由士卒用命,将帅和衷,亦资劳允才等协力图功,用收速效,应分别酌奖。当饬劳允才更名劳树勋,赏给五品军功顶戴;

梁志新、王成宗等均更名,赏给六品军功顶戴;降众酌挑精锐,编立两营,即派劳树勋等管带。其老弱男妇三百馀名,情愿入关安插,俱酌给川资,饬太平府查明可垦荒地,拨给耕种。把总杨瑞山招降立功,酌以千总记奖。"如所请。八月,省城秀峰、宣城、榕湖三书院落成,请颁发匾额,允之。九月,广西职员覃成典以外委庾应荣受贿通贼呈诉,经都察院奏入,国器、冯子材奉谕:"兹览所控各情,亟应迅速剿灭,以靖地方。外委庾应荣有无通贼情事,着从严惩办。"时太平府知府徐延旭统六营,勇丁缺额,国器劾奏,命刘长佑一并确查;又劾署西隆州黄其华剿办苗匪,擅自设局抽厘,复收已革陋规,致乡民陆有顺等藉端滋事,请革职以肃官方,从之。十一月,上以国器能否胜任,着广西巡抚刘长佑确查覆奏。十一年八月,奉旨着来京另候简用。

　　光绪十年,越南军兴,国器在籍筹办捐输,病卒。十一年二月,大学士左宗棠疏云:"康国器起家小吏,荐擢藩司,护理巡抚。咸丰初年,发逆围南昌,国器以桂源巡检毁家募勇,卒解城围。复从大军,连克饶州、临江诸城。臣之督师入浙也,国器率所部由赣入衢,与蒋益澧合克汤溪,自是遂隶臣军。浙西既定,复追贼入闽,克复龙岩等处,迭著战功。贼遂窜粤,国器故粤人也,谙习形势,其子熊飞又勇敢素著,用能以寡胜众,挫贼于镇平,歼贼于嘉应,高思之捷,杀贼万计。臣尝许为入粤战功第一。综其平生,大小百战,克复坚城十馀处,历任江、浙、闽、粤,廉正朴诚,无所缘附。寻以伤发,假归养疴。上年正月,以王德榜一军赴援越南,奏请国器在籍劝捐接济,得旨俞允。国器奉命之下,力疾从事。时势牵阻,郁愤增剧,旧伤迸发,遂致不起。恳恩照军营积劳病故例议恤,并将事迹宣付史馆立传。"诏下所司。十二年九月,闽浙总督杨昌濬据提督赖长等胪叙国器事迹覆奏,略言:"前甘肃按察使刘于浔在籍病故,前浙江按察使刘盛藻在任病故,悉由该督抚奏请议恤,经吏部照章奏驳。嗣复续陈请恤,均蒙特旨允准。今国器在籍病故,核与刘于浔等情事相同,相应援案恳恩,仍准议恤,并将战功事迹宣付史馆立传。"奉旨着照所请。寻赐恤如例。

【校勘记】

〔一〕随浚沙湖河以达临江　原脱"湖"字。今据康国器传稿(之三一)补。

〔二〕奉旨俟候补同知后以知府升用　原脱"俟"字。今据康国器传稿(之三一)补。

〔三〕潘赤方等　"赤"原误作"亦"。今据康国器传稿(之三一)改。

席宝田

席宝田,湖南东安人。县学廪生。咸丰二年,粤匪出湘、鄂,顺流东下,据金陵为伪都。故大学士曾国藩奉命治团练,宝田上书条陈兵事利害,国藩奇之。旋率乡团从官军,复东安。六年,刘长佑督兵援江西,奉檄襄办军务,进攻袁州,克之;移军攻临江,败其援贼,复克之。历保训导、教谕、知县即选。八年,叙复抚州功,以知县留江西补用,加同知衔。是年,官军败石达开于水田铺,贼纷溃夜窜,刘长佑饬宝田直捣芦洪,复追至白芽市,生擒要逆二名,毙悍贼二百数十名。九年,以前剿贼南丰出力,保以同知直隶州留江西遇缺即补，并赏戴蓝翎。石逆复犯郴、桂，围攻永州，分股扑宝庆。宝田与刘长佑计，壁一军祁阳，兼顾衡、永，遮贼东下，倍道疾援永州，破贼于府城西，随掩击于武冈、新宁等处，进逼宝庆城东，连战皆捷。围解，保以知府留江西尽先补用。

寻越境追剿石逆至广西，会象、浔股匪逼攻柳州，宝田督军回援，城围立解。保以本班归江西候补班尽先即补，并赏换花翎。旋以病假归，石逆馀党回窜湖南之宜章，结寨栗源堡，道、永、江、临、蓝、桂各州县戒严。巡抚翟诰檄宝田募勇防剿，号精毅营，连败贼于道州、桂阳等处，军抵宜章。宝田令部将夜逼栗源堡，自督队继进，乘雾急攻，贼疑官军大至，遂降。十一年春，石逆分股回窜，历兴安、全州、灌阳界，直抵文村，进窥道州之蒋家岭，宝田伏兵岭侧。贼窜至高明铺，宝田率所部分路进剿，贼列队抗拒，伏起，贼败窜。宝田料贼必从江、永取道四眼桥，兼程扼其要隘，及贼趋白芒营，追败之，贼遂窜至河西。署贵州巡抚江忠义从河西夹击，贼败，穷追至东塘，贼复败，遂向勾挂岭而逸。保免补知府以道员留江西补用。同治元年，石逆纠合浔匪绕入楚境，宝田败之于会同，复邀击于黔阳之中方、双溪、烟溪等处。黔围解，遂督军克来凤，馀匪窜咸丰、忠堡一带，其马队贼二千馀绕过黑洞卡，直扑利川，图窜夔州。有旨饬宝田驰赴利川兜剿，宝田分路截杀，石逆败窜入蜀，卒就殄灭，边境肃清。奉旨以道员记名简放，并加按察使衔。

是年冬，皖南踞匪进窥江西，湖南巡抚毛鸿宾奏请派宝田募兵进剿，两江总督曾国藩驻军安徽，亦以江西事急，檄宝田往援。

二年春,师抵饶州,贼壁陶溪渡,〔一〕我军壁袁家墩。薄暮,与诸将议兵所向,会飘风掣营幕,宝田遽起立,曰:"贼至矣!"亟饬诸将严守备,预遣骁卒伏道旁,绕出贼后。入夜,贼果大至,我军内外夹击,大破之;乘胜追击百馀里,遂平陶溪渡。奉旨赏业铿额巴图鲁名号。堵逆黄文金等由皖入江西,〔二〕分扰鄱阳、浮梁、祁门、都昌境内,为宝田与刘典军扼不得逞,乃窜趋湖口,宝田破之于洋塘,再破之于石门。七月,复掩击于青山桥,遂悉平青山桥、上下彭等处贼垒。奉旨赏加布政使衔。贼败而东趋,略池州,围青阳,势殆甚。宝田由池州入援。堵逆选精锐数千逼我军而营,宝田猝由石岭袭破贼卡,贼惊溃,堵逆手刃数贼,转斗而前。宝田遣别军钞入卡后,贼大败,堵逆从乱军中逃逸。寻于八月二十七日我军水陆大举合力痛击,贼遂败入石埭。青阳围解。赏宝田两代二品封典。三年正月,沈葆桢奏调宝田移防婺源,贼之窥婺源者,诇知其有备,将由白沙关犯德兴,宝田率队驰击。贼分三队,前队据枧桥,宝田夺隘直入,贼遂据大济关、泥岭关,不动。宝田诱使奔逸,我军沿溪钞杀,贼尸填溢水中。馀贼窜伏山谷待援,复经我军搜杀,遂从歇岭窜德兴。

侍逆复勾结黄文金由绩溪窜犯江境,宝田截击其尾队于玉山;其阑入金溪者,宝田复由安仁率兵驰剿,立将县城克复。沈葆桢奏言:"席宝田谋勇兼资,军民爱戴。枧桥一战,威声远震。兹复疾驰数百里,冒雨力战,克复专城。大局保全,厥功甚伟。"得旨交军机处记名,遇有按察使缺出题奏。贼寻窥建昌,宝田等督军剿杀,乃窜扰新城、南丰各乡,沈葆桢据贼供以贼不得逞于抚、建,思由宁都以窥赣州入奏,有旨饬宝田跟踪进剿,贼破南丰据之。宝田率所统精毅营回扎百花亭，与韩进春奋力夹击，贼溃，宝田闻贼南渡，仍拔回建昌。南丰经久未复，六月，奉谕："席宝田围攻南丰日久未下，本有应得之咎，惟该员因建昌有警，移军回顾，致兵分见单，尚非攻剿不力可比。沈葆桢请将席宝田暂行革职之处，着加恩宽免。"时侍逆力攻抚、建，不得志，盘踞崇仁、宜黄，与南丰贼联为一气，以窥抚、建西路；康、听两逆蔓延金溪、东乡，以窥抚、建东路；而伪王宗李元茂复纠合南丰逆贼下窜，踞铁子岭一带，为崇贼声援，且以大股围犯席营，宝田击败之。越日，宝田师出铁子岭左，贼据岭而阵，宝田击败之，乘胜下扑贼馆，贼惊溃，遂火其馆。铁子岭巢穴平，乃进攻崇仁，血战城下，斩悍贼万计，精锐略尽。败贼遁往宜黄。崇仁官民两城同时收复。八月，官军克宜黄，金溪、南丰亦先后并复。贼窜广昌、宁都，浸逼南赣，谕饬宝田跟踪追剿。

　　是年八月，补授云南按察使。侍逆既受创于崇仁，仍纠宜黄败匪窜扑宁都，并陷雩都，复绕由广东南雄州边境乘隙扑南安，而康逆汪海洋复窜据瑞金，有旨飞饬宝田与王文瑞两军兼程前进，督办皖南、江西军务大臣杨岳斌时屯宁都，趣宝田会师。宝田以破崇仁未赴，乃奏劾宝田迁延，奉旨降补知府，并撤销布政使衔、勇号，仍责令率勇剿贼，以观后效。会幼逆洪福瑱于江宁克复后，经官军追剿，窜由湖州分支入江西：一支为幼逆洪福瑱、干逆洪仁玕、祐逆李继远率死党自泸溪出；一支为昭逆黄文英率死党自光泽出。九月初四日，同会于新城，共拥幼逆向横村而遁。次日，宝田驰抵新城，使谢兰阶率六营前驱，自统六营继进，贼昼夜不停趾，我军亦昼夜紧追。初九日，及之于广昌之塘坊，贼败走；又及之于白水岭，我军逾岭钞之，贼复败。俄，宝田至，令诸将曰："不擒幼逆，毋收队！"疾驰三十馀里，及之于杨家牌，贼方蚁聚为炊，我军掩其不备，贼惊遁，悍党数千拥幼逆进踞古岭，凭险坚拒。是夜，夏基鸿、廖生达斩关入，力战死之，各勇仍奋进不已。贼遂弃岭狂奔，人马拥挤不前。我军乘之急，贼殊死战，我军却。宝田斩退者以徇，弁勇争奋，贼败遁至岭下。宝田率队逼之，乃四散而逸，使我军莫知所追。宝田饬分队搜剿，自率轻骑疾进，生擒洪仁玕、黄文英、洪仁政，惟幼逆洪福瑱未获。寻部将周家良于石城荒谷中搜得之，并俘其宗亲党羽。捷闻，宝田开复降补知府处分，仍以按察使记名简放，并赏还布政使衔、勇号。同日奉上谕："席宝田带兵追贼，迭获胜仗，并将首逆捕灭，奋勇可嘉！加恩赏云骑尉世职，并黄马褂。"寻授贵州按察使。

四年三月，康逆由南靖窜永定，旋踞南靖之圭阳，宝田以贼若回窜汀、赣，非直犯永定，必走上杭，驻军石城，觇贼所向，以遏回窜之路。会霆营叛勇攻扑袁州败由萍乡窜逸，胁从至万人。谕饬宝田将叛勇扑灭，回扎瑞金，以资扼守。宝田截击于湖南，叛勇乃由湖南窜入广东，思与逆党会，而康逆在镇平亦与叛卒互相援应。既而屡经官军剿败，急思觅路逃窜，遣党扰掠白水坳一带，思由闽边入犯江西。宝田军由平远进扼东石，贼三路来犯，败之，斩馘及招降甚众。会花旗股匪以穷蹙降。康逆自知党与日孤，遂由他道窜走，我军疾驰，遏之于信丰，至铁石口立垒未就，康逆由龙南之东坑墟、罗吉墟连营三十里，达信丰之小江墟，宝田率兵进剿，与贼遇于莲塘坳。贼阵分布五六里，坚而且厚，宝田以为仅从前面逆击,骤难得手,分路包钞,可覆而取,乃遣诸将率锐袭之,自督军严阵以待。贼遽以大队来扑,宝田睹贼势逼近,策马督战,将士奋斗,相持正急,部将谢兰阶等从岭左突出夹击,贼惊溃,我军乘势掩杀,遂大败。康逆奔回小江墟,依垒结阵,死力抗拒。荣维善、周家良复从墟后袭破贼垒,康逆不知所措,夺路大奔。计歼悍贼万馀人,生擒千馀名,逆党骁健殆尽。康逆身负重创,率残卒辗转遁入嘉应,寻殪。发逆荡平。刘坤一以捷闻,并言:"宝田关心大局,誓殄馀氛。智勇无双,战功第一。应如何奖叙之处,恭候钦定。"奉旨着以布政使遇缺题奏。六年二月,以父老丁单,呈请开缺终养,湖南巡抚据情代奏,奉旨俞允。三月,谕以宝田屡立战功,赏给三代一品封典。

　　时东南底定,惟贵州苗匪虔刘通省殆遍。湖南沅、晃、靖、会、黔、麻等处皆通贵州,日常告警。巡抚李瀚章奏起宝田接办黔事,宝田以终养辞。嗣刘崐抚湖南,知宝田有文武才略,奏起益力。是年冬,奉命招集旧部入黔,并总统援黔各军。师次沅州,定议先剿教匪,后戡苗疆。[三]教匪者石阡、思州、铜仁各属乱民,倚苗为奥援,负兵阻险,苗每出扰,藉为先导,而以石阡之荆竹园为其渊薮。地势削立,惟北面一径可通出入,其巅平衍四十里,皆田陌井泉,庐舍栉比,约二万户,中筑十八垒相联络,号令一秉悍贼。资粮饶足,官军围攻十馀年,无能至其垒下者。是年冬,宝田进军石阡,除夕前二日,分壁荆竹园,勒马率诸将环视一周,见北垒地势平夷,可掩而入。七年正月元日,下令进攻,饬诸将勒军悉趋北垒。军甫进,贼瞥见鼓角齐鸣,炮石雨下。部将黄元果逾垒上,贼攒矛下刺,手握其锋,跐壁先登,诸将士肉薄垒根,卓矛于地,跃而入。贼列阵鏖战移时,而罗家岩援贼大至,欲横截我军于中洼,将士奋力直冲,贼且退且战,遁入垒中。日晡,我军逼攻,火箭射着贼庐,焰发,贼不支,冒死窜逸。阵斩萧桂盛、何瑞堂,贼自相蹂践,多坠崖落井死。因更选卒猛攻,以次踏平十八垒,遂克荆竹园,复乘胜冒雪行崇山邃谷中,环攻大小轿顶山诸匪老巢,破其三十六寨。教匪平,苗遂失其外蔽。巡抚刘崐以捷闻,赏宝田白玉翎管一枝、搬指一个、大小荷包各一对。是夏,军由功水进图寨头,寨头者苗疆门户也,诸悍苗及帑贿悉萃于此,资粮饶蓄,图以死守。西有马鞍、猴子两屯,东有螺蛳屯,皆蔽寨头之险要,以相控扼。宝田督军进战,拔其东、西三屯,阵斩逆酋桂金保,遂攻颇洞、上德明、下德明诸隘,皆破平之。于是四十八寨悍苗聚保寨头,群苗亦合众来援。宝田督军力战,复出奇兵合击,贼大败,遂踏平高坡、台纲、教场坝诸贼巢,贼聚守台笠寨,宝田进攻,克之,而丁耙塘一寨,独蔽寨头前为阂。旋督军进攻丁耙塘,别分军从间道直取寨头,又以一军越出丁耙塘之背,贼于山口筑卡列炮,诸将士从弹丸中鼓勇而前,短兵接,贼以死拒。[四] 会攻寨头军已逼近,炮声大震,丁耙塘贼骇乱,我军斩关而过,合兵攻之,贼奋力死斗,各路援贼坌集,呼声动山谷。宝田因派五百人从高下击,火箭射着贼庐,烟焰冲霄,诸军乘势攻入,毙贼大半,馀贼奔逸。我军自是将逆苗之门户隳矣,三路追斩,鲜得脱者。宝田仍壁军寨头,以次剿平附近苗屯。

俄丁继母忧,湖南巡抚奏乞夺情留营,贵州巡抚曾璧光亦以全黔安危,实系该员去就,请旨饬下湖南抚臣转饬宝田暂缓回籍守制,仍行留营督办军务。于是有仍留贵东之谕。初,宝田之军发寨头也，苗出扰楚边。宝田率军一歼之麻阳，再歼之芷江，三歼之龙驻界，自是不敢复来犯。泊攻克寨头壁军之日，而张秀眉、包大肚、九大白、报南烧、陈大六各苗逆合十二酋长，于五月初一日昧爽，率党数万来援。既见寨头已下，直犯官军营垒，我军闭壁门，卧旗鼓，寂然无声。日过午，分军设左右伏，开壁纵兵出战，伏起，三路合击，追杀十馀里。乘胜并剿拔抱金、岑松、石陇、梁上诸大寨，并抚定松柏洞、景洞、五岔、巴冶诸向化苗，又遣龚继昌攻克天柱及江口屯，俘苗酋陈大六斩之。是时军已深入，宝田念仰而攻坚，徒损精锐，乃为雕剿法，以重赏募死士，乘募夜阴雨，声东击西，或衔枚蛇行，穷极幽邃，驰军于人迹不到之处，出奇缒险，攻贼不备；已乃亲率大队鼓噪从之，所当辄破。其后竟以此成功。

　　十月，议进规台拱。宝田以台拱苗最强，右清江而左镇远，与为犄角，台拱下而后苗事可言。不取两城，无以制台拱；不悉平寨头前路苗寨，断寇援东道，无以取两城。于是先徇清江路，诏诸将曰："清江南北百馀里，苗寨不可胜数，北岸尤悍，皆倚涧壑绝险，径仄不容足，益以木石断塞沿寨，而索战旷日月，伤校卒，非计也。今扬言进兵，而以轻兵缒万山袭其后，传锋而𫛪之，寨可尽破。然绝危难失，势败且不救。"荣维善者，骁捷冠一军，奋请行，因裹粮约束，夜率所部疾趋山谷间，悬军五日回绕数百里，至柳树街南岸，则清江厅也。时天寒大雪，苗望见旗帜，疑他寨苗会师。俄而大战，蹙苗赴江水，尸蔽江下，知官军已至，惧欲遁。维善止不渡，乃反攻柳罗、乌包之属，稿雍诸名寨已前下，复抚降所过数十寨。清江北岸寨悉定，移军略南岸，以规镇远。十一月，破抱金，入抚松柏洞，唐本有屯之。九大白，潘老冒纠万人围攻之，本有敛兵守。荣维善从他道张两翼遮苗，苗反在围中，本有复出，合击大破之，因收南岸十九寨，又破拔黄牿屯。九大白遁走。八年正月，克稿绕，克平塘坡、乌沟旁取数十寨，寨头达镇远百里，苗寨荡平。先是，宝田以所定苗地宜处处为防，请益师，南北并进，使苗无能兼顾。于是以黄润昌、邓子垣将万人从北入攻，而宝田专南路。黄军抵思州，遂会师攻镇远，克之，复拔施秉。巡抚刘崐上其功，部议给与军功加一级，奉旨依议。

二月，渡沅水，进攻董敖屯，清江大寨二：曰公鹅，曰董敖。董敖蠹万山中，孤峰削立，绝壁间一径，仄不容足。宝田麾军攀崖上，贼从峰巅转石下击，声隆隆震山谷，当者辄碎，我军死伤相积。荣维善猱升及山腹，贼拟维善堕巨石，维善急抱树，后二人拊其背，石激跃树过，三人者皆无恙，遂践其巅。谢兰阶、苏元春亦悉师从登，遂拔董敖，斩杨逆昌彩，还攻公鹅，破之。以次扫平百七十八寨，并克清江。奉旨赏给四喜搬指一个、白玉翎管一枝、大小荷包各一对。寻遣荣维善率六千人往会黄润昌、邓子垣军，疏通驿路，至黄飘山遇伏，黄、邓败殁，维善被擒死。黄军既败，湖南大震。三月，张秀眉复乘虚攻巴冶，宝田愤甚，亲驰至，破之，贼走保稿米；因念稿米群寇所窟，破稿米则寇势益落。暗行五十里袭之，贼殊死战，裨将徐启瑞战不力，斩以徇，将士奋死陷阵，贼大败，弃稿米遁。六月，克胶洞、冰洞。宝田又募死士潜绕间道，纵火焚格东、苗江等巨寨，而阳令龚继昌、苏元春带队进剿，逆酋张秀眉、潘老冒、姜老拉各纠悍苗二三千人散列死拒。正格斗间，苗见各寨火光烛天，遂惊溃，我军分投掩杀，斩首二千馀级,焚贼舍四千馀间,烧粮十万石有奇。十月,龚继昌克抱岩九寨,复遣苏元春拒寇于天柱,破之。逆苗粮少地蹙,势渐顿。宝田督军规取施洞口,以图台拱,乃壁军金钟山以逼施洞口。施洞口者,苗之堂奥,上游为九股河,与清水交会,地险人众,逆苗张朝珍、九大白、报南烧等据之,筑垒,列炮以死守。九年四月,宝田分军三道从上下游渡河,将士既履绝地,无不一当百,阵斩逆酋张报九、杨老辉、杨之荣等,九大白报南烧等气夺溃走,我军蹙之于河,斩首八九千级,俘数百人,遂拔施洞口老巢。有旨赏宝田白玉翎管一枝、白玉搬指一个、大小荷包各一对。

　　苗逆聚据新城,宝田既破施洞口,分路进攻,先将凉伞屯各寨平毁,乘胜直捣新城,各军奋勇齐攻,逆酋奔溃,遂克新城。次第划平瓮版、班鸠各匪巢,又克花滩、四星台、朗洞台、水亮、工排、生白、洗岩、门司等城寨,〔五〕寨贼殄歼无遗,而北岸遗苗殆尽矣。宝田周览台拱形势,西南北坚寨尚百计,而革夷、三丙、长滩、黄泡、贵栽、养垢等寨,贼之吭也;高大山、茅草坪、白耶黑寨:冷溪、凯棠、凯哨,贼之左右翼也;而附近密迩之寨,复不可胜计。因使周家良壁长滩以扼贼吭,而令唐本有袭黄泡,邓第武攻三丙,彭芝亮攻革夷,苏元春袭贵栽、养垢,邓善銮攻高大山,使苗不得相救。我军尽锐昼夜力攻,皆破平之,纵火燔诸寨略尽,磔死苗酋杨酗洋,于是诸路皆捷,乘胜遂克台拱厅城。奉旨赏给头品顶戴。台拱既克,苗匪悉聚丹江、凯里等城,地为九股河上游,极深邃,所毗连诸寨,如番招、莲花屯、高坡、鸡摆尾、瓮谷陇皆深林密箐,峭壁撑天,路险而隘。宝田以为非节节扫荡,不能邃达丹、凯,乃分兵各出间道,所至皆捷。诸苗有剃发投诚者,因抚定之。三旬之间，扫荡三百馀里，平寨二百馀，苗大震恐，逐北至连城，再战，苗望风而溃，遂定丹江。乘胜进攻凯里，宝田策马督战，苏元春等斫门而入，各将士附城猱升，遂拔凯里。有旨交部优叙。

丹、凯定后，溃苗六七万逃入雷公山，地绝险要，旁如黄茅岭、雷公坪、九眼塘、燕子窝诸大寨，群苗麇集。是夏，宝田率将士冒大雨出军，贼于山径纤曲险要处，皆掘断，以木石为垒，将士腾跃而过，腹背夹攻，贼仓遽举火自焚其巢，窜入雷公山。我军合击，以一军钞出贼后，张秀眉率悍苗驰至各斗，势甚剽锐。时炎热蕴隆，大雨如注，山溪水溢溢。宝田亲执枹鼓督战，植立雨中，激扬将士，各军踊跃用命，贼势不支，斩首三万馀级，燔其庐舍辎重。雷公山周围崎岖险要，剿洗一空。宝田息军施洞口，与诸将议兵事，忽仰面扑地，惛然不省人事者旬日。医治少瘥，强起行军，攻螃蟹老巢，克之。九月，病增剧，湖南巡抚刘崐奏请给假调养，允之，以部将龚继昌、苏元春、唐本有、谢兰阶分统其军，而用兵方略进止机宜，一秉宝田。十一年四月，诸将定苗疆，俘送张秀眉、金大五诸酋于长沙，磔之。巡抚王文韶以捷闻，赏宝田骑都尉世职。

黔苗之乱，诸将率兵征讨，历年无效。宝田一战破之荆竹园，后遂创雕剿之法，雕剿者，悬军深入，饥因敌粮，夜宿敌垒，行不持营帐，居不依城寨，军不时出，出不时反。昔岳钟琪、张广泗尝以此法制苗，宝田尤穷殚其能，犯瘴疠，践冰雪，缒幽穿岨，攀度箐壑，寻逐于猿鸟俱绝之境，出万死以猝攻不备，往往破灭，或分军夜取城寨，衔枚暗趋，手扪而前，指与指相错，军士咳则伏地,以指掘土,令声入地中,其艰如此。用兵五年而苗平,宝田之抚降苗,责令其先行剃发。尝言苗之叛服无常,非独其野性然也,风俗之不一,政教之不及,相激相荡,因而生心。雍正间苗已大定矣,然剃发者十之二三,益以言语不通,嗜欲不同,汉民既目为异类,苗亦自居于别种,苗疆所由多故也。欲苗不为乱,必令言语嗜好同于编氓,而要自责令剃发始。盖形貌既同,言语嗜欲即渐更化。数十百年之间,民苗大驯,混同教俗,无所疑阻,则叛盗息矣。于是降苗无不剃发,著于令甲。

十二年,以前在石城生擒逆首洪福瑱,有旨令绘图由两江总督曾国荃呈进。十四年春,宝田疾亟,六月十一日,卒,年六十一岁。湖南巡抚王文韶疏陈宝田先后在军十六年,积劳成疾,以致原疾举发身故。请照军营立功后积劳病故例从优议恤。战功事迹宣付史馆立传,并于本籍及江西、贵州立功省分建立专祠。得旨允行,加赠太子少保衔,给恤如例。

子六:〔六〕启骥,殇;曜衡,廪生;镛,分部主事;汇湘,附生;启骓、启骝。

【校勘记】

〔一〕贼壁陶溪渡　"陶"原误作"桃"。今据席宝田传稿(之三一)改。下同。

〔二〕堵逆黄文金等由皖入江西　原脱"西"字。今据席宝田传稿(之三一)补。

〔三〕后戡苗疆　"苗"原误作"回"。今据席宝田传稿(之三一)改。

〔四〕贼以死拒　"拒"原误作"扼"。今据席宝田传稿(之三一)改。

〔五〕门司等城寨　原脱“寨”字。今据席宝田传稿(之三一)补。

〔六〕子六　原脱“六”字。今据席宝田传稿(之三一)补。

宋庆

宋庆，山东蓬莱人。入伍隶登州镇。咸丰三年，赴防安徽。时亳州不靖，署知州宫国勋用庆策，收抚捻首孙之友等，编为奇胜营，遂为督办安徽剿匪事宜左副都御史袁甲三所知，檄带得胜营。

五年，大股捻匪犯亳州，庆击走之，叙保蓝翎、千总。六年，率所部三百人，败捻首张乐行、宫瞎子之众于宿州丌县集。七年，击退黑旗大股捻匪，夺回亳东两河口民寨。是两役皆以少击众，叠收奇捷。河南巡抚瑛棨调往河南助剿，屡战有功，荐至花翎、参将。十年，钦差大臣、漕运总督袁甲三檄赴临淮军。发逆伪英王陈玉成纠合张乐行、宫瞎子之众十馀万，围攻凤阳府、县两城。庆偕处州镇总兵陈国瑞各选精锐，夜袭贼营，大军继之，城围立解。十一年，苗沛霖叛，淮北响应。庆督队疏通徐、泗后路，连夺草圩、黑刘圩、湖沟贼圩数十处，临淮大营得完。袁甲三上其功，先后保以总兵记名简放，并赏毅勇巴图鲁名号。

同治二年，苗沛霖复叛，围蒙城县，堑而守之，阅时十月，城中粮尽，势危甚。庆分统毅字三营由临淮往援，至则先筑卡河口，断贼运道。会科尔沁忠亲王僧格林沁亦督师至，合军猛战，贼夜溃，苗沛霖死乱军中。僧格林沁檄庆收抚苗逆馀党，庆一日夜驰二百里，自苗老寨以至下蔡，诛其桀骜，而抚其胁从；分军克复颍上、正阳、寿州，捕获逆酋李万春、朱万隆、逆侄苗憬开，置之法。临淮平,捻首张总愚等纠合发逆盘踞河南嵩县山中,众不下数十万。庆再入豫,偕总兵张曜痛剿于陶湾、马山口等处,贼窜走湖北。又会陈国瑞击破伪扶王陈得才之众于英山,擒斩无算。陈得才缢死,馀党悉降。四年,授南阳镇总兵。僧格林沁檄庆驻军豫境,以杜捻匪回窜。会遭僧格林沁曹州之变,贼势愈炽,东、豫、皖、楚各境悉为蹂躏,庆叠败之中牟、考城、夏邑、上蔡、南阳、新野、罗山、桐柏等地。其最著者为荥泽一役,贼决河堤为北窜计,庆会水师防堵,据堤痛击,贼四散遁。又尝以孤军遇贼于邓州之刁河店,被围数重,会粮尽,势且不敌;因令部将马玉昆夜率三百人潜出,集队立营,以通粮道,军气复振,贼不敢逼而去。

　　六年,率毅军进驻山东。是时捻已分东西二股,庆会合诸军扼守黄河,蹙东捻任柱、赖文光于东境,以次荡灭。论功,赏穿黄马褂,并赏换格洪额巴图鲁名号。西捻张总愚旋由陕窜晋,命西行剿贼。师未至晋,七年正月,张总愚自吉州踏冰北渡,窜扰畿辅。严旨令兼程入直兜剿,庆闻警星驰,绕出贼前拦击,屡挫其锋。以赴援迅速,嘉之。二月,破贼于深泽县南,三月,及贼于饶阳。贼踞县东北元城,夜袭之,阵斩悍目张五黑,并将贼首邱怀才一股剿洗殆尽。张总愚遁,追至滑县、平原、德州、庆云、宁津、东光、夏津、盐山、滨州等地,连破之。六月,驱贼于齐东之玉林镇,死党皆尽;遂会诸军歼之。张总愚赴水死。庆先擢湖南提督,捷上,上嘉其不辞劳瘁,赏二等轻车都尉世职。

　　寻以陕甘叛回日炽,命庆驰赴神木一带,相机堵剿。八年,老湘营溃于绥德州,庆严扼米脂,亟分军定其乱。时逆回窜扰鄂尔多斯额鲁特各部,而广东提督刘松山战殁于金积堡,贼四出纷扰，前敌大营饷道阻隔。庆分遣部将蒋东才、马玉昆叠破蒙境之贼，阵毙逆酋穆寿、马老、马玉芝等，复檄部将刘廷驰援前敌各军，收复河西三县，攻克王家疃、纳家闸、洪冈各贼寨。于是自河套以至宁夏，以次肃清。十一年，调赴肃州助剿。十二年四月，抵肃，檄蒋东才搜捕南山窜匪，踏毁转脚湖贼巢，肃州城大而坚，不易卒拔，庆约诸军会攻附城东关。闰七月，克东关，城贼出死党来争，庆及诸军奋击却之，进薄城下，昼夜围攻，贼援绝乞降，擒马文禄等九逆，数其反覆之罪，磔之。关内悉平，赏戴双眼花翎，奉旨命会办哈密剿匪事宜。庆以旧部多伤亡，宜加整理，且关外粮少，乃分兵往营屯田以济军食，而自移军凉州为后劲。十三年九月，调四川提督。十一月，河、狄抚回闪殿臣复叛，[一]楚军失利。庆自凉州卷甲疾趋，三日驰五百馀里，抵沙泥站，回众不虞其骤至，大惊，缚闪殿臣以献，斩之。

光绪元年，回驻潼关，平奸民胡豹子之乱。六年，会办奉天防务。八年，移屯旅顺。十二年，会醇贤亲王校阅北洋水陆各军，以庆督练有方，下部优叙。十六年，上二旬万寿，赏加太子少保衔，入都召见，赐紫禁城骑马。二十年，孝钦显皇后六旬万寿，[二]懿旨赏加尚书衔。庆之自关陇旋师也，以裁节兵饷，惟留马步队九营。朝鲜与日本构难，来乞师，马玉昆先率以往。日本内犯，庆奉命帮办北洋军务，并添募三十营。维时留防毅军仅马步三营，及宋得胜新募二营，以事机迫不及待，遂挈之行。敌骑已瞥过义州，直扑九连城，庆率所部首渡叆河，猝与敌遇，鏖战数时。庆孤军无继，众殊死斗，杀伤相当。寻命南援金州、旅顺，未至已陷，会新军成数营，复收集残卒，连战于感王寨、太平山、田庄台,庆立马督战,马中炮毙,三易马不稍却。嗣以敌锋方锐,退守辽阳州,盖平、营口、田庄台相继失陷。自请从重治罪,命革职留任。二十一年,和议成,日本交还金、旅,命率军驻守。

二十四年,移防山海关。九月,因病予假调理,赏人参活络丹。廷议于旧有淮、毅诸劲旅改设武卫五军,庆总统毅军三十营,赐名武卫左军。十一月,入觐,懿旨开复处分,赐西苑门内骑马,乘坐船只、拖床。二十五年六月,复因病请假调理,赏人参。十一月,疏请开总统差,上温谕慰留,予假两月。庆八十生辰,孝钦显皇后赐御书"耆年伟略"匾额,御笔画屏四幅,"福""寿"字诸珍物。上赐御书"树绩维祺"匾额,"福""寿"字诸珍物。二十六年,上三旬万寿,恩赏御书"鸾雕集瑞"匾额、蟒袍料。五月,义和团事起,联军集天津,命帮办北洋军务。庆自以年力已衰,奏以马玉昆接统所部,而自总其成。叠于老龙头、兴隆街、盐坨阻遏敌氛,战屡捷,敌死者甚众,我军亦多损失。卒因众寡不敌,天津沦陷。联军进犯都城,马玉昆率兵扈跸西幸。二十七年,和议成,九月,车驾自陕还京师,庆赴河南迎銮,扈从抵京。寻驻军通州。

二十八年正月,卒。遗疏入,谕曰:"朕钦奉慈禧端佑康颐昭豫庄诚寿恭钦献崇熙皇太后懿旨,四川提督宋庆忠勇笃诚,治军严整。咸丰年间,创立毅军,转战直隶、河南、山东、江南、湖北、陕西、甘肃各省。统率所部,剿平捻、回巨寇。与中兴诸将同建殊勋,荐膺专阃。嗣在北洋一带驻扎操防,前后垂二十年,威惠著闻,军民悦服。中外推为宿将,朝廷倚若长城。叠予恩施,特晋太子少保,加尚书衔,赏给二等轻车都尉世职。该提督年逾八旬,此次随扈回京,中途召对,见其精神矍铄,志虑周详,方冀永享遐龄,长资倚畀。兹闻溘逝,轸悼殊深! 宋庆着晋封三等男爵,照尚书例赐恤,加恩予谥,并入祀贤良祠。其原籍地方及立功省分,建立专祠。生平战功事迹,宣付国史馆立传。灵枢回籍时,着沿途地方官妥为照料。伊子试用道宋天杰,着以五品京堂候补;伊孙直隶试用直隶州知州宋裕继,着以知府补用。任内一切处分,悉予开复;应得恤典,该衙门察例具奏:用示笃念荩臣、有加无已之至意。"寻赐祭葬。予谥忠勤。

子天杰,候补五品京堂,袭爵。

【校勘记】

〔一〕闪殿臣复叛　"闪"原误作"闵"。续碑卷五三叶二五上同。今据宋庆传稿(之三一)改。下同。参卷六一黄万鹏传校勘记〔二〕。

〔二〕孝钦显皇后六旬万寿　原脱"六旬"二字。今据宋庆传稿(之三一)补。按续碑卷五三叶二五下不脱。

徐用仪

徐用仪,浙江海盐人。由副贡生捐主事,签掣刑部。咸丰九年,顺天乡试举人。同治元年,充军机章京。二年,在总理各国事务衙门行走。三年,补主事。五年,总理衙门请奖,加四品衔。七年四月,补员外郎。总理衙门奏保,加三品衔。七月,因捻匪荡平,军机大臣奏保,赏戴花翎。八年,补郎中,充方略馆纂修。旋保送御史,奉旨记名以御史用。九年,充方略馆收掌,兼纂修官。十年,命开缺以五品京堂候补。十一年,因剿平粤匪方略告成，奉旨俟补五品京堂后，以四品京堂候补。十二年，补鸿胪寺少卿。旋丁父忧，十二年，又丁母忧。光绪二年，以校勘方略出力保奖，奉旨俟服阕后免补原缺，以四品京堂候补。五月，服阕，仍充军机章京。三年，补太仆寺少卿。五年，转大理寺少卿。嗣迁太常寺少卿。七年，署都察院左副都御史。是年因校勘列圣御制诗文集出力，赏二品顶戴。八年三月，转大理寺卿，仍在军机章京上行走。十二月，署工部右侍郎，兼管钱法堂事务。九年六月，调署左侍郎。时云南报销舞弊案发，司员书吏收受津贴银两，失于觉察，部议降级留任，奉旨准其抵销。十月，调署兵部右侍郎。十年，擢工部右侍郎，兼署兵部右侍郎，奉旨在总理各国事务衙门行走。十一年，兼署兵部左侍郎。十三年，因病奏请开缺，赏假两月，署刑部左侍郎。十四年，调署刑部右侍郎。

　　十五年，调补兵部右侍郎，寻转左侍郎，仍兼署刑部右侍郎。赐紫禁城骑马。十六年，调补户部右侍郎。十八年六月，调补吏部右侍郎，八月，转左侍郎。十九年，命在军机大臣上行走。二十年，皇太后六旬万寿，奉懿旨赏太子少保衔，赐御书"蹈规履矩"四大字，并赏穿带嗉貂褂。命充军机大臣。是年以保护朝鲜之役，日本与我失和，廷臣多主战者，用仪以为未可轻敌，言官交章劾枢臣孙毓汶、徐用仪等朋比误国，用仪于是退出军机及总理各国事务衙门。二十三年，兼署户部左侍郎。寻兼署户部右侍郎，兼管钱法堂事务。二十四年八月，孝钦显皇后再行训政，复命在总理各国事务衙门行走，充会典馆副总裁。二十五年五月，迁都察院左都御史。六月，署吏部尚书。十一月，擢兵部尚书。十二月，孝钦显皇后以明年为德宗景皇帝三旬万寿，凡一品官七十以上,赐蟒服,<u>用仪</u>与焉。

二十六年,近畿妖民倡设<u>义和团</u>,以仇教为名。王公大臣方以为忠义也,多方招抚之。<u>用仪</u>独谓<u>义和团</u>皆匪徒,纵之不利,且启外衅。以是与王大臣不相能。五月二十六日,召集群臣决疑定计,<u>端郡王</u>等力主用兵,<u>用仪</u>与<u>立山</u>等均言:"我兵不足恃,众强不可敌,<u>拳民</u>不受枪炮之说不足信。宗社为重,宜乎持重。"四次召见,所陈益力。<u>孝钦显皇后</u>命<u>用仪</u>与<u>立山</u>等至各国驻京使馆,令勿进兵。<u>美国</u>驻使<u>康格</u>许为调停,当事者益衔之,指为奸邪,私通洋人,奏请杀之以谢天下。七月十七日,奉上谕:"兵部尚书徐用仪屡次被人参奏,声名恶劣,办理洋务,贻患甚深。内阁学士<u>联元</u>召见时,任意妄奏,语涉离间,与<u>许景澄</u>等厥罪惟均。已革户部尚书<u>立山</u>平日语多暧昧,动辄离间。该大臣受恩深重,尤为丧尽天良。若不严行惩办,何以整饬朝纲? <u>徐用仪</u>、<u>联元</u>、<u>立山</u>均着即行正法,以昭炯戒。"是日,遂弃市。及乘舆西狩,惩治首祸王大臣,十二月,诏曰:"本年五月间,<u>拳匪</u>倡乱,势日鸱张。朝廷以剿抚两难,迭次召见臣工,以期折衷一是。乃兵部尚书<u>徐用仪</u>经朕一再垂询,词意均涉两可。首祸诸臣遂乘机诬陷,交章参劾,以致身罹重辟。惟念<u>徐用仪</u>宣力有年,平日办理交涉事件,亦能和衷,尚著劳勚,应即加恩<u>徐用仪</u>、<u>立山</u>、<u>许景</u><u>澄</u>、<u>联元</u>、<u>袁昶</u>均着开复原官。"二十七年,又诏录用子嗣,当<u>用仪</u>归榇南下时,时人以其与吏部侍郎<u>许景澄</u>、太常寺卿<u>袁昶</u>皆<u>浙</u>人,称为"三忠"。<u>浙</u>人奏建<u>三忠祠</u>于<u>西湖</u>,列入祀典。

<u>用仪</u>居官廉俭,承其先志,仿<u>范</u>氏赡族遗法,捐田一千五百馀亩,立为义庄。事闻,赐御书"推恩睦族"匾额。其为太常寺

少卿时，上整顿圜法疏，略云："泉货之流通，关系闾阎之日用，〔一〕当十大钱但行京城，已属权宜之计，比来匪徒盗销官钱，改铸私钱，形质薄小，市肆谓之沙板。近者叠奉谕旨，严拿私铸人犯，官司果能实力奉行，此风自可渐戢，沙板私钱，市肆亦已不行，故银价顿然平减，而物价则昂贵如故。揆厥所由，盖市井之徒，窃计私钱终难禁绝，不久仍将行使，〔二〕银价贵贱尚难定局，是以不肯落价耳。恭查乾隆三十四年六月间，钦奉上谕：'前因浙江等省搀用儇薄小钱，传谕各督抚实力查禁。在小民彼此交易，钱文原难一一加之搜剔，其钱行铺户，乃钱所汇集之处，理应设法查办。若将所有小钱竟行勒令交官，致伊等资本有亏，转恐利计锥刀之徒，巧于藏匿。如照小钱分量折衷定价，按数收买，其法最为两便。嗣后凡给价交官之钱，在省城现有铸局者，莫若即令交到之时，立即令其入炉镕化。'等因钦此。嗣经两江总督高晋奏称：'收买小钱改铸制钱，即抵收买价值，又因支发收买钱价，一时鼓铸不及，以应发铜本银两，发给易钱，以为收买钱本。并称废钱质薄渣多，以正卯铜铅点锡，均匀配铸，除去折耗，较之专用洋铜及兼办滇铜，但有节省'等语。今市肆私钱既不行使，铺户存积又不敢私毁，且恐留之民间，逐渐又复搀用，莫若官为收买鼓铸。查咸丰、同治年间，户、工两局需用铜本，系就地采办，此时收买私钱，可照废铜斤两酌中定价，晓谕商民，无论多少，准其运送到局，按斤给价，严禁书吏抑勒，即以官局现存铸就之钱，作为收买价值，不足则由户部发银易钱，以为收买之本，仍于各省应拨铜本项下提还部库。所收铜斤，即行加卯鼓铸官钱，以资周转，较之采买滇铜，运费既省，而民间得获铜价，亦不致大亏资本。私钱即经镕销，钱法可期整顿，物价亦必自平。应请敕下户部及钱法堂通盘筹计，妥议章程办理。"奉旨议行。

光绪十年，诏中外大僚保荐人才，用仪时官工部侍郎，荐举浙江候补知府陈璙、直隶候补知府陈庆滋、顺天涿州知州查光泰，奉旨俱着送部引见。宣统元年三月，奉上谕："朕恭读光绪二十六年、二十七年迭奉谕旨，特将诬陷被罪之前户部尚书立山、兵部尚书徐用仪、吏部左侍郎许景澄、内阁学士联元、太常寺卿袁昶，开复原官，并录用子嗣。仰见我德宗景皇帝秉承我孝钦显皇后慈恩垂训，一秉至公。念该故员等心存君国，忠蹇可矜，允宜再沛恩施，嘉名特锡，立山、徐用仪、许景澄、联元、袁昶均着加恩予谥，用示朕推广慈仁之至意。"寻赐谥忠愍。八月，又准于海盐本籍建立专祠。

【校勘记】

〔一〕关系间阎之日用　原脱"日"字。今据徐用仪传稿(之三一)补。

〔二〕不久仍将行使　"使"原误作"用"。今据徐用仪传稿(之三一)改。按下文亦有"私钱既不行使"语，可证。

边宝泉

边宝泉，汉军镶红旗人。同治二年进士，改翰林院庶吉士。四年，散馆，授职编修。五年，大考四等。六年，充顺天乡试同考官。七年十一月，命记名御史。十年三月，充会试同考官。

十一年二月，授浙江道监察御史。七月，上禁言祥瑞，奏云："窃惟贡谀献媚，端必有所由开，而杜渐防微，机贵严于先见。祥瑞之说,盛世不言。即‘丰年为瑞’一语,亦谓年谷顺成,民安其业,以是为瑞焉耳。未闻有水旱频仍、民生凋敝之馀,而犹复陈嘉祥、谈瑞应者也。自汉迄唐,臣下竞言祥瑞,其始倡之者一二人,其弊至于一草一木,争献无已。侈逸上心,愚惑天下,莫此为甚。臣恭阅邸钞,大学士直隶总督李鸿章奏清苑县暨广平府等属呈报麦秀两歧,并进呈麦样,以为灵异。中外传述,物议纷纷。考之宋太祖乾德四年,澶州濮阳县麦秀两歧者四十亩;徽宗政和二年,蔡州麦一茎两歧至七八歧,近约十馀亩,远或连野。一代如此,他代更不可枚举。臣少居乡里,每见麦非甚歉,双歧往往有之。推原其故,或地力有馀,或得气偏厚,皆足以致之。物理之常,何异之有?即以瑞应言之,汉章帝时,大臣以嘉谷芝草诸瑞改元章和,当时何敞据经义面折宋由、袁安,由、安惧不敢答。至元马端临纂文献通考,乃举历代祥瑞,统谓之‘物异’。夫祥且谓之异,今以恒有无异之物而以为祥,可乎?上年直隶水灾之大,为数十年所未有。畿辅东南,几成泽国。至不获已而集捐外省,发粟京仓,议赈议蠲,动劳宸虑。迄今田庐没于水中者,所在多有。就令今年二麦丰收,犹不足补上年之歉,况收成多者不过五六分。近闻永定河甫经葳工,北岸又行溃决。顺天南路州县暨保定、天津各属,各河亦多漫溢,秋稼并伤,间有被蝗之处。双歧之祥,抑又何取?大抵逢迎谀谄,乃庸劣州县之故习。遇事揣摩,希图见好上官,而绅衿之无行者,因而藉端贡媚,摭拾微物,妄事揄扬,弊实由此。现值边省军务未竣,民困未苏,该督臣身膺重寄,名望素隆,当敬体皇太后、皇上宵旰之忧勤,效何敞之公忠,惩宋由、袁安之导媚,如果地方收成丰稔,届时奏报,即所以仰慰宸廑；而于此等庸劣官绅，宜明晓以物理之常，不足为异，以绝其迎合之私。岂可侈为嘉祥，据以入告？原折亦称岂矜瑞应，明知之而故蹈之，抑又何与？至于渔阳旧事，乃其时民殷物阜，百姓乐<u>张堪</u>之为政而歌之。<u>直隶</u>灾患频仍，小民流离可悯，乃竟饰为瑞应，上渎宸听，而又援据古人以为比例。阳为归美于朝廷，阴实自誉其政绩。窃恐此端一开，地方官相率效尤，务为粉饰，流弊有不可胜言者，<u>查同治元年</u>，殿廷考试，翰林院庶吉士<u>严辰</u>曲意颂扬，当奉旨严饬，中外同钦。夫<u>严辰</u>草茅一新进耳，且明降谕旨，以戒将来；况督抚大吏，倡言祥瑞，于治道人心，关系尤巨。相应请旨训饬，庶各省有所儆惕，不致长浮夸而荒实政，天下幸甚！"

是时，<u>李鸿章</u>又有<u>永定河</u>合龙请奖工员劳绩之奏，奏上而河复决。宝泉奏言："<u>永定河</u>甫经藏工，旋即溃决，被灾处所又复不少。若仍优予奖叙，恐不足以服众论，且无以示劝将来。可否请旨饬查，并将该督臣此次保案撤销之处，出自圣裁。"谕曰："国家爱养黎元，惟期年谷顺成，从不侈言符瑞。<u>李鸿章</u>前以麦秀两歧入奏，虽不至意存粉饰，第恐各该地方官藉此导谀贡媚，殊于吏治民风大有关系！嗣后各该督抚务当勤恤民隐，于水旱情形随时察查，力求补救，不得率以瑞应嘉祥铺张入告，用副朝廷痌瘝在抱之意。近闻<u>永定河</u>北岸堤工溃决，<u>顺天</u>南路及<u>保定</u>、<u>天津</u>所属州县，均有水患，兼有被蝗之处。着<u>李鸿章</u>迅速查明<u>永定河</u>决口，及各州县被灾情形，究竟若何，据实具奏。前据<u>李鸿章</u>奏保<u>永定河</u>合龙出力人员折内，声称全河两岸堤埝均已培补坚厚，何以复又溃决？在工各员所司何事？着<u>李鸿章</u>查明参奏，并着该部将此次保案即行撤销。"十月,奉旨记名以繁缺知府用。十二月,擢户科给事中。十二年八月,充顺天乡试同考官。十三年正月,疏劾江西巡抚刘坤一。先是,左都御史胡家玉疏陈江西丁漕诸弊,下坤一查覆。坤一因奏言胡家玉有欠粮未完,私致信函事。宝泉奏言:"刘坤一久任江西,漕粮情弊,本所悉知。于胡家玉累次未完之款,岂竟漫无觉察?何以事历多年,概置不问,直至互相抵牾,始行纠参?至谓该抚自抵任后,接胡家玉干预原籍诸事之信,不一而足,又何以不立时奏陈?是刘坤一之用心,专务营私利己。此次参劾胡家玉全为藉端报复,箝制人口,并非为国家正供、朝廷法纪起见。向使胡家玉无加耗浮收之奏,即有罪甚于此者,该抚亦必隐忍不言可知。且刘坤一果能廉洁率属,自能仰邀圣明洞鉴,今乃妄自夸耀于君父之前,窃恐此端一开,相率效尤,更启天下轻量朝廷之渐。相应请旨惩刘坤一以欺罔攻讦之罪,以肃纪纲而戒将来。"疏入,得旨责坤一下部议处。

光绪元年,浙江馀杭县民妇葛毕氏杀其夫,诬指举人杨乃武因奸同谋,定谳论死。钦派浙江学政胡瑞澜覆讯,与原谳同。十月,宝泉奏言:"此案传闻异辞,已非一日。外间议论,佥谓胡瑞澜与抚臣杨昌濬平日相好,其办理此案,外示严厉,中存偏袒。于案中紧要关键,并未虚公研讯,势必仍照原定罪名拟结。今胡瑞澜所奏,果与前次传闻无异,是物议必非无因。近来外省已经办成之案,虽经京控而发交原省查办,平反者百不得一,久已相习成风。且胡瑞澜以学政办理同省重案,所派承审之人不过府州县官,与钦派大臣随带司员者不同,外吏之升沉,操之督抚,仰承意旨,视为故常。一旦特发公论,以疑难大案引为己责,而致亲临上司干失入之重咎，虽愚者不肯为此，而胡瑞澜素本文臣，从未办理刑名事件，其受人牵制，不能平反，本在意计之中。伏思朝廷慎重人命，凡关罪名出入，不惮再四研求，可否特降谕旨，将全案人证卷宗，提交刑部详细研讯。如胡瑞澜所奏果是，不过稽迟杨乃武数月之死，而既经刑部覆审，自足以伸国法而破群疑，倘有不实不尽之处，立与平反。庶嗣后各省承办重案，不敢再蹈瞻徇回护之习，于吏治民生均有裨益。"后二年竟如宝泉议，案由刑部提讯得实，出杨乃武于死。杨昌濬、胡瑞澜皆得罪。

二年六月，充江南乡试副考官。三年二月，俸满截取，记名以繁缺道员用。三月，充会试内帘监试官。六月，授陕西督粮道。五年闰三月，擢陕西按察使。七月，署布政使。六年正月，补江西布政使。是时，俄争我伊犁，议约未定。东三省将设防，翰林院编修寿丰奏言："宝泉朴诚谙练，可任吉林等省将军，以资镇抚。"九年十月，升陕西巡抚。十年正月，陛见，四月，到官。陕西粮故以本色收放，户部尚书阎敬铭议改收折色，宝泉奏陈不可。略言："收放本色久矣，诚不能无弊，然止宜除其积弊，不得因噎废食。且谷数有定，而谷价无定。今改折色，所收必议减，民始乐从；所放必加多，兵始足用，入不敷出，一时强为弥补，久之将何所取偿？且丁丑大饥，终赖道仓，多所全活，是其已事。今并此而无之，恐饥馑荐臻，益无可恃。"上韪其议，命依旧例行焉。十月，以筹解西征协饷，赏头品顶戴。十二年二月，调河南巡抚。十三年，因病请开缺，不许。五月，疏再上，允之。十月，以前在任时，洛阳县知县王道隆滥刑毙命，未即行参奏，下部察议。

二十年十月,起授闽浙总督。二十一年三月,莅任。闽盐欠课,积至七八十万,历任报部,皆资挪掩。宝泉尽发其覆,有停厘补课之奏。八月,兼署福州将军。船政旧设大臣,后以总督兼辖。宝泉特疏请复故,且条上造船、购料、延教习、筹经费四事。御史陈璧奏劾山东布政使张国正任福建按察使时事,宝泉被命确查。十一月,覆奏言事皆不实,报闻。二十三年,又遵旨查布政使黄毓恩参案。六月,覆奏言毓恩驭下太宽,于门丁娄索,毫无钤束,请下部议处,从之。二十四年三月,奏言:“闽省制钱缺乏,试铸银圆,发商行用,遵照部咨,錾用‘福建省造’字样,并严禁私铸,以维圜法。所有本银及匠工局用,由承办局员在籍浙江候补知府孙葆瑢自行筹给。”报闻。福建参将廉凯为给事中张仲炘所劾,下宝泉查办。六月,覆奏言:“廉凯任听家丁革兵需索科派,又克扣伙夫饷银,拨作别用,虽未入己,究属任性妄为。应请革职。”从之。宝泉又自请议处,上加恩宽免焉。

九月,卒。遗疏入,谕曰:“闽浙总督边宝泉,清正持躬,老成练达。由编修、御史荐擢封圻。自简授闽浙总督以来,正躬率属,勤政爱民,任事实心,克尽厥职。前因患病,奏请开缺,迭经赏假调理。方冀医治就痊,长资倚畀。兹闻溘逝,轸惜殊深!边宝泉着加恩追赠太子少保衔,照总督例赐恤。任内一切处分,悉予开复。应得恤典,该衙门察例具奏。灵柩回旗时,着沿途地方官妥为照料。伊子怡棠、怡桐,均着俟及岁时由该旗带领引见,用示笃念荩臣至意。”寻赐祭葬,予谥□□。

子怡棠、怡桐。

余联沅

余联沅，湖北孝感人。同治七年，由内阁中书充军机章京。光绪二年，校勘方略，升侍读。三年，以一甲第二名进士，授编修，充国史馆协修。七年，前在军机处校勘列圣圣训叙绩，赏五品衔。十年，充功臣馆纂修。十四年，补河南道监察御史。充顺天乡试同考官。十五年正月，恭遇皇太后归政，特恩奉懿旨赏随带一级。二月，充会典馆协修。六月，稽察南新仓事务。联沅奏陈宗人府起居注主事升途沉滞，请饬部设法变通，得旨下部议行。嗣复疏陈："各部堂官日久玩生，有不常川进署者，或数月而一至，或一年而数至，于公事必多隔阂，职守未免丛脞，殊非慎重部务之道。请旨申明旧章，严切训饬。"另片陈："科场枪冒舞弊，请旨敕下部臣，于科场年分，申明旧例，严定章程，或于入场时实力稽察，毋许冒混；或于归号时，即行封锁，毋使搀越。并令监临试官认真防范，毋博宽厚之名，而存姑息之见。务期除积弊而拔真才。"疏入，上均从之。

时湖北大水，联沅复奏请饬开仓发赈，得旨如所请。联沅又以钱粮蠲缓州县积弊相沿，请饬各督抚认真稽查，剀切晓谕，允之。十六年，充会试同考官。六月，御史历俸期满，诏记名以繁缺知府用。七月，直隶河决，联沅以近畿灾重，办赈银米不敷，亟请再拨库款，并发给粳籼米石，变通赈捐章程，购办南米运京，奉谕下部议行。九月，转掌四川道监察御史，兼巡视东城事务。十二月，京察一等。十八年，充会典馆纂修，巡视北城。时俄罗斯侵占新疆西境帕米尔，联沅疏请严固东三省边防，略谓："俄人经营西伯利亚海参崴铁路，知其发难，必在东三省。不独陵寝重地，且屏蔽京师，为全国存亡所系。筹饷增兵，保东三省即以存中国。"屡疏力争。嗣又劾山西巡抚阿克达春在安徽布政使任内劣迹昭著，列款纠参。十九年三月，擢礼科给事中。七月，俸满截取，有旨记名以繁缺道员用。十二月，京察一等。二十年五月，转吏科给事中，劾署宝坻县知县张肇镳性情狡猾，玩视民瘼。并称宝坻被灾甚重，请饬妥筹春赈，设法宣泄涵洞，上从之。

时中日失和，联沅密陈请以南洋海军袭日本之不备。九月，署山西道事务。二十一年，充会试磨勘官。九月，巡视北城。十月，补福建盐法道。二十四年，署福建按察使。二十五年四月，署福建布政使，闽江上游有滩，曰关刀嘴，湍驶漩险，商船患之。土人惑于风水，不敢治。联沅委员督工凿碎之，川平陆夷，行旅称便。日本议辟租界于厦门，民情不靖，联沅极力调剂，卒弭隐患。五月，调江苏苏松太兵备道。七月，以淮、徐、海赈捐案奖叙，赏戴花翎。十二月，以福建办理洋务出力，赏二品顶戴。时北方义和拳变起，上海兵舰麕集，华洋商民震动，乱氓乘间思逞。联沅捐廉募勇，严密巡防，复随同两江总督刘坤一与各国领事议约互保，爰成保障东南各省转危为安。二十六年八月，迁江西按察使。九月，擢湖南布政使。联沅输巨款助赈陕西，有旨嘉奖，赏给头品顶戴。十二月，命署理浙江巡抚。适浙省教案纠缠，索偿巨万，意大利兵船复乘和局未定，游弋三门湾、象山港等处，意存窥伺。联沅力主镇静，卒平大患。办理衢州教案，廉得良民被诬情实，多从省释。二十七年四月，诏回湖南布政使任。八月，以疾亟奏请开缺，上如所请。

　　十一月,卒。两江总督刘坤一以闻,疏言:"据苏、浙绅士三品衔、候补四品京堂庞元济等二十六员联名禀称,该前署抚余联沅历署福建按察使、布政使,皆有政声。迨调苏松太道,善政尤多,其最著者,光绪二十六年夏间,北方拳匪肇衅,全局震惊,上海为通商总埠,各国战舰洋兵云集,谣诼纷起,防务戒严。寓沪绅商,日谋避地,惶惧万分;兼之外来游匪勾结土棍,时思乘乱起事。内奸外侮,势将一发燎原。安危之机,间不容发。该前署抚多方戒备,严密巡防,复奉委与各国领事定议互保,东南各省得以安全,关系大局,实非浅鲜。一面捐廉募勇,昼夜分巡,外保教堂,内靖游匪。迨至皖、鄂票匪遁逃上海租界,出没靡常,则又多方设法擒治巨魁,无稍枉纵,卒使上海安堵如常,从容接济。西北方事之殷,该前署抚日则奔走于炎风烈日之中,夜则自治官书,每接警电,辄忧愤涕泣,或数夕不寝,或一夕数兴,自夏徂秋,迄无宁晷。旋署理浙江巡抚,先将全省教案议结,各领事主教鉴其公忠,故偿恤银两,视各省为少。并于衢州教案内,省释无辜株累者数十人,严饬各属整饬缉务,拿获台州巨匪吴王葵讯明惩办。浙东盗风藉以稍息。其在道任,捐廉银八千两,为龙门书院经费,嘉惠士林。在浙创办各属义冢,先后捐秦晋赈,为数巨万。又捐印度赈救济会,皆勿稍吝惜。生平俭以自处,而勇于为善,大致如此。至该前署抚为御史时,首劾康祖诒即康有为非圣无法,心术不正,尤为独有先见,善于辨奸。绅等感循遗爱,未忍没其劳勋。公恳奏恤,准于上海地方捐建专祠。生平政绩宣付史馆立传,以彰忠荩等情,禀请具奏前来。臣查该前署抚臣余联沅沉毅明决,忠爱性成,既据该绅等胪陈政绩,合词吁请奏恤,未敢雍于上闻。"疏入，得旨着照巡抚例赐恤，并准其捐建专祠。旋赐恤如例。

孙毓汶

孙毓汶，山东济宁直隶州人。父瑞珍，官户部尚书。毓汶，由举人考取内阁中书。咸丰六年，登一甲二名进士第，授翰林院编修。六月，充实录馆协修官，恭修宣宗成皇帝实录，全书告成议叙，以应升之缺开列。八年，丁父忧，推恩赏侍读衔。十年，以在籍办团被劾，奉旨革职遣戍。

同治元年，开复原官。二年五月，充实录馆纂修官，旋充帮总纂官。三年，充顺天乡试同考官。文宗显皇帝实录成书过半，[一]奉旨遇缺题奏。四年二月，充办事翰林官。十月，擢詹事府司经局洗马。十二月，充文渊阁校理。五年四月，大考翰詹，毓汶列名第一，以翰林院侍讲学士升用。旋补侍讲学士。八月，充日讲起居注官。十二月，恭修文宗显皇帝实录全书告成，复得旨遇缺题奏，并赏加三品衔。六年，充四川乡试正考官。八年，充武英殿纂修官。九年十一月，提督福建学政。十二月，转侍读学士。

光绪元年，丁母忧，三年二月，服阕。充实录馆总校官。九月，以恭修穆宗毅皇帝实录全书过半，有旨着俟升任后以应升之缺开列在前。四年，补侍读学士。五年三月，擢詹事府詹事。四月，稽察右翼宗学，提督安徽学政。八月，擢内阁学士，兼礼部侍郎衔。七年，授工部右侍郎，兼管钱法堂事务。八年，署仓场侍郎，充经筵讲官。九年，转左侍郎。十年正月，兼署刑部左侍郎。

湖北郧县廪生余琼与县吏斗殴致死,案久悬不决,上命毓汶往廉之。毓汶与侍郎乌拉布辗转推求,卒成信谳。三月,命在军机大臣上学习行走。十一年六月,充总理各国事务大臣。旋补军机大臣。十月,赐紫禁城骑马。十二月,赏穿带嗉貂褂。十二年三月,赏穿黄马褂。充会试副考官。十四年五月,赏戴花翎。七月,调吏部右侍郎。十二月,充方略馆总裁。十五年正月,擢刑部尚书。恭遇上大婚礼成,暨皇太后归政,赏御书"经德秉哲"匾额,并下部优叙,懿旨特赏加太子少保衔。八月,兼署户部尚书。十六年三月,充会试正考官。十一月,充管理八旗官学大臣。十七年八月,兼署兵部尚书。十一月,赐西苑门内骑马。充会典馆副总裁。十九年正月,命恭办皇太后六旬万寿庆典。八月,充顺天乡试副考官。十二月,调兵部尚书。二十年,懿旨赏戴双眼花翎,并赏用紫缰。八月,兼署都察院左都御史。迭次京察优叙。二十一年闰五月,以病乞开缺,温旨慰留。六月,再申前请,许之。

二十五年,卒。遗疏入,谕曰:"前兵部尚书孙毓汶,恭勤恪慎,练达老成。由咸丰年间翰林屡掌文衡,荐升卿贰。朕御极后,命在军机大臣上行走,并总理各国事务,补授兵部尚书,加太子少保衔,夙夜靖共,克尽厥职。前因患病,准其开缺,兹闻溘逝,轸惜殊深!着赏给陀罗经被,派镇国公载泽带领侍卫十员前往奠醊,照尚书例赐恤。任内一切处分,悉予开复。应得恤典,该衙门察例具奏。伊子户部员外郎孙楗,着俟服阕后以本部郎中遇缺即补。伊孙一品荫生孙肇煌,着赏给员外郎,俟及岁时分部学习行走。其灵柩回籍时,着沿途地方官妥为照料,用示笃念尽臣至意。"寻赐祭葬,予谥文恪。

【校勘记】

〔一〕文宗显皇帝实录成书过半　"成"原误作"全"。今据孙毓汶传稿
　　（之三一）改。

冯子材

冯子材,广东钦州直隶州人。初聚徒于博白县,嗣归顺。由归善勇目从提督向荣征贼。咸丰元年,补高州镇标外委。嗣以征剿有功,先后奏保至守备,赏戴蓝翎;赏换花翎,补都司。又以攻克县城,赏给色尔固楞巴图鲁名号。[一]时贼据江北,势方张。子材屡攻克县城,积功保至总兵,加提督衔。

同治元年正月,授广西提督。自是岁时拜赐,先后得赏御书"福"字、荷包诸物十一次。先是咸丰十年闰三月,江南大营溃,贼以全力陷苏、常,官军仅保上海一隅。江苏全省沦没,金陵无围师。二年,子材以三千人坚守镇江,贼来攻,辄开城出战,军士无不一当百,卒能保全孤城。三年四月,金陵围合,苏军又克常州,子材攻克丹阳以应之。朝廷以守镇江功,又闻克复丹阳之捷,赏穿黄马褂。六月,赏给骑都尉世职。旋因江南军务大定,请假三个月回籍修墓,谕以假满即赴新任。盖子材自咸丰初年从向荣剿贼,补授诸职,均未一履其地也。四年,假满赴粤,督办东江军务。寻改办罗定、信宜军务,一月之内,平加益排埠贼巢,生擒贼首王狂七、独角牛、李如娘等正法。信、罗肃清,交部优叙。

六年,黔苗不靖,请亲往调度,攻克全茗、感墟等处。七年,南、太、镇安三郡平。九年,攻克安边、河阳,剿灭梁匪馀党,夷境一律平定,凯撤入关。广西巡抚以荡平吴逆、越南各省肃清奏闻,奉旨交部从优议叙。寻奉旨再赏一云骑尉世职。十二年,进剿南丹土豪莫云羲股匪。光绪元年正月,赏御书"福"字及大小荷包、银钱、银锞、食物。嗣是岁时拜德宗赏御书"福"字、荷包诸物十八次,御书"福"字、荷包诸物一次。以修本生母墓赏假一月。十一月,至贵州提督任。二年十一月,赏剿平粤匪方略、捻匪方略各一部。三年,任满,奉旨暂缓交卸,俟马平善后事竣,再行来京陛见。四年,因剿办越南土匪,命带兵出关相机督剿。旋以越南馀匪由该国自己剿办,遂诏班师。五年正月,陛见,奉旨与广西巡抚会办边防事宜。十月,以关外官军搜擒首逆出力员弁准予奖励,交部从优议叙,给予军功加三级。七年,回广西提督本任。八年,因病请假,嗣请开缺,温诏慰留,三请始准开缺。

十年十月,广西关外事急,命冯子材、王孝祺分统出关助剿。十一年正月,命帮办广西关外军务。先是,法人争越南,与中国肇衅,广西巡抚徐延旭调兵防边,败于越南,潘鼎新代之,又挫于谅山。至是子材暨总兵王孝祺军来援,先后抵龙州,孝祺军甫出关,而谅山防兵已溃,子材亲率一营先至南关,广西巡抚令统十营回驻关外东路;及闻警,复西援,法兵已入镇南关,统将杨玉科战殁,总兵董履高受重伤,诸军多溃,法兵焚关进。翌日,子材至南关,建议于关内十里之关前隘,跨东西两岭间,督所部筑长墙三里馀,外掘深堑,为扼守计,营于半岭,令王孝祺军屯于后半里,为犄角。当是时,苏元春、陈嘉军屯幕府,在关前隘后五里,蒋宗汉、方友升军屯凭祥,在幕府后三十里,潘鼎新军屯海村,在幕府后六十里,魏纲军屯艾瓦,防艽封,在关西百里,王德榜军屯油隘,防入关旁路,在关东三十里,独子材一军当中路前敌。得越南人密报,法兵将出扣波,袭艽封,攻牧马,绕出南关以北,欲断唐景崧、马盛治两军归路。子材遣五营扼扣波以待,法兵至,突出奋击,获其驮军火大象一,擒匪党二,法兵败退;复来争,再击却之。乃率王孝祺军出关,袭破其二垒,法兵多死,败走。法人既败,悉起谅山之众并力入关,直扑关前隘长桥,子材告诸将曰:"法兵再入关,有何面目见粤民!"诸将皆愤甚,誓与俱死。法军以开花炮队循东西两岭进,以枪队扑中路,又以越南人皆冯军内应,自以真法兵居前,黑兵次之,越南散匪又次之,炮声远闻七八十里,山谷皆鸣。枪弹积阵前,厚者至寸许。我军死战,伤亡殊多。王孝祺自率小队攻东岭,敌稍却,苏元春援军至,合力拒战,诸军传餐,夜未收队,王德榜自油隘出军夹击,法粮械尽夺之。法兵来益众,炮益密,子材拒中路,苏元春助之,王孝祺当右,陈嘉、蒋宗汉当左,左路即东岭法军,炮最猛。子材与诸统领约,有退者立诛之,复于各路设卡,截杀逃者。子材与王孝祺各刃退卒数十人,敌势狂悍致死,已薄长墙,或已越墙而入,子材年近七十矣,短衣草履,持矛大呼,跃出长墙,率二子相荣、相华搏战。诸军见子材如此,无不感奋。关外游勇,客民千馀,闻子材亲出阵,皆来助战。王孝祺部将潘瀛率壮士袒臂入敌阵,蒋宗汉、陈嘉争东岭,嘉受伤不退,王孝祺夺西岭,钞敌后,与陈嘉等合击,而王德榜击法援兵于甫谷,亦自关外夹击东岭。于是法兵鏖战两日,弹炮已尽,后队军火又被截,惶惧无措,遂大奔。我军阵斩三画、二画、一画数十级,一画、二画者各队之头目也。乘胜追杀,法兵翻岩越涧而窜,有王子在兵队中习战,亦逃死。旬日后樵人入山,见深谷中饿死法人数十。是役杀真法兵千馀,法酋数十,客匪、教匪数百,追至关外二十馀里而还。子材以法被大创,遂益兵攻谅山。贼守谅山城及对河之驱驴墟,墟有王德榜所筑垒甚固。诸军攻之,王德榜、王孝祺攻尤力,士卒多伤。孝祺部将潘瀛先登,众从之,遂夺其垒。子材督军进,乘胜克复谅山,贼悉众遁;分军追之,山谷中搜获法兵甚多,皆斩之。陈嘉、王德榜追贼至谷松,复有斩获,擒三画一。子材前军麦凤标追贼至观音桥,并复长庆府,生擒五画一,斩一画一,进军拉木,以攻郎甲。王孝祺进军贵门关。子材定议偕孝祺军进规北宁,越南义民闻风响应,越南官黄廷经纠北宁等处义民立忠义五大团,建冯军旗号,自愿具浆饭作向导,随军助剿,或分道进攻。李扬材之弟在北宁城内与子材约,俟郎甲破即内应。子材遣人招河内客匪、教民,许以官赏,皆受命,将亲率全军攻郎甲,分兵袭北宁,而法人请和停战撤兵之旨到,乃止。

　　子材三次出关,讨平越乱,恩威并著,越南军民闻子材至,若得慈父母。凡关外越人受法匪游勇之害者,关内民人受各军骚扰之害者,咸来赴诉。子材亦视若子弟,恻然矜悯,为之抚恤,示禁告戒诸军。越官、越民争为耳目,敌人举动悉来报知。近自北宁,远至西贡,皆通消息。冯军出关后,扶老携幼,来相犒问,愿助官军剿除法人,长为天朝赤子。子材亦毅然自任,致书两广总督张之洞、督办广东军务彭玉麟,请奏谓若假以事权,期一年肃清全越。西人自入中国以来,未有如此次法人之大败者。和议成,以叙克复谅山功,赏白玉翎管、班指、荷包诸物。且有"冯子材老于兵事,夙著勋勤"之谕。三月,诸军先后入关,子材还龙州,军民拜迎者三十里。四月,奉旨督办钦、廉一带防务,并会办广西边防,屡获大胜,赏给太子少保衔,并由骑都尉世职改为三等轻车都尉世职。

十二年,在钦州防次,擒斩王清、黄清诸匪首。五月,补授云南提督。以积受瘴湿,未能远赴,奏请收回成命,奉旨仍着暂留广东督办钦、廉防务,毋庸开缺。十六年,德宗二旬万寿,交部从优议叙。二十年,孝钦显皇后六旬万寿,赏加尚书衔。是年,日本以朝鲜之故,与我构兵,奉旨:"现在倭人构衅,北路防务紧要,冯子材夙著战功,现在驻防钦州,能否带队北上,着李瀚章与该提督妥商覆奏。"寻奉旨毋庸北上,恭逢加上皇太后徽号,照现任品级加一级,荫一子入监读书。屡乞骸骨,不许。寻赴云南提督任。二十五年,命统领云南全省各防营。二十六年正月,德宗三旬万寿,赏给御书匾额、蟒袍诸物。六月,拳匪肇衅,奉命着统带数营迅速来京,以备调遣。二十七年,调补贵州提督,乞假回籍修墓,寻允开缺。二十九年,广西土匪势炽,命为会办广西军务大臣。甫募练成军,将率以进,七月,卒。两广总督岑春煊奏闻,奉旨照提督军营病故例从优议恤,加恩予谥,原籍及立功省分准其建立专祠。寻赐祭葬,予谥勇毅。

长孙一品荫生冯承祥,以郎中分部补用。

【校勘记】

〔一〕赏给色尔固楞巴图鲁名号　"楞"原误作"榜"。今据冯子材传稿

（之三一）改。

吴育仁

吴育仁，安徽合肥人。同治元年，投效华字营，带队随克常熟、昭文，以千总拔补。二年，移防吴江，败贼同里、八拆等处，进克浙江平望贼营，复嘉善。奉旨以都司尽先补用，并赏戴蓝翎。三年二月，官军克嘉兴，先登被创。随守溧阳，击破南渡窜贼；又随守长兴，迭克观音桥、午山桥、林城桥沿途贼卡，破泗安镇贼营，歼湖州窜逆，得旨以游击尽先补用。四年六月，江苏巡抚李鸿章檄育仁赴庐州，募华字后营，即留防府城。旋以前克嘉兴功，得旨以参将留于两江补用，并赏加副将衔。再以克泗安镇叙绩，得旨以副将留于两江尽先补用，并赏换花翎。

六年，捻首赖文光为官军败于寿光，南窜苏境，由清、淮走高邮、宝应，至扬州东北湾头、瓦窑一带，育仁出队迎击，破之槐子湾，其叔道员吴毓兰擒赖文光，馀匪歼焉。诏以总兵记名请旨简放。寻调赴天津。光绪元年，充通永镇练军翼长，筹办海防事宜。二年，兼署北塘营游击。四年，兼带练军右军。六年，接统义胜营。九年，署通永镇总兵，兼统防军各营。十年，授通永镇总兵。十五年，抵任，接统淮、练马步等营。十六年，上谒东陵，育仁迎驾烟郊，奉旨加一级。两浚宝坻县青龙湾减河，分泄盛涨，保卫农田，历保加级纪录。十七年，热河土匪滋事，育仁会师剿办，平之。诏以提督记名简放，并赏施勇巴图鲁名号。二十一年，调正定镇总兵。正定多盗，育仁派队侦缉，先后获盗百馀名，境内肃清。

二十四年,卒。大学士直隶总督荣禄疏言:"育仁早岁从戎,转战数省,攻克城垒甚多。扬州湾头等处之战,截贼南窜,保全里下河一带数百里完善之区,厥功尤伟。在通永、正定各镇任内,先后十有馀年,号令严明,操防整肃,兵民怀畏,隐然有古名将风。遽以积劳触发旧伤,一病不起,殊堪痛惜!仰恳天恩,准将吴育仁照军营立功后积劳病故例从优议恤,并将生前战功事迹宣付国史馆立传,以昭茂绩。"诏如所请。寻赐恤如例。

罗荣光

罗荣光,湖南乾州厅人。咸丰初年,由武童投效侍郎曾国藩军营,驻安徽宿松。十年,发贼犯小池驿,荣光由新仓助剿,胜之。十一年正月,贼由羊栈岭窜黟县,荣光会老湘营击之,立复县城。叙功,授把总,赏戴蓝翎。

同治元年四月,荣光随副将华尔攻克嘉定,进攻青浦踞逆,荣光拥矛先登,华尔督勇继入,克之。进攻奉贤、南汇交界之南桥镇贼垒及柘林贼垒,所至蹋破。南汇踞贼伪什天安吴建瀛等剃发乞降,遂复其城。明日,伪将吉庆元率金山、川沙贼党来犯,荣光率队出城奋击,贼败走,遂复川沙厅城,乘势将伪忠王李秀成养子所踞之金山卫城克复。上其功,补江宁城守左营守备,换戴花翎。二年正月,贼围常昭,荣光同洋将戈登率常胜军攻福山贼垒,围常昭,贼分股来援,降将骆国忠出城夹击,大破之,遂解常昭城围。乘胜毁太仓南门贼卡,越濠拥入,遂复太仓州城,进攻昆山、新阳,克之。寻克杨舍汛城。[一]

时江阴界之顾山及无锡城外贼营甚多,我军三路进剿,攻破南濠、麦市桥等处贼卡百馀座,荣光与战三日一夜,几濒于危,卒能成功。江苏巡抚李鸿章率水陆十三营进攻同里镇、花泾港、夹埔贼巢,荣光枪炮攒击,毙贼甚多。吴江、震泽二县踞贼出降,因复其城。先以克复嘉定、解北新泾围、击四江口贼功,擢都司,加游击衔,至是擢参将。三年四月,李鸿章督总兵刘铭传、杨鼎勋、提督刘士奇、郭松林各军攻常州府城踞匪,荣光奋勇登陴,手刃悍贼数人,大军并力杀入,生擒伪护王陈坤书,立将府城克复。叙功,升副将,赏给果勇巴图鲁名号,授江南狼山镇标右营游击。李鸿章命督带开花炮队。嗣于苏军分援浙、皖、闽三省,叠克湖州、长兴、广德、漳州、漳浦各府州县城,及晟舍、四安等镇。五年八月,奉上谕罗荣光着以总兵记名简放。

六年,东捻之窜运东者,命荣光与东、豫各军分兵截击,合力兜剿,所在有功;而分窜海沭、邳、宿诸境各贼,均为荣光所败,贼因窜集赣榆。李鸿章命荣光协击赖逆文光为杭州副都统善庆枪毙,馀党穷奔就灭。东股捻匪之得肃清者,荣光之力居多。七年,西股捻匪张总愚逆氛甚炽,分路北窜,被剿回向滑、濬东北疾驰,势殊死斗。荣光力战,几不免。李鸿章移驻临清,筹困贼于黄北运东,调各军临河而垒,荣光之营正当贼冲,相持凡三阅月,贼困不得出,乃降。会大雨,东光、南皮、济阳、武定各境黄、运交溢,贼陷泥淖死者甚众。馀众图犯西南,防运各军击之,贼复窜东北,荣光率队蹑剿,贼势大蹙。张总愚自沉于河,西捻亦一律肃清。捷闻,八月,奉上谕罗荣光以提督交军机处记名遇有缺出请旨简散。

九年四月,赏给头品顶戴。嗣回防金陵。八年三月,调防武昌。九年三月,改防<u>西安</u>。七月,移驻<u>直隶天津</u>。十一月,署<u>大沽</u>协副将。十二月,奉上谕<u>直隶大沽</u>协副将,着<u>罗荣光</u>补授。十一年正月,丁母忧,<u>李鸿章</u>奏留署任,服阕仍准实授。<u>光绪</u>七年,<u>李鸿章</u>命<u>荣光</u>在<u>大沽口</u>创设水雷营,选各营弁兵学习,兼教化电、测量诸学。嗣<u>北塘</u>、<u>山海关</u>相继仿设,均于<u>沽</u>营取员教课。十二月,总理海军事务<u>醇亲王</u>校阅<u>北洋</u>水陆诸军,以<u>罗荣光</u>操练得力,请加一级、纪录二次。十四年十一月,授<u>天津</u>镇总兵。二十一年春,赐御书"福"字暨小卷巴丝缎二件。二十六年三月,升授<u>甘肃新疆喀什噶尔</u>提督。尚未赴任,<u>拳匪</u>乱起,联军入<u>大沽</u>,<u>荣光</u>与战二十馀昼夜,城孤援绝,焦劳忧愤,六月,卒于军。<u>荣光</u>殁甫三日而<u>天津</u>陷于联军矣,时年六十七岁。

子二:<u>廷玉</u>,<u>江苏</u>候补道;<u>廷璋</u>,补用都司。孙<u>胜晖</u>,县丞;嗣兄之子<u>胜昶</u>,度支部员外郎。

【校勘记】

〔一〕寻克<u>杨舍</u>汛城　"舍"原误作"金"。今据<u>罗荣光</u>传稿(之三一)改。

许景澄

<u>许景澄</u>,<u>浙江嘉兴</u>人。<u>同治</u>七年进士,改翰林院庶吉士。十年,散馆,授编修。<u>光绪</u>元年,大考三等。八月,充<u>顺天</u>乡试同考官。三年,记名以御史用。五年,充<u>四川</u>乡试副考官。六年,诏以侍讲升用,并加二品顶戴,充出使<u>日本国</u>大臣。旋丁父艰,九年,服阕,补侍讲。

越南事起,景澄疏陈:"法人谋窥北圻三省,战事将成,非严防不足以阻敌谋,非持久不足以收战效。目前筹备事宜:一重台湾之防,拒敌所必争;一策越师进攻越南分界;一节为肇衅之波澜,亦终为归束之枢纽;一慎购洋枪,专选军锋演习,以成劲旅;一选派弁勇,赴德国习铁舰驾驶;一审战例,以安各国,免激他变;一筹预借洋款,决裂以后,各国守局外之约,借款即有不便;一缓练广东水师,注重陆军,省出馀款,备拨关外各营月饷。"疏入,上嘉纳焉。旋充文渊阁校理。

十年,充出使法国、德国并义、和、奥五国大臣。十一年,兼充出使比利时国大臣。时国家创兴海军,前使者于德国订购铁甲船、穿甲快船,皆未就。景澄接管勘验事宜,钩稽船制利弊,谓增购一舰胜于旧制者十五事,遂辑外国师船表呈进。上疏略言:"大沽口宜设铁甲炮船,胶州湾宜为海军屯埠。"十三年,转侍讲。旋丁母忧,十六年,服阕,充出使俄国、德国、奥国、和国大臣。十七年,擢太仆寺少卿,转通政司副使。十八年,授光禄寺卿。十九年,补内阁学士,兼礼部侍郎衔。先是,俄兵游猎,每涉我国所属帕米尔之界,景澄争之俄外部,始已。又议定界,坚执旧议,以乌什别里山为界,从此而南属中国,从此而西南属俄国。俄人则欲以萨雷阔勒为界,相持三载,俄外部乃为调停之说,帕米尔界未定以前,两国各不得进兵,以保和好。

二十一年,授工部右侍郎。先是,我与日本开战,及事定,而俄、德、法三国出而与谋,使日人归辽东于我。景澄疏言:"俄怀自便之心,德挟责报之意,交涉日繁,势难兼顾。似宜分派两使。"得旨允行。二十二年,充出使德国大臣,未赴德以前,俄国西伯里亚铁路欲与海参崴接轨,取道黑龙江、吉林,朝议拒之,因改为商办,设立公司,而使中国亦入股银五百万,乃命总办黑龙江吉林铁路公司。景澄仅能阻其路南侵,订约稽查,运料之船勿使漏税而已。二十三年,至德国甫数月,而俄人租我旅顺口、大连湾,命充头等专使赴俄,与驻俄使臣杨儒议订条约,事竣回国。二十四年,命在总理各国事务衙门行走,兼署礼部右侍郎。调补吏部右侍郎,转左侍郎。派充大学堂总教习、管学大臣,督办关内外等铁路。时意大利索我浙江之三门湾甚力,景澄建言驳之,事乃寝。

二十六年,义和拳倡乱,景澄之意主剿,首祸诸臣遂乘机诬陷,交章弹劾。七月初三日,奉上谕:"吏部左侍郎许景澄、太常寺卿袁昶,屡次被人奏参,声名恶劣。平日办理洋务,各存私心。每遇召见时,任意妄奏,莠言乱政,且语多离间,有不忍言者,实属大不敬。若不严行惩办,何以整肃群僚?许景澄、袁昶均着即行正法,以昭炯戒。"遂弃市。事平,上知其冤,与徐用仪等均开复原官,录用子嗣。宣统元年,予谥文肃。浙人奏建三忠祠于原籍,列入祀典,官为祭祀。

李兴锐

李兴锐,湖南浏阳人。咸丰二年,粤寇图陷长沙,浏阳土匪乘机肆扰,聚党逾万,群情震恐。兴锐时为诸生,倡团防以固众志。会浙江候补道江忠源督勇至,兴锐以团练助之,匪众悉平。粤寇已陷江西抚州,谋道上高、万载出浏阳,以犯长沙。兴锐遏击之分界岭,贼不能逞。

湖南在籍侍郎曾国藩率湘军东征,闻兴锐名,招入戎幕,令管粮台于祁门。时徽、宁贼氛炽甚,祁门当孔道,贼所必争,兴锐运输皆赴期。会逆酋古隆贤雪夜来袭,兴锐侦知,先匿其辎重,贼无所获而去。难民就食粮台,劳来抚辑,全活万计。帐下卒夺难民金,立斩之。九年,克复南安,叙功以知县选用。十一年,克复徽州及休宁、黟县,保以直隶州知州,留于安徽补用,并赏给五品封典。同治元年,徽州解围,赏戴花翎。三年,克复江宁,以知府仍留安徽补用。四年,徽州防军因索饷哗溃,兴锐单骑入其营,反复晓譬,许欠饷三日取偿,众皆愿受约束。寻廉得为首二人,上两江总督曾国藩置之法。江宁既复,粮台积存平馀银四十馀万,悉缴诸官。尝以事至荷叶洲,解囊金拾埋露骸二万具。七年,捻匪任柱、赖文光肃清,保准补知府后以道员用。

八年,曾国藩移督直隶,奏调兴锐同行,允之。畿南告灾,兴锐奉檄察赈,遍历灾区,亲询饥民所得钱米,有司之廉惠者举之,贪侵者劾之,四阅月始竣。九年,补大名府知府,引见,奉旨以道员用。旋以乞假省亲,部议令开缺。会曾国藩复督两江,檄办两江营务。兴锐规画长江水师事宜,并周历江阴、狼山、吴淞、崇明诸隘,倡择要建台之议,厥后江防多沿用之。光绪元年,总办上海机器制造局。维时规模草创,兴锐扩而充之,增筑船厂、炮厂,又时寓书出使大臣曾纪泽,博采各国新式,以资仿效。江南制造遂冠各省。九年,丁母忧,十一年,特召来京,终制北上,命随勘中越界务。十二年,命充出使日本大臣,以足疾辞。

十五年,直隶总督李鸿章奏留直隶,寻署津海关道。二十一年三月,授天津道。七月,调山东登莱青道,在任八月,溢解常关额征及二倍。二十二年,迁长芦盐运使,未履任,先奏署直隶按察使。二十三年,擢福建按察使。抵闽后,两署布政使。二十四年,擢福建布政使。二十五年,入觐,调广西布政使。二十六年,授江西巡抚。是时值义和拳之乱,江西毁教堂,劫教民,积案至二千馀起。兴锐抵任,请限三月议结事后恤款八十馀万,奏开筹饷捐输提给,严饬郡县不得苛派于民,又裁汰新募防勇,岁节饷数十万。及和议既定,即移充偿款,不足则清剔厘金、土药两捐益之。终兴锐任,江西无苛细杂捐。二十七年,江西大水,被灾者数十县,兴锐奏浚鄱阳湖导水入江,上游河道亦择要疏治,诏从之。又奏修湖口炮台,整顿厘捐,裁减制兵,创设农工商局、矿务公司、工艺院、课吏馆,凡诸要政,皆得旨允行。二十八年,调署广东巡抚。广东前请办随粮捐,原议按粮额三成征取,兴锐奏请祇计正额,不及耗馀。其贫瘠之区,及琼州一府,悉为豁免。会夏秋水旱为灾,米价腾贵,兴锐复与督臣德寿会奏筹款平粜,诏如所请。二十九年,署闽浙总督奏请于福州、厦门各设商务局,又以振兴商务、开矿为最要之图,请招商集股,自立公司,皆得旨下部议行。福建旧设善后济用赈捐及省会税厘、南台税厘各局,事权不一,弊端滋甚。兴锐奏请裁并,改为全省财政局,以藩、臬两司暨粮道、盐道经理之。局内分设税课、筹捐、度支、报销四所,以候补府、厅、州、县之廉能者,分任其事。厘定常备军制,尤以裁汰冗滥、节省浮费为先。

三十年五月,飓风损稼,兴锐巡视农田,遂得寒疾,未愈,八月,调署两江总督。有诏敦迫起程,抵任后,日以设巡警、兴学堂、部勒营伍、改定操法为务。值日俄构兵,南洋为交涉总汇,兴锐维持中立，恒彻夜不寐，病益加剧。九月，卒。事闻，谕曰："署两江总督、江西巡抚李兴锐，持躬廉正，练达老成。由诸生从事戎幕，擢升知府，荐陟封圻。历任江西、广东、闽、浙等省，均能整躬率属，勤政爱民，朝廷深资倚畀。本年调署两江总督，到任未及两月，遽闻溘逝，轸惜殊深！李兴锐着加恩照总督例赐恤。任内一切处分，悉予开复。应得恤典，该衙门察例具奏。赏银一千两治丧，由江宁藩库给发。灵柩回籍时，着沿途地方官妥为照料。该署督子孙几人，着端方查明具奏，候旨施恩，用示笃念荩臣至意。"嗣署两江总督端方奏陈兴锐历任政绩，复谕曰："李兴锐平日居官，卓著政绩，着准其宣付国史馆立传，以彰忠荩。伊嫡曾孙李谟光，着俟及岁时交吏部带领引见；次孙安徽试用知府李鸿枨，着以道员分省补用。"寻赐祭葬，予谥勤恪。

余虎恩

余虎恩，湖南平江人。少贫，喜读兵家书。会发逆扰湖湘，咸丰四年，以武童投兵部侍郎曾国藩营中，驻防岳州。旋剿贼鄂省，转战武昌、汉阳、黄州之交，靡役不从。十一月，进驻小池口，官军渡江，方半济，贼乘间来扑，无梁可渡。虎恩取浴盘泛江上，急登岸，殪贼前锋，官军遂济。时增募平江勇四千人，调赴弋阳。五年三月，弋阳克复，所向有功。七月，调赴南康。八月，改隶平江营，驻苏官渡。十一月，贼从北岸来袭，官军从马影桥、劳家渡略而前，贼溃走，旋克湖口县城。虎恩以军功赏六品。六年三月，调赴饶州，进军抚州。九月，追贼于崇仁，虎恩被矛刺伤右股，负创渡河，复县城，夺贼粮万馀石。调还抚州，抚州寻陷，移

驻崇仁,又移贵溪。十二月,贼扰上清,击却之。七年三月,贼陷
鹰潭,旋即克复。叙功,以外委拔补。

八年,湖北巡抚胡林翼改调李元度营,随同赴浙援剿。五
月,进驻玉山县。时闽贼回窜广丰,官军由玉山往援,立解城围;
仍回玉山与贼战,殄贼无算。玉山平,以把总尽先拔补。八月,
出平江营,隶记名布政使张运兰老湘营。十一月,由建昌进规景
德镇,十二月,败贼老鸦滩。时下李村、上李村贼麇至,官军小
却,复战,大败之。九年正月,整队进攻,烧贼望楼,贼于栗树后
断官军归路,虎恩单刀突围出,右肩矛伤者二。三月,军抵景德
镇。五月,江西平。六月,调援湖南宝庆,取道乐平,旋改道衡
州,趋广东连州赴援。十月,贼从山中迎击,官军分道鏖战,虎恩
被伏贼矛刺右乳下,挥刃砍矛,已入骨中,从者拔去之,血涌如
注,征衣尽赤;仍裹创上马血战,斩贼无算。湖南巡抚骆秉章上
其功,以千总尽先拔补,加守备衔,并赏戴蓝翎。驰驱湘、桂、赣、
皖诸省,赴援几无虚日。

十年十月,伪忠王李秀成率贼二万馀,趋羊栈岭,陷黟县,官
军大集,击破之,遂复县城。贼遁卢村一带,越日,与贼大战于卢
村及柏庄岭,毙贼四千馀人。李逆负伤逃遁。两江总督曾国藩
奏保,以都司遇缺补用。十一年二月,攻克休宁县城。五月,率
队驰抵徽州,收复郡城,屯军扼守。同治元年正月,贼复犯城外
各营,官军夹击,破之,夜缒城而下,焚贼所踞房屋,毁贼垒五。
贼大恚,率悍贼二万馀人,直逼街口,虎恩争先陷阵,肩臂受矛伤
者三,右膝中炮子,裹创血战,各军奋勇继进,毁贼垒以十数,徽
围遂解。保以游击尽先补用。九月,调驻宁国府城。时张运兰

乞病归，以所辖属皖南镇刘松山、寿春镇易开俊分领之。十一月，贼陷祁门，虎恩追至祁门，贼弃城走绩溪；复追及绩溪，两城皆克。二年正月，破贼于泾县，四月，又破之于章家渡，数月之间，大小数十战皆捷。八月，丁内艰，丧葬礼成，奉遗命墨绖从戎。十二月，调取回营，三年正月，与贼战于绩溪县之羊溪桥，大破之。经曾国藩保奏，以参将补用，并赏换花翎。八月，剿贼于歙县南境，自板桥进军山阳坑，杀贼三千有奇。馀窜六甲岭，伪孝王胡逆督大股续至老竹岭，官军从丛箐中出击，直捣六甲岭，贼逾岭遁，追至毕家园，乘胜剿平胡须岭贼垒，伪孝王胡逆毙于阵，收降逾两万。皖南肃清，虎恩以副将留两江即补。

四年，曾国藩调剿捻匪，战于亳州，大胜之。五月，易开俊赴援皖北，所部各营归刘松山统辖。六月，委虎恩帮带二旗。九月，驻扎徐州。十月，有骑贼薄营，虎恩立刺七贼坠马，馀贼鼠窜。寻击贼于柳家庄、张谷山，尽毁其垒。五年四月，剿匪于睢宁，克之；复至徐州之源汇寨，大破捻匪，又解曹县围。五月，捻酋张总愚、牛落红一股窜徐州，追至王家林，连战皆捷。六月，张、牛两逆分窜西华、上蔡，官军往剿，会周家口阻水，缘沙河而西，与贼遇于万金寨，击败之，追至永平寨及上蔡双庙，毙贼千馀，复绕双庙后之义合寨、洪河等处，刃伤者、炮毙者、溺者数千人，胁从解散。张逆由沙河西窜郾城，追至召陵，贼溃走。捷闻，有旨余虎恩着免补副将，以总兵交军机处存记，遇有缺出，请旨简放，并赏给精勇巴图鲁名号。七月，赴援刁河，至南阳，贼已窜瓦店，遂渡白河，至灉滩，贼踞南阳尹家寨，攻破之，追至新野属之上仙冈，贼大队来迎，官军奋击，贼败走。九月，拔队赴西路防剿。十一月,进兵协保黄河。十二月,奉调援秦,击张逆分窜股匪,败之。

六年正月,张逆统贼十数万,扑陷敬字、和字两营,虎恩率所部百人,策马猛进,贼众披靡,自相蹂践,追杀千馀,乘夜复攻银渠、金谷各垒,拔之,进军鄜县。三月,破沿河贼垒,四月,进剿岐山、武功、兴平、咸阳等处窜贼,追及灞桥,俘斩无数。五月,败贼于乾州、醴泉,六月,又败贼于同州、朝邑。经西安将军库克吉泰、陕西巡抚乔松年会奏,奉旨余虎恩着以提督记名简放。是月,委管带寿字马队。七月,剿蒲城逸贼,袭张家堡、张家庙两贼巢,毙捻三千人。旋追贼至三原、临泾等处,擒斩五百馀人。又追贼至渭南之仓头、东屯村,悍贼二老坎中炮死。十月,抵洛川大贤村,与回接战,互有伤亡。虎恩单骑出,刃贼数人,部勇齐奋,贼惊窜。十一月,至延川,收复县城,并攻克绥德州城,追至石家湾,毙贼三千有奇,击窜匪于城西苗家坪。旋攻破羊献坪、刘管村各回巢,追至张家滩;又追贼宜川南沟哨,遇于龙王汕,败之。进规吉州,驰捣河津,贼弃城走,又解稷山之围。穷追至绛州城西龙泉镇,贼势益蹙。十二月,由绛州赴平阳,遇贼于乔李镇,衔枚疾走,由山西洪洞绕出贼前,攻原店贼巢,迭破新庄、柏家庄贼窟。旋追贼洪洞县,转曲沃、闻喜、翼城各县,均有斩获。

时陕甘总督左宗棠方持节入晋,以虎恩每战身先,不辞劳瘁奏保,奉旨着赏换奇车博巴图鲁名号。七年正月,由南和小陵村绕巨鹿,直捣贼巢,贼突围出,追至河间,殪贼千馀。转至获鹿,适淮军杨鼎勋、郭松林被围,势岌岌,虎恩率队赴援,贼见余字旗即狂奔,遏杀甚众,围遂解。绕道穷追,贼踪飘忽,遇战辄败走,擒获不可数计。三月，追至滑县莫村，适贼与淮军相持，虎恩突前往援，转败为胜。贼由河南窜山东，又窜直隶，虎恩率军尾击之。六月，黄河陡涨，贼窜商河阻水，官军折回宁津，破赵家庄、尚家庄贼巢，围杀殆尽。贼目张松茂、张五孩率众来降，复剿贼于德州汴梁镇，贼殊死战，我骑兵伤三十馀人，虎恩受矛伤十七处，裹创督诸军力战，毙悍贼百馀人。翌日，追至德平周家庄，扼守宁津，抵乐陵，贼北遁，追至盐山县张家村，夜袭保和寨贼，花旗贼目周带禄率众二百来降，仍整队西驰，杀张村、陈古村各贼俱尽。驻军山东高唐州。左宗棠以虎恩勤劳奏闻，有旨交部从优议叙。七月，赴庆云盐山各路搜捕，已无贼踪，拔队回连镇，准备西征。

左宗棠复奏虎恩在刘松山所部营官中最为出色，且带队最久，骁勇素著，恳恩破格优奖，有旨赏给头品顶戴。八月，由连镇拔队行。十二月，官军进攻绥德、怀远、延安贼巢百馀处，一律蹋平，进屯安定，节节进剿，立破邱家坪、里牛川、马营湾各老巢，抵镇靖堡，董世有及其子董福祥率众来降，总统刘松山受之。虎恩率马队前行，剿除马家沟、高小湾逸贼俱尽。八年八月，抵甜水河，歼贼二百馀，追至灵州城西，进逼郭家桥，平贼巢二十馀座，尸如山积。追至下桥渠西，又毙贼千馀，还驻永宁洞。连日甘回挑战，我军夜袭之，率步军蛇行，从炮密处直进，马军伺隙冲杀，焚毁各贼巢，毙贼八百有奇。吴忠堡逆回愤甚，倾巢出堡北，骑贼数千助战，势甚汹涌。虎恩被矛戳穿左膀，仍上马力战，旋追至吴忠堡。时金积堡贼与吴忠堡贼合，角声四起，官军以逸待之，旋分五路出击，贼大溃。越日，金积堡与黑城子、半个城各悍贼,复结队猛扑,官军击走之。贼由吴忠堡、余家湖排队刈稻,虎恩设伏兜击,炮伤右背,弹陷入骨,负痛前驱杀贼,聚而歼旃。九月,克灵州。左宗棠以捷闻,有旨于陕北肃清案内,交部从优议叙,克复灵州案内照头等军功例交部从优议叙。十一月,围攻金积堡,贼殊死斗,数月相持不下。九年正月,广东陆路提督刘松山中炮阵亡,所部各军改归刘锦棠兼统,仍攻金积堡,与踞逆大小百数十战,各村寨悍党诛戮有差。十月朔,炮子飞入贼寨,伤逆首张化隆左耳,寨中大震,始穷蹙乞降,令缴马械,毁堡墙,降众分别迁徙,逆首伏诛。金积堡平,奉旨赏给三代正二品封典。十年四月,乞假回籍展墓。

十一年二月,饬募步军四旗赴甘肃,五月,抵平凉,屯兵训练。六月,赴安定,谒左宗棠,饬随总统刘锦棠进捣西宁,由碾伯会师,裹粮前进。八月,抵西宁,屡战皆捷。高家堡为逆首白彦虎行巢,官军移队攻之,火其巢。刘锦棠督军至马营湾修垒,骑贼麇至,马队设伏以待。虎恩率步军夹击,败之;白彦虎率骑贼数千扑李双良营,虎恩赴援,歼悍逆马得彦于阵。贼旋扑西宁营卡,分队出彦才沟,虎恩设伏诱贼出沟,伏军四起,贼狂窜,追至骆驼堡,拔贼卡十馀座。是夜就贼垒驻宿。九月,绥定营被围,虎恩整旅赴援,抵观音沟十里许,有贼堡列马队抗御。虎恩率两旗冲杀,贼弃堡遁,遂焚其巢。绥定营移至小峡口修垒,马桂源等夜纠回逆数万来袭,虎恩惊起,出视贼已逼垒,趣整队铳炮齐发,并以筒实火药掷之,贼踏尸乘垣力斗。虎恩出垒夹击,杀声震天,贼乃遁。天明,检贼尸,遗七千馀具。虎恩以孤军数百获殊胜,贼自是望余字旗胆益落。刘锦棠至平戎驿,修桥甫成,骑贼来犯，官军以马队接仗，忽南山大股贼至，虎恩闻警，渡湟而南，猛击之，贼窜去。虎恩在湟南岸筑垒，刘锦棠在湟北岸筑垒，未成，马营湾贼数万来扑，虎恩先燃巨炮轰击，复督马队长驱直进，贼见余字旗俱辟易。

十月，获贼谍，知陕回往川北掠食。虎恩率队卷旗疾趋，抵高寨，贼众三千出拒，隔河而阵，我军以开花炮向贼营，弹如雨落，贼骇溃。因约日会剿小峡之贼，虎恩排队登山麓，连破三垒，须臾，贼万馀人由山巅直下，官军接击逾时，杀贼三四千人，馀多堕沟死，乃增修一垒扼之。官军复乘夜潜袭南北山卡垒，弁兵凭肩为梯，累而上，立破三垒，拔坚卡，毙守贼千馀，仍分军扼之。贼大股来犯，官军殪其前锋，贼溃，遂修废垒，兼治运道。时西宁郡城围急，虎恩由北岸护巨炮直上山巅。贼分三路猛扑，官军亦分三路迎击，发炮轰贼垒，墙垣立塌，乘机攻入，贼弃山麓各垒狂奔，峡内逆巢，扫除略尽。贼窜南山之南，蹑追之，又平山上卡垒十馀座，乃越山会队分扼两岸驻军。各营时时结阵冲杀，马本源、马桂源及各回目向东川宵遁。黎明，附城各庄寨四路火起，官军驰抵东关，截剿殿后窜贼。西宁围解。奉旨提督余虎恩着遇有陕甘提督缺出尽先题奏，并赏穿黄马褂。十二月，大通都司马寿纠党谋叛，降人崔伟等愿剿贼自效。十二年正月，贼扑崔伟等营，虎恩率队驰击，礮马寿之侄马良才于阵，进捣向阳堡，克之。移攻第二堡，忽被胁良民乞缓攻，愿缚贼目以献。旋献出马寿、马进禄、韩起寿等及河西匪四十馀人，降人马福寿并指攻马桂源党三十馀人，悉数骈诛，惟留马寿缚往大通，合城皆降，斩马寿于市。二月，马桂源、马本源、马桢元于巴燕戎格城外东山就擒,斩之。左宗棠复以肃清边境、安辑回番奏闻,奉上谕提督余虎恩着赏给三代正一品封典。

七月,奉左宗棠饬令所部四旗随刘锦棠往肃州助剿。九月,抵肃州,驻军南门,令崔伟、马福寿等驰马城下,大呼马四及诸酋曰:"死期将至,善自为谋!"连日激战,适炸弹中贼军,贼益汹惧。马四泥首乞命,缴马械,以穷寇不可赦,诛之。肃州平,左宗棠偕乌里雅苏台将军金顺会保,有旨交部从优议叙。十三年四月,乞假回籍。是年十月,奉上谕陕西陕安镇员缺着余虎恩补授。旋经左宗棠调赴甘肃。光绪元年三月,抵兰州,饬赴西宁刘锦棠行营差遣。八月,接统寿字、恪靖马队各营。九月,赴凉州屯兵训练。二年二月,移驻肃州,整队出关。四月,谒左宗棠,谕以地阻戈壁,转运维艰。虎恩曰:"进兵古城,当力战克之,运粮不足虑也!"五月,抵哈密,运粮逾天山至巴里坤、古城,储蓄既备。六月,乘夜袭黄田,既明,逼近贼卡,贼马步纷出。虎恩率马队张两翼包钞之,各队复由中路冲击,贼大溃,追至古牧地,击毙千馀人,遂驻黄田。会诸军齐进古牧地,环城结垒。不数月,夷目托克爱纠骑贼数千由红庙来扑,虎恩率马队严阵以待,并绕道出山后,断贼归路,各营斩关直入,援贼死战,虎恩挥骁骑截之,大破贼于卡子沟,遂克古牧地坚巢。辑怀城围亦合,随轰塌南城墙垛,各军齐进,斩毙贼六千馀,生逃者以马队遮击之。进捣乌垣,至城北,见贼南窜,虎恩率马队穷追。贼回旗死斗,部将陶鼎金负伤,虎恩益愤,督队杀贼过半,追至盐池墩,贼尸骈列,血渍马足,遂将乌鲁木齐、迪化州及伪建王城同时克复。左宗棠奏请破格优奖,奉旨余虎恩着赏给云骑尉世职。七月,驻军搜剿馀匪。

八月，派队驰往玛纳斯，会攻南城，掘伪清真王妥明尸戮之。九月，攻克玛纳斯城，广运军粮，进规南路。三年二月，由乌鲁木齐逾岭而南，遂抵柴窝铺，夜趋达坂，斩贼谍十馀骑。凌晨，诸军毕集，依山为阵，贼见官军至，大骇，炮声不绝。我军屹立如山，并筑垒以断援贼。垒成，舁巨炮三尊，昼夜轰之，城内炮台倾圮，飞弹堕贼火药房，人马炸裂。贼夺门窜走，虎恩督马军遮截，大小夷回头目无漏网者，遂克达坂城。十二月，抵白阳河，分队赴吐鲁番会剿，虎恩率马队由小草湖直捣托克逊，鼓角齐鸣，贼自焚粮药，弃城西窜。本地缠回及被胁各回膜拜请降，刘锦棠受之，遂下托克逊三城。旋会攻吐鲁番满、汉两城，[一]皆克。左宗棠奏虎恩迅赴戎机，忠勇奋发，奉旨余虎恩加恩赏给骑都尉世职。八月，进规南八城，绕道阿哈布拉、桑树园、库木什、榆树沟、星星子、乌沙塔拉，又抵曲惠傍博斯腾淖尔，西行见贼零骑，追剿之。九月，抵库尔勒，阒无人烟，驻军回城。适刘锦棠收复喀喇沙尔，越开都河、哈尔哈、阿满搜剿，至此食尽，虎恩督弁勇掘获窖粮数万石，分济各军，士卒皆感奋。旋分队由库尔楚洋萨尔策达雅尔、布告尔、阿尔巴台、托和奈转战而前，遂克库车，进剿和色尔拜城、察尔齐克台、哈拉裕勒札木台等处，叠有斩获。进薄阿克苏城，克之。复踏冰前进，渡胡玛纳克河，虏白逆眷属，遂攻克乌什城。奉旨遇有提督缺出尽先简放。十月，屯军阿克苏。左宗棠偕伊犁将军金顺会奏关外老湘、西征、定远、董字、旌善马队各军，悉听余虎恩节制，以一事权。

十一月，两路进兵，直捣喀什噶尔。时有以孤军深入为忌，建缓进急战之议者,虎恩曰:"师行缓急,妙在用心。网未张而机先露,是教彼预防,岂兵家胜算?昔人谓兵贵神速,当出其不意,攻其无备,乃可歼渠扫穴,迅奏肤功。"遂亲率马队三营,由巴尔楚克、玛纳尔巴什昼夜兼程,驰抵喀属之东牌素特,时贼攻汉城甚急,虎恩赴援,一夕行六十馀里,薄城下;黄万鹏亦率队驰至,遥见城内火光烛天,城外贼骑遍布,我军逾墙而进,贼弃垒走。步军前剿,马兵张两翼钞之,歼伪副元帅王元林等于阵,守贼惧,开西城出走。喀什噶尔回、汉两城同时克复,派张俊守喀城,虎恩自率队与黄万鹏分道穷追,阵擒于小虎,又追至岌岌槽,〔二〕擒伪元帅马元,并斩其副元帅白彦龙,行抵俄界,传令班师。新疆平,左宗棠、金顺等以捷闻。谕曰:"该领兵大臣栉风沐雨,艰苦备尝。允宜特沛殊恩,用酬劳勋。提督余虎恩前经赏给骑都尉世职,着改为一等轻车都尉世职。"十二月,屯军喀城。四年,移扎叶尔羌,筑河堤,防水患。五年,赴和阗,阅部伍。六年,修城垣。十月,左宗棠入都陛见,关外军务委刘锦棠接统。七年二月,以虎恩久历戎行,转战十数行省,身受重伤二十七处,实属艰险备尝,请免骑射,有旨报可。四月,〔三〕由叶尔羌拔队换防,六月,交卸营伍入关。刘锦棠奏称:"虎恩在湘军二十馀年,身经数百战,屡挫大敌,叠克名城。其由阿克苏进攻喀什噶尔,以千五百人破二十馀万众,出奇制胜,神速异常。请饬赴本任。"有诏许之。八月,抵陕安镇任,巡阅各营汛。十年,土民聚众滋事,讨平之。十一年十月,因旧伤举发,奏准开缺回籍。

十七年,奏统湖南振字全军驻扎岳州。时巴陵、临湘交界之大云山,有匪徒啸聚,派队捕之。十八年春,华容县禹甸垸王立科等违禁私筑，与护城八垸械斗，遣兵解散。是年六月，大云山逸匪汪殿臣复聚于临湘之药姑山，一鼓平之。汪匪伏诛。醴陵县会匪劫狱倡乱，截剿于萍乡县之湘东市，搜获匪首谢兼山等，防地粗平。十九年，华容县锯子口等处会匪蠢动，捕诛匪首刘先祥，馀匪解散。二十年，武冈州会匪滋事，立即扑灭，至湘乡拿匪首朱聪八、赵十七，斩之。旋回岳州原防。先后经湖广总督张之洞、湖南巡抚张煦奏保，交部从优议叙，并交军机处存记，遇有提督总兵缺出开列在前，请旨尽先简放。是年七月，入都陛见。八月，补授广东高州镇总兵。召见三次，垂询兵事甚详。旋奉旨添募老湘、虎字十营，赴山海关防堵，移扎河西务。二十一年七月，入都陛见，召见一次。二十二年，请假修墓。二十三年，呈请奏咨兼袭并为二等男爵，有旨从之。二十四年，修墓未竣，呈请代奏，奉上谕准其开缺。二十六年，入都，召见一次，有旨余虎恩着交荣禄差遣委用。旋奉旨招募老湘、虎字七营并统劲威等营。六月，补授新疆喀什噶尔提督，召见一次。旋因劲威等营未到，新募各营裁撤，随赴西安行在，有旨开缺。三十年十月，恭逢皇太后七旬大庆，入京祝嘏，召见二次，旋回籍。

三十年十二月，在籍伤发，病卒。湖南巡抚庞鸿书奏称："已故开缺新疆喀什噶尔提督、二等男余虎恩，于咸丰年间投入军营，先后随同前大学士曾国藩、左宗棠，前广东陆路提督刘松山，转战湖南、湖北、江西、福建、广东、广西、安徽、江南、河南、山东、山西、直隶、陕西等省，剿除发、捻，并在行间。其后廓清关陇，平定回疆，厥功尤著。卒以身受多伤，枪子未出，伤发病故，实堪悯恻！仰恳天恩，照军营立功后积劳病故例从优议恤。战功事迹，宣付史馆立传。该员为曾国藩、左宗棠、刘松山所赏拔,而随同左宗棠,刘松山最久,出力较多,并请准其附祀各专祠。"诏如所请。寻赐祭葬。

【校勘记】

〔一〕旋会攻吐鲁番满汉两城　"会"原误作"回"。今据余虎恩传稿(之三一)改。

〔二〕又追至岌岌槽　上"岌"原误作"爱"。今据余虎恩传稿(之三一)改。

〔三〕四月　"月"原误作"年"。今据余虎恩传稿(之三一)改。

杨岐珍

杨岐珍,安徽寿州人。咸丰三年,由武童随其父守恩,佐理本州东乡团练事宜,巡防州境。四年,随父募寿勇投营效力,留防六合县城池。五年,攻克九洑州贼垒。六年,发逆犯六合,围其城,自率所部随总统张国樑剿之,大败贼于葛塘集,并克浦口,复江浦县,奖八品军功。八年三月,随攻乌江贼巢。九月,充百总。十年七月,随剿叛逆薛城良,并克复僧道桥、菱塘等处,赏六品军功。寻赴江南宝山县防次,攻罗甸贼卡,奖五品军功。十一年六月,贼围攻宝山甚急,岐珍奉檄堵击,血战破贼,县赖以完。事上,赏戴花翎。同治元年四月,伪忠逆再犯宝山,势张甚。岐珍严阵御敌,战守兼施,阅七昼夜,击退之,并援诸翟、华漕等处,立解重围。叙功,以守备尽先补用。自是从克苏、浙名城,数年之间,荐保都司,擢游击,加参将衔,至以副将留两江尽先

补用。〔一〕

是时，浙、闽、皖三省兵事方棘，各路官军羽檄交驰，岐珍协力分援，并攻湖州、长兴、广德、漳州等城，迭闻克捷。五年八月，两江总督李鸿章上其功，得旨交军机处记名，遇有总兵缺出尽先简放。十一月，钦命襄办军务刘秉璋檄带亲兵新右营马队，频击西捻于鄂、豫、苏、皖诸省间。六年冬，捻渠赖文光等窜扑宝应、高邮一带，力蹙之，逐北至扬州，与扬防水陆师连合兜击，擒赖逆于阵，一军尽歼。以总兵遇缺题奏，并赏斐凌阿巴图鲁名号。七年二月，檄赴直东，从大军追击张总愚捻股，驰至内黄、南乐间，与匪接战，斩获颇多。六月，从逐窜贼于德州、临邑间，所向皆捷，是役也，张酋势穷力蹙，自沉于河，积年悍逆，剿洗净尽。直东一律肃清。论功，以提督记名简放。先是，岐珍父六品顶戴守恩，于咸丰八年以防守江苏六合县城殁于阵，至是议恤。十一年，得旨给云骑尉，袭次完时，给予恩骑尉，世袭罔替，并准其捐建专祠。岐珍为守恩嫡长子，例得兼袭世职。

光绪元年，李鸿章在直督任，檄岐珍统亲军马队三营，〔二〕分防保定、河间及深、冀诸境，数年以来，缉捕剧匪，地方清谧。九年，刘秉璋为浙江巡抚，奏赴杭州，委令统领亲兵及温、台各营。时台州贼首黄金满投诚，因驰往相机安抚，并帅队搜捕馀匪，悉平之。十年，移统所属各营，分驻镇海，部署海防。十一年正月，法国兵轮两犯镇口，御之于招宝山，躬冒矢石，击伤敌船二。日夕严巡，无少懈。数月敌不敢侵。事闻，得旨交军机处存记，遇提督总兵缺出，开列在前，请旨简放。五月，檄回台州，剿办会匪、土匪，缉捕不遗馀力，赏头品顶戴。十月，补江南狼山镇总兵。岐珍在浙江颇著威望,十二年,巡抚刘秉璋、卫荣光先后奏留,请令暂缓赴任。十三年正月,遂调补浙江定海镇总兵。三月,卫荣光会同闽浙总督杨昌濬、提督欧阳利见合疏称其"在台有年,军民悦服,不逞之徒,皆畏威戴德,为目前必不可少之员。请与海门镇总兵互相调署。"诏如所请行。十六年十一月,闽浙总督卞宝第奏称:"岐珍自履署任,督率师船,缉盗最力。水陆贼踪,克期侦获。其著名匪首,以次就擒。措理极有馀裕。请将海门镇总兵员缺,准其调补。"诏从之。

十八年七月,擢福建水师提督。十九年三月,抵厦门视事。二十年,恭逢慈禧端佑康颐昭豫庄诚寿恭钦献皇太后六旬万寿,正月,奉懿旨,赏加尚书衔。是岁,中日失和,海疆事棘。六月,奉上谕:"倭人要挟无理,恐难就范。台湾重地,亟须预筹战备。福建水师提督杨岐珍,着谭钟麟传知该员,酌带兵勇,迅速渡台,会商邵友濂,妥筹布置。"遵于七月渡台。旋奉旨驻扎台北,总统基、沪诸军。岐珍力筹防务,区画周详,并激励将卒,预为战守地。已而和议成,五月,有旨回本任。闽省洋面,南接粤东,北连浙境,港汊歧出,海线延长,稍涉疏虞,盗踪往往乘间窃发,岐珍患之。既之任,其明年春,即驾兵轮,率战哨各船,赴南北辖洋巡缉,凡远近岛屿,亦皆躬履稽查,遇中外遭风船舶,立饬舟师救护,仍于时顺道回厦,督练兵勇操防。自后岁以为常。二十九年,因巡洋感疾,回省就医。十月,卒,年六十有七。事闻,赐恤如例。

子铭爵,主事职衔,于光绪二十年,随其父渡台襄办军务,在营积劳病故;铭勋,一品荫生,户部员外郎;铭銮,试用盐经历;铭传,试用同知;铭枢,试用通判;铭福、铭贵。孙祖贤,承袭云骑尉世职。

【校勘记】

〔一〕至以副将留两江尽先补用 原脱"以"字。今据杨岐珍传稿(之三一)补。

〔二〕檄岐珍统亲军马队三营 原脱"统"字。今据杨岐珍传稿(之三一)补。

郑崇义

郑崇义,安徽合肥人。同治元年,由武童投效刘铭传军,从征上海,奖六品军功。旋因奉贤南桥之捷,以把总尽先拔补,并赏戴蓝翎。[一]克复嘉定,升守备。二年八月,从击贼于江阴之板桥,驰突冲锋,斩逆目二人,获伪印,身受矛伤三处。十一月,随攻常州,炮伤左股,身几残废。寻克复常昭,崇义功皆居上级。江苏巡抚李鸿章上其事,得旨以都司补用。三年,克江苏,援浙江,均有功,擢叙游击,赏换花翎。宜、荆之役,崇义血战后,复调援江阴。四年,升参将。

光绪元年,李鸿章督直隶,为钦差大臣,调崇义随营差遣。六年,委充督标行营中军,兼随办海防事务。是时河决东明,崇义于役其间,与在事诸人力筹修塞,缺口复完。督臣奏保,于是崇义以副将归本标尽先补用。九年,奉直督符,统亲兵水师中营驻防天津。十二年,朝议建设小轮,[二]往来昆明湖间,以备天庾转输之利。崇义监船工,事竣,叙绩,荐加总兵衔。复以堵合永定河工议叙,加一级。十七年,接统<u>直</u>字前后两营,驻<u>大沽口</u>北岸炮台。时<u>崇义</u>已因襄办海军获奖,升总兵,加提督衔矣。十八年,<u>朝阳</u>教匪煽乱,经大兵扫荡,全境肃清。<u>崇义</u>振厉戎行,功最著。奉旨赏给<u>直勇巴图鲁</u>名号,并着以提督总兵交军机处记名简放。二十三年,<u>闽浙</u>总督<u>边宝泉</u>檄调赴<u>闽</u>,委办<u>安靖</u>、<u>长金</u>各营台营务处。二十四年二月,管带<u>长门</u>炮台。寻代统<u>安靖</u>、<u>长金</u>各营炮台防务。九月,因感受湿疾,请假就医。

二十五年,<u>李鸿章</u>督<u>两广</u>,复檄至<u>粤</u>。二十六年,署<u>南澳镇</u>总兵。镇滨海,瘴溽蒸郁,触发军营旧伤,<u>崇义</u>乞假回<u>粤</u>养疴,遂卒于<u>粤</u>。三十年,部臣请恤,寻奉旨赐恤如例。

【校勘记】

〔一〕并赏戴蓝翎　原脱“赏”字。今据<u>郑崇义</u>传稿(之三一)补。

〔二〕朝议建设小轮　“建”原误作“连”。今据<u>郑崇义</u>传稿(之三一)改。

清史列传卷六十三

已纂未进大臣传二

游智开

游智开，湖南新化人。咸丰元年，举人。同治元年，以拣选知县为安徽巡抚李续宜所檄调，初榷三河尖及河南固始等处厘金，以廉平称。总办道员曾广翼以其贤闻于两江总督曾国藩，因附入肃清皖、江北岸案内奏保，以知州留于安徽补用。

四年，署和州知州。州无城郭，每逮夜，必躬自巡逻，晓坐堂皇决事，有诉讼者，辄反覆谕诫之。旋为两造判其曲直，各得其平，不期年讼狱大减。朔望率同官及绅耆宣讲圣谕，以次而及乡间。课士子亲校文艺，为第其高下。四仲之月，则俾在城塾师率生徒入署，相与剖析经旨，尤谆谆然教以孝弟之道、廉让之节，存问高年，矜崇节孝。柯贞妇者，生谋其养，殁谒其墓，欲藉以风示薄俗云。州旧由胥役垫完钱粮，最为民病。智开莅任后，请于上官禁绝之。又其地濒临大江，素多水患，适长江提督彭玉麟驻师濡须，为请款修筑堤防，以资保卫。智开躬亲履勘，发款尤核实，绝不假手胥吏，故工坚而费转省。寻补无为州知州，署泗州事。其为治一如在和时。惟其地民气强悍，劫掠时闻，智开则为整顿捕务，盗风以息。

曾国藩移督直隶，以智开治行为江南第一，奏调入直差遣。八年，补滦州知州，署深州，采访节孝，整顿义学，裁免加征陋规，民大悦服。十年，赴滦州本任。向例征兵过境，即按村派车转送，民苦扰累。智开为剔除积弊，别筹核实办法，民困遂苏。州民健讼，多由奸人构成，智开因痛惩之，其风少熄。十一年，简授永平府知府。智开一车一盖，巡行属境，博采民情，兼及山川险要，故往往郡境有事，牧令未及禀报，而已得其要领。尝一日侵晨，驰至属县迁安，点查县狱，有一犯系私押，因拘差役至县署厅事重笞之，令始惊起。郡有敬胜书院，颓废久矣，智开亟谋修复，购经史，筹膏奖，擢士之秀异者，讲业其中，由是永平民益向于学。山海关之澄海楼，列圣宸翰恭嵌其上，历岁为风雨所剥蚀，因补刊以昭敬谨。他如续修郡志，补葺城垣，创立牛痘局，皆悉心经画。事举而款不虚糜。郡属煮海为盐，数百年穷民食其利。部檄饬禁私贩，行官引。智开上言：“民间少一私贩，即地方多一马贼。盐本宜行官引，惟永平则由旧为便。”当事韪其议，事遂寝。有富绅簪缨巨族，推为郡望，以析产讼县不已，控于府。智开立提讯，至则不加研诘，手谕以治郡无状，搢绅且不能感化，矧在愚氓，痛自责。讼者均流涕省悟，愿得一言以罢。因召戚族调停其间，案遂结。

直隶总督李鸿章尝称智开清勤端严，足励末俗，会考察属吏，乃以智开所治永平政绩，密疏上闻。光绪三年，大计，遂膺上考。五年，派充惠陵奉安大差随员。六年，升授永定河道。河性慓悍，夙称难治。智开力主疏浚，以杀水势。每当抢护险工，辄植立河干，指挥兵役，暇则周巡两岸，率以为常。故在事员弁，终岁无敢擅离工次者。而又综理微密，不一钱浪掷，河工积习为之一空。时大学士左宗棠建议，请将永定河南岸改为北岸，以纾水患。醇贤亲王奉旨察视，势在必行。智开以上下游数百里，城垣官廨，及民间田园庐墓，均须迁徙，窒碍难行，而小民安土重迁，且恐激生事变，力争而止。固安为入都孔道，渡河者每苦舟子需索，爰创建官桥官渡，按车辆大小，明定章程，不准额外多索，行旅便之。七年，以三汛安澜，赏加按察使衔。次年，复以三汛安澜，赏加二品衔。

十一年，升授四川按察使。陛见后，假归省墓，遂由本籍携一仆乘篼入蜀。沿途询访闾阎疾苦，吏治得失。四川讼牍多，至纷不可理。智开帅属逐为清厘，并悉心研鞫，或不交发审局，自行讯结，以省讼累。两权布政使。十二年，护总督。重庆教案事适起，智开奏言，是狱当以根究起衅之由，赎回险要及预定款目为关键。不赎回险要，无以服渝民之心；非严诛首犯，无以制洋人之口；非议赔银两，无以为结案之具。谂知教首罗元义激成众怒，势汹汹，几酿大变。爰飞檄拘之入省，民团始散。又以元义身虽入教，仍是中国子民，自应治以中国法律，奏请敕总理衙门据理与争，勿许公使干预。时中外惴惴，恐以肇衅端，智开持之益力，卒置元义于法。薄给赔偿而案结。

十四年,升广东布政使,署理巡抚。参劾无所回避,贪墨敛迹。广东向藉闱姓赌款充饷,招商承办,时方议更替抚署例得三十万金,承充者初欲照旧馈送,卒惮其丰裁,不敢进。严禁番摊及妇女烧香,城隍庙僧寺匿匪,废之改建义塾。十六年,以老乞休,允之。二十一年,电召至都,授广西布政使。莅任后,痛除官场积习,僚属化之。为政务持大体,事有不可行,力持不少变。灵川闹粮,祸由粮书及现排激成。论者以为民咎,主发兵剿办。智开则以办理不善,责归县令,民获保全。粤西患火警,月或一见,或数见,被灾者恤以官帑外,复出私财救济。此类之事,无不尽力为之。又念粤西户鲜盖藏,倡捐廉俸银三千两,购运谷石,储之省垣,并通饬各州县一律筹办妥订章程,用备荒歉。值迭次谕旨,敕直省劝办积谷,广西筹备独先。巡抚黄槐森嘉之,特据以上闻。经史、时务诸书,购之至数千卷,捐置体用学堂,以供士人博览。凡廉俸所入,悉以之筹办公益,无自私者。

二十四年,因病罢归。二十六年,卒于家。三十二年,直隶、安徽、四川、广东、广西等省京官胪陈政绩,呈请都察院代奏,遂奉俞旨宣付史馆立传,并附祀五省名宦祠。

郝长庆

郝长庆,湖南长沙人。咸丰六年,投效霆军,随剿发逆,勇敢善战,奖六品军功。十一年,围攻赤岗岭大捷,肃清江西全省两案,经两江总督曾国藩奏保,以外委尽先拔补,并赏戴蓝翎。随同克复青阳、石埭、泾县各城,奏保免补外委把总,以千总遇缺尽先即补。同治三年,克复东坝、句容、金坛各城隘,奏保以守备补用,加都司衔。四年,克复广东嘉应州,长庆遍体鳞伤,血流被甲,犹裹创力战,经闽浙总督左宗棠奏保,免补都司,以游击尽先补用,加参将衔。

七年,奉檄驰剿回匪。十年,荡平金积堡贼巢,杀贼无算,奏保换戴花翎。寻进攻太子寺等处回逆,长庆身先士卒,转战五昼夜,竟获全胜。奉上谕以参将尽先补用,并加副将衔。十二年,陕甘总督左宗棠檄委帮统楚军左路马步全军,兼带后营。是年,保奏克复巴燕戎格及河州各地方肃清案内,奉上谕郝长庆着免补参将,以副将遇缺尽先补用,赏给赳勇巴图鲁名号。

光绪二年,奏保关陇肃清,奉上谕郝长庆着以总兵补用。六年,奉调北上。先是,于五次剿平边寇肃清案内,经督办新疆军务刘锦棠奏保,奉旨郝长庆着以总兵交军机处记名,遇有总兵缺出,请旨简放。是年,兴修涿州河工出力,议叙加一级。八年,两江总督左宗棠奏留两江,遇有总兵缺出,请旨简放,旋因前在安庆、太湖等处打仗受伤,奏免骑射。九年,督带恪靖亲军先锋营。十年,奏调援闽。闽浙总督杨昌濬檄委分统金牌、獭石各炮队,兼凯字后营,并奏请仍以总兵归闽浙补用。二十年,总督谭钟麟檄委统领划鳅山上下,及射马各炮队,兼凯字营。

二十八年,触发旧伤,卒于途。湖南巡抚庞鸿书奏请照提督军营立功后积劳病故例,从优议恤,附祀左宗棠专祠,并恳将生平战功事迹,宣付史馆立传,允之。

杨儒

杨儒,正红旗汉军人。咸丰十一年,由监生遵筹饷例捐员外郎,签分兵部行走。同治三年,期满,奏留。四年,以办理军务出力,加四品衔。六年,中式举人。是年十一月,文宗显皇帝本纪告成,命以无论题选遇缺即补,并加三品衔。八年,兵部核对处办理军务出力奏保,俟补缺后以郎中遇缺即补,并免试俸,诏如所请行。光绪元年,因恭修菩陀峪万年吉地工程处出力,保以道员分省遇缺尽先题补,并赏戴花翎。三年九月,丁父忧,五年,服满,起复。六年二月,菩陀峪吉地告成,命加二品衔。九月,以道员指省江苏。十四年,授江苏常镇通海道。十五年正月,丁母忧,十七年,服满。十一月,授浙江温处道,旋调安徽徽宁池太广道。

十二月,奉旨开缺,以四品京堂候补,充出使美国、秘国大臣。十九年,授太常寺少卿。二十年,转通政使司副使。二十一年六月,擢太仆寺卿。十月,晋太常寺卿。十一月,调宗人府府丞。二十二年六月,授都察院左副都御史。十月,调充出使俄国、奥国、和国大臣。二十四年,升工部右侍郎,二十五年,转左侍郎。二十八年正月,卒于使任。谕曰:"户部左侍郎杨儒,才识宏通。由道员派充出使美国大臣,调充出使俄国大臣,办理交涉事务,不避艰难,力顾大局,一切悉臻妥协。兹闻溘逝,轸惜殊深! 杨儒着照侍郎例赐恤。任内一切处分,悉予开复。应得恤典,该衙门察例具奏。该侍郎现有子嗣几人,有无官职,并着查明覆奏,候旨施恩。"寻赐祭葬。

夏辛酉

夏辛酉,山东郓城人。同治初年,以勇丁随忠亲王僧格林沁军剿捻匪。事平,复随陕甘总督左宗棠西剿土回,屡克坚巢。九年,以陕境肃清,汇保千总,加守备衔,赏戴蓝翎。十年,甘回尚炽,辛酉提偏师进剿,解城固之围,克固原,迭平禹王堡及黑城子、半角城等处,擒伪元帅杨文治。时匪首马化隆以金积堡为巢穴,城小而固,自杨文治伏诛,群回震惧。马化隆累为刘松山所败,乃嘱甘回乞抚,仍首鼠两端,抚议久不决。我军乃先翦其羽翼,东自吴忠至灵州,堡寨四百五十馀;西自洪乐至峡口,堡寨一百二十馀,皆次第荡平。外援已绝,遂合师围攻,辛酉裹创血战尤力,拔之。马化隆伏诛。回匪势遂瓦解。十月,奉旨擢守备。十一年,随师度陇,逆酋白彦虎方踞肃州,环境数百里,皆为贼堡。我军周视地形,以取肃州必先攻塔尔湾诸坚巢,五月,马队及团丁分两路趋塔尔湾,战数日拔之,并平黄草坝及城西卡垒数十处,辛酉皆与有功。捷入,擢都司,并赏换花翎。旋以关陇肃清,荐擢游击,加参将衔。十三年,率队出关,其时奇台捕役马福等分据绥来、昌吉各城,而呼图壁、乌鲁木齐皆为贼垒。左宗棠议由北路乌垣等处进兵,而后及南路,辛酉同湘、楚、嵩武、皖南各军,次第据阜康,袭黄田,破古牧,平各贼垒,乌垣贼宵遁。新疆北路略定,进规南路。

光绪二年,安酋帕夏略托克逊,筑三城自卫,北守达板以拒刘锦棠乌垣之军,南守吐鲁番以拒张曜哈密之军,而乌垣败党麇集于达板,白彦虎、于小虎并入托克逊,皆悉锐拒守,众莫敢与斗,独辛酉率游骑屡撄其锋。十月,大雪,官军不能逾岭,帕夏与白彦虎乘间移达板新城两山间,以大通哈守之。吐鲁番故有满、汉两城,帕夏次子海古拉,又造伪王府,帕夏令白彦虎、马人得守吐鲁番,海古拉守托克逊,自居喀喇沙尔为中权策应。三年三月,冰解,刘锦棠遣嵩武军孙金彪、徐占彪趋吐鲁番,自逾岭攻达板,己未抵柴窝,距达板二十里,夜初鼓,令军士衔枚走,五鼓集城下,大通哈引水自卫,城外泥深及马腹。辛酉同余虎恩等率马队掠过深淖,列城左山冈,谭上达等亦率步队列城后山阿,群回方卧未觉也。天明雾收,城回始惊见,发西洋枪炮下击,自卯至午,我军小有伤亡,屹立如故。乃筑垒掘濠困之,并傍城东筑炮台,海古拉遣贼赴援,陶生林截之隘口,皆返奔。壬戌,以开花炮攻其城,城坍,中火药房,大风骤起,烧开花弹,城中人马碎裂。群回夺门走,官军遮不得出,遂克达板,擒其酋爱伊德尔呼里,即大通哈也。并获胖色提玉子巴什各六人。时嵩武军已下奇克腾木,进攻辟展,尽破鲁克沁等处城垒,距湘军仅两日程,罗长祐率五营赴之。己巳,徐占彪、孙金彪至吐鲁番,白彦虎先一日遁,守贼殊死战,乃麾马军两旁钞袭,贼阵乱,罗长祐领湘军合攻之,马人得降,遂克吐鲁番满、汉两城。时海古拉亦遁,并收托克逊三城。辛酉以功擢副将,并赏振勇巴图鲁名号。南路既复,吐鲁番全境惟白彦虎偷息开都河。八月,辛酉随刘锦棠大军西进,趋开都河,白彦虎壅河水遏我军,我军绕淖行碱地,少辽缓,及至河东,白彦虎已遁库车,我军追蹑败之,遂复库车;又败之铜厂,度戈壁百四十里,至哈拉裕勒,遂复阿克苏城。时安夷窜叶尔羌,白彦虎窜乌什,冀分我兵力,我军专力讨白逆,黄万鹏、张俊趋乌什,辛酉同谭盛典自西会之,渡胡马纳克河,行戈壁八十里,败回于乌什城东,遂复乌什。奉旨以总兵补用,赏换霍伽春巴图鲁名号。十一月,官军分三路进兵,以取喀什噶尔,甲子,克之。白彦虎伯克胡里及阿里达什均遁俄罗斯。我军连收叶尔羌、英吉沙尔、和阗等城。南疆西四城皆下，辛酉与有力焉。四年二月，赏穿黄马褂。是年秋，贼目赛屹塔等滋扰三台，辛酉率马队同张宗本设伏于冲壳罕山前后，另以缠回六十骑诱之。贼甫过山，伏发，裹贼中央，合短兵鏖战，斩赛屹塔及黑振江。十月，阿里达什寇边，刘锦棠进军玉里巴什，辛酉以二百骑冲锋陷阵，斩执毛旗贼目，夺其旗，贼大溃，追斩三百馀名，阵擒三十馀名。五年正月，贼窜毕勒套格依，辛酉率三百骑同张宗本追及之，搜斩逃匪殆尽。是年秋，逸酉阿布都勒哈玛与爱克木条勒纠众入寇，刘锦棠令辛酉驻军乌泊尔，扼其南窜之路。贼改西南窜色勒库尔，辛酉败之木吉，追至卡拉阿拉而还，获全胜。西域由是底定。十月，奉上谕交军机处记名简放提镇，并赏三代正一品封典。十年，以刘锦棠奏保，赏头品顶戴。十三年，乞假归养。

　　二十年，日人来侵，山东巡抚李秉衡奏办登州防务，统领东字、福字、嵩武各营，旋丁继祖母承重忧，以军事急，仍留统各营。时刘公岛、旅顺、威海卫相继失，登州势尤岌岌。敌以巨炮昼夜环攻，城内庐舍多毁伤，人心惶恐。辛酉持以镇静，卒保危城。七月，补广西右江镇总兵，以服未满，改署任，仍留办登防；服阕，改实任，留防如故。二十四年，调补山东登州镇总兵。二十六年，袁世凯奏派武卫军先锋左翼长。六月，北上应援，召见后仍回山东接镇篆。日俄构衅，练兵王大臣调驻保定。三十年正月，简放云南提督，未赴任，三十二年，奉旨剿曹、兖匪乱，驻师巨野。事平，仍办清乡事。三十三年，命筹办长江防务。入都陛见，十月，赐紫禁城骑马，旋回巨野，清理交代。三十四年正月，卒于防所。<u>直隶总督杨士骧</u>、<u>山东巡抚吴廷斌</u>奏入,奉旨照提督军营病故例从优议恤,加恩予谥,原籍及立功省分准其建立专祠,战功事迹宣付国史馆立传。

长子候补知州<u>继泉</u>,以知府即用;次子<u>继葵</u>,赏给主事。

马玉崐

<u>马玉崐</u>,安徽蒙城人。同治元年,由武童在本籍办理团练。三年,投临胜营效力。四年,调赴河南,随同总统<u>毅军宋庆</u>攻剿捻逆。积功,以千总补用,并赏戴蓝翎。[一]五年,管带毅字亲兵营,以剿匪出力,擢守备。七年,叙在<u>直隶饶阳</u>等处剿贼功,命以都司即补,并赏给振勇巴图鲁名号,捻逆<u>任柱</u>、<u>赖文光</u>合全力困<u>宋庆</u>于<u>登州</u>,<u>玉崐</u>奋身往救,立解重围。由是骁健之名大著。<u>任</u>逆旋中弹死。<u>张总愚</u>从子<u>武亥</u>潜以众遁,复追斩之,血战于<u>济阳</u>,[二]阵斩无算。捻势益衰,旋即荡平。积历次功,由都司超擢副将,赏换花翎,以总兵记名简放。

是时,秦陇回乱孔亟,奉调西征,自<u>榆林草地盐海子</u>、<u>葛徵店</u>等处,转战而前,迭获大胜,赏从一品封典。遇有总兵缺出尽先题奏,并加提督衔。十年,克复<u>洪冈</u>等处,奉旨赏换博奇巴图鲁名号。十三年,以攻克肃州功,赏头品顶戴。嗣随同<u>伊犁将军金顺</u>出<u>嘉峪关</u>,剿办窜回。时关外遍地皆匪,而<u>白彦虎</u>、<u>黑瞎子</u>、小虎诸悍酋,悉力抗拒。<u>玉崐</u>疾趋勇斗,连克<u>乌鲁木齐</u>、<u>昌吉</u>、<u>玛纳斯</u>各城。<u>黑瞎子</u>既擒,<u>白彦虎</u>亦远遁,诸逆回闻风奔溃。天山南北以次荡平。光绪二年八月,奉谕赏穿黄马褂。十一月,赏云骑尉世职。<u>玉崐</u>在西域,前后十六年,收复名城以十数。剿抚之

馀,倡率屯垦,以兴地利。

新疆既定,经直隶总督李鸿章奏调赴直隶办理营务。十八年,李鸿章奏保将才,以玉崑才力骁健,历练最深,将来可为四川提督宋庆替人。得旨交军机处存记。二十年,补授山西太原镇总兵。会倭人因朝鲜内乱,与我构衅,玉崑亲莅前敌,约束严明。转战于田庄台、太平山、感立寨之间,以千数百人抗敌兵数万,奋力撑拄,屹然自全。二十五年,擢浙江提督。二十六年正月,命会办武卫左军营务。七月,调补直隶提督。是时,拳匪肇乱,各国联军集于天津,玉崑奉诏入卫。旋命总统武卫左军驰往津沽督战,玉崑激励将士,独支危局,初战于天津,继战于北仓,相持月馀。时值盛夏积潦,躬率所部,奋身泥淖,酣斗昼夜无少休息。嗣以军无后援,全师而退,扈跸西巡。二十七年,回銮,赏功加太子少保衔,赐紫禁城内骑马。二十八年七月,入觐,再奉恩旨,赏西苑门内骑马。九月,潮阳匪徒邓莱峰结党起事,玉崑率所部兼程往剿,未及三旬,攻克逆卡,生擒首要,馀匪一律敉平。[三]三十一年,以捐助本籍学堂之经费一万两,赏其孙马朝樑以郎中用。

三十四年八月,卒。遗疏入,谕曰:"朕亲奉慈禧端佑康颐昭豫庄诚寿恭钦献崇熙皇太后懿旨,总统武卫左军直隶提督马玉崑忠勇性成,胆略兼备。初隶宋庆麾下,转战皖、豫、齐、鲁、秦、晋间,荡平发、捻,所向有功。关陇回乱,率师西征,屡奏奇捷。嗣随金顺出关,迭克名城。在西域前后十馀年,剿抚之馀,倡办屯垦,民咸赖之。迨新疆大定,经李鸿章调回北洋,办理营务,纪律严明。驻军辽沈,独力撑拄。特授浙江提督,调补直隶提督。旋派总统武卫左军,随扈西巡,留晋办防。旋直剿匪,均资得力。

历经赏给头品顶戴、黄马褂、云骑尉世职、博奇巴图鲁勇号、太子少保衔,朝廷倚若长城。方冀永享遐龄,长承恩眷,兹闻溘逝,轸惜殊深! 马玉崑着追赠太子太保,赏加二等轻车都尉世职。照提督例赐恤,加恩予谥。其原籍地方及立功省分建立专祠。生平战功事迹,宣付国史馆立传。灵柩回籍时,着沿途地方官妥为照料。伊子补用游击马廉溥,着加恩以总兵记名;郎中马廉德,以道员分省补用。伊孙一品荫生马朝栋,以郎中分部补用;分部郎中马朝樑,以知府分省补用。任内一切处分,悉予开复。应得恤典,该衙门察例具奏。并赏银三千两治丧,由直隶藩库发给,用示笃念荩臣有加无已之至意。"寻予谥忠武。

【校勘记】

〔一〕并赏戴蓝翎　原脱"赏"字。今据马玉崑传稿(之三二)补。按本卷萧庆衍传两脱"赏"字,并依此补。

〔二〕血战于济阳　原脱"阳"字。今据马玉崑传稿(之三二)补。

〔三〕馀匪一律敉平　原脱"匪"字。今据马玉崑传稿(之三二)补。

　　邵友濂

　　邵友濂,初名维埏,浙江馀姚人。嗣父灿,原任漕运总督。友濂由监生报捐员外郎,签分工部。同治元年,灿卒,加恩以本部员外郎尽先补用。四年,中乙丑补行辛酉、壬戌两科乡试举人。八年,捐戴花翎。十年十二月,补工部虞衡司员外郎。十三年,以御史记名。八月,补总理各国事务衙门汉章京,充菩陀峪万年吉地工程监督。光绪元年二月,工竣,奏保在任,以知府不论双单月遇缺前先即选,先换顶戴。四年,总署以友濂供差五年期满,并办理交涉及出使各事宜悉臻妥协,奏请撤销御史,仍留工部员外郎本缺,在衙门当差。未几,复奏请俟补知府后,以道员归候补班前先即补,并请归道班后赏加二品衔。

十一月,俄国出使大臣、吏部侍郎崇厚以友濂年壮才明,通达治体,奏请开去员外郎缺,以道员充头等参赞,俟差竣后,仍留总署章京上行走。先后均奉俞旨。五年九月,署理俄国钦差大臣。六年八月,奉寄谕留俄国襄办通商要件。七年三月,出使俄国大臣曾纪泽奏派友濂赍送改订俄约章程、地图等件到京,总署王大臣奏准仍留总理衙门当差。八年二月,补授江苏苏松太道。九年,法越战事起,法人以越南为我藩属,遣兵船进窥台湾以牵我师,友濂襄办台防,侦敌踪,备军械,筹饷需,悉心经画。会法人以和款我,朝廷顾念邦交,谕友濂随同全权大臣两江总督曾国荃办理和约。以议不合,长江戒严,有旨着章合才留上海,会同友濂镇抚兵民,加意弹压,并保护各国商民。旋经江督曾国荃以体用兼资、堪膺重寄奏保。十一月,奉会办援台各事宜之命。十一年,中法和议成,友濂叙功,赏给一品封典。十二年正月,派往香港会商开办洋药税厘。二月,由海道入京,与总理衙门商议一切。六月,补授河南按察使。十三年四月,迁台湾布政使。十四年,以举办清丈地亩出力,赏加头品顶戴。十五年,以感受湿热疾发,请假内渡就医。六月,补授湖南巡抚。十一月,兼署湖南提督。十二月,丁本生母忧,十七年四月,服阕,补授福建台湾巡抚。自升授按察使至巡抚台湾,凡三入觐。十九年,以捐立义庄赡族,经礼部奏请赏御书匾额一方。

二十年,恭逢孝钦显皇后六旬万寿庆典,交部从优议叙。九月,调补湖南巡抚,内渡抵沪,疾作,乞假就医。二十一年四月,以假期已满,病仍未痊,奏请开缺。二十七年,卒于家。浙江巡抚聂缉椝以闻,谕曰:"前任台湾巡抚、调署湖南巡抚邵友濂,由部曹外任监司,荐膺疆寄。宣力有年,克勤厥职。兹闻溘逝,轸惜殊深! 着照巡抚例赐恤。所有任内一切处分,悉予开复。应得恤典,该衙门查例具奏。"寻赐祭葬。

王孝祺

王孝祺,原名得胜,安徽合肥人。咸丰八年,粤匪陷庐州,在籍襄办团练。旋投效安徽军营,随剿有功,赏六品顶戴。同治元年,江苏巡抚李鸿章募淮勇六千五百人赴援上海,得胜隶焉。遂从克复石林、奉贤等城,击退虹桥大股逆匪,保以把总尽先拔补,并赏戴蓝翎。二年,克复嘉定县城,并北新泾、四江口等处,保免补千总以守备尽先补用。

是时,淮军增兵至数万人,[一]张树声别立一军,号树军;得胜分领树字正营,以收复常、昭,并克太仓、镇洋各州县,及会剿江阴、无锡诸股逆匪有功,保免补都司,以游击尽先补用。三年,官军规取江苏,得胜领树字左营随同进剿,遂复其城,随解浙江平湖之围,保免补参将以副将尽先补用,并赏换花翎。先后均奉旨允准。四年,克复宜、荆、溧、嘉、常等城,奉谕以总兵记名简放,并赏壮勇巴图鲁名号。五年,于淮军分援浙、皖、闽三省,并迭克湖州、长兴等城案内,得保赏加提督衔,并给从一品封典。寻以失树军统领张树珊降职。先是,忠亲王僧格林沁战殁曹州,捻大横,朝命曾国藩督师进剿,贼驰突楚、豫间,五年十二月,窜至湖北德安,巡抚曾国荃檄树珊与周盛波由应城折向德安。二十一日,树珊行抵德安之王家湾,任、赖、牛、李大股贼至,比抵新家闸,见贼屯驻杨家河东岸,遂率队过河猛击,贼大溃。树珊督队直追,贼分路回钞我军,树珊战殁。六年正月,事闻,朝旨罪其部卒,降得胜参将,责令带队以观后效。李鸿章既代曾国藩督师,于时牛老洪战死,张总愚窜陕西,任柱等踞山东,旋由山东扑奔江境,得胜迎击,生擒其渠。有旨复原官。

八年正月,以得胜名同祖讳,鸿章为请于朝,更今名。其年张总愚就擒。捻匪平,中原肃清,孝祺奉旨以提督记名尽先简放,并赏换博奇巴图鲁名号。九年,檄赴山西防河,因搜剿马贼于包头迤西。中值山西大饥,孝祺捐金济之,多所全活。土人德孝祺,辄侦贼踪所在以告,故孝祺捕剿比有功。迭经奏保,有旨交部优叙。光绪三年,赏头品顶戴。六年,张树声督粤,奏调留粤差遣。历署广西右江,广东碣石、潮州各镇总兵。九年,有旨补授广西右江镇总兵。十年,法以越南故与我开战衅,官军挫于谅山,敌薄镇南关。时张之洞督粤,檄孝祺统所部勤军四千人赴前敌。孝祺自龙州兼程进,与冯子材会军,就关前隘筑长城,更番凭守。十一年二月七日,敌狙进薄城下,时冯子材营于左,孝祺营于右,战一日夜未息翌日,敌猛扑右营,势将跨城入,孝祺手刃退卒,挥军直跃城下,以短兵败敌,遂乘胜克复文渊州,[二]谅山、长庆府各城。得旨优奖,先赏给白玉翎管、搬指、大小荷包各一对。五月,奉谕以镇南关一役,孝祺战功卓著,赏云骑尉世职,并交部优叙。

会中法和议成,撤兵回粤。八月,调署广东高州镇总兵,仍统勤军两营驻防北海。十二年,调补北海镇总兵。十三年,署广东水师提督。十四年七月,以总兵入觐,陛辞回署任。十二月,卸水师提督篆,改署潮州镇总兵。十六年,回北海镇本任。十七年六月,复署广东水师提督。十月,仍改署潮州镇总兵。二十年,恭逢孝钦显皇后六旬万寿庆典,懿旨赏双眼花翎,赐"寿"字一方,暨江䌷袍褂、帽纬等件,予一子二品荫生。未几,嘉应、安流土匪窃发,檄往捕剿,生擒匪首,馀党亦皆扑灭,奉旨交部优叙。二十一年,病,请开缺,得旨报可。

二十五年,终于家。安徽巡抚聂缉椝以孝祺整军戢暴,兵畏民怀,谅山一役,忠勇奋发,厥功尤伟,奏请交部从优议恤,以彰忠荩。旨如所请。寻赐恤如例。

【校勘记】

〔一〕淮军增兵至数万人　原脱"至"字。今据王孝祺传稿(之三二)补

〔二〕遂乘胜克复文渊州　"州"原作"洲",音近而讹。今据本卷苏元春传内"退驻文渊州"改。

徐桐

徐桐,正蓝旗汉军人。父泽醇,礼部尚书。

桐,道光三十年进士,改翰林院庶吉士。咸丰二年,授编修。三年十一月,充武英殿纂修。八年七月,充文渊阁校理。八月,充顺天乡试同考官。旋丁父忧。九年,因磨勘中卷有修改可疑处,部议革职。十年二月,丁母忧,十一月,奉旨赏检讨,充实录

馆协修。同治元年五月，充实录馆纂修。七月，命在上书房行走。十一月，充功臣馆纂修。二年正月，充实录馆汉总纂，命授钟郡王读。

三年五月，懿旨命桐与瑞常、宝鋆、载龄、李棠阶、单懋谦每日一人轮班进讲治平宝鉴。八月，文宗显皇帝实录纂修过半，甄叙，以应补之缺开列在前。四年二月，奉懿旨在弘德殿行走。三月，升翰林院侍讲，充日讲起居注官。户部右侍郎李鸿藻丁母忧，穆宗毅皇帝典学方殷，懿旨令李鸿藻守孝百日后即赴弘德殿授读，仍在军机处行走，凡遇朝会不必与列。桐与倭仁、翁同龢合奏请准鸿藻终制，以维礼教而示矜全。五年，实录告成，赏四品衔遇缺题奏。六年，升侍讲学士。穆宗每日黎明御弘德殿，讲读不逾二时，膳后满、汉功课一时可毕。桐与倭仁等奏以为一日之中，晷刻方长，宜兼习政事，现在召对内外诸臣，皇上御殿入座，嗣后拟于召对军机时，[一]并请皇上入座，从之。桐以宋臣真德秀所著大学衍义一书，可备随时进讲，因详加厘定为十六卷，名大学衍义体要。七年八月，旋转侍读学士。

八年六月二十日夜，武英殿灾，书籍版片焚毁殆尽。桐与倭仁等奏："伏思武英殿为收藏钦定诸书之所，列朝圣训于此刊刻，深严重地，规制崇闳，一旦煨烬，实为异常灾变。谨按魏青龙中，崇华殿灾，高堂隆对以为人君苟饰宫室，不知百姓空竭，故火从高殿起。宋天圣中，玉清昭应宫灾，苏舜钦上疏亦以此为言。盖自古占验之书，凡遇宫禁火灾，皆以台榭宫室为诫。今者陇西未靖，民困未苏，黄河甫经合龙，北河又复漫决。八旗生计日蹙，部库帑项不支。此民穷财尽之时也。比年以来，土木之工未尽止息,宫廷之内屡有兴作,灾变之来未必不由于此。臣等以为自今以后,皇上正宜刻励修省,躬行节俭,凡一切大小工程,概行停止,传办诸物并予罢除,并请敕谕廷臣直言政事得失,庶灾变可弭,四方蒙福。"九年六月,擢太常寺卿。八月,署都察院左副都御史。十年七月,升内阁学士。九月,补礼部右侍郎。十一年九月,穆宗大婚礼成,赏头品顶戴。十二年正月,穆宗亲政,懿旨命照常入直弘德殿。

是时发、捻既平,中原底定。桐独念洋人久居腹地,十馀年来,百计羁縻,以无事为福,而和局终不可恃,愿专意修攘;为自强计,上简才能、结民心、裕度支、修边备四策。八月,署户部左侍郎,兼管三库事务。十二月,署工部左侍郎。十三年十二月,穆宗升遐,开去弘德殿差使。光绪元年,充实录馆副总裁,专司勘办。八月,充顺天恩科乡试副考官。九月,随扈穆宗梓宫,奉移山陵。桐以恭办丧礼,赏加二级。二年四月,转吏部右侍郎。八月,署户部右侍郎,兼管三库。三年二月,署礼部左侍郎。九月,补都察院左都御史。十月,赏紫禁城骑马。四年五月,补礼部尚书。十一月,兼署吏部尚书。五年二月,管理三库事务。三月,署都察院左都御史、吏部主事吴可读以死建言,请豫定大统之归,懿旨饬廷臣会议。桐与翁同龢、潘祖荫合疏言:"宜申明列圣不建储之彝训,将来治膺大宝之元良,即为穆宗毅皇帝之圣子。揆诸前谕则合,准诸家法则符,使薄海内外咸晓然于圣意之所在,则诒谋久远,亿万世无疆之业,实基于此。"十一月,穆宗实录告成,以桐办理稿本始终其事,妥慎周详,命加太子少保衔,孙培芝赏给举人,准一体会试。十二月,与议崇厚所订俄约章程,摘其不可许者:曰伊、喀各城定界,曰新疆内外蒙古通商,曰运货直至汉口,曰行船直至伯都讷,凡四条。六年,迭充阅卷大臣,教习庶吉士。

时朝议徇俄人之请,宽减崇厚罪名。桐奏:"揆度机要,责在枢廷;折冲俎豆,责在总署;讲信修睦,责在使臣。傥崇厚之赦,立见转圜,一切就我范围,是为有益于国,则宽其既往,足示法外之仁;若衅端仍不能弭,是徒失刑政之大权,则崇厚之罪更无可逭。仍当推原祸始,立置典刑。又俄人阴狡,变态万端,以和为战,是其长技。兵船已来海外,而我师逍遥河上,何以御之?近年南北洋养兵制器,费帑实多,练军之效,非于无事时侈虚声,正以有事时觇实用。应请严饬南北洋大臣加意防维,设有疏虞,惟该大臣是问。又惟用人之道,先辨忠奸;欲辨忠奸,必严心迹,苟无忠爱之忱,必不能收干济之效。奸臣狡诈,往往自托于孤忠,其才智又足以紊乱是非,摇惑观听,辨之不早,将受其欺,贻患将来,后悔何及?比年中外所称练习洋务者,曰崇厚,曰丁日昌。今崇厚误国矣,丁日昌倾险小人,其藉洋务以自固,与崇厚同,而才足济奸,智足饰诈,尤逾崇厚十倍,折冲御侮,皆非所宜。前两江总督李宗羲、山西巡抚曾国荃皆素膺简畀大臣,其于中外交涉必能慎持大体,决不肯以卤莽偾事。总之今日人才,以秉忠持正、智深勇沉者为上,其居心朴实、才堪器使者次之。若仅以机权灵警之辈,只能通晓各国语言文字者,许为边才,而责其艰难重大之事,未有不负委任者。"又陈:"西北边才,左宗棠屹若长城,但其年已衰,傥接替不得其人,所关非细。杨昌濬堪坐镇,而不足以决戎机;刘锦棠可为偏裨,而不足以膺统帅。"得旨报闻。

七月,承修慧安和硕公主园寝工程。

十月,同礼亲王等恭送穆宗毅皇帝圣容、实录、圣训并册宝、玉牒赴盛京供奉尊藏,交部议叙。是月,奏:"臣此次于役沈阳,大典庆成,循途遄返。每于经行山川厄塞地方,〔二〕民生情形,留心咨访。窃以奉天一省,雄据东方,形如龙首。论大义则为我朝之根本,论形胜则与京国为辅车,土地肥饶,物产充牣。俄、日两国垂涎已久,易启戎心。即使大局粗安,亦不能不虑久远。奉省海口没沟沿以外,其口岸水深,洋船可泊者,如宁远钓鱼台、锦县崔家屯、盖平连云岛、复州长兴岛、宁海羊头洼、旅顺口、金州、青泥洼等处,不一而足。将军岐元廉洁自守,镇静有馀,于军旅素未娴习,沈阳防守空虚,惟宋庆一军,略资保障。羊头洼、旅顺口虽有防兵,亦不足恃。可否敕李鸿章会同岐元通盘筹画,所有奉省海防,统归该督及将军节制调遣,略收实效。至沈阳省城附近陵寝,应挑选西丹三四千人,酌加口分,以曾经战阵之副都统、参领为统率,随时训练,专顾省防,以免海口防军有跋前疐后之虑。各州县地方辽阔,沿边一带,当慎选守令,劝办乡团,整饬屯戍。蒙、民杂处地方,务期联络,自卫田庐,以辅兵力不逮。"语皆切实。先是,在奉天时,差务未竣,赴将军岐元公宴,经盛京副都统富陞奏参,奉旨议处。寻部议上,加恩改为降三级留任。

八年二月,充翰林院学士。五月,会议吉林新巡吉伯阿道缺裁撤刑司部员,从之。八月,充顺天乡试正考官。旋管理八旗官学。时官学废弛久,桐厘定章程,多所裨益。九年正月,充国史馆正总裁。三月,充会试正考官。法越兵事起,廷议和战久不决。桐陈管见一折,意在主战,时论韪之。十年正月,赴奉天查办事件。三月，调补吏部尚书。五月，回京，审明奉天命盗各案，并请严惩革员佛宝，允之。是月，兼署兵部尚书。九月，奉旨充上书房总师傅。十一年十二月，因吏部注册错误，又斋戒期内呈递刑名处分折件，察议罚俸四个月，奉旨准其抵销。十二年，编修林壬擅离职守，桐覆查请旨严惩，从之。十四年，充武乡试正考官。十五年正月，以吏部尚书协办大学士充会典馆正总裁。德宗大婚礼成，奉懿旨加太子太保衔。因议覆御史屠仁守处分明白回奏，徇庇欺蒙，交都察院议处，应革职，加恩改为革职留任。三月，署工部尚书。五月，承修正阳门石路工程。七月，署户部尚书。八月，充顺天乡试正考官。十六年二月，德宗谒陵，命留京办事。十月，承修各仓工程。十七年，赏劝善要言一部。十九年三月，山西饥，募捐米二万石赈之。九月，奉旨覆查科场舞弊事，据实具奏，得旨允行。编修丁惟提充陕西考官，以营贿事，经御史林绍年奏参，桐覆查得实，革惟提职。二十年正月，孝钦显皇后六旬庆辰大典，奉懿旨赏戴双眼花翎。三月，兼署礼部尚书。御史恩溥奏参右副都御史奕年把持专擅各款，桐奉旨查明覆奏，下奕年部议。二十一年三月，充会试正考官。五月，署兵部尚书。奏外省盐务、厘局、关务闲员甚多，内地腹省并无军务，藉口弹压，多招营勇，安置私人，请痛加裁汰。奉旨允行。六月，审明御史钟德祥受赇事，拟发军台效力，诏如所议行。普陀峪万年吉地明楼、方城等工，椽望有脱卸，砖石有酥裂，派往恭勘数次，皆敬谨从事，无所迁就。

二十二年十月，充玉牒馆副总裁。是月，授大学士，兼管理吏部事务。十一月，奉旨授体仁阁大学士。二十四年三月，户部司员陈昌圻因会典馆奖叙不优，觊法贿求，奏参革职，从之。十月，赏西苑门内乘坐二人肩舆。二十五年，上谕各省关税、盐、釐等项积弊太深，令诸臣各抒所见，或酌加推广。桐奏："轮船招商、电报、矿务局，近年获利不资，而赢馀利息如何酌提归公，未经议及。有收回利权之名，无裨益公家之实。应责成大理寺少卿盛宣怀督饬在事人等，将收支数目限期分晰开单，酌定馀利章程专案，请旨定夺，并着北洋大臣裕禄将开平矿务一体办理。"皆如所议施行。七月，奉懿旨大学士徐桐年逾八旬，遇有召见出入，加恩准太监扶掖，以示优眷。十二月，上谕大阿哥当典学之年，嗣后大内在弘德殿读书，驻跸西苑在万善殿读书，派徐桐常川照料。

二十六年，义和拳匪构乱，两宫西巡，命留京办事。七月，各国联军入京，自经死，年八十二。和议成，奉旨革职，撤销恤典。

【校勘记】

〔一〕嗣后拟于召对军机时　"军"下原衍一"之"字。今据徐桐传稿（之三二）删。

〔二〕每于经行山川厄塞地方　原脱"每"字。今据徐桐传稿（之三二）补。

任道镕

任道镕，江苏宜兴人。道光二十九年，拔贡。三十年，朝考二等，以教职用。咸丰四年，选补奉贤县训导，以办团出力，奖知县。九年二月，选湖北当阳县知县。六月，报捐知府。

同治元年，调补江夏县知县。二年，擢直隶顺德府知府。时捻氛北窜，顺德适当其冲。道镕督勇驻守沙河，挥众突击，破悍贼，获其酋朱学孟，贼遁去。以防剿功，升道员，加盐运使衔，赏戴花翎。方军兴时，客兵过境络绎，道镕择适中地，备粮转运，使无缺乏，而民亦不扰。顺德旧有洺河，年久淤塞，道镕疏浚之，得民田万顷。经总督曾国藩、李鸿章先后疏陈政绩，得旨嘉奖。十年，调补保定府。十一年，擢河南开归陈许道。道镕稔知河工积习，锐意革除，查验工料，事事核实，节帑以百万计。十二年，以河汛安澜，命加布政使衔。光绪元年，补授河南按察使。四年，擢浙江布政使。五年，调直隶布政使。以筹协西饷功，赏头品顶戴。

七年，授山东巡抚。道镕以山东营务废弛，奏裁冗兵，以绿营额饷改练新军；又以郡县多盗，严檄防营分汛缉捕，一时盗贼屏息。泰山、沂山之间，为南北通衢，道路艰险，道镕筹款开通，行旅称便。八年，因河工合龙案内奏保已革知府潘骏群，部议降一级调用，有旨改为革职留任。十二月，开缺来京。九年，因在浙江失察编修林国柱呈报起复日期，部议革任，旋奉旨以道员选用。二十二年，署河道总督。时部议以河南河工归河南巡抚兼办，而以河督移驻济宁，专治山东河务。道镕疏言："河防关系重大，以河督总其成，二百馀年未尝变易。今以河督专治山东之河，而以东河属之河南巡抚，则官吏不相属，号令不能行，河督几同虚设。若仿照东河另设厅汛，则应给额款，应办额料，皆须另行筹备，巨款既恐难筹，河事亦终无补，不如暂仍其旧为便。"奏上，如道镕议。

　　二十七年,调补浙江巡抚。宁波大岚山为枭匪游勇盘踞之区,结党数千人,肆行劫掠,为地方巨患。道镕会商署提督余洪亮兵入山搜剿,擒斩首要,解散馀党。时值中外和议初定,道镕于筹备偿款,兴办学堂,整饬武备,赈恤灾区,皆尽力为之。二十八年,因病请开缺,允之。三十二年正月,卒于家。

谭碧理

　　谭碧理,湖南湘潭人。咸丰六年,由武童投效湘军,随营剿贼出力,奖六品军功。是时粤匪分陷皖、赣。自湘军出援江西,瑞、临、抚、建以次收复,惟吉安未下。八年,碧理随两江总督曾国荃攻吉安,克之,赣境渐就肃清。以外委遇缺尽先拔补。九年,复以随克景德镇及浮梁县城,擢把总。十年,楚军图皖,围攻太湖,与贼相持于小池驿,碧理奋呼陷阵,伤左指,仍裹创力战,斩其悍酋,馀贼惊溃,遂克复太湖。擢千总,并赏戴蓝翎。十一年,安庆合围。集贤关以外已无贼踪,而关内菱湖两岸贼垒密布,城贼恃以为固,猝不得下,曾国荃筑长濠困之。贼悉众扑营,碧理奋勇当先,枪伤左臂,而战不少却,径登贼垒,馀垒亦次第扫平。八月,克安庆省城,叙绩,免补守备以都司尽先补用。同治元年,随大军克复沿江城隘,保游击,复进参将。二年,留办金陵军务,帮带训字营。复以战功,赏加副将衔。三年,克复江宁省城,计劳列保,奉上谕以总兵记名简放,并赏换花翎。

　　四年,大学士两江总督曾国藩奉旨剿捻匪,檄碧理率豫字营为游击之师,随同北征。碧理蹑踪追剿,上蔡之役,统领朱式云猛进遇伏,几为所乘,碧理踞守一隅,以巨炮轰毙二渠魁,遂转败为胜，斩获无算。录功，奉旨以提督记名，并赏给正一品封典。七年，统带星字左右两营，驻守江宁。光绪元年，两江总督刘坤一檄委署理督标中军副将，旋奏请借补，允之。二年，以前在军营身受重伤，加恩免骑射，又经两江总督沈葆桢列保，以碧理心地笃厚，堪胜提镇。七年，督臣刘坤一复于密保副、参等第一疏列入一等，命送部引见。八年，大学士左宗棠总督两江奏称碧理廉朴勤慎，素得军心，请存记遇缺即补，从之。十二年，署理江南提督。十三年正月，兼统留防太湖水师全军。太湖为江南巨浸，枭匪窟穴其间，出没靡常，碧理严密巡防，多方搜捕，枭匪敛迹。三月，补授江南提督。是岁，恭逢德宗景皇帝御极，恩诏加一级。十五年，恭逢孝钦显皇后归政，崇上徽号。十六年，德宗景皇帝二旬万寿，均奉恩诏加一级。二十年，孝钦显皇后六旬万寿，恩赏太子少保衔，赐“寿”字及大缎，帽纬各件。

中日构衅，旅顺失利，南洋亦复戒警。碧理募勇十营，驻扎金山卫，与统领朱洪章妥商防堵之策，江界恃以无恐。二十四年，以积劳病卒。碧理任提督垂十二年，每岁亲率舟师巡缉海洋，暇则谨斥堠，缮楼橹，浚水道，地方安谧，军民思之。三十四年，两江总督端方列叙战绩，疏请于江南、江西、安徽立功省分附祀曾国荃专祠，并将生平战功事迹宣付国史馆立传，以彰茂绩。诏从其请。

子从炳，江西候补通判。

徐寿朋

徐寿朋，直隶清苑县人。捐纳主事，加捐郎中，又加捐道员。

嗣因办理晋赈出力,保加按察使衔。光绪七年,出使美日秘国大臣郑藻如奏调出洋,两届三年期满保奖,赏加二品顶戴、三代二品封典,仍以道员遇缺即选,随带加二级。直隶总督李鸿章奏调北洋差遣。十九年,保称笃实精详,器识闳毅,于一切洋务情形,历练最久,地方吏治,亦能留心考究,实为有用之才。送部引见。二十年,诏以道员发往江苏补用,仍交军机处存记。二十四年四月,补授安徽徽宁池太广道。五月,升补安徽按察使。六月,奉旨以三品京堂候补,派充朝鲜国钦差大臣。九月,补授太仆寺卿。二十六年,随同全权大臣李鸿章商议和约。二十七年六月,奉命补外务部左侍郎。九月,卒。奉上谕:"外务部左侍郎徐寿朋由道员荐升今职,办理交涉事务,诸臻妥协。兹闻溘逝,轸惜殊深! 徐寿朋照侍郎例赐恤。"寻赐恤如例。

徐承煜

徐承煜,汉军正蓝旗人。父桐,大学士,自有传。承煜,咸丰十一年,拔贡生。同治元年,朝考,以七品小京官用,分户部。四年,补官。七年,升主事。光绪元年,惠陵工程处奏咨随同办事。三年,保以本部主事,无论题选咨留遇缺即补,并加四品衔。四年,补主事。五年,奉懿旨,赏戴花翎。六年,补员外郎。七年,擢郎中。八年,京察一等,覆带引见,诏以道府记名。十年,丁母忧,去官。十二年,服阕。十三年,仍补郎中,除鸿胪寺少卿。是年秋,转光禄寺少卿。十六年,授通政使司参议。十八年二月,转内阁侍读学士。十月,进太常寺少卿。二十年,署太常寺卿。是岁,近畿一带,霪潦成灾。上命添设粥厂,在永定门外之大红门,大兴、通州交界处所,赏京仓米三千石,并派承煜与鸿胪寺卿桂斌分往该处稽查弹压,妥为监放。二十一年十一月,授太仆寺卿。十二月,署大理寺卿。二十二年,补太常寺卿。二十三年八月,授宗人府府丞。九月,派充翻译乡试提调,转都察院左副都御史。二十四年八月,署礼部左侍郎。十月,擢刑部左侍郎。二十六年正月,奉旨刑部左侍郎徐承煜前得降一级处分,加恩开复。七月,兼署礼部左侍郎。

是时拳匪内讧,列邦衅起,京师失守,两宫西幸。上谕大学士徐桐父子留京办事,桐闻变缢于邸第。承煜旋为日本军所拘,怒其祖匪也,羁之馆中。数月上闻,褫承煜职,命奕劻、李鸿章查明所犯确据,即行奏明,从严惩办。二十七年正月,行在传旨:"徐承煜各国指称力庇拳匪,专与洋人为难。昨已革职,着奕劻、李鸿章照会各国交回,即行正法,派刑部堂官监视。"诏至,与启秀俱戮于市。时桐亦革职,坐法论斩,上念桐已死,诏予免议。

刘永庆

刘永庆,河南项城人。光绪十一年,以文童随总理朝鲜交涉通商事宜候补道袁世凯前赴朝鲜,派充汉城商务总署书识,兼收支事务。十二年,纳赀入监。十三年,报捐县丞。十四年,调充驻扎朝鲜商务总署随办交涉商务委员,以供差期满,保升知县,并加同知衔。十五年,襄办朝鲜龙山交涉通商事务。十七年,袁世凯创设汉城商务巡捕,檄永庆司之,仍兼襄办龙山事务。十八年,期满,保以同知直隶州用,并加四品衔,寻充韩语学堂监督。十九年,办理仁川交涉通商事宜。二十年,以军兴内渡。

二十一年,创练新建陆军督练袁世凯檄调来营,派充总理军米局,兼督练处,随办营务。二十二年,总理驻津转运制造局,兼理粮饷。二十四年七月,充本军后路营务处,仍兼转运制造暨粮饷事宜。十一月,报捐花翎。二十五年,大学士荣禄以武卫右军训练三年,著有成效,奏保永庆,加一级。二十六年五月,全军移扎山东,檄充总理武卫右军粮饷局。二十七年,捐升知府。四月,充武卫右军稽察全军参谋营务处。旋以赴直剿匪出力,直隶总督李鸿章奏请以道员选用,许之。十月,充留东各营务处,仍兼参谋营务处暨总理粮饷各差。嗣山东巡抚袁世凯以武卫右军迭次剿匪,著有劳勚,汇案请奖,诏仍以道员交军机处记名简放,并加二品衔。二十八年,直隶总督袁世凯奏调永庆留直差委补用。寻充军政司兵备处总办。二十九年,充练兵处军政司正使,并赏副都统衔。三十年,诏授镶白旗汉军副都统。

三十一年,特赏兵部侍郎衔,命署理江北提督。永庆莅任后,调练防营步队,更召募卫队,专练新操。三十二年,举办清江警察,另募学兵,派员教练。三月,奏改江北高等学堂为初级师范学堂,复于清江警察局附立警察速成学堂,招考候补文武员弁六十名,入堂肄业,即以教兵之员为之师,按照课程分期传习,以为江北州县警员之用。又以江北铜元短绌,奏请暂免限制铸数。寻将清江之善后、总厘、滩地、荡务四局,奏恩裁汰,并为收支总局一所,皆次第举行。

是秋七月,卒。遗疏入,命照提督积劳病故例从优赐恤。寻赐祭葬。

赵舒翘

赵舒翘，陕西长安人。同治十三年进士，以主事用，分刑部。光绪六年，补汉提牢，著提牢备考二卷。七年，补直隶司主事。八年，升员外郎。时河南王树汶冤狱，疆吏多回护，诏交刑部审讯。舒翘反覆诘驳，卒尽得其情，案获平反，脱王树汶于死。巡抚李鹤年、河道总督梅启照及初审官镇平令马翥、覆审官开封守王兆兰、知府马永修等皆得罪。九年，补湖广司郎中。

舒翘官刑部久，博学，习旧事，凡厘订例案，解析疑难，多由其撰拟。如议定宗室妇女犯罪所坐夫男，应照例折罚钱粮，凡调奸、图奸、拒捕、杀伤亲属，应照强奸拒捕例减等；议广西土官犯罪，家口不应迁徙别省；议共谋为盗，临时不行分赃，罪罚不宜照前加重，又诱胁上盗，不能照情有可原例概从轻减；议定妇女犯军流徒罪实发为奴者二十二条，实发而不为奴者九条，为奴而不实发者一条；议复永远枷号旧章变通军流章程，及新疆流犯屯田办法之类，皆见施行。其引经史以断狱，则于议命案妇女离异及议服制图二篇，尤所致意。

议命案妇女离异篇，略曰："潘汰之父被杜氏之父殴死，则杜氏乃仇人之女。潘广碌之死，杜氏虽不知情，实由杜氏而起，则杜氏亦潘汰之仇。以仇人之女为妻不可，以仇为妻更不可。春秋公羊传曰：'仇雠不交婚姻。'穀梁传曰：'仇雠之人，非所以接婚姻也。'夫鲁忘仇为齐主婚，春秋犹非之，而况自为妻乎？文姜孙齐，春秋削其姜氏，左氏曰："绝不为亲，礼也。'母尚可绝，又何有于其妻乎？汉时梁人有后妻杀夫，其子又杀之。孔季彦议以非司寇而擅杀。夫因父仇杀母，尚以擅论，又何有于离异其妻乎？唐律户婚篇云：‘诸凡义绝者离之。’长孙无忌等疏义谓若夫妻祖父母、父母、外祖父母、伯叔父母、姑姊妹自相杀，皆为义绝。唐律集秦、汉以来法书大成，斟酌最为尽善，明言应离，更属可则。又考之隋史，炀帝女南阳公主适宇文士及，士及之兄化及行逆，公主为尼。士及请见，不许，公主曰：‘我与君仇家，今所以不手刃君者，谋逆之日，察君不与知耳。’呵令速去。夫女子有从夫之义，尚可以仇而绝夫，而谓夫不可以绝妻，其义安在？宋元丰中，寿州民杀妻之父母兄弟数口，州司以不道缘坐其妻。刑曹驳之曰：‘殴妻父母，即是义绝，况是谋杀，不当坐其妻。’又莆田民杨讼其子妇不孝，官为逮问，则妇之父为人殴死，杨亦与焉。坐狱未竟，遇赦免，妇仍在家摄守。陈振孙谓两下相杀，义绝之大。初问杨罪时，合勒其妇休离，不离即是违法。纵有相犯，并同凡人。此妇不合收坐。斯二案皆义绝之事。明邱濬载入大学衍义补，其按语谓：‘生身之恩，重于伉俪之义。女子受命于父而后有夫，因夫而有舅姑。异姓所以相合者义也，义既绝矣，恩从而亡。’名儒之论，足为世教。正可与此对观。然犹异代事也。国朝道光十一年山东两令约为婚姻，尚未迎娶，后因事婿父戕女父死，女不忍事仇，自经死，诏旌其孝。当时议者咸谓女即不死，其义已绝，后有此比，宜请断离。由是推之，则潘汰之不应以杜氏为妻也明甚。”

议服制图篇略曰：“查服制悉根于礼经，仪礼于为人后者为其本宗之服，惟载父母昆弟姊妹，馀皆不见。元儒敖继公谓：‘本服降一等止于此亲耳，所以然者，以与己为一体也。自此之外，凡小宗正亲旁亲,皆以所后者之亲属为服,不在此数。'钦定仪礼义疏不主其说,而谓贾疏本生馀亲悉降一等,足以补礼经之所未备。律是以有'为人后者于本生亲属服皆降一等'之语,至为人后者之子孙为本宗亲属如何持服,不特礼经并无明文,即历代典章亦俱未议及。惟我朝徐乾学纂辑读礼通考引唐杜佑通典内数条,始有应为服制之说。然亦第指本生祖父母而言,其馀旁亲并不在内。查所引各条,贺循则云'初出情重,故不夺其亲而与其降,承出之后,义渐轻疏而绝其恩'。崔凯则云'经文为人后者为其父母周,为其兄姊降一等'。此指为后者身也,不及其子,则当以父所后之家还计其亲疏为服纪耳。刘智则云'礼为人后者当惟出子一身还本亲',孔正阳亦云'为人后者服所后之亲若子为其本亲降一等',不言代降一等者,以为至其子以义断,不复还本亲故也。是为后者宜降一等,而为后者之子不得随父而降一等。晋、宋以来,已有此议。例内所云'只论所后亲属服制'等语,并非无所依据。迨乾隆二十四年,又定有为人后者于本生伯叔兄姊以下有犯,均依律服图降一等科罪之例。道光四年,又以礼部则例及刑律内所载为人后者本生亲属服制阙略不全,经大学士九卿奏明,凡会典未载入悉照降一等之文,逐条增补,俱极详备,而于为人后者之子孙应否为本生亲属持服,亦均无一语叙及。岂真见不及此耶?窃以为古人立后,多取亲支,此情理之常也。故所后之服与其父所降之服,尚不致互相参差。后世立后,兼取远族,此情理之变也。故所后之服与其父所降之服,或致大相悬绝。至最亲者莫如祖父母,为人后者有本生父,故称情推及于所生,为人后之子孙,并无所谓本生父。故据礼难同于上杀,祖父母且然,况降于祖父母者乎?古人不立此等服制而所以后宗支为断,其以此欤!昔唐王元感欲增三年之服为三十六月,韦绦又欲加外祖父母大功舅妻小功堂姨舅降一等,意亦可云从厚;而张柬之、裴耀卿等均具疏力争,其议遂寝。至今论者不以张柬之等为非,而以王元感等为是。可知先王制礼无太过也,无不及也,亦惟酌乎人情天理之中而已。若受人之重,已间世矣,复欲厚服其私亲,则嫌于贰祖矣。议礼者所不敢出此也。"

十一年,以俸满截取繁缺知府,十二年,授安徽凤阳府知府。时值皖北水灾,捐廉银二千两助赈。奏入,赏戴花翎。河决郑州,上命诸臣集议。舒翘上议,略曰:"黄河浊悍,自古难治,在大禹亦不过分九河以杀其势,多以地与水而已。今则挽回故道之说已不能行,所恃者仅缮堤堵合,增卑培薄,与悍流争地之一法。第河自孟津以下,经万里折回而怒放,挟百川灌注而奔腾,无高山之障,无大泽之蓄,区区大清河一线,安能容其冲溢震荡而不溃决四出也哉?将欲治之,亦惟循水渐北之势,分流以杀,多以水与地而已。九河故道,虽不可寻,而徒骇、马颊、钩盘尚有旧迹,如能得熟地形而善治水者相地开引,俾势分力减,庶望安流。不然,则当徐观其势,俟下流路畅,因其自然而施以利导,加以堤防,亦行所无事之一道也。"十五年,大计,保荐卓异,擢浙江温处道。十九年,授浙江按察使,寻迁布政使。

二十年,授江苏巡抚。先是,海防戒严,前抚臣欲为防外靖内计,招募湘军四营,又招集私贩盐枭为海靖三营,然真正枭匪实未应募,徒集游惰莠民、虚糜饷项而已。舒翘察知无益,即时撤遣,只留湘军二营分驻要地,以防缉枭匪。苏省地滨太湖,为枭匪渊薮,营弁多其党羽,互为勾结援引,统领营官亦受其贿遗恫挟,遂势成养痈。吴江、震泽港汊纷歧,匪艇便于出没,盗匪尤夥。舒翘遣飞划营管带许国祥等严密剿捕,获匪首叶万春等戮之,[一]群盗震慑,匪焰渐息。舒翘乃为筹善后之法,建议谓:"松郡沿海数县穷民,以板晒盐为生。每年产盐不下七八千万斤,商收仅三分之一。如不碍官引之零星小贩,必宽之;其不畏官法之大帮枭匪,必剿之。不用通枭之统带,亦不招枭匪为营弁,无事则饬勇梭巡,不懈弛其气;有事即立时拿捕,不张大其词。由是兵与匪泾渭既分,而苏省盐捕积弊,逐渐祛除矣。"

二十一年,与日人改订新约,谕令舒翘先事图维。舒翘以近来各关常迁就于条约之外,为周旋弥缝之妙诀,遂使洋务日益棘手,因先致函总理各国事务王大臣,略谓:"留民生计,系固本先务;保全厘金,尤属目前要图。厘金能保,必生意尚在华商。保民之计即寓乎其中。然上海开局各商,皆系与洋人通熟,初多赔折,近始稍有利益。要必自行经理,常与洋商通融,方能获利。若动公款以为本,成败利钝责诸绅商。其公正者既不肯任事,其任事者往往假公为私,明华暗洋,种种弊窦,防不胜防。故欲设机器局,惟有因民所利而利之一法,广为招徕,令民集股自办,[二]凡缫丝纺纱及一切制造,[三]洋人所能者我商民悉准仿行,官但为之维持保护斯可矣。至新约允日人在内地购买货件,及在通商口岸任便从事,既未能以力争,亦何能以智胜,惟有与之平情商订细约,庶可保全厘金。货物由行交易,给照出运,仍查照旧章由关给单,郑重而出,则奸商串通诡托之弊少矣。至于轮船驶入各口装运货物,应令照华商小轮新章一律完捐。如有奸商挂洋旗请单购货，须赴产地，一时既难卒集，加以关道郑重给单，奸商自当知难而止。得此范围纂入行船章程，其所以保全厘金者实多。总之，定章虽贵严密，尤赖奉行之不稍出入也。"又谓："与洋人定议，过于高坚，则必至决裂，贻朝廷忧；若塞责求其速了，则必至失体，招彼族侮。故必与之刚柔相参，方可集事。"

时朝廷矜慎庶狱，以舒翘久历西曹，精法律，二十三年，召入为刑部左侍郎，旋兼署礼部左侍郎。二十四年八月，命会同王文韶督办矿务铁路总局，旋擢刑部尚书。二十五年八月，命在总理各国事务衙门行走。十月，赐紫禁城骑马。十一月，命在军机大臣上学习行走，免其稽查保甲事务。旋兼管顺天府府尹事务。二十六年，德宗景皇帝三旬万寿，赏穿带嗉貂褂。是年，拳匪肇乱。方事初起，良、涿等处纠集数千人，五月，奉命查办，舒翘至，悉解散之。七月，联军入京师，扈跸幸长安。旋因议和，外人欲重罪诸臣，闰八月初二日，奉旨："此次中外开衅，变出非常。推其致祸之由，实非朝廷本意，皆因诸王大臣等纵庇拳匪，启衅友邦，以致贻忧宗社，乘舆播迁。朕固不能不引咎自责，而诸王大臣等无端肇祸，亦亟应分别重轻加以惩处。刑部尚书赵舒翘着交都察院、吏部议处以示惩儆。朕受祖宗付托之重，总期保全大局，不能兼顾其他。诸王大臣等谋国不臧，咎由自取，当亦天下臣民所共谅也。"吏议舒翘应革职留任，然外人究未知舒翘之不祖拳匪，犹以为惩处尚轻也。十二月二十五日，复有旨："京师自五月以来，拳匪倡乱，开衅友邦。现经奕劻、李鸿章与各国使臣议和，大纲草约，业已画押。追思肇祸之始，实由诸王大臣等信邪纵匪，上危宗社，下祸黎元，自问当得何罪。前者两降谕旨，尚觉法轻情重,不足蔽辜;应再分别等差加以惩处,革职留任刑部尚书赵舒翘平日尚无忌疾外交之意,其查办拳匪亦无庇纵之词,惟究属草率贻误,着加恩革职,定为监斩候罪名,先在陕西省监禁。朕惩办祸首诸人,并无轻纵,即天下臣民亦晓然于此案关系重大也。"寻赐自尽。

【校勘记】

〔一〕获匪首叶万春等戮之　"戮"上原衍一"就"字。今据赵舒翘传稿(之三二)删。

〔二〕令民集股自办　原脱"集"字。今据赵舒翘传稿(之三二)补。

〔三〕凡缫丝纺纱及一切制造　原脱"纺"字。今据赵舒翘传稿(之三二)补。

叶祖珪

叶祖珪,福建侯官人。同治五年,入福建船政学堂肄业,通英国语言文字及天文、地理、测算,驾驶诸学。毕业后,入建威、琛航等船练习,考察南北洋海道险要。船政大臣沈葆桢奏保,以把总留闽尽先补用。寻入扬武练船实验驾驶、操演诸术,周历朝鲜、日本及南洋群岛。光绪元年,船政大臣吴赞诚以祖珪才具优异,选派出洋留学。二年,入英国伦敦格林尼次官学,旋入索来克珀林兵船,又上英芬昔索耳兵船,与英皇子同班练习。凡历地中海、大西洋、美利坚、阿非利加、印度各洋,于战守之法,均得要领。

六年,毕业回国。船政大臣黎兆棠、北洋大臣李鸿章等奏保，免补本班以守备留闽补用。七年，管带镇边兵轮，悉以所学教部下，或陈述圣谕及忠烈各传，以相劝勉，所部肃然。时镇边兵轮隶北洋，其水师总教习为英人琅威理，阅祖珪练兵，称为全军之冠。八年，朝鲜金玉均等构乱，举国鼎沸，乞援于朝。祖珪随天津镇总兵丁汝昌往援，驻防。四年，数定其乱，师还。直隶总督李鸿章上其功，诏以都司仍留原省补用，并赏戴花翎。先是，鸿章创立北洋海军，由英、德两国购造快船，至是船成。命祖珪往英接带，涉重洋二万馀里，驾驶娴熟，如期返国。鸿章奏请以游击留原省补用，并加捷勇巴图鲁勇号。未几，台湾生番变起，巡抚刘铭传告警北洋，请以兵船协剿，祖珪奉檄往援。既至台，察番众负固山峦，藤树蒙密，兵不易入，乃率士卒尽斧之，竭十馀昼夜之力，始得以测远镜窥其巢。于是以火器环攻，而虚其一面，生番穷蹙皆遁去。祖珪令熟番能通番、汉语者，谕以朝廷威德，生番卒就抚。事闻，诏以参将尽先补用，并加副将衔。

十五年，北洋海军新设中军右营副将，以祖珪升署，并带靖远兵轮。寻以历年筹办海军得力，奏请俟补副将后以总兵升用，并换清字勇号，得旨赏换讷钦巴图鲁勇号。自是祖珪专隶北洋，巡弋海上，北至朝鲜之斧山、仁川，俄罗斯之海参威；东至日本之长崎、神户；南至暹罗、大小吕宋、新家坡及荷属各岛。周而复始，岁以为常。二十年，中日以朝鲜之乱，故有违言。祖珪知日本叵测，请先发制之，上书千馀言，痛陈利害，当轴沮之。已而济远、高陞两船果被狙击，祖珪愤甚，大东沟之役，思有以报之，独驾靖远苦战，敌舰被击有沉者，日人始稍引去。然自是奉令守威海，不得逾越一步矣。及威海被袭，水陆军皆溃，靖远犹力战十五昼夜，至力尽援绝，军覆于刘公岛，然后待罪天津，奉旨褫职。二十五年，大学士荣禄以祖珪才可用，密言于上，请弃瑕录用。上召见，垂询甚悉，开复原官，加提督衔，统领北洋海军。时海军战败未久，舰械不备。祖珪既视事，以海军骤难恢复，当先整顿各处炮台，乃衔命南下，与沿江沿海各省大吏，相度炮台形势，使与海军联为一气，筹画详尽，著旗灯、通语二书，并绘要隘地理图说一卷，令所在各部讲习，自是军防稍备。

二十六年，拳匪乱作，戕德国驻京公使及日本使馆书记，各国联军北来，祖珪檄所部军舰分驻烟台、庙岛，而自镇大沽。联军既合，声言南下，祖珪恐大局糜烂，独往见其诸将，力言启衅非朝廷意，反覆辨论，请以身为质。各国察其情词恳挚，心许之而未肯宣言。会各省大吏与诸国立保护约，南下之议始寝。二十七年，和议成，各国返侵地及铁路、船厂、局所、军械等事，交涉繁剧，直隶总督袁世凯奏请以祖珪参谋北洋海防水陆军务，襄办交涉。事竣，命以提督记名简放。寻补浙江温州镇总兵，仍留北洋襄办交涉。三十年，擢授广东水师提督。时日俄方有战事，我国守局外中立，时虑其因事藉口，祖珪于陛见时奏对交涉情形，及日俄战事胜负，皆称旨，诏赏御书"福"字一方，仍留北洋差遣。

已而署两江总督周馥与世凯会奏，请以祖珪总理南北洋海军事务，允之。祖珪于是移驻上海。上海为南北洋要冲，俄舰败于日，由北洋窜入黄浦，祖珪执中立公法，与俄争，卒羁其舰，使尽去军械。及日俄和议成，始令引去。初，粤匪乱后，两江总督曾国藩奏请设船坞于上海，隶南洋制造军械局，以道员监之，积弊相仍，岁费金二十馀万。祖珪请改为商办，凡南北洋军舰及招商、开平各船，下至差遣小轮，均归修理，由是积弊一空。岁省二十馀万外，且有赢馀焉。时南北洋海军已由周馥奏请归并，合南北各舰实不足一军，管驾者又多不谙方略，祖珪既规画船坞，即议定水师学堂章程，及饷械支应一切事宜，条理井然，规模宏整。故论南北两军联络之功，率以祖珪为最。三十一年夏，以察看沿江炮台及水雷各营，触暑致疾，遂卒于上海。袁世凯、周馥合词请于朝，诏以军营立功后积劳病故例从优赐恤。

子六人：瑾恩、堃恩、可松、可钲、可植、可熙。瑾恩、堃恩俱官通判。

李鹤年

李鹤年，奉天义州人。道光二十五年进士，改庶吉士，授职编修。咸丰四年，保送御史。五年八月，充顺天乡试同考官。九月，补福建道监察御史。六年，转掌云南道监察御史。七年二月，巡视南城。五月，授兵科给事中。八月，俸满截取，奉旨以繁缺道员用。九年正月，转刑科掌印给事中。三月，巡视北城。十一月，丁父忧，服阕，奉旨赴河南军营襄办军务。同治元年七月，补授江苏常镇通海道。九月，署河南按察使。二年三月，补授河南按察使。五月，调补直隶按察使。十月，兼署布政使。三年，补授直隶布政使。四年十月，督办畿南防务。十一月，补授湖北巡抚。

五年，调河南巡抚。疏陈豫省吏治军务情形，奉旨着认真整顿。时捻匪由东省南窜，命鹤年确探贼情，严饬各军实力截剿，毋令阑入豫境。鹤年提师露处，亲督防剿，明赏罚，裁冗疲，审察贼情,以为十馀年来贼之荼毒,于归、陈、南、汝之间已成熟径,即去而之他,而皖、楚、齐、秦亦必假道于豫,贼不速灭,则豫民受害日深。乃添募两大军,各万馀人:一曰毅军,宋庆统之;一曰嵩武军,张曜统之。更以马队属善庆,与两军为犄角。自是豫省始有敢战之师。四月,张总愚由山东窜河南,鹤年饬令地方官督饬绅团,严密堵御。宋庆等军追至睢州,与贼战,破之;又败之于王家桥,生擒捻首刘勤学等,及长发老贼五十馀名。贼复窜至睢、考一带,鹤年檄各将驰赴兰仪,相机前进,兼顾省城;又亲赴陈留、杞县督战,以励将士。张总愚等屡经败溃,而任、赖各逆又乘虚肆扰于北,贼踪无定,河防尤急。鹤年飞檄水师炮船昼夜巡防,并饬将沿河渡船提归北岸,以杜窜越。九月,鹤年赴周口与曾国藩会商军事,适贼回扰豫疆,派提督马德昭击之,贼南奔,将由中牟扑犯河干。嗣以河防有备,无隙可乘,乃于汴省之西决堤,引水南流,扰犯长垣一带。

　　鹤年以黄河为南北大局所关,虑其逞志河北也,急派队北行,并飞催炮船,赶至黑冈,水陆各军沿堤剿堵,昼夜血战,贼败而西走。十二月,任、赖各逆窜扰湖北之麻城、黄冈、黄陂、天门,鹤年奉旨饬宋庆一军越境会剿,与湖北各军三面兜围,歼除无算。六年二月,奉旨:"李鹤年仍当懔遵,严饬宋庆等相机进剿,与淮、鄂各军互相联络,以遏贼氛。"四月,豫中麦秋渐届,恐将熟之禾遭其蹂躏,即饬宋庆回师兜剿,鹤年自驻许州,秣马厉兵,相机策应,兼顾省防。五月,贼窜裕州,派宋庆驰击败之。十一月,贼环绕安丘、樟榆等处,派善庆与直隶提督刘铭传分路进兵,任柱被戕毙命,逆众惊溃。旋以首恶殄除,赏加头品顶戴。七年正月,鹤年奉命督师出境,驰抵磁州,后因防堵不力,以致捻匪北扰。谕曰:"李鹤年未能迅速出省,会剿逆氛,以致捻匪窜入直境,且及近畿。所调张曜、宋庆等军,又不分途前进,贻误戎机。着革去头品顶戴,并摘去花翎。"四月,贼由滑、濬等处沿河东趋,鹤年又未严饬各军出境兜击,奉旨交部严加议处。七月,豫军获胜,开复革留处分,并赏还头品顶戴。八月,因会剿张逆,全股荡平,奉旨赏还花翎,并交部照一等军功议叙。十月,奉上谕:"宋庆一军已于本月初九日北渡,着李鹤年飞催该提督兼程前进,迅赴榆林,与全顺联络防剿,以固秦、晋北路。严催宋庆赶将旧部招集,星速由豫入晋,驻扎汾州,以重防务。该军应需等项,着李鹤年先为制备。"时有谓张总愚被水淹毙者,然尚无确据,上以馀众虽平,而首逆至今尚无实在下落,恐含糊了事,日后潜出啸聚,再烦兵力,着李鹤年实力搜查办理。九年,宜阳刁匪盘踞岳山云盖寺,凭高恃险,啸聚日多。鹤年派河北镇总兵杨长春、副将裴政等环攻,平之。

　　十年,擢授浙闽总督。十一年四月,至京陛见,赐紫禁城骑马。八月,署福州将军。十三年四月,兼署福建巡抚。七月,鹤年上言:"闽省海疆,北起浙江交界之福宁府,南至粤东交界之南澳镇,大小海口百馀,厦门、金门、海坛、湄州皆孤悬海中,其馀港道,宽者十馀里,狭者数十丈。设防之法,以水雷拒其入,以炮台击其来,以沉船辅水雷之不足,以陆勇辅炮台之不足,更以乡团助陆勇之声势,大要不外此数端。"奏闻,奉朱批:"览。着李鹤年出省后,仍将海防事宜与文煜等随时悉心会商,妥筹办理。"十一月,鹤年奉上谕:"总理各国事务衙门奏,海防急宜切筹,将紧要应办事宜撮叙数条,请饬详议一折,该王大臣所陈练兵、简器、造船、筹饷、用人、持久各条,均系紧要事宜,着详细筹议,将逐条切实办法限于一月内覆奏。此外别有要件,亦即一并奏陈,不得以空言塞责。"鹤年奏:"防海之策,莫重于练兵、筹饷、制器、用人。四者之中,仍以用人为急务,而尤在专其责成。今海防紧要,沿海疆臣均属责无旁贷。第无统帅大员专任此事,讲求实际,仍恐意见纷歧,临事毫无把握。"上韪其议。

光绪元年八月,补河东河道总督。九月,赏加兵部尚书衔。三年九月,奉旨稽查河南赈务。十一月,兼署河南巡抚。四年四月,裕州、叶县、西平、遂平等县各匪聚众滋乱,鹤年迭派兵剿平。七年八月,补授河南巡抚。九月,仍兼署河东河道总督。十月,赏加都察院右都御史衔。九年,因审办盗犯胡体安一案,奉旨革职,入京随班祝嘏,蒙恩酌降二等,赏给职衔。十三年,署河道总督鹤年上言:"黄河分流,自宋时河决澶州,分为二派,历金、元而堵决相承,明筑黄陵冈,始合为一。南北分流,原非创举,山东抚臣张曜建议于前,侍郎游百川陈请于后,皆欲收南流以纾山东之急。查黄河之性,上漫则下淤。现在两路皆淤,急宜疏导支河,实力举办,以豫筹宣泄之方。"奏闻,奉旨李鹤年速筹开工进占,毋稍延缓。十四年,郑工决口,发往军台效力赎罪。十五年,加恩释回,并赏三品衔、翎。十六年三月,卒于京。宣统元年三月,东三省总督徐世昌奏请开复原官,并将其生平战功政绩宣付史馆立传,允之。

鹤年伟干丰颐,目光炯炯照人。治官书十行并下。少年回翔侍从,能以有用之学相砥砺。后为给事中,奏起曾国藩于家,谓任以兵事,必能办贼。治豫最久,善政具兴,而战功尤为卓著。湘、淮会剿诸军,遇有大计,咸资取决。其文武兼资,知人善任,诚不后于中兴诸将相。由闽督陛见时,曾蒙恩赏御制诗文全集、钦定剿平粤匪方略、钦定剿平捻匪方略诸书。迨调任河督,受事之始,黑冈溃堤,不绝如缕。鹤年于堤身险要之处,端坐不挠,为民请命,沐雨炙日,亲督工二十馀昼夜。数省民命,卒赖保全。

子四:光瑜,同治癸酉科拔贡,花翎二品衔江苏补用道;光琳,光绪元年一品荫生,三品衔前河南怀庆府知府,花翎,降补通判;葆恂,花翎二品顶戴,直隶补用道,应经济特科,奉旨交军机处存记;璋,花翎,三品衔道员用,山东补用知府。

牛允诚

牛允诚,安徽宿州人。年十七,以武童投效安徽巡抚英翰果敏军,以功赏六品顶戴,拔充营官。同治七年正月,委带亲军新四起马队,击贼于豫境之回龙集,胜之。保千总,赏戴蓝翎。五月,委统先锋营马队,随剿逆捻。徽境肃清,授守备,赏换花翎。十月,安徽寿春镇总兵郭宝昌调允诚统带西征皖军右军马队,随赴陕西剿贼,克复鄜、洛等城。陕境肃清,授都司,赏加游击衔。

进剿甘肃回逆,连破刘家湾、马家湾贼寨数十处。九年,会楚、湘诸军剿平金积堡逆巢,陕甘总督左宗棠奏保,擢参将。十年,分领卓胜军,追剿乌拉特旗宵匪。有功,晋副将,赏给利勇巴图鲁名号。旋回扎秦、晋边地,防剿三年。光绪初,随总统卓胜军前乌鲁木齐提督金运昌带兵出关,驻军乌鲁木齐地方,绥靖遗匪,办理屯田,积功甚多。六年,左宗棠奏报新疆南北两路荡平,保以总兵补用。伊犁将军金运昌又保以总兵记名简放，加提督衔。十年，甘肃新疆巡抚刘锦棠叙六载边防功，保准允诚以提督交军机处记名，请旨简放。十三年八月，委带定边七旗马队。十四年，留甘肃新疆补用。十七年二月，署精河营守备。该处当新疆北路之冲，兵力单薄，俄国哈萨克部时绕塔城入境肆掠。允诚督兵昼夜巡缉，地方安堵。十九年九月，巡抚陶模保奏加一级。二十年八月，管带定边四旗马队。二十一年八月，统领定边左右两旗马队，兼带中旗马队，驻扎玉门关，堵防窜回。

二十二年，湟回复乱，明年春，逆首刘四伏由水峡窜至青海柴达木，扰及王子营，率悍党数万直扑玉门。允诚所部仅定边三旗马队，督队驰昌马迎头痛击，〔一〕毙贼数百，阵斩贼目马英效。贼退奔盐池湾，旋纠大股贼众御我军于扁沟。允诚饬统东防马步全军，分途进剿，连毙悍贼千馀名，枪毙贼目马朵三、鲍枪手等。贼退窜西安坝、野马泉一带，允诚奋不顾身，拔队而前，将士无不一以当百，三战三捷，遂阵斩著名贼目马玉春等，降三千馀人，逆首刘四伏仅以死党数百人狂走山穹，将由罗布淖尔窜入俄境之哈喇湖，与白彦虎馀党相合。允诚乘胜穷追，忍饥力战，生擒首逆刘四伏正法。是役也，允诚以孤军当逆回数万众，不数月，巨憝授首，大难敉平，地方肃清，皆允诚骑勇耐战，诚不愧皖中骁将之称。安、敦、玉各州县，人感其功，立石于昌马以旌之。陕甘总督陶模等奏保，奉旨牛允诚仍以提督交军机处存记，遇有提督总兵缺出，开列在前，并赏给头品顶戴，仍交部从优议叙。

是月，巡抚饶应祺奏请补允诚塔尔巴哈台副将，疏入，上特旨授允诚巴里坤镇总兵，以旌其功。到任后，整躬率属，营务一新。搜剿关外零匪,地方清谧。叙功,赏换额腾依巴图鲁名号。二十六年,调署伊犁镇总兵,以德宗景皇帝万寿,覃恩加一级。莅事之初,京津拳匪事起,伊犁一日数惊。俄领事博果牙楞欲调兵自卫,允诚镇抚地方,保卫商教,卒能消患于无形。三十一年,日俄战起,允诚密筹防御,外固邦交,恩信素孚,隐弭巨患。在镇八年,渠梁道路及一切应办之事,莫不尽心为之。旋以防戍功,保三代一品封典。孝钦显皇后七旬万寿,恩诏加一级。三十三年冬,巡阅标营,途次感犯风雪,触发旧伤。三十四年正月初九日,卒于位,时年五十九岁。宣统元年八月,陕甘总督长庚以闻,奉旨牛允诚准其附祀提督金运昌省城专祠,生平战功事迹宣付国史馆立传,并敕部优恤如例。

　　子二:长文钊,候选知县;次文亮,二品荫生。

【校勘记】

〔一〕督队驰昌马迎头痛击　原脱"驰昌马"三字。今据牛允诚传稿（之三二）补。按下文有"立石于昌马以旌之"语,可相印证。

萧庆衍

　　萧庆衍,湖南湘乡人。咸丰三年,由武童投效湘军右营,随同剿贼出力,赏六品军功。五年三月,克复江西弋阳县、广信府二城,以把总补用,并赏戴蓝翎。七月,克复江西义宁州城,擢千总。九年,随援湖北通城、崇阳、蒲圻三城,旋进攻武昌省城,并三次剿办援贼,庆衍奋勇当先,大小百馀战,无不克捷。经累擢以守备都司补用。六年,克复武昌省城,追剿获胜,连克武昌县、黄州府二城，以游击尽先补用。是年，扫荡圻、黄贼巢，攻拔小池口，全楚肃清。暨连克江、皖之彭泽、望江、东流、铜陵等县，并六月童司牌大捷，庆衍无役不从。叙功，擢参将，并赏换花翎。

八年，管带湘勇贞中营，旋率所部克复江西九江府城。湖广总督官文上其功，诏以副将尽先补用。是时，湖南宝庆府城被贼围攻甚急，庆衍闻调入援，力解重围，命加总兵衔。十年正月，随大军再征皖省，大破援贼。时太湖、潜山二城久为贼据，庆衍屡战得捷，二城次第克复。奉旨赏给巴图鲁名号，以总兵记名简放。旋带元左、亨中、强右、毅右等营。是时，逆匪窜据德安府城，屡攻不下，庆衍会同副都统舒保并力围攻，于西北两路分队扼守。七月，贼众数千由西北两门窜出，马步官军左右钞击，贼众溃乱。官军缘梯登城，连斩守城悍贼，共毙老贼三千馀名。叙功，赏加提督衔。同治元年，捻、粤各匪合股围攻颖州郡城，势甚炎炎。庆衍渡淮来援，进扎大桥集等处，贼复号召巨股数万，围攻庆衍军，为以多胜少之计。庆衍会同总兵成大吉等合力纵击，奋勇抵御，无不以一当百，逆众惊溃，颖州之围以解。命以提督遇缺题奏。旋因会克巢县、含山、和州三城，赏头品顶戴。

三年六月，随同浙江巡抚曾国荃督攻金陵，用地雷轰开城垣二十馀丈，庆衍与各统领身先士卒，直冲倒口而入。左路城头之贼以火药烧我士卒，死者甚众，大队稍却，庆衍手刃数人，由是弁勇无一退者，遂分途夺取朝阳、洪武二门，城上守陴，城门守楼之贼，及附近一带贼队，悉被歼戮。是役也，庆衍功为最多。捷入，赏穿黄马褂，并给云骑尉世职。是年十月，因亲老乞养回籍。光绪十六年，以旧伤触发，卒于家。

袁昶

袁昶,浙江桐庐人。光绪二年进士,以主事用,分户部。先以举人捐内阁中书,历充方略馆、国史馆校对官。九年,考充总理各国事务衙门汉章京。十一年春,随同吏部尚书锡珍、鸿胪寺少卿邓承修驰赴天津议法越和约。十二年,以总署期满保奖,俟补主事后以本部员外郎无论题选咨留遇缺即补。十三年,充会典馆纂修。十四年三月,又以总署期满保奖,免补主事仍以本部员外郎无论题选咨留遇缺即补,加四品衔。六月,补员外郎。十五年,记名以御史用。十六年,又以总署保奖,记名以海关道员用,俟得道员后加一级。十八年三月,充会试同考官。是年,又以总署保奖,以本部郎中遇缺即补,并俟得道员后加二品衔。十二月,〔一〕授安徽徽宁池太广道。昶莅任,严约僚属,痛抑胥吏,详询民俗疾苦,商旅利弊,多所兴革。颁蚕桑之法于所属州县,捐廉俸四千馀两,广中江书院斋舍,延聘院长,甄取秀士,分课经史、义理、掌故、时务、格致,创建尊经阁,购书数万卷。

二十年,中日失和,长江戒警,各国兵舰游弋皖江上下,盗匪间起,出没不常。昶力筹防警,月捐百金为倡,募勇一营,保卫教堂、商埠,并介税务司商英领事,令英舰碇泊江中,犒以羊酒,款以温语,轮舰兵弁悉就约束。是年,报效军需八千馀两,赏戴花翎。二十一年,清厘关税案内,裁汰常关外销公费等款,岁万八千馀两,悉数报部;新关出口,以谷米为大宗,方中日构衅时,米禁甚厉。事平,英商挽英公使据约请开禁,昶乃条陈大吏,谓如遵约即开,因民利而利之,足补江宁厘税,特定专条,责成商董,于商舶运米出口时，兼完金陵厘捐，每石银一钱，可完饷需。公家岁羡米厘当数十万两，轮舶运米纳厘，实始此。税司领事颇有违言，昶反覆开谕，谓："本关自取商民，以裕饷源，与彼此贩运通商者迥异；且恃此补助公益，不者难议弛禁。"卒如议行。芜湖西南圩堤，滨江巨障也，岁有冲决。昶捐赀五千馀两，委吏督修，自关亭至鲁港延袤十二里，塞决培圮，堤防以固。更穿筑新缕堤三百七十丈，砥以石桥，翼以砌埽，两岸筑斜坡，以杀水势；中设陡门涵洞，复拆修尚塘埠、犁头埠各处陡门，以备水潦启闭。先后凡用夫六万七千五百馀，费木石万计，他料物称是。逾年始竣。自是内湖外江圩垸所周，田庐数万顷，蓄泄有资，旱潦得无患。

二十四年四月，擢陕西按察使。五月，擢江宁布政使。先是，朝廷以外侮日亟，特谕各疆臣通饬地方官筹议练兵整饷诸方法，核拟具奏。昶修列时政二万馀言，由安徽巡抚奏上之。略谓："今日时局百孔千疮，外侮交乘，内忧方大。圣主宵旰焦劳于上，大臣困心衡虑于下，中外情形固已无微勿烛矣。试先以外交情形言之，诸国乘中夏之弊，有觊觎神州、互肆蚕食之志。然揣其大势，俄与我自西北至东北壤地相错，其祸纾而大；德联日耳曼诸小邦，其幅员不过中国两省，通国尽人为兵，皆陆队，其水舰不敷远调，自大将毛奇死，谋臣毕士麻克退，用事者贪利，无远识，其重兵扼法境，不遑其他，饷力亦断断不继，今虽突据胶湾，其祸急而小。议者动言英倚印度为外府。其实不然。印督驻噶理噶达，两年一换，防权太重也，印度部侍郎司员辄十年不易，以资熟手，俾稔民情也。养兵费计二千馀万，入不敷出。北结阿富汗、克什弥尔为外屏，资以军火，使北捍强俄。俄撒马儿罕总督骎骎有占帕米尔逾阿母河南牧痕都路之志。英之立国,形势散漫,鞭长不便控制,三岛孤悬于西,人稠地狭,新金山、雪、梨三省隔于南漠,印度仅据孟加腊、锡兰二处,馀皆羁縻而已。而筹饷之源,全仰经营中国商埠为外府,江海二十四关之商务,英居十之六七,各国与中国仅各居十之二。英兵藉水师最多,然饷重而兵骄,久无战事,气老而锋钝。英人以中国之商埠为命脉,初志在保中国以保商务。中日之役,英觇日势骤强,而联日亦以保商务故也。今闻英有愿借贷中国洋债一百兆镑之说,中朝似可乘机与之密订联盟,立缓急互相保护之约,借债以固邦交。现即欲通滇缅泸州铁路,其意只在通商,决无逆取人国之大志,而俄地人民壮佼,将弁坚忍,人人欲去寒就暖,南下牧马,有囊括并吞之势。故两大利病之机,不可不审,而缔交之衔辔,应即与之为张弛。此外交之纲要也。倭言甘而寡信,然与为同文之国,近迫唇辅,亦不得不屈己忍耐,示以大信。法志在拓越南滇桂商务而止,于腹省大局当无碍。美虽与我订有互援之约,而兢兢自守,养兵太少,去我又远,缓急未可恃也。独俄人扼我三陲,布置渐密,席卷势成,最为巨患。造船咸镜道之鹿屯岛西水罗城,我珲春八旗久无出海渔采之口,买呼兰之粮以实海兰泡,挖金粗鲁海,以断额尔古讷河之口,彼虽未造吉江两省铁路,而我固已坐困矣。俄又联结车臣、土谢图二汗部,买地建房,种植稞麦,淘挖肯特山、克鲁伦河一带金矿。窃尝细询总税司赫德中国金沙出洋之数,岁约值银三千万,而蒙部北境及东西悉毕尔所出矿金居十之八九,俄官给票,坐收其税,出入蒙境,蒙部反仰其馀润,以为衣食。俄运汉口砖茶,年九百万箱,由天津、张家口入草地,赊卖与内六盟、外四盟，而取其畜产牛马，转贩于包头、巴里坤一带，蒙人贪饵，为其所愚弄，俄又信用黄教以诱服之。晋、甘茶商在恰克图、张家口、绥远城等处者，尽皆闭歇，伊、塔、乌、科一带所有晋商、甘商引地，均被俄茶倒灌浸销，以致折阅大困。所有载土货只准一直回国、不准沿途售卖之条约，久成废弃，乌、科、库伦之将军、参赞束手坐视，莫可谁何。然则我列圣所抚绥臣属，蝉延婚媾，不侵不畔之蒙喀四十八部，将折入异域，而为朝鲜、坎巨提之续。金源因失北部，南迁汴梁而遂亡其国，可为殷鉴。故曰俄之祸纾而大也。盖合群国于通商之区，其患小；而一国独通商之区，其害大。形势然也。同治末，督臣曾国藩、李鸿章等咸议画嘉峪关为守，英人且为安集延逆酋帕夏代乞朝贡，为通商附庸之国。故大学士文祥诤之曰：'今之边防与明九边大异，国家恃蒙古喀尔喀部为外屏，无新疆则蒙古携贰，是无外屏也，故新疆不可以不力争。'疆臣左宗棠奏画进取之策，意见相同。庙算既定，肤功遂奏。故知立国形势，恶可不深维至计哉？今俄人诱胁哈萨克、布鲁特、回部以扰我天山之北，土尔扈特、厄鲁特诸黄教之部落，又准行回、黄两教以为之饵，西北噬脐之患，非一日矣！然以目前论，海战之患促，陆战之患纾。俄大国也，守其先比达王之教，无骤起衅端之理，又感我圣祖兵拔雅克萨响育不杀之旧恩，列朝开库伦、尼布楚市场之大惠，目前尚可情晓理谕，粗得相安。宜及此时，请敕四省大吏乌、科、伊、塔将军大臣经营晋、陕、隍、陇，次及安西南北路、天山南北路，而建陪都于关中，备西巡狩行在之所。预练蒙古、乌梁海、厄鲁特、土尔扈特及驻防之锡百、索伦马步队，以树控制蒙、哈，巩固外屏之形势，则立国之本，百倍于辽，庶不至为亡金之续矣。”

　　又请“敕东三省将军练鄂伦春、达呼尔、黑斤诸部兵，痛改奉吉奢华风气。大布之衣、大帛之冠，务为俭约，返国初真朴之俗，乃能作勇敢之气，则海口虽割于俄，我尚可以守险自立；据松花、嫩尼、鸭绿三江，林木蕃茂，参貂部落之地，国险而民固，犹不失如汴宋之画郑州两淮，而限戎马之足：可保百年粗安无事也。目前物力兵力不能议战，要不可不议守。玉帛接于境外，通好聘问，觇国之行人，妙选通才，是为示暇之闲着。讲求边防，就地练兵，以屏卫圻疆，无事如有事时堤防，有事如无事时镇静，是为示整之要着。此外交之大略也。若夫海防之事，自铭、盛两军丧师而海军熸，自丁汝昌、林泰曾、刘步蟾辱国而海军全没。今只有南洋之开济、南琛、南瑞、寰泰、保民等六艘，不足以守一隅，遑议战乎？中国徒恃名法为治，汉至唐用名法，尚有实际，故夷狄尚不得乘虚入踞中国。宋至明专用名法，空论多而实际少，故金、元倔起之势，皇朝节制之师，得乘其敝而屋其社。我朝八旗初制，文武不分途，京外不分途，人皆兵，官皆将，故人才盛而国势强。以之胜前明重文轻武、重京轻外、积习自弱之国而有馀。然承平日久，文墨吏用事，大小相牵制，中外相维系，习为谨葸，雷同相依，文法繁密，朱出墨入，百吏救过不暇，吏胥又因缘为奸。议者谓治民之官少而治官之官太多，防弊之意多而同心协谋以致富强之臣转少，用文吏则铨部核其资劳，拔将弁则兵部司其准驳，理财用则度支扼其吭喉。举天下文武豪杰之精神才力，尽消磨于文法之中，于是相率为乡愿，哅哅蹈规矩，谨守三尺法，曰：‘吾循资坐得升擢，不求有功，第求无过。’而天下之人才靡矣，求将才边才日稀矣。金田洪杨之乱，其始一小民耳，犹穷天下之力仅而克之。况欧、美、俄、倭诸国本与我为敌，彼用简而直之法，以善驭其民，上下一心；我用繁而曲之法，上下之气隔阂，人人涣散。以彼鲸吞蚕食之心，十五使馆翕集京师，伺肘腋之地，揣摩稔熟，有不乘敝而攻吾之短者哉？故倭辽之战，海军全燔，国势骤削，从此藩离全抉，沿海之祸，不仅胶州一役而止。此挈瓶之士皆知者也。寻厥颠危之由，盖繇宋、金、元、明以迄我朝，革命不革政，率以用文法太密而弱。欧、美、俄、倭因利乘便，皆以用文法疏阔而强。且我太宗文皇帝营辽沈，服蒙古察、漠之日，八旗五大臣、十大臣议事之制，何尝不以疏节阔目取天下乎？俄人占帕米尔之役，我使许景澄诤之外部，外部云此事我边将撒拉纳福主之，不能遥制。俄之专任阃外，不拘文法可知。若我之边将如此，则久以跋扈不臣，朝诘而夕斥之矣。试易地观之，成败之数可知也。嘉、道之间，文法愈密，养兵愈多，而国益不竞。其时实由诸臣习为忌讳，京外雷同，是非相蔽，群邪朋比于下，大君孤立于上，而致庚子至癸丑间祸遂起于两粤，蔓延流毒，垂四十年。咸、同之际，擢用忠清鲠直者，分任中外大臣，捐弃文法，事从权制，芟夷大难，遂致廓清，其效可睹已。即以外交之机宜论，圣祖谕图理琛以使边，召见俄商以通市，擢用降将林兴珠，面试以滚牌、滚被之术，雅克萨之役，用林为前锋；世宗召见俄使于太和殿，度时势以为衔辔，方略具在，何尝如后来之因循文法，坐失事机乎？伊藤博文于光绪十一年立两国均不派兵驻朝鲜，如派兵必互相知照之约三条，而北洋总督遣叶志超时，未及理会前约，倭人遂以背约责言，借端寻衅，然牙山之衄，倭仅索兵费三百万,尚易隐忍葳事;平壤之衄,骤涨至千万,其时犹可议媾。我军黔驴之技,敌人犹未尽见其破绽也。而二三新进躁妄之徒,争献景延广横磨之策,大臣从容雅步,惑于蜩螗之论,无一人为庙堂陈蜂虿之有毒,淮军之积弊,万不可恃者。嗟乎! 中国非亡于外夷,乃亡于名法耳。夫敌国外患,为殷忧启圣之资,苟百官六职,疆场之吏,惟贤才是任,毋拘以文法,既得其人,筹饷练兵之政,边备海防之要,自可次第就理。然则外患乃皮膜之病耳,固以自治为之根本、为之枢纽哉? 窃谓朝廷既图发愤自强,国耻足以兴,物耻足以振,宜因时立业,据势为资进,固上规周宣、汉光之中兴,次亦俯视章武、建炎之事业,不当拘守常格,坐困绳墨。以为当议改制之事六,官人之事九,理财之事十四,练兵之事四,交邻之事六,其馀次第节目,当损益旧章,因时制宜,庶可日起有功,作海内更新之气。所谓改制之事六:一、训练八旗人才;一、裁汰冗员;一、地方官参用绅士;一、督抚委署道州县,吏部权宜,勿定限制;一、取才官人,宜随器授任,毋求全备;一、捐纳宜速停。官人之事九:一、大臣宜畀扬历中外之任,周知事变,以赞机宜;一、疆臣宜假以节制专断之权,广树形势以资拱卫;一、求吏治管榷之才,以厘内政;一、求边才将才,以捍牧圉;一、求堪任风宪之才,以树朝廷耳目;一、求专使绝域之才,以通知四国之情;一、以书院学堂培养人才;一、以课吏局考察庶僚;一、申明赏罚,随方举劾。理财之事十四;一、详考国初以财用奇绌而兴,近日以财用多入而弱,故国本之盛衰系乎政之奢俭,不关财之盈绌;一、权理财之名实,取之农不若取之商;一、清理屯田;一、折南漕;一、开官银行;一、严查官轮、兵轮,稽税杜漏;一、加重川盐课;一、禁金银制钱流出外洋;一、议官设公司,行内河小火轮;一、议官运场灶盐,仍予子店商销,亦如公司法;一、电线局纳税;一、密钞著名贪黩之吏;一、行印花税;一、借洋债。练兵之事四:一、将才在平日教养始成,兼须縻以恩信;一、兵阵宜变法;一、劣弁旧勇不可用;一、枪械宜各营一律。交邻之事六:一、出使大臣当重其选;一、西才中可用;一、觐见各使之外,或予随时召见;一、西国有大典礼,不妨遴派亲郡王、贝勒往聘,以昭郑重;一、自开口岸,无甚流弊;一、润色教典,以招徕之。"得旨着军机大臣会同各国事务大臣议奏,寻覆奏袁昶条陈内请筹八旗生计,出使日记申明定章,请权理财之名实,清理屯田,严查官轮、兵轮,稽税杜漏,加重川盐课,禁金银制钱流出外洋各节,均谕饬京外各大臣议行。

八月,调补直隶布政使,旋赏给三品京堂,在总理各国事务衙门行走。二十五年二月,补光禄寺卿。六月,转太常寺卿。会诏下六部、九卿会议筹饷理财之法,昶条陈整顿厘金六事:曰请敕慎用贤员,以祛积弊;曰综核比较,以重榷课;曰各省物产衰旺不同,当随地制宜,考察整顿;曰外销公费款项,不妨胪列报部,仍请敕部臣勿掣疆吏之肘,常关弊习尤深,亦可照此办理;曰酌复坐贾落地捐,以抵制洋票漏卮,并应量百货轻重,定简章,择正绅巨商办理,一律惩劝,酌减行厘,以示招徕;曰定劣员司巡侵渔之罚,宜宽商去苛省官益糈,并叙次历年比较大数上之,而极言厘金为用兵以来万不得已之举,明病商,暗病民;又片举廉能之员可主关权者,程仪洛、王秉忠、朱采、樊增祥、汤寿潜、劳乃宣、朱之榛、童祥、熊文悌凡九员,谓使权道府,兼治税厘,必有可观。

二十六年五月,拳匪事起,两宫尝召见王、贝勒、大学士、六部、九卿,昶皆与焉。草疏略谓义和团不可信,公使馆不可攻,会欲上而为首祸诸臣所陷。七月初三日,与许景澄同弃市。是年十二月[一],奉旨开复原官。二十七年,诏录用子嗣。宣统元年三月,赐谥忠节。是年,浙江巡抚请建徐用仪、许景澄、袁昶三忠祠于本籍,祠成,又请列入祀典。二年,两江总督奏已故太常寺卿、前安徽徽宁池太广道袁昶功德在民,请于芜湖建立专祠,均从之。

子允櫆,陆军部主事;荣叟,学部员外郎。

【校勘记】

〔一〕十二月　"月"原误作"年"。今据袁昶传稿(之三二)改。

苏元春

苏元春,广西永安州人。父保德,廪膳生。咸丰元年,贼陷永安,保德率乡团御贼,被害,州人立祠祀之。元春矢志复仇。同治二年,由武童投效湘军,从统领席宝田剿贼于江西,以功奖六品。寻克陶家渡贼垒,歼都湖踞逆,固守彭泽县城。论功,以千总尽先拔补,并赏戴蓝翎。是年,管带中军,解青阳县围。十月,奉旨免补千总,以守备尽先补用。四年,官军收复崇仁、东乡、宜黄、南丰、鄠都各城,元春皆从,与有功。奉旨免补守备,以都司尽先补用,并加游击衔,赏换花翎。旋以剪除湖逆功,奉旨免补游击,以参将尽先补用。五年,赴广东会剿,克复嘉应州城。粤贼荡平,凯撤回籍。

六年,贵州按察使席宝田以苗疆不靖,黔军不能制,调湘军讨之；檄元春领中军，破教匪于荆竹园。捷入，赏给健勇巴图鲁名号。进剿苗匪，连破颇洞、德明台、网台笠及寨头老巢，奉旨免补参将以副将用，并加总兵衔，赏换锐勇巴图鲁名号。八年二月，分统右路各营，连破苗巢，并克复镇远府、卫两城。奉旨免补副将，以总兵记名，请旨简放。复以攻破白神坳内寨大营反号、董厂、[一]白所、公鹅各坚屯，克复清江厅城，并扫荡镇远各寨，袭破施秉县城，奉旨遇有总兵缺出尽先题奏，并加提督衔。三月，提督荣惟善等在黄飘阵亡，元春以援救不力，奉旨革职。九月，进攻胜秉，元春率前路四营与提督龚继昌、魏光彩等包钞夹击，贼败走，遂克胜秉城，并毁城外巫信、贵笼、凉风坳各屯。匪首纠悍苗数千人来犯，元春率两营伏于左右，各营且战且退，贼长驱骤进，两路伏兵突出，龚继昌等回旗奋击，贼翻山狂窜，阵斩伪将军徐报概等五人；乘胜遂将平塘坡、平扒、巫门各贼卡次第扫荡。捷闻，复元春原官，并赏还花翎、勇号。九年三月，攻克施洞口老巢，乘胜进攻九股河贼垒，并毁荣山、广福各屯。奉旨，赏换法什尚阿巴图鲁名号。十月，破羊条各寨，连拔革夷三丙贼巢，克复台拱厅城，进攻箕颇，败逆首金大五于斩麻乜。贼窜铜仁，我军追及之于挂口场，夜三鼓，贼方为炊。元春派部将陈嘉钞场后，截其去路；自率唐占宙等由场前冲入，贼惊，弃械走。陈嘉等自场后蹙之，伏尸塞路，我军乘月穷追，阵斩逆首报枪往、江养、巫生等，馘七百馀级。奉旨，交军机处记名，遇有提督缺出，请旨简放。十年，以克复丹江、凯里各城功，赏穿黄马褂。是年冬，总办全军营务处。扫除黄飘、白堡苗巢，疏通驿道，谕部优叙。十一年三月，湖南巡抚王文韶檄统毅新水陆各营。四月，破乌牙坡老巢,生擒伪大元帅张秀眉、伪平阳王杨大六及贼目姜老拉、潘老冒,阵斩九大白、岩大五等酋。苗疆肃清,奉旨赏给云骑尉世职。寻率所部分驻贵州之镇远、凯里、施洞口、火烧寨及湖南之沅、晃等处,攻拔兴义府及新城各城,肃清上游,削平各路坚巢,并剿灭下江、古州、丹江等处逆匪,全黔底定。光绪元年正月,论功,赏给头品顶戴。因伤免骑射。二年二月,[二]破四脚牛逆巢,歼除六硐窜匪,奉旨赏给应得封典。是年,改镇河水师为陆队,分驻黔防。四年五月,移驻辰州。八月,驻晃州。五年,驻罗子山。六年,剿办江华县滋事瑶匪,擒获首犯赵才贵等,并捐赏购米抚恤。事闻,赏白玉搬指、小刀、火镰、大小荷包等物。七年,驻永州。三月,丁继母忧,奉旨赏假百日,仍回湘,统带南路防营。

十年,法人扰越南,广西巡抚潘鼎新调元春赴粤,中途剿办思恩县土匪莫梦弼等,事平谕部优叙。五月,署广西提督。七月,督率毅新、镇南各营进驻越南之坚老、谷松。八月乙卯,与法人战于陆岸县,击毁法船一艘,贼在北岸者斩杀殆尽,并夷其南岸炮台。己未,法船驶至船头,水路兼进,元春与陈嘉分兵御之,鏖战数时,毙敌甚众,各营亦日有斩获。诏以元春力战屡捷,奋勇可嘉,命帮办潘鼎新军务。寻以元春勇略冠群,予骑都尉世职,并赏给白玉翎管、搬指等物。十月,进攻纸作社。时法人沿江为垒,我军设伏诱之。夜四鼓,元春率毅新六营伏左旁深林内,总兵黄云高率淮军四营伏右旁僻涧中,距敌垒各里许,提督陈嘉自坚老直出平内挑战,法倾垒出御。战方酣,元春率伏兵齐出,短兵相接,斩法酋四名、法兵一百八十馀名,馘首十一级,受伤者无算。时有五画法酋为我军击伤坠马,法党掖之而遁,咸相顾夺气。十二月，法酋复率兵万馀，纠合教匪麻邪等众，由船头进坚老，猛攻陈嘉军。嘉裹创力战，法终不退。旋以大股进犯谷松，元春战不利，退驻威坡，法复进逼之。元春血战六昼夜，士卒损伤甚多，遂焚谅山城，退驻巴坪、文渊州一带。

十一年正月，法人犯巴坪，我军击走之，进攻文渊，总兵杨玉科中炮阵亡。法乘势入南关，元春等退驻幕府。巡抚潘鼎新与元春谋，乘夜挑小队绕关掩袭，法人一夕数惊。明日，元春与提督冯子材、布政使王德榜合军进攻，法人弃关走，我军复得南关。二月，冯子材出关袭文渊，法人分两路包击，元春率队援之，法不敢深入，我军始收队入关。戊寅，法人分三枝来犯，以两枝攻冯军左平横坡炮台，以一枝攻关前隘。冯所筑炮台四座，〔三〕法夺踞其三，居高临下，燃炮对击，冯军几不支。元春督队登山，冲入第四座炮台，与法人鏖战竟日，杀伤相当。是日，有旨以谅山失守，革潘鼎新、王德榜职，命元春督办广西军务。己卯，法复分三枝来犯，我军亦分三路应之，令陈嘉等当左路，王孝祺等当右路，元春与冯子材居中，凭墙扼守。分布甫定，法人已结阵而前，以开花炸炮向中路长壕轰击，自巳至申，炮子不绝如雨。各军静伏壕内，法军见卡内寂若无人，疑我军皆已溃退，逼至壕前，我军齐放排枪，前敌炮仆，皇骇遁走。元春与冯子材悬重赏乘敌人慌乱，突开卡门，大呼拥出，各军内外夹击，阵斩法酋十馀名、法兵百馀名、教匪千馀名。其攻左、右路者，亦为陈嘉等所败，夺回炮台三座。法人奔还文渊，我军乘胜进攻，法望风败退，冯子材、王孝祺等遂入文渊。元春继至，探知法人仍踞驱骡墟，坚筑营墙，为持久计；乃乘其喘息未定，奋力驱逐，约于甲申日各军进巴坪会剿。至期,法酋复率党万人犯巴坪,别以二千馀人乘雾往袭王德榜板坭之营。我军分三路迎击,法亦分三路接仗,中路之贼直抵界排,势甚凶猛,相持两时久,两路伏兵齐出,元春与冯子材跃马入阵,将士蜂拥而前,法队奔溃,退入驱骡墟中。袭板坭之贼亦为王德榜击败,攻夺先锋垒两座,直逼驱骡北街。次日,我军分队进攻,法列队相待,炸炮逼码密若飞蝗,陈嘉于炮子丛中飞身突阵,蒋宗汉、方有升左右夹攻,法党弃垒狂窜,我军追入驱骡墟中,法党仍回身死斗,将弁阵亡者数人,各军奋勇穷追,法党凫水而逃,中枪落水死者无数。城贼畏势不敢出援,惟拆毁浮桥,以阻我去路。我军涉浅争渡,追至城下,法党开北门窜去,遂复谅山省城。追至三台渡,截杀逃贼甚众。连日搜索逋寇,时有俘献。寻攻屯梅、观音桥、谷松克之滇师亦奏捷。会津门议和,元春等撤兵入关。三月,命督办广西边防。五月,实授广西提督。诏以元春屡获大胜,调度有方,由骑都尉世职改为三等轻车都尉世职,并再赏给额尔德蒙额巴图鲁名号。由是叠蒙赏赐"福"、"寿"字及珍玩物。

　　十六年正月,恭遇德宗景皇帝万寿庆典,赏加太子少保衔。二十年正月,孝钦显皇后六旬万寿,加恩改为二等轻车都尉。二十一年七月,两广总督谭钟麟调元春办理游匪,措置得宜,传旨嘉奖。二十二年四月,法国赠给三等荣光宝星,有旨准其收受佩带。二十五年四月,入京陛见,赐紫禁城骑马。旋奉命往广东广州湾勘办界务,事竣回防部署,将率队驰赴江南,寻以广西边防紧要,伏莽未净,命驰回广西经理防务。二十七年,调补湖北提督。二十八年,仍署广西提督,九月,实授。二十九年,署两广总督岑春煊奏称广西匪势蔓延，元春养痈成患，贻误地方。闰五月，奉旨革职。旋又劾元春纵兵殃民，缺额扣饷。六月，奉旨拿交刑部治罪。三十年正月，奉恩诏查办官犯，由刑部奏请减等，改发新疆效力赎罪，照例追赃；复由刑部查明被参侵吞之款，皆系因公挪移，且有应领之款可以划抵，奏请免其勒追，即行发往新疆。

三十一年十月，抵戍所。时甘肃新疆巡抚联魁以元春老于军事，令督练所司道与之研究训练，元春无间寒暑，时单骑追随，出入军队，与弁兵口讲指画，临机应变，如当大敌。遇有讨论阵法者，必举从前身经战事言之。

三十四年，两广总督张人骏奏请保全元春末路，奉旨释回。十一月，卒于迪化寓所。巡抚联魁奏称："元春身经百战，屡受创伤，背上及左膝盖，两弹皆深陷骨里。因阅操感寒，触发旧伤，遂至不起。为将数十年，不事家人生产，薪俸所入，尽以分赡部曲。出关时行李萧然，别无长物。身后无以为敛。仅馀亲生一子苏承赐，尚未弥岁，一切敛身之具，皆官为照料。朝廷轸念前勋，宥其既往，可否量予加恩？"奏入，宣统元年正月，诏复其官。

【校勘记】

〔一〕董厂　"厂"原误作"敨"。今据苏元春传稿(之三二)改。

〔二〕二年二月　原脱"二年"二字。今据苏元春传稿(之三二)补。

〔三〕分三枝来犯以两枝攻冯军左平横坡炮台以一枝攻关前隘冯所筑炮台四座　原脱"来犯"以下至"一枝"凡十七字。今据苏元春传稿(之三二)补。

刘恩溥

刘恩溥,直隶吴桥人。同治四年进士,改翰林院庶吉士。七年,散馆,授职编修。十二年九月,记名以御史用。光绪元年,大考翰詹,列二等,赏大卷紬袍料一匹。二年五月,充教习庶吉士。六月,充江西乡试副考官。十二月,差竣回京。三年六月,补浙江道监察御史。七月,恩溥奏参捕蝗不力各牧令,又以雨泽愆期,苗稼枯槁,粮米昂贵,饥民聚为盗贼,直隶武强县有砍刀会匪千馀名,在景州、阜城、武邑、枣强、衡水、饶阳一带,肆行抢劫,地方官形同聋瞆。霸州、通州、固安等处亦均有明火拒捕路劫之案,地方官规避处分,逼令事主,改盗为窃。请旨速饬查拿,以靖奸宄。上可其奏。

是年,直隶保定以西、河间以南,旱蝗相乘,灾区甚广。恩溥乃就当日时势,能举办者,酌拟数条上之:一曰借款平粜,于津省库款中借动二三十万,购粮分拨灾区,源源平粜,至麦熟为止;一曰分地劝贷,略仿朱子社仓之法,每州县设公仓数处,劝谕绅富出谷存储,贷于贫民,俟秋收后令加息偿交公仓;一曰井工代赈,广兴井工,劝富民出赀倡办,以养穷民而得沃壤。又以山西荒旱,由于广种罂粟,谷产渐少,奏请禁种罂粟,诏令巡抚曾国荃认真查察,一律禁止。九月,以恭纂穆宗毅皇帝实录全书过半,经监修总裁等奏请奖叙,奉上谕御史刘恩溥作为历俸期满,并赏戴花翎。四年二月,恩溥奏陕西至甘肃各站,州县支应经过大吏差使,所费动辄数百金,皆系摊派贫民,约加正赋数倍。疏入,上立诏该督抚严饬各州县,嗣后支应不得摊派民间,经过该驿站大员,亦须约束家人,不准滥索供应。又以陕西省至临潼五十里间,水失故道,奏请疏治灞、浐,俾达渭河,并以工代赈,得旨着该抚查核办理。

先是,上以北方各省旱灾频仍,民食缺乏,诏令兴办水利事宜,恩溥乃奏请浚直隶河道,以为水利为救荒之本,而兴工代赈,亦荒政之一端。直隶南路嗷鸿遍野,赈不胜赈,所以存活之者,莫如兴工代赈。先治滹沱,其办法有三:一辟冶河,以分滹沱水势;一塞改道,以复滹沱故道;一治子牙河、黑龙港河,以疏滹沱下游。又虑费不易集,奏请于新淮盐斤加价二文,提作商捐,以为直隶水利经费。京师向设粥厂,收养贫民,外来就食者日多一日,领粥之人太广,每日竟不得一饱,其桀骜者甚至沿街抢夺。恩溥以为其事可恶,其情可悯,若不速筹安插,早为惩创,辇毂之下,白昼即有戒心。请旨敕下步军统领衙门、顺天府五城,择宽大庙宇,或闭关之铺面房间,分拨收养。上令各该衙门会议具奏。恩溥又以种植罂粟,山西受害最深,近闻直隶、山东、奉天、吉林一带皆有栽种罂粟之处,若不及早划除,恐相率效尤,再蹈山西覆辙,奏请敕令各该督抚、将军严加查察。又以甘霖未沛,奏请速将米粮厘税,概予裁撤,以期早迓和甘。是年,丁父忧,开缺,守制。六月,服满,七月,补授河南道监察御史。未几,丁母忧,服满。

八年,复补河南道监察御史。恩溥以各省武职人员请免骑射,取巧者多,奏请敕部妥议章程,严惩取巧,下兵部议奏。又以满、汉文武大员以及翰詹、科道,其中多有渐染嗜好之人,奏请除锢习以肃官方,如有吸食洋药者,勒限三个月概令禁断,奉旨严行申儆。嗣后文武大小各员如有吸食鸦片者,务当痛自湔洗,倘再阳奉阴违,一经发觉,定即严行惩办。九年正月,恩溥赴午门前查班,是日坐班人员无一到者;及时享太庙,恩溥往收职名,投递者仅数条,陪祀者四人。恩溥因奏近来陪祀坐班各员,旷误甚多,请敕整顿。谕曰:"坛庙陪祀及常朝坐班,典礼攸关,岂容任意旷误?着礼部查明旧例通行各衙门,嗣后如有无故不到者,即由查班御史奏参。"恩溥又以翰林院为储才渊薮,近来翰詹坊缺,异常疏通,奏请特颁谕旨,大考翰詹,以拔真才而资治理;又以荒政经费支绌,请敕各省酌提厘金解部,专作备荒经费:下部议奏。先是,恩溥奏参给事中张观准、内务府大臣俊启劣迹昭著,请旨惩处,上派吏部尚书广寿会同都察院堂官确查具奏。奏上,以张观准向俊启借银二千两,[一]微词恫喝,并有迓承雅意之语,而俊启覆函拒绝,亦自称素有热肠,仍不立时举发,是平日财贿交通,已无疑义。报闻,上立褫张观准职,开去俊启内务府大臣差使,交部议处。

　　已而,内阁侍读学士文硕奏请厘正奏议体裁,指斥恩溥附片亵慢不伦,上命都察院堂官议奏。寻议:"文硕曲为牵合,未知科道风闻言事,体格独宽。至刘恩溥弹劾俊启劣迹,以是否昭著为定。今查办既已得实,该御史即属敢言。从而议其修词之误,夹片之疵,过于深文曲笔,且似为内务大臣代鸣不平者,其亦昧于择言矣。"疏入,上谕文硕所奏着毋庸议。五月,转贵州道监察御史。是时法人占据越南,有窥我滇越意思。恩溥奏言:"法人之志,非仅在越南已也。云南矿苗极旺,法人垂涎已久,借保护越南为名,而实为侵并云南起见。中国即不与法争越南,法亦岂非中国之患哉？越南为中国藩属，历年久远，其地与粤西之镇南关、滇南之迪化江接壤。法国远隔重洋，土宇与越南并不相接，安得收其租赋而即有其土地？李鸿章现驻上海，似须邀英、美各国，据公法以与之争，即法人不见从，而我义正词严，各国亦断不能曲中而直法。如该国冏有悛心，则是法人违背公法，弃好寻衅，并非兵端自我而开，师直为壮，一鼓而前，自有仁者无敌之效。且中国制造轮船，购买枪炮，不惜数十百万之重赀者，凡以为攻战计也。请敕下诸大臣密筹速计，思患预防，勿鄙为喜事之谈，勿视为不急之务，勿自馁其志气，而长凶焰于燎原，勿甘蹈于因循而示外洋以孱弱。再近来云南有戕杀教首一案，若法人以保护传教为名，移兵入滇，其格外要挟可想。今此案甫起，适值法兵被困于刘永福，不暇兼顾。倘乘此时机，声罪致讨，法必乞和，将来办理此案，决其万不棘手。"

　　时东省频遭水患，待赈孔急，上命游百川、陈士杰迅速筹赈，恩溥以为"该抚等接奉恩旨，不过酌提款项，杯水车薪，何济于事？请敕下户部及山东巡抚速议补救之方，以昭核实。又户部本年有津贴京官一议，〔二〕各省允解十馀万金，各京官近来法廉交励、急公慕义者甚多。若将此项津贴尽数捐出，作东省赈项，由部拨垫，汇交该抚认真抚恤，似亦救急之一策也。"陕西巡抚冯誉骥不能屏绝馈送，不知约束家丁，信昵同知张兆镕、知县汪凤澄等，招摇声气，恩溥上疏劾之。上派额勒和布等前往查办，寻查明奏上，交部议处，冯誉骥革职。贵州学政孙宗锡考试安顺府时，辄因供给将普定县知县彭亿清之子锁押，并索取童生规费，滥责生员龙登衢，复因考棚朽坏、勒索各新生捐银修理，恩溥上疏劾之。上命云南总督岑毓英查奏,奏上,上褫孙宗锡职。大理寺少卿刘绪衰庸贪鄙,众望不孚,恩溥请旨勒令休致,上如所请行。编修林国柱于光绪五年丁忧服阕,先期请咨,希图考试试差,经吏部驳斥,仍于吏部散卷时,面求收考,得与考试。恩溥上疏奏请查参,上交吏部查奏,奏上,诏依部议革职。满、汉科道人数众多,贤否不齐,间有私作折底借名撞骗情事,恩溥奏请明谕中外,以儆刁风。上诏此风断不可长,谕令嗣后如有携带折稿向人恐吓者,准其将原人原稿,送地方官从严惩办。恩溥又参仓场监督恩绪勾串花户,崇文门监督瑞联之家人,勒罚银两,皆奉旨查办。

八月,法使脱利古乘兵船来京,声言将以大队兵船至广东寻衅,恫喝要求,诡计叵测。恩溥于是有法人恫喝请速赐宸断之疏。其言曰:"法人自被刘永福痛歼,计不能逞,遂有遣公使来京恫喝译署之事。译署向来因循迁就,早已为其窥破。若再蹈覆辙,使法人红江通商,则万不能保滇、粤;使刘军让出保胜,则万不能固藩篱。中国一意迁就,不但法人得步进步,[三]要挟无厌,恐他国亦将群起而侮我矣。伏望密敕两广总督将粤东之西江及虎门、蕉门、崖门、螺州门、虎跳门,凡可入粤之路密为布置;并敕南洋大臣将镇江、狼山各要隘,添拨兵轮,严为设防,使不能遽入长江;更敕北洋大臣将威海、崆峒各岛,凡法舰可以寄顿辎重之处,一律屯兵,断其登州府各岛之接济。责成李鸿章布置严密,团练津勇,于要冲潜凿地道,藏伏精锐。该督自然天良激发,振刷精神,而译署诸大臣亦当胆气稍壮,不至受其恫喝,一意恐吓我皇太后也。国威之振,在此一举!"疏入,上嘉纳焉。

自黄河北徙，南河漕督裁并，所留厅汛无几；东河以关系运道，仍循其旧。恩溥奏请将闲款冗员酌定去留，以裨实用。又奏："侍郎游百川所议防河疏、堵、分三策，必须数百万金方能葳事；至工成之后，修防各费尚未议及。若仍由民修，则民力已竭；若全由官办，则库款不敷，且亦仅顾目前，能否永不溃决，仍无把握。臣闻美国美西土比河与中国黄河略同，美人创用列阵图之法，奋勉赴功，永除河患。欲求一劳永逸之法，可否敕令出使之员，向该国子细探寻，以备采择；或雇用西人筹办，庶几数千年巨患，一旦扫除而廓清之。"寻又以畿南连年水患，由于减河堙塞，致运河之水不能分消，请敕令直隶总督会同山东巡抚修浚两处减河，以拯民患；又恐山东德州奸民阻挠，乞敕该督抚通筹全局，勿听阻挠，致贻畿南巨患。并请遇运河水涨时，敕令德州居民实力修防，或拨兵勇协同修理，期无害于直隶各县为上策。是时京东永平各州县，水患甚大，未见奏闻。恩溥奏请敕查以苏民命，并劾"直督李鸿章不请赈恤，玩视民瘼，请明颁谕旨，将该督酌予惩处"；又劾："李鸿章暮气渐增，贻误大局，凡事苟且敷衍，一意见好属吏。办理海防将二十年，縻费数千百万，半系调剂私人，经略三省，虽未奉有明谕，中外业已皆知，乃竟抗不前往，以固守北洋为辞，而北洋则仍无把握。始以金革勿避，夺情而使署总督，继以署理总督，而转巧避金革，国家安用此重臣为耶？臣不忍坐视其贻误，请另简贤能，加意整顿，庶地方军务，均有裨益。"是年中秋节前，内务府向户部借银十五万两，恩溥以为："方今部库存款入不敷出，各省水患成灾，进款所亏甚多。此而不思撙节，何所恃而不恐耶？查内务府每年入款约在百万两外，应得平馀可八九万两,除堂司各官养廉不得过三万六千之数,馀尽归公存储以备要需。自光绪二年至今,约计不下三十馀万两。此项原可动用,何以竟向户部借拨? 现在各处赈款及修理城垣围墙各工程,皆无所出,似可移缓就急,听候拨用。应请敕令内务府大臣先行赴库盘查,再将归公奏案,暨此项销案,详加核对,庶免隐匿侵欺之弊,以昭核实。"恩溥又以已故大学士戴龄前官户部时,倚任劣员,收受司官馈遗等情,不宜崇祀贤良,于是有"大典不得滥邀"之疏。

十年四月,法人攻陷北宁,又犯兴化,与我开衅。时有法水师总兵福禄诺遣税务司德璀琳持函来请从中讲解。事闻,诏命李鸿章通盘筹画,复令朝臣悉心妥议。恩溥与给事中孔宪珏等密陈管见,言:"和局不可恃者十端,未敢勉强附和,但恐李鸿章为彼所误,朝廷复为李鸿章所误,我即决欲不战,彼非决欲求和;彼虽明为求和,仍将终归于战。李鸿章即欲言和,亦未必确有把握,〔四〕乃可入告,岂可游移两可,处处自占地步? 请旨询问李鸿章,是否确有把握,再行酌办。"越数日,恩溥复以前疏有未尽之意,且细绎李鸿章原奏,觉议和之流弊无穷,恐竟有损国体贻后患,于是胪陈议和之流弊五条:"一、宜保全刘永福。法人所最畏忌者刘永福,知非用间不能散刘团,于是以议和为名,议成即率越南教民进攻刘团。若刘永福退入滇、越境内,法人向我索取。不与之,则和议甫成,又将决裂;与之,则自坏万里长城,再求如刘永福之效力行间,不可多得矣。一、兵费不宜允付。中国库饷支绌,商民困穷,皆由开办洋务,而洋务之最耗财力者兵费,若用之于训练兵勇,制造枪炮,可以化弱为强,何必拱手与人,致损国体？一、云南不宜通商。通商则云南之人化为教民者十之九，倘有民教不和，则法人以保护教民为名，率兵而来，又施其越南之故智。一、曾纪泽不宜撤回。法人与曾纪泽切齿最深，倘召回内地，则适堕法人术中，以后驻法公使，皆以曾纪泽为前车之鉴，必将甘为法人鹰犬。一、越南不宜尽付法人。若将越南让法，则中国得一强邻，其患尚小；所可惧者，英、俄、日本皆知中国无能为役，自安弱小，将见暹罗、缅甸、廓尔喀、高丽等国即陆续为其吞并耳。再从前发逆猖獗，李鸿章运谋决策，卒建殊勋，今则身家念重，忽变而为保全爵禄之思。国体之是否有伤，后患之未来方大，概不虑及。仰恳严敕李鸿章整军经武，实力讲求，作一必战之势，予一可知之机，操纵在我，庶朝廷不为法人所挟制矣。”

无何，中法所订简明条约，法使藉口法文与汉文不符，寻法兵又攻扑我军于粤。恩溥上疏，以为：“法人甫经议和，旋即称兵，诚属普天同愤之事。此时整旅出师，固其宜也。惟我军向未接仗，猝遇大敌，恐致骇惧遁逃。谨就管见详细胪陈：一、严纪律。华兵之在越南溃遁，即因军律不严，请敕谕各路统兵大员，严禁骚扰，有犯必惩，勿徒以空文诰诫了事；如遇敌人败北，委弃辎重，一概不准拾取，以防中彼奸谋。至兵丁之吸食洋烟者，及早遣撤，勿令滥竽廉饷，以致失事。一、勤训练。现在洋人所用之开花炮、田鸡炮等类，最利攻坚，以向来未经战阵之人，骤遇奇险，鲜有不溃逃者。应请敕谕带兵大员，凡扎营处所，皆宜逐日训练，以练胆为第一要义。但使炮火至前，有深沟高垒以蔽之，并不惊骇溃散。俟洋兵前进，我军或用伏出奇，或偏师分捣，杀一名即少一名，其子药亦万万不能接济，我军有不打胜仗者，无是理也。一、明赏罚。洋人饷糈优厚，我军所食钱粮，相形太少。现在帑项支绌，万不能添放多饷。惟有于各兵勇剀切晓谕，凡有杀黑鬼一名者，赏银数百两，杀其兵弁头目者倍之。打胜仗一次，犒赏银数千两。兵勇见利则不贪生，此鼓励之善法。其临阵退后，立斩以徇，虽将弁亦不稍宽贷。赏罚明则兵勇悦服，惟在统领之存心公正无偏徇而已。一、示体恤。每一接仗，必有阵亡之人。洋人之死于阵前者，皆拼命抢去；受伤者皆舁回调治。我军向来统将阵亡，尚有奋力抢回者，至兵勇则委弃不顾，诚使统兵大员加意拊循，同甘共苦，各兵勇自有固结莫解之势。现在盛暑遄征，尤宜多备药饵，优加犒赏，立功者立予拔擢，阵亡者立予请恤，受伤者赶为调治。按期发饷，毫无短少。哗溃之虞，自可免矣。”

六月，法使照会总署，有请和意，颇多要挟。恩溥上疏劾李鸿章师心自用，贻误大局，略谓：“法人向我议和，特谕李鸿章通盘筹画。[五]李鸿章膺斯重任，自当博访周咨，不贻后患。乃甫经换约，法人顿食前言，仍行婪索。李鸿章之有意欺饰，显而易见。刘永福奋力杀贼，中国统兵大员对之愧死无地。李鸿章一味献媚洋人，不思保护刘军，谓中国之于刘永福，不必过问，且恨其阻挠和局。是天良丧尽，毫无人心，已可概见。此次如将兵费索去，法人必与刘永福为难。刘军如势不能支，退至近关处所，中国不令之入关，不但寒天下忠义之心，且与历次保护刘永福之谕旨自相矛盾。请严敕李鸿章于不索兵费、保护刘永福二条，妥议奏明办理。”越日，恩溥复疏陈管见，谓：“法人前次约内第三条，明言不索兵费，甫经数月，顿食前言。赖宸谟坚定，法人亦知中国万不肯遽付重款，乃于抚恤伤亡为名，其名目较兵费为正，其银数较兵费为轻，在中国抚驭远人，未始非羁縻之法。惟臣子细筹思，流弊滋大。一、此次开仗，中与法之兵互有伤亡，法人索中国抚恤，不知中国抚恤，可能向法人索要否？不能是中国兵勇之命不值一钱，谁复肯效命于行间？此不可付者，一也。一、中国败则必要兵费，中国胜则又要抚恤，是无论胜负，中国皆须耗此巨款。此例一开，若中国与他国开仗，幸而获胜，他人必援照法人索要抚恤，中国之贫何以补救？此不可付者，二也。一、中国若允其抚恤之请，从此可以无事，即隐忍予之，犹可保境息民。惟法人变诈百出，倘既得抚之后，即凭藉此款与我为难，借寇兵而赍盗粮，莫此为甚！此不可付者，三也。一、中国口岸太多，防不胜防之故，以船炮未能广为购买所致。若以此数百万金抚恤之费，作造船、铸炮、练兵、养勇之需，岂不大妙！何必博慷慨之名，蹈困穷之实？此不可付者，四也。以上四条，务望敕令在事诸大臣坚持定见，严词拒绝，大局幸甚！”

是时，法人要索赔款，中国在事诸大臣有主张息民保境以允之者。恩溥又上疏曰：“法人违约称兵，藉词需索，普天之下，凡有人心者，无不痛恨切齿！但不允赔款，非口吞所能为功。苟欲长治久安，固吾疆圉，自宜迅速进兵，痛加攻剿，方为此时第一要义。或谓法人船坚炮利，所向无前，中国万难与之抗衡，不如持重待时，冀收后效。不知我军长于陆战，但令法兵登岸，即可以歼除粤、捻之法，攻打法人。俟其穷蹙求和，我仍大度包容，不与较论。各国闻之，自然畏威怀德。或谓攻打洋人，与削平粤、捻迥异。粤、捻平后，腹地廓清，便可无事。法人则丧师败绩，必图大举,不如稍予恤费,可以保境息民。不知法自拿破仑第三被僇之后,未敢再向德人兴拜赐之师,何独于中国无畏惧意?且该国兵饷过重,若真以四万人来,无论饷无所出,即煤、米、淡水、子药等项,亦不能源源接济。祇须持至三四月,必暗倩他国转圜求和矣。或谓兵衅既开,中国饷源,不能筹此巨款,不如酌予赔费。不知开仗,则无此巨款,何以赔费,又有此重赏?借债之说,臣向不谓然。然当此危急之时,与其以千万金拱手而授之,何如借千万金奋力而剿之。俟兵事平定,由各海关加息陆续归还,似亦可行。事已岌岌,不可再事迟疑。仰恳密饬各路迅速进兵,同时大举,洵为万全胜算。”

上以和战两端,均未可轻易从事,诏在廷诸臣熟权利害,会议具奏。恩溥与给事中孔宪珏等疏称:“和战二字,自有一是,均须操之于己。倘人曰战则调兵,人曰和则偿款,将战无已时,和无已时,而偿款亦无已时。如此而事克成者,未之有也。计惟有战而已。”因言可战者十端上之。恩溥又另疏具奏云:“昨臣阅看法人照会,有‘以鸡笼作押款,分作十期还清’等语。查法人自同治初年,与越构衅,责偿军费,逼令越南以三省租赋署券十年,〔六〕加息抵之。至偿租期满,竟败前盟。现在计取鸡笼为质,欲分作十期还清,是又以愚越人之故智愚我中国。此等诡计,万不可从。目前之利害,偿费则害轻,开仗则害重。然开仗未必即败,亦未必终于不胜。面子之害似重,骨子之害实轻,计后日之利害,各国效尤,中国不能支持,偿费之害,重于开仗。两相比较,直是有利无害,并不得以轻重论。然则无论为兵费,为抚恤,均不可付也明矣。至兵饷各事宜,目下诸大臣藉口饷糈支绌,不思进兵迅速，先发制人，但期美国调停，法人转圜，敷衍了事。所谓转圜者，仍是赔偿恤费，牢不可破之成见也。河工虽系民命所关，较之军务尚可从缓；京饷虽系固本急需，然部库尚不至遽形拮据。可否将此二项先行借作军需之用。近闽省分，如浙江、江西、安徽，其一切进款，半留本省，半供闽军，所需各项解款，均暂停解，将来将应解京饷数目，或可划清作抵。万寿庆典暨内务传办各件，费亦不赀，皇太后以俭德为天下先，可否将此项借作兵饷。京外官员廉俸津贴，各省局员薪水，均请暂发一半，其一半借作兵饷，事平后再行一一筹补。总之进兵之要，同于拯溺救焚，若迟延不决，静俟转圜，或俟其前来攻打，方与一战，恐所失者不止一鸡笼矣。须早行封禁海口，方是正办，不得仍令该兵船游弋，致中诡计。当是时，法人恣意要求，美国出为调停，又复不允，势不能不以兵戎相见。"

七月初二日，恩溥乃上先发制人之计，其疏曰："法人凌夷我藩属，骚扰我边疆，百计要求，多方恫喝。岂真欲与中国争胜负哉？不过欲得重赏归耳。臣闻法国在东京所用兵费，照议院核准之数，溢出三百六十余万，议院遂有此后不得再加之语。是其库款空匮，饷源不继之一证也。东京之船，悉赴中国；留守之兵，患症者多，兵力亦弱，兵心涣散，各兵官十分震恐。鸡笼之役，又为刘铭传所败。是其兵力不强之又一证也。现在中国不允赔偿，已成骑虎难下之势，必将铤而走险，为困兽犹斗之思。取马尾，取厦门，取彭湖，据地为质，皆属意中之事。中国炮台修造，多不坚固，炮台攻破，口岸失陷，皆不足虑。但使诱之登岸，出奇攻击，法人万不能支。即使一再兵败，仍当再接再厉，不肯少挫，

况又未必即败耶？彼时穷蹙求和，我纵之使去，自不敢妄生觊
觎。越南告警以来，若使以援高丽之法迅速进兵，万无今日之
虑。臣请用釜底抽薪之法，速令岑毓英、潘鼎新等督饬各军，分
路进捣越南，为之牵制。法人闻之，必将回军自救，俟其军退，截
击其尾，即不得胜，法人亦必心胆俱寒。如此办理，此事方有归
宿。不然，法人攻我炮台，据地为质，业已明明失和，而我又惧失
和局，处处为万国公法束缚，非示人以弱何哉？大沽海口应请敕
令李鸿章迅速进驻，调度一切，如法舰到时，一有开仗消息，务使
先发制之，是为至要。"

　　先是，六月十五，法兵占我台北基隆炮台，经刘铭传击退，至
是月初三，法人又自马尾攻伤我兵商各船，我军亦阵毙法兵官，
诏令中外合力攻击。恩溥于是疏陈："法船在中国洋面者，本不
甚多，长门、马尾各处又陆续击坏，其六七只现虽负嵎抗拒，已成
外强中干之势。请敕沿海督抚暨各统兵大臣，凡所辖境内有法
船停泊之处，立即开炮轰击，不必拘定公法，从容照会，以至坐失
机宜。将法兵击败后，南北两洋即可将我兵船移驶闽洋，内外夹
击，以厚兵力。倘稽延时日，法人必增调兵船，雇用阿匪黑人，驱
令越南叛民，接踵来华，彼时再行剿办，便不如此时之得机得势
也。现在法船之在中国者不过十馀只，若乘其援应未到之先，各
处攻击，大约开仗数次，便可歼除净尽。至云南一军，由保胜而
进以扼其吭；广西一军，由谅山而进以拊其背。我军掎之，刘军
角之，法人在彼，兵力单薄，聚而歼之，实意中事。惟数月以来，
法人于越地情形较熟，山深箐密，恐多埋伏，须广设间谍，勤加侦
探，厚赂土人，使作向导，方不至堕其奸谋。如水路有需用船只

之处，不妨俟南北解严后，调铁甲数只以资得力。更请敕令广西巡抚檄谕越南，令知中国劳师糜饷，系为兴灭继绝起见，非有所利于该国。如顺化都城为我收复，即敕令刘永福照吴长庆驻高丽之例，镇抚弹压，训练操防，以固屏藩。法人如肯就我范围，不再要挟，则西贡地方令其照旧通商，所有从前已立各约，一概废却。倘负固不服，调兵船来越，与我开仗，我军当锐气方张之始，尽力与之相持，法人师老饷绌，万万不能得力。即使再向中国声言报复，彼时我军又已训练数月，防务十倍讲求，先封口岸，来船便击，法人虽悍，有何惧哉？再严断接济，令法船穷蹙，方有解严之日。闻上海汉奸竟有甘充文案、私售军粮等事，奸商接济法人食物，请敕令南洋大臣密派将弁在要隘处搜拿。若出力弁兵拿获该军食物者，即将该弁破格奖叙，以资观感。”

　　恩溥又以法人侵扰闽疆。[七]若闽督布置有方，乃臻完善，因上疏劾总督何璟。略谓：“用兵之道，以筹画方略为第一要义，备豫于平日，始能应变于临时。若既渴而掘井，则已晚矣。何璟自任闽督十载有馀，防务一切，何难从容布置，乃诸多贻误，基隆新筑炮台，一经轰击，即刻坍倒。若非刘铭传一鼓作气，迅速攻克，大局将不可问。似此承修草率之员，亟宜查明严惩。今者贼近省垣，或招募上斡等处之勇，藉壮声威；或于距城十馀里外旱路，潜挖地道，安放地雷；或将近省河口，早为封堵；或激励兵勇为张佩纶后路援应：皆应办之事，顾一概不加讲求，日惟念佛，冀保身家。此等恇怯无能之员，忝任封圻，恐无裨益，似不如于刘铭传、张佩纶二员中简任一人，暂权闽篆。刘铭传力守台湾，距省太远；张佩纶驻扎甚近，可否即令暂摄以重事权，使其妥筹调集兵勇,力固省垣。伏望圣明采择,以观成效。再用兵不如用勇,隔省调兵,临时恐难得力,请敕各省预行募勇训练,以备援应。北洋地方辽阔,法人必调师船滋扰,请饬各口岸带兵大员,预将各口封堵,见有法船,即开炮击之。如炮台业被攻陷,其守营者必早挖地洞,以避开花炮弹。如法人停炮上岸,我军即出痛击之,利在偏师分捣,不宜大队相战。或东西冲突,截断其辎重,或声东击西,日夜以后膛炮轰击之,使法人不遑寝食。各口岸俱如此办理,方操万全胜算。"未几,法人肆扰台疆,鸡笼失陷。诏令南北洋拨船援应,各疆臣迁延观望。恩溥上疏,以为"刘铭传望援心切,自不待言。查天津、上海、广东兵轮,尚可凑足二十馀只,与其以固守汛地为词,强分畛域,不若令南北洋各派得力将弁,统带师船,多携军火,速赴鸡笼、淡水各口,由左宗棠、杨昌濬等节制调遣,并力合剿,与刘铭传内外合攻,似可收夹击之效。即使船炮俱逊法人,而我多方牵制,亦可稍断其接济。现在节近封河,法人决不扑犯北洋,各兵轮坐耗饷糈,何妨放至上海。饬调广东及吴淞诸兵轮,一齐驶至台湾口岸,相机剿办,迅图克复,庶台湾可保无虞矣。"

十一年,恩溥授吏科给事中。十二年,迁工科掌印给事中。十五年三月,充会试内场监试官。五月,恩溥以山东之兖、沂、曹、济,江苏之丰、沛、萧、砀,河南之汝、正、新、息,安徽之颍、亳、寿州,均系盗贼渊薮,其有成群结伙著名巨匪,为州县官所不易捕拿者,自应佐以兵力,然非予以奖励,则谁肯出力,以撄贼锋?奏请"嗣后经营员拿获讯实者,照军营章程保加升衔,以示鼓励。"上下吏部议奏。十八年七月,补内阁侍读学士。十一月,擢鸿胪寺卿。二十年,充四川乡试正考官。二十一年,以陈奏事件折内缮写错误,部议罚俸。二十二年三月,授通政使司副使,充稽查右翼宗学。九月,补太仆寺卿。二十三年正月,奉上谕此次京察引见三品以下京堂,太仆寺卿<u>刘恩溥</u>着照旧供职。六月,命充<u>江南</u>乡试正考官。以中式试卷有书写卦画篆体者,部议罚俸。二十四年正月,充会试知贡举。三月,重修<u>会典</u>全书过半,得旨赏二品顶戴。七月,擢仓场侍郎。二十五年十一月,恩溥奏全漕告竣,十二月,奉旨交部议叙。三十一年,以<u>北新仓</u>不戒于火,烧毁现储白粮之<u>丽字</u>等三厂,恩溥等均下部议处。三十二年正月,奉上谕<u>刘恩溥</u>着开缺另候简用。三十四年三月,卒。谕曰:"前仓场侍郎<u>刘恩溥</u>,由翰林荐升卿贰,迭掌文衡,克勤厥职。嗣在仓场案内,开缺另候简用。兹闻溘逝,轸惜殊深!加恩着照侍郎例赐恤。任内一切处分,悉予开复。应得恤典,该衙门查例具奏。"

【校勘记】

〔一〕以张观准向俊启借银二千两　"千"原误作"十"。今据<u>刘恩溥传稿</u>(之三二)改。

〔二〕请敕下户部及山东巡抚速议补救之方以昭核实又户部本年有津贴京官一议　原脱"及山东"以下至"又户部"凡十八字。今据<u>刘恩溥传稿</u>(之三二)补。

〔三〕不但法人得步进步　原脱"进步"二字。今据<u>刘恩溥传稿</u>(之三二)补。

〔四〕亦未必确有把握　原脱"未"字。今据<u>刘恩溥传稿</u>(之三二)补。

〔五〕特谕李鸿章通盘筹画 "特"原误作"时"。今据刘恩溥传稿(之三二)改。

〔六〕逼令越南以三省租赋署券十年 "券"原误作"卷"。今据刘恩溥传稿(之三二)改。

〔七〕又以法人侵扰闽疆 "疆"原误作"江"。今据刘恩溥传稿(之三二)改。

邓承修

邓承修,广东归善人。咸丰十一年举人。同治二年,援例捐郎中,签分刑部。七年,与修玉牒告成,奉旨无论题选咨留遇缺即补。八年,补刑部四川司郎中。十二年,授浙江道监察御史,疏言:"广东赌风甚炽,每届乡试及岁科试期,开场设局,竟有巧立闱姓名目,抽收经费,搜括民利,贻害科场,有乖政体,请革除之。"得旨着瑞麟、张兆栋即行裁革严禁,以肃政体而杜弊端。是年,京师水旱数见,畿辅成灾,承修疏请因灾修省,并诏求直言,庶于新政有裨,上嘉纳之。十三年,充会试稽察磨勘官、殿试分卷官、考试内阁中书及八旗教习监试官。前任两广总督门丁黄天锡冒番禺县籍朦捐职官,复令其子黄章俊瞒考取列优贡,士林哗然。承修劾论之,天锡、章俊皆斥革。旋以父病请假回籍。

光绪元年,丁父忧,服阕,补江南道监察御史。即列广东广州府知府冯端本招权纳贿状,劾去之。转掌云南道监察御史。时恩承、童华奉命四川查事,以过境扰累,被疆臣纠陈,下部严议。承修疏论:"恩承等查办东乡数年巨案,百姓之奇冤,一旦平反,于奸人敛怨必多。今言者不察,以小民一纸之呈诉,摭以入告,朝廷未加诘问,便蒙罪责。弹疆臣如撼山,参廷臣如拉朽,恐此后使臣习为畏沮,遇事互相徇隐。疆吏知其易动,妄生揣测,轻量朝廷,必驯至内轻外重之势。伏乞嗣后差遣使臣,必察其廉介有威望者,然后俾以重任。总以查事得实为称职,其间有未能检束致被弹劾者,亦须俟其覆命之日,始行究诘,不必令其摧折于查办之地,以快奸邪。"奏入,奉上谕:"朝廷赏罚,总期功过分明,岂有中外之别? 使臣既有应得之咎,何能曲为原宥? 该御史奏称须俟覆命之日,始行究办,亦非政体。所奏着毋庸议。"寻劾奏广东学政吴宝恕,下部议,降宝恕三级调用。

六年七月,奏言:"俄人定约以来,在朝之臣因循弛慢,屡失事机。及遇边奏急来,则举动仓皇,绝无处置。恐敌人窥我怯懦,将来条约愈多反覆。请调左宗棠入辅,委以军国大柄,使内修政事,外总兵权,庶朝野上下有所恃而不恐。"逾年,诏左宗棠入赞枢密,实用承修言也。十一月,户部侍郎长叙与山西布政使葆亨于忌辰日婚嫁宴客,承修疏劾之,二人均夺职。十二月,巡视东城。七年,以俸满截取,引见,记名以繁缺知府用。二月,湖广总督李瀚章奏准故总兵周有全建祠立传,承修以其欺罔冒滥,奏请撤销,从之。六月,彗星见于北方,复请任贤去邪,以固邦本。疏曰:"臣闻变异者天之仁爱人君,使之恐以致福也。伏见主德清明,曾无缺失。彗星之出,殆为枢辅诸臣,或未当天意乎? 商书曰:'股肱惟人,良臣惟圣。'君之倚良臣,犹人之须手足也。手足不能举,则无以为人;大臣不任事,则无以为国。窃见大学士宝鋆久赞枢机,值此时事多艰,自应竭诚尽节;而近年屡请病假,恣逸于家,养疴自便,处之晏然,臣逸君劳,于义安忍? 且性好诙谐,逢人狎侮,鄙正论为无知,视国事如儿戏,而望其表率百辟难矣。户部侍郎王文韶本桼棁之材、斗筲之器,为曹郎日,以奔竞著名。不数年而外任封疆,内居机密,家资巨万,众所共知。倘询其所由来,必有不堪问者。方今时事艰难,外患孔亟,办理之要,首在内治。所谓内治者正朝廷以清其源也。如宝鋆、王文韶之老猾贪庸,岂足当重任而御外侮耶? 应请量予罢斥,以应天心。大学士左宗棠以边警召还,方其入朝,中外喁喁望治。今既数月矣,绝未见有设施,即其自请治畿辅河渠,固属根本之计,然天下事岂无更大于此者? 臣闻国事所关,莫先刑赏,大臣之责,不顾嫌疑。昔宋仁宗锐意太平,责成辅相,开天章阁,召辅臣条对。范仲淹退而上十事,首以明黜陟、抑侥幸为言;富弼上当世之务十馀条,亦以进贤退不肖为己任。他如姚崇之相明皇,李德裕之相武宗,莫不以分别邪正、举直错枉为第一事。左宗棠受任以来,岂竟一无闻见乎? 抑未免婧阿卷缩,知而不言乎? 臣愿左宗棠以姚、李、范、富自期,朝廷亦当责以天下之重,使得尽陈其欲为。必曰方今何事可忧,何人可任,何利可兴,何害可除,何者为先务,何者且缓图,责之专而毋掣其肘,若不效则重治其罪,毋阻于邪说,毋惑于浮言。所以固邦本而弭天灾,无过于此。"寻左宗棠因病乞退,上特命为两江总督,承修复上疏乞留之,不报。

　　十一月,疏陈湖北财政吏治积弊,并劾督臣李瀚章荒淫贪酷诸状,上命左宗棠查办,夺道员杨宗濂等职,瀚章旋亦解任。承修巡城一年,捕获营房聚赌匪徒,纠窝赌营官,劾冒功朦保坊官,揭发捏递匿名书信之职官,皆奉严旨惩治,风气为之一肃。八年,迁工科给事中。正月,奏陈关税侵蚀之弊:"十馀年来,日增月益,迨不可以数计。其见诸奏牍者,如前任两广总督刘坤一署理海关才数月耳,已溢银十五万两。其实缺之胥吏仆役,又当倍是可知。柯玉栋一闽海关书吏耳,不数年而家赀巨万,捐纳知府。书吏如此,则正任可知。至津海关密迩京畿,其在人耳目,如馈遗过客,供应上官,岁须数万金,皆取偿于此,则饱入私囊,重载而归者可知。他如上海、登莱、芜湖、汉口、新关、九江、夔州、广东、肇庆、梧州、归绥道、山海关,凡有关税者,无不侵蚀。综而计之,不下数百万。今部臣昼维夜算,欲额外求一钱办公而不可得,而坐视此数十万之民脂民膏,悉付之狼吞虎噬而不问,此臣所不可解也。且国家取民田赋以外,只有榷税。然钱粮之分数,即州县之考成,有侵蚀者,则监追参劾随之。至于榷税,则赃私入己,累累数百万,闻之如不闻,见之犹不见,可乎? 不独此也,因其货利以结纳长官,弥缝要路,既以差而得富,复以富而市官,贿赂日彰,官邪益著。吏治何由不坏? 财用何得不竭? 乞特派大臣密查确数,据实参奏,并敕下各督抚所属有关税者,妥定章程,或于征收溢额之中,酌留一二以为缓急办公之用。其馀悉数解部,年终开单呈览,以备稽核。"得旨:"着管理关税之督抚、监督等,各就征收实在情形,和盘托出,遵照部章于正额盈馀外,按年溢解。朝廷意存宽大,亦不追其既往。经此次严谕敕查后,如再有掩饰回护情弊,别经发觉,惟该督抚、监督是问!"四月,揭参步军统领番役妄拿广东举人古名猷,有旨严诘步军统领衙门,步军统领覆奏意存脱卸,承修复论劾之,命大学士会同刑部按治。

八月,以高丽乱党粗平,琉球之案未结,因上疏曰:"近者高丽骨肉相猜,外戚秉政,乱机久伏,逆党乘之,逐君酖后,横及日臣。朝廷命将出师,二旬之间,罪人斯得。圣武布昭,遐迩悦服。惟闻日廷议论汹汹,群疑满腹。推原其隐,殆以中山之案未结,恐我扬兵域外,为声罪致讨之师耳。故自拓商分岛之请未遂,日使怏怏而去。近闻忽派海军中将榎本武扬为驻华公使,闻其人颇习兵事,素为日廷所倚重,一旦出使,殆将阳作调停,阴觇虚实。和战之局,转圜之机,实决于此。夫以中国土地之广,人民之众,物产之富,贤才之秀,甲于地球。朝廷徒以重发难端,习为偷惰;重以西国甲兵之坚利,器械之精良,制造之工巧,贸易会计之便捷,欧人方挟其长技以凌我,而苟安持禄之辈遂以为西盛而中衰,环顾而不敢言战。即以日本而论,自李唐步趋中法,千馀年于兹矣,一旦舍其旧而新是谋,法秦政之坑焚,效武灵之胡服,几有雄长亚洲之意。然其始未敢大狷獗也,台湾之役,姑为尝试,而我曾不闻以一矢加遗,掷金钱数十万,以求一日之无事。此其所以肆然无所复忌也。而泰西各国因得以窥吾虚实,于是威妥玛有烟台之行,巴兰德有天津之议,俄约纷更,日人乘隙夷琉球为郡县,而突户玑遂下旌回国,恣情要挟,损威毁重,其所由来者渐矣。臣统观今日时局,日本视中西之强弱以为向背,各西国又视中东之强弱以为转移,一发千钧,关系甚重。臣以为中西交际,不妨虚与逶迤,示以为宽大,而东瀛有事,则宜全力争之,不宜丝毫迁就,启列邦以轻量中国之心。且日本非果富且强也,彼之悍然不顾者,徒以中国之重发难端耳。今以高乱之故,朝廷忽遣重兵,分道并进,所谓疾雷不及掩耳,彼既骇然愕然,失其所恃,不旋踵而遣使,情见势绌,概可知矣。臣以为朝廷宜乘此声威,将高人致乱之由,诸将平定之功,速宣示中外,特派知兵大臣驻扎烟台,相机调度,厚集南北洋战舰,示将东渡,分拨出洋梭巡,更番出入,藉以熟探沙线,饱阅风涛,流览形势,为扼吭拊背之谋,其驻扎高丽之吴长庆水陆各军,暂缓撤回,以为犄角。布置既定,然后责以擅灭琉球肆行要挟之罪,料日人必有所惮而不敢发。不惟球案易于转圜,即泰西各国知吾军势既彰,不讳言战,如法人之蚕食越南,私邀盟约,非口舌所能争者,可不劳而定矣。"又以金币暗耗,国用日空,宜筹补救之法。略言:"国家与外人通商十馀年矣,尝考近年出入之表,输入者七千万,输出者仅五千万,而洋药入口价值至三千馀万。为今之计,若能杜绝来源,严禁民食,拔本塞源,斯为上也;其次莫如弛种罂粟之禁,仿屯种之法,以敌其利。"疏皆留览。

嗣以云南报销案迁延日久,疏请先将被参之王文韶罢斥,使审讯者无所顾忌,易得情实。上不允,惟添派惇亲王、翁同龢会同查办。旋因星变河决,陈政令阙失,复疏论之,仍不报。十一月,劾都察院左副都御史崇勋素无行检,上命广寿、阎敬铭查确,褫其职。十二月,极言考场积弊,条陈七事:曰慎简考官,曰严惩房荐,曰精核录遗,曰严稽考到,曰整顿誊录,曰整肃场规,曰严行覆试。皆得旨施行。九年,转户科掌印给事中,稽察富新仓。二月,奏参前山西布政使方大湜,以来京听候简用之员,绕道不前,饰词托病,违旨任情,请下部惩处,从之。又以广东守令贪庸乖谬,讳盗殃民,劾罢高州府知府钟秀、茂名县知县王之澍。三月,充会试内帘监试官。七年,已革总兵陈国瑞在戍病故,承修胪陈功绩,代乞恩施,诏开复原官,战绩宣付史馆。

八月，以外患日深，请敕百官廷议，以定国是。略曰："法人窥我无能，肆意蚕食，取南定，取河内，长驱入越。朝廷绝无处置，关外之师逡巡而不敢进者数月。惟越之督臣刘义以孤军血战，幸而胜之；不然，越之北境已为法人有矣。昨者道路传言，法人袭居顺化，阮氏以降，国都以覆。闻刘所将精锐，不过二三千人，久暴露于外，粮尽援绝，其势不支。越之全境必折而入于法。越已入法，则因越地用越人，开矿制器，练军积谷，较欧洲数万里之调拨，难易迥殊。数年之间，必别开衅端，为得寸入尺之计，则滇、粤之边防益亟，而祸无既日矣。所谓一日纵敌，数世之患。不知诸臣果有何法以善其后也？伏见祖宗朝凡有大事，必须廷议，以博采群言。前者俄人踞地要求，疆臣有弃地徐图之议，赖我皇上圣明，广集廷议，虽无甚裨补，而盟约卒底于成。今越南之变，迫于俄境，而大于琉球，伏乞特诏百官廷议，各陈所见。若言无可采，则决之宸断，庶浮议息而国是定矣。"仓场侍郎游百川奉命查检黄河，力持分水之说，欲开徒骇、马颊，导河北行。承修疏言："该侍郎所议，劳费无益，且直以邻国为壑。"得旨着游百川回任，以陈士杰代之。又以已故知府马绳武素行卑污，滥膺祀典，奏罢之。十一月，以广东吏治积弊，奏陈八事：一、查事委员，宜禁受贿；一、流寓土著，宜禁服官；一、劣幕盘踞，宜严稽核；一、贪吏苛罚，宜严开脱；一、讳匿劫盗，宜援案纠参；一、械斗杀伤，宜严处分；一、捕拿盗匪，宜禁焚屋；一、官员庇赌，宜申禁令。复极论知府刘湘年、方功惠，知县卢乐成、徐殿兰、胡鉴、王序贤，通判陈嵩寿，暨抚幕沈彬、宋华廷诸员，赃污酷虐状，先后得旨诘责，降黜有差。

十年二月，法越事亟，边防兵溃，首劾唐炯、徐延旭失律丧师，赵沃、黄桂兰拥众坐视，宜正军律。复论："沿边之患，广西急于云南；沿海之患，广东急于他省。宜命张树声统军出驻南宁，彭玉麟总督两广，激励提督方耀，总兵郑绍忠、邓安邦各员，使皆奋勉效命，则边海防各得其任矣。"三月，朝廷以边事日棘，斥退旧辅，别简枢臣，复奉懿旨军机处要事，会同醇亲王商办。承修疏论："国家之用亲藩，与大臣异。大臣有过，罢斥之已耳；亲藩则国同休戚，有过必裁抑之曲成之，毋使终于废弃而后安。恭亲王辅政多年，久资倚畀，请皇太后俯念亲贤，深维国计，用醇亲王之忠诚，以肩其巨；用恭亲王之谙练，以理其烦。于共和夹辅之道，不无裨益。"四月，督臣李鸿章电奏法国水师总兵福禄诺令税务司德璀琳面呈信函，请将越事从中和解，承修联合台谏，极言和议难恃，请诘问李鸿章此议能否确有把握，仍严谕沿海各督抚力筹战守，免堕奸谋。旋偕国子监司业潘衍桐密陈间敌之策，曰："法人国事，皆出议院，兵饷皆由商贷。越南之役，因添招大富浪夷兵及漆甲黑鬼兵，数为刘义之军所挫，伤夷过半。该兵日索赔费，法人力不暇给，其困敝一也。法总统刚必得乘普法之乱，骤握大权，国人不服，调兵筹饷，动拂商情。若坚持数月，彼内变立起，其困敝二也。法夷前据嘉定六省，今又增数省，疆土日辟，备多力分，日虞我师之至。其困敝三也。越南暑湿，秋夏之交，瘴疠骤发。彼军远来，卒不服习，死亡必多。其困敝四也。法夷数败之后，以重利饵沿海粤民，使为前敌。自去年十月，法商人心涣散，饷源匮乏，延不支发，兵士愤极思乱。其困敝五也。有此五敝，宜其和之速且易矣。朝廷若遽许其和，彼得以其暇日修守战，制器械，为后日攻取要求之计，所谓养虎贻患，可为寒心。闻此次法夷所恃以破刘军者，两广沿海边界客民，客民最为法人所畏，亦易为法夷所诱。与其去之以资敌，何若用之以攻敌。为今之计，惟有主缓和之议，以破其狡诈之情；用反间之谋，以断其招徕之路。云南昭通镇总兵何雄辉籍隶广东，谙熟边徼要害，与客民言语相通。乞饬何雄辉径赴两粤边界，专招客民数营，或为外援，或潜往敌营以为内应。我军驻边界者，复遥为应援。一俟机缘，立时举发。如此则战固可胜，和亦无伤。诚今日釜底抽薪之奇计也。"时边军屡挫，朝廷择将，以唐仁廉调署广西提督，承修谓津海为畿疆门户，奏请仍留唐仁廉驻守北塘，以固根本。

　　五月，授内阁侍读学士。六月，复言："西山失守，北宁溃散，法人遂有轻量中国之心。迨见我遣将增兵，军心稍振，法又以和饵我。朝廷既许之，法仍虑我边军未撤，牵掣于西，未遑于东。于是有谅山一役，藉词背约，而马建忠、李凤苞、赫德诸人潜结勾通，挟制朝廷，恐吓总署，遽下撤兵之诏，使法人无西顾之忧，遂敢悉其精锐尽力于东，为索兵费之举。今宜电谕张树声统率淮军，由东路进逼海防；别令何雄辉招募客民为奇兵，由钦、廉小路进；王德榜统湘军由中路进攻北宁；而令唐景崧率所部为前锋，岑毓英率刘永福出保胜，由西路进。部署既定，一有决裂，即谕令疾驰出关。此乃以攻为守之策。"会法人藉口争衅，攻占鸡笼，枢臣议战议和，游疑莫决。承修再陈三策曰："法之所长在水战，我之所长在陆战。今法人攻据鸡笼，舍舟登陆，实为弃长用短。且彼所恃西贡、东京之援耳，我若以三路之师急攻越南，彼将自救不暇，不出旬日，必将求成于我。然后我以重兵屯越，使彼内有所忌，而后沿海之祸可纾，即沿海之兵可减。此为上策。其次则分兵为守，敌来则战，敌去不追。然备多力分，彼以数千之众，缀吾十万之师，旷日持久，师老财匮，利害与吾共之。此中策也。若以饷绌运阻为虞，不敢言战。敌人得窥此意，以战胁我，以和饵我，不折一兵，使我坐输八十兆之巨款，彼得藉以经营越南，蚕食滇、粤，其祸可胜言哉？是谓下策，是谓无策。"

七月，补鸿胪寺卿。疏称："近者法人因要挟未遂，率其兵舰直犯马尾，若舍舟登陆，弃其所长，乘势进攻福州，我以长门、马尾各路之师，扼其归路，俟援兵四集，可聚而歼也。窃意法人必不出此，不过扬威海上，调其西贡、东京之兵，希图再举耳。朝廷前者谕令滇、粤进兵，以为牵掣，实目前第一要着；但进兵宜速，事权宜一，请特诏唐景崧速为召募成军，迅即出关，与刘永福并力攻取，军中事宜许其专折陈奏。更奖励王德榜军，令同时并举，为刘军犄角，则规复可期矣。"八月，命在总理各国事务衙门行走，疏辞，不许。九月，以征南诸军将帅不和，多怀顾望，疏请特简一威望素重之大臣如彭玉麟等，督办两省征南军务，以一事权；复奏保刑部主事杨秀实、举人知县黄遵宪，均得旨录用。十一月，疏言："闻鸡笼失后，台湾巡抚刘铭传知为李彤恩所误，愧悔莫追，竟成心疾，章、曹诸将无所禀承，台防危急。请旨电饬杨岳斌迅速渡台，察看刘铭传如精神识略足巩全台，即令其迅复鸡笼，以赎前过；倘病状属实，则应先解其兵柄，俾令静养，冀效将来。一面按问李彤恩挟怨失机罪状，一面严敕曹、章各军克期进取，不得迟回，致生他变。"自法越事起，承修陈说兵事，章凡十三上,皆留览,多见采纳。

十二月,左中允樊恭煦因言事降黜,承修疏乞宽免,奉严旨切责,下部议处。寻议以降三级调用,加恩改为革职留任。十一年六月,连疏劾湖南布政使龚易图贪劣钻营,河南开归陈许道潘仕钊猥鄙刻薄,广东学政叶大焯嗜利无厌,经彭玉麟、张之洞查办得实,均罢斥。七月,请假回籍省亲,诏许之。未出都,复奉命赴南关与法使会勘中越分界事宜。十月,驰抵龙州。时北宁、谅山越团游勇充斥,道路梗阻,法使欲会于北海,从广东钦州勘起,总署已坚拒之。承修正欲出关察看,奉电谕谓地图法使所携有同异,当以会典、通志为主。或谓谅山在分水岭东,本宜划归粤界,惟此说与新约不符,须费辩论;若于两界之间留出隙地若干里,作为瓯脱,最属相宜。而云贵总督岑毓英则请令法退还北圻数省,于河内海阳通商,两广总督张之洞则谓三不要地为历朝旧界,宜划归中华。时议又谓法兵病饷艰,议院欲弃北圻,宜划谅山河北驱骡为我界,谅山河以南东抵船头,西抵郎甲,河以北为瓯脱。更有谓越乱方炽,法力已疲,待其技穷,方易就范。持论不一,上亦以议界必博采众说,多争一分即多得一分之利益,勿轻率从事为训。

十一月,约法使浦理燮会于文渊。先是,谕旨令广西巡抚李秉衡会同履勘,法使以其握兵权也,不欲与会,坚却之。承修电奏力争,秉衡始得与议。两粤疆臣欲会议时,令冯子材、苏元春两军在粤越界地,陈兵慑制,诏止之。承修乃单骑出关,与浦使会商,坚欲照约,先议改正界限,而彼则力持先勘原界之说,辩论各不相下,浦使多方恫吓,承修亦言看界而不更正,即断我头亦不能从。浦使知不可夺，阳许以文渊、保乐、海宁三处归我，旋又悔之。阴乃电告其驻京使臣，以承修违约争执，势将罢议，复挟其国外部电，大言詟我朝廷，肆其要胁，遂有先勘原界、再商更正之谕。承修复电陈三难二害，略谓："附界居民畏法虐，不愿改隶者不下数万人。若先勘原界，民心惊疑，恐遮道攀辕，因而滋事。难一。游勇近攻得保乐、牧马以东，千百为群，道路梗塞。难二。原界俱在乱山之中，十不存五，悬崖叠巘，毒瘴渐生，加之淋雨，人马不前。难三。且既勘原界，彼必觊去新界，绝无可商。岂惟驱骡，即文渊亦不可得。关门失险，战守俱难。害一。文渊已失，谅北无寸地属我，势必胁我关内。通商边营，尽落后着，揖盗入门，既弃越地，复失粤地。害二。"朝廷始终中于法使先入之言，奏入不省，仍电旨催促先勘原界，所争新界，暂置不论。十二年二月，春深瘴起，承修电述病状，请暂停议，回龙州医治，俟秋后再勘，上仍不允，而浦使更坚约速勘；承修再申前请，严旨诘责，有"耆英治罪成案俱在"之语，并下部严议。承修乃扶病会勘，至平而关瘴疠更盛，法使亦病不能前，乃互约停勘。

　　旋奉谕邓承修前曾给假省亲，准其率同随员暂回广东，届期再前往钦州起办。是年冬十月，如约赴钦州。十一月，至那梭。时法使浦理燮因事回国，别遣狄隆、海士来会。海士先至海宁，适为越团游勇所戕，越粤道梗。十二月，狄隆始至芒街，尚未开议，法已先占江平、长山等地，盛兵相待。承修亲往会议，而狄使因海士之死疑为粤人主使，甫晤面即盛气相加，肆言怨愤。承修以礼折之，气稍下，始及界议。法以遍地团勇艰于履勘，[一]请援照云南办法按图定界，朝廷已许之，于是首议江平、黄竹、白龙尾各地,法以为其用兵所得,不肯轻让,据无稽之图说,欲划归越境;承修以地属龙门营水师汛内所辖,居民有华无越,中外图籍炳然,极力辩争。狄使见我词理俱直,欲权于白龙尾中画一线,左归华,右归越。承修以其地为钦海外户,我守之则遥控海宁,敌窥我廉郡必顾其后;若彼居之,则内逼防城,外断东兴、思勒,是无钦、廉也。即中分一线,此岛形狭而长,彼既筑垒,我将安守?形势所关,不能迁就,议久未决。乃暂与定约三条:一、大段相合;二、较图不合作为未定,各请示本国;三、撤江平之兵。狄使仍狡辩,乘界议未定,竟以兵力驱江平、黄竹居民内徙,呼吁使辕,哀求安置者,日凡千百。承修责问狄使,彼答以兵事有地方官主持,〔二〕江、黄界已归驻京使臣与总署面议,不能挽越。反覆诘驳,往来六次,两无端绪。朝廷恐议久无成,别开边衅,许驻京法使之请,凡未定之界归入后议,不决处所,一并在京商定,乃谕敕承修先自钦西至桂省,全界彼此不争之处,一律作速勘办,遂与法使即芒街校对图籍,订定清约。粤桂详图分四段,第一图起竹山至隘店隘口,而向日所争论之嘉隆河八庄、分矛岭、十万山三不要诸地,均归我界;第二图起平而关至水口关外;第三图起水口关外至那岭、岜赖之西南;第四图起岜赖至各达材外止,与云南界接。于十三年二月立约署押,以界图校竣入告。四月,谕界务将竣,邓承修准其先回钦州候旨。五月,复谕中法续订界务、商务条约,已派王大臣与法使画押,其设立界牌事宜,照约由地方官会同驻越法员办理,邓承修着即驰驿回京。寻予免部议革职处分。

十四年,因病乞解职,疏三上,许之。在籍主讲丰湖书院,读

书养母。十七年，卒于家。宣统元年，以两广总督张人骏请，诏
将学行事迹，宣付史馆立传。

【校勘记】

〔一〕法以遍地团勇艰于履勘　"遍"原作"偏"，形似而误。今据邓承
　　修传稿(之三二)改。

〔二〕彼答以兵事有地方官主持　原脱"官"字。今据邓承修传稿(之
　　三二)补。

翁同龢

翁同龢，江苏常熟人。大学士心存之子。咸丰六年一甲一
名进士，授翰林院修撰。六月，充实录馆协修。十二月，实录告
成，命俟散馆后遇有升缺开列在前。八年，充陕甘乡试副考官，
旋提督陕甘学政。同治元年三月，充会试同考官。六月，升右春
坊右赞善。七月，充山西乡试正考官。十月，充日讲起居注官。
寻丁父忧归。四年二月，服阕回京，三月，补原官。六月，转左赞
善，升右中允。十一月，命在弘德殿行走。五年，升翰林院侍讲。
六年，迁詹事府右春坊右庶子。七年，晋国子监祭酒。九年，升
太仆寺卿。十年，擢内阁学士，兼礼部侍郎衔。因母病疏请开
缺，予假慰留。十二月，丁母许氏忧，赐祭一坛，赏银二千两治
丧。同龢历充实录馆纂修、总纂，国史馆纂修，武英殿纂修，必勤
必恪，事皆尽职，屡得优叙。

十一年，穆宗毅皇帝大婚礼成，赏头品顶戴。十三年，服阕，
命仍在弘德殿行走，补内阁学士。同龢居讲席，每以忧勤惕厉，

启沃圣心。当八年六月武英殿之火也,同龢恭录康熙八年、嘉庆二年遇灾修省圣训进御,复以历代名臣奏议因火灾上言者,于讲案前剀切敷陈。因疏言:"变不虚生,遇灾而惧,乃千圣之格言,祖宗之心法,不可不身体而力行。宜停不急之工,惜无名之费,开直臣忠谏之路,杜小人幸进之门。答天诫,修实政者,庶几在是。"上览奏动容,遂有停工程、罢浮费、求直言之谕。

　　光绪元年八月,署刑部右侍郎。十二月,钦奉懿旨:"皇帝冲龄践祚,亟宜乘时典学,日就月将,以裕养正之初,而端出治之本。着钦天监于明年四月内,选择吉期,皇帝在毓庆宫入学读书。着派署侍郎、内阁学士翁同龢,侍郎夏同善授皇帝读。其朝夕纳诲,尽心讲贯,用收启沃之效。"同龢疏辞,又奉懿旨:"皇帝典学之初,端资养正。朝廷以翁同龢曾在弘德殿行走有年,特命与夏同善在毓庆宫授读。翁同龢、夏同善惟当尽心纳诲,用副简任之意。其各懔遵前旨,毋许固辞!"二年,迁户部右侍郎,充经筵讲官。四年,晋都察院左都御史,赐紫禁城骑马。抽查漕粮御史英震被同官纠劾,同龢以曾将英震保列一等,自请议处,经吏部议以降一级留任。五年正月,迁刑部尚书,四月,调工部。六年,充典会试副考官。七年正月,管理国子监事务。九月,孝贞显皇后梓宫奉安,赏太子少保衔。八年,命在军机大臣上行走。同龢以军机处总揽机事,现直毓庆宫,若兼任要差,恐滋贻误,疏请收回成命。上知同龢深,谕以当体念时艰,力图报称,不允所请。九年,充教习庶吉士。同龢长于政事、文学,自是屡任是差。十年,越南事起,法人构衅。朝廷念国家元气未充,时艰日巨,内外事务,丛脞堪虞;而军机处为内外用人行政之枢纽,不能辞咎,严旨切责,将军机王大臣等悉予斥退。同龢甫直枢廷,适当多事,亦以无所建白,退出军机处,仍在毓庆宫行走。

十一年八月,充顺天乡试副考官。十一月,调户部尚书。十二年二月,德宗景皇帝恭奉孝钦显皇后祗谒东陵,派同龢留京办事。十月,充会典馆副总裁。十三年正月,同龢以上年六月曾奉谕旨,令醇亲王会同军机大臣、户部、工部筹议钱法,期复旧制。同龢时掌户部,再三审慎,机器制造工本过巨,京局开炉,尤恐市井滋疑,不如令湖北等省搭解制钱,运津备用为善。疏入,懿旨责以不能仰体朝廷裕国便民之意,饰词延宕,下部严议,应夺职,特旨加恩改革职留任。寻开复处分,任职如故。十四年,充顺天乡试正考官。十五年,德宗景皇帝大婚礼成,赏戴花翎。七月,予假修墓,以同龢日侍讲帷,深资启沃,事竣命驰驿回京。十一月,赐西苑门内骑马。十八年三月,充会试正考官。六月,充会典馆正总裁。十九年八月,充顺天乡试正考官。十二月,充国史馆副总裁。二十年正月,恭逢孝钦显皇后六旬庆典,赏双眼花翎、紫缰。是时,中日事棘,朝廷意主用兵,命同龢、恭亲王等商办军务,再授军机大臣。二十一年,在总理各国事务衙门行走。二十二年,充方略馆总裁。二十三年,以户部尚书协办大学士。

同龢痛于甲午之役,知非变法不足以图存,破格求贤,冀匡时变,惜望治过急,荐举非人。二十四年四月,奉朱谕:“协办大学士翁同龢近来办事多不允协,以致众论不服。屡经有人参奏,且每于召对时,咨询事件,任意可否,喜怒见于词色,渐露揽权狂悖情状,断难胜枢机之任。本应查明究办,予以重惩,姑念其在毓庆宫行走有年,不忍遽加严谴。翁同龢着即开缺回籍,以示保全。"十月，又奉朱谕："翁同龢授读以来，辅导无方，往往巧藉事端，刺探朕意。至甲午年中东之役，信口侈陈，任意怂恿，办理诸务，种种乖谬，以致不可收拾。今春力陈变法，滥保匪人，已属罪无可逭；其馀陈奏重大事件，恫喝要挟，无所不至。事后追维，深堪痛恨！前令其开缺回籍，实不足以蔽辜，翁同龢着革职永不叙用，交地方官严加管束。"

同龢罢斥以后，闭门思过，念及时艰，辄复流涕。三十年五月，卒于家，身后萧然。吴中士民见其忠清，同深嗟惜。宣统元年，郡绅合词，以同龢前后三十馀年，再为师傅，两预机衡，追思讲画之劳，宜在矜全之列。两江总督端方据情入告，请准开复原官，允之。

清史列传卷六十四

已纂未进大臣传三

张仁黼

张仁黼，原名世恩，河南固始人。光绪二年进士，改庶吉士。三年，授职编修。十年，法越事起，奉旨交廷议。仁黼与编修朱一新等奏请严海防以杜狡谋，略谓："能战然后能和。道光年间，抚议未成，海防先弛。遗患至今，前鉴不远。今宜示以朝廷主战不主和之意，严申军律，以肃戎行。敌亦安能持久，是在当事者之坚忍耳。至李鸿章所奏内外上下卧薪尝胆之言，实为救时要论。顾临事则每思自奋，事后又徒托空谈。当兹时势艰难，一误岂堪再误？此其道在求诸实事，其端必始自宫廷。"

是年，命在上书房行走，旋命授溥伦、溥侗读。十一年，京察一等，以道府用。寻提督湖北学政。训士以格致诚正之学，捐资恭刊列圣训饬士子文，及吕氏四礼翼、陆氏松阳讲义、陈氏明辨

录、倭氏为学大指诸书,并广购朱子小学、近思录,以饷士林。整
饬经心等书院,奖勤惩惰,严嗜好之禁。其有嗜好者,以时抽查;
屡戒不悛者,重惩之。士风为之一振。十四年,任满,仍直上书
房。十五年正月,德宗大婚礼成,赏六品衔。二月,命授载济读。
八月,赏御制劝善要言。十二月,充文渊阁校理。十八年,补国
子监司业,迁詹事府右春坊右中允,转左中允。晋司经局洗马,
寻署日讲起居注官,补翰林院侍讲。

　　二十年,大考翰詹,列二等。孝钦皇太后六旬万寿,赏加四
品衔。是年,日本藉端朝鲜,与我开衅,军数失利。朝臣多劾军
机大臣礼亲王、孙毓汶等朋比误国,仁黼与侍郎李文田等合疏请
旨起用恭亲王管枢务,略谓:“宋哲宗朝宣仁皇太后起用司马光
为相,辽、夏之主不敢生边衅。今恭亲王之贤,不知于司马光何
如,而亲贵则过之。我皇太后之圣明,尤非宣仁所能及。恭亲王
艰巨重膺,纲纪整肃,军务当有起色。”未几,恭亲王召入军机,又
疏请派吴凤柱速带马队驰援旅顺,有“旅顺失则大局坏,徒守山
海关无益”之言。又疏请停止点景,移作军费。二十一年,转侍
读。二十二年,擢鸿胪寺卿。二十三年,充四川乡试正考官。[一]
二十四年,除奉天府府丞,兼学政。丁父忧,未之任。二十六年,
拳匪事起,奉命在籍督办团练,服阕,召赴行在。时财政支绌,当
事议加丁口税,召对力陈不可,事遂寝。二十七年,授顺天府府
尹,请收回成命,召对时,奏称:“府尹职守,今昔异宜。昔重持
正,今重外交。臣不习洋务,倘举措失当,恐误大局。请饬李鸿
章举通晓外交人员请简。”遂改授左副都御史,崆跸回京,署兵部
右侍郎。

二十九年，河南因征粮改章，致孟县、武陟等处民变。仁黼以桑梓之邦，见闻较确，五月，乃上疏沥陈豫民艰苦情形，恳请弭患以全大局。略谓："河南居天下之中，民风素称朴厚。平时交纳钱粮，供应徭役，无不奉公惟谨。即如芦汉铁路所经之地，洋工程司来往履勘，从未闻聚众滋事，上贻朝廷之忧。诚使抚辑得宜，断不至变生意外。乃近闻河南因改银完钱，激成民变之事。谨就豫省现办实在情形，与夫利害之关系，事势之流极，缕析陈之。查河南通省一百零七州县厅，以现钱完粮者，俗谓之'钱庄'；其中有四十五州县，以现银完粮者，俗谓之'银庄'。其银庄地方，斗亩较窄，漕折较重。当日定制，斟酌地方情形，参差之中，具有精意。二百年来，一律遵行，相安无事。历任河南巡抚、藩司，考核丁漕者，颇不乏人，亦从无轻议改章之举。现任河南布政使延祉上年曾以随粮捐输，饬属办理。经前任巡抚锡良批斥，责其冒昧操切，事遂中止。现调任抚臣张人骏，初到任时，以添营筹饷，与之商酌。延祉稍易前说，另立各词，张人骏未及深察，据以入奏。查豫省现时银价每两换制钱一千文之谱，原奏所称每丁地银一两，改完制钱二千四百文，名之曰改，其实已较原额加一倍矣；暗中复加至二千八九百文不等，而又官吏胥役层层娄索，更在此数之外，直不啻于原额之外，再加倍半，且两倍矣。蔀屋穷檐，何以堪此？是岂朝廷恤民之本意哉？今年二月间，孟县百姓纷纷携农器至县署求减，知县孙寿彭不善办理，遂至激成变端。武陟、温县、原武、济源四县继之，河以南亦蠢蠢欲动。迩闻铁路工程司电告盛宣怀，有九段路线经过数州县，近日大见扰乱，声言与铁路为难，其作乱实情，因匮粮而起等语。臣闻信傍徨。伏思养兵所以卫民，非为殃民之具；练兵所以定乱，非为召乱之端。今民未乱而因兵以困民，迨乱既作，用兵以平乱，利害相权，其得失必有能辨之者，且乱之至恐未有底止也。现时甫经开办，乱端已萌者数州县矣。上忙届期，官吏催比，设四十馀州县，蚩蚩愚众，徒以不堪诛求之故，同时接踵，驯良者贫不聊生，宛转于追呼之下；桀骜者铤而走险，弄兵于潢池之中。万一有匪徒煽惑其间，愚民无知，迁怒外人，甚至毁铁路，拆公司，戕教士，焚教堂，皆意中必有之事。工程司之电，其明证也。即曰兵力可恃，我能剿平，而内有饷项，外有赔偿，核计所费，奚止倍蓰？得不偿失，有断然者。设或势成燎原，我兵未能即时平乱，外人藉口代剿，添兵占地，别生枝节，又将何以应付？惩前毖后，熟思审处，国家何取岁增三四十万之款，而因此酿成巨患，致坏大局乎？臣上年奉命治团，曾与延祉共事，见其智虑精核，办事亦能持平，不知此事何以偶未深思，固执成见至此。又闻张人骏见银庄改钱以来，屡召乱衅，颇有悔心。惟既误信于前，又系原奏之人，未便再三渎请。臣默审事机，关系至重，用敢呼吁于君父之前。仰恳饬将豫省钱粮仍照向章办理，河南幸甚！大局幸甚！”得旨：“此案前经张人骏奏请援照山东随粮捐输章程办理，是以照准。若如所奏各节，改章加征，民情不顺，难保官吏不从中索扰。着张人骏据实查明，不得以陈奏在前，稍涉回护，应如何禁革变通之处，务当体察情形，妥为办理。总期筹款而不扰民，毋致别滋事端。”于是张人骏奏地丁仍照旧章征收，民赖以安。六月，充江西乡试正考官。

三十年，因推恩得荫一子。是年，上以巡警为方今要政，现办工巡局,尚有条理,亟应实力推行,改五城练勇为巡捕,均按内城办理,命仁黼会同左都御史寿耆、尚书那桐通盘筹画,认真举办,以专责成。三十一年五月,上以日俄两国在华盛顿议和,中国应如何因应,将来接收东三省应如何善后办法,令各衙门悉心筹画,各抒所见密奏。仁黼属稿,与尚书长庚等合疏,略谓:"日俄开衅,战地乃在中国,我以势力不敌,守局外中立之例。然所谓局外者,对战国言之为外局也。今则两国言和,而直接开议,若仍置我于局外,则可虑甚矣。既已言和,必相竞利,利在两国,害在中国矣。中国利害迫切,而株守中立,无从与闻。将来两国议定,出片纸以要我,无一非损我益彼之举,拒之则登时生衅,许之则实有难堪。彼时处置之难,必更百倍于今日。臣等闻两国开议为期甚迫,因应之机断不可缓。况此事举动,关系全球。闻各国之派员明暗侦察,暨各自为谋者,不知几经缜密详审。即两国始战终和,于各国议论之向背,交际之疏密,及一举一动之机局,派员分驻各国考察者亦复不少。今我处万分危急之时,坐待分争,听客所为。事机一失,终难挽救。臣等愚以为宜速选派老成熟于交涉之大员,前往美都,会同驻美使臣商度,与日俄两国讨论参订,似较事后争论易于为力。目前虽两国直接,将必各有与我讨论之时,如有大员前往,密为窥察,设法维持,预为续议抵制之地,并密谕出使日、俄两大臣,随时侦探两政府之宗旨,及各国驻使,密察各政府讨论两国议和之政策,而尤注重于驻美使臣之应付。其最要者,或酌派得力人员分赴各国考察各项政治,为将来办理善后之地。因应之方,莫急于此! 至善后一切事宜,容妥商续陈。"先后多见施行。

十二月,补兵部右侍郎,调学部左侍郎。三十二年,署工部右侍郎,旋即补授。复调补法部右侍郎。三十三年四月,补大理院正卿。五月,奏请钦派部院大臣会订法律,略云:"今东西各国,莫不号称法治。环球法律派别之不同,盖分四大法系。实以中国法系为最古,谓之支那法系。其文明东渐西被,而印度法系生焉;由此播乎欧洲,为罗马法系,是为私法之始;更进为日耳曼法系,此法系复分新旧,是为公法之始。欧美诸大国皆属此二法系。日本法律本属支那法系,而今则取法于德、法诸国,其国势乃日益强。夫礼昭大信,法顺人情,此心此理,原可放诸四海而准。我朝列祖列宗,制作美备,大经大法,超越前古。今更取东西法律,合诸一冶。于上年有修订法律之命,将见支那法系曼衍为印度、罗马、日耳曼新旧诸法系者,复令归于一大法系之中,而成圣朝之法治,固不仅包含德、法,甄陶英、美而已。臣今窃有请者,一国之法律,将以维持治安,扩张主权,所以垂诸久远、推行无弊者,其为主要者有一,而成之者有三。一、组织立法枢机也,东西各国三权分立,其立法一权,莫不寄诸议院。故能顺乎民情,合乎公理,而裁可之权,仍在君主。既采舆论之公,亦无专断之弊。特中国政体不同,遽难仿行其法,然可稍取其意。彼公诸议院者,我则公诸群臣。近来各部院堂官皆参预政务,臣愚以为修订法律,以之颁布中外,垂则万世,若仅委诸一二人之手,天下臣民或谓朝廷有轻视法律之意,殊非所以郑重立法之道也。拟请钦派各部院堂官,一律参预修订法律事务,而以法部、大理院专司其事,并选通晓中外法律人员,充纂修、协修各官,均系兼差,不作额缺,另议办事章程。如此则有议院之长而无专断之弊，此臣所谓主要者一也。一、明订法律宗旨也。国之所与立者惟民。一国之民必各有其特性，立法者未有拂人之性者也。西国法学家亦多主性法之说，故一国之法律必合乎一国之民情风俗。如日本刑法，本沿用我之唐律，今虽屡经改正，其轻重仍多近乎中律，而民法五篇，除物权、债权、财产三编采用西国私法之规定外，其亲族、相续二编皆从本国旧俗。况中国文教，素甲全球，数千年来，礼陶乐淑，人人皆知尊君亲上，人伦道德之观念，最为发达。是乃我之国粹，中国法系即以此特闻，立法者必以保存国粹为重，而后参以各国之法补其不足。此则以支那法系为主，而辅之以罗马、日耳曼诸法系之宗旨也。一、讲明法律性质也。中国法律惟刑法一种，而户婚田土事项亦列入刑法之中，是刑法与民法不分，每为外人所指摘。故修订法律，必以研究法律性质之区别为第一义，而区别之要有四：一、国内法与国际法之别，二、成文法与不成文法之别，三、公法与私法之别，四、主法与助法之别。盖此四者，不外乎国与国、国与人、人与人三种关系。国与国之关系属乎国际公法，不在修订法律范围之内，如国与人之关系则属乎公法，人与人之关系则属乎私法。公法如刑法及诉讼法，是其刑事之涉乎外国人者，则为国际刑法；私法如民法、商法，是其民事之涉乎外国人者，则为国际私法。此二者皆于各法之总则中定之，是为关乎撤去领事裁判权之根本，而修订法律之最要者，则在主法与助法之别。盖主法为体，助法为用，如刑法及民法为主，而刑事诉讼法及民事诉讼法为助法是也。有主法而无助法，则徒法不足自行，主法虽精而助法未臻完善，其行之也犹不能无弊。此则法律性质之不可不辨者也。一、编纂法律成典也。法律之学首重统系,故欲修订法律,必宜研究编纂之法,而法典之不可不备者。如现今审判分立,而法院编制法寂寂无闻,此所以司法与审判,权限纷议,久之而后能定也。又如近者修律大臣等所订之民刑诉讼法,本甚简略,而窒碍难行者,已复不少;且民事诉讼法当以民法为依据,今既未修订民法,则民事诉讼法将何所适从,未免先后倒置。至民法为刑措之原,小民争端,多起于薄物细故,于此而得其平,则争端可息,不致酿为刑事。现今各国皆注重民法,谓民法之范围愈大,则刑法之范围愈小,良有以也。他如商律虽有端倪,然法人之制殊未能备,而海商之法更待补茸。凡民法、商法修订之始,皆当广为调查各省民情风俗,所习为故常,而于法律不相违悖,且为法律所许者,即前条所谓不成文法,用为根据,加以制裁,而后能便民。此则编纂法典之要义也。以上三条,臣所谓成之有三者是也。凡此诸端,固为修订法律之要术,然尤在造就法律人材,务期司法之官无不通晓法律,则治法、治人二者相因为用,夫然后可收修订法律之效。总之法律学理精深,修订造端闳大,非聚群臣之讨论,庶僚之蒐辑,断不足以成一代之法典。”又云:“立法之要,规模不可不闳,推行必宜有渐。臣闻<u>日本</u>变法之初,调查编订,阅十五年之久而后施行。其施行也,先其浅近,徐为试验,稍滋弊端,立即改正。审慎迟回,逐渐推广。迄乎今日,乃能蔚然成一代之规。我<u>中国</u>调查未久,商榷未精,匆遽施行,龃龉棼纠,其收效尚未可知,而困难甚于畴曩。朝廷明鉴万里,固已烛照靡遗。夫法律之所宜修订者,本欲撤去领事裁判权也。然而内审诸己,国势兵力之富强若何,人民教育之程度若何,内外文武人材之担任若何,如其尚待培养,则虽法律精允,足与列强同符,而欲各国领事裁判权遂一一撤去,不待智者而知其未易言矣。臣愚以为今日之修订法律,诚不可缓,而实行之期,则断不宜急。但使大其规模,宽以岁月,务求精详允备,厘然胥当于人心,然后择其易晓易从者,试行一二端,以渐推而广。即迟之十年、二十年,亦不为晚。否则于民俗习惯未甚惬谐,而贸然颁行,将不惟龃龉梦纠而已。诚恐外国之属人主义,其势力日益扩张,而内国之属地主义,其处理愈形掣肘。或遇地方有司奉行不善,因之酿患阶厉,外人且将藉口干涉,其为隐患何可胜言,是不得不深虑而熟筹者也。"得旨:"所有修订法律,着法部、大理院会同详核具奏。"覆奏多循其说议行。七月调补吏部右侍郎,充经筵讲官。三十四年二月,因母老请假归省,假满,病请开缺。旋丁母忧,哀毁卒于家。

仁黼历充考试提督衙门笔帖式、验看月官、朝审、监修东西四牌楼、估修崇圣祠、磨勘试卷、阅卷、读卷、拣选官缺、从耕耤田、覆核朝审、抖晾实录、厘定官制大臣各差。其两充乡试正考官,取士根于义理,而大旨归于通达。叙江西乡试录进呈,略曰:"明臣吕坤之言曰:'识义理易,识时势难;识时犹易,识势殊难。识义理,迂儒独能之;识时与势,断非通儒不能。国家之于科举,诚欲得通才而任使之也。夫义理者,道之涂辙;时势者,道之权衡也。君子之学于道,亦期能行而已。行于独而不阂于众,谓之通才。江西古理学文章之渊薮,第恐耆硕凋谢,荒江菰屋,株守一隅,不知瀛海广大,腐廓而无用,而一二颖特者,又或根器不深,非器则诞耳。朝廷方以通才望天下士,顾以浮薄应之。世变何赖焉？'程子曰：'治天下以培养人才为本。人才者天下之光气也，育之学校，所以厚其蓄；拔之科目，所以达其施。'臣等窃本斯义，悉心抉择，或有二三通才出乎其间，上应君国之求，下持风教之敝，其奏保经济特科人员孙葆田等十馀人，与校阅经济特科试卷，均守此义。"九月，遗疏入，奉上谕："开缺吏部右侍郎张仁黼，由翰林入直上书房，荐升卿贰。学问优长，迭掌文衡，克勤厥职。旋在吏部右侍郎任内，请假回籍省亲，因病准予开缺。兹闻溘逝，轸惜殊深！加恩照侍郎例赐恤。任内一切处分，悉予开复。应得恤典，该衙门查例具奏。"寻赐恤如例。

【校勘记】

〔一〕充四川乡试正考官　原脱"乡试"二字。今据张仁黼传稿（之三二）补。按本卷曹鸿勋传与陈启泰传均脱，并依此补。

王文韶

王文韶，浙江仁和人。咸丰二年进士，以主事用，签掣户部。五年，以海运全完奏保，尽先补用。七年，以捐铜局办理捐输认真奏保，俟补缺后以本部员外郎遇缺即补，先换顶戴。是年，学习期满奏留。八年，丁父忧，十年，服满。十一年三月，补福建司主事。六月，升四川司员外郎。同治二年，补陕西司郎中。三年二月，京察一等，记名以道府用；又以在工出力奏保，专以道员用。六月，授湖北安襄郧荆道。七月，户部奏遵保出力司员，加盐运使衔。

时发、捻各匪始由楚窜豫，会蒋凝学军道出襄阳，溃散八营，大局震动。文韶筹饷数十万，收集溃亡，兼筹防堵，境赖以安。逾年，调署汉黄德道。又值捻匪南窜，武汉戒严。文韶先事预防，得无患。六年二月，左宗棠督剿回逆，檄办西征后路粮台，疏荐于朝，有"才长心细，器识闳伟，素为中外信服"之语。同时湖广总督李鸿章亦荐文韶才大心细，为中外难得之员。十月，擢湖北按察使，十一月，署布政使。八年二月，调署湖南布政使，寻即补授。十年十月，署湖南巡抚。十一月，奏陈湘省地方军务大概情形，略谓："湖南近日情形，惟援黔、防境两大端，最为当务之急。自军兴以来，应募之卒，湘勇居多。厥后遣撤归乡，既不安于耕农，又素习于战斗，游手征逐，浸生事端。以故年来会匪充斥，伏莽遍地，宵小窃发，几于无岁无之。上年湘潭、道州，本年益阳、龙阳之事，其尤甚者也。臣于藩司本任内，随同前抚臣刘崐极力设法补救，通饬所属地方官清厘保甲，整饬团练，以冀隐戢乱萌。各属士绅又多以久历戎行，忠义激发，兼以利害切身之故，同心协力，各卫其乡。半年以来，渐著成效。虽区区小补，不敢谓此后遂可无虞，而第能思患预防，即偶有蠢动，当不致成燎原之势。从容消弭，事在平时。此地方防务情形，尚可仰纾圣虑。至援黔之师，数年以来，罄全湘之所有，以济军需，积欠饷银，已有二百馀万两。目前各营之饷，每月仅能发二十日，藩、粮两库，除例支各项外，其可拨济军需之款，本自无多，厘金盐税，亦止有此数。以出较入，远不相当，虽屡蒙朝廷垂念，酌拨各省协饷，亦以支应为难，未能一律照解。是故为湘省计，则积困之力，诚不能支，惟有自全以弭患，而为援黔计，则久累之功，自难遽弃，要在竭力以图成。事有两妨，势宜兼顾。本年奉有减援增防谕旨,亟思酌量变通,总以欠饷过多,一时尚难措置。臣虽暂时摄篆,断不敢玩愒苟安,亦不敢操切偾事。俟会商督臣通盘筹画,总期黔事有益,而湘力可支,竭尽愚忱,而未敢遽以自必也。盖其时剿捻军务紧急,黔苗乘隙滋事,桂东郡县悉遭陷殁,湘黔驿道梗塞,凶锋所指,扰及楚边,沅、靖、晃三府州厅,时被蹂躏。迭经前抚臣李瀚章、刘崐筹议大举,援防,戮力六七年之久,虽迭克桂东城邑,湘边仍复骚然,军威迄不能振。自文韶署任以后,乃专任臬司席宝田统兵进剿,苦战猛攻,始将贵州之施秉、施洞、台拱、九股河、凯里、麻哈、黄平、雷公山、黄茅、轿顶山各城隘,次第收复。湘境得以无警,黔境驿道亦渐疏畅。"时桂东苗乱尚未平定也,文韶益极力筹饷,屡促诸军破贼。于是丹江南猛、报德诸寨,先后削平,悍苗俘斩几半。

十一年,军务方甚得手,席宝田患病,不能督战。文韶以临敌易将,非兵家所宜,遂令席宝田所部各将苏元春、龚继昌、唐本友、谢兰阶、戈鉴分领其众,仍以席宝田调护之。将帅和衷,军心益固。苗疆有乌鸦坡者,冈峦绵亘二十里,最为险要。逆苗张秀眉知势已衰,纠其党杨大六等麇集其处,连寨数十,全黔叛苗尽萃其中。文韶遥策群苗铤走绝地,势将穷蹙,飞檄诸将奋力会战,群酋见长围已合,率党死战,我军颇有伤亡,而士气弥厉,袭破其卡,烧苗棚以千计。苗亦自焚其棚,退踞牙塘。寻夺其险,苗释械乞抚六万馀人。又破张秀眉、杨大六所踞各砦,残苗聚保乌堡、冷水沟,计将北走,黔军遏之,湘军驰至,截贼为两,阵斩数千人,降万人,并歼首要九大白,揭首于竿。苗匪乞降者二万馀人。鏖战十七日,乌鸦坡二十里苗砦悉平。搜斩严大五于雷公坪,擒江老拉,询知首逆张秀眉犹伏乌东山,复往搜之,与杨大六均各就擒,并获全大五于白水洞,槛送长沙,诛之。其他苗教各酋,或俘或斩,无一脱者。黔境肃清。湘境四脚牛寨苗蠢动,亦经芟定。飞章奏报,并陈苗疆善后事宜,奉旨嘉纳,留勇三十馀营驻扎黔、湘接壤,以资镇摄。至今桂东迄无苗患,而湘之沅、靖、晃三府州厅,与黔犬牙相错之区,居者得安耕凿,西路各县无赍送之劳。实赖文韶决策援黔之功。贵州巡抚曾璧光疏报全黔勘定,极称文韶派师援剿,尤能殚心竭虑,不遗馀力。

十一年五月,补授湖南巡抚。是年,以前巡抚骆秉章、张亮基、潘铎功德在民,奏准在省城建立三臣合祠。又奏请大阅,奉旨即着王文韶逐一查阅。十二年,奏:"遵照部议,酌定收标世职应支全俸、半俸额数,自本年起,以四百人暂为定额,照章给发,报部核销,庶于撙节饷项之中,寓体恤忠裔之意。"又奏遵查殉难故员,毋庸予谥,并详议与谥不宜太滥,以重名器。又奏请变通外官回避章程,祖孙父子一条,不论官阶大小,概令其子孙回避祖父以重伦纪。均从之。十三年,奏湘漕试办采买,请留漕项银两,以资转运,下部议行。光绪元年七月,宝庆府新化县属匪徒滋事,文韶檄总兵谢晋钧会同地方官前往剿办,匪首李澍暨邹序仁等先后擒获,讯明正法,解散胁从。其衡、永等属匪首李炳荣等,亦均剿斩,地方一律安谧。二年,奏请开复前湖南巡抚刘崐降一级处分,略谓:"该前抚在湘五年,正当抚邻、防境诸务棘手之时,即如援黔之役,告成于同治十一年三月。该前抚去任不及半年,臣任事未久,非急切所能就理。诸凡规画,皆该前抚历年心力积累而成。"又奏保记名提督龚继昌、王永章、韩殿甲,遇缺题奏总兵<u>廖长明</u>、<u>陈海鹏</u>五员堪胜专阃之任。三年十月,命来<u>京</u>陛见。<u>文韶</u>自署布政使到<u>湘</u>,至是凡九年,军事旁午,内治亦复缜密。如增广贡院号舍以庇多士,筹加书院膏奖以励寒畯,亲选各校高才以课实学,创设候审所、恤无告堂、栖流所以矜罪犯,字穷民,销盗萌,<u>湘</u>人至今颂之。

　　四年二月,署理兵部侍郎,在军机大臣上学习行走。时各省灾荒,天久旱,两宫御素膳,宫中日夜祈祷。上明谕引咎自责,并饬大小臣工恐惧修省,翰林院侍讲<u>张佩纶</u>、编修<u>何金寿</u>先后上疏,指陈阙失,请训责枢臣,两宫以咎在宫廷,不欲归过于下。<u>文韶</u>乃随<u>恭亲王</u>等以奉职无状,罪有应得,力请惩处,奉旨交该衙门严议。寻议革职,加恩改为革职留任。四月,补礼部左侍郎。乞假两月,迎母就养。七月,命在总理各国事务衙门行走。十月,赏<u>紫禁城</u>骑马。五年正月,命在军机大臣上行走。旋以京察开复革职留任处分。是月,调补户部左侍郎,兼管三库事务,仍兼署兵部左侍郎。六年正月,总理各国事务衙门。奏详议筹边之策,分边防、筹饷、储才三大端,列为八条:曰西路边防,曰北路边防,曰东路边防,曰<u>北洋</u>海防,曰<u>南洋</u>海防,曰综核饷需,曰节流筹饷,曰广储人才。户部奏筹备饷需事宜十条:曰严催各省垦荒,曰捐收<u>两淮</u>票本,曰通核关税银两,曰整顿各项厘金,曰严查州县交代,曰严核各项奏销,曰专提减成养廉银两,曰催提减平银两,曰停止不急工程,曰核实颜、缎两库折价,皆<u>文韶</u>筹议定稿,次第奉旨施行。七月,以办事迟延,交该衙门议处,部议以降二级留任公罪例准抵销,奉旨准其抵销。七年三月,<u>孝贞显皇后</u>升遐,赏穿孝百日。八年正月,署理户部尚书。六月,仍以户部左侍郎兼署礼部右侍郎。八月，兼署吏部右侍郎。

七月，彗星复见，御史洪良品上疏言枢臣舞弊，请旨罢斥，以弭天变。略谓："云南报销，户部索贿十三万，嗣以八万了事。景廉、王文韶均受巨万。"奉旨："览奏，殊深诧异！事为朝廷体制，重臣名节所关，谅洪良品不敢以无据之词率行入奏。着派惇亲王、翁同龢饬传该御史详加询问，务得确实凭据，即行覆奏。"惇亲王等奏："据该御史称，此等诡秘之事，岂有令御史闻知之理？士大夫商贾万口一词，不能指定何人。"得旨，仍着麟书、潘祖荫将此案澈底根究，务期水落石出，以成信谳。给事中邓承修奏，略谓："枢臣被劾无据，事实有因。被参之王文韶未解枢柄，应请先行罢斥，使朋比者失其护符，讯办者无所顾忌。"寻麟书等奏："查明大员接受外官私信，请敕呈录，并将疏纵案犯之司员，请旨先行交部议处，仍令沿途严催要证，迅即赴案。"奉上谕："麟书、潘祖荫奏云南报销一案，现经讯据户部书吏张瀛供称，潘英章来京，找伊办理报销，并许给银两，伊等各得受笔墨费多寡不等。崔尊彝、潘英章来京办理报销，是否系该督抚所委，该员等所赍银两，究系支用何款，是否库款抑系军饷盈馀，请饬查明等语。着刘长佑、岑毓英、杜瑞联将以上各节迅速据实覆奏，不得稍涉讳饰。"十月，文韶奏请开缺养亲，奉谕："王文韶之母虽年逾八旬，精神尚健，且迎养在京，亦可就近侍奉，无庸开缺。"旋又奏请开缺养亲，奉谕："览其所奏各情，本应俯如所请，惟现在军机处暨总理各国事务衙门办事需人，王文韶尚称熟悉，着仍遵前旨于假满后，照常入直，毋得再行渎请。"十一月，复请开缺养亲，允之。九年六月，以失察户部司员书吏收受云南报销案内津贴银两,并滥保劣员,交部议处。寻准部议降二级调用,不准抵销。旋丁母忧,服满。

十四年二月,在籍授湖南巡抚。湘人欢呼,谓将重来福我也。七月,抵任,即整理文武乡试诸务。十五年六月,擢云贵总督。八月,以恭逢崇上皇太后徽号,恩诏遵保获咎人员,已革前广东布政使姚觐元、降调前浙江按察使陈宝箴、已革前山西按察使陈湜、降调前湖南候补知府徐淦,先后奉旨擢用。十月,奏交卸湖南巡抚印篆,并片陈南洲水患,略谓:"洞庭湖为湖南北两省水利之枢纽,自荆江南岸藕池溃口,江水横决,挟泥沙而南,淤积西湖一带,渐以成洲。现合龙阳、华容、安乡三县辖境计之,广袤几二百里,名曰南洲。贫穷私垦,豪强争占,五方杂处,讼狱日滋,此皆近年情形。臣初次抚湘时,尚不至此,然此犹患之显著者,惟洲地愈积愈宽,则湖面愈占愈狭,容水之区日逼,必致横溢四出。湖北则荆江大堤受其害,湖南则滨湖州县被其灾。盖湖中之水既渐变而为田,则湖外之田将胥变而为水,此必然之势也。臣上年到任后,察悉情形,以为湖南之大患,无有过于此者。明知已成之洲,万不能再事划除,俾复全湖之旧,然救弊补偏,亦正岌岌不可终日。满拟今年秋后水落,遴选讲求水利、实心任事之员,周历重湖,详加查勘,或培堤以御汛涨,或开支渠以导众流,或将荒洲裁湾取直,以引溜而刷沙,总期于辰、沅、资、澧诸江水入湖之口,不致壅遏不通,激成泛滥之势。并申明定例,严禁私筑堤垸,私垦官荒,凡有淤洲苟无碍于水,亦祗准官为招佃,不准民间指请升科;即有昔为湖业,今成陆地之处,亦祗准豁除渔课,不得藉水占地。仍于南洲地方添设水师一营,常川驻扎巡防,无令寇盗因以为资,致蹈宋杨幺、明陈友谅故辙。此皆臣私忧窃计,而亟思设法补救者。[一]惜匆匆受代,未及见诸施行。惟念臣两任湘抚,湘人安臣之教令,有过寻常,臣既无德于湘人,而并此地方利害所关,亦未及早措置,冀弭巨患于方来。此尤夙夜疚心而不能自已者也。拟将详情告知新任抚臣,随时奏办,谨以附陈。”

十六年正月,抵云贵任。二月,疏陈地方情形,略谓:“滇省地处极边,实为西南一大都会。咸丰丙辰以后,汉、回构衅,乱民乘势蜂起,通省蹂躏殆遍。兵连祸结者二十馀年。仰仗天威,疆臣效命,用能歼除群寇,次第荡平。论勘定之功,前督臣岑毓英实居其首。迨军务渐定,地方政事诸待修举,则刘长佑之老成坐镇,其功自不可没;而现任抚臣谭钧培勤恳坚凝,实事求是,二三年来,改观尤速。臣未入境以前,采听风闻,默揣时局,谓地方肃清未久,一切政务,恐未能以承平行省相绳。及至身入局中,综观大略,举凡兵事吏事,防务盐务,俱有范围,有非臣始愿所及者。惟迤西界连缅甸,迤南壤接越南,大局变迁,势成逼处。交涉之事,日益纠纷。地方文武尚未能谙悉洋情,少见多怪,深恐措置失宜。此固弭衅之方,所亟宜讲求者也。滇民生计,向来视铜厂为盛衰。军兴以后,铜政废弛,民生日困。现经前抚臣唐炯督办矿务,创设公司,招集商股,整理旧厂,开辟新场。上年冬间,云南之巧家、贵州之威宁两厂,已报‘成堂’。成堂者厂中谚语,谓矿务已成局面也。闻成堂之矿,足供数十百年采取,可以用之不尽。此后起运京铜,必可较前顺手,裨国计而益民生,此事自关运会。臣忝任地方,遇有应行会商之处,亦不敢以督办有人,稍涉推诿。此云南之大概情形也。黔省素称瘠壤,物产不丰,省城以西曰上游,省城以东曰下游。臣自湘入黔,先经下游各属,窃见城市萧条,闾阎困苦。兵火馀烬,如在目前。驱车所至,恻然伤之! 及抵上游,则城乡气象,渐入佳境,鸡犬桑麻,自安耕凿。较之下游,迥不相同。惟通省地方,州县大半以赔累为苦,以竭蹶补苴之况,任刑名钱谷之烦,遇事因循,在所不免。过省时,抚臣潘霨与臣议论及之,谓数年来着意整顿者,亦即在此。盖官民交困,为黔省第一通病也。潘霨创办铁矿一事,意在因自然之利,开不竭之源,购置机器,水陆运载,建局设厂,大费经营。议者或以时绌举赢、力小任重为嫌,而臣窃服其任事之勇。现在工程将竣,三四月间,即可开炉铸铁,但期矿产丰旺,销路畅行。姑无论公中之利益何如,而自开采以及佣工转运,穷民之食力于此者,殆不可以数计。下游一带必有起色。此贵州之大概情形也。总之滇、黔两省被兵已久,受害过深,民间雕敝情形,非一时所能骤复。臣意主休养生息,实冀为边徼遗黎重谋生聚,非敢好持迂论,以镇静掩其衰庸也。”

时法越之事初定,越南游勇侵扰内地,沿边夷匪土司,与附近省会之教匪勾结营弁,一时并起,连陷富民、禄劝两城,众心惊惶。文韶剿抚兼施,获斩叛将,旬日而定。四月,云南镇康州土族刀老五勾结外匪,杀毙土知州刀闷锦,图盘踞土城。文韶饬永昌府知府邹馨兰督同官绅,调集团勇,驰往剿办,擒获贼首,阵斩匪党多名,土城克复。五月,猛喇游匪滋扰,窜至金子河、那窝寨,踞险抗拒,即檄总兵何秀林督师进攻,克复那窝寨,乘胜击破金子河贼巢,民赖以安。十七年六月,贵州独山州属峰洞、墨寨

等处匪首陆老钻、莫金保等聚众行劫，分遣伙党混入州城，约期
内应。拿获讯明正法，复阵斩陆老钻，生擒匪党吴陇福等，地方
得以无事。十八年，云南镇边地方新附倮夷，聚众滋事，拒捕戕
官。檄饬署理迤南道刘春霖督同文武员弁分路进兵，将东生、富
角、闲官等佛房，及东生等各家口营逆巢，次第攻克，生擒夷酋汉
奸悍贼多名，歼毙无算。招降二千馀众，拔出被胁难民五百馀
家，戕官首恶均经擒获正法，边境遂安。二十年正月，恭遇孝钦
显皇后六旬万寿庆典，赏戴花翎，并交部优叙。七月，里山里夷
头目丁洪贵等勾结匪徒，妖言惑众，附近夷寨多被胁从。文韶调
军剿捕，夷目就诛，扫荡匪巢，一律平靖。先是，云南防务自英、
法兼并缅、越后，西南两面慎密为难。文韶抚恤诸路土司，令自
为守。英、法勘界议起，与出使英、法、日、比四国大臣薛福成往
复咨商，援据舆图，索还界地，弭患尤在无形。

　　是年，日本与朝鲜有事，我军援朝鲜者，陆军屡却，海军继
溃。沿海各省戒严，而天津为京畿门户，尤关重要。九月，特召
来京陛见，十二月，派充帮办北洋事务大臣。二十一年正月，署
理直隶总督、北洋大臣。文韶料简军储，严定赏罚，督饬各营将
士，讲求战守机宜，巨细兼筹，昕夕罔懈。洎和议既定，举办善后
事宜，而遣散各军尤为繁重。时山海关内外防军共四五百营，酌
留湘、淮、豫军各三十营，督饬营务处分别水陆两途，悉数遣撤。
拊循周至，军无怨言。七月，调补直隶总督、北洋大臣。二十二
年正月，疏陈统筹北洋海防，略谓："北洋海防，以天津为诸军根
本之地，以大沽、北塘为内户，金、旅、威海为外户，而山海关、营
口等处分扼水陆要冲，相为掎角。环海三千馀里，在在均关紧

要。上年和议甫定,辽南未归,大局未能遽定,现当金、旅接收,
调募各军陆续遣撤,移防诸有头绪。亟宜及时整顿布置,以重防
务。查北洋沿海防军,前由督办军务处奏准,除原有守口各军
外,议留湘、淮、豫三军共九十营,分地屯守。现聂士成所统淮军
三十营,分扎芦湾一带;吴宏洛等军分扎北塘、大沽一带;新城盛
军旧垒,则有袁世凯新建一军填扎;湘军陈湜所统马步二十营,
与淮军贾起胜等军分扎山海关一带;宋庆所统毅军三十营,自
金、旅接收后,分部移屯,兵力尚单。布置粗为缜密,但使操防认
真,一兵有一兵之用,缓急庶为可恃。天津机器、制造各局,为军
火所自出。机器局铸钢一厂,现拟试造快炮,大沽船坞亦拟造单
管快炮;制造局拟添新式抬枪,此外器械之应添购修理者,均经
臣督饬各局随时筹办。此则简励戎行,蒐讨军实,最为目前切要
之图也。旅顺各局厂,台库规模,以船坞为最巨,而各炮台次之。
该船坞专为修理铁舰而设,现坞局厂库各房屋,毁损尚不甚多,
惟各厂机器,合计仅存十之一二,非购配安设,不能工作。应照
原定章程大加收束,量设工役,派员经理,以便南北洋各兵船在
此操巡,得以随时赴旅修整。其原设之械局、医院及浚澳船只、
指泊员役等项,势所必需,亦应酌量举办,俾无废事。至旅顺、大
连湾本北洋外户,威海现驻俄兵,南北对峙,形势最关重要,设防
未可稍疏。今查旅顺东西两岸炮台十一座,大连湾炮台六座,各
台身被毁甚多,其药库、兵房均遭拆毁,各台原设大小钢炮七十
馀尊,全数毁失。估修约需银二十万两,为数无多。惟添置各项
炮位,总非银二百万两不办,款项过巨。拟先择要兴修,变通旧
式,分年筹办,以各台之形势,定炮位之大小多寡,至省亦在百万

以外。前经臣奏准，将漠河金厂报效银十万两，存备旅顺善后之用，不敷尚巨，仍不能不仰给于部拨。现任东海关道李兴锐于北洋防务素所究心，拟即派委兼办旅顺、大连湾善后事宜，饬令渡海将旅、大局厂台库应修应缓各节，详细覆勘，拟具章程，约估用款，即行专案奏办。此则旅顺、大连湾等处坞工宜缓，修防宜亟，所应分别办理者也。至海防之利钝，总视水师之强弱。水师任战，陆军任守，奇正互用，应变不穷。各国海军每一枝必铁舰二三艘、快船六七艘、雷艇十馀艘，佐以练运探报各船，力大势盛，始可角逐争锋。北洋经营二十馀年，甫获成军，经此挫失，现仅康济一练船，飞霆、飞鹰两猎艇，新增建靖练船，修改尚未告成。欲复前规，一铁舰需款二三百万，一快船需款百馀万，加以各项船艇粗具规模，亦非二三千万不可。取诸库帑，则罗掘已穷；多借洋款，则负累愈重。且练兵简器，取精用宏，事同草创，非一时所可能遽就。计惟有整顿水师武备各学堂，简选训习，以储将才，严饬各练船认真操巡，以娴兵备。俟财力稍裕，渐次扩充。此则北洋海军虽宜亟办，而限于物力，所应为之以渐者也。"疏入，下所司知之。六月，坐代奏布政使王廉请托事，降三级调用，加恩改为降三级留任。

十一月，疏陈筹修旅顺、大连湾炮台，略谓："旅顺为北洋外户，左顾辽沈，右卫津沽，大连湾扼其吭，金州抚其背。大连湾之防不固，则旅顺不能守；金州之防不固，则大连湾不能守；旅顺、金州不守，则北洋全局震动。往岁之役，其前车也。旅顺原有炮台，密于防前而疏于防后，敌从大连湾入，旅顺遂成孤注。大连湾原有炮台，亦专顾防海而未及防陆，故敌从金州登岸，大连湾遂不能支。前督臣李鸿章经营布置垂二十年,徒以经费支绌,择要先修,未能处处严密,一旦挫衄,[二]尽弃前功。至今日而重整海防,不修复各处炮台,则不能固北洋之防;仅修复旧有炮台而不弥其罅隙,则复蹈从前覆辙,仍不足以固北洋之防。本年正月间,臣于统筹北洋海防折内,略陈大概,嗣有德国克虏伯炮厂委员克驰马、格鲁森炮厂总办年弥持出使大臣许景澄信函,先后来津,愿往各海口察看形势,经臣商令前往旅顺等处详细查勘,各陈所见,详略虽异,而主于水陆兼顾之义则同。年弥并绘具图说,于旧有各炮台分别去留,酌定修改;又于从前布置未密之处,添建陆路炮台,以防后路。计旅顺海口东西两岸拟修炮台十八座,东北、西北、西南三面添修炮台二十座,四围环绕,联络一气,无论水陆皆可守御。大连湾、金州之交,拟修炮台十三座,其黄山、和尚岛、徐家山等处炮台九座,专御水师;上下南关岭等处炮台四座,兼防陆路。其防海而击敌船也,则由二十八生、二十四生等项快装大炮;其防陆路及护濠墙也,则用十二生、十生半、暨五十七密里各项快放小炮,均皆量敌远近,因地制宜。合计旅、大两处各台,共需安设大小炮位二百三四十尊,连电光灯、钢甲炮架等项,共约估需价银三百五十万两上下。此乃因巨款难筹,极力从省计算,如财力稍充,尚需添建大铁甲旋转炮台及铁甲望台数处,方可益臻巩固。现闻总理各国事务衙门先后定购穹甲鱼雷等船,一二年内即可陆续来华,船台相辅而行。水师既已逐渐经营,炮台亦应及早布置。惟是建造炮台,要义不外击敌与防敌击两端。击敌则期命中及远,防敌击则宜坚筑深藏。择地而施,非深明测算之学者不能得其窾窍。旅、大各台虽经年弥等择定基址，查明大概情形，其地势之高下广狭，地质之土石松坚，以及炮台如何建置，仍须逐细测量，始能兴工，建台购炮，须同时并筹，建台需费约数十万金，俟定议后，核估请拨。其购炮一项，业经年弥等一再考核，无可再省。拟请敕部于筹备购船经费之外，先行酌拨银三百万两，由臣与各炮厂核实订购，务节虚糜而归实用。"下部妥议。二十三年正月，京察开复降三级留任处分。

直隶防务、交涉胥关重要，一切新政尤为全国命脉所系。文韶继前总督李鸿章之后，凡李鸿章举办未成之事，皆次第成之。如奏勘吉林三姓金矿，谓妥议开办章程，即为实边、裕饷、通商之计；奏开磁州煤矿，谓该处为芦汉铁路必经之地，铁路告成，即资其煤以为用，而该处煤铁各矿亦可逐渐扩充；又奏垦天津新农镇一带营田五万馀亩，以兴民利；减免望都县粮赋、玉田县差徭，以恤民艰；挖永定河淤塞，治潮白河故道，筑温榆河各坝；并设水利总局以除患兴利，免南商米税以济民食，铸北洋银圆以维圜法：皆奉旨施行。京汉铁路为南北第一干线，运兵济饷，关系民生国计甚巨。时议纷纭，迁延日久。特派文韶议办，会商湖广总督张之洞，往反讨论，决定借款兴筑，遂以成功。又奏设北洋大学、铁路学堂、育才馆、俄文馆、西学水师各学堂，上海南洋公学，以造就各种应用之才。二十四年五月，再奉命在军机大臣上行走，兼总理各国事务衙门行走，补授户部尚书。九月，赏西苑门内乘坐肩舆。二十五年十一月，以文韶七十生辰，赏御书匾额、对联、珍玩、文绮。旋以户部尚书协办大学士。十二月，充经筵讲官。二十六年二月，恭遇德宗景皇帝三旬万寿庆典，以年逾七旬，赏加太子少保衔。五月，充国史馆副总裁。

是年夏,拳匪肇衅,首祸诸臣惑于邪说,文韶力持正论,再三上陈,深中其忌。七月,事亟,闻尚书徐用仪、立山将罹于祸,亟拟申救已不及。事后始知首祸者并欲陷文韶,幸上圣明,置不问。时内外交讧,军机入直,仅文韶一人,而宫禁森严,声息隔绝。猝闻两宫西狩,遂携军机印钥徒步追随,崎岖三日抵怀来县,两宫驻跸,闻文韶至,立命入对,相持而泣。谕曰:“此后国家惟汝是赖!”随扈由晋入秦,召对日数起。事无巨细,罔不畴咨。凡东南保守之约,联军议和之款,皆参赞宸谟,密承乾断。统筹全局,转危为安。十月,授体仁阁大学士,管理户部事务。二十七年五月,充国史馆正总裁。六月,改各国事务衙门为外务部,授外务部会办大臣。八月,以回銮在即,赏穿黄马褂,旋赏用紫缰。九月,命署理全权大臣,先行回京,会办东三省中俄条约及和约未尽事宜。十月,以大局渐定,回京有期,文韶协力同心,不避艰险,赏戴双眼花翎。十二月,命稽察钦奉上谕事件处,又派督办路矿总局,转文渊阁大学士。二十九年二月,署翰林院掌院学士。五月,晋武英殿大学士。闰五月,加恩免带领引见。九月,开去外务部会办大臣,管理户部事务,充文渊阁领阁事。三十一年五月,有旨:“王文韶当差多年,勤劳卓著。现在年逾七旬,每日召对,起跪未免艰难。自应量予体恤,着开去军机大臣差使,以节劳勚。”三十二年二月,京察,命交部议叙。三月,因病奏请开缺,奉旨赏假两月,安心调理,无庸开缺。如是凡五请,皆蒙赏假。至三十三年五月,复陈请开缺,奉上谕:“大学士王文韶久赞纶扉,朝廷深资倚任。前因患病,迭次陈请开缺,未经允准。兹复沥陈病状,恳准开缺回籍,情词迫切,不得不勉如所请。王文韶着准其开缺,回籍调理,并加恩赏给驰驿。"

　　文韶扬历中外,抚湖南者先后七年,督云贵者五年,督直隶者四年,直军机者先后十五年。持大体,达情事,筹饷治军,处分适当。察吏抚民,洞悉其隐。用人不拘一格,凡所荐剡,多有声绩。名臣忠义,妇女节烈,多所表彰。其宠眷为同直枢臣所无。赏赉稠厚,至不胜纪。三十一年退出军机之后,二月停罢科举之诏下,知文韶在直之持异议也,然岁时颁赏,仍与在直时同。其为两宫优眷盖如此。三十四年正月,以乡举重逢,赏加太子太保衔。十二月,卒。奉上谕:"致仕大学士王文韶,器识深稳,才具优长。由部属简授外任,受先朝特达之知,荐擢兼圻,勤劳夙著。由直隶总督宣召来京,参预机务,晋赞纶扉。服官五十馀年,精敏勤慎,克称厥职。上年因病奏请开缺,陈恳肫切,准其致仕驰驿回里。本年因乡举重逢,赏给太子太保衔。方冀长承恩眷,克享遐龄。兹闻溘逝,悼惜良深!着加恩追赠太保,照大学士例赐恤。任内一切处分,悉予开复。应得恤典,该衙门查例具奏。伊子农工商部郎中王庆甲,着以道员用,伊孙江苏补用道王钰孙,着交军机处存记,用示笃念耆臣至意。"寻赐祭葬,予谥文勤。宣统三年二月,湖南巡抚杨文鼎以文韶功德在民,奏请于湖南省城建立专祠,春秋官为致祭,从之。有宣南奏议、湘抚奏议、滇督奏议、直督奏议,各若干卷。

【校勘记】

〔一〕而亟思设法补救者　"而"原误作"为"。今据王文韶传稿(之三二)改。

〔二〕一旦挫衅　"旦"原作"且",形似而误。今据王文韶传稿(之三二)改。

曹鸿勋

　　曹鸿勋,山东潍县人。由同治十二年拔贡,朝考一等,签分刑部七品小京官。光绪二年一甲一名进士,授职修撰。五年五月,奉旨充湖南乡试副考官。十一月,差竣覆命。七年七月,提督湖南学政。湘人素讲根柢学,而边僻各府往往谬于旧习,拘守章句。鸿勋輶轩所至,拔其尤者,令入省书院肄习,以资观摩。由是诸生闻见大开,边僻风气为之一变。十一年九月,差竣,请假回籍省亲。十二年五月,假满到京供职。十三年,命在上书房行走,并奉旨授载润读。十四年二月,京察一等,十五年正月,赏加五品衔。六月,奉命充陕西乡试正考官,寻改充江南乡试副考官。十二月,差竣到京覆命。十六年,充教习庶吉士。十七年五月,以母忧回里,十九年九月,服阕到京,命仍在上书房行走。二十年正月,以孝钦显皇后六旬庆辰,赏加四品衔。是年,京察一等,覆带引见,得旨着交军机处记名以道员用。三月,命以原衔充署日讲起居注官,旋奉旨授詹事府右春坊右赞善。三月,大考二等第五十名。十一月,充补武英殿纂修。二十一年八月,转左春坊左赞善。

　　二十二年正月,简授云南遗缺府知府。七月,云贵总督兼署云南巡抚崧蕃奏补永昌府知府,二十三年正月,到任。永昌居滇省极边,华夷杂处,素称难治。鸿勋下车后,平反巨案数起,人服其明断。且以时游历乡曲,询悉闾阎疾苦,凡有益于民生者,无不以身任之。大吏知其贤,调补云南府知府。二十四年九月,抵任。越岁,简授云南迤东道,旋署粮储道。二十七年三月,得旨,云南按察使着曹鸿勋补授。时滇省上控巨案,动辄累年不结。鸿勋抵任未及两月,断结巨案十馀起。由是大吏益倚重之。二十九年,擢贵州布政使。四月,命暂署贵州巡抚。时值广西游匪不靖,奉旨兜剿南丹土州,地方广袤二百馀里,游匪恒恃为根据地。鸿勋选将誓师,人皆思奋,匪徒闻风星散,不战而南丹胥平。三十一年正月十三日,调补湖南布政使。

是月二十一日,拜陕西巡抚之命。三十三年八月,得旨曹鸿勋着来京另候简用。是年十一月,到京,召见一次,旋奉上谕着曹鸿勋协理开办资政院事务。宣统二年九月,病卒。遗疏入,奉旨前陕西巡抚曹鸿勋,由翰林入直上书房,迭掌文衡。外任道府,荐陟疆圻。嗣因开缺,奉旨来京,派充资政院协理。宣力有年,克勤厥职。兹闻溘逝,轸惜殊深!加恩着照巡抚例赐恤。任内一切处分,悉予开复。应得恤典,该衙门查例具奏。钦此。"

马维骐

马维骐,云南临安府阿迷州人。由行伍积功,擢至四川提督。为人性沉毅,有勇略。年未弱冠,即好武喜兵,谋应武试。咸丰八年,遭匪乱,全滇被扰。思自效,乃以武童入营。九年,随同官军攻克沾益、马龙各州城,旋往禄丰、元、永等处防堵剿贼,所向有功,遂蒙前署滇督徐之铭汇案奏保蓝翎千总。[一]旋蒙拔补开化镇右营右哨千总。同治二年,省城被围,奉调赴援,奋力先攻,围立解。又接连克复楚雄等府州县城。九年,叙功保奏,奉旨以千总尽先拔补，并赏戴蓝翎。十年，复偕官军攻克新兴州大东沟贼巢。十一年，克复永昌府等城，先后出力，经两次督抚臣会衔奏保，得旨以守备补用。嗣以攻剿顺宁、云州等处悍匪之功，十三年，列保上奏，得赏加都司衔。

光绪元年，攻剿腾越等处贼巢，叙保都司，得赏换花翎。继又剿办宁州、邓川、镇雄等处匪众，擒斩首要，得保。奉旨以游击补用，并加副将衔。嗣又剿办各属蛮夷、土匪，要逆就擒。六年，得保，奉旨以参将补用。九年，奉委管带绥远左营练军。及法越事起，率师出关，遂以偏裨独当一路。初驻军兴化，援应北宁，屡败敌兵，旋进攻宣光，奋力薄城，昼夜不懈，当即阵毙敌将多名、敌兵无算。敌守将窘迫求救，投筒于江，屡为官军截获，城已垂陷。会敌援兵大至，刘永福一军在前被围甚急，该故提督奉调赴援，乃撤围驰救。至左城地方，值敌兵大队蜂拥而来，当以众寡不敌，被其包围，鏖战两昼夜，官兵阵亡三十馀人，势危甚，而该故提督勇气益奋，不少却，卒能战退敌兵，并拔出刘永福一军于险。旋分军往临洮助战，迭获胜捷，竟枪毙敌酋七名、敌兵数百，及夺获军械、红白衣数百件。十一年，事竣论功，奏保副将，并蒙赏加博多欢巴图鲁勇号。

十三年，剿平倮黑，辟地千里，设镇边直隶厅。按倮黑为滇边烟瘴之区，以澜沧江为门户，道途险远。自逆首张秉权盗据其地，常出滋扰。嘉、道、咸、同间，屡征不克，至其子张登发继父为恶，更得伪军师杨定国为之画策，招胁蛮夷、土匪数万人，啸聚其中，依险筑垒，拒守川江，[二]恃为巢穴，分党四出，焚掠边民，连年受其荼毒。经前滇督岑毓英檄兵分四路进剿，[三]诸将皆畏阻莫敢前，该故提督独率督标三营，冒夜前进，乘贼不备，已由<u>猛柱</u>间道抢渡<u>澜沧江</u>，贼始惊觉，以大股拒战。该故提督挥兵奋击，奇正兼施，连败贼众，分夺坚碉要隘数十处。贼势不支，退据<u>圈挖</u>伪城，坚壁自守。该故提督复会兵围攻，力夺伪城，再战败之于<u>大坟山</u>，遂追擒逆首<u>张登发</u>，并获其父子兄弟及伪军师<u>杨定国</u>等，俾黑遂平。其馀三路之兵，均以后时无功，可想见其治兵神速之大概矣。<u>木戛寨</u>土匪，时尚披猖，乃移师进剿，渠魁就擒，馀党溃散，遂灭之。事上，奉旨以总兵记名简放。随奉委赴<u>元江</u>，次<u>通坝</u>，安插越边，授地编屯，措置悉当；复驰赴各处开垦，劳瘁有加。十六年，<u>越南</u>游匪馀孽<u>魏名高</u>等又起，复加剿平。事竣论功，奏保，奉旨赏加提督衔。十七年，土匪<u>黄子荣</u>等阑入<u>富民</u>、<u>禄劝</u>两县，该故提督奉委率领新募绥靖选锋营勇，驰往剿办，立将两县城收复，遂邀<u>滇</u>督抚两部院合词奏保存记，以备专阃之选。奉旨允准，嗣经前<u>滇</u>督<u>王文韶</u>迭次优保，[四] 奏署普洱镇及临元镇各总兵篆务。十九年，<u>越</u>匪窜扰<u>开化</u>府属<u>归仁里</u>一带，以致边境游氛屡起。<u>法</u>人时有责言，该故提督奉调往剿，先由<u>都竜</u>进兵，[五] 转于<u>黄树皮</u>、<u>小坝子</u>、<u>黑河</u>一带地方，尽歼匪党。边境肃清，外交之衅以弭。得旨从优议叙。二十一年，入都引见，道出<u>天津</u>，经<u>北洋</u>大臣<u>直</u>督<u>王文韶</u>特折奏保，以"气识沉雄，谋勇素备，为武职中不可多得之员；且熟悉<u>滇</u>边形势，深谙<u>中</u>外情形。若以镇抚边陲，必能鼓舞群情，用固吾圉。"遂得奉旨发回<u>云南</u>差遣，当蒙<u>滇</u>督<u>崧蕃</u>委署<u>云南昭通</u>镇总兵。[六]

二十四年，奉旨补授<u>广东潮州</u>镇总兵。二十五年，委署<u>广东</u>陆路提督。庚子之变，<u>粤</u>省<u>兴中会</u>潜谋起事，由<u>广东</u>抚臣<u>德寿</u>调

办省防,〔七〕擒斩首要,地方以安。又以专阃之材奏保,得旨交军
机处存记。二十八年,遂奉旨补授广东陆路提督。旋以川省仁
寿、彭山等县匪徒,〔八〕焚毁教堂,伤毙教民,遂至酿成交涉重案。
乃奉旨调补四川提督,会同川督妥筹剿办。及该故提督到任,匪
徒辄以次戡定,当以川省防练各军四十馀营分扎要隘,深恐无所
统率,经护川督陈璚奏,〔九〕以该故提督韬铃夙裕,纪律素严,派
充总领全省水陆各营,得旨允行。嗣又经调署川督锡良因威远
等军改为续备六军,〔一○〕赖有知兵大员居中督率,爰奏以该故提
督为续备全军翼长,仍兼统续备前军。其为先后督臣倚任之重
有如此者。三十一年,打箭炉关外泰凝寺喇嘛称兵叛乱,该故提
督率兵往剿,平之。已而巴塘喇嘛又纠集土司称兵谋变,戕害驻
藏帮办大臣凤全,并杀毙法国教士;又与瞻对、里塘各番匪勾结
串合,联成一气,声势汹汹,全台震动。川、藏中梗,大局几危。
该故提督由泰凝寺移师进剿,当时遍地贼氛,扼险抗拒,冰地雪
天,转运不前。该故提督广施方略,剿抚兼施,先进攻二郎湾山
之头殿喇嘛寺,肉薄猱升,连破关隘数重,歼其精锐;又进击于三
坝山顶,斩获甚众,馀匪溃遁。连战皆捷,边事始有转机。惟边
外穷荒,蛮民逆命,军粮必采于内地,转运倍苦,甚艰辛。该故提
督既筹进攻,复顾粮路,沿途设伏,屡破钞袭之师,官军始得后顾
无虞,士气百倍,遂连克大朔关,破丁林寺,收复巴塘全境。又追
剿于毛奶西,攻克木多雅、巴庙、殷拉桥、象山、巴当等处,分合搜
剿,前后歼除逆匪、喇嘛无算。其原枪伤凤全之逆匪正犯喇嘛阿
泽隆本朗吉暨打毁教堂之喇嘛工布汪阿那、格桑洛米、罗戎却
本、马全、阿訾,番匪津昌、汪学,巴塘正副土司罗进宝、郭宗札保

等,悉就擒戮。中外愤舒,遐荒詟服。经前川督锡良奏上其功,得蒙恩赏头品顶戴,并赏穿黄马褂。及凯撤入关,该故提督感激图报,深以时事多艰,将材难得,因与前成都将军绰哈布、[一]前川督锡良筹商,提拨提署铺租各款,创办将弁学堂,使旗绿各营子弟渐习新军法制;又就营款筹设公立小学堂,教育各营弁兵子弟,以资造就。老成硕画,尽瘁有加。

　　三十四年,改编巡防军经前川督赵尔巽奏充巡防全军翼长。[一二]嗣因该故提督连年积劳,伤病感发,常患咯血、便血等症,仍力疾从公,不少休息。乃至宣统二年,终以是卒于任。事闻,谕曰:"已故四川提督马维骐,由武童随前云贵总督岑毓英转战滇边三迤,剿办蛮夷各匪,所向有功。荐升总兵,擢授提督。巴塘番逆构乱,统兵进剿,全台肃清。平日整顿营伍,劳瘁不辞。兹闻溘逝,轸惜殊深!马维骐加恩着照提督军营立功病故例,从优议恤。任内一切处分,悉予开复。应得恤典,该衙门察例具奏。并将战功事迹宣付国史馆立传。伊子四川试用同知马佩璈,着以知府分省补用,以彰劳勚。"寻赐祭葬。

【校勘记】

〔一〕徐之铭汇案奏保蓝翎千总　原脱"之铭"二字。今据清史稿册二五页七三九六疆臣年表四补。

〔二〕拒守川江　"守"原误作"干"。今据马维骐传稿(之三二)改。

〔三〕经前滇督岑毓英檄兵分四路进剿　原脱"毓英"二字。今据清史稿册二五页七四三七疆臣年表四补。按复有"云贵总督岑毓英"语,可证。

〔四〕嗣经前滇督王文韶迭次优保　原脱“文韶”二字。今据清史稿册二五页七四四四疆臣年表四补。下同。

〔五〕先由都竜进兵　“竜”原误作“章”。今据马维骐传稿（之三二）改。

〔六〕崧蕃委署云南昭通镇总兵　原脱“蕃”字。今据清史稿册二五页七四四八疆臣年表四补。

〔七〕由广东抚臣德寿调办省防　原脱“寿”字。今据清史稿册二六页七九二五疆臣年表八补。

〔八〕彭山等县匪徒　“彭”上原衍一“匡”字。今据马维骐传稿（之三二）删。

〔九〕经护川督陈璚奏　原脱“璚”字。今据清史稿册二五页七四六二疆臣年表四补。

〔一〇〕锡良因威远等军改为续备六军　原脱“良”字。今据清史稿册二五页七四六二疆臣年表四补。下同。

〔一一〕前成都将军绰哈布　原脱“哈布”二字。今据景录卷五三六叶三上补。

〔一二〕赵尔巽奏充巡防全军翼长　原脱“尔巽”二字。今据清史稿册二五页七四七三疆臣年表四补。

景星

景星，满洲镶白旗人。二品荫生。同治六年，引见，奉旨文职用，以主事签分工部。十一年，恭办典礼，保以本部员外郎即补，并加道衔。嗣以圆明园工程移奖，赏戴花翎。光绪四年，补员外郎。五年，恭办惠陵奉安事宜，保以本部郎中无论咨留遇缺即补，加随带三级。是年，穆宗毅皇帝圣训、实录告成，诏赏举人。十二年,挑取誊录。十三年,补郎中。十四年,京察一等,诏以道府记名。九月,除江苏苏松常镇太粮储道。以前在部襄办大婚典礼,加二品衔。十八年,大计卓异。十九年九月,丁继母忧,回旗守制。是冬,百日期满,二十年三月,命回原衙门行走。十月,督办军务王大臣,派充文案翼长。二十年,授陕西陕安道。二十三年,迁长芦盐运使。二十四年正月,补授山西按察使,八月,调任山东。十月,升授河南布政使。二十六年八月,擢任江西巡抚,旋调补湖北巡抚。叙豫藩任内承办甘饷功,奖头品顶戴。

　　景星自历任道员以来,[一]积有劳绩,迭蒙交部优叙者凡六次。十二月,补授福州将军。二十八年,因病乞假,解任回旗。三十一年,景陵隆恩殿灾,命照例议处。三十三年,充资政院协理大臣,命襄办开院事务。寻派充禁烟大臣。宣统二年正月,卒。遗疏入,谕曰:"前福州将军景星,由部属简放道员,历任按察使、布政使,荐擢湖北巡抚、福州将军,均能克勤厥职。当因患病,准予开缺,回旗调理。嗣经派充资政院协理大臣、禁烟大臣,办理一切,悉臻妥协。兹闻溘逝,轸惜殊深!加恩着照将军例赐恤。任内一切处分,悉予开复。应得恤典,该衙门查例具奏。伊子荫琦,着以郎中补用。"寻赐祭葬。

【校勘记】

〔一〕景星自历任道员以来　原脱"员"字。今据下文"由部属简放道员"补。

廷杰

廷杰,满洲正白旗人。由光绪二年进士,用刑部主事,荐升员外郎。京察一等,记名道府。十二年,授郎中,补承德府知府。以捕获马贼叙功,加盐运使衔。十四年,奉旨修办热河宫墙、仓廒,并武河大石坝要工出力,以道员在任候补。十六年,擢湖南岳常澧道。十八年,调辰永沅靖道。二十三年,升授奉天府府尹。二十四年,补直隶布政使。

二十九年,调补奉天府府尹。三十年,兼署盛京户部侍郎。三十一年,署盛京将军。先是,牛庄等处苇塘地亩,已招商佃开垦;嗣因拳匪构乱,商佃流离,曾由盛京将军增祺奏请缓办,而塘地升科课赋,以为供应三陵要差,抵历年由京请领之款、京外便之。至是,廷杰复奏请续办,并条陈利弊,得旨令督饬委员认真勘办。廷杰遣员清丈全塘,民情帖然,遵章交价,无一违者。时经拳匪乱后,公私困竭,新政待兴,而物价腾贵,官俸省者,尤苦资用不给。廷杰上疏曰:"窃维忠信重禄,为政之经。非有以养其廉,即无以惩其贪,而吏治终无起色。自来各省州县,均恃征收馀润,以资办公,即佐贰教职,亦藉此津贴。奉省各厅州县,征收本属无多,且有并无经征之处,而廉俸又照章折减支给,故困苦情形甚于他省。甲午以后,斗秤各捐,均归地方官经理,尚可稍资挹注。自原任将军依克唐阿整顿税务,派员会征,各州县不惟无可沾润,甚至有亏空赔垫者。虽东边、昌图、新民、洮南、海龙各属设官案内,廉俸等项先后奏请支给实银,究竟为数甚微。现在开办学堂、警察,及整顿农工商诸要政,鼓舞振兴,端资提倡。地方之责任愈重，办公之经费愈多。责以无米为炊，势必一筹莫展。其佐贰教职，有参预襄赞之劳，亦不能不宽筹所入。拟请在斗秤捐款项下，按季支领，作正开销，分别各缺等次，酌定银数多寡，仍随时督察整饬，以期款不虚糜，而政治日臻上理。"疏入，诏如所请。寻以警政、武备亟须开办，又上疏曰："警务为内政权舆，内政不修，遑云外交？虽筹款万分为难，然不敢因噎废食。拟照北洋所办警察，藉资铺捐办法，益以斗秤、灯膏等捐，为整顿警察兼设警务学堂之用；复仿照陆军小学堂章程，设武备小学堂，选派学生四十人入日本振武学校，捐廉俸八千金以为之助。并请应用经费，由后任将军随时设法措筹，以期久远。"上皆如所请行。

未几，上以奉天垦务紧要，诏开奉天府府尹原缺，以侍郎候补，前往奉天办理垦荒事务。甫之任，复奉补授热河都统之命。热河地处边瘠，需次人少，举办新政，虽调内地人才，往往裹足不往。廷杰请于朝，遇有府、州、县新旧缺出，暂准于奏留人员内不拘成格，量才补署，上允之。热河旧有牧厂，与密云牧厂相接。光绪三十年，副都统于珊奏请放丈，未甚推广。廷杰上疏曰："热河赋额无多，常年饷需，全资户部、直隶接济。近以举办要政，需款浩繁，拟将热河牧厂东西三四十里、南北十数里，分为三则，一并招垦：上则准领一顷，中下则准领二顷，约可得地一千四五百顷，收押荒银六万馀两。俟三年成熟升科之日，报部给照执业，而热河官马仍留地五百馀顷，以资牧放。"得旨，允之。热河地广兵少，自承德围场、赤峰、丰宁、滦平二千馀里间，列防四十馀处，仅有热河自练之巡防五营。廷杰捃节税捐各款，[一]添马步队各一营,以资防御。复奏请丈放巴林蒙荒二千顷,上垦务章程八条:一荒价,二平色,三绳丈,四科则,五地照,六帐棚,七转运,八除弊。均蒙嘉纳。

寻以东三省总督徐世昌奏陈内蒙垦务办法,上诏廷杰与世昌妥筹兴办。廷杰上疏曰:"近来时势艰虞,谈防务者,必以经营蒙地,开辟蒙荒为主义。热河所属昭乌达、卓索图两盟十七旗,幅员辽阔,袤延二三千里。其散处于黄河以北者,则有昭乌达盟之巴林左右两翼,阿鲁科尔沁、东西扎鲁特三旗,气候土宜,均占优胜之地位,若不及时图维,着手愈难。惟是筹办垦务,法不一端,而形势之异同,蒙情之向背,有不可不详察者。东西各国,殖民垦荒,如英之于坎拿大,日本之于北海道,类皆无主废地,一经招垦,岁收所入尽归国家,足以给殖民辟地一切之敷设。是以开辟之初,凡牛犁、籽种、房舍、器物,悉由公家置备。故各国兴业补助费,有多至数千万者。事前虽属多费,事后不难取偿。中国沿边各荒,多属盟地,与无主产业可以随意占有者不同。今既责令报垦,押荒钱粮不可不分半酌给,公家徒掷大宗之款,以组织一切,事后仍无取偿之期。臣愚以为就已成之款,办未成之事则易,就未成之款办未成之事则难。若如原奏所云为通盘合筹之法,则必特派大员豫筹巨款,重之以区画之任,济之以财赋之权。窃恐经费浩繁,既非克期所能集事;地段辽阔,亦非计日可以开通。不若各就地方情形,以目前之款,办目前之事,得尺则尺,得寸则寸,收效较为切实。是以臣自劝办蒙荒以来,即以招领为宗旨。其未垦也,则妥为劝谕,凡里数、亩数,皆令地方自行报效,并不强为索取;其既垦也,则严定章程,凡绳丈长短、土地肥硗,皆依一定准则,又为奏请多留馀地,俾资牧养,少收押荒,以广招徕。计自开办两年以来,可放之地与各旗面积比较,不过十分之三四,然已大费周折。良以蒙人狃于游牧,虽知垦荒之利,终怀失地之疑。惟有因势利导,逐渐扩充,不敢过事操切。开办经费,先由库款拨垫,将来即于荒价项下作正开销。其建筑庐舍,购买籽种,仍照垦荒成例,由领户自行筹画。所有测绘地形,区别道路,以及择勘城镇各基,均责成各局员预为布置。俟办理有绪,拟先设立县治,派员试办,以顺蒙情。大抵招民开垦之法,与移民开垦之法不同。移垦则创始难而所费多,招垦则创始易而为费省;移垦非通盘合筹,预计成数,不能见诸实行;招垦则度地因时,逐渐经营,自可渐臻成效。非不知垦荒宗旨不在筹款,然非款则无以集事。一经开放,凡设官置署,练兵筹饷,以及添巡警,设学校,立公司,皆应有之施设。当此度支奇绌,既不敢请领部款,重累司农,而热河贫瘠情形,与奉天不同,就地自筹,尤非易易。故目前办法,惟有因地制宜,暂主招垦,以为徐图扩充之计。"疏入,允之。

未几,绥远城将军贻穀奏请广筹旗民生计,及教育实业办法,参用满人。上诏各省督抚、将军等按照所陈各节妥筹办理,廷杰奏请设立工艺所,俾学实业,并请筹拨津贴围场八旗生息一款,上皆允之。热河圜法腐败,商民俱困。廷杰拨发官本,试办官银号,购运铜洋各圆,以补救圜法。复设立商会,以联络声气,行之期年,商务遂臻发达。时垦务开辟,治理日繁,原设州县,不遑兼领。廷杰又奏:"请于阿鲁科尔沁、东西扎鲁特三旗之地,添置开鲁县;于巴林左翼之地,添置林西县;而以原设之赤峰县升为直隶州；并于小库伦所属之库街，益之以奈曼一旗，称为绥东县，仍隶朝阳府；其东土默特、喀尔喀二旗，仍隶阜新县，以便镇慑。"疏入，部议照准。先是光绪季年，诏各省禁吸鸦片，并禁种罂粟，通以十年为限，以次递减，而边远省分，吸种向多于内地。至是复严谕各省大吏，缩短年限禁吸禁种，仍筹款抵补洋土药税厘，并考其成绩，优予奖擢。宣统元年，廷杰应诏缕陈禁烟办法，其略曰："禁烟一事，宵旰焦劳。凡在臣工，忍不实力奉行，廓清沉痼。查禁烟一端，前奉政务处奏颁章程十条，及陆军、民政等部各专章，臣即遣派委员分赴两府七州县，会同各地方官，先劝令开灯之烟馆、售卖烟具之商店，立时改业，未几即一律禁绝。于是清查吸户，发给甲乙牌照，一面限制土药店为官膏局，凡不验牌照而卖烟，或所卖之数多于牌照所开之数者罚之。合官绅之力，筹备医药，设立戒烟所陆续据报戒断者，全属合计约十之四五，膏店据报歇业者亦十之五六，统税局收数递减，大半均可为吸户渐少之证。据上年复遵照禁烟大臣咨行奏设禁烟公所，所有旗民文武各官，综计三百馀员，均分班调查，其各署局所幕友司巡在官人役，责成该管印委考查。从此坚持不懈，三二年内，可冀尽绝根株。然窃有鳏鳏过虑者，吸烟富户，力能多蓄鸩毒，以为久食之计；妇女又深居诡秘，稽察难周。若不设法先禁，将来禁吸限满，必至害公益而误全局。臣已严饬地方明查暗访，劝惩兼施，绅富则责成各户族长，妇女则责成各户家长，务令缴烟具，领方药，刻期戒断而后已。此禁吸之办法也。至禁种一端，自奉政务处章程后，即饬属以光绪三十年种烟地亩为断，任减无增。现已呈报禁绝者，凡四府县，其馀各属，原定分年递减，缘口外种烟之户,民、蒙各半,贫苦居多。行法之初,未便猝施强迫。今已严饬蒙旗,所有烟苗统限今春禁绝。[二]此禁种之办法也。至抵补土税一端,热河财政奇绌,[三]土税所入,本为军饷要需,若不勉力豫筹,转于禁烟全局受其牵制。查朝阳、赤峰等府州县所辖蒙、民佃,向由蒙旗收租,地方衙门并无案据,往往增租夺佃,[四]转租退佃,因之涉讼不清。拟令租佃蒙地者,发给租佃字样格式簿,收其纸费,半为地方新政之用,半以抵补土税而济饷需。似一举而三善皆备。"疏上,允行。

热地民、蒙杂处,自蒙旗放垦以后,新招商佃与民、蒙时有争执。言事者传闻失实,以寄居巴林民、蒙恃强苛虐入告。上令直隶总督端方会同廷杰确切查禁,妥筹办理。廷杰疏言曰:"热河昭乌达盟十一旗内巴林左右翼两旗、克什克腾一旗,均隶乌林西界,甘珠庙地方与克什克腾旗毗连,克旗蒙民遂有蓦越至该处游牧者,日聚日众。嘉、道间屡因争界互控,经理藩院咨行热河都统,督饬各旗清查旗界。奏奉谕旨,该地仍归巴林寄居之克旗蒙民四百户,按户按年交租。至光绪三十三年,巴林王扎嘎尔、巴林贝子色丹那木吉勒旺宝,奏请报效蒙荒数处,连甘珠庙地方一并报效在内。当派员勘丈之时,克旗寄居蒙户聚众阻丈,殴伤员役,经臣奏明委员会同昭乌达盟长阿鲁科尔沁贝勒巴萨尔吉里迪所派蒙员切实查办。该三旗自行议定克旗蒙民原归本旗安插,巴林愿按四百户每户资助迁费银二十五两,共银一万两,由应得五成荒价项下拨给,取结完案,奏蒙俞允,而言者乃谓巴林王依博盟长强行驱逐,实为传闻之误。至于克旗之地虽处边塞,较之巴林尤为沃衍,黄冈梁、乌博洛等处,与巴林地面仅隔土梁一道,天时地理大致相同,亦不至如言者所云奇寒不毛,难于迁徙。言者又云克旗蒙民生长巴林,房屋什物俱在,岂易轻离故土?即云放垦,亦可稍留游牧之所,何必悉数驱逐?且蒙民亦可按户给田,令与汉民杂处,久将习与性成,耕获之道,不教自熟。若巴林之苛虐如此,是未来之生计未筹,已有之生计已失。臣查克旗蒙民四百馀户,自乾、嘉以后,寄居巴林,阅年虽久,然俗安游牧,至今未改,朝西暮东,逐水草而居,并无一定处所。故安土重迁,在内地居民则有之,揆诸口外游牧之风,尚未尽合。现在巴林旗地已领报效开垦,招徕领户,民、蒙杂处,言语不通,风俗殊异。既已多所不便,而垦牧并行一处,亦断难利益均沾。故凡报垦地内习于游牧之巴林蒙民,现尚有自行他徙,划分片段,为各保生计之谋。克旗寄蒙情形相同,况其本旗荒地甚多,最适宜于游牧之用,尚不致因巴林报效七千馀顷地,失其生计。今复给资遣回,其体恤寄蒙亦极周至。若如言者按户给田之议,当时未尝不计及于此。方寄蒙之阻丈也,该三旗自行议定克民迁回本旗,则给迁费银一万两,不迁则拨给地二百五十顷,任其游牧。乃该克旗章京等均愿受银,而不愿留地,始全数迁徙回旗,实无恃强驱逐苛虐之事也。夫巴林报效蒙荒,丈放开垦,并资遣安插本旗,原为垦牧两种彼此各安生计起见,且系两造乐从,事极平允。现在克旗寄蒙四百八十二户,已领银迁回四百三十户,尚有未迁之五十二户,均称愿迁,惟吁恳速发续给之迁费而已。臣拟垫拨迁费,发交林西县与昭乌达盟长,派员前往散放,不准克旗蒙员经手,俾得实惠均沾;而两旗各安生业,亦不至以多年积衅,再起争端矣。"疏入,诏如所请行。

廷杰在热河四年,举办新政甚力。上知其能,迁法部尚书,赐紫禁城骑马。是年十一月,到任视事,因积劳多病,数请开缺,温诏慰留。十二月,因病续假,复请派员署缺,得旨再赏假一月,毋庸派署。未几,疾卒。遗疏入,谕曰:"法部尚书廷杰,老成练达,端谨廉明。由部曹简放外任,荐陟监司,升任热河都统,擢授尚书。宣力有年,克称厥职。前因患病,叠次赏假。方期调理就痊,长资倚畀。兹闻溘逝,轸惜殊深!加恩赏给陀罗经被,派贝子溥伦带领侍卫十员,即日前往奠醊,照尚书例赐恤。任内一切处分,悉予开复。应得恤典,该衙门察例具奏。伊孙一品荫生延龄,着俟及岁时以郎中用,用示笃念荩臣至意。"寻赐祭葬。

孙延龄,一品荫生。

【校勘记】

〔一〕廷杰搏节税捐各款　原脱"廷"字。今据廷杰传稿(之三二)补。

〔二〕所有烟苗统限今春禁绝　"限"原误作"令"。今据廷杰传稿(之三二)改。

〔三〕热河财政奇绌　"奇"原误作"支"。今据延杰传稿(之三二)改。

〔四〕往往增租夺佃　"租"原误作"佃"。今据廷杰传稿(之三二)改。

丰陞阿

丰陞阿,郭博勒氏,满洲正白旗人。由亲军从征直隶、山东等省,屡立战功。同治元年,赏蓝翎侍卫。三年,督办军务将军都兴阿奏调前往甘肃、宁夏等处,派充马队帮带。四年,攻克宝封县,赏给三等侍卫。旋收复宁灵城,诏迁二等。七年,以狄道、河州、洮河等处克复,擢头等侍卫。是年,调回神机营当差。十二年,署乌里雅苏台将军长顺奏调赴乌,檄充吉江、察哈尔等处马队统带,驻扎喀尔喀西南界,以遏白彦虎北窜,昕夜严防。叙绩,赏副都统衔。复由神机营奏保,加二品顶戴。光绪六年,以防堵要隘,不避艰险,由乌里雅苏台将军春福保以副都统记名简放,诏如所请。九年,撤防回京。

十年,补镶白旗汉军副都统。十一年四月,授镶白旗护军统领。七月,挑在乾清门上当差。十二年,钦差大臣将军穆图善办理东三省练兵事宜,奏充总统奉天盛字马步练军。丰陞阿拨左右翼各五营,分驻城东西。营哨规模,仿吉林章程编定。是年六月朔,一律成军。十六年,以训练事务诸臻妥协,赏头品顶戴。十七年,督队驰剿边外佛喇嘛寺等处贼匪。是时,热河、朝阳匪徒滋事,丰陞阿奉檄由开大庙一带进剿,获匪首潘岳林,讯悉该股窜匪,约会于黑城子。是处距奉界清河门百馀里,旧有土城,匪等修筑完固,东南二面安设炮座,内外严守,为久踞计。丰陞阿分三路进兵,命右翼马队依桑阿等由南路进,左翼马队常恩等由北路进,自督右翼统领等率镶白、镶蓝两旗步队由中路入,齐抵黑城子。城外踞逆枪炮齐发,各将士奋勇争先,馘贼二三百名。匪势不敌,退保土城,与城内贼并力抵抗,城上弹丸雨下,官军猛攻而入,毙贼四五百人,立复土城。匪乃退守贝子府迤东之一公所,院内筑炮台二座,用以死拒。丰陞阿令步队围攻东、北、西三面,亲督两翼马队在城外截剿,鏖战数时,生擒匪首于发等四十一名,歼贼甚伙。其南门逃匪经马队围杀殆尽,斩逆首张尽先于军中，获枪械、马匹无算。捷入，上嘉其功，赏识勇巴图鲁名号，并赏穿黄马褂。

二十年，钦差大臣定安奏派统帅盛军，会同淮、毅两军往平壤，保护高丽。六月，驻军大东沟。旋与日本接战，退保奉界。十月，岫岩失守，命革职交部治罪，将军长顺电请留营效力，允之。嗣于海城子、双山子等处屡战有功。二十一年，和议成。长顺奏恳开复，奉旨改为军台效力赎罪。二十四年，加恩释回，交管理武卫中军大学士荣禄差遣。二十五年，赏副都统衔，充库伦办事大臣。二十九年三月，直隶总督议裁库伦防营，丰陞阿疏称："库伦远处极边，地方辽阔，蒙、民杂处，巡缉弹压与内地迥不相同。兼以近年蒙人贫苦，往往乘机为乱，又有内地流民，或自俄国归来，或由口内奔出，屯聚街市，滋生事端，而地当孔道，逼近俄疆。俄国驻库官商及各国往来人员，保护一切，较昔日尤为紧要。库地增此一营，四出巡查，尚恐不敷分布，若再裁减，更属可危。拟请仍留原额，以重边疆而资保护。"从之。闰五月，报效正阳门工程银一千两。八月，补授呼兰副都统。三十年，陛见，授马兰镇总兵，兼总管内务府大臣。三十二年，授镶黄旗汉军副都统。三十三年九月，署镶黄旗汉军都统。十一月，充管理新营房城内官房大臣。

宣统元年十月，调补密云副都统。十一月，卒。谕曰："直隶密云副都统丰陞阿，由行伍从军，于直隶、安徽、陕西、河南等省，曾著劳绩。简授副都统，克勤厥职。兹闻溘逝，轸惜殊深！着照副都统例赐恤。"寻赐恤如例，予祭葬。

孙家鼐

孙家鼐,安徽寿州人。咸丰九年一甲一名进士,授职修撰。十年,充武英殿纂修官,寻充总纂。十一年三月,以校刊宣宗成皇帝圣训出力,奉旨俟进二十名以升缺前列候简。七月,充山西乡试正考官。同治元年三月,充会试同考官。闰八月,充实录馆纂修官。二年,复充会试同考官。旋奏充翰林院汉办事官,兼庶常馆提调。三年二月,补詹事府右赞善。四月,提督湖北学政。四年三月,转左赞善。闰五月,迁翰林院侍讲。六年,转补侍读。七年二月,差竣回京。九月,命在上书房行走。十一月,擢侍讲学士。十二月,充日讲起居注官。九年,转侍读学士,充武英殿提调。十年五月,奏请解任归养,允之。十二年,丁母忧。光绪二年,服阕入都,以原官候补,命仍在上书房行走,复充武英殿提调。四年二月,命在毓庆宫行走。八月,诏以原衔署日讲起居注官。九月,补翰林院侍读学士。十二月,授詹事府少詹事。五年,晋内阁学士,兼礼部侍郎衔,署工部左侍郎,充文渊阁直阁事。六年,授工部左侍郎。八年二月,兼署吏部左侍郎。四月,充考试试差阅卷大臣。八月,兼署礼部左侍郎,充顺天乡试副考官。十一月,复兼署吏部右侍郎。九年,调户部右侍郎,兼管钱法堂事务,复署理吏部左侍郎。旋因云南报销一案失察司员书吏受赃,下部议。寻议罚俸,得旨准其抵销。十年,恭逢孝钦显皇后五旬庆典,恩赏御书匾额,旋赐紫禁城骑马。十一年四月,充考试试差阅卷大臣。八月,复兼署礼部右侍郎。九月,充顺天乡试覆试阅卷大臣。

　　时江西学政陈宝琛奏请以先儒黄宗羲、顾炎武从祀文庙，议者多以为未可。家鼐与潘祖荫、翁同龢、孙诒经等独请旨准行，比仍议驳。后卒从家鼐议。十二年，署都察院左都御史。十三年正月，以户部酌易制钱奏覆延宕，奉懿旨严议，寻议革职，加恩留任。旋调兵部右侍郎。十二月，开复处分。十四年四月，充考试试差阅卷大臣。八月，充覆核朝审大臣。十二月，充经筵讲官。十五年正月，调吏部右侍郎。恭逢德宗景皇帝大婚礼成，奉懿旨赏加头品顶戴。是月，命知贡举。时以吏部议覆开缺御史屠仁守处分失当，由都察院议以革职，复奉谕留任。八月，署工部尚书。十六年三月，署刑部尚书。七月，兼署工部左侍郎。十一月，授都察院左都御史。十七年，赏西苑门内骑马。十八年三月，署户部尚书。五月，充教习庶吉士。六月，兼署工部尚书，旋即补授，复兼管顺天府府尹事务。十二月，命充总办庆典大臣。十九年八月，兼署户部尚书。十二月，充会典馆副总裁。二十年正月，孝钦显皇后六旬万寿，赏戴花翎，并交部优叙。三月，兼署都察院左都御史，充考试翰詹阅卷大臣。时值中日开衅，朝臣议战，家鼐独言衅不可开。及平壤失利，京师戒严，家鼐又力沮异议，卒赖以安。二十二年正月，管理官书局。三月，七十赐寿，赏匾联、绸缎、银锞。十月，调礼部尚书。十一月，兼署工部尚书。二十三年三月，署吏部尚书。四月，命充查库大臣。七月，调吏部尚书。八月，充顺天乡试正考官。二十四年三月，充会试正考官。五月，充会典馆正总裁。诏以吏部尚书协办大学士。

　　维时国事多难，外海日棘。言者谓非变法不足以强国，乃谕百司整饬庶务，开言路，举新法，实事求是。家鼐以原任中允冯桂芬所著校邠庐抗议一书,最为精密,奏请饬印,颁发各署,俾诸臣条论可否,汇呈圣明采择,以准公论而顺人情,诏从之。适大学堂初立,命家鼐管理学务,家鼐详定规则,增设中小学堂,又酌立速成学校及医学校,均得旨施行。御史宋伯鲁奏请以上海时务报改为官报,上命管学大臣酌议。家鼐疏覆谓阅报以祛壅蔽,事实可行,惟宜严明混淆黑白、渎乱宸聪之禁,至各省报章亦宜饬督抚呈送备择,以广天听。又议酌置散卿一疏,谓国家广集卿士,以资议政,听言固不厌求详。然执两用中,精择审处,尤赖圣知。其所建议,类能深持大体。二十五年,因病乞开缺,凡三疏,皆蒙赏假,复固陈。十一月,得请,赏食全俸。二十六年,德宗景皇帝三旬庆典,正月,赏给"福"字一方、大缎一匹。是岁,銮舆西幸,家鼐趋赴行在。十月,补礼部尚书,复拜翰林院掌院学士之命。二十七年三月,调吏部尚书。十一月,扈跸还京。十二月,晋大学士,旋授体仁阁大学士,管理吏部事务。二十八年七月,赏西苑门内乘坐肩舆。十月,恩免带领引见。二十九年二月,充会试正考官。五月,充覆试阅卷大臣。闰五月,充朝考阅卷大臣。六月,充考试拔贡阅卷大臣。八月,转东阁大学士。九月,充政务处大臣。十一月,充学务大臣。是时学部未立,直省儒风,庞杂日甚。自家鼐管学后,裁度章程,折衷中外,严定宗旨,一以敦行绩学为主。海内士气为之一靖。三十年五月,充朝考阅卷大臣。十二月,赏穿带嗉貂褂。三十一年,因病迭请开缺,朝廷以家鼐老成谙练,未允所请,先后赏假三个月,并谕假满即行销假。六月,调文渊阁大学士。三十二年,以京察议叙加级。三月,八十赐寿,复奉颁赏联额暨诸珍品。七月,明诏立宪,简廷臣十馀员，厘定官制，公同编纂，而以家鼐总司核定，旋充国史馆总裁。十二月，充文渊阁领阁事。三十三年春，御史赵启霖疏劾疆臣夤缘亲贵，上命醇亲王及家鼐确查具奏。旋以察讯无据，罢启霖职。五月，奉旨稽察钦奉上谕事件。时直省官制草案拟就，其大要有二：一曰分设审判各厅，以为司法独立基本；一曰增易佐治各员，以为地方自治基本。议成，由家鼐覆核呈进，上可其奏，俾实行焉。六月，晋武英殿大学士。八月，立资政院，简贝子溥伦及家鼐为总裁，命详拟细章，会同军机大臣妥议具奏。家鼐深维中国时势，参考列邦成规，与诸臣会订目次，首总纲，次选举，次职掌，次资政院与行政衙门之关系，次资政院与各省咨议局之关系，次资政院与人民之关系，次会议，次纪律，次秘书厅官制，次经费，凡十章。先后入告，均得旨允行。十月，诏诸臣轮班进讲经史政治，三日一直，家鼐领班，撰尚书、四子书讲义以进。三十四年二月，以乡举重逢，恩赏太子太傅衔。五月，玉牒告成，赏表里暨加级。十月，孝钦显皇后、德宗景皇帝先后升遐，奉皇太后懿旨，穿孝百日。十一月，皇上登极礼成，赏用紫缰。嗣颁赏先圣遗念、显皇后白玉壶佩各一，景皇帝遗衣一袭，暨玉壶、玉佩。

宣统元年，命查邮传部尚书陈璧被参各款，均得实，具奏。二月，谕呈进经史、国朝掌故、各国历史讲义，仍派荣庆等轮班撰拟，并命家鼐总司核定。旋以京察交部议叙。是岁奏办翰林院讲习馆，家鼐督理校阅，精研政学时务，尤以韬光淬行，为馆员勖。八月，病乞开缺，温诏慰留，赏假一月，并赏给人参二两。期满再疏，未允，复予假及珍物如初。十月，卒。遗疏入，谕曰："大学士孙家鼐,品学纯正,志虑忠诚。由翰林受先朝特达之知,入直上书房,屡掌文衡,得人称盛。条陈大计,持论阔通。光绪四年,钦奉懿旨,命在毓庆宫授读,兼祧皇考德宗景皇帝恩礼优加,荐擢正卿,晋登揆席。前因创立学务,授为管理大臣。于一切应办事宜,擘画周详,规模甚大。前年设立资政院,简任总裁,厘定章程,悉臻妥洽。朕御极后,眷顾老成,深资倚畀。嗣因患病,屡请开缺,迭经赏假,并赏给人参,以资调摄。方冀永享遐龄,长资辅弼。兹闻溘逝,悼惜殊深!着赏给陀罗经被,派贝勒毓朗带领侍卫十员前往奠醊,加恩予谥文正,晋赠太傅,照大学士例赐恤,入祀贤良祠,赏银三千两治丧,由广储司给发。任内一切处分,悉予开复。应得恤典,该衙门察例具奏。灵柩回籍时,着沿途地方官妥为照料。伊子陆军部郎中孙传榘,[一]着以四品京堂补用;伊孙一品荫生孙多焌、孙多煃,均着以郎中分部补用,用示笃念荩臣至意。”寻赐祭葬如例。

【校勘记】

〔一〕伊子陆军部郎中孙传榘　“传”原作“傅”,形似而误。今据孙家鼐传稿(之三二)改。按碑补卷一叶一六下,“传”字不误而“榘”作“婆”,误。作“榘”是,因孙家鼐子辈排行皆从木也。

陈启泰

陈启泰,湖南长沙人。同治七年进士,改翰林院庶吉士。十年,散馆,授编修,充国史馆协修。十三年,充会试同考官。光绪元年,充陕西乡试副考官。二年,充顺天乡试同考官。三年,记名以御史用。六年，充会试同考官。七年九月，补山西道监察御史。十一月，奏参云贵总督刘长佑、漕运总督周恒祺皆溺于洋烟，性耽安逸；又言吏部尚书万青藜勃法营私；均请立予罢斥。未几，长佑、恒祺皆乞病去，青藜亦休致。河南有王树汶临刑呼冤一案，〔一〕启泰奏请秉公研鞫，以重人命。已而鹤年仍照原拟定案，上命解部覆讯，王树汶果非真犯，承审各员皆降革有差。十二月，启泰以窃贼阑入宫禁，恐为内监容留所致，请派亲王会同内务府大臣、前锋护军统领查拿惩办，由是门禁益严肃矣。

是年七月，御史胡隆洵请将盗案分别首从办理，刑部议欲复旧例，应将就地正法章程先行停止，而疆臣皆言其不便。八年二月，启泰奏言："迁就新章，流弊甚大。一案既出，但凭州县禀报，督抚即批饬正法，则其中以假作真，移甲就乙，及改轻为重情弊，皆所不免。盖地方盗案，登时就获者少，参限届满，躧缉无期，往往别取平民妄拿充数，或前案人名窜入后起，或寻常案犯陷以重情，捏贼教供，刑逼诬服。州县但以考成为念，上司各怀瞻徇之私，委员会讯者不过一公禀销差，道府覆讯者不过一空详塞责。案情既结，死者不可复生，断者不可复续。覆盆之枉，昭雪无从。部臣所称各省就地正法案件，每岁不下数千百人。其中法无可宥者，固所必有；情有可原者，亦难保其必无。实为洞烛情弊之言，若不亟思变计，恐残杀习为故常，怨愤激成事变，弭乱不足，召乱有馀也。夫刑罚世轻世重，原无一成不易之条。从前发、捻未平，匪徒蜂起，自不妨权用重典，以儆凶顽。今海内晏然，几二十年矣，百姓粗安，元气未复，休养生息，正在斯时。即间有奸宄之徒，恃强藐法，官吏认真缉捕，自足绥靖地方。而办理章程尚与军兴时漫无区别,当亦圣主好生之德早为垂念及之者也。应请断自宸衷,饬令仍照旧例解勘分别题奏以重刑宪,无使地方官吏久擅生杀之柄,朝廷宽大之恩庶渐被于无穷矣。"上命刑部咨行各省详议,而各省以盗多为词,卒不能尽革。又言:"吏治之不振,实由冗员之太多,吏部奏定考试章程,其不列等者勒令回籍,可为沙汰之一助。然不过百中之一二,仍于大局无裨。应请饬下各省督抚认真考试,年终年满甄别,尤当破除面情,实力裁汰,不可但以佐杂教职等员塞责,庶官方可以澄叙矣。"

湖南凤凰厅痞苗石老华、江华县土瑶盘成豪前后滋事,抚臣李明墀奏保文武员弁冒滥,启泰请将保案撤销,略言:"此两案皆由地方官激成,以愚民土著为贼巢,以屠戮无辜为剿办。天日在上,夫复谁欺。"并胪列著名贪劣各员,请旨一并查办。又以:"孝廉方正一科,即古者乡举里选遗意,固不必专以文艺见长,要必名实相符,方足以备召用之选。近日保送太滥,污浊下流及纨袴乳臭之子,不学无行,辄以钻营贿赂得之。以故分发各省,旋以贪墨卑鄙论劾者甚不乏人。藏垢纳污,朝廷又安用特设是科为耶?请饬部仿照拔贡等项朝考之例议定年限试期,并酌准每省保送额数,严定去留,不得一概录进,而尤必申明保举连坐之法以彰儆戒。"

七月,启泰条陈兴利除弊事宜,略曰:"为政之道在用人,尤贵理财,欲强兵必先富国。盖国之有财,如灯之有膏,鱼之有水,农之有田。灯无膏则熄,鱼无水则毙,农无田则饥,自然之理也。而拘儒不达,介介而争,率以言利为病。不知各国通商以来,岛船夷廛,遍布会要,得尺得寸,抵隙蹈瑕,无微不至,无孔不入。

我中国已成漏卮,坐视不可,补苴不能,更数十年后,元气日以耗,民生日以蹙,国用日以竭,而始敝敝然求理财之术,不已晚乎?且中国非无财也,无尽之藏,不事经营,终等弃地之货;已决之防,不为挽救,几同竭泽之渔。源既未开,流复不节,弊且日滋,致令自治之计,以匮乏而中阻;大利所在,以牵制而不行。此臣所为忧愤筹思而不能自已者也。一重税洋药。夫洋药之蠹中国久矣,即每岁进口收税征之,则民间消耗之数可知。况偷越之货,几与报数相埒,暗漏尤为不少。今不思设法禁止吸食,而但以不种罂粟为长策,是益其薪而助之焰也。近日朝鲜与美、英订约,独严鸦片之禁,尚能自固藩篱。中国、美、巴新约,亦禁彼此不得贩卖,将来英国换约,能否挽回此局,虽难预料,然朝鲜犹能拒之,中国岂可不思自立?况有美巴新约可据,杜绝当自不难。至补救目前,惟有重征厘税一法,既可稍惩颓风,亦以藉充国帑。查通商善后条约第五款,原有洋药如何征税听凭中国办理之条,洋人自不得阻挠其事。上年左宗棠议加每箱银八十两,尚未明见施行,然臣愚犹以为太少。[二]内地厘金,似亦可加倍抽收。价贵则吸食自少,销滞则贩卖亦稀,实为釜底抽薪之计。即势难禁绝,岁可骤增千馀万饷需,于财政亦不为无益。一收买丝茶。通商出口货物,以丝茶为大宗。洋商狡诈百端,每岁新货到岸之时,始则饵以厚值,迨闻风者踵至,即把持包揽,勒掯多方。货愈积而愈多,价愈抑而愈贱。华商业此,折阅甚多,元气大伤,甚非中国之福。计每年出口进口银数,中国惟恃丝、茶两项,稍敌外洋百货三分之一,而洋药数千万两之数不与焉。并此而不能设法维持,将成坐困之势。臣愚以为宜设立丝茶公局,招商集股,资本不足,借供帑项,丝茶归局收买,汇售外洋。入价划一定之章,出价酌数分之息,务使商人得沾馀润,免堕洋商诡计之中,则华人生理消耗无虞,公局子母兼权亦可坐收利益。但此事得人斯理,应请南北洋大臣筹议开办,严定规条,选派廉能素著之员妥为经理,以杜弊混。一广织呢布。民间布帛之用,比于菽粟。通商以来,各国呢布充满寰中,上至缙绅,下至齐民,罔不购用。岁计糜费中国金钱难以数计。外洋独擅其利,岂容久作袖手之观?闻汉口、上海等处商人屡议兴办织布公司,以需款过多,因而中止。应请饬下通商各省督抚筹开公局,招商借帑,广织呢布,以济民用而收利权。其有自愿办机器开织者听之。总期愈推愈广,庶钱刀不至暗漏于外洋。一扩充矿务。天生五材,民并用之。矿硐之开,利源尤巨。从前云南矿厂最盛,兵燹以后,置未经理。各省矿坑亦久经封闭,新疆开辟以来,未曾发泄,矿苗尤旺。坐视此自然之利,弃同泥沙,殊为可惜。近年李鸿章奏开开平煤矿,平原、长乐等铜矿,亦相继兴办。取多用广,成效灿然。应请各省推广行之,商办官办,各视所宜,明定章程,总期有利无弊,庶几天地无尽之利,皆国家岁入之需矣。一改运官盐。两淮盐务甲于天下,然利归于商,徒使禺筴起家,豪赀竞侈,司农仰屋,帑项仍虚。丁宝桢将川盐变通办理,改商归官,任怨任劳,卒著成效。今以两淮而论,道光十一年前督臣陶澍于淮北酌运官盐,或畅岸商盐有缺,或滞岸票盐不到,即委员载运济售,是官运曾试行于淮北。今年左宗棠奏请收复引地,委员前赴湖北荆州、监利运盐,渐入试销,是官运又将行于淮南。祇以商人请领票张,并不循例验赀,掣签配发,缴捐数目,亦未据实奏明,以致奸猾之徒包揽射利，物议颇多，办理殊未尽善。臣愚谓宜趁此事机，将新增之引一律改归官运，掷还各商捐项，令将引票缴销，以杜奸计而肃鹾政，且免川、淮交讧，鄂省官吏久恋腥膻，台谏诸臣利其贿润。左宗棠力主复淮之计，授奸商居奇之柄，何如筹国帑不竭之源？丁宝桢庇护川商，利在公家，自不敢任其充斥浸灌。是官运行而借岸自复，饷项自增。应请妥议章程，垂诸久远，果能实力奉行，厘课而外，岁入当不下数百万。若再推广行之，所增尤巨。一酌裁制兵。绿营兵将，棋布星罗，养兵之需，岁几二千万。山泽之儒，常有养兵不如养士之叹！然使无事能资弹压，有事可期捍御，国家原不宜吝惜此款。乃自发、捻跳梁，莫不弃甲倒戈，闻风惊溃，遂使中原糜烂，江左逋逃。今事平之后，犹复久仍旧制，虚糜巨项，莫此为尤。各省练军虽稍变通办理，而额既未裁，饷仍未减，应请量裁塘汛并沙汰都守以下各弁，就原定兵额酌留四五成，以裨实用而免虚耗。一清厘关税。国家正供，田赋而外，关税实为大宗。任其事者，莫不垂橐而往，梱载而归。如果涓滴归公，岁入奚止十倍。臣愚以为各海关暨税务较重之处，宜简派廉洁刚正、破除情面之大员，监收一年，或本省督抚廉洁著闻者，亦可令其兼办。则历任弊端，可期水落石出。然酌加解额以裕帑需，皇上原有务存宽大不追既往之谕，自无所容其瞻顾。积弊一清，入款自充足矣。一慎重库储。财用盈缩，恒视有无侵冒为衡。官吏不能弊绝风清，而欲项款之无虚糜，未之有也。内府浮销，已成积重，户部银库、铜局暨派办处司员书吏，又皆通同舞弊，勒索侵渔，报销之案，尤骇听闻。外职京员，朋分伙窃，动辄百万或数十万。夫此私家中饱之物，何一非天府帑藏之需? 疆吏以之行赇,劣员据为利薮,朝纲国计,大有所关。理应立法稽查,廓清积弊,户部派办处名目,似可议裁。嗣后各省报销案到部,临期酌派一二廉干司员核办,并不准本司官吏与闻,以杜染指。如所派不得其人,赃款发觉,即将堂官照私罪议处,庶可稍示惩儆,各处工程浮冒亦重,节省银两,仍当提出归公。应请饬下内务府,户、工二部暨管库大臣严定章程,以禁贪饕而重库款。以上各节,或未经议及,或议而未行,或行而未尽,若决然为之,府库何患不充? 财用何患不足? 更有事属创举,人怀疑虑,处今日之势,不能不亟筹试办者,则修铁路是也。通商各国,莫不有铁甲船而兵强,有火轮车而国富。中国相形见绌,宜其环而相侮,莫可如何。夫知己知彼,与师其长技而制之,皆兵家上策。铁路若成,征调转输货运文报之捷,在在均收实用。先办清江至京一路,逐渐推广,利赖无穷。清江一路既开,则江、淮转漕之费无事开支;且铁路告成,河工亦缓,并可裁撤河、漕两督及所属厅员弁兵数千人,岁费尤省。彼持异议者无非以需款太巨,值此饷项支绌,兴举为难,若臣所陈各节可行,何忧此款难集,并不必筹借洋款,致滋盘剥之虞。且铁路之利,更可以济轮船之穷,尤为有益无损。果能利薮开而饷源裕,饷源裕而兵力强,必能裨益圣朝,诛锄强敌。乃者日炽于东,法扰于南,两地边藩,悲生旄葛。此外四方万国,莫不眈眈虎视,伺便乘虚。我朝以神武定天下,兵威之盛,旷古无俦。今颇靡然不振者,良由度支竭蹶,远略难勤。如其奋发有为,原不难震慑殊俗。"上嘉纳之,下所司议行。

刘长佑报销云南军需不实,贿军机章京周瑞清及部员书吏,赃款十馀万，启泰劾之，得实，皆获罪。又以浙江台匪未平，调任抚臣任道镕未娴军事，恐误地方，请特简知兵大臣抚浙，以弭隐患，诏以刘秉璋代之。九年正月，启泰奏言：“钱制历代变更，大抵轻则窳恶难行，重则盗铸尤甚。国朝制钱，最为精当。然至今民间不足以资流转者，销毁与私铸之为害烈也。自钞票当五百、当百之法时行时止，民多扰累，不得已而改铸当十大钱，抵值既多，私造愈众；加以奸牙狡狯，卖空买空，市价陡涨陡落。不独官钱周转不及，即借私钱补救亦有时而俱穷。于是以银易钱者，往往空持片纸，钱商所入实银，所出空票，贪饕既餍，动即关闭。数千百万之楮币，立即滞行；数千百万之民家，顷刻冻馁。京师根本之地，小民困惫如此，可为寒心。今议改复铸钱，所费既多，铜亦不给，且旋铸旋毁，官费难乎为继。计惟改铸银钱，自一钱、二钱、三钱、五钱至一两，区为五等，面镌年号，背镌分两。轻重有一定之程，交易便奇零之用，则民间行使，不必专恃铜钱。即无虑空存废纸，似尚为穷变通久之一法。通商以来，海禁大弛。旧铸之钱，奸民多私贩出洋，各口青铜、紫铜作房，洋商复重价收买，以致直省均苦钱荒。自可颁给银模，准其一律开铸，重准库平，并铸出某省字样，拨解支放，各省通行，即杜奸宄挖补低潮，又免吏胥扣减成数，[三]取携便利，铢两分明，加色、压平、争扰诸弊，均不禁自戢。且外夷货易中国之银，搀和夹杂，镕铸洋钱，使用几遍天下，而又能操纵其洋价之低昂，以为出入。盘剥商民，漏卮无算。徒以内地铜钱短绌，藉洋蚨转运，暗耗亦无可如何。若我国仿铸相敌，以后各关征税，无论洋商、华商概令输纳中国银钱，则价值必一时腾踊，番饼不得畅行，或可惩艾于万一。但钱之式样宜精，分量宜准，方可行之无滞，历久不磨。督办之官，必须勤能精密，洁己奉公，然后承办之胥役工匠，无所施其弊混，尤为治事之本。"二月，奏请酌复钱粮旧章，又以汉阳永兴械斗，由州县官酿成，请饬督抚严切示禁以遏乱萌，允之。三月，转掌广东道事务，寻掌河南道事务。

　　法人进据南定，窥逼富春，越南都城势将为其所并。启泰奏言："西人志在经商，惟利是视。一意进取，计不反顾。势之所积，断非口舌所能挽回。越南文弱之邦，法兵不过数百，横行境内，即已畏之如虎。中朝保护藩属，不能不助其声势，派队出关。然法人翻覆性成，我兵进止无定，事同儿戏，奔命不遑。纵推字小之隆恩，殊失经边之要道。为今之计，顿兵境外，旷日持久，劳师糜饷，有损无益，下策也。纠合泰西各国立约通商，借各国以保越南，借越南以保边境，俾他族互相牵制，中国得以息肩，中策也。若调集滇、粤水陆各军三道并进，谕令越南国王将未失境土，悉听中国区处，另为越王筹一居止，俾奉其祀；如其首鼠两端，始终抗命，即因而取之。越南土地与中国毗连，内附天朝，方免沦为异域。夫兼弱攻昧，既为用武之常经；而画界保疆，又绝外人之窥伺。一劳永逸，操纵自如，最上之策，无逾于此。惟用兵之道，择将为先。徐延旭熟习边情，究心形势，可当广西一路；唐炯升任滇藩，旋师以后，气即中馁，若令独当云南一路，难免偾事，不如令岑毓英带兵出境。毓英勇于任事，又素为夷人所惮，必能有功。但后路亦在得人，断非杜瑞联所能胜任。杨岳斌勋望素著，可否饬令赴滇督办一切。刘铭传颇具将才，海道进兵，似可责其独当一面。李鸿章驻扎钦州，三省军务悉归调度，必能因时制宜,相机进取;若仅身驻沪滨,为苟且自全之计,鞭长莫及,挟制在人。不数月间,越南将为法人所有。滇、粤边事,愈形棘手矣。若但畏难苟安,势必为虎傅翼,应请饬令内外臣工各摅所见,以备采择。并令在事诸臣坚持定见,勿畏艰巨,勿持两端,建明臣张沐之殊勋,规汉代日南之旧治。"又言:"讲求吏治,当自整饬学校始。一酌留学额,一澄叙教官,一核实书院,一慎简学政。"均得旨允行。时台匪黄金满投诚,启泰虑其反覆,请饬浙抚无遽招纳。法人屡申和议,启泰言:"夷情叵测,请饬诸将无遽退兵。"已而法人果翻前议。

十二月,授山西大同府知府。大计卓异。十六年,调直隶大名府。十七年,议叙道员在任候选。寻以东明黄河两届安澜,改候选为候补,并赏戴花翎。十八年,加二品衔。二十一年四月,调补保定府知府。大计卓异。二十三年十月,补授云南迤东道,署云南布政使。二十五年正月,丁内艰,服阕,二十八年正月,回迤东道任。九月,调补直隶通永道,署直隶按察使。三十一年八月,授安徽按察使。三十二年八月,擢江苏布政使。九月,兼署提学使。三十三年八月,署江苏巡抚,十二月,实授。浙江嘉、湖枭匪滋事,与吴江之芦墟、[四]黎里、金津、盛泽等处连壤,素为枭匪出没之区。启泰虑其窜入苏境,三十四年正月,特派新军步队扼要驻扎,并饬飞划营游弋各处,严密布置,相机防剿。三月,奏派布政使瑞澄督办苏、松、太、杭、嘉、湖缉捕清乡事宜。嗣以官军合剿,击毙匪首夏竹林,拿获匪首余孟亭正法。东南地方赖以安谧。五月,奏请设立存古堂,为保存国粹造就通材之计。七月,改编苏省飞划水师巡防队,画一营制,严定饷章。军务积习,为之一除。宣统元年五月,卒于任。奉旨:"陈启泰植品端严,政声卓著,着照巡抚例赐恤。任内一切处分,悉予开复。"

子江西试用同知继鹭,以知府仍留江西补用。

【校勘记】

〔一〕河南有王树汶临刑呼冤一案　"河"上原衍"八年"二字。今据陈启泰传稿(之三三)删。

〔二〕然臣愚犹以为太少　"犹"原作"尤",音近而讹。今据陈启泰传稿(之三三)改。

〔三〕又免吏胥扣减成数　"吏"原误作"夷"。今据陈启泰传稿(之三三)改。

〔四〕与吴江之芦墟　"江"原误作"长"。今据陈启泰传稿(之三三)改。

张之洞

张之洞,直隶南皮人。同治二年一甲三名进士,授职编修。五年,大考二等。六年,充浙江乡试副考官。旋命提督湖北学政。十一年,以襄办大婚典礼,赏加侍读衔。十二年,充四川乡试副考官,旋授学政。四川地处西陬,寇氛甫靖,士未知学。之洞会商前总督吴棠奏设尊经书院,择郡邑之秀者肄业其中,聘名儒督课之,一切章程手自订定。著輶轩语、书目答问示蜀士以读书之法。光绪二年,奏陈川省试场积弊,因上整顿八策,请敕部核议。十二月,充文渊阁校理。

五年,晋国子司业。四月,以吏部主事吴可读奏请预定大统之归，懿旨敕廷臣妥议具奏。之洞疏称："穆宗毅皇帝立嗣，继嗣即是继统，此出于两宫皇太后之意，合乎天下臣民之心，而为皇上所深愿。乃可读于所不必虑者而过虑，于所当虑者而未及深虑。穆宗继嗣之语，屡奉懿旨，人君子孙凡言继嗣，即指缵承大统而言。继统、继嗣，毫无区别。其分为两事，乃明代张璁、桂萼谬说，高宗纯皇帝钦定仪礼义疏已辞而辟之，矧今懿旨申命再三。设有迷妄小人舞文翻案，廷臣皆得执简而争，不必虑者一也。所举宋太宗背太祖，明景帝背英宗；然德昭非太宗子，见深非景帝子也。若皇上以皇子嗣穆宗，名为先朝之继体，实则今日之麟振，有何嫌疑？有何吝惜？以皇上之仁孝，受两宫皇太后之殊恩，起自宗支，付之神器，必不忍负穆宗，不必虑者二也。赵普、黄玹之辈，诚难保其必无，然明世宗簒大统而昵私亲，以兴献已殁；使其尚在，必能以礼自处，少加裁制。今醇亲王天性最厚，忠直恪公，他日如有妄进异言者，必能出一语以救正，不必虑者三也。至请明降懿旨，将来大统仍归穆宗嗣子。意则无以易矣，辞未尽善也。缘前奉懿旨，皇帝生有皇子即承继穆宗为嗣，傥参以该主事之说，是一生而已定为后之义，即一生而已定大宝之归，将类建储，有违家法，未及虑者一也。前代谗构夺嫡，流弊已多，今被以绍统之高名，重以承继之形迹，较之寻常主器，尤易生嫌，未及虑者二也。天位授受，简在帝心。帝尧多男，非止一索，圣意所属，知在何人，此时早定，岂不太骤？未及虑者三也。伏读此次懿旨，即是此意，四字言简意赅，至坚至确，天下万世，谁敢不遵？顾圣意宜遵家法，亦宜守今日之事，约有二说，浅之为穆宗计，则但如诸臣之议，并请一浑涵懿旨，略谓屡次懿旨俱以赅括,皇上孝友性成,必能处置尽善,似无所妨矣。然生即承继,即是此意一语,字字当遵。托诸文辞,可避一建储之名;见诸事实,俨成一建储之局。他日诞皇子,命承继,廷臣中或援祖训以争,则继嗣之事且中止。是此日以恐类建储而承统之名不能定,异日又以恐类建储而承继之旨不能宣,乃令皇上转多难处,故深之为穆宗计,即为宗社计,惟有因承统者以为承嗣一法,不必遽定何人承继,将来缵大统者即承继穆宗为嗣。此则本乎圣意,合乎家法,皇上处此,亦不至碍难伏请两宫圣裁,即以此意明降懿旨。皇上亲政之初,循览慈训,感恻天怀,自必仰体圣意,再颁谕旨,祇告郊庙,宣示万方,则固已昭于天壤,坚于金石矣。”又片奏:“此次懿旨中,即是此意一语,乃此议紧要关键。诸臣心知其意而苦于恐涉建储,不敢发挥,故不便述此四字之文,而专驳吴可读之折,以为如此便可不类建储。岂知圣意已经宣扬,若不善为会通,乘此时画一长策,究其时势,必类于建储而后已。且懿旨上言预定,下言即是,语意相连。今不疏解分明,恐迂儒以文害辞,误疑两宫有游移之意;更恐异日谗佞附会,藉此议为翻案之端。一言之微,语病甚大。伏望两宫圣裁,权衡至当,再降懿旨,愚臣不胜愿望。”

五月,以四川东乡重案定拟未协,因以请旨核议入奏,并极陈川省赋敛太重,民力困竭,且以此案起于苛敛诬叛,力请诛署东乡知县孙定扬。七月,以星变地震,奏请修省以弭灾变,而陈其要曰:纳直言,肃臣职,厚民生,谨河防。八月,擢詹事府左春坊左中允。九月,晋司经局洗马。十二月,崇厚与俄擅订新约,谕饬廷臣集议。之洞奏言崇厚与俄所订新约十八条,其中最谬妄者为陆路通商,由嘉峪关、西安、汉中直达汉口,因陈不可许者十事;且谓必改此议,不能无事;不改此议,不可为国。遂陈改易四要道:曰计决,曰气盛,曰理长,曰谋定。又奏驭俄之策,宜先备后讲。备之法三:曰练兵,曰筹饷,曰用人。讲之法三:曰责以义,折以约,怵以势。是月,以国史馆画一臣工列传,保加四品衔。六年二月,授翰林院侍讲,五月,转侍读。又奏上经权二策:其守正之策,曰请正崇厚之罪,必诛无赦,以存国体;通变之策,曰欲释崇厚,必加南北洋以严谴,责令戴罪修防。训诫枢臣,饬使实心捍患,赦此罚彼,以示不测。六月,升授左春坊左庶子。[一]七月,充日讲起居注官。先是,朝廷已降严旨,将崇厚革职治罪,而以侍郎曾纪泽为出使俄国大臣。之洞因奏:"改约各节,其关系极要之条,宜令曾纪泽坚持定见,期于必行。商务中如陕、楚通商,穿行三省,流弊太多。设万不能改,宜于两难之中曲图挽救。松花江行船,参考公法,证之咸丰八年议约,所指亦专系夹于二国之间一段江流而言。以上二条,拟请发交曾纪泽。"七月,又奏:"议约迫促,谨拟上补救之策,以免始终贻误:一、责使臣以羁縻;一、条约应驳改处,宜全数达知彼国;一、辩驳宜先重后轻;一、先诘俄人无故遽发兵船,商令撤回;一、责他国使臣以调停;一、最要数事,宜百计挽回,以顾国体;一、约如不改,惟有诛崇厚以存国权。"

八月,转左庶子。又奏称:"俄船将近,俄使将来,海警日迫。请急筹战备,因条列切近急务:曰、急速征兵,并急速筹给的饷、军火;曰、鲍超之兵,宜速调轮船迎取;曰、各轮船宜调齐停泊北洋;曰、烟台必宜有良将重兵;曰、大孤山泉水急宜断绝;曰、天津内河事急时宜断船路,刘铭传宜特召备用;曰、京师根本,宜速调知兵大臣;曰、筹巨饷必借洋款。"又片陈曾国荃督办山海关外防务,宜明降谕旨,以一事权;彭玉麟亦宜特颁明旨,将江海防务饬令督办。八月,以俄使将来,懿旨令廷臣通盘筹画,顾全大局。之洞上言痛陈前此七失,仍请急筹边备,盖即前先备后讲之意;而片陈讲法,谓:"原约最重数端,无论如何设法抽换,要以改动为期。备法则催知兵重臣以备战;诘俄发兵以杜兵费,速购军火,调水师将吏,并用现有之将。"九月,以布策东来,曾纪泽邀之使回重与订议。之洞恐议约不慎,以致全局受亏,乃奏陈补救之策,谓:"宜敕曾纪泽扫除前文,从新另议,〔二〕注意重务,专力筹商,而以西汉通商一节为尤紧要。伊犁全境不能争,当与婉商,酌分南境为中国留一通南八城之路,免致弃伊犁孤城为绝地。设领事一条,则乌里雅苏台、科布多两处宜力阻,松花江行船可从缓另议。"十二月,因案奏请裁抑阉宦。七年二月,升侍讲学士。三月,以急务不可再缓,宜速集重臣筹议入奏:"一御倭豫防事宜,除北洋较缓外,南洋以江防为最重。福建以台湾为最冲。南洋大臣是否胜任,台湾将吏是否得人,江防情形请敕彭玉麟确察,详筹覆奏。山东烟台防务,请敕李鸿章节制兼顾;一御俄持久事宜,除西路现有重兵宿将外,三姓、珲春从此不能罢戍,俄船窥伺朝鲜,则吉林之防重,张家口渐成俄商熟路,自宜开屯置镇,则库伦、张家口之防亦重。"六月,擢授内阁学士,兼礼部侍郎衔。以星变示儆,奏请修政弭灾,因陈修政之要:曰用人,曰言路,曰武备,曰禁卫。闰七月,星象复有变异,之洞应诏陈言,以封疆重寄、虚悬未定为可忧,因请定疆臣以安边圉。

十一月,授山西巡抚。八年四月,以越南日蹙,滇防渐急,奏请筹兵遣使,以先发为豫防。因条上十六事:"曰成算,法人狡谋已遂,情势已彰,徒遣密使侦探无益,徒在法京辩论亦无益,惟有遣使带兵赴援保护,上可令退出越京,次可代定条约,越患既纾,滇防自固;曰发兵,云南、两广设防,劳费无已,待根蒂已固,路径已通,虽有防军无益,故今日断宜迅速发兵;曰正名,保护属国,保护商人,为外国通例,我兵之出,可以此明告诸邦;曰审势,敌之注意,滇急而粤缓,我之下手,滇缓而粤急,非从两粤进兵批亢捣虚,则滇防徒为糜费;曰量力,闽、粤人不畏洋兵而习于海战,粤西军两入越境,兵气颇壮,地利亦熟,滇虽邻越,道路回远,声息较阻,兵亦较弱,须及早措置训练;曰取道,粤西陆师出龙州、镇南关,粤东水师出廉州海,皆会于越东京,若调集兵轮一二十艘,益以粤省所购办及所自制,再量募艇船商船,不患济师缺乏,战船之用则宜听使臣斟酌;曰择使,请拣忠正明干大臣二员,出使越南,办理护商议约事宜,任重道远,必须正副二使相辅相济,大臣如黎兆棠等可备选择;曰选将,总兵方曜可统粤船,贝锦泉可统闽船,皆听使臣调度,布政使徐延旭可统援军出关,唐炯可统援军临边,布置宜假以事权,责成滇、粤督抚勿掣其肘;曰筹饷,援饷取给于闽、粤两海关四成洋税,广西库储可支半年,馀由广东接济,滇饷可取给四川;曰议约,我师入越诘问法使兵官,责以公法,示以战意,乃为居间调处,则法越立约必有限制,有碍于我之条约自不能萌,并宜与法越定议,中国常以一军驻越港口,护越护商;曰相机,我师在越,然后曾纪泽在法京得以行其说,驻法驻越使臣互相关会,操纵相机为之,法人必可就范;曰刻期,所论诸臣及战舰兵勇,皆在沿海,自中枢定议,分投调拨部署速行,两月可集广州,再二十日可达越京,粤西防军待徐延旭整饬调度后,水师十日亦可会于越京,唐炯成军出蒙自后,粤西军一月亦可到防,奋迅赴机,于越事犹可挽救;曰广益,大局须自内定,其调将吏、遣间谍等事,除饬李鸿章及南北洋大臣,滇、粤沿海督抚筹议外,如黎兆棠等并可令抒所见,随时条议;曰定局,大要此事一切迅速,必须秋间始有端倪,似可令李鸿章先行赴粤详酌条约,布置久计;曰兼筹,倭事观望不决,势同骑虎,越事既定,然后催问球案,则可迎刃而解;曰持久,广东为洋舶来华第一重门户,越事既须经营,则粤防愈要,当年曾国藩建议南洋大臣本拟驻粤,拟请增设,而以两广总督兼之,不惟经略南交,兼可先得各国要领,免以增兵置帅,致启各国猜疑。”六月,奏陈晋省治理刑敝,现筹次第整饬,拟请将未垦荒地宽限起征,并豁除累粮,裁减差徭,禁种罂粟,裁革公费馈送。

十年三月,诏来京陛见。四月,命署两广总督。时中法战事亟,有旨饬令酌拨师船往援闽防,又令豫为筹画酌办法越事宜。之洞因奏牵敌以图越为上策,现饬唐景崧募勇出关,与刘永福合力掎角。七月,实授两广总督。寻以保荐徐延旭,降一级留任。五月,之洞奏言:“法人肇衅以来,历考各处战事宜不免受制于敌,以水师之无人,枪炮之不具,故方今急务,首在储人材。查泰西各国莫不各有水陆师学堂,兹拟就粤省博学馆设立一所,慎选生徒,延聘外洋教习,并令募到通晓火器、水雷轮机、驾驶台垒工程之洋弁,讲求水陆战法,并翻译西国兵书,测绘地图诸学,制造火药、电线诸技艺,分门讲求,并选将弁,亦入其中博习讨论,以备将材之用；次制器，外洋恃以为战者四，争胜外国恃铁舰，水陆攻守恃快枪、巨炮，设守海口恃水雷。铁舰费巨工迟，穿甲冲快诸船，亦事体重大，机算精微，未便率尔施工，要当另筹办法，各种枪炮乃水陆所急需，近左宗棠疏请闽船厂兼设铸炮厂，心韙其论，拟请闽厂造炮，炮弹及随炮各件附焉。粤厂造枪、造雷、造药枪弹、雷艇及随枪各件附焉；次开地，外洋富强，全恃煤铁，富甲四洲，拟访求外国矿师，或搜求地塙，或化分矿质，或烹煎成器，各专其责。查福建穆源、古田、安溪等处皆产善铁，兼饶煤垩，广东惠州、清远等处所产亦佳，近已于省城设立矿务局，招商试办。六月，以拨军筹饷功，赏花翎。十月，奏遵旨筹议海防，大治水师，通筹全局，切实核计，分条胪陈：曰分地，中国洋面北起吉林，南讫钦州，治海军宜分四大枝：北洋为一枝：旅顺、烟台、珲春属焉；南洋为一枝，浙江属焉；闽洋为一枝，台湾属焉；粤洋为一枝，琼州属焉。每枝设统领一员，左右翼分统各一员，辖于统领，听洋面督抚调遣节制，而皆隶于京师，以总理衙门为之总领；曰购船，粤洋海军一枝，拟配水带铁甲三艘、铁甲鱼雷船六艘，每一铁甲巨舰配两铁甲鱼雷为一队，统领左右翼各领一队合为一军，至南北闽洋应由各疆臣自行酌办；曰计费，上项所称水带铁甲、铁甲雷船一军，以四百万两为率，四营共需一千六百万两；曰筹款，大举巨款，非枝枝节节所能办，拟于洋药税厘提出五年收数之半为造船专款；曰定银，洋例货价议妥，先付三分或五分之一，此项定银，拟请由户部垫拨八十万两，饬由出使大臣于该国银行暂借八十万两，馀由四川、湖北、湖南、江西、安徽限数劝捐，以足其数；曰养船，自定议造船，二年后各船陆续来华，即须筹养船费，拟请五年后即将提半药厘仍四分之,以充将卒师匠及修船等费;曰修船,巨舰两年必须一修,故制船必先制澳,粤省黄埔澳浅窄,当徐图扩充,各省有无可作大船澳之所,请分敕疆臣豫筹备用;曰练将,拟选派员弁生徒出洋练习,一途隶出使大臣,分发各国学堂水陆营务炮台船厂分科练习,一途驾坐练船周历华洋各海口,先中后外,藉以周知诸邦口岸形势,战船规制,练习风涛,驾驶练船,即为学堂,兼可讲习诸艺;曰船厂,闽厂规模已备,沪厂亦略有凭藉,粤省本无船厂,春间试造浅水兵轮,俟告成察看利病何如,设法筹款酌造,艺熟工精,再当定议大举;曰炮台,粤东省防虎门内外新造各台略有规模,其间参差不齐,阙略未备,惟有随时量力修改增补,其五门要隘现已另筹办法,至琼、廉海口为南洋第一重门户,急须坚台巨炮,惟工费太巨,当专疏奏陈,各省海口应由疆臣自行酌度;曰枪械,粤省筹设枪雷各局,俟奉俞旨,即拟开办,其城内机器局,城西增步军火局,现正重加整顿,拟将城局并归,增步以就水运,且便督察。"十二年正月,奏:"广东莠民为害地方,约有三类:曰盗劫,曰拜会,曰械斗。拟请由统兵大员酌带营勇,前往历来滋事地方督同该管文武分别查办,澈底清厘,以清内患。"

三月,会同护理广西巡抚李秉衡遵筹边防事宜,略谓广西边隘以镇南关为最要,而关之中后、关之左右,均须设防,拟分外中、东、西三路,[三]所有各隘,均宜分兵屯驻,而以防军十二营专防镇南中路,四营分防东路,六营分防西路,全桂大势,注重边防,并拟将广西提督由柳州移驻龙州,柳州拟添设柳庆总兵,龙州开关通商,重兵所萃,拟设太平归顺兵备道,总辖全边,驻扎龙州。四月,奏廉州处广东极西南隅之地,自北海通商,华洋纷错,其郡已为要冲,越事既变,廉属为外洋入华北岸水陆第一道门户。高州镇总兵驻防北海,不能兼顾。拟请于廉州特设总兵,名曰北海镇水路总兵,驻扎廉州。阳江镇事务较简,请裁省并入高州,亦改为水陆总兵。廉州设有重镇,则专力筹防,高州镇属地紧凑,则便于调度。请敕部速议。五月,旧金山华民被匪虐害,伦敦报载粤督电美,谓将报复。之洞疏辨其误,因请饬郑藻如暂行留美,会同张荫桓经理各案,议定善后章程,并力请饬下总理衙门照会美署使电催该国,并饬郑藻如、张荫桓力请外部务请将焚杀抢逐各案,应抵者议抵,应偿者追偿,应缉者速缉,应恤者给恤,迅速澈底严办。并请美总统特颁明文惋惜,不得以约偿十馀万、监禁七八人,含糊率了。六月,兼署广东巡抚。十四年,举行察典,以之洞尽心民事,绥缉岩疆,殚竭荩忱,不辞劳瘁,有旨交部议叙。

十五年三月,调补湖广总督。之洞前奏筹办铁路,由芦沟桥直达汉口,拟分头试办。南自汉口至信阳,北自芦沟至正定,馀再次第接办,经海军衙门奏如所请,有旨命会同李鸿章海军衙门妥筹开办。之洞因奏:"筹办铁路,其最要以不外耗为本,计利便为末,积款采铁练铁教工为先,勘路开工为后。何谓外耗?借洋款,用洋铁,必致坐受盘剥?何以积款?拟酌减新海防捐例,每年约得二百万金,再于洋药税厘年拨一百万金,由户部提存备用。一面急求采铁练铁之方,铁则取之晋、鄂、粤三省,一面派曾经出洋学生一二十人,赴铁路各国专习此艺。侯两年学成回华,指授工匠辗转传习,则可无需洋匠多人。如此定期开工修路,两端并举,一气呵成。海署所拟南北并举之法,最为扼要。北路直隶总督任之,南路湖广总督任之,兼令河南巡抚会同办理。"十月,奏琼州孤悬海中,逼近越南,关键中外,现于海口城西五里之秀英山修筑炮台七座,十里之西场山修筑炮台三座,海口城后之大英山修筑炮台五座,该处海岸平衍,敌用舢板小船伺便登岸,更难防遏。计惟沿海坚筑炮台,方有可恃。又拟于滨海一带,西自西场起,东自牛始旧炮台止,筑一坚厚长堤,开修炮路,通行炮车,以击沿滩入口敌船。炮台远攻,炮车近击,交相为济。廉州北海一口去越甚近,且接近九头山,为海盗窟宅,琼防而外,廉为最亟。现拟于冠头岭、天马岭、石龟尾诸山择要居高,筑炮台五座,其平沙一带拟练炮车五队,以备敌人近岸往来驰骤攻击之用。"又奏:"法人拟于越南开筑铁路,由海宁以连琼山,复由文渊至平而关外之白榄村,狡谋避险,深怀叵测,未可稍弛戒备。现与提臣苏元春会商,须于平而关择要增置炮台四处,以备防守。镇南关中路一带亦应酌增数台,以臻完密。"

　　十一月,抵两湖任。十六年闰二月,以创办织布,两广总督李瀚章奏陈广东碍难设局,请移至鄂。之洞因奏拟将粤省所借山西善后局银二十万两移鄂充用,并陈择地建造厂局。十一月,奏陈:"广东练铁机器改运至鄂,经臣择于汉阳大别山下定立厂基,督员兴建,一面修筑大冶运道开采铁矿,一面筹办运煤采煤各事宜。"十七年,以筹解甘肃新饷叙劳,赏头品顶戴。十九年,兼署湖北巡抚。二十一年,命署两江总督。二十四年,变通科举,拟上随场去取之法,请将从前三场先后之序互易,第一场试中国史事、国朝政治论五道;二场试时务策五道,专问五洲各国之政、专门之艺；三场试四书义二篇、五经义一篇。首场按中额十倍录取，二场三倍头场，取者始准试次场，每场发榜一次。三场完毕，如额取中，岁科考生童，以此例推之，先试经古，专以史论、时务策命题。正场四书、五经义各一篇。是年刊布所著劝学篇，以示天下学者。二十六年二月，兼署湖北提督。五月，团匪变起，各国兵舰驶至大沽，力索炮台，遂开战衅。之洞与两江总督刘坤一电饬苏松太道余联沅与各国驻沪领事议东南保护约款九条。七月，联军入京师，两宫西幸，李鸿章奉命为全权大臣，之洞亦被会商办理之命。八月，驻跸太原。之洞电商李鸿章以款局须速开议，迟恐生变，并陈目前四要义。十一月，之洞电奏各国使臣所交条款，其第五款专为制造之材料一句，关系匪轻。查伍使、杨使来电，皆云俄美外部所告，只言暂禁此条，当可商改。又奏条款第七、第八、第九条大沽撤炮台，使馆驻护兵，津沽设兵卡，其势不能不允，宜请敕下全权大臣，于此节务商善法，暂缓回銮。二十七年八月，会同两江总督刘坤一以整顿中法，仿行西法，条列以请。十月，赏加太子少保衔。

　　二十八年六月，以湖北遵旨设立学堂入奏，并胪陈办法十五条，首师范，次小学，次文普通中学，次武普通中学，次文高等，次武高等，次方言，次农学，次工学，次勤成学堂，次仕学院，次经费，次省外中小学，次蒙学，次设学务处，以资董理。筹办要旨八条：一以小学为至要，二日课专加读经温经时刻，三教科书宜慎，四学堂规制必宜合法，五文武相资，六教员不迁就，七求实效，八防流弊。六月，命充督办商务大臣。九月，命署两江总督。二十九年正月，奏中学、小学堂教员咸取材师范，现于江南创建三江师范学堂,前三年教小学堂之师范生,约分三级,一年速成,二年速成,三年本科,以便陆续派赴各州县,承充学堂教员,四年添置高等师范。本科精研教育学理,以教中学堂之师范生,备各属中学教员之选。并设两江学务处,以便督催兴办。四月,入京陛见,赐紫禁城、西苑门内骑马。闰二月,命充经济特科阅卷大臣。寻经管理学务大臣荣庆、张百熙奏请派之洞会同商办京师大学堂事宜,将一切章程详加厘定,奉旨允准。十一月,会奏上所订定章程,略云:"臣之洞伏查上年大学堂奏定章程宗旨办法,实已深得要领。惟草创之际,规程课目不得不稍从简略,以徐待考求增补。至各省初办学堂,管理学务既难得深通教育之法之人,而学生率皆取诸原业科举之士,未经小学陶镕而来,不自知学生本分,故言论行为不免有轶于范围之外者。此次钦奉谕旨,命臣等将一切章程会同厘定,期于推行无弊,自应详细推求,倍加审慎。数月以来,臣等互相讨论,虚怀商榷,并博考外国各项学堂课程门目,参酌变通,择其宜者用之,不相宜者缺之,科目名称之不可解者改之,其有过涉繁重者减之。每日讲功课,少或四五点钟,多亦不过六点钟。所授之学,排日轮讲,少或四五门,多亦不过六门。皆计日量时以定之,绝不苦人以所难,中人之资,但能循序以求,断无兼顾不及之虑。至于立学宗旨,无论何等学堂,均以忠孝为本,以中国经史之学为基,俾学生心术一归于纯正,而后以西学瀹其智识,练其艺能,务期他日成材,各适实用,以仰副国家造就通材、慎防流弊之意。计拟成初等小学堂、高等小学堂、中学堂暨高等学堂章程各一册,大学堂章程附通儒院章程一册。原订蒙学章程所列为外国初等小学,兹参酌蒙养院之意,增补其缺,略订为蒙养院家庭教育法一册。办学首重师范,原订章程仅就京城试办,尚属简略。兹另拟初级师范学堂、优级师范学堂,并任用教习各章程,此外如京师仕学馆系暂设章程,亦暂仍其旧。译学馆前经奏明开办,兹将章程课目一并拟呈。进士馆与仕学馆意相近,课程与各学堂不同,兹亦酌定章程课目,别为一册。国民生计,莫要于农工商实业,原章顾未之及,兹另拟初等农工商实业学堂章程,附实业补习普通学堂及艺学堂各章程,高等中等农工商实业各学堂暨实业教员讲习所章程、实业学堂通则,又以中国礼教政俗本与各国不同,而少年初学之士,胸无定识,庞杂浮嚣,在所不免。此时学堂办法,规范不容不肃,稽查不容不严。兹特订立条规,申明禁令,编为各学堂管理通则,并将此时开办各项学堂设教之宗旨、立法之要义,总括发明,订为学务纲要。至学生毕业考试、升级入学考试,亦经详定专章,其奖励录用之法,比照奏准鼓励,出洋游学生于奖给出身之外,复请分别录用章程,亦经详加斟酌,拟有专章,伏候圣明裁定,将来应即分别照章奏明办理。”又奏:“科举阻碍学堂,拟请乡会试每科递减中额三分之一,减尽停止。岁科试请于乡试两科年限内,分两岁考、两科考四次分减,每次减学额四分之一,减尽停止。”三十年,兼署湖北巡抚。三十二年正月,京察,谕以“谋虑精详,力任艰巨”,交部议叙。

三十三年五月,奉旨以湖广总督协办大学士。六月,补授大学士,仍留总督任。十六日,充补体仁阁大学士。七月,授军机大臣。八月,懿旨赏西苑门内乘坐二人肩舆。旋命管理学部事务。先是,之洞任湖广总督时,以各学堂短衣皮鞋仿效西式,奏请定湖北学堂冠服，并请敕下军机处、学部，将所拟冠服章程详加核议。至是，奏请通行，颁为定制。十一月，懿旨赏穿带嗉貂褂。十二月，命充经筵讲官。三十四年，江苏巡抚陈启泰奏粤汉铁路宜定统一办法，请遴派廉明大臣督办路务。六月，命兼充督办粤汉铁路大臣。旋以路事入奏，奉谕："粤汉铁路重要，特派张之洞为督办大臣。近据奏称，该路事权纷歧，议论淆杂，诸多窒碍。该路交通大有关系，讵可长此延缓？嗣后该路筹款用人兴利除弊各事宜，悉责成张之洞通筹全局。任劳任怨，严定期限，各就三省情形分别妥订章程，因时制宜，主持定断。邮传部暨湖北、湖南、广东各督抚均须实力协助，不得掣肘。所有各该省原派之总协理，均听节制。在事官绅商董，倘有营私舞弊，煽惑把持，以致妨害路政各情事，即着据实参办。"寻命之洞兼充督办鄂境川汉铁路大臣。十一月，上御极礼成，恭上皇太后徽号，赏之洞太子太保衔、紫缰。

　　宣统元年二月，充实录馆总裁官，命总司核定进呈讲义。闰二月，举行察典，谕以张之洞等同心襄赞，共矢慎勤，交部议叙。四月，奉旨免其带领引见。六月，因病请假，七月，续请，谕旨再赏假二十日，安心调理。八月，以病势日增，奏请开去差缺，奉谕再行赏假，毋庸拘定日期，并赏人参二两，毋庸开去差缺。二十一日，卒。遗疏入，谕曰："大学士张之洞，公忠体国，廉正无私。荷先朝特达之知，由翰林荐升内阁学士，简放山西巡抚，总督两广、湖广，权理两江。凡所设施，皆提倡新政，利国便民。庚子之变，顾全大局，保障东南，厥功甚伟。旋以总督晋陟纶扉，入参机要。管理学部事务，宗旨纯正，懋著勤劳。朕御极后，深资倚畀，晋太子太保。服官四十馀年,擘画精详,时艰匡济,经猷之远大,久为中外所共见。近因患病,屡经赏假调理,并赏赐人参。方冀克享遐龄,长资辅弼。兹闻溘逝,轸惜殊深!着赏给陀罗经被,派郡王衔贝勒载涛带领侍卫十员,即日前往奠酹,并赐祭一坛,加恩予谥文襄,晋赠太保。照大学士例赐恤,入祀贤良祠。赏银三千两治丧,由广储司给发。任内一切处分,悉予开复。应得恤典,该衙门察例具奏。灵柩回籍时,着沿途地方官妥为照料。伊子礼部郎中张权,着以四品京堂候补;邮传部学习员外郎张仁侃,着以郎中补用;伊孙选拔生张厚璟,着赏给主事分部补用。用示笃念荩臣至意。”十一月,四川总督赵尔巽据在籍绅士编修伍肇龄等呈请代奏,请将之洞前在四川学政任内事迹宣付国史馆编入列传,诏允之。

【校勘记】

〔一〕升授左春坊左庶子　两“左”字原均误作“右”字。今据张之洞传稿(之三三)改。

〔二〕从新另议　“新”原误作“宜”。今据张之洞传稿(之三三)改。

〔三〕拟分外中东西三路　原脱“外”字。今据张之洞传稿(之三三)补。

葛宝华

葛宝华,浙江山阴人。光绪九年进士。同治六年,先由监生报捐员外郎,签分户部,至是仍以原官即用。五月,考取总理各国事务衙门章京。十年,补员外郎。十六年,补郎中。十九年,充坐粮厅监督。二十年,京察一等,记名以道府用。二十一年,补授内阁侍读学士。二十二年六月,补太常寺少卿。九月,管理觉罗官学事务。十月,转通政使。二十三年,充福建乡试正考官。二十四年,补光禄寺卿,旋补宗人府府丞。十月,署礼部左侍郎。十一月,补都察院左副都御史。二十五年,擢兵部左侍郎。二十六年,两宫西幸,随扈至西安。应诏陈言,奏请变通科举以求实学,精练新军以固国防,责成州县以弭教案,特设专官以兴实业,皆次第施行。二十七年,銮舆将返,奉旨先行回京。六月,调户部右侍郎。十月,升补工部尚书,管理沟渠河道事务。

　　十二月,调补刑部尚书。二十八年,兼署工部尚书。二十九年,随扈景皇帝谒西陵。七月,上以御史奏参提督苏元春纵兵殃民,缺额扣饷,经岑春煊确查属实,革职,交刑部治罪。宝华奏遵旨定拟苏元春应得罪名,略云:"律载'管军官冒支军粮入己,若承委放支而冒支者,以监守自盗论',又例载'监守盗仓库钱粮入己,一千两以上者斩监候'各等语。此案已革提督苏元春筹办广西边务有年,并不认真整顿,军务废弛,至于溃乱。诚如圣谕'实属辜恩负国'。乃于平日兵勇扰害,及伍籍缺额,均诿之失察,其漫无纪律,咎已难辞,复积欠扣存底饷至于十三万两之多,情节尤重。据供因公挪用,有案据者仅五六万两,其馀既无案据,即应科以侵吞入己之罪,按挪移库银二万两以上及监守自盗钱粮一千以上二罪,均应斩监候,应从一科断。查底饷扣存本营系属官款,该革员自用自销,应以取之于官论;且系统兵官支欠军饷,较寻常承委冒支者尤难宽贷,自应仍按监守自盗问拟。已革提督苏元春合依监守自盗钱粮入己一千两以上者斩例,拟斩监候。系统兵大员，仍恭候钦定。至所欠饷银，例应勒限追完，应请饬两广总督、广西巡抚按所供数目，分别确查，勒限追缴，以昭核实而杜狡卸。"得旨："苏元春纵兵殃民，所拟罪名尚属轻纵。着刑部再行按律定拟具奏。"宝华覆奏，略谓："臣部为执法衙门，不容畸轻畸重。若律有明条，向不得于律外加拟，致失定律本意。查纵军掳掠，律载'军人若于已附地面掳掠者，不分首从，皆斩监候。本管官钤束不严，杖八十，留任。其将领知军人于已附地面掳掠之情故纵者，各与犯人同罪'。注云'至死减一等'各等语。详绎律义，原谓已附地面皆属吾民，军人敢有掳掠人口财物者，即属殃民，一律问拟斩候。立法本极严厉，军人之罪既重，故本管官及将领之罪从轻；其钤束不严者，罪止拟杖；必知情故纵，始与犯人同罪。凡称同罪者，至死减一等。此治罪之通例，故律、注有至死减一等之文也。若监守自盗之例，一千两以上，即应问拟斩候，较将领之故纵军人掳掠者罪名为重。又遍查律例，惟提镇于省城及驻扎地方不行固守，闻警先逃者，例内有依律拟斩，声请处决之文，其馀如贪取降人财物，杀伤其人，以及失误军机，失陷城寨各律，其罪名亦皆至斩监候而止，别无加重治罪专条。今苏元春积欠饷项，尚有应追之赃，照监守自盗之例，其本罪应拟斩候，即科以纵军掳掠之律，从重不准减等；而按律从一科断，亦罪止斩候，并无出入。此次钦奉谕旨，既令按律定拟，而参稽律例，其罪无可复加，自应仍按本例科断。已革提督苏元春合依律拟斩监候，秋后处决，仍照例勒限追赃。"卒依议行。是年，充顺天乡试副考官。

宝华官刑部久，其狱之最重大者，如三十年审明已革知县王维勤仇杀一家九命,分别首从定拟;三十一年审明蒙古护卫福株哩妒奸谋杀家长,按律定拟;三十二年审明瑞洵等婪赃舞弊,拟定罪名,勒限追赃,皆根据律意,胥得其平。其兼署工部二年馀,疏请给承修工程各员办公经费,归并陵寝岁修另案专案诸名目,以杜浮估之积弊。官刑部时,尝以会审失于觉察,罚俸一年,以监犯越狱,降一级留任;以朝审失出,降一级留任。旋准抵销,或邀宽免。年六十,蒙两宫赐"寿",赏紫禁城骑马。三十二年七月,朝廷预备立宪,命充厘定官制大臣,与诸王大臣会议于朗润园,同编纂官制。九月,补授镶红旗蒙古都统。三十四年,署法部尚书。宣统元年,补授礼部尚书。宝华历充东陵、西陵要差,耕耤查斋,读卷阅卷,磨勘验放,管宴,覆核朝审,参与政务,值年进内大臣。二年二月,卒。遗疏入,谕曰:"礼部尚书葛宝华,廉明勤慎,学问优长。由部曹荐陟卿贰,叠掌文衡,擢授尚书。宣力有年,克称厥职。兹闻溘逝,轸惜殊深! 加恩赏给陀罗经被,派贝勒毓朗带领侍卫十员,即日前往奠醊。照尚书例赐恤。应得恤典,该衙门查例具奏。"寻赐祭葬,予谥勤恪。

子绍炜,俟及岁以主事用。

戴鸿慈

戴鸿慈,广东南海人。光绪二年进士,改庶吉士。明年,授编修。五年,督学山东。寻丁父忧。法越事起,海疆戒严,在籍倡办团练。十年冬,起复。十一年,督学云南。十七年,充云南乡试正考官。十九年,充顺天乡试同考官。二十年,大考一等,擢庶子,充日讲起居注官。方略成书,特奖以应升之缺开列在前,并赏加四品衔。

时日韩启衅,平壤一役,我军受巨创。鸿慈奏言:"行军之道,以一事权、济饷运为先。平壤之挫,佥谓事权不专、饷运不继所致。北洋大臣李鸿章以直隶总督总统师干,一切应敌机宜,是其专责。应请饬李鸿章进扎山海关,就近调度;并调李秉衡帮办直隶总督事宜,刻日抽带精勇数营,驰赴天津驻扎,办理军需。一面催魏光焘迅速起程,直抵奉天,会同宋庆诸军进剿。如此则前敌后路均各得人,庶能维大局而图进取。"又奏:"此次援韩失利,实由李鸿章调遣乖方,迁延贻误。而不逞之徒各腾异议,有谓朝鲜本中国赘疣,不早弃之以贻此患者;有谓倭人本意欲与我共治朝鲜,[一]乃我先开兵端,以致失和者;有谓倭人意仅图韩,可划鸭绿江为界而即无事者;有谓倾中国之兵不能御倭,不如忍辱求和,徐图后举者。种种妄言,无非为李鸿章解脱。近乃闻有款议将成之说,佥谓数大臣私谋密议,为隐忍偷安之策。窃恐款议遽定,则亏国体而重后患,将来有噬脐莫及者。请历排前说,披沥陈之。夫谓朝鲜为中国赘疣者,不知中国大势者也。朝鲜为吉奉屏蔽,吉奉为京师根本,苟一举足,全局动摇。故我太宗文皇帝力征经营,列圣相承,胥瘝怙冒,以怀远为保邦之策,虑至深也。光绪初年,朝鲜苦倭逼甚矣,朝廷命李鸿章以绥靖东藩。李鸿章任用非人,信一马建忠而有十年、十一年撤兵之事;信一俄使韦孛而有本年正月迁延不救之事;信一卫汝贵而有本年八月平壤不守之事。一误再误,以至今日,皆外视朝鲜之意有以启之。推原祸本,为赘疣之说者,我祖宗神灵之所必殛也。至于兵衅之开,倭实背约。仁川之战,我船渡送援军,未先犯倭也,而倭乃击沉我高陞船矣；牙山之战，我军往平韩乱，未先犯倭也，而倭自汉城来蹙我矣；大东沟之战，我船渡送铭军，未先犯倭也，而倭自仁川来乘我矣；及平壤之战，我军先到月馀，未敢越平壤一步，因循畏葸，坐致围攻。乃议者犹归咎于朝议主战之故。夫所谓主战者，必其势可以不战而决意用兵，然后谓之主战。若敌人节节见逼，迫我以不得不应，何主战之有？必如议者之意，必束手待毙而后为不开兵端乎？则谓衅自我开者，妄也。我军已退渡鸭绿江，尽失奉天门户，九连城距朝鲜义州才数十里，中间江面，宽者才三四里，褰裳可渡；且鸭绿江长亘千馀里，一无险要可守，我如沿江设防，虽五六万众不敷分布，不惟无此兵力，亦断无此兵法。今日之势，平安为奉天门户，咸镜为吉林门户。保奉天而防鸭绿，如勿防也，必以平安为障蔽，而后凤凰城可守；保吉林而防图们，亦如勿防也，必以咸镜为锁钥，而后宁古塔可安。我皇上如勿弃吉、奉两省，断无不规复朝鲜之理；规复朝鲜，断无不克日进兵渡江之理。比闻叶志超电奏遵旨全军内渡，是因大军新挫，仓皇退避。既已大误于前，若不及时进占，则敌人益得休息兵力，全锐拒我。日来倭兵不动，当必于平安、咸镜之地分据险要，建筑炮台。彼备一修，则将来我军进攻，愈难得力。刻下前敌诸军，兵力不为单薄，宜谕令及时进剿，以赴戎机。夫平壤之败，败于卫汝贵之十六营望风先逃，非以兵单致衄。即以为将图大举，稍待后援，亦宜步步为营，为得寸得尺之计。如不督令进战，恐诸军误会日前退渡之谕旨，谓已无意朝鲜，将帅灰复雠之心，士卒阻敢死之气，军不欲战，敌起乘之，祸败尚忍言哉？且三军之战，胜在士气，士气之鼓舞在上心。法越之役，我军进攻得手,遽因李鸿章之请速定和约,将士闻之无不愤懑,然犹以战胜在后,许和在先,捷报未通,以至于误。今若万里征兵,不为战用,则事机坐失,更非昔比。窃恐天下人心,妄测上意,从此无出力效死之将,从此无欣然赴召之兵。疆臣之心知朝廷之必不一战也,而备御勿修;眈视之邦知中国之必不一战也,而觊觎竞起。皇上独不为中国万年计乎?夫人心所系,宗社之安危视之。是宜及今可用之锋,早定自强之计,否则人心涣散,后患方长,敌焰日张,我疆日蹙,并目前所据有者,而亦不可恃矣。则谓画江自守者,妄也。至于不战遂和之害,益觉不可胜言,倭人雄据全韩,朝发夕至。得我兵费,则益充其战守之资;散我师徒,则益肆其进攻之计。不多为之备,则辽沈、燕齐,在在有可蹈之隙。若概设重镇,则军火粮饷骎骎有自敝之虞。至于无端之迫胁,非理之要求,从之则其欲无厌;不从则顿失前好。此尤历来议款之明鉴。则谓忍辱求和者,尤万世之罪人,天下臣民之公敌也。若赔款之说,尤属势所必争。即以法越前事而论,法之国势数倍于倭,而越南一役,不闻有兵费之说。今且倾国帑、借洋债以筹战备矣;而一切委置无用之处,更筹巨款以饷雠仇,试问一款之后,能保倭十年不犯中国乎?即有他国居间,而事后谁能相保?天津专约甫七年耳,及今而有兵取韩京之事。夷情反覆,已有明征。后之视今,犹今视昔。竭生民之膏血,以求旦夕之安,而安终不可恃。既和之后,仍须办防。悉索既空,费从何出,适足以示瑕而速寇耳。且倭人素称狡诈,设如彼一面进兵,而姑言和以懈我军心,缓我守备,岂不重为所绐以贻笑万国?此尤不可不长虑却顾者也。若夫筹战机宜,约有四端:一曰作勇敢。夫兵以气胜，坐而待敌，锋锐必销。故善守者，或雕剿以慑敌心，或分枝以牵敌势。平壤之败，我惟呆守，彼则活攻，步步进逼，我军几无驻足之处，一战而溃，职此之由。近九连城驻守之军，不敢逾鸭绿江一步，侦候不远，哨探不行，似此情形，恐蹈平壤覆辙。应请电饬诸军，相机度势，防剿兼施，无得株守以致坐困。一曰筹进取。东征之军，奉调而至者，数且十万有馀矣，据此一隅，虽多奚益？宜分作数枝，责奉、吉诸军以规咸镜，责淮、豫诸军以复平安，责海军以略仁川，责南洋出兵舰以袭釜山，水陆并进，此正化呆兵为活兵之法。且倭人专尚虚声，我即乘其虚而捣之，亦足以牵掣敌兵，张我形势也。一曰侦洋情。窃观法越前事，军情利弊，不独在廷建议，外而封疆守吏，出洋公使，以至微员末秩，莫不各效见闻，集益既多，运筹自易。唯急于议和一节，徇李鸿章之意，贻讥万国，为大失着，而事前则军火有资，事后则兵费罢议，未尝不资群策之功。今之敌情军势，惟北洋一人之口是凭，惟津海关道数行之报是据，模糊脱略，考办无从，而疆臣辀使，箝口结舌，无敢出一语以仰赞庙谟者。以此筹战，战固不能；以此筹和，亦断断知其和之无策。是宜严敕枢译诸臣，于洋务军情，用心考求，无胶成见，一面电谕各省督抚、出使大臣等随时探访，各效忠谋，群策并进，庶以绝壅闭而资赞助。一曰严督责。偾军之叶志超，奉旨查办矣，而外间覆奏，尚在迁延；督运之周馥，奉旨东行矣，而后路程台未闻奏设；以及谕查军火，则核实无期；命购船炮，则垂成辄变。似此心存玩忽，军务安有转机？应请谕戒内外大臣，一切特旨指挥，务须实力奉行，如有稽迟，即加谴责。至于荼毒韩民，首先溃退之卫汝贵，应请再申严谕，立正典刑，以慰韩人之心,而作三军之气。"不报。

寻以东事日亟,金州、凤凰城、大连湾、岫岩州、复州等处相继沦陷,有旨命户部左侍郎张荫桓、湖南巡抚邵友濂使日本议和。鸿慈奏言:"能战然后能和,为古今之笃论。现在倭焰方张,要求狂悖,其阴怀叵测者,在拥挟朝鲜独立;其显肆逼索者,则在割地、赔款两端。以土地言之,微特奉天根本重地,在所必争,即沿海各省要区,皆我列祖积功累劳,艰难勘定,百姓食毛践土,久隶版图,岂有一旦予人之理? 此宜拒绝者也。至兵费一说,虽外夷所经见,然庚申之役,烽燧内侵,补还烟费,多不过八百万两。若过索巨款,帑藏之岁入几何? 以有限之金钱,填无穷之溪壑,质地、质关诸约由此而兴,日后练兵置械之资,更将安出? 此宜详审者也。若夫多方之要胁,无理之诛求,狼子野心,非能逆料。倘使臣识力不定,堕彼术中,从之则贻害安穷,不从则转圜乏术。凡此皆未和之先,所宜长虑却顾者也。定约之后,例须息兵,而倭性狡诈,或胁我以撤防先退,而反覆靡常;或藉口于偿款未完,而衅端又起。况未经惩创,本有轻我之心,遂其诛求,益逞无厌之欲,且法则觊觎开化矣,英则窥伺腾越矣,俄则蠢动珲春矣,以倭蕞尔小邦,尚不敢校将援利益均沾之例,群起为难。试问主和诸臣,果何以善其后乎? 万里征兵,不为一战,遣散之卒,即为伏戎,内外交讧,噬脐何及? 此既和之后,所宜长虑却顾者也。"又奏:"兵事以一将权为先,将权以兼地方为要。刘坤一既特简为钦差大臣,节制关内外各军,自当殚竭血诚,力肩艰巨。但思内则督办军务大臣,外则北洋大臣,皆有节制全军之权,直隶总督、奉天将军亦均节制一路,刘坤一参伍其间,无地方粮饷之权,兵事虽有节制之名,而疆吏未易和衷,客军多非素习,仰承俯注,左绌右支,贤者无以尽其才,不贤藉以卸其责。守土者以统帅有人相诿,[二]主兵者以疆臣掣肘为虞。前刘坤一奏恳收回成命,盖亦知此中难处,未敢轻言节制也。朝廷既倚刘坤一办事,即为全局利害所关,似当深察事宜,善为措置,俾得尽其筹策而责其成功。拟请饬令李鸿章专管直隶总督,以刘坤一兼署北洋大臣,或令裕禄专管盛京将军,以刘坤一兼署奉天总督。如此兼有地方之责,一切调兵转饷,尤易指挥。再湖北巡抚吴大澂现统营数过多,该抚臣未历戎行,才望较浅,若拨归刘坤一统带,以吴大澂为参赞,应更得力;否则就中先拨湘军三十营,即为钦差大臣专辖之兵,便可及时布置。大抵今日用兵之要,必使奉、直两省兵事饷事,流通一气,又复节制分明,核功罪为进退,察事势为变通,审形胜为控扼,勿以款议瞻顾,弛战备而误戎机。目前为御倭之谋,即异日为保疆之策。"疏入,奉旨留览。

是年十二月,倭兵窜扰山东,陷荣城县。明年正月,连陷威海卫,据刘公岛,覆我北洋海军,京畿震动。鸿慈奏言:"倭夷蓄志凶狡,其奉省、山东等处当是牵掣之师,而攻台扰南,亦祇恫喝之计,必将专注直境,乘虚而入。查直隶沿海兵力,本非甚厚,北塘至乐亭数百里,皆关紧要,现调回聂军协防,加以游击之师,尚觉有备无患。惟沧州岐口一路,仅有梅东益马步三营,未免太单。曾闻倭人在此量水,其择瑕而蹈,实在意中。设由此登岸,绕而北趋津通,诸军隔绝而不能救,不过五日可抵京师。专恃南苑一军当其前敌,沧州离海百二十里,控运河水陆之冲,一为敌侵,运道梗塞,关系甚重。自沧而进,则固安当其隘,畿南屏蔽,惟恃固安。应请敕下督办军务王大臣，酌量缓急远近，于关外魏光焘、吴凤柱、徐邦道各营中速调回两军，分驻沧、固，或于关内先行抽调一军，驻扎岐口，即以南苑一军移防固安，与驻守武清之军相为犄角，闻警策应。俟关外各营赶到，再行匀拨，仍催调南省得力勇营兼程北上，以为后劲，庶布置稍密，不至为敌所乘。"又奏："自威海既失，津沽之屏蔽尽撤。李鸿章节节偾事，以奉旨拿问败坏海军之丁汝昌，始终袒护，称其得力；又谓作雾洋人，非丁汝昌不能驾驭。现闻倭陷威海，丁汝昌不发一炮，所谓得力者何在？丁汝昌驾定远战舰潜逃，作雾之法并未施演，所称驾驭洋人者又何在？李鸿章极力为丁汝昌回护，不恤抗违诏旨以遂其私，而丁汝昌全置李鸿章于不顾，李鸿章尚有何说以自解乎？窃惟李鸿章贻误大局之罪，已贷无可贷；朝廷曲全李鸿章之意，亦加无可加。倘复任其玩兵养寇，坐误军机，李鸿章一人不足惜，如畿疆何？如天下何？伏愿明发谕旨，特予严惩，并责成将丁汝昌速行拿解，以肃军令而儆效尤。若国家追念前劳，犹欲保全终始，亦应早解事权，俾接替得人，危局尚可补救。"不报。

寻有旨命李鸿章赴日本议和，以王文韶为北洋大臣、直隶总督。是年四月，和议成，鸿慈条奏善后十二策：一、审敌情，以固邦交；二、增陪都，以资拱卫；三、设军屯，以实边储；四、筑铁路，以省漕运；五、开煤铁，以收利权；六、税烟酒，以佐度支；七、行抽练，以简军实；八、广铸造，以精器械；九、简使材，以备折冲；十、重牧令，以资治理；十一、召对群僚，以励交修；十二、变通考试，以求实用。七月，迁侍讲学士。先是，广东巡抚马丕瑶锐意禁赌，并查办豪绅控案甚厉，奸人衔之，谋去马丕瑶。鸿慈奏言：

"广东大吏禁赌认真,致滋群谤,浮言摇惑,恐为所挠。请饬疆臣坚持定见,以清治源而收成效。"又以革党潜谋起事,香港保安轮船截获军械一案,事变已形,因奏请饬疆臣严缉首恶,以弭乱萌;并移会水师提臣郑绍忠,于省城外添扎安勇,附近各乡佛山等处,一律举办团练,以资镇压。"又奏:"近闻革党暗运军火,欲由澳门径袭粤垣。现粤省裁撤安勇,多招楚军。闻楚军人地生疏,缉捕本难得力,且兵无纪律,民有怨言。又与土勇积不相能,一有缓急,恐不可恃。请饬疆臣勿存成见,先事预防。"均有旨下广东督抚臣妥慎筹办。十月,充咸安宫总裁。二十三年,督学福建。二十四年,转侍读学士。二十五年,迁少詹事。以报效昭信股票,赏戴花翎。

二十六年,迁内阁学士,兼礼部侍郎衔。是年冬,学政报满,乞假回籍修墓。寻擢刑部左侍郎。明年,假满,赴西安行在,上敬陈治本疏,条举八事:一、矢忧危,以习俭勤;二、审号令,以维国柄;三、容直言,以伸士气;四、节财用,以恤民穷;五、改捐例,以清治道;六、设考课,以育人材;七、存科目,以系士心;八、平民教,以弭祸患。又奏:"请建两都、分六镇,谓宜建西京于长安,建南京于江陵,择近支亲贤分驻其地。裁西安、荆州两将军,即建邸于军署,无事则辑人民、完城郭,以固屏藩;有事则扼险要、备巡幸,以资缓急。俟芦汉铁路告成,分一支由河南入陕西,一支由武昌达江陵,而居中控驭之处,则以襄阳为重。应改现时提督行台为湖广总督移驻之所,提督还驻毂城,使上通关陇,下接湖湘,藉壮声援,互为犄角,无封建之名,而隐收其利,则邦本可安矣。夫唐因藩镇而乱,终以赖藩镇而存;宋撤藩镇而安,究以废藩镇而弱。今我国家固重任疆臣矣，然救时之策，似宜稍为变更，拟请画盛京、吉林、黑龙江为一镇，改盛京将军为三省总督、经略大臣，仍驻奉天；直隶、山东、山西、河南为一镇，改直隶总督为四省总督、北洋经略大臣，驻扎天津，藩司兼护巡抚，仍驻保定；江苏、安徽、江西、浙江、福建为一镇，改两江总督为五省总督、南洋经略大臣，仍驻江宁，闽浙总督改为福建巡抚，驻福州；广东、广西、云南、贵州为一镇，裁云贵总督，改两广总督为四省总督、经略大臣，仍驻广州；湖南、湖北、四川为一镇，改湖广总督为三省总督、经略大臣，移驻襄阳，四川总督改为四川巡抚；甘肃、陕西、新疆为一镇，改陕甘总督为三省总督，仍驻兰州，甘肃藩司兼护巡抚。以上六镇，简忠实勤干知兵大臣任之，专责以治兵，不纷以吏事，务令久于其任，畀以重权，巡抚以下均归节制，并许辟置幕僚。其沿海之榆关、登州、崇明、定海、澎湖、厦门、南澳、虎门、琼州等处，地方提镇，听该大臣自择才能，奏请委任，以为之辅；既无督抚同城阻挠推诿之虑，又无统兵客将孤悬零寄之嫌，绥靖军民，缮完守备，每省练兵二万，一镇即有数万精兵，声气联络，首尾照应，得藩镇之意而无其害，则邦基可固矣。"疏入，奉旨留览。是年冬，随扈还京。

二十八年，转户部右侍郎，兼管钱法堂事务。充考试试差阅卷大臣，考试汉御史阅卷大臣、江南乡试正考官。先是，庚子之役，与各国议和，赔款至四百五十兆，并以保护传教载入条约。至是，各省教案益剧。鸿慈奏言："国家惩毖后患，无非欲民教相安，而教案之考成既严，教民之气焰愈盛。去冬以来，闹教之案，层见迭出，惩办愈厉，怨毒愈深。民智未开，往往有铤而走险之事。应请援乾隆八年成案,复设宣谕化导使,即以各省学政兼充,道府以下,凡有关于宣谕化导者,听其节制。并请敕下外务部,将外国来华传教原始、通商以来所办教案,及此次议和保教赔款条约、皇上谕旨、臣下奏章、外国照会,勒为一书,颁发各省刊布。使臣按临所至,试事既毕,传集绅士商民,反覆开导,务使穷乡僻壤、戴发含齿之伦,憬然领悟,而朝廷忧勤惕厉万不得已之苦衷,亦可昭然若揭于天下。又开民智者,莫切于报纸。近年我国报馆之设,所在多有。然海隅租界,放言高论,往往鼓吹邪说,淆乱人心。欲遏乱萌,非朝廷自设报务不可。拟请在翰林院创立报局,择编检中学术纯正,议论畅达、通知时事者为主笔,选辑各报,芟其烦杂,新法美政,有必录;盗贼水旱,有必书;并各抒所见,著为论说,一以宣上德、抒下情为宗旨。应请饬下政务处会同翰林院妥定章程,以立中国报律之准,各省官报亦应遵章踵设,庶言论有所范围,观听无虞淆乱。"疏入,格部议不行。二十九年,充考试庶吉士散馆阅卷大臣、考试试差阅卷大臣、殿试读卷大臣、朝考阅卷大臣、考试经济特科阅卷大臣、覆核朝审大臣。三十年,充会试副考官覆核朝审大臣。

时朝廷锐意求治,设会议政务处,遇有奉旨交议事件,令三品京堂以上与议。鸿慈奏言:"方今事机孔亟,百端待理,非集思广益,无以宏济艰难。惟是候促则事不达,谋寡则虑不周,莫若因会议之制变通而推广之。拟请自后内政外交,凡有建革之大、疑难之端,由政务处摘录事由,标明要领,片行阁部、九卿、翰林、科道,定期会议,速者三日、五日,迟者十日,尤繁重者十五日,各抒所见,别纸录陈。并令传知属官,咸得论列,呈堂代递。届期由政务处大臣开诚布公，周咨前席，务使词无不尽，理得所安，然后舍短从长，详实覆奏。循是行之，有四利焉：一曰收群策。谋于猝，不若谋于豫；询于独，不若询于同。惟宽予以时日之期，隐予以讲求之助，则有智而迟者，以潜研而自出；谋野则获者，经采纳而愈宏。利一也。一曰励人才。习于冗散，休戚若不相关，引与参谋，智能皆思自效。人人有欲摅之建白，即人人有勇赴之事功。是于询考之中，默寓激扬之用。利二也。一曰折敌谋。东西各国首重民情，百官者国民之标准也，师其合群之意，以为抵制之方。彼非理之侵，既可挟众志以抗拒；不情之请，亦可援公论以磋商。利三也。一曰息群谤。自来局外之身，恒不谅局中之苦，捕风捉影，谣诼繁兴。皆缘本末未明，传闻多误，以故游谈成于市虎，积忌甚于杯弓。讹言莫惩，岂国之福？势难禁止，利在疏通。门户洞开，翕訾自息。斯操觚者无所施其横议，秉钧者不至败于流言。利四也。”疏入，下政务处采择施行。

三十一年，有旨命五大臣分赴东西洋各国考求政治，鸿慈与焉。将发，有奸人怀炸药登车狙击，同行被创，众悚惧。鸿慈从容诣宫门取进止，两宫慰谕至泣下。时谣言蜂起，闻者危之。鸿慈谓人臣以身许国，义无反顾，卒行。凡八阅月，历十五邦，以明年六月归国。裒其所得，成列国政要百三十三卷。另纂录欧美政治要义十八章进呈，因奏言：“各国大势情形，虽间有不同，而治理则大略相类。观其政体，美为合众而专重民权，德本联邦而实为君主，奥匈同盟，仍各用其制度，法、义同族，不免偏于集权，惟英人循秩序而不好激进，故其宪法出于自然之发达，行之百年而无弊。反乎此者，有宪法不连合之国，如瑞典、挪威，则分离矣;有宪法不完全之国,如土耳其、埃及,则衰弱矣;有宪法不平允之国,如俄罗斯,则扰乱无已时矣。种因既殊,结果亦异。故有虽改革而适以召乱者,此政体之不同也。觇其国力,陆军之强莫如德,海军之强莫如英,国民之富莫如美,此国力之不同也。窥其政略,则俄法同盟,英日同盟,德奥义同盟,既互相倚助,以求国势之稳固,德法摩洛哥之会议,英俄东亚之协商,其对于中国者,德、美海军之扩张,美、法屯军之增额,又各审利害以为商业之竞争,盖列强对峙之中,无有一国孤立可以图存者,势使然也。况人民生殖日繁,知识日开,内力亦愈以澎涨,故各国政策或因殖民而造西伯利亚之铁路,或因商务而开巴拿马之运河,或因富国而投资本于世界,均有深意存焉。此政略之不同也。验其民气,俄民志伟大而少秩序,其国失之无教;法民好美术而流晏逸,其国失之过奢;德民性倔强而尚勇武,其国失之太骄;美民喜自由而多放任,其国失之复杂;义民尚功利而近贪诈,其国失之困贫;惟英人富于自治自营之精神,有独立不羁之气象,人格之高,风俗之厚,为各国所不及。此民气之不同也。臣等观于各国之大势既如此,又参综比较,穷其得失之源,实不外君臣一心,上下相维,然后可收举国一致之益。否则名实相悬,有可以断其无效者,约有三端:一曰无开诚之心者国必危,西班牙苛待殖民,致有斐律宾、古巴之败;英鉴于美民反抗,而于澳洲、坎拿大两域予人民以自治之权,致有今日之强盛,开诚故也。俄灭波兰,而用严法以禁其语言,今揭竿而起,要求权利者,即波兰人也。又于兴学练兵,皆以专制为目的,今满洲之役,不战先溃,莫斯科、圣彼得堡之暴动,即出于军人与学生也。防之愈密,而祸即伏于所防之中，患更发于所防之外，不开诚故也。二曰无虑远之识者国必弱。俄以交通之不便而用中央集权，故其地方之自治日以不整；美以疆域之大而用地方分权，故其中央与地方之机关同时进步。治大国与治小国固不侔也，德以日耳曼法系趋于地方分权，虽为君主之国，而人民有参与政治之资格；法以罗马法系趋于中央集权，虽为民主之国，而政务操之官吏之手，人民反无自治之能力。两相比较，法弱于德，有由来矣。三曰无同化之力者国必扰。美以共和政体重视人民权利，虽人种繁杂而同化力甚强，故能上下相安于无事。土耳其一国之中分十数种族，语言宗教各不相同，又无统一之机关，致有今日之衰弱。俄则种族尤杂，不下百数，语言亦分四十馀种，其政府又多歧视之意见，致有今日之纷乱。奥、匈两国虽同戴一君主，而两族之容貌、俗尚、语言、情性迥殊，故时起事端，将来恐不免分离之患。盖法制不一，畛域不化，显然标其名为两种族之国，未有能享平和、臻富强者矣。此考察各国所得之实在情形也。窃维学问以相摩而益善，国势以相竞而益强。中国地处亚东，又为数千年文化之古国，不免挟尊己卑人之见，未尝取世界列国之变迁而比较之。甲午以前，南北洋海陆各军制造各厂，同时而兴，声势一振。例之各省，差占优胜矣。然未尝取列国之情状而比较之也。故比较对于内，则满盈自阻之心日长；比较对于外，则争存进取之志益坚。然则谋国者亦善用其比较而已。”又奏：“臣等旷观世界大势。深察中国近情，非定国是，无以安大计。国是之要，约有六事：一曰举国臣民立于同等法制之下，以破除一切畛域；二曰国事采决于公论；三曰集中外之所长，以谋国家与人民之安全发达；四曰明宫府之体制;五曰定中央与地方之权限;六曰公布国用及诸政务。以上六事,拟请明降谕旨,宣示天下,以定国是。约于十五年或二十年颁布宪法,召集国会,实行一切立宪制度。"又奏:"实行立宪,既请明定期限,则此十数年间苟不先筹预备,转瞬届期,必至茫无所措。今欲廓清积弊,明定责成,必先从官制入手。拟请参酌中外,统筹大局,改定全国官制,为立宪之预备。"均奉俞旨采纳。至是,立宪政体乃确定而不疑,而宪政之措施亦始有条理之可循,而无冥行摘埴之患矣。

先是,鸿慈奉使在途,已擢礼部尚书;使还,充厘订官制大臣、玉牒馆副总裁,转法部尚书,充参预政务大臣。赏紫禁城内骑马。充经筵讲官。时法部初改,并寓创于因,端绪纷赜。又与大理院权限轇轕,往复论辨,苦难分晰。鸿慈悉心规画,首以申明权责为入手办法。凡司法官吏之进退,刑罚判决之执行,厅局辖地之区分,司法警察之调度,悉隶法部;其直省刑事稿件,由各省分达部院,经大理院覆判后咨部核定,若有情罪未符,仍咨回大理院自行驳正。盖以法部专任司法,大理院专掌审判,各有主持,而事权乃不至淆乱。其次厘订职掌,刑部向设十七司,至是改并八司:曰审录,曰制勘,曰编置,曰宥恤,曰举叙,曰典狱,曰都事,曰会计。八司之上设承政、参议两厅,厅设参事各二员,以资襄理。京外各级审判厅次第举办。又采英、美改良监狱之制,于京师筹办模范监狱,先后奏奉俞旨允行。三十三年,充举贡考职阅卷大臣。明年四月,疾作,赏假调理,逾月未瘳,乞解职,温旨慰留。十月,两宫升遐,力疾销假视事。

宣统元年四月,赏一等第三宝星,充报聘俄国专使大臣。礼成返国，奏言："此次奉使，道经东三省地方，目击日、俄二国之经营，拓地殖民，实有狘焉思启之虑。非急筹抵制，无以固边圉；非振兴实业，无以图富强。东省财力竭蹶，工商稀少，惟因其已然之迹，而扩其自然之利。切要之图，厥有二端：一曰垦植。查三省垦务，业已次第开辟，由各属官荒推及蒙旗，均经先后开放。顾垦务至今迄无起色者，则以放荒者衹计荒价之多寡，而不问垦植之兴衰；揽荒者只知垄断以居奇，而不恤领户之艰窘。垦务堕坏，职此之由。欲图整理，宜取泰西小农地、大农地之法，变通而并行之。曷言小农地？就本地蒙民编列户籍，计口授地，贷其籽种，给其资粮，宽其赋税，免其徭役，无追呼之扰而有耕凿之安，变榛莽之区而为沃饶之壤，数年之间，成效可睹。此变小农地之说也。曷言大农地？直省大资本家鸠集股本，组织移民开垦公司，划给大段生荒，徙民往垦，官任保护，明示十年之后始议升科。其运载移民之轮船、火车特别免价，或酌给半价，有能纠集大公司办有成效者，破格奏奖。如是则移民日众，垦地日多，较之曩时巨户揽荒，只图转售牟利，转售无人，终成芜旷，其利害得失相去悬绝。此变通大农地之说也。由前之说，足以裕蒙；由后之说，足以实边。边地多一人之移殖，〔三〕即多一人之捍御。将来垦务既盛，可仿古屯田之法，寓兵于农，移民即以集兵，力田即以供饷，是又可操其券也。一曰森林。山虞林衡，载在周礼。林麓之政，古昔所重。近日东西各国，林业皆设专官，诚以材木之用，利至溥也。臣此次赴俄，自入西伯利亚路线以后，〔四〕森林绵亘数千里，弥望无际，其中以桦木、松柏为多。俄车伐薪以代煤，轨道两旁积薪如塸，备沿路接济之用。此外若垫路，若造车，及一切停车之驿场，侨民之庐舍，皆就地取材，用之不竭。而我满洲里以内之境，林木顿疏，以原隰之广、幅员之长，而令濯濯童山，繁植无望。凡有制造转资洋木，利源外溢，所失尤多。诚宜及时振兴林业，设森林局遴选贤员，认真督理。其入手办法，应先周历履勘，察其地利，辨其土宜，其不宜于谷麦者，即划为筹办森林区域。并绘图贴说，咨会各直省督抚，明定奖格，劝谕绅商兴办林业公司，凡一切保护之责、经营之方，皆严立规则，以资遵守。循此办理，可为边境辟一大利源。十年以后，材木不可胜用矣。凡此两端，若果办理得人，实事求是，立疆圉富强之本，即以杜邻邦窥伺之谋。国计边防，所关非细。将来财力稍裕，兴学以迪蒙智，开矿以辟利源，广铁路以利交通，筹兵屯以资捍卫，又当权其缓急后先之序，以为措施次第之准耳。"得旨，下东三省督抚、农工商部、邮传部筹议施行。是年八月，以尚书在军机大臣上行走。十一月，擢协办大学士，赏穿带嗉貂褂。

二年正月，卒。谕曰："协办大学士、尚书戴鸿慈，忠清亮达，学识闳通。由翰林迭掌文衡，荐陟清要，擢任正卿，均能恪尽厥职。考察政治，尤能抉择精微，有裨宪政。朕御极后，优加倚畀，俾参机务，晋协纶扉。夙夜靖共，深资擘画。前因偶患微疴，赏假调理，方冀医治就痊，长承恩眷。遽闻溘逝，轸惜殊深！着赏给陀罗经被，派贝子溥伦带领侍卫十员，即日前往奠醊。加恩赏加太子少保衔。照大学士例赐恤。入祀贤良祠。赏银二千两治丧，由广储司给发。任内一切处分，悉予开复。应得恤典，该衙门查例具奏。灵柩回籍时，着沿途地方官妥为照料。伊子一品荫生戴曾谔，着以郎中补用，用示笃念荩臣至意。"寻赐祭葬，谥文诚。

【校勘记】

〔一〕有谓倭人本意欲与我共治朝鲜　"倭"原作"日"。今据戴鸿慈传稿(之三三)改。下同。

〔二〕守土者以统帅有人相诿　"土"原误作"外"。今据戴鸿慈传稿(之三三)改。

〔三〕边地多一人之移殖　原脱"边"字。今据戴鸿慈传稿之(三三)补。

〔四〕自入西伯利亚路线以后　"路"原误作"始"。今据戴鸿慈传稿(之三三)改。

陆元鼎

陆元鼎,浙江仁和县人。同治十三年进士,以知县即用,签分山西。因亲老告近,改江苏。光绪元年恩科,二年正科,迭充江南乡试内帘襄校官。

寻署山阳县知县。县多拐贩妇女案,城外水关一带,夜间往往闻哭声,有因而致毙者,道路或渍血痕,居民患苦。又有巨匪二,党羽密布,勾蠹役通消息,官莫能捕。元鼎密访窝所既确,一日托言谒漕运总督,选壮役自从。天未明,破扉入匪宅,匪惊起,抽刀拒捕,左右叱夺之,遂就获,搜出妇女十数口,审实置法。严捕馀党,匪患顿息。俗好讼,革文士之业刀笔者,创捐设射阳书院以诱进之。亟修仓厂,储谷备荒。庶政以次毕举,民利赖之。

六年,补江宁县知县。丁父忧,八年,以河运出力汇保,服满,以知县仍留江苏补用。十年,服阕,仍补江宁县缺。时南门外有敕建古刹,西人指索为教堂,洋务局员遽许之,士民大哗。元鼎执条约力争,得不酿祸。卒以前诺,易城西隙地予之,案始定。寻调署上海县事。上海通商要区,交涉尤剧。适有法兰西商人毙华民沈姓一案,验系内伤,领事官坚谓无伤痕,不承。元鼎谓洋制时辰表坠地,钢条断,玻璃面未损,此何以异?领事官理屈,惟请缓期会谳,迁延至易任而后结。时江南北焚毁教堂之案十数所,差员四出,无一议结者。元鼎被檄至如皋,查知焚毁者二处。教士诡称本国已专使来华,兵轮亦旋至,元鼎多方辨诘,以银四千两议结。自是各州县援照办理,教案以息。又署泰州知州。城河久淤垫,半成平陆。稍旱辄苦无水,不戒于火,取水北门三里外,远不济急。捐廉议开浚,有市屋占碍故道者拔之,虽巨室不稍瞻顾。下河斜丰港堤绵亘六十里,厅久不修,西来之水不可御,坐是屡无丰年。因就旧址加增,高广各一丈,基倍之,全堤藏事。按察使方规画水利,请檄东台县接修范公堤而止,泰州仍协助十有一里。从此水患绝,田谷常倍收。

　　寻复署上元县事,回任江宁县,百姓欢呼,倍相爱慕。元鼎实心任事,不务赫赫之名,所在民悦,去皆为生祠以祀。累举卓异,两江总督刘坤一以元鼎学识渊深,操持坚定,历任烦剧,所至有声,足膺方面之任,疏荐于朝。先是,办理苏、皖赈捐出力,以直隶州知州在任候补,嗣捐升道员。二十年,奉旨以道员发往江苏补用。二十一年,补广东惠潮嘉道,随调补江苏苏松粮储道。二十四年,擢江苏按察使。入觐,奏对称旨。语及甲午之战,我枪口与子弹多不合,两宫命军机饬各省留意改造,并谓不必说由陆元鼎陈奏,致与督抚有意见。二十五年四月,受任正江阴县。美国教堂被毁,县令访为首者讯实,拟绞罪解省。美领事官突自沪至苏称冤,云已由驻京使臣商允前来会审。元鼎告以关道有会审章程,臬司无此例。乃云不会审,可观审。元鼎答以既不会审,即不便观审。又云总署电来将若何,答以慎守国家刑章,官可辞法不可枉。狱遂定。寻署布政使。十一月,有旨暂行护理江苏巡抚。二十六年,补授江苏布政使。二十七年,巡抚聂缉椝奏称:"上年办防之际,筹捐殊难措手,幸赖苏州藩司陆元鼎督率府县剀切劝导,集款至五十馀万,毫无苛派勒捐,非陆元鼎勤政爱民,舆情悦服,曷克至此?"奉旨赏给头品顶戴。二十九年,擢漕运总督。先是,元鼎为山阳县知县,政声达邻邑。至是淮海居民咸欣欣喜色相告。是岁夏秋水盛平堤,亲行周勘,分道抢护,坚守各坝,险而复夷。又以清淮一带,制钱缺乏,公私交困,疏请试铸铜圆。

三十年四月,调署湖南巡抚。时元鼎方病假,以广西匪势正炽,电传谕旨令迅速赴任,力疾起程受事。奏定以防为防,不如以助剿为防之策,增募营勇,改留提督刘光才防守,扼西路之要。贵州永从县大年河匪踪已逼清州,饬道员黄忠浩与衡永郴道庄赓良疾驰赴黔边协御。赓良既攻取龙贯峒,忠浩先击败同乐悍股,提督张庆云分兵相继出境剿贼,饷械悉由湘运赴广西。四十八峒匪势张甚,得湘军之助,旋以戡平。两广总督岑春煊、广西巡抚李经羲均称其不分畛域,有胡林翼、骆秉章之风。最后云南布政使刘春霖调补湖南布政使,所带滇军,有旨分留湘省。元鼎知不可恃,电请收回成命,而刘军达字后营果叛于黔境,若非先时奏止,则受祸益烈。醴陵县密拿会匪,起有伪印刀旗票布,供称革命不讳,连及东洋留学生九月起事等语。元鼎立诛首犯二名,留一名备质,他无株连,人心大定。裁汰冗官之旨下,以湘省漕经改折各卫所屯垦,复由县经征粮储道缺事既简,奏请裁撤教职佐贰,宣讲分防,均有职守,俸廉既微,可仍其旧,均从之。

十一月,调署江苏巡抚,旋即补授。苏省患盐枭,太湖港汊纷歧,与浙错壤,尤为逋逃渊薮。元鼎宦苏久,谙熟情事,至即增造师船,与浙抚会商剿办,擒斩首要。复严赌禁以清其源,匪风自此渐戢。征兵议起,以吴地风气柔脆,应征者多不安分之人,惟淮、徐之民较可精选,不应画分区域,力为陈奏。格于部议,后此逃亡相继,事端滋多。苏省前铸当五钱,公私搀杂,民以为苦。饬广设局所,一并收回,毋剔私铸,市肆称便。官民所立学堂大小八百馀所,调查规画,就近亲诣考校。并援抚湘时奏设出洋游学预备科之例,于苏省开游学预备科,至察核吏事,振恤灾黎,修治塘圩诸大端,凡关民瘼,勤求之心,无敢或懈。三十二年,京察开缺,另候简用。三十三年,特召来京。适沪杭甬铁路苏、浙人不认借用外债之约,召见首问及此,奏称:“民情忠爱,上保主权,并无煽惑。臣不敢稍有欺饰。”反覆陈对,至移晷刻,两宫动容,谕以即饬外部与英夷磋商。于是有部借部还之改议。谕令协理开办资政院事务,以三品京堂候补。三十四年,因病奏请开去差使,再请始允,回籍。宣统元年,学部奏充浙江学务公所议长。二年,病,卒于家。事闻,赐恤如例。

子景贤,议叙同知直隶州,早卒。孙绍宗,分省知县;绍言,分部主事;绍宣,正二品荫生。

陈璋

陈璋,湖北应城人。光绪间,由同文馆肄业生考入北洋武备学堂。直隶总督李鸿章檄充永定河工委员,选奖府经历,以知县补用。历任奉天通化、铁岭等县知县。由辽阳知县升兴京府知府。二十年秋,日本以朝鲜故,与我构衅。八月,帮办北洋军务大臣宋庆委充毅军营务处兼中军帮统。十二月,钦差大臣节制关内外防剿各军刘坤一委充湘军营务处,兼署奉天锦州府知府。二十六年夏,义和团事起,璋闻有设坛授术者,立捕置于狱。通电邻省,力陈奸民假左道惑众状,请严禁。又亲历各县乡村,考察人民良莠,暨教民被害情状,捕诛素行不法者若干人,谕良民量力出资,修葺教堂,抚恤教民。后教士至,无可争执,遂以无事。其受知朝廷自此始。

二十七年,命兴京永陵守护大臣兼陵河两工督办大臣灵熙赴吉林查谒龙冈,调璋回兴京府任,护理永陵守护大臣,兼护陵河两工大臣,及兴京都统兴字马步全军军统。二十八年,升任直隶通永道,署通永镇总兵,兼护直隶提督。二十九年,充驻比国头等参赞,旋升署驻比出使大臣。三十年,黑龙江将军程德全奏调赴黑龙江任全省营务处督办,兼商埠总局清乡局督办。三十三年,新疆巡抚联魁、甘肃总督升允奏调,奉旨发往,任改编甘新陆军督练处督办,兼陆军三十五协协统。三十四年,先后经邮传部尚书盛宣怀、外务部尚书那桐奏充中俄勘界督办,兼甘新邮电督办。嗣升允、联魁会奏陈璋与俄使勘界,交涉数月,争回边地,功在国家,请旨嘉奖,允之。复奉旨选署塔尔巴哈台参赞大臣、伊犁将军。嗣命为甘新宣抚大臣,就近宣慰内外蒙古各旗事宜。

　　回京后,补授正红旗满洲都统。以病陈请开缺回籍,上如所请。旋卒。遗疏入,谕曰:"正红旗满洲都统陈璋,老成硕望,兼资文武。出绾疆符,入襄枢政。中外扬历,懋著勋勤。比年养疴退隐,会觏时艰。方冀年享期颐,长承恩赉。遗章遽告,悼惜殊深!生平事迹宣付国史馆立传,并着按照都统例从优议恤,该衙门查例具奏,以示笃念旧臣之至意。"寻赐祭葬如例。

清史列传卷六十五

忠义传

劳汉　尹布等

劳汉,满洲正蓝旗人。姓他塔喇氏,世居札库木。国初来归,从攻抚顺,以第一人先登,克其城,授佐领。旋偕笔帖式尹布、闲散球从征额黑库伦,有功。寻征乌拉,球随阿兰珠等下马步战,所向无当其锋者。明总兵毛文龙遣部将率千馀人潜犯我汛地,劳汉、球率骑十八、步卒二十邀击,歼之。球追逃人至敖汉,及之;同叶臣大破其众。同雍舜等攻旅顺口,麾众进,遂取之。球授骑都尉,劳汉得赏赍。天聪元年,劳汉及佐领固吉纳、孟健从征朝鲜,攻义州,副都统西达尔翰冲阵,流矢伤目,犹手刃数人,始仆。劳汉夜登城,战殁。二年,大兵征瓦尔喀什,孟健先登,殁于阵。四年,大兵征叶赫,固吉纳奋勇陷阵,被戕。八年,球、尹布追剿索伦部之喀木尼哈叶雷,多斩获。九年,球加一云骑尉。崇德二年,尹布授云骑尉。三年,尹布随贝勒岳托征明,攻望都,穴其城,克之。四年,尹布晋世职为骑都尉。从都统索海、萨穆什喀征黑龙江,^{〔一〕}获三十馀人。复随副都统罗济进击杜俄臣兵,罗济中创殁,尹布援之,亦殁于阵。六年,球从大兵攻锦州、松山、杏山城,明总督洪承畴遣兵六千,夜犯我营。球力战,阵亡。劳汉,赠骑都尉,子萨喇奇袭。

尹布,满洲镶红旗人,姓宁古塔氏,^{〔二〕}子宜尔特赫,袭骑都尉世职。球,满洲镶红旗人,姓栋鄂氏;固吉纳与球同旗,姓洪鄂氏。球弟纠禅,固吉纳弟伊勒穆,并袭骑都尉世职。孟健,满洲镶蓝旗人,姓戴佳氏;西达尔翰,满洲人,入汉军正白旗;罗济,满洲镶蓝旗人:赠荫,俱无考。

【校勘记】

〔一〕萨穆什喀征黑龙江　原脱“喀”字。耆献类征卷三三一叶一四下同。今据文录卷五一叶八上补。

〔二〕姓宁古塔氏　原脱“氏”字。耆献类征卷三三一叶一四下同。今依本书体例补。以下凡遇满、蒙人姓下脱“氏”字者,一律照补。

　　护穆萨　　觉罗兰泰等

护穆萨,满洲正黄旗人,姓赖布氏,世居佛阿拉。崇德五年五月乙巳,以武备院卿从大兵征明,距锦州城五里列阵,以炮攻城北晾马土台,克之。七月乙酉,睿亲王多尔衮遣卒刈城西北禾稼,明兵突出,枪炮并施,护穆萨与护军参领觉罗兰泰、署护军参领温察力战,明兵大溃,追至濠,掩杀之,克台九,及小凌河西岸台二。先是，锦州外城蒙古贝勒诺木齐等见我兵困城，志必得；谋来降，遂持书缒城下，约内应。信泄，我军至，明总兵祖大寿出拒战，城内蒙古缒绳，我军援之登，吹角夹攻，护穆萨跃上被创，卒。觉罗兰泰、前锋参领弘科俱阵殁。鏖战久，明师退守内城，我兵入外城。

明年五月乙亥，明总督洪承畴率六总兵、兵六万来援，屯松山北冈。我师击斩二千，其兵犹劲。骑都尉旦岱、参领彰库善、三等侍卫博朔岱陷阵死。八月壬戌，大军驻松山、杏山间立营，截大路。承畴率马步兵十三万营松山城北乱峰冈。癸亥，犯我汛地，辉兰同参领囊古击却之，参领阿福尼越众冲突，负重伤，犹斩将夺帜，诸军继之，敌奔塔山。我兵移营松山城外。十二月甲寅，承畴以兵六千夜至，辉兰奋杀，既出，复进击，与温察启心郎迈图皆没。我兵沿濠射之，杀四百馀人，敌退入松山城，浚濠围之。明总兵曹变蛟欲突围出，至正黄旗汛地，佐领彰古力战死。变蛟亦中创奔还。七年二月辛酉，克松山，擒承畴及明巡抚邱民仰，总兵王廷臣、变蛟等。时明总兵吴三桂犹驻塔山，郑亲王济尔哈朗率兵至城下，列红衣炮攻之。佐领崔应泰被创死，参领迈色力战，阵亡。城坏二十馀丈，诸军悉登，遂克塔山。

觉罗兰泰，满洲正红旗人，赠云骑尉。温察，满洲镶蓝旗人，姓赫舍里氏。弘科，满洲正白旗人，世居那木都鲁，以地为氏；迈色，任护军参领：俱额驸康果理之子。旦岱，满洲镶黄旗人，姓伊喇理氏，世居叶赫。授佐领，率护军越明北京，攻取边城，又梯攻安肃城，克之，授云骑尉，至是赠一等轻车都尉。子达哈塔，袭三次，[一]遇恩诏加至二等男。彰库善，蒙古正黄旗人，赠云骑尉，弟猛色礼袭。博朔岱，蒙古正黄旗人，姓拜叶氏，特赐银五百两，遣官致祭。辉兰，满洲镶蓝旗人，姓舒觉罗氏，由闲散于天聪五年随攻大凌河，击明监军道张春兵，随纛大败其众。六年围明大同，略五台山土堡，克之。八年复入明边，略其地出边时，偕希尔根殿，两败阿尔沙兰兵，赠骑都尉，子色赫袭。

阿福尼，满洲正黄旗人。初袭勋旧佐领。天聪三年，大兵越明北京，于滦州遇敌，获我兵三人。阿福尼与兄札福尼奋勇救出，授骑都尉世职。崇德六年，从征锦州，因事罢职。明年，承畴降。上召问两军情势，承畴奏有一衣黄甲、乘花马者，奋矛冲入，众莫敢撄。遂命诸将各乘马披甲如初，使承畴识之，承畴指阿福尼以对。上大悦，复其官。寻创发卒，依阵亡例荫恤。

彭古，蒙古正黄旗人，姓翁果特氏，赠云骑尉，弟孟格色珥袭。迈图，满洲正黄旗人，姓纳喇氏，世居布颜。崔应泰，汉军镶黄旗人，子世荣，官至广东琼州镇总兵。

【校勘记】

〔一〕袭三次　原脱"次"字。耆献类征卷三三二叶二上同。今依清制封爵袭若干次，应有次字，补之。

董廷元　弟廷儒　廷柏

董廷元，正白旗汉军，与弟廷儒、廷柏并以闲散从征。天命六年，大兵攻沈阳，廷元先登，陷阵，败明兵。上嘉其勇，授宽甸守备。天聪五年，从征大凌河。六年，从征察哈尔。七年，从征旅顺口、江华岛，俱有功。崇德元年，从征朝鲜。二年四月，从恭顺王孔有德征皮岛。明总兵沈世魁阵海口，廷元以小舟从北冲入，明兵炮碎之，廷元与家丁六人殁于海，巨舰继进，遂克皮岛。七月，兵部言："皮岛阵亡将士骸骨，莫能辨识，今合葬于通远堡。"赐廷元祭葬银六百两。

廷儒积功为大同守备。顺治五年，大同总兵姜瓖谋叛，以廷儒善骑射，勇略过人，为士卒所畏爱，惮不敢遽发；乃佯以宴射，诱廷儒至署，徐语之曰："山西将弁多我旧属，我振臂一呼，皆响应。公若助我，则大事可成，无忧富贵！"廷儒怒骂曰："逆贼！汝受国家厚恩，不思报，乃萌逆志，万死不足尽汝罪。我今即手刃汝！"拔佩刀与贼斗，贼群执之。廷儒骂不绝口，贼剖其腹，支解之，并其子开国等，及男妇二十七人俱被害。嗣绝无可荫，特赠昭武将军，祭葬如例。

廷柏，初任骁骑校。崇德五年，从征明，围锦州，同参领孙有光击松山步兵，败之；又败杏山骑兵。七年，又与有光击败间洪山守兵。明兵自松山夜犯我壕堑，廷柏用红衣炮却之，进攻塔山城，叙功列二等。又击杏山城，叙功列一等佐领。八年，从攻前屯卫、中后所等城，皆以红衣炮克之。顺治元年，授云骑尉世职。二年，加骑都尉。从豫亲王多铎南征，破流贼，定河南。五月，克扬州。六月，克平湖、嘉善，取嘉兴府，廷柏俱在事有功。时明鲁王朱以海据绍兴，大兵营钱塘江上。以海所署督师大学士张国维以兵九千人夜劫我营，廷柏从都统吴守进败之。六年，从郑亲王济尔哈朗征湖广，明总督何腾蛟招流贼李锦等，连营拒。廷柏从副都统金维城，率兵至马河，力战，殁于阵。诏赠骑都尉，加一云骑尉。

子振国袭。九年,恩诏加二等轻车都尉,世袭。振国仕至瓜洲总兵官。

瑚密色　色赫等

瑚密色,满洲镶黄旗人,姓佟佳氏,世居加哈。天聪初,来归,以佐领衔驻防天瑞山,斩逃卒六十级,擒五十人。崇德元年,随贝勒阿济格征明,设伏昌平,败明骑五百,趋通州,斩哨兵百人。侦卢沟桥,败候卒。前后获马百馀匹,还取红衣大炮,道遇明太监郭某及总兵祖大弼,战却之。旋率八旗前锋薄明都,败其兵,东略遵化,擒哨骑二十;复西至卢沟,明师自保定来援,击败之,生擒十三人。九月,随贝勒多尔衮攻明松山,败其总兵祖大寿。四年,攻杏山,斩获甚众。额尔克岱青部卒有陷于阵者,力援出之。五年,从围锦州,左翼兵猝遇敌,瑚密色先登,奋击,明师退,又败之于杏山。叙功,授云骑尉。七年,从奉命大将军阿巴泰伐明,次丰润,破明督师范志完兵,追至玉田。明千总二人率兵夜窥我师,击走之。八年,大兵下山东,从攻青州,取其刍卒,复败敌于德州城北。明将司马献来援,偕骑都尉色赫击之退。我兵有科尔沁二人中刃,为敌所困。瑚密色跃马直入,挟之出。师旋,至桑乾河,结浮梁以济。志完蹑我后,偕副都统纳尔特还击,生擒游击一人,明师溃。因与阿尔布尼、鄂硕及副都统鄂罗塞臣殿,志完复遣将追袭,连却其众。

顺治元年,从入山海关,击流贼,败伪总兵唐通于一片石,追至安肃,斩获无算。先驱至望都,再歼贼。复同都统谭泰逐北数十里。二年,擢佐领,授云骑尉世职。十月,瑚密色、色赫及参领王元爵随豫亲王多铎出征，取潼关。时贼结阵于山，瑚密色同鄂硕奋登，贼下山遁，遂据其山。贼骑散而复合，率前锋兵乘势驰下，贼皆披靡。别队犯图赉军，复助击，破之。又设伏败贼马步兵数千。三年五月，大兵下江南，色赫、王元爵俱在事有功，瑚密色破明兵二千馀于句容。明兵复合，进逼我军，瑚密色直前冲突，明兵大败。色赫击败明总兵黄蜚等于苏。时明鲁王朱以海踞绍兴，浙江列郡多应之。六月，多罗贝勒博洛征浙，令王元爵徇湖州，土兵蜂至，元爵战殁。博洛次杭州，鲁王遣其督师侍郎孙嘉绩、熊汝霖渡钱塘江来犯，瑚密色、色赫等击败嘉绩兵，擒其队帅，追至江中，汝霖兵殊死斗，瑚密色中枪战殁。色赫从定浙江，旋下福建，还过平湖，遇土寇，亦以中枪阵亡。

色赫，蒙古镶蓝旗人，姓墨勒济氏，世居哈达。以佐领从围锦州，败明总督洪承畴骑兵，遂迁骑都尉。

王元爵，汉军正红旗人。以军功授佐领，擢参领。议恤，瑚密色赠二等轻车都尉，子萨碧图袭；色赫、王元爵并赠云骑尉。元爵子秉恭袭职，从子秉政以佐领擢陕西驻防参领。顺治八年，从征四川，明桂王朱由榔所署总督龙名扬据叙州，击之，阵亡，赠云骑尉。

李芝桂　张泰瑞等

李芝桂，奉天人。顺治五年，以贡生授山东东平知州。抵任甫二十日，汶上骑贼四五百营于杨柳店，四出劫掠。芝桂闻警，令州同葛方远等守城，率家丁出城瞭探。抵城东柳林村，遇贼四十馀,即迎剿,贼败窜。时分守兖东道刘可徵亦来援,同追贼至三官庙,树木丛杂,贼伏骑五百馀,步贼无算。芝桂奋勇入杀马贼数人,可徵兵亦杀贼十馀。暮收兵,芝桂已入重围,负伤阵亡。事闻,赠山东布政司参议,荫一子入监。是时大兵新定山东,土寇犹窃发,前后阵亡者有绅士张泰瑞、赵良辅、孙赞元、杜之栋、千总孙可诵、齐振海等。

泰瑞,淄川人。明生员。顺治四年,贼谢迁攻淄川,泰瑞倡义抵御,城陷,被执,胁以刃,厉声曰:“死则死耳!肯从贼为乱耶?”贼攒刺之,骂不绝口,死。六年,贼李梗攻新泰,生员赵良辅以骂贼被杀。八年,谢迁复聚党劫长山,经淄川。会功令各县举缙绅中才略者一人,练乡兵备寇,淄南推生员孙赞元。赞元闻贼肆劫,单骑往御,矢毙贼二十馀,矢尽以佩刀杀贼数十,力竭自刎。是年,山寇王肖吾破郯城,举人杜之栋不屈,骂贼死。可诵、振海并隶兖东道标千总,可诵剿贼于兖州府城,振海剿贼于柱子山,皆力战阵亡。可诵、振海,俱兰山人。

王德教　王维新等

王德教,奉天人。顺治三年,任河间知府。四年,土贼起河间,东至天津及浑河左右俱扰,蠡县贼率众逼河间府城。德教与河间兵备道王维新婴城守,委守备王丕承、章羽泰分汛抵御。丕承、羽泰潜通贼,乘大雨,引寇自南门入,叛卒着白盔、白甲杂寇中,跃马入市杀人。德教闻变,率家丁巷战,死于南门内。巡检潘柱、典史邵鲲咸随战,同日死。维新缢于署后之火神庙。天津贼莽寒等聚众唐官屯肆掠,天津镇标中军副将周天命率兵抵贼巢,力战,身被刀箭,面受重伤死。

有薛承所者,亦莽寒党,居湾头。天津镇标中军游击王应春往捕,获其党三人、马一匹,行近唐官屯,贼侦知之,率众出劫,枪矢并发,伤应春马首,马惊入村,被钩落马死。又土贼罗洪宇亦乘机谋攻天津,先犯海防营,游击赵成功跃马出,杀贼百馀,身中三矢,贼引去。越数日,贼三千馀复来攻,成功裹创出战,力竭阵亡。洪宇复纠合德平贼至宁津县,天津镇右营游击孔道兴驻防吴桥,闻报赴援,遇贼于张官店,奋勇冲杀,受伤落马死。又沧洲盗李祥羽肆劫,吏目王廷贵率捕役乡兵出捕。至王官村,马贼二十馀、步贼百馀骤至,廷贵指挥乡兵截杀,乡兵失利,廷贵亦遇害。次年秋,土贼刘东坡肆掠浑河左右,东安县典史陶弘才奉檄会剿,率民兵三百馀驰至武清界西,奋力抵御,手杀数贼,身中八矢,被执不屈死。

先后事闻,诏赠德教太仆寺卿,维新光禄寺卿,各荫一子入监。天命荫都司经历,道兴赠参将,馀恤如例。

维新,奉天人;鲲,浙江绍兴人;天命,直隶天津人;弘才,浙江会稽人。馀籍无考。

郦引昌　袁梦吉等

郦引昌,浙江诸暨人。顺治元年,拔贡。三年,授沂州州同。恭顺王孔有德南征,知其有干材,檄随营。

时流贼馀党李锦、刘体纯、郝摇旗及左良玉故将马进忠等,附于明总督何腾蛟,分十三营,为连络拒守计。锦等淫掠如故,土寇乘间窃发,湖广大扰。进忠攻武陵,知县袁梦吉先事集流亡,缮城堞,练民壮,捍御月馀。城陷,被执,骂不绝声,进忠杀之于西关。土寇破当阳,戕知县扈坤。鸡笼山红旗贼李荣在土寇中最桀骜,夜袭孝感,知县邰炳元、典史郎元振集乡勇守御。荣驱众围城,矢石交集。炳元志不懈,贼内应,夜半火起,城陷。炳元不屈,被害。妻李氏骂贼死。元振亦为贼所杀。

荣旋犯云梦,大兵擒斩之。引昌言于有德曰:"王当以全力拒腾蛟,其乡堡窃发者,请奉檄晓谕士民,俾各练屯聚,人自为战,土寇不难破也。"有德从之。引昌荐南漳知县姚延儒才,请与俱。延儒,浙江归安人,与引昌并以拔贡授职者也。引昌闻攸县诸生陈六礼以率乡勇击山贼,被执死,请表其闾。遂偕延儒遍涉乡堡,晓以大义,土寇多解散。五年,大兵击走腾蛟,收复诸郡县。有德将班师,引昌请留兵守,有德不从。引昌旋授永州府通判,有德去而湖广复扰。十一月,腾蛟遣将攻永州,引昌城守三月,大小三十六战,城遂陷。引昌同妻黄氏、子尚英俱被害。体纯、摇旗等犯南漳,延儒已擢山西大同府同知,未行,闻寇至,亟设守。摇旗以炮摧城,麾众突入,延儒奋骂被杀。训导贺泰来、典史濮昌国并死之。

时流寇出没无常,继延儒知南漳者唐士杰,奉天人,甫莅任,招流民复业,而寇复至。士杰度不能支,自焚死。

诏赠引昌、梦吉、延儒按察司佥事,赐祭葬,荫一子;泰来国子监学录,昌国济源县主簿,馀分恤有差。

梦吉,山东荣城人;坤,奉天人;炳元,直隶长垣人;泰来,湖广景陵人;元振、昌国,籍无考。

佟国仕　张国缨等

佟国仕,奉天人。任山西井坪路参将。顺治五年,大同总兵姜瓖据城叛,分兵陷郡县,远近土贼应之。六年,瓖遣其党周世德夜袭井坪,国仕闻贼至,跃马出,率众巷战,手刃数十人,贼不敢逼。既而城内外举火,声四应,国仕知兵变,策马陷阵,死。

偏关、大同、左卫接壤,瓖党万练思据之以应瓖,乘署参将张柱石调剿土寇出,与其党孙玼、苏绳武猝为乱。原任偏关参将张国缨已乞病将归,闻变,强起曰:"吾虽去官,不当为国救死耶?"率仆从邱裕民等十馀人,思诱执练,而城中从贼者众,共执国缨,羁二十日,终不屈,为贼将燕元桢所杀。时宁武协标营卒赵登举、杨成等三百馀人素为瓖所阴结者,亦执其副将李吉使降,吉怒叱之,知不免,投缨死。把总邱登戎战殁。河保营参将石登仕闻变,登城守御,家丁贾邦虎亦党贼,率左右共执登仕,胁降不屈,为邦虎所杀。外委把总李茂、刘世臣亦以不降遇害。土贼张五、虞允应瓖围蒲州,河东道杨千古率中军许世德御之。兵内变,开门迎贼,千古率亲兵巷战,夺门出,世德力战阵亡。方瓖初叛时,有佟养昇以章京管牧马事,驻大同,闻变,率从役巷战,死之。事闻,议恤。诏赠国仕副将,馀优恤如例。

国缨,奉天人,顺治二年武进士;登戎,山西宁武人;石登仕、佟养昇,俱奉天人;李吉、李茂、刘世臣、许世德,籍无考。

武韬　王廷衡等

武韬,山东曹县人。顺治三年一甲二名武进士。四年,授山东蒲州营游击。五年，大同总兵姜瓖叛，韬严设城守。十一月，瓖据太原晋祠，镇都司王廷衡缮战具，谋攻之。贼觉，烧其战具，廷衡焚死。

六年二月，解州生员张仿等聚众千馀应贼，杀里居员外郎侯佐与其父嗣晋；而蒲州接壤之绛州、闻喜、夏县相继告变。五月，贼薄蒲州城，韬身先士卒，开门迎战，大败之。越数日，贼悉精锐来犯，城外军民悉为胁从。城中马步卒不满八百，韬誓以死守，与守备许世德守北门，知州钱法裕、守备贾斯明、封汝宦守东门，河东道杨千古守西门，千总王纶守南门。六月，贼渠虞允、韩昭宣等驱众万馀合攻，汝宦阴通贼，启关，叛将王跃龙缚斯明去。贼大至，夺法裕印，据仓库，一城大扰。千古偕从者数人，怀印出西门，渡河乞援。韬转战出重围，适官舟相迎，挥涕曰："封疆失守，不死，非忠也！有母在而弃之，非子也！愿决死战。"再入重围，杀贼百馀，力竭被执，犹詈不绝声，遂遇害。贼势益张，徇诸郡邑，执平阳镇标都司鲁学礼，迫以伪职，不受；俾供刍秣，亦不与，贼怒，杀之。巡捕营都司谢应举奋臂大呼，令居民勿从逆，遇瓖于太平楼，力战死。妻孥并殉，惟子天龙以先期入都，获免。沂镇营游击刘懋德奉檄运马至平阳，偕其弟千总懋谦及听用官江山定等巷战死。

同时死难者，又有右营守备伍进学，大同前卫署守备徐进第、杨和道，中军守备耿烺，威远署守备李良臣，杀虎堡守备赵坤，威鲁堡守备李长盛，助马堡守备杨宏祖，守备李进忠，千总宋国中，宁道营千总王命新，垣曲县防城百总张从义，俱不屈，遇害。

廷衡，山西阳曲人，顺治二年举武乡试第一，以千总累迁都司。事平，议恤，赐祭葬。学礼、应举赠游击，懋德赠参将，进忠赠都司，廷衡、进学、进第、烺、良臣、坤等，俱恩恤如例。

周永绪　尹明廷等

周永绪，安徽盱眙人。顺治六年进士。八年，定南王孔有德以广西新定，请速简道府，以安辑兵民。于是部铨永绪为右江道，而以尹明廷为平乐知府，沈伦为梧州知府。明廷，江南吴县人；伦，湖广天门人：皆六年进士，与永绪并在部观政，故简用之。永绪驻平乐，偕明廷悉心抚循，民逃者尽来归，设屯堡，行旅无恐。巡按御史王荃可以永绪善安辑，疏荐之。梧州为广东西孔道，伦储刍茭，大兵往来供亿无匮，而闾阎不扰。

时明桂王朱由榔遁安隆，其故将多招集亡命，声言复取广西，居民惊徙。伦乃葺学校，课士子，以安人心。九年七月，李定国陷桂林，乘胜破平乐，永绪不屈死，明廷被执。定国分兵攻梧州，伦守御力竭，城陷，死之。定国执明廷，诱以官，不屈。会定国移兵扰湖南，明廷得脱归。巡抚陈维新新至，明廷上谒，备言贼形势。会总兵线国安已复平乐，维新檄明廷仍知知府事。明廷星驰至，曰：“民新被疮痍，稍缓，恐不聊生矣！”取馀粮在敌营者，赈恤贫乏，益严守备。十年六月，定国自湖南复攻平乐，国安退广东。七月，城陷，执明廷，欲胁降之，明廷大骂曰：“狂贼！死吾分也，何多言？”定国怒，去其衣，束以鱼网，脔磔之，至死，骂不绝口。十二月，维新以永绪、明廷死事状闻，诏赠永绪光禄寺卿，明廷太仆寺卿，各荫一子入监。

明廷之死也,居民感其惠政,潜瘗骨于府治坊侧。广西平,明廷子宗文赴平乐求瘗所,徬徨无所遇。有老媪指示之,乃负骨归葬。宗文后以荫,官河南柘城知县。

马腾龙　　张顺等

马腾龙,直隶宣化人。顺治初,以武举随定南王孔有德屡立战功,累擢至桂林提标游击。九年七月,李定国犯桂林,腾龙竭力守,城陷,与镇标都司张顺,抚标旗鼓守备畅大理,提标千总杨光先,把总王国用、刘禄,皆巷战死。腾龙弟从龙、妻郭氏皆殉。大理出战时,家属并自缢官署后,其仆李喜收骨归京师。光先父母见势迫,先自刎死。光先乃手刃其妻妾及二幼子,然后挺身出斗,歼贼五人。顺,江南上元人;大理,汉军镶白旗人;光先,江宁人;国用,顺天人;禄,昌平人。

先是五月间,李定国连陷靖、沅、武冈,有德檄诸道兵集梧州,为桂林声援。是时山谷要隘已为敌据,柳庆副将何九成方守庆远,见檄即提兵急冲出,日夜鏖战,甫达梧城,身殒。罗河副将沈邦清驻防罗城,孤军被困,屡突不能出,与把总张志雄皆力战阵亡。邦清子亦殉于桂林,失其名。有李养成、周雄者,并以千总署守备,战于融县之沙巩村,败,俱死。又有把总沈敬,池州人,先一月战殁于全州;许泰,易州人,先一年战殁于湖南新田县:皆以御定国死。

先后奏闻,议恤,腾龙赠一级;其同时死难诸员,惟九成以不系阵亡,部无议恤;光先阖家惨烈,诏优赠守备;馀依例赠恤有差。

九成、邦清、志雄、养成、雄，里籍俱无考。

金汉蕙　郭养志等

金汉蕙，浙江义乌人。顺治六年进士，随征广西。八年，授分守右江道。时李定国由湖南扰广西。九年七月，围桂林，驱象来攻，城陷，百总郭养志战死。定国使其禆将李茂吉等分兵犯柳州，汉蕙率士民拒守，城陷，执汉蕙赴衡州贼营。十一月，大兵复衡州，汉蕙乘间逸，贼追及，遇害于两路口，其腋下挟敕书，遍染血迹。广西巡抚陈维新收得之，贮布政司库。定国旋犯梧州，分三队攻，官兵亦分队应之。千总蒋应泰等随总兵线国安为一队，于龙母庙后高冈迎战，贼以象冲阵，官兵逆战，多斩馘。旋闻河岸一队失利，国安分兵救之，势益单，被围数匝，不能出。应泰与把总李得祖、金大成，千总赵兴楚、刘定邦俱阵没。大兵寻复梧州，其馀孽犹据南隘美村，国安遣佐领王世富等进剿。贼倚山拒战，世富击走之，追至山巅，有来援者，枪洞腹死。先后事闻，诏赠汉蕙光禄寺卿，荫其子以琳入监；世富赠云骑尉，侄成功袭；馀恤如例。

养志等，籍俱无考。

邬象鼎　慎俶允等

邬象鼎，浙江仁和人。顺治六年进士。时以两广新附，亟需道府，简用新进士，象鼎授广东罗定兵备道。瑶、僮多反侧，象鼎偕罗定知州慎俶允练乡勇，斩其渠，抚馀众。瑶、僮远徙，民赖以安。九年，俶允以逋赋失征，议革职，未离任。十年三月，明桂王将李定国窥广东,连陷州县。五月,定国遣其党吴子圣攻罗定,象鼎、俶允及署州同金芳、署吏目陈炳新分设守御。子圣驱其众梯登,象鼎等击却之。外委把总张九贵毙于炮。六月,子圣对城筑炮台,飞弹入城如雨,士卒多死。象鼎集僚属曰:"困守无益,当死战!"乃立赏格,募死士,遣中军郭宗振及城守都司陈一明、守备冷时乘等出迎敌,子圣驱乡民为疑兵,自率锐卒力斗。时宗振等战败,俱溃围走。子圣遂入城,执象鼎、俶允于城楼,道遇芳、炳新,遣人絷守之。芳知守之者具也,[一]给入火药局,掷火焉,药发屋轰,芳及凶渠俱毙。平南王尚可喜遣兵救罗定,子圣挟象鼎等至连滩,象鼎、俶允骂不绝声,以死自誓,子圣并杀之。炳新亦以不屈死。象鼎子元裸、侄联珠、元珦,俶允妻莘氏殉焉。

十一年三月,定国窥高州,可喜檄游击陈武赴援。

武,河南睢州人,从下江南,以功授浙江金华营游击,赴调广东,可喜知其勇,令同守高州。土寇有陈武者迎定国,城被围,游击陈武方议兵食,而城守副将张月怀异志,与语辄不应。围益急,游击陈武愤,率兵出拒敌,月即以城降。游击陈武转战数里,中数创,死。六月,定国使土寇陈武驱众渡海,破昌化,外委千总李耀祖战死。攻临高,知县刘承谟励居民分堞守,而乞援于总兵高进库,进库方巡海洋还,救不及,城陷,外委把总郝进山被杀,土寇陈武执承谟至高州,定国诱之降,不屈,定国怒,驱象蹴杀之。

俶允,浙江归安人;承谟,湖广沔阳人:俱恩贡生。芳,浙江义乌人;炳新,山阴人;九贵、耀祖、进山,籍无考。

巡抚李栖凤以象鼎等死事状闻,部议,俶允系革职之员;芳、炳新署事,部册无名;九贵、耀祖、进山俱外委:例不予恤。象鼎赠光禄寺卿,承谟按察司佥事,俱赐祭葬,荫一子入监读书;游击陈武赠参将,荫云骑尉。

【校勘记】

〔一〕芳知守之者具也　原脱“具也”二字,不成文。今据耆献类征卷三三六叶一六下补。

　　熊应龙　子天琳　刘国泰等

　　熊应龙,四川酆都人。顺治初年,任浙江温州盘石卫水师游击。

　　十五年十月,海寇郑成功联艘二千,由泥礜山曹田窥温州,十一月朔,突至盘石卫,登岸迫卫城。应龙方请兵于外,适台州游击王有进来援,合主客兵得二千三百,更番出战者三。贼来愈多,乃议婴城守以待外援。有进守北门、东门,应龙守西门、南门。次日,贼布长围攻之,应龙用炮轰毙骑四,往来督战无少懈。又次日,贼夜半树云梯攻东门,应龙率千总尹士奉、把总蒋元与战,毙贼三百,获其械及火箭、喷筒,贼惊却。初五夜,贼潜运柴草填河,攻北门,有进不能御,应龙驰助之,贼始退。初六日,贼以大炮击城西北隅,圮者二丈,应龙急运土石塞之。其夜,贼密布云梯,四面攻,我兵矢石并发,继以长斧,毙贼无数。初七日,贼侦应龙在北门,突于西门毁垛口数十,施喷筒、火箭腾涌入。应龙趋赴,众寡不敌,遂被执。

　　应龙御贼凡七昼夜,贼欲降之,卒不屈。妻陈氏、妾缪氏先自缢。初八日,贼遂杀应龙及其幼子二,暴尸于南门,缚其长子天琦、次子天琳而去。琦、琳皆中道逃归。有进、士奉、元并重伤,为贼掳。绍兴协左营把总刘国泰、右营把总郭应邦、山西营把总李时育,俱以应援力竭,死之。事闻,应龙赠副将,给云骑尉世职,子天琳袭,食俸温州卫。康熙十五年,耿逆伪将曾养性攻温州,康亲王杰书遣贝子傅喇塔率兵往御,大破之。天琳力战,殁于阵,赠游击,子煌袭世职,迁至广东三江口副将。

国泰、应邦、时育,籍无考。

祝昌　许文耀等

祝昌,河南固始人。顺治六年进士,由中书出为福建兴化府推官,未赴任,以父忧归。服阕,除湖广黄州府推官。时滇、黔用兵,大军驻江宁,檄催各府粮运,昌豫增价采购,供额赡足,以最擢户部主事,升广西佥事道,分巡右江。未及任裁缺,补湖广辰沅道。逆藩吴三桂叛,昌在长沙,洒涕谕众,晓以大义,皆感泣坚守。康熙十三年,贼大至,城溃,昌北面再拜,自经死。

三桂之叛也,所在蜂应。郧阳降调通判许文耀与在城文武士民竭力堵御,旋奉檄入山招抚叛镇杨来嘉、洪福等,遇害。事闻,赠复原官。十四年七月,三桂攻汉中,城陷,同知汪化鳌不受伪职,贼絷之。十五年九月,复给伪札,逼摄县事。化鳌痛哭,望阙遥拜,自经死。十七年十月,扬威大将军简亲王喇布檄益阳县知县徐砀往衡州招抚三桂党,至泉溪渡,为伪将军吴国贵所杀。事闻,以冒险招抚,捐躯尽忠可悯,诏赠湖广按察司佥事,荫一子入监读书。

文耀,福建贡生;化鳌,江南泾县贡生;砀,江西安义举人。

武君烈 唐铨等

武君烈,河南嵩县人。少力田奉母,避流寇居中山,遇土贼将杀其母,君烈愿以身代,贼义而释之。顺治初,由行伍从荆州镇总兵郑四维驻荆州,累擢至镇标中营都司。时土寇姚黄等犯荆州,众号数十万,攻城甚急。君烈缒出,拔其纛,率偏师诱敌,斩获无算。寇怒,积薪填壕,君烈投火焚其薪。贼又穴城,君烈发火器中贼首立毙,贼骇不敢逼。数日援师至,君烈乃开城夹击,贼大败,擒其伪将张有才。姚黄逃匿夔州山中,屡出肆扰。君烈扬帆直上,抵白帝城,大破贼,获其渠魁以还。湘南土寇王进才以二十万众犯澧州,君烈奉檄往剿,身先士卒,突入贼营,斩首数十级。贼惊溃,降者数万人。督抚上其功,授前营游击,镇襄阳。康熙七年,郧阳山贼窃发,君烈剿之,战死西山下。事闻,恤如例。

其先君烈而死者,又有唐铨、成溥、刘应科。铨任提标左营都司,溥任抚标中军都司。顺治五年,黄州土贼起,铨、溥攻之,打鼓寨贼三万馀以死拒。溥奋身入,铨继之,贼围之数重,皆力战死。十三年,山贼据龙峒、鲁公寨,辰常镇总兵杨遇明遣水师营中军都司金书刘应科往剿,贼来犯,应科迎敌,中枪死。诏铨、溥俱赠游击,应科加一级,荫一云骑尉。

铨、溥、应科,籍俱无考。

高应第　刘延祉等

高应第,正蓝旗汉军,任云南提标左营游击。康熙十三年,吴三桂叛,命顺承郡王勒尔锦讨之。时襄阳镇总兵杨来嘉、郧阳副将洪福叛降三桂,受伪职,攻榖城,犯均州、南漳,以书诱南漳守备刘延祉降。延祉斩使焚书,击之土地岭,阵亡。十四年三月,云南提督李胡拜驻榖城防守,应第及云南提标右营游击田起鹏、云南都司金书管祐禄、镇标右营游击和万钟、右营游击李向日、提标中营守备连士奇、左营守备马之才、都司金书管后营守备事张元龙、右路镇标右营守备董魁、都司金书管中路镇标右营守备事马九经、左路左营守备李灿皆从。五月,来嘉、福复犯南漳等处,榖城失守。胡拜陷贼,应第、起鹏、祐禄力战,阵亡。万钟中枪殁。向日被执,詈贼死。士奇、之才、〔一〕元龙、魁、九经、灿俱同时殉。十五年,三桂遣谭弘至郧江琵琶滩,截我兵饷路。郧阳守备李邦全与战,死焉。弘旋率三千艘顺流围郧城,城素圮,竹山营守备管游击事傅桂芳射贼于圮处,中枪殁。

先后事闻,诏赠应第都督佥事,荫守备。

延祉,直隶宣化人,赠游击,荫千总。起鹏,正蓝旗汉军,赠参将。祐禄,镶蓝旗汉军,赠游击。万钟,镶白旗汉军;向日,正黄旗汉军:俱赠参将,荫守备。士奇、之才,俱正蓝旗汉军,俱赠都司金书,荫千总。元龙,正蓝旗汉军,赠游击。魁,镶蓝旗汉军,赠都司金书。九经,正红旗汉军,赠游击;灿,直隶人,赠都司金书:俱荫千总。桂芳,直隶永清人,赠都司金书,荫守备。邦全,籍无考。

【校勘记】

〔一〕士奇之才　原误作"士才之奇"。耆献类征卷三四〇叶一五下
　　同。按上下文有"连士奇"与"马之才"二人名，今改正。

　　金世爵　杜峤等

　　金世爵，镶蓝旗汉军。顺治十四年，由举人任广东合浦知
县。康熙十四年，高州总兵祖泽清叛附吴三桂，世爵蒐军实，为
捍御计。八月，三桂遣伪将王弘勋等率贼数万犯廉州，世爵登城
固守。及城陷，与守备杜峤俱不屈死。又有侯进学者，隶平南王
尚可喜藩下，先为三桂所胁，同其党递逆书。抵广州，进学即自
首，可喜以闻，诏授骑都尉世职，擢广州游击。至是为贼所得，囚
以木笼，送至常德，三桂脔之于市。十五年二月，贼围肇庆，开建
守备翟永昌奉调赴援，遇贼高要，麋战阵殁。是年，逆党高雄攻
新会，平南王藩下左翼镇标中军游击文天寿与总兵孙楷宗、游击
赵天元御之江门。楷宗、天元阴附贼，诱天寿同降，天寿叱之曰：
"背主不忠，吾铮铮丈夫，岂鼠辈可胁耶？"遂被害，沉尸海中。

　　前后议恤，诏赠世爵广东布政使参议，荫一子入监；峤恤银
如例，荫一子卫千总；进学赠副将，荫一子守备；永昌赠署都司金
书，荫一子卫千总；天寿赠副将，荫一子守备。

　　峤，江南无锡人；永昌，山西平阳人；天寿，陕西安塞人。

　　金光　王焜等

　　金光，浙江义乌人。客登州，遇平南王尚可喜，延之入幕。
寻随可喜镇粤，至康熙十三年吴三桂叛，两粤多为贼煽。光以广

州之福山镇商贾辐辏,必有间谍隐匿,令广州民陈士奇阴访之,得逆党以告。光旋获伪将军赵起龙等。光自顺治元年赞可喜幕几三十年,至是可喜上其功,诏授鸿胪寺卿衔。十五年二月,可喜子之信谋逆,夜半,召光至私室,胁与共事,光不从,备极酷刑,光不为动,囚之,绝食三日,逼以刃。光曰:"乱臣不可为,况贼子乎?"之信杀之,榜其尸曰"逆贼金光",并没其家。十九年,广东抚臣以光事具题,命察实,给还家口,归其枢。雍正六年,诏祀光贤良祠,令义乌令祭其墓。

又有王焜者,浙江会稽人。随两广总督金光祖军营效用。康熙十四年,粤东告变,委焜赴南雄接大兵,即随镇南将军莽依图督汛务。十八年,署宜山知县。时守将马承烈,之信党也,先经投诚。至是复谋逆,虑焜泄其谋,禁密室。十九年二月,向焜索县印,抗不与,贼怒,杀焜及其弟一德于郡城之西关外。诏赠焜按察司金事,荫一子入监。

杨三知　　孙世誉等

杨三知,直隶良乡人。顺治三年进士,授山西榆次知县。榆次自经流贼残破后,闾里萧条。三知抚遗黎以恩义,安辑有法,户口日增。五年,大同镇总兵姜瓖叛,连陷州县,攻榆次。三知励吏民,募乡勇守城,夜遣人斫贼营,间有斩获。贼不退,三知令城偃旗鼓示羸状,贼径薄城,攀堞欲登,三知跃起,麾众亟发矢石,毙贼甚众。贼愤甚,益兵围之,相持逾六月,守御不懈。会敬谨亲王尼堪分兵来救,贼遂败走。三知设保甲,练屯聚,复捐俸立社学,置膳田以资膏火,士民感之。擢兵部主事,累迁郎中。

康熙十一年,擢按察司佥事,分巡陕西神木道。十三年冬,入觐,还至保德,闻提督王辅臣叛附吴逆,人情恟惧,从者劝三知迟行勿渡河,不听,疾驰还神木,调兵实,察知县孙世誉忠直,倚任之。时辅臣布吴逆伪札,将弁多为所诱,分据城堡,道路为梗。惟韩城知县翟世琪严设守备,与神木通声援。

世誉,镶红旗汉军;世琪,山东益都人,顺治十六年进士:关中并称为贤令者也。叛党朱龙犯神木,三知率民兵却之,世誉益储糗粮,为固守计。柳沟营游击李师膺受伪札,鼓众以阙饷噪。世琪谕以朝廷威德,众喧哗不可制,竟前戕之,并及其二子。师膺连犯旁县,与龙合,势益炽。龙复与神木守将孙崇雅潜通,三知方登城守,崇雅开门迎贼,猝执三知于城上,胁敫印不与,拥之至署,三知跃入井,折左肱,几殒。贼绁之出,复苏。三知度不得死,大骂,幽之诱降。日夜骂贼不绝,遂遇害。其妻、妾及二女俱赴井死。世誉亦抗节不屈,贼羁之深室。崇雅闻龙斩于阵,辅臣乞降,乃害世誉以灭口。崇雅旋伏诛。

十五年八月,赠三知光禄寺卿,世誉布政司参议,俱赐祭葬,荫一子。师膺降于大将军图海,复从多罗贝勒察尼图岳州,叙招抚难民功,授随征湖广总兵官。二十一年正月,御史孙必振劾师膺负恩背叛,势迫投诚,在军营并无剿贼绩,虽曾招抚难民,不足赎倡乱之罪,部议革师膺职。

萧震　张松龄等

萧震,福建侯官人。顺治九年进士,任山西道监察御史。丁父艰,回籍。康熙十三年,逆藩耿精忠叛,震谋讨之,事泄遇害,妻林氏、妾张氏、媳郑氏、婢曾氏,皆殉。雍正四年,督臣高其倬以状闻,诏入祀功臣庙,林氏等建坊入节孝祠。耿逆多诱致闽省绅士,不屈而死者,有张松龄等。

松龄,莆田人。顺治十二年进士,改庶吉士,擢给事中。寻转四川参议。时川省凋敝,松龄加意抚绥,流亡渐复。后缺裁,归里。值耿逆变,迫以伪职,不从,羁数月,终不屈死。

叶有挺,寿宁人。康熙九年进士。耿逆叛,避入南昌。逾年,由间道归省母,贼知之,迫以伪职,潜走山中,绝粒死。

施大晁,福清人。康熙十二年进士。闻变匿金芝山,募壮士助大兵进讨。贼执之,大晁嚼舌骂贼,贼殴之,呕血数升死。

莆田举人刘渭龙,建宁举人谢邦协,南平举人原任丹徒令邹仪周,皆不受伪职。渭龙鬎发匿深山,绝粒死。邦协举家避村落中,逆党以火攻之,不出,阖门遇害。仪周为耿逆所执,不屈死。光泽县民毛锦生素有胆力,贼蹒其村邑,当事饬为练总,导大兵剿贼。贼设伏诱战,被害于云际关。清流县生员李亭闻贼薄县城,随邑令固守,集乡勇拒战。旋被执,詈贼死。

其前后死于土寇者,又有胡宝任,福州千总,驻永福,康熙五年四月,与土寇战,殁。张化蛟,任临元营把总,驻新平,康熙八年,亦以击土寇阵亡。先后议恤如例。锦生、亭,诏并入祀昭忠祠。

成国梴　王攀桂等

成国梴,浙江会稽人。父溥,官参将,阵亡。国梴荫江南抚标守备,迁提标游击。康熙十三年,耿精忠据福建叛,遣伪将军曾养性扰浙江，土寇应之。总督李之芳请济师于江南，国梴奉檄率千总王攀桂、何鲤，把总路魁、胡威、任豹援浙东。时嵊县土寇围绍兴府城，知府许弘勋练乡勇，多方捍御，贼解去。弘勋追至白米堰，贼千馀据隘拒。适国梴至，左右夹击，贼大败，追至蒿坝，斩获甚众。旋偕参将洪起元破贼于樊江，进兵枣树湾，侦贼据嵊县。弘勋率步兵，国梴率骑兵进剿，离城数里，贼迎拒。弘勋设左右翼分其势，国梴驰之，斩五十馀级，贼弃城遁。国梴遣攀桂等率兵追贼至上杨村，擒十七人，贼魁杨我玉遁，遂复县城。弘勋以四乡尚多贼寨，而馀姚土贼据大岚山聚众万馀，贼恃以为援，故散而复聚。弘勋乃自捣大岚，留国梴搜四乡贼寨。国梴率魁、威、豹等剿贼富顺邨，贼断桥阻水为固。国梴由间道进，伪总兵杨四驱贼数千拒战，我兵奋击，斩贼百三十馀级。会弘勋已破大岚贼巢，贼奔溃。国梴令攀桂等列兵隘口，贼逃至，辄擒之。绍兴土寇悉平。之芳疏称："国梴身先士卒，屡立战功，其所辖员弁，亦勇往敢战。"上嘉之，命事平议叙。

十月，养性以贼数万犯台州，国梴自嵊逾山援台，贼列营山麓，冲破之，贼退据水口。国梴从上游渡，戮贼百馀。养性驱贼复至，国梴击败之，逐北十馀里。贼从云峰、黄岩桥两道夹围，乘高发炮石如雨。我师以战地狭，箭不能施，部下劝溃围出，国梴不可，下马短兵接。贼来益众，国梴受数刃，遂与攀桂、鲤、魁、威、豹均殁。之芳疏请恤，诏赠国梴参将，恤银四百两，荫子弟一人守备用；攀桂、鲤恤银一百五十两，魁、威、豹恤银一百两，各荫子弟一人卫千总用。国梴子都，官至福建厦门都司。

嵇永仁

嵇永仁，江苏无锡人。廪膳生。闽浙总督范承谟之幕客也。承谟事见专传。永仁策耿精忠将煽乱，劝承谟早为备。乃议拨饷补兵，安置逃弁，兴屯由，并轻兵驻上游以备。诸大吏多中贼饵，挠之，计不行，贼尤衔之。康熙十三年三月，贼劫承谟，幽别室，胁永仁及其幕僚王龙光、沈天成，承谟族弟承谱降，不从；诱以官，均忿骂，系狱三载，志气弥厉，终不屈。承谟在幽室闻之，喜曰："吾相知有素也。"十五年，承谟被害，永仁、龙光、天成、承谱并见戕。

龙光，浙江会稽人。诸生，有文名。被执时，贼授笔札，令草安民檄，不从。

天成，江南华亭人。系狱时，有听鹃诗一卷。永仁、龙光相唱和，有百苦吟，见者哀其志。贼胁承谱，厉声骂曰："汝辈皆反贼！吾宁死，誓不从贼！"生四十七年。

承谟子时崇，官广东巡抚，疏言："前此福建抚臣杨熙为嵇永仁等请赠衔，部以生员无追赠例，议寝。但永仁等初无官守，殉难死节，仰祈特沛恩纶，予以一命，陪祀臣父祠，以慰忠魂。"下部议，生员嵇永仁、王龙光，追赠国子监助教；沈天成、范承谱虽庶民闲散，风烈可嘉，应酌量追赠国子监学正：并准入承谟专祠陪祀，从之。雍正二年，特命入祀昭忠祠。八年，永仁妻杨氏守节抚孤，钦旌建坊；永仁子曾筠建祠于无锡，御书"忠节流芳"额以赐。十一年十一月，谕曰："大学士嵇曾筠，自简任河道总督以来，整理有方，调度合宜。朕念伊父之忠义，伊母之节操，虽已赠恤褒旌，尚未膺一品封典。今以特恩给予大学士应得封典，以示优眷。"十二年，杨氏卒，谕曰："嵇曾筠之母杨氏，抚孤守节，教子成名。着加恩赐祭一坛，赏银千两，以为丧事之用。"乾隆二年，赐"人伦坊表"额。

孙璜，官大学士，御赐璜诗，比其祖节于唐颜真卿、杲卿云。

张存　刘超凤等

张存，福建顺昌人。康熙十三年，耿精忠据闽叛，存纠义旅保元坑乡。精忠胁授总兵，札令率众出江西，存不从。时和硕安亲王岳乐驻师南昌，存潜使赴军前乞援，并条机宜。岳乐授存总兵，札令捍御建昌、邵武、汀州等地，且为内应。贼侦知，急攻元坑，元坑地平，无险可恃。存以忠义激众，屡败贼。贼恚甚，遣其党三路夹攻。十五年九月，元坑陷，存被执，死之。

时全闽煽动，诏安营守备刘超凤方召兵计守御，贼猝至，逼降不屈，自刎死。南平教谕余光辰闻变，忿激呕血死。贼分犯浙江，时江南提督杨捷领兵赴浙，有杨士祥者，任镇标中军守备，管军饷，顿兵仙霞岭下。贼突至，官兵战溃，士祥大呼驰击，死之。又有开化生员郑大来者，贼犯开化，城溃，知县崔华退保十六都。大来募乡勇，获贼谍数人，立磔之，贼弃城遁。大来卫华入城，贼旋招常山、玉山诸寇万馀，谋夜袭城，与官兵遇仙霞岭。时霾雾四塞，大来单骑驰雾中，手刃数十贼，官兵随击，贼少却。大来猝中枪死。乡勇郑卓麟、郑振祥、郑有忻、郑毛、郑大卿、郑童、戴甲毛、徐义礼、徐白古、徐六十、徐旦等十一人，俱随战殁。后精忠降，其馀党散窜山谷，或海岛，结诸海贼为寇。十八年十月，海贼千馀乘潮犯山阴枫亭、赤涂埔。时兴化镇标右营千总吴师贞帅防兵二百挺戈跃战,入贼重围,中炮死。其子敦仁率十馀骑,冲贼阵觅父尸,亦死之。是年,衢州有贼党犯处州大柘乡,右营都司张朝臣与金华协都司孙奇豹约前后夹攻。至期,朝臣率兵独进,遇贼鏖战,自辰至巳,后军不至,力竭死。五十一年,黄岩镇标左营游击阎福玉出海巡哨,遇贼牛头山,连战数日,中炮死。后二年,黄岩镇标右营把总许文爵巡海,遇贼萧利玉等于调帮洋,击贼,阵殁。先后议恤,诏赠存右都督,荫守备;福玉赠副将,荫守备;馀恤如例。

超凤,河南商丘人。顺治十八年武进士;光辰,福建福清举人;士祥,江南昆山人;师贞,浙江山阴人;朝臣,直隶山海卫人;福玉,山东安丘人;文爵,浙江人。

臧世龙　陈豹等

臧世龙,镶白旗汉军。任安徽抚标左营守备。康熙十三年八月,江西饶州土贼连闽寇,犯徽州祁门等县。世龙奉檄与右营把总陈豹,率兵二百守祁门。比至,贼已压境,世龙御之渚口,贼少却。会城守千总赵宗鼎阴通贼,遣百总朱龙夜入贼营,漏城内虚实,并遣兵四十人导之攻城。世龙督诸将分兵守,宗鼎称疾不起。于是豹守东门,世龙守西门,三日贼愈众,世龙未悉宗鼎奸,遂与诸将谋,以贼众我寡,不出奇击之,城虑不可保。部署诸将出北门,跃马挥戈,自辰至午,杀贼甚多。宗鼎纠逆党树皂帜城上,朱龙在贼队中指世龙所在,围之。世龙、豹战愈力,世龙被数创,犹射杀贼,城上炮发,世龙、豹俱中炮,坠陷田中,为朱龙所杀。城破，良禾司巡检张行健拔佩刀战，被执，诱降不屈，贼断其两臂，骂甚厉，内坎中以刃，剺其腹。行健呼曰："我死必为厉鬼以灭汝！"遂死，家属咸遇害。弓兵方茂、胡振亦同殉。事闻，诏世龙赠游击，荫卫千总；豹荫卫千总；行健赠经历；馀恤如例。

豹，山东潍县人；行健，浙江海盐人。

噶林　六十等

噶林，满洲镶蓝旗人，姓佟佳氏。康熙三十五年，以右卫护军参领从抚远大将军费扬古出西路，征噶尔丹，抵图拉。时噶尔丹踞巴颜乌阑，闻大兵至，遁归特呼勒洛。费扬古遣兵邀击，列阵昭莫多，东倚山，西沿河，分三队以待。右卫兵在西队，贼众大至，三队奋勇合击，噶林率右卫兵争先陷阵，力战死。右卫护军校六十矢贯囟门，伤重死。右卫前锋萨达喀、哈尔扣、鄂佛和，众神保、法宝、色楞、敦柱、雅隆阿、尼满，防守衔花色，护军校贝和诺，披甲来色、范朝俨、彰柱、李尚林、雅尔吉代，同时死。

议恤，诏赠噶林、六十俱云骑尉，噶林子纳林袭，六十子富海袭；萨达喀、哈尔扣，俱赠五品官；鄂佛和赠六品官；众神保、法宝、色楞、敦柱、雅隆阿、尼满、贝和诺俱赠七品官；来色、范朝俨、彰柱、李尚林、雅尔吉代，俱赠八品官。萨达喀子千柱，鄂佛和子舒鲁泰，众神保子伯尔屯，法宝子倭和，雅隆阿子满成，贝和诺子达色，来色子构色，范朝俨子希选，彰柱子额勒木图，雅尔吉代子索什米，俱如所赠官食俸。

六十，满洲正黄旗人，姓富察氏；萨达喀，满洲镶黄旗人；哈尔扣，满洲正白旗人；鄂佛和，满洲正黄旗人；众神保、法宝，俱满洲镶白旗人,众神保,姓纳喇氏;色楞、敦柱,蒙古镶蓝旗人,姓齐默特氏;雅隆阿,满洲镶黄旗人,姓瓜勒佳氏;尼满,满洲正白旗人;花色,蒙古镶黄旗人;贝和诺,满洲镶白旗人,姓崇果氏;来色,满洲镶红旗人,姓黄佳氏;范朝俨,正黄旗汉军;彰柱,蒙古镶白旗人,姓车莫忒氏;李尚林,镶蓝旗汉军;雅尔吉代,蒙古正黄旗人,姓洪郭尔氏。

哈尔扣、色楞、敦柱、尼满、花色、李尚林,袭无考。

姬登第　王大勋等

姬登第,直隶邢台人。由行伍荐升陕西宁夏广武营游击。雍正元年,青海罗卜藏丹津叛庄浪,谢勒苏番据卓子山、棋子山作乱,西宁加尔多寺诸番应之。二年,四川提督岳钟琪往剿,登第与红德城守游击王大勋等从。正月,逆番攻石头沟,大勋率所部奋击,中流石死。时西宁东北郭隆寺喇嘛与贼通,大兵毁其寺,战死者督标左营千总李郁。三月,大兵至柴达木、罗卜藏丹津以二百馀人遁。四月,钟琪率诸将由西宁分路进剿卓子山等处,兴汉镇守备张先志攻加尔多寺,凉州镇西把截堡守备王伏金攻棋子山,肃州镇标守备胡上才巡关西塘,新城营守备李国祥驻兵新城堡,登第由西宁黄胜关击贼于棋子山,大捷,乘胜至卓子山,深入,战殁。先志至加尔多寺,道险不可入,率麾下十五人侦贼垒。林中伏贼突出,矢尽,力战死。伏金、上才亦遇贼阵亡。逆番攻新城堡,国祥死之。方登第战卓子山时,千总傅瑾、把总王谷弼从,登第死,瑾、谷弼死战得脱。后瑾以攻石门寺死,谷弼以击逆番班马呀等死。同攻加尔多寺死者,花马池把总杨之连;

同攻棋子山死者,庄浪营把总陈昌;同遇贼于关西等处战死者,驻防布隆吉尔千总施进禄、把总贺奉金;又有三川营千总任斌以击贼,死于摆羊峒。事平,议恤,登第荫守备,先志荫卫千总,馀恤如例。

大勋,甘肃宁夏人。郁、先志,俱陕西长安人,先志康熙四十七年武举人。伏金,陕西咸宁人;上才,直隶易州人;国祥,陕西咸阳人;瑾亦陕西人;谷弼、之连,俱甘肃宁夏人;昌,甘肃凉州人;进禄,甘肃肃州直隶州人;奉金,甘肃凉州人;斌,甘肃西宁人。

冷格　邦乌礼等

冷格,满洲正黄旗人,姓多尔衮氏。官头等侍卫。雍正八年,诏岳钟琪为奋威大将军,由西路进剿准噶尔,冷格从征。十二月,在西宁口外噶斯坐卡,贼来犯,力战阵亡。同死者骁骑校邦乌礼。十年正月,剿贼于塔尔纳沁,战死者骁骑校部委参领陇洲,八品官部委参领札兰泰。先是,笔帖式多尔集由松潘口出黄胜关,剿热当十二部落有功,乘胜深入,被执不屈死。护军校吻卓拜击贼于郑海堡死,皆隶岳钟琪军,事在元年。

其八年从傅尔丹由北路进剿准噶尔者,云骑尉二等侍卫都斯噶尔,护军校署参领色楞,护军校部委闲散章京瑚拉,骁骑校八十一,皆以九年战死于哈尔巴乌兰。骁骑校车克尔战死于布彦图喀伦。十年,贼犯察罕廋尔,大兵追至厄尔得尼昭,杀贼万馀,阵亡者领催部委防御玛尔图、护卫巴图、骁骑校巴尼,追贼至克尔森齐老死者,参领巴武、玛拉什、布彦图,战乌逊珠尔死者,土默特管旗章京索诺木，土默特副总管镇守归化城鄂钦，土默特佐领察汉扣，科尔沁护卫古里格，科尔沁佐领委署参领颜扎布，科尔沁佐领达穆巴。

议恤，冷格荫云骑尉，子纳齐额袭。邦乌礼、陇洲、扎兰泰俱赠云骑尉，袭俱无考。多尔集赠主事，子常泰袭。都斯噶尔赠骑都尉；色楞、瑚拉俱赠云骑尉：袭俱无考。八十一赠云骑尉，子额尔德布图袭。巴图、巴尼、巴忒、玛拉什、布彦图俱赠云骑尉，索诺木赠骑都尉，鄂钦、察汉扣、古里格、颜扎布、达穆巴俱赠云骑尉：袭俱无考。

邦乌礼，满洲镶黄旗人；陇洲，满洲镶红旗人；扎兰泰，旗无考；多尔集、蒙古镶红旗人，姓哈卜齐特氏；吻卓拜，蒙古镶黄旗人；都斯噶尔，蒙古正蓝旗人；色楞，蒙古正黄旗人；八十一，蒙古正红旗人，姓巴林氏；瑚拉，蒙古正蓝旗人，姓喀尔绰特氏；车克尔，满洲镶蓝旗人；玛尔图，满洲镶红旗人；吻卓拜、车克尔、玛尔图，赠、袭俱无考。巴图等十一人俱外藩蒙古，旗、袭俱无考。[一]

【校勘记】

〔一〕旗袭俱无考　原脱"袭俱"二字。耆献类征卷三四六叶四三八上同。按巴图等十一人不但旗无考，袭亦无考，故补之。

刘崐　马秉伦等

刘崐，四川保宁人。由武举累升署东乌镇都司金书，管左营游击事。雍正八年八月，乌蒙夷禄万福结连东川禄良珍为逆，总兵刘起元失抚御策，贼遂至城下，崐率兵败之于河堡户、铁炉山等处。贼复大至，崐督师血战，力竭死。妻张氏闻变，手刃二女，与妾吴氏俱自杀。诏赠崐游击，荫守备，妻、妾、二女并入祀节孝祠。与崐同死者署东乌镇守备管游击事马秉伦、右营把总周世美，皆重伤死。起元寻溃围出，奔东川，城遂陷。崐之与贼战河堡户也，从者右营守备杨天阶；战铁炉山也，从者中营千总李发早。又有左营把总张必弘，在城守御，镇雄营把总冯志英赴镇考验，皆随崐有功，后护起元至荔枝河。天阶、发早、必弘、志英俱战死。驻防鲁甸东乌千总邵士奇与鲁甸外委把总王国卿赴援，被围，跳岩死。九月，贼分掠永善，杀阿兴土千户安永长。十月，大军复乌蒙，安笼镇标游击王弼、把总邓忠，俱战死于高鲁。禄逆不靖之先，茶山贼麻布朋叛，普洱把总王朝选死之，事在五年九月也。六年二月，有米贴陆氏之乱，曲寻镇副将郭寿域率把总张文俊往捕，贼乘夜劫营，寿域、文俊皆遇害。

议恤，秉伦赠都司金书，荫守备；世美千总，荫卫千总；天阶都司金书，发早、必弘、志英、士奇、国卿俱各加赠一级，荫卫千总；馀恤如例。

秉伦，甘肃宁夏人；天阶，云南开化人；发早，云南昆明人；必弘，贵州威宁人；志英，云南昆明人；士奇，陕西人；国卿，云南寻甸人；永长，云南永善人；弼，山西太平人；忠，贵州安顺人；朝选，湖广人；寿域，甘肃宁夏人；文俊，云南罗平人；世美，籍无考。

苏世爵　刘雄等

苏世爵，云南昆明人。任督标千总。雍正六年六月，四川雷波土司杨明义结米贴土妇陆氏为逆，陆氏就擒。提督王廷桂檄调诸营兵剿雷波,世爵随鹤丽镇总兵张耀祖、参将哈元生往剿。九月,驻军阿路马,同在军中者,寻沾营把总刘雄,督标把总张应举,把总马玉。时四山逆蛮数千并来劫营,弩箭如雨。官军奋勇冲击,杀贼无算。世爵、雄、应举、玉皆重伤死。八年,西炉口外瞻对等处贼番阿宗邦,勾结擦马、阿旺诸番,据险为逆。八月,四川提督宪德檄诸将由甘考、阿旺进剿,永宁协标左营千总马腾剿贼至瞻对茹对江,日暮,贼围之数重,腾受重伤,突围出。九月,攻屋堵豹子寨,腾裹创鏖战,贼于高岩筑敌楼,枪箭雨下,官兵鼓勇并进,贼四出冲突,官兵杀贼百馀人,投岩落涧死者甚众。腾与外委马俊、黔彭营外委把总杨显若俱阵亡。九年,南川土贼起,外委千总李洪宗随游击马守仁至大硖脑,洪宗战殁。先后事闻,并议恤如例。

雄、应举,俱云南昆明人;玉,贵州南笼人;腾,四川叙永人;显若,四川彭水人;俊、洪宗,籍无考。

张玉　　徐学圣等

张玉,山西人。由行伍累官台湾南路营署守备。雍正九年冬,台湾北路大甲溪土番林武力倡乱,次年三月,南路逆匪吴福生亦乘间起事,烧旧杜及石井汛,由淡水溪攻埤头,玉从提督王郡分三路夹攻,战于洋田。玉与外委千总徐学圣、外委把总郑光弘同在中路败其前锋,贼复集,自辰至未,战数合,贼溃窜,生擒贼党萧田等八人,枭营门。越日,福生等三十馀人亦就擒。南路遂平。洋田之战,中路实先登,故玉与学圣、光弘及兵丁陈得添等七人,俱遇伏阵亡。官兵旋渡大甲溪,进剿北路,追杀抵生番悠吾界，贼遁入南日内山，把总张养率兵追之，峭壁峻绝，樵径仅一线，攀援而登。炮声震山谷，贼负创走，养亦阵殁。官兵捣贼巢，北路亦平。是役也，右营守备彭捷、北路协标外委把总刘祥、中营把总叶龙，俱奉檄会剿，受伤死。

先后事闻，诏赠玉守备，荫卫千总；学圣、光弘、养各恤银如例，养荫一子，以外委千把总拔补；龙荫一子监生；馀恤如例。

光弘，福建人；捷，泉州南安人；祥、龙，俱福建人；学圣、养，籍俱无考。

李文仲　王承文等

李文仲，四川巴县人。任贵州安笼镇中营守备。雍正六年，广西西隆州八达寨侬苗颜光色等倡乱，右江镇总兵段宗岳以本镇兵单，咨请安笼镇并广南兵协剿。七月，文仲驰赴八达寨，营于弄高之西山泖。时广南兵尚未到，盛署，士卒多疾。与右江镇兵分攻贼寨，文仲攻炮台，自卯至未，抵贼寨，与盘江营把总王承文合，奋勇督战，以待诸路兵齐集夺寨。弄高道险箐密，诸路兵接应不至，贼见文仲兵少，围之。文仲力战，与承文俱死。先文仲、承文死者，思恩协左营把总李光玉，以接粮遇贼战死；右江镇左营千总罗文光剿贼至八达寨杀数十人，创重死，事在六月。广西提标后营游击赵君良亦以夺炮台，擂石伤胸死，事在九月。至七年，太平府属之邓横贼蛮为乱，云贵广西总督鄂尔泰檄左江镇总兵蔡成贵讨平之。战死者，把总华乾、外委把总李世雄。

先后事闻，诏文仲赠都司金书，荫卫千总；承文、乾俱荫卫千总；馀恤如例。

承文,贵州南笼人;君良,陕西人;馀籍无考。

倪国正　吴嗣昌等

倪国正,四川成都人。康熙五十六年举人,任广西义宁知县。乾隆六年四月,土贼黄顺潜入楚、粤毗连之双江,结逆苗吴金银等为乱。国正诱获黄顺,置之狱,遂率兵往双江,先召苗人,谕以祸福。贼不听,羁之,国正怒骂,贼碎其齿,后闻大兵将至,遂掊杀之,弃尸龙潭。事闻,诏赠按察司佥事,荫一子入监。同时文职随往者,临桂县县丞吴嗣昌、下雷州吏目鲁懋、临桂县泸田司巡检鲁器;武职随往者,融怀营外委千总潘贵。贼既羁国正,并逼嗣昌等谕守城者释黄顺,嗣昌等不从,贼悉掊杀之,投尸于河。于是提督谭行义率各路官军会剿,克贼巢,提标千总冯选,外委把总廖定邦,平乐协外委把总朱国英、石得胜,梧州协外委把总谢名立,俱战殁。事平议恤,嗣昌赠卫经历,懋府知事,器县主簿,各荫一子入监,贵、选荫把总,定邦监生,国英、得胜、名立俱把总。

嗣昌,正红旗汉军,拔贡生;懋,顺天宛平籍,浙江山阴人;器,顺天宛平人;贵,广西永宁人;选、定邦,俱广西马平人;国英、得胜,俱广西平乐人;名立,福建晋江人。

策塔尔　常明等

策塔尔,蒙古镶黄旗人,姓博速特氏。由官学生考取笔帖式,擢理藩院主事。乾隆十五年,随都统傅清、左都御史拉布敦驻西藏。初,西藏郡王颇罗鼐卒,子珠尔默特那木扎勒袭封,事在十二年。至是，擅调兵赴萨海运炮，阴与所属谋逆，时四川雅州府通判常明以总督策楞檄赴藏办饷，探知逆谋，密禀傅清等。傅清、拉布敦奏请相机擒治，上密谕策楞备兵援剿。珠尔默特那木扎勒通准噶尔，阻我邮置，军书不达。傅清等见叛迹日著，决计翦除。十月十三日，以谕旨将至，召至通司冈公署接旨，甫登楼，傅清、拉布敦数其罪，拔佩刀诛之，并其从者数人。逆党罗卜藏扎什等纵火围公署，傅清被创自尽，拉布敦遇害，详大臣传。策塔尔格斗力不支，亦自尽。常明闻警，督兵民护饷，贼矢石并发，身被数创，越日寻殁。

事闻议恤，奉旨策塔尔、常明俱荫云骑尉，策塔尔子坦修袭，常明子文善袭。

常明，镶蓝旗汉军。

傅泽布　福太等

傅泽布，满洲镶白旗人，姓瓜勒佳氏。雍正元年举人，由笔帖式累官户部郎中。十三年，升翰林院侍讲学士。乾隆十九年，随征北路军营，进剿乌梁海。二十年五月，随定北将军班第率师讨平准噶尔。八月，降酋阿睦尔撒纳逆党克什木、巴朗等纠喇嘛回人作乱，班第陷贼中，由固勒扎赴空格斯，转战至乌兰库图勒，贼蜂集，力不支，自尽。傅泽布从之死。班第详大臣传。是役同死者，刑部郎中福太、兵部郎中德克济、理藩院员外郎伊星阿、太仆寺主事和达色、兵部笔帖式委署主事永太、内阁中书多永武、詹事府笔帖式福祥、工部笔帖式西尔格。

事闻议恤，诏各荫云骑尉，傅泽布子富兰袭，福太子伊里哈袭,德克济子达贵袭,伊星阿子策巴袭,和达色子官岱袭,永太弟永安袭,多永武子成明袭,福祥子噶尔秉阿袭,西尔格子宝奈袭。〔一〕

德克济,满洲镶黄旗人,姓叶穆氏;伊星阿,蒙古正黄旗人,姓额穆特立氏;和达色,满洲正蓝旗人,姓富察氏;永太、多永武,俱满洲镶红旗人,永太姓纳喇氏,多永武姓乌尔达氏;福祥,满洲正红旗人,姓伊尔根觉罗氏。〔二〕福太,满洲镶蓝旗人;西尔格,满洲正蓝旗人,姓俱无考。

【校勘记】

〔一〕福祥子噶尔秉阿袭西尔格子宝奈袭　"西"字原误置于上"袭"字上。耆献类征卷三四九叶三〇同。按上文有西尔格而无"尔格"其人,今改正。

〔二〕姓伊尔根觉罗氏　"根"原误作"存"。又脱"氏"。今据耆献类征卷三四九叶三〇下改补。

布英克　五格尔等

布英克,满洲正黄旗人,姓那拉氏。官前锋校,署章京。乾隆二十一年,随副都统阿敏道出师伊犁。回酋布拉呢敦、霍集占有异志,阿敏道往库车城谕之,入城被羁。布英克与署骁骑校五格尔、鲁普萨翰、莫克库,奖赏蓝翎达什奇尔俱从。二十二年,阿敏道谋脱归,不克,死之。布英克等均被戕。是年,定边将军成衮扎布剿沙拉斯、玛唬斯,贼诡就抚,旋叛去,副二等台吉沙克都尔扎布力战,殁于阵。随都统三格剿贼至博罗齐战殁者,二等台吉达瓦策凌、奖赏蓝翎署骁骑校德凌册；在阿尔呼特西伯剿贼死者，头等台吉巴克扎布。又有署章京扎格达剿乌梁海、署骁骑校奈雅图剿哈拉和落，和尔沁追贼于塔尔巴哈台，鄂林查剿贼于哈什，俱力战阵亡。奖赏蓝翎诺海剿吗哈沁死于乌鲁木齐。二十三年，又有回部伯克托克托随靖逆将军雅尔哈善剿逆回，被害于库车城。

先后事闻，议恤，奉旨布英克荫云骑尉，子费凌阿袭；沙克都尔扎布、达瓦策凌俱追赠头等台吉，巴克扎布着追封公爵，俱令其子承袭；达什奇尔、扎格达、和尔沁俱荫云骑尉，袭无考；托克托伯克赠散秩大臣职衔，子色的克袭；馀恤如例。

五格尔，察哈尔镶红旗人，姓杭吉阿氏；莫克库，索伦正红旗人，姓图克坦氏；奈雅图，索伦镶黄旗人，姓敖拉氏；德凌册，索伦正红旗人，姓珠车尔氏；和尔沁，察哈尔正红旗人，姓图克郭氏；鲁普萨翰，察哈尔正红旗人，姓齐扎布氏：袭俱无考。达什奇尔，打牲镶黄旗人；沙克都尔扎布，察哈尔正白旗人：姓、袭俱无考。沙克都尔扎布，喀尔喀人；达瓦策凌，蒙古镶白旗人；巴克扎布，喀尔喀人；扎格达，蒙古人；诺海，察哈尔人：旗、姓、袭俱无考。

胡邦佑　许景淹等

胡邦佑，山东昌邑人。父有亮，官湖广衡州协副将。邦佑由荫生于乾隆八年授盛京工部主事。是年，裁盛京各部汉缺，补刑部奉天司主事。十三年，选授福建龙岩州知州。引见，奉特旨以知府用，授浙江宁波府知府。二十年，丁母忧，二十三年，服阕，补贵州贵阳府知府。二十七年,以承修南明河无效,革职。三十年,南巡,迎銮,奉旨以同知用。三十一年,选授云南永北府同知。三十二年,大军征缅匪,云贵总督将军公明瑞委办粮饷。时参赞大臣珠鲁讷驻兵木邦,邦佑以檄赴明瑞大营,经其地。三十三年正月初七日,贼突至,十六日,同广南府经历许景淹俱随珠鲁讷击贼,以贼众兵少被围,邦佑、景淹埋饷银。景淹遣家人贾俊赍印信,驰报大营。十八日,珠鲁讷自尽。十九日,城陷,邦佑、景淹死之。广南营效力武举方富战殁。

事闻议恤,奉旨,邦佑加赠道衔,子瑀荫知县;景淹加赠銮仪卫经历,荫一子入监读书;馀恤如例。

景淹,直隶饶阳人;富,云南宝宁人。

何道深　李应芳等

何道深,山西灵石人。乾隆二十五年,武进士,授三等侍卫,荐擢贵州提标右营游击。三十二年十一月,随将军公明瑞征缅甸,由宛顶木邦渡打叠江,过锡箔,至蒲卡西,败贼伏兵。是役死者,云南鹤丽镇标千总李应芳、贵州威宁镇左营把总李永春。大兵进抵蛮结,贼立十六寨,竖木栅,列象阵,力拒。道深冒矢石攀栅先登,火枪中右额,纪功第一。战死者,云南提标后营游击邵应邬、贵州定广协右营守备程文进、贵州长寨营把总文朝元、提标外委李应选、威宁镇右营外委万国荣、维西协外委陈学孔、大定协把总高欲平、外委吴奇、四川督标中营外委赵坤。大兵分剿蛮化村,贵州定广协右营千总田义力战阵殁,川北镇中营把总廖云脑中石伤,寻殁。十二月,明瑞督兵由天生桥河上流取道猛笼,趋猛密,击贼于小猛育。道深为十二营前锋,自平明战至日中,身被数创,力竭阵殁。四川提标中营守备马定坤、永宁营外委周元儒同受伤,并殁。

三十三年正月,贼复聚蛮结,临元镇左营都司魏嵘阵殁,安笼镇中营守备马汝良击贼葫芦口,贵州抚标左营把总宋建勋击贼大山南坡,贵州右定协把总徐世清击贼虎布,俱阵殁。二月,鹤丽镇把总郑维树击贼琼乍里板,贵州提标外委唐玉春击贼黑水河,俱阵殁。丹江营外委刘有名赍折至蛮结军营,遇贼,死之。安笼镇右营千总候升守备马子健陷贼,不屈自尽。

先后事闻,议恤,何道深加赠一级,荫守备,子膺绶袭;应芳加赠一级,荫把总,子上林袭;永春加赠一级,荫把总,弟永贵袭;应邠加赠一级,荫守备,子之保袭;文进加赠一级,荫卫千总;朝元、欲平、义、云各加赠一级,荫把总;定坤、嵘俱加赠一级,荫卫千总,嵘子汝惇袭,汝良荫把总;建勋、世清、维树各加赠一级,荫把总;子健荫卫千总;馀恤如例。

应芳,云南鹤庆人;永春,贵州威宁人;应邠,广东电白人,乾隆二十五年武进士,二等侍卫,文进,贵州安顺人;朝元,贵州大定人;应选,贵州安顺人;国荣,贵州威宁人;学孔,云南剑川人;欲平、奇,俱贵州大定人;坤,四川华阳人;义,贵州遵义人;云,四川阆中人;定坤,陕西咸宁人;元儒,四川越巂人;嵘,云南昆明人;汝良,江南松江人;建勋,贵州贵阳人;世清,贵州黔西人;维树,云南鹤庆人;玉春贵州安顺人;有名,贵州施秉人;子健,云南鹤庆人。

杨先春　金国保等

杨先春,四川成都人。乾隆十年,以武进士分发贵州。十二年,大兵征金川,调贵州兵协剿。先春以提标候补守备同提标前营守备金国保等俱从征。十二月,攻木耳金冈之左山梁,抚标右营把总李如桂战殁;攻普沾碉卡,提标左营把总杨自旺战殁。十三年,定广协标左营外委把总刘斌、李士美从攻色底之右山梁卡撒双碉,斌于五月、士美于六月皆殁于阵。于是先春、国保相继攻之,至七月,先春阵亡,国保伤亡。是月,攻昔岭之三层碉,死者镇标右营外委千总赵文焕;八月,攻巴朗尾碉,死者遵义协标左营千总卜熊;攻阿利山,死者黄平营外委千总王良、寻沾营外委把总袁安、提标中营把总张祥。十二月,攻右山梁巴朗平碉,死者凯里营外委把总王大任。

议恤,诏赠先春、国保署都司金书,荫卫千总;如桂、自旺俱赠千总,荫把总;斌、士美、文焕俱荫把总;熊赠署守备,荫把总;良、安俱荫把总;祥赠千总,荫把总;大任荫把总。

国保,甘肃宁夏人;如桂,贵州修文人;自旺,陕西凤翔人;斌、士美,俱贵州定番人;文焕,贵州黔西人;熊,贵州普定武举人;良,贵州黄平人;安,湖广公安人;祥,贵州贵筑人;大任,贵州定番人。

国兴　韩世贵等

国兴,贵州大定人。乾隆三十二年,由行伍随征缅甸。三十三年,补水城营外委。寻授平远协左营把总。三十五年,迁大定协左营千总。三十六年,随威宁镇总兵王万邦征金川。十二月,大军攻克巴朗拉,将军温福奏贵州绿营员弁出力,奉谕国兴着赏戴蓝翎。三十七年正月,参赞大臣五岱攻资哩之北山顶,檄兴带劲兵为前队,遇贼击走之。四月,随攻墨垄沟、甲尔木,擢云南永北营守备。五月,攻东玛大碉,官兵设木卡拒贼,兴带兵三百守卡。贼众乘夜来犯,兴灭火待之,贼近卡,枪炮齐发,贼大败,歼擒无算。谕曰:"国兴静俟贼番来犯,猝起剿击,歼戮多人,出力奋勉,着赏换花翎。"旋擢贵州黔西协左营都司。三十八年,擢荔波营游击。三十九年十月,将军阿桂督兵攻勒乌围、凯立叶诸寨,兴屡树战功。四十年正月,擢朗洞营参将,赏图多布巴图鲁名号。四月,会攻木思工噶克,兴用斧斫开木城,率众拥入,剿杀甚多,克其碉。奉谕国兴着加一等,即行升用。贼悉众来夺木思工噶克碉,兴督兵射贼,贼散而复聚者七,俱经官兵剿退。国兴负重伤,越日寻殁。谕图形紫光阁,列次五十功臣中,命儒臣拟赞。赐祭葬,加赠二级,荫守备,弟璲袭。是役同死者,四川重庆镇标中营守备韩世贵,贵州平越营把总王全,镇远镇标中营把总王彪,古州镇标左营外委袁成远,都匀协外委徐成贵、文玉美、周连,甘肃凉州镇标前营外委张全玉,四川叠溪营外委朱国相。议恤各如例,世贵加赠一级,荫千总;全、彪俱加赠一级,荫把总,袭俱无考。

世贵,四川松潘人;全,贵州遵义人;彪,贵州安顺人;成远,籍无考;成贵,贵州普定人;玉美、连,俱贵州都匀人;全玉,甘肃武威人;国相,四川茂州人。

扎拉芬　　拉托尔凯等

扎拉芬，满洲正蓝旗人，姓乌朗哈特氏。乾隆二十年，由健锐营前锋出征回部，凡叶尔羌、喀什噶尔、阿勒楚尔、伊西洱库尔淖尔诸战，皆与焉。前后共得功牌十一。历任空衔蓝翎长、护军校、委署护军参领、副护军参领。三十三年，拣发湖南，以参将用。三十四年，补桂阳营参将。三十七年，升长沙协副将。八月，命赴金川南路军营。三十八年，以军营出力，擢永州镇总兵。三十九年正月，领兵取拉科，奋勇击贼，中枪伤，寻殁。三月，前锋拉托尔凯进攻喀利，殁于阵。七月，贼至布达什挪，参领观新保，骁骑校特特依、护军校纳达齐击之，均战殁。十一月，贼复扰回郭洛，蓝翎长博崇乌死之。

先后事闻，各赏恤如例，恩荫扎拉芬为都司，拉托尔凯、观新保、特特依、纳达齐、博崇乌为云骑尉。扎拉芬子哈凌阿袭，纳达齐子乌尔衮布袭，博崇乌弟图经阿袭，馀袭无考。

拉托尔凯，满洲镶蓝旗人，姓达古多尔新氏；特特依，呼伦贝尔正蓝旗人，姓赫尔拉特氏；纳达齐，满洲正黄旗人，姓赫舍里氏；博崇乌，满洲正红旗人，姓纳喇氏；观新保，籍无考。

赵文哲　　王日杏等

赵文哲，江苏上海人。由廪生于乾隆二十七年南巡，召试赐举人，授内阁中书，在军机章京上行走。三十三年，以原任两淮运使卢见曾查钞案，文哲通信寄顿，革职。

时大军征缅甸，署云南总督阿桂奏请带往军营。三十五年，经略大学士公傅恒以文哲遇事奋勉，奏复原职。三十六年，随将军温福征金川。三十七年，擢户部主事。三十八年，木果木师溃，〔一〕死之。同时被害者，刑部主事王日杏、新繁县知县徐瓒、郫都县知县杨梦槎、合州吏目罗载堂；其在各台站被害者，潼川府通判汪时、汉州知州徐谂、内江县知县许椿、大竹县知县程荫桂、秀山县巡检郭良相、纳溪县典史许济；其沿途被害者，候补从四品王如玉，候补知县孙维龙、张世永，布政司照磨倪鹏，候补县丞倪霖，秀山县典史周国衡。

事闻议恤，文哲恩赠光禄寺少卿，长子秉渊，经大学士舒赫德奏准，以内阁中书用，历升四川成都府知府，嘉庆七年赏道衔；次子秉冲，现任通政使、南书房行走；日杏赠光禄寺少卿，如玉赠太仆寺少卿，瓒、梦槎、时、谂、椿、荫桂、维龙、世永俱赠道衔，鹏、霖俱赠銮仪卫经历，载堂、良相俱赠府知事，济、国衡俱赠主簿。日杏子光显，瓒子日簪，梦槎弟乘槎，时子琳，椿子煌，荫桂子焕，如玉子荣榘，谂子方瑞，世永子德标，俱荫知县；良相弟良俊，鹏子廷栋，霖子炳，载堂子启元，俱荫主簿；济子廷梓荫吏目；徐荫无考。

日杏，江苏无锡人；瓒，江苏阳湖人；梦槎，江苏金匮人；载堂，顺天宛平人；时，浙江钱塘人；谂，湖北黄冈人；椿，浙江嘉善人；荫桂，浙江仁和人；良相，广西临桂人；济，顺天东安人；如玉，山西灵石人；维龙，顺天宛平人；世永，陕西渭南人；鹏，直隶临榆人；霖，浙江仁和人；国衡，顺天宁河人。

【校勘记】

〔一〕木果木师溃　上"木"原误作"本"。今据耆献类征卷三五三叶三上改。

薛琮　张清士等

薛琮,陕西咸宁人。河南南阳镇总兵翼凤子。乾隆十六年,由荫生效力巡捕营,期满,授四川达州营守备。历南坪营都司、峨边营游击。三十六年,擢漳腊营参将。八月,大学士、四川总督阿尔泰檄征金川,琮带兵克纳顶、边谷诸碉寨。十二月,定边右副将军温福督兵攻巴朗拉,琮奋勇出力,奉谕交部从优议叙。会攻卡丫,获喇嘛等寨,遂由东面山根沿河直取卡丫,克之;又乘胜夺东北山梁,通甲木贼巢。三十七年二月,攻阿仰之东山,复由甲木噶尔金后山,绕道取墨垄沟,占木城四、石卡二十一,毙贼四十六。四月,攻墨垄沟,琮督兵直进,毙贼二百馀,毁木栅十馀,夺碉七十馀,贼悉力死拒。碉寨林立,琮奋力仰攻,被枪伤,殁于阵。

同死者,四川建昌镇标右营都司张清士,平番营都司陈定国,阜和营守备虎成林,督标左营千总王国英,建昌镇标左营千总魏以贤,嘉顺营千总刘嵩,贵州黔西协左营千总王天池,毕赤营千总颜登第,水城营千总苏玉贵,四川峨边营把总黄安国,会川营把总陈玉龙、刘千,嘉顺营把总刘崑龙,靖远营把总谢在洪,永定协把总喻万成,贵州威宁镇标左营把总任公望,右营把总赵维月、陈陞,黔西协左营把总杨宗贵,平远协右营把总周启仁,四川建昌镇左营外委郑九品,右营外委董玉林,贵州威宁镇右营外委陈英,平远协左营外委熊应林,大定协右营外委姚世俊。

事闻,谕交部从优议恤,又谕曰:“薛琮自入军营,甚属出力。

前于进攻墨垒沟,效命捐躯,甚属可悯！着加恩照副将衔议恤,并着查明薛琮如有子嗣,即行送部引见。"部议上,奉旨琮加赠二级,嗣子国栋荫守备。清士、定国、成林俱荫千总,国英、以贤、嵩、天池、登第、玉贵、安国、玉龙、千、昆龙、在洪、万成、公望、维月、陞、宗贵、启仁俱荫把总,馀恤如例。

清士,直隶无极人,乾隆二十六年武进士,蓝翎侍卫;定国,四川清溪人;成林,四川华阳人;国英,四川成都人;以贤,四川西昌人;嵩,陕西汉阴人;天池,贵州黔西人;登第,贵州威宁人;玉贵,贵州毕节人;安国,四川华阳人;玉龙、千,俱四川西昌人;昆龙,四川冕宁人;在洪,四川华阳人;万成,四川西昌人;公望,云南昆明人;维月,贵州南笼人;陞,贵洲平远人;宗贵,贵州大定人;启仁,贵州贵定人;九品、玉林,俱四川西昌人;英,贵州普定人;应林、世俊,俱贵州大定人。

陈圣矩　次子理　钱国佐等

陈圣矩,山西太谷人。乾隆四年武进士。十九年,选湖广提标左营守备,累升四川黎雅营游击。三十二年,随征缅甸,因在事有功,加一级,回任。三十六年,随征金川,九月,攻甲金达,有战功。三十八年,带兵五十驻守马尔底。六月,贼众奄至,圣矩被围,度势不能支,乃尽焚火药、粮草,偕次子理跃入烈焰,死。同时阵亡者,底木达则四川重庆镇中营游击钱国佐;八角碉则四川会盐营守备王汝衡;科多桥则陕西兴汉镇左营把总李承本;大坝沟则贵州清江协右营把总杨通,陕西提标前营千总年大银;昔岭则直隶清江协左营外委李永庆;达尔图则贵州长坝营外委李连元。事闻,议恤,圣矩加赠一级,与国佐俱荫守备,汝衡荫千总,馀俱把总。圣矩孙德文袭,国佐子元勋袭,汝衡子懿袭,承本子怀勇袭,馀袭无考。

国佐,云南南宁人,乾隆十年武进士,由蓝翎侍卫,授贵州荔波营守备,二十年,升陕西延绥营都司,二十八年,升四川重庆镇中营游击;汝衡,四川成都人;承本,陕西兴安人;通,贵州普定人;大银,陕西长安人;永庆,直隶南宫人;连元,贵州毕节人。

滕家瓒　族弟家泰　施锦等

滕家瓒,湖南麻阳人。由生员捐布政司理问职衔。乾隆六十年正月,乾州逆苗滋事,家瓒居高村,逼近贼焰,同兄监生家瑞、弟武生家瑶,招集乡勇三十馀名,捐赀给粮,设卡堵御。有功,经湖广总督福宁奏闻,奉旨赐八品职官。家瓒自正月至四月,共打仗十八次,杀贼八十馀名。贼恨之,专攻高村,入武生滕家泰宅,索家瓒所在。家泰挺身顶认,意图保全一村,贼遂磔家泰,杀家丁九口。九月,家瓒御贼新寨,杀贼二。旋被刃伤,殁于阵。先是二月,平头司巡检施锦以逆苗突至,率乡勇抵御于石灰窑,力战阵亡。闰二月,生员王廷槐以投效军营于亭子关,击贼阵亡。五月,监生吴开宗以投效军营,于大乌草河击贼,阵亡。先后事闻,议恤,[一]家瓒、锦荫云骑尉,袭次完时,俱给恩骑尉,世袭罔替。家瓒子国兴袭,锦袭无考。廷槐、开宗恤如例。家泰,奉旨:“以武生能知大义,致遭惨害,实为可悯!着查明伊子年岁,奏明赏给官职。”旋奉旨赏其子国祥五品官职,愿就文武,听其自便。

家泰,湖南麻阳人;锦,江苏元和人;廷槐,湖南凤凰厅人;开宗,四川秀山人。

【校勘记】

〔一〕议恤　"恤"原误作"袭"。今据耆献类征卷三五七叶三四下改。

王一魁　饶德丰等

王一魁,湖南乾州人。乾隆三十四年二月,由行伍拔补湖南镇筸镇标中营外委。六月,拔左营把总。三十五年,擢右营千总。三十七年,随征金川,叙功,三十九年,升湖广督标右营守备。四十六年,升湖北蕲州营都司。五十二年,升山东高唐营游击。五十七年,署山东济南城守营参将。是年,因失察逃犯,降三级,以守备用。五十八年,铨补广东肇庆协守备。五十九年,告病回籍。

六十年正月,黔、楚逆苗滋事,一魁督率家丁随总兵袁敏悉力堵御。贼陷乾州,一魁被戕。同时原任湖北荆门州学正饶德丰在籍,防堵,骂贼遇害。是年六月,贼扰岩门,湖南邵阳县里田司巡检方相袞以迎催粮饷,遇害。先是,贼扰夯尚,湖南永绥协右营额外外委杜进阵亡。事闻议恤,一魁、德丰、相袞俱荫云骑尉世职,进恤如例。一魁子芳寿袭,德丰子自儆袭,相袞弟相宸袭。

德丰,湖南乾州人,乾隆三十七年,由廪贡生选授湖南慈利县训导,五十七年,推升本职。相袞,安徽桐城人,由监生捐从九品,于乾隆四十年拣发湖北试用,四十三年,改拨湖南,五十三年三月,补本职。

进,湖南永绥人。

朱锦庆　王凤翔等

朱锦庆,湖南武陵人。乾隆三十五年五月,由行伍拔补湖广提标中营外委。十一月,升本标中营把总。三十七年,随征金川,奋勇杀贼,受伤。四十年七月,升标左营千总。五十二年三月,升湖北德安营守备。五十六年二月,调湖南永绥协左营守备。六十年正月,随剿黔、楚逆苗于夯尚,力战阵亡。时贼攻乾州,城陷,湖南镇篁镇标前营外委王凤翔遇害。

又湖南永绥协左营外委萧世贵御贼于排补美,贵州镇远镇标右营额外外委黄士得,贵州铜仁协左营额外外委李廷灿御贼于十八栈,俱死之。二月,贼仍犯乾州及永绥、凤凰三厅,湖广提标右营千总彭正纲、提标中营把总王得凤,湖南辰州协左营把总王之智随剿于谭江河口,贵州威宁镇标右营千总郭廷贵随剿于嗅脑,湖广提标前营把总周上友随剿于喜鹊山梁,贵州黄平营把总龙胜榜随剿于堡脚场,贵州黄平营外委韩得智随剿于牛朗场,贵州黔西协左营外委朱良佐随剿于璧多山,贵州清江协左营外委杨光先随剿于鹊儿岭,贵州抚标左营额外外委刘直辅随剿于安静关,湖南永绥协右营外委杜显奇随剿于本汛,湖南武生田庆年随剿于黄罗坳,皆力战阵亡。

事闻议恤,锦庆等俱荫云骑尉世职,袭次完时,给予恩骑尉,世袭罔替。士得、廷灿、直辅恤如例。锦庆侄安邦袭,正纲子国栋袭,得凤子正官袭,上友子耀宗袭,馀袭无考。

凤翔,湖南镇箪人;世贵,湖南永绥人;士得,贵州镇远人;廷灿,贵州铜仁人;正纲、得凤,俱湖南武陵人;之智,湖南永绥人;廷贵,贵州大定人;上友,湖南武陵人;胜榜,贵州思南人;得智,贵州黄平人;良佐,贵州大定人;光先,贵州石阡人;直辅,贵州龙里人;显奇,湖南澧州人;庆年,湖南凤凰厅人。

尚维岳

尚维岳,汉军镶蓝旗人。由马甲于乾隆三十一年擢銮仪卫整仪尉。三十三年,升治仪正。三十八年,选直隶倒马关都司。四十六年,升四川顺庆营游击。五十一年,咨调来京,承袭勋旧佐领,引见后仍回四川本任。嘉庆元年,教匪徐天德等滋事,维岳以署总督英善檄赴东乡县军营,分路扼险堵剿。贼犯泉水铺卡,都司石阵图等击走之;贼复纠众二千馀扑东山庙卡,将夺路由东乡与丰城场贼合,维岳奋勇率兵迎敌,射毙执旗贼目,并歼百三十馀匪。贼愈蜂至,维岳猝中枪,阵亡。事闻,得旨:"尚维岳着照参将例加等议恤,赏云骑尉世职,袭次完时,以恩骑尉世袭罔替。"

维岳子政华,袭。

高杰　　倪占鳌

高杰,四川成都人。由行伍于乾隆三十三年拔城守左营额外外委。三十六年,补右营外委。四十五年,迁把总。五十年,升千总。五十六年,保举守备。旋署提标左营中军守备。五十九年,大邑县民王应龙等滋事,悉擒之。奉旨,以应升之缺题补。

六十年,从征黔、楚逆苗,叠攻其寨,解永绥围。功最,补城守右营守备。嘉庆元年,又于马鞍山、结石冈诸处战甚力。是年,升梁万营都司。八月,派赴达州剿捕邪匪。十二月,贼屯柏树场,为我兵所克,尽遁入横山子,地势险峻,贼设卡三座,外掘濠沟,负嵎固守。杰随总兵袁国璜于二十一日大雾迷漫,出不意围其头卡,枪炮齐发,并掷火弹,焚其草棚。贼势急,外奔,遂歼焉。贼众前来迎敌,总兵何元卿亦至,奋勇俱上,夺据山梁,焚卡二座,擒匪党二十馀,斩之。杰因力战受伤,阵亡。

先是,元卿剿贼小坳,贼败窜入狮子坪,我兵越岭穷追,有四川松潘镇标守备倪占鳌,擒杀其魁,被匪众追及,亦殁于阵。先后事闻,奉旨:"高杰、倪占鳌俱照例议恤,均荫云骑尉世职,袭次完时,给予恩骑尉,世袭罔替。"杰子定邦,袭;占鳌子开祥,袭。

占鳌,四川广元人。

石阵图　廖廷超等

石阵图,直隶博野人。由乾隆己酉科武进士,以营守备用。五十五年,补四川重庆镇标中营守备。嘉庆元年十月,贼焚掠达州东乡之麻柳场,阵图随刑部侍郎英善、川东道李宪宜剿捕之。贼乘早雾来攻泉水铺营,阵图率众迎截,歼贼无算。奏入,奉旨以应升之缺升用。十一月,贼于汪家山分起屯聚,我兵分路剿捕。阵图随总兵袁国璜率弁兵由七里峡至天星桥一路进攻,克之。十二月,贼窜入横山子山梁,负嵎抗拒。二十一日,阵图随国璜乘雾潜至贼卡,四面合围,焚烧草棚,贼奔窜,我兵截击之,歼贼甚众。二十二日,贼乘我兵营卡未定,分路来攻,阵图悉力堵御，贼始退。二十三日，贼分五路直攻营卡，阵图随国璜迎敌，奋力追剿，遇伏，转战三日，被创阵亡。

是月，绥宁协千总廖廷超、固关营把总刘佐清俱以击贼殁于阵。先后事闻，得旨："石阵图着加一等议恤，廖廷超、刘佐清均议恤如例，俱荫云骑尉世职，袭次完时，给予恩骑尉，世袭罔替。"阵图子现瑞，袭；廷超子明文，袭；佐清子云魁，袭。

廷超，四川成都人；佐清，直隶正定人。

章宪　赵朝珍等

章宪，广东钦州人。由行伍于乾隆四十年，拔化石营外委。四十二年，擢钦州营把总。四十七年，升千总。五十七年，迁四川督标左营守备。嘉庆元年，湖北教匪窜陕西汉中、凤县一带，屯黄柏山，恃险负嵎。其西北有老米山，高约万仞，一线盘上，可通贼巢。宪随总督福宁由小簿道岭连攻数次，不能得手；复分兵绕道攻簿道岭山尾，夺卡二座。总兵诸神保又从地口扑上贼卡，抛掷火弹，毁其屯粮，乘势四面仰攻，贼堕岩死者无算。遂抵老米山麓，攀藤附葛，鱼贯而上，出贼不意，奋勇攻击，戮毙甚夥。徐贼大溃，夺其三卡，其第四卡高据山顶，更为扼险。宪带兵前进，仰面上攻，奋不顾身，迭歼多匪，以受伤殁于阵。

时湖北荆州城守外委赵朝珍随尚书惠龄于黄柏山合剿林之华等匪，其一碗泉、凉风台等处路甚歧杂。朝珍于一碗泉进攻，先跃过濠，手刃数贼，入其卡，大兵继之，贼不能支；追奔至凉风台，贼复有众救应，短兵相接，戮百馀匪。朝珍以深入受枪伤，殁于阵。四川提标前营守备曾眷随福宁击贼于湖北巴东县谭家村,由山径扑其巢,擒贼目二十八人。眷奋击尤力,以创重阵亡。
四川越嶲营把总罗举睿随总兵诸神保进剿,贼从上坪、下沟直犯
中坪官兵营卡,举睿以受伤殁于阵。先后事闻,章宪、曾眷、罗举
睿赐恤如例,赵朝珍得旨加等议恤,均赏云骑尉世职,袭次完时,
以恩骑尉世袭罔替。宪子式成,袭;眷子世荣,袭;举睿子进连,
袭;朝珍子光国,袭。

　眷,福建霞浦人,由行伍于乾隆四十八年荐升千总,五十九
年升是职。

　举睿,四川成都人,由行伍随征金川,屡战立功,拔越嶲营额
外外委,补泸宁营外委,乾隆四十六年调是职。

　朝珍,湖北江陵人,由行伍拔是职。

黄应文　子捓等

　黄应文,直隶天津人。由吏员于乾隆三十五年考授八品职
衔。四十年,捐纳府经历,分发湖北试用。四十三年,补德安府
经历。五十二年,派运闽省军米,咨部议叙。五十六年,署黄陂
县知县。五十八年,署江夏县知县。五十九年,署巴东县知县。
嘉庆元年,教匪聂杰人纠众滋事,扰及枝江、宜都境,而宜昌属之
宋家嘴、对马山各有众屯聚,分扰当阳、远安、东湖等境,与聂杰
人等相接应。应文奉檄带兵四十名、乡勇四百馀名,会营员堵
剿。寻偕东湖知县何学青、游击邱作训破贼于宋家嘴,歼二十馀
人,俘杨天祥等十一人。沿途盘获奸细杨家学等四人,遂移兵攻
对马山,歼贼首何宗训及其子示能等十五人,俘二十三人。又败
宗训馀党于杨家垸,歼二百馀人;又败之于罗家冲,歼百馀人,俘

百二十馀人。总督毕沅以闻，谕曰："署巴东县黄应文带兵杀贼，甚属出力。已用朱笔圈出，着该督抚将该员存记，遇有应升之缺升用，以示奖励。"

是时，巡抚惠龄已擒获聂杰人，移师剿鹳湾脑逆首张正谟，而杰人党林之华等纠众扰长阳西界，及巴东归州毗连之榔坪、九洲，四出焚掠，且声言欲出深冲口救应张正谟。应文奉檄往剿，率其长子廪生掞，偕游击邱作训、候补县丞林江行抵沙坪，林之华遣其党李问祥等三十四人伪作乡民，赍米肉犒师。应文疑其诈，执讯之，究出贼欲乘夜劫营，藉为内应，即军前斩讫，戒严以待。是夜，贼果至，应文等彻夜剿御，贼败走。翌日，追至查角石，贼伏发，于雾雨中蜂拥而至。我兵枪炮齐施，击毙数百人，会雨甚，火药淋湿。贼围益急，邱作训死之。应文犹奋力剿杀，手刃数人，江并杀执旗贼目一名，掞亦歼擒贼目数名。众寡不敌，应文父子及江俱受重伤，殁于阵。时当阳县知县黄仁闻县属有教匪，缉获之。甫下狱，贼党在东湖县者约当阳城中军流人犯，及附近之书役，勾通劫狱。仁于仓猝间令其子士骐匿印，赴总督毕沅营呈缴。城陷，仁被戕。襄阳吕堰驿巡检王翼孙，以聂杰人馀匪由枝江窜扰，率兵勇堵御，阵亡。

先后事闻，谕曰："知县黄应文及伊子廪生黄掞，杀贼捐躯，殊堪悯恻！着咨部加等议恤，并着查明黄应文如尚有子嗣，于事竣后送部引见。"黄仁得旨照知州例议恤，王翼孙赐恤如例，均赏云骑尉世职，袭次完时，以恩骑尉世袭罔替。应文子振，袭；江、仁未袭；翼孙子嘉福，袭。

江，浙江上虞人；仁，四川大竹人，由举人于乾隆五十五年选安徽铜陵县知县,引见,调补是职。

翼孙,江苏长州人。

冯培元　江永辉等

冯培元,甘肃靖远人。由武举于乾隆四十三年分发陕甘督标,以千总用。四十五年署安定营右哨把总。四十六年,随征撒拉尔逆回,获贼二名。四十九年,随剿伏羌、云雾山一带及底店、石峰堡。五十二年,补授甘肃西宁镇标右营右哨千总。五十六年,擢松山营守备。五十八年,调波罗营中军守备。

嘉庆元年,檄赴湖北军营,剿捕教匪。二年,升临洮营都司。嗣以姚之富股匪伏匿襄阳之夹河洲地方,埋藏器械,潜图蠢动。培元随巡抚汪新驰赴双沟,就近搜捕,擒获张应朝等三十名。奏入,赏戴蓝翎。旋由箐林口进攻老木园,贼匪率众下于深溪口、冉家沟、野竹溪等处,分路扑犯官兵营卡,其冲扑深溪口一路,经培元奋力堵击,歼毙前队四十馀,贼后队即行窜回。其老木园之樵风洞紧接巢穴,提督刘君辅等督率官兵从石磴陡坎曲折而上,毁其卡,卡内男妇百馀人悉数歼戮。忽轿顶山贼匪鸣炮来援,培元带领兵勇,即于樵风洞山梁迎剿,贼匪蜂拥而至,我兵施放连环枪炮击退。培元攀越岭谷追击,贼从旁突出,猝被矛伤而殁。时甘肃玉泉营把总江永辉击贼于老木园,亦死之。是年,陕西静宁协右营千总李润生、四川提标右营右哨二司把总毛安国、陕西马营监营额外外委贾会击贼于盖顶坪,俱阵亡。

先后事闻,得旨:"冯培元着加等优恤,馀赐恤如例,均赏给云骑尉世职,袭次完时,以恩骑尉世袭罔替。"培元子琔,袭;永辉子芝,袭;润生子奇芳,袭;安国子承烈,袭;会子希魁,袭。

永辉、润生,俱甘肃宁夏人;安国,四川成都人;会,甘肃武威人。

和伦　　永谦等

和伦,蒙古镶黄旗人,姓杭阿坦氏。乾隆三十六年,由前锋随征缅甸,身历二十九战。三十八年,随征金川,屡立战功,得功牌三。五十年四月,授甘肃玛纳斯左营千总。五十四年,擢凉州镇标后营中军守备。嘉庆元年,派赴四川剿捕邪匪。二年正月,随陕甘总督兼管四川总督宜绵分兵围攻太平县属通天观迤西之官帽山贼卡,贼聚众于卡,并力抗拒,施放枪炮、擂石,势甚炽。和伦奋不顾身,首先冲突,项受枪伤,殁于阵。是年四月,陕西固原镇标右营中军守备永谦随理藩院尚书惠龄等,于陕西山阳县剿捕邪匪,追至马路坪,与贼力战,阵亡。三年八月,山西大同镇标中营中军守备双德,剿捕陕西西乡县邪匪,逼至菜子沟山内老林,两面兜围,歼戮净尽。双德奋力剿杀,身受重伤,殁于阵。

先后事闻,奉旨和伦、双德着加等议恤,永谦恤如例,俱荫云骑尉,袭次完时,给予恩骑尉,世袭罔替。和伦子噶尔噶苏迪,袭;永谦子富森布,袭;双德子达洪阿,袭。

永谦,满洲正黄旗人,姓吉立特氏,由鸟枪护军于乾隆五十三年补骁骑校,是年七月,擢本职。

双德,满洲正红旗人,姓栋鄂氏,由护军校于乾隆五十八年授山西浑源营守备,六十年调本职。

陈名魁　　连旭

陈名魁,福建漳浦人。乾隆四十六年武进士。五十年,选福建金门镇标右营守备。嘉庆元年,护理水师提标前营游击,巡哨至畲洲洋等处,[一]获盗十四名。五年,护理闽安协副将。时闽、浙洋面有盗匪,分帮滋扰。名魁随海坛镇总兵倪定得追捕蔡牵帮匪于蚶场洋,适盗船遭风沉四十馀只,馀船窜南洋,追获其一,擒谭月等十三名。超升水师提标前营游击,仍护闽安协副将。寻偕澎湖协副将何定江在闽、浙交界之北关山一带,随定海镇总兵李长庚搜捕土盗,获犯多名,下部议叙。六年,随定江击盗于四礵洋,毁船一,又沉其一,擒陈标等三十四名,获炮械多件。七年二月,在牳屿洋追捕蔡牵帮船至下目洋,沉其船一,擒黄拱等九十二名,溺毙无算。十一月,蔡牵窜浮鹰洋,名魁偕护理海坛镇总兵罗江泰分路追剿至横山洋,获其船一,馘二人,俘三十四人。是年,升广东海门营参将。八年,姚亚马等匪勾结,在牌角洋行劫。名魁督兵往剿,盗逸,追至三屿港,歼毙甚夥,救出被劫余爵利等七名,焚盗船一,擒盗二。寻被戕。嗣是九年,署广东香山协左营守备连旭,击贼于大鹏洋,亦遇害。

先后事闻,名魁赐恤如例,旭得旨照守备例议恤,均赏云骑尉世职,袭次完时,以恩骑尉世袭罔替。名魁子朝用,袭;旭子承宗,袭。

旭,广东丰顺人。捕鱼为业,以诱杀洋匪十三名,生擒二名,赴官投报,给外委顶带。旋补左翼镇标右营外委,荐升香山协左营千总,署达濛营守备。叠拿洋盗多名,调署是职。

【校勘记】

〔一〕巡哨至畬洲洋等处　"畬"原作"畲"，形似而讹。今据耆献类征卷三六八叶三一上改。

强克捷

强克捷，陕西韩城人。嘉庆十三年进士，即用知县，签分河南。旋丁母忧，十五年，服阕，仍发原省。十六年，补滑县知县。十八年九月，教匪李文成聚众谋不轨，期于十五日起事。克捷侦知之，捕获文成等二十五人，严行夹讯，系于狱。匪党刘成章等纠合贼众，猝于初七日入城，劫文成于狱，踞城以叛。克捷及家属俱被戕。事闻，赐恤如例，赏云骑尉世职，袭次完时，以恩骑尉世袭罔替。

文成之将作乱也，两次至京，与直隶教匪林清约同日起事，清由中发，文成自外应之。会文成为克捷所获，遂失期。林清以外援不至，亦就获，伏诛。官军围滑县，逆党刘国明等引文成先遁，因刑伤重不能行，载以车，旬馀抵辉县司寨山，距滑县仅二百馀里。官军一鼓歼之，文成自焚死，出其尸，伤痕犹在。上以二逆未遂期会，故前后授首，易如拉朽。克捷首破逆谋，厥功甚大，照例赐恤，尚不足旌死事之忠，命加等照知府例赐恤，入祀京师昭忠祠。

克捷子二人：长逢泰，次望泰，作乱之先一月，逢泰送望泰回籍完婚，俱得免于难。惟逢泰妻徐氏随任，城破，克捷夫妇被戕，徐氏抗节不辱，挺身骂贼，贼钉于厅柱，脔割之，骨弃无存。克捷叔京课，侄有勋，徐氏叔云章，幕友李槐荫、诸自涵、梁廷辉，廷辉子霈、泰来、张炎、孙鼎、章冠山及家丁祁陞等共三十五人,均遇害。经巡抚朱勋遵旨查明奏闻,谕曰:"克捷职膺民社,能周知一县之事。首先访获逆党,俾林清、李文成等失约败谋,先后授首,实属杰出良臣,功在社稷;且以身殉难,阖署被害者至三十馀人,深堪嘉悯,览奏挥泪不止!前经降旨照知府例赐恤,入祀京师昭忠祠,尚不足以酬忠荩。强克捷着加恩赐谥忠烈,赏给骑都尉,世袭罔替。伊长子强逢泰,即着承袭骑都尉世职,[一]服阕后送部引见;次子强望泰,着赏给举人,一体会试;长媳徐氏,着赐谥节烈,诰赠恭人,照例建坊旌表。并着朱勋遵照前旨,在韩城县建立专祠,前层设强克捷牌位,后层设节烈恭人牌位。其从难之三十五人,俱设牌从祀,地方官春秋致祭,以慰忠贞。初次致祭,着巡抚朱勋亲诣拈香。至韩城县登仕籍者,有强克捷之忠良,前大学士王杰正色立朝,亦籍隶该县,士风淳茂,宜示优旌。着将文武学额各增五名,着为例。"又命于滑县亦为克捷建祠,与难者一并从祀。

　　逢泰于二十一年服阕引见,以未娴弓马乞就文职,上以克捷功烈伟著,特命以主事用,在军机处学习、寻补工部主事,旋授福建督粮道。

　　望泰于二十二年会试不第,钦赐进士,改翰林院庶吉士,习国书。二十四年,散馆三等。是科考列三等者,俱归班铨选。望泰蒙恩授内阁中书、四川忠州直隶州知州。

【校勘记】

〔一〕即着承袭骑都尉世职　原脱"世职"二字。今据耆献类征卷三七〇叶三上补。

苏超 李珍等

苏超，陕西韩城人，寄籍广西。由武举效力督标，随剿湖北教匪，卓有战绩，擢右营千总。嘉庆五年，迁梧州协右营守备。七年，升陕西宁波右营都司。十年，调高家堡都司。十一年，宁陕新兵滋事，檄往剿，事竣回任。十八年，岐山、郿县匪徒聚众焚掠，窜鳌屋，檄赴堵剿。追击至白石峡、太白岭，地极险峻，马不能前。超率兵勇徒步蹑踪，败之，贼匪于地牢一带逃匿。超由庙沟穷追，又败之于古磎墩，擒国富等十八人。馀匪溃，追至辛口峪、蚂蟥沟、花石岩，歼戮无算。行抵宁陕厅四亩地，分路搜剿，首逆龚贵、吴抓抓、张占鳌以次歼擒。凯撤叙功，赏升一等，先换顶带。二十年，升甘肃西宁镇标右营游击。道光二年，调俄卜岭营游击。五年，赴喀什噶尔换防。六年，逆回张格尔入卡滋事，犯新疆各城。超在防守御，偕西宁镇标右营外委李珍、沈友俱战殁。事闻，均赐恤如例，赏云骑尉世职，袭次完时，以恩骑尉世袭罔替。超子盛元，袭；珍弟芳，袭；友子廷甲，袭。

珍，甘肃贵德厅人，由行伍拔是职；友，大通人，由行伍随剿贵德一带番贼，道光五年拔是职。

乌云布 倭克金泰等

乌云布，白佳氏，满洲正黄旗人，驻防伊犁。嘉庆十九年，由委前锋校补骁骑校。道光元年，升防御。五年二月，升佐领。九月，因逆裔张格尔入卡滋事，调赴喀什噶尔出征。六年四月，设伏于雅满山,逆奇比勒迪突至,我兵击败之。六月,张逆纠众数万,由大河沿一带直犯喀城,参赞大臣庆祥偕领队大臣乌凌阿、穆克登布各率所部官兵,分三营拒守,为贼所乘。乌云布与防御倭克金泰,骁骑校达三布,前锋校图们泰、叶布铿额,同时力战,阵殁。事闻,均赐恤如例,赏云骑尉世职。

乌云布世职未袭;倭克金泰子果尔明阿,袭;达三布子苏勒通阿,袭;图们泰子纳勒本,袭;叶布铿额子鄂者狼,袭。

倭克金泰,李佳氏,蒙古正黄旗人,驻防伊犁惠远城。嘉庆二十五年,由委前锋校补骁骑校。道光二年,升本职。

达三布,李佳氏,满洲正蓝旗人,驻防伊犁巴彦岱。道光三年,由催总补本职。

图们泰,徐佳氏,满洲镶白旗人。道光三年,由前锋小旗升本职。五年,出征喀城。

叶布铿额,摆雅剌氏,满洲镶黄旗人。道光五年,由前锋小旗谓征喀城,六年,升本职。

方振声　沈志勇等

方振声,顺天大兴人。由兵部供事议叙从九品,于嘉庆十六年选授福建闽县闽安镇巡检。二十年,调同安县灌口司巡检。道光元年,调台湾府嘉义县佳兴里巡检。七年,台俸期满,加主簿衔。八年,调署罗汉门巡检,兼署台湾县典史。十年,台俸三年再满,以主簿升衔遇缺即补。十一年,升嘉义县斗六门县丞。十二年九月,嘉义县闽、粤庄民因衅械斗,匪徒张丙乘机纠众焚掠。斗六门最为逼近,振声树栅浚渠,督率兵勇防堵。十一月,贼首黄城率匪党攻扑斗六门，振声与署守备马步衢等协力守御。贼夤夜纵火，蜂拥入栅，振声持刀巷战，戮贼数人，力竭遇害。妻张氏骂贼不屈，被剜割鼻舌，与其幼女皆死之。幕友沈志勇、志勇子联辉，及家丁江承惠、曾大祥等四名，亦皆遇害。

事闻，上览奏堕泪，谕曰："该故员尽心守御，效节死绥。其家属、幕友人等深明大义，从难捐躯，允宜特沛恩施，以昭激劝。"寻振声照阵亡知府例赐恤，予谥义烈，赏骑都尉世职，世袭罔替。张氏予谥节烈，赠淑人。并赏沈志勇六品职衔，联辉七品职衔，即照衔赐恤。振声入祀京师昭忠祠，张氏给帑建坊。又命于斗六门择地建立专祠，前楹祀振声，以沈志勇、沈联辉配；后楹祀张氏，以其幼女配；家丁江承惠等附祀两庑。春秋致祭。

当振声殉难时，其子维善甫五岁，仆妇携之伏林莽中，得免。事平，疆吏以闻，命即承袭骑都尉世职。

杨延亮　　子宏万等　　杨成鼎等

杨延亮，湖南长沙人。嘉庆二十五年进士，以知县即用，签分山西。道光元年，补赵城县知县。七年，县民董得升以伊甥孟兰锁被贾月喜等谋杀致毙等词，赴都察院具控，命礼部尚书汤金钊、刑部侍郎钟昌驰往查办。因原谳伤痕不符，将延亮解任质审。寻讯明延亮实无徇纵别情，饬令回任，仍以勘验不实，请交部议处，议镌二级，准其抵销。十五年二月，推升云南南安州知州。

时赵城有奸民曹顺以治病为名，传习先天教妖言惑众，妄生逆志，与其党韩鉴、韩奇等谋为不轨，敛钱打造军器，潜约是年八月分往平阳府、霍州、洪洞县及赵城县同时起事。三月,延亮尚未谢赵城县任,侦得其状,即饬差役查拿。曹顺等知其谋泄,乃纠合匪党潜入城内,黄夜焚抢县署,劫放狱囚,延亮死之。其母、妻、四子、二女,暨幕友杨成鼎均同时遇害,又杀毙家丁二、婢女一。事闻,上悯延亮因访拿教匪,致全家被害,并无激变情事,命照强克捷例奏明给衔赐恤,在该县城建立专祠,其母、妻、子女、幕友、家丁、婢一并分别附祀,并着查明延亮原籍有无子孙,奏明候旨。饬令严缉首逆曹顺,务获讯明动手戕官之犯,摘心致祭,以慰忠魂。寻经吏部查例具奏,谕曰:“杨延亮职膺民社,访问习教匪徒,立时查办。及贼起仓卒,以身殉难,阖署被害者十有三人,深堪嘉悯! 着即照知府例予恤,在该县城建立专祠,并准入祀京师昭忠祠,照例赐谥,赏骑都尉世职,袭次完时,以恩骑尉世袭罔替。”寻赐谥昭节。

曹顺等既杀延亮,扰及霍州、洪洞,官军旋讨平之。讯明动手戕官之韩鉴、韩奇、郭世杰,摘心致祭。曹顺窜至山东观城县,被获伏诛。七月,山西巡抚鄂顺安奏言遵旨查明杨延亮之父杨世怀,现将延亮胞侄杨泽万,继为延亮嗣。疏入,命赏世怀四品顶带。泽万年未及岁,特准承袭骑都尉世职,在籍食俸。

朱贵　子昭南

朱贵,甘肃河州人。由武生入伍循化营。嘉庆五年,川、陕、楚三省邪匪不靖,随经略大臣额勒登保出征秦州、徽县等处,以功拔补榆林右营额外外委。六年,随四川总督勒保剿蓝号股匪于卢家湾,擒贼渠冉学胜。九年,调补河州定羌汛额外外委。十一年,陕西新兵滋事,贵以檄往协剿,补河州镇标右营经制外委。十二年五月,青海野番滋扰,檄赴军营差遣。六月,随总兵游栋云截剿贼匪于三札滩。七月,贼屯什葛干,我军由左面山梁钞上,分路夹攻,贼窜甘坝,乘胜尾击之,俘馘甚众。八月,截击于什尖里幹。九月,克沙卜浪,焚毁贼巢,剿捕殆尽。贵俱在事,有功。十七年,拔补右营把总。

十八年,河南滑县教匪李文成啸聚,蔓延道口,随河北镇总兵杨芳进剿,奋力截杀,受枪伤,升右营千总。十九年正月,陕西三才峡厢匪聚众滋扰,贼党尤九、陈四东窜商州,贵随河州镇总兵马元截剿,迭有斩获。道光二年四月,青海贼番复出劫掠,随河州镇总兵多隆武由乌化图进攻,遇贼于博格洛贡,歼贼百馀,夺获牛羊无算。仍跟踪追蹑,及之乌兰哈达,大败其众。事平叙功,赏戴蓝翎。旋补凉州左营守备。六年,逆裔张格尔入卡倡乱,调贵往回疆,随同扬威将军长龄剿办。七年三月,败之于沙布都尔回庄。四月,进兵阿瓦巴特,克之。闰五月,张逆向拉克沙逃遁,我兵侦踪追至色勒库尔,有马步贼数百人,从沟内突出扑营,抢占沙山。贵领步队从右钞截,歼贼匪二百馀。捷入,赏换花翎。寻升峡口营都司。八年,逆酋张格尔成擒,西陲底定,命以游击升用。九年,补玉泉营游击。十年,调左营游击。十二年,军需报销完竣,经陕甘总督杨遇春保奏,得旨:朱贵着以参将遇缺尽先即补。十五年,补陕西西安城守营参将。十八年,署察汉托洛亥驻防副将。二十一年,授浙江金华协副将。二十二年,英人内犯浙洋,贵率领陕甘官兵,御贼于慈溪大宝山,身先士卒,奋勇直前,力战死之。其子朱昭南,同时战殁。

事闻,谕曰:"浙江金华协副将朱贵,身受三处枪伤,临阵战殁。其子武生朱昭南,随同打仗,身受两枪,同时殉难,实属忠勇可嘉!朱贵着照总兵例赐恤,朱昭南着一并议恤,仍着该将军等查明朱贵现尚有子几人,及朱昭南有无子嗣之处,即行具奏,候朕施恩。"奏入,又谕曰:"朱昭南随同伊父朱贵同时阵亡,忠勇可嘉!兹据奕经等遵旨查明朱昭南之子朱绚,年甫四岁,现在原籍,着俟及岁时由该原籍督抚送部带领引见,候朕施恩。"贵、昭南均赐恤如例,赏骑都尉世职。

贵子廷瑞,袭。

韦逢甲　颜履敬等

韦逢甲,山东齐河人。道光十六年进士,以知县用,分发浙江。历署宣平、馀杭、浦江等县知县。二十年,英人犯浙江,据定海,扰及沿海各州县。二十一年正月,逢甲调赴镇海,督铸大炮。九月,赴乍浦团练乡勇。十一月,署乍浦同知。办理支应局务,雇募商船,并验收各路募船,以备堵剿。十二月,英军扰乍浦洋面。二十二年,英军陷乍浦,逢甲率乡勇御于西行汛,死之。先是,敌窥慈溪,即用知县颜履敬以办粮台赴军营,遇敌于大宝山,殁于阵。敌犯定海,总兵张朝发愎谏撤守,署知县姚怀祥与典史全福分募乡勇,为死守计。朝发败,敌大至,炮圮南门,怀祥带伤仗剑立城上,呼召兵勇,无应者,乃投城外成仁塘死。全福亦死。敌据定海,延扰镇海,县丞李向阳自经死。事闻,均赐恤如例,赏云骑尉世职。逢甲子预,袭;履敬无子,嗣子学优袭;怀祥子廷璋,袭;向阳子章,袭;福子毓英,袭。

履敬，甘肃皋兰人。道光二十年进士，浙江即用知县。

怀祥，福建侯官人。嘉庆二十三年举人，道光十五年大挑一等，浙江试用知县，历署象山、龙游、嵊县，定海等县知县。

向阳，云南赵州人。捐纳县丞。道光二十一年，选补是职。

福，甘肃武威人。由凉州后营字识，换防英吉沙尔。道光十年安集延流寓逆回滋事，以随同官兵守城出力，给六品顶带。嗣以修理城垣劳绩，议叙未入流。十七年，选是职。

麦廷章

麦廷章，广东鹤山人。道光十年，由行伍拔补水师提标右营外委。十一年，升把总。十二年四月，连州瑶匪纠党遥应楚瑶，助势煽乱。官兵分路剿捕，廷章首先奋勇入山，歼贼其众。十月，随提督李增阶巡洋，先后拿获尖头鱼船及贼匪黄猛等数十名。十三年三月，升千总。旋署中营守备。十二月，升海口营水师守备。十五年，护本营参将。十六年，升碣石镇右营都司。十九年，署提标左营游击。

时钦差大臣林则徐查办英人趸船鸦片烟土，檄廷章偕参将赖恩爵带领师船在九龙山口岸查禁，接济防护炮台，遇英领义律乘船妄递禀信，廷章等曲为开导。英人辄肆鸥张，炮火齐发，我兵施放大炮，击翻双桅英船，英人纷纷落水。嗣英船蜂集，我兵用网纱避炮，仍奋勇对击，轰毙英人多名。义律潜约土密兵船前来协助，廷章率弁兵奋剿，俾前后不能接应，英船悉遁出外洋。二十年正月，升署左营游击。三月，因筹办洋务出力，赏戴花翎，加参将衔。二十一年二月，随提督关天培防守靖远炮台，英船拥入三门口,冲近排桩,断其练,桩尽拔,以火箭毁官厂、民房。廷章随天培击退,会南风作,英船以大队围横档、永安两炮台,先截援道,乘风施炮。风益猛,炮台陷,进犯虎门。廷章据炮台奋勇转战,力竭殁于阵。

事闻,谕曰:"英人攻击虎门炮台及乌涌卡座,游击麦廷章被害,殊堪悯恻!着加恩赐恤。"三月,复奉谕曰:"麦廷章着加恩照游击例赐恤。该员统领士卒,为国捐躯,着即在遇害地方建立专祠,以慰忠魂而彰节义。"寻赐祭葬,赏云骑尉世职,袭次完时,以恩骑尉世袭罔替。

子岐芳,袭。

缪志林　赵发元等

缪志林,云南昆明人。嘉庆二十三年,由行伍随征临安贼匪,在芭蕉岭、龙岔河等处,迭有斩获。二十五年,拔补抚标右营额外外委。道光二年,授外委。寻调督标右营外委。十一年,迁中营右哨二司把总。十七年,升右营千总。二十二年,云贵总督桂良以志林缉捕出力,保举以守备升用。二十三年闰七月,护送缅甸贡使入京。十二月,引见,奉旨回任候升。二十四年,署龙陵协右营守备。二十五年正月,补顺云营右军守备。十一月,署龙陵协中军都司。二十六年二月,永昌回匪滋事,志林赴军营协剿。三月,攻贼于官坡,进至长湾,力战阵亡。同时署鹤丽镇标中营守备赵发元剿贼于飞石口,永昌协左营千总赵得和剿贼于大力哨,俱力战阵亡。十二月,署腾越镇标中营千总、广西营外委陆春在象山、菜园等处剿贼,永昌协右营千总毛文元在铁茄山等处剿贼,俱受炮伤阵亡。先后事闻,均赐恤如例,赏云骑尉世职,袭次完时,以恩骑尉世袭罔替。志林子承勋,袭;发元子生员以文,袭;得和子佑忠,袭;文元子飞鹏,袭;春子安邦,袭。

发元,赵州人。嘉庆十五年武举,效力提标。道光三年,补鹤丽镇标中营把总。二十五年,署中营守备。

得和,太和人。道光十七年,由行伍拔补提标右营额外外委。十八年,授左营外委。二十一年,升中营把总。二十五年正月,檄赴云龙州堵截俅匪。八月,赴永昌军营。九月,带领练兵在金鸡村御贼,歼毙多名,并夺获旗帜,叙功拔补是职。

文元,维西厅人。父龄,维西协外委,以剿捕俅匪受伤,病殁,照三等军功例荫八品监生。嘉庆十八年,文元以荫生入行伍学习。二十五年,期满,补维西协右营外委。道光十三年,署左营左哨二司把总。十八年,补鹤丽镇标左营右哨头司把总。二十六年二月,随征永昌逆匪,追贼于牛角关,夺获器械无算。寻攻克大力山梁,进剿乌鸦河,施放枪炮,毙贼多名。经云南提督张必禄以打仗奋勇委署中营千总。五月,进攻猛庭寨,毁贼巢,旋凯,撤。九月,擢宾州汛千总。十月,调补永昌协右营千总。寻署腾越镇标中营千总,复赴永昌军营,协剿回匪,击贼于观音阁、河坝等处,迭著劳绩。

春,开化人。道光二十六年三月,由行伍随开化镇总兵李能臣剿办永昌逆匪,以打仗出力,拔补广西营外委。二十七年,调署腾越镇标中营千总。

唐树义

唐树义,贵州遵义人。嘉庆二十一年举人。道光六年,大挑一等,以知县用,分湖北。十年,以协同鞫案出力,得旨尽先补用。寻补咸丰县知县。十一年,调监利县知县。十二年六月,调江夏县知县。十二月,以办理堤工并防汛出力,赏知州衔。十四年,升汉阳府同知。十五年,升甘肃巩昌府知府。十八年,调兰州府知府。二十一年,擢兰州道。二十三年,以剿办西宁番案、总理粮务事竣,经陕甘总督富呢扬阿保奏,赏戴花翎。二十五年,迁陕西按察使。二十六年,署布政使。二十七年,升湖北布政使。二十九年四月,护理巡抚。时值雨多水涨,沔阳等州县民堤被漫,树义偕湖广总督裕泰疏请拨款修筑,并开仓碾谷,设厂平粜,以恤灾黎。十月,因病陈请开缺,回籍调理,允之。

咸丰三年二月,命在籍办理团练事务。寻经署湖广总督张亮基、湖北巡抚骆秉章以树义熟悉湖北情形,奏请调往武昌帮办抚辑事宜,诏如所请。五月,抵武昌。七月,河南捻匪窜逼湖北,树义带兵至随州、应山一带,扼要堵剿。时湖北按察使江忠源奉命帮办军务,统兵赴援江西,树义署按察使。九月,命以二品顶带实授。会粤逆陷安庆,楚疆益震。树义带兵扼防江北陆路,驻军广济。逆众由水路上窜,遽陷连家镇。江忠源自江西折回,救援不及,遂与树义会兵谋赴武昌。十月,以黄州、汉阳俱被陷,贼麋集,薄武昌,江路阻绝。树义偕江忠源疏称拟驰赴汉阳,以图收复。旋闻逆匪有分窜德安之信,移兵赴剿。时省中待援甚急,总督吴文镕等以两臬司统带大兵,转称北顾为重,竟赴德安,置省城于不顾,疏劾之。有旨叠饬树义等迅速渡江援应省垣,复谕以偹不能前进,即为收复汉阳之计。树义偕江忠源于中途探知匪众未至德安,即带兵南指,进军汉阳之滠口。逆匪乘夜扬帆下驶,我兵尾追之,遂复汉阳。十二月,吴文镕督兵由陆路赴剿黄州逆匪,树义督带水师炮船会合前进,叠有斩获。四年正月,接战失利,陆营火起兵溃,树义遂以炮船退至叶家洲。寻撤回省城。上切责之,褫职,暂留本任,仍带兵剿贼。二月,督带舟师进至金口地方,炮船被贼击破,死之。事闻,谕曰:“二品顶带湖北按察使唐树义,着开复革职处分,照按察使例赐恤。”寻赐恤如例,赏骑都尉世职,袭次完时,以恩骑尉世袭罔替。同治十年,总督李瀚章奏请与殉难总督吴文镕等在湖北省城合建一祠,并言树义殉难惨烈,请加恩赐谥,均允之,予谥威恪。

曾国华

曾国华,湖南湘乡人。由监生捐同知。咸丰五年,粤西会匪由湖北通城窜江西,勾结广东匪徒,复自湖南茶陵州窜入,与逆首石达开会于新昌,连陷瑞州、临江、袁州三府。六年春,又陷吉安等府。国华兄兵部右侍郎曾国藩方督师剿贼,饬国华驰赴湖北武昌乞援,经巡抚胡林翼奏委国华统带湘勇,偕副将普承尧等,统诸军赴援。时江西与湖南北道梗,国华起程后,贼复由江西窜入上游,阻遏援军。国华由咸宁、蒲圻、羊楼峒等处沿路迎剿,连战皆捷,击沉贼船二,歼毙多匪。十月,复偕承尧等分路进剿阴岗岭、傅家墟等处,均获胜。贼退窜入上高县,国华由万载县境进攻,连复上高、新昌等六城。江西、两湖路始通。遂进围瑞州,与国藩定计,环城掘壕,断贼接济。七年,复瑞州。寻国藩丁父忧,回籍治丧。上命国华暂带湖南兵勇。

八年六月,浙江布政使李续宾奏调国华帮办湖北军务。寻攻克潜山、太湖、舒城、桐城四县。复与续宾进攻安徽庐州,贼匪驻扎三河镇。先是,逆匪以三河镇为舒、庐冲要,筑城一座、坚垒九座。九月,国华督兵勇攻剿,皆下之。适大股发逆自六合、庐江来援,并纠合捻逆十馀万自庐州兼程进逼金牛镇,连营数十里,钞我军后路。时续宾部下除留九江、舒、桐外,随征不过五千馀人,因更番血战,锐卒损伤过多,檄防兵策应,未至而贼已麋集。我军整队迎击,贼稍却,突有逆众数万从左路乘雾来扑,我军回戈奋击,前后受敌,国华力竭,死之。十二月,湖广总督官文奏入,谕曰:"候选同知曾国华,着追赠道衔,照道员例从优议恤,并准在长沙、本籍入祀昭忠祠。"寻赐恤如例。

九年正月,国藩以国华殉难情形入奏,略言:"自上年皖北三河之败,臣即知弟殉难,传闻鲜据。旋因各路报称三河营垒被围,李续宾赴敌死。臣弟以谋人之军义不独生,亦冲骑赴敌死之。溯臣弟以新募之众来援江西,与十馀万贼鏖战于酷暑烈日之中,节节攻打江西、湖南北,驿递始通。嗣以克复瑞州,复调赴湖北,与李续宾讲求戎政,晨夕商酌,意见多合。十月初九日,犹以家书寄臣,称援贼麋至,各军皆欲退保,国华与主帅坚持不退。岂料发信之次日,即为授命之秋;而其坚持不挠之计,即为全军并殉之机也。七年,曾奉上谕,有'一门忠义,实深嘉尚'之褒。跪读之下,感激涕零! 今幸临变不苟,仰副生成之德。特以臣叔父曾骥云年齿日高,倚闾望切;孤侄曾纪寿,幼稚无依。臣思昔年若无国华援救，臣军无以图全江西，亦无以转危为安。悯念勋劳，不忍不渎陈于圣主之前。"疏入，得旨："曾国华着加恩给予伊父曾骥云二品封典，以示褒嘉。曾纪寿俟及岁时，由部带领引见。"十一年，复经官文奏请赐谥，予谥愍烈，给骑都尉世职，袭次完时，以恩骑尉世袭罔替。同治三年，克复金陵，赐祭军兴以来死事诸臣，国华与焉，并恩赏加一云骑尉世职。

邵懿辰

邵懿辰，浙江仁和人。由举人于道光二十一年考取内阁中书，寻补官。二十五年，充军机章京。二十六年，升起居注主事。二十八年，由军机处奏保，以员外郎升用，分刑部，寻补官。二十九年，捐备本籍赈需，下部议叙。咸丰三年二月，命发往东河，交河道总督福济差委，并谕以到工后随同福济巡查黄河口岸。时粤匪由江苏分窜河南。三月，懿辰偕詹事府少詹事王履谦分驻河干，办理防务。六月，归德府失守。谕曰："邵懿辰系朕特派之员，并传谕实力严防，该员于归德失陷时，将刘家口船只收归北岸，尚未疏防。惟于烧毁船只后，辄离防守，咎实难辞。着交部议处。"寻降二级调用。九年，以在籍办理团练操防出力，经巡抚胡兴仁保奏，开复原官。十一年，粤匪再陷杭州省城，懿辰死之。

同治四年，浙江巡抚马新贻奏言："自粤逆再犯杭城，懿辰方丁忧家居，与前抚臣王有龄共筹守御。会贼氛益炽，围城数十重，粮尽援绝。懿辰方著礼经通论未成，日食半菽，犹重加编订。城外炮声如雷，火光彻夜，处之坦然。语其子顺年曰：'曩有谓我无死事责者。不知死分也！命也！读圣贤书，所学何事？今日之事，溃败如此。与其求免而辱，何如一死殉城，犹为心之所安乎？'其子知义不可夺，亦不敢言去。如是者经月，遂给其妻子，乘间出走，曰：'无以细弱累我。'及城陷，懿辰被执，贼酋访知其为杭州宿望，迫令从逆。懿辰仰天大笑曰：'我固早拼一死，速杀我！尚何言？'贼不忍加害，环守甚密。懿辰骂愈厉，贼怒甚，以巨杵击碎头颅，加刀于胸，遂遭惨害。时距城陷后三日耳。此上年杭州克复后，顺年访诸其旧，邻居梓人罗占魁自贼中逸出，备述当日目击之情形也。懿辰方年未冠时，即期以著述传世。读书目数行下。博览群籍，研究义理。每谓汉、宋诸儒学问，不可偏废。尤谙练国朝掌故，洞悉源流。前直军机处，凡遇大典礼，颁发诏谕，每属稿上，必称旨。旋以防河因公罣误，杜门不出，著书自娱。咸丰十年，杭城初次被围时，懿辰母犹在堂，乃于围城中取间道奉母避居绍兴。迨十一年，母殁归葬，即守制旧居，矢志不复出。每曰：'前此之避乱他徙，以有母在也。自此不求幸免矣。'孰意遭时多难，婴城喋血，竟以身殉，良堪痛惜！臣下车之始，访诸里人，均无异词。旋据邵顺年禀陈颠末，并准两江督臣曾国藩咨请具奏。查懿辰学问渊深，志趣卓越。昔在京邸，与曾国藩为道义交。逮曾国藩驻师祁门，懿辰以故旧相访，纵论兵事，有意见不合处，持论弗为苟同。故曾国藩屡称之，而臣亦习闻之。兹复廉得其死事情状，真有先儒之范，而兼烈士之风。惜手纂遗书，多遭兵燹，而其慷慨就义，大节凛然，自足千古。应请照阵亡例从优议恤。"

疏入，谕曰："前任刑部员外郎邵懿辰，于杭城失陷时，骂贼被害，实属慷慨就义，大节凛然！着照阵亡例从优议恤，从祀杭州本籍昭忠祠。其生平事实,着宣付国史馆立传,以表宿学而褒忠节。其子媳邵顺年之妻伊氏投井殉难,孝节兼全,着交部照例旌表。"寻赐恤如例,赠道衔,赏云骑尉世职,袭次完时,以恩骑尉世袭罔替。

萧启江

萧启江,湖南湘乡人。由监生随湖南提督塔齐布剿办广西会匪。咸丰四年,逆匪窜陷湖南岳州,启江随同官军进剿,克之。赏戴蓝翎,以府经历、县丞选用。又随同克复武昌、汉阳、兴国、大冶、蕲州各府州县。叙功,以州同尽先选用。五年,逆匪窜扰江西弋阳,并犯兴安。启江偕宁绍台道罗泽南往剿,先后收复两县,并广信府城。赏换花翎,以同知即选。六年,瑞州、新昌、上高、临江各匪纠约,图陷万载。启江与都司田兴恕迎战,败之,其由崇、通南窜之匪复纠集股匪来扑我军营垒,启江督勇冲突,又败之,追抵江南八角亭,毁其垒。时同知衔曾国华等已由浏阳驰至,偕启江由洪塘、新昌、上高以捣瑞州。前队至登龙桥,适袁州踞匪率众迎抗,我军奋力击退,进攻新昌县城,拔之;乘胜并收复上高县城。巡抚骆秉章上其功,以知府归部即选。

七年,临江逆匪被剿穷蹙,潜约抚建、新淦之贼于罗墟、太平、阜田等处分路来扰。启江偕即补道刘长佑于距太平圩五里地方遇贼接杖,分两翼冲入,匪众披靡。我军乘势踏平逆垒,追抵黄冈。是役也,共破贼营四十馀座,擒斩无算。得旨,以道员即选。时临江踞匪经我军叠次环攻,势不能支,出城乞降,惟首逆仍负嵋抗拒,我军诱其出战,启江等督兵疾进,薄城而登,将馀匪搜杀殆尽,遂复临江府城。叙功,赏按察使衔。旋以抚州府城同时收复,复赏布政使衔。

九年,逆匪陷南安,复聚众数万,由南康直犯赣州,占踞新城墟及池江地方。启江饬知县周庆榕等设伏诱之,自统大队分路兜击,正鏖战间,又突出悍贼数千来扑,我军奋力死战,败之;随将新城墟、池江、小溪、凤凰城等处逆垒一律平毁。逆匪退入南安府城。启江率所部进驻青陇、黄陇一带,贼仍抗拒。我军分数路而进,贼亦迎敌,我军奋勇兜剿,大破之。贼溃入城,我军攀堞而登,贼由西门夺路奔窜,追击数十里,歼戮无算。捷闻,赏额埒斯图巴图鲁名号。复统军驰抵距新丰三十里之大小窝,约会总兵遮克敦布进攻吴家岭等处各匪。启江自率中营接应,直捣吴家岭下。逆众万馀来扑,我军痛歼之。复分路进剿,行抵先溪桥,踏破贼垒。信丰城内兵勇乘势出击,城围立解。时逆股石达开自宝庆受创后,仍聚匪盘踞东路,启江统军进剿,至东安,破之。复会合各军追袭,擒伪将军杨家廷、伪先锋马继昌于阵,贼乘夜窜越,阑入广西全州、兴安地界,逼近桂林。启江督勇长驱直进,分途围杀,复派所部由南门、文昌门分投剿杀,贼败退。桂林之围亦解。捷上,记名以按察使简用。

十年,命带兵赴四川助剿。寻因病卒于军。总督曾望颜奏闻,谕曰:“布政使衔记名按察使萧启江,防剿湖南等省贼匪,所向克捷,战功卓著。现复带兵前赴四川助剿,方期指日荡平,迅歼群丑。乃闻在营病故,悯恻殊深!萧启江着追赠巡抚衔,照军营病故例从优议恤,以慰忠魂。”复谕曰:“萧启江自咸丰三年带勇打仗,克复江西袁州、临江、抚州、南安四府,并援剿湖南、广西、四川等省,战功懋著,洵属忠勇可嘉！着加恩赐谥,并于湖南、江西省城及湘乡县原籍建立专祠。"寻赐恤如例,予谥壮果,荫一子以知州用。同治元年,穆宗毅皇帝御极,追念忠节诸臣,各赐祭一坛,启江与焉。

褚汝航

褚汝航,江苏吴县人。道光二十八年,由监生报捐布政司经历,分发广西。咸丰元年,粤匪倡乱,汝航于金田及新墟等处剿击出力,赏戴蓝翎,以知州升用。二年正月,复以攻克新墟贼巢,钦差大臣大学士赛尚阿上其功,得旨以同知补用,并赏换花翎。嗣贼扑桂林省城,汝航随大兵击贼获胜,省城围解。巡抚邹鸣鹤请奖,得旨,俟补缺后以知府即用。

四年三月,贼踞湖南湘潭县城,水陆分布,汝航管带舟师,偕陆路官军进剿。四月,亲督战船驰击,手燃巨炮,殪贼目数十名,兵勇奋力争先,遂复湘潭。巡抚骆秉章等奏入,得旨以知府尽先补用,并赏加道衔。逆众复麇聚岳州,负嵎拒守。六月,提督塔齐布、前礼部侍郎曾国藩分统水陆军驰剿,汝航等管领师船,进扑鹿角,并与陆兵约期并进。水师分队设伏,先以疑兵诱战。贼船蜂拥出追,伏兵起,汝航飞棹驶进,炮殪执旗贼目。贼溃乱,自相撞击,官军乘胜疾追,歼贼无算。贼宵遁,遂复岳州府城。

七月,贼率三四百船溯流来犯,甫过城陵矶,即与官军前队遇。汝航偕升用同知夏銮,分三路齐进,枪炮兼施,先将贼前舟夺获,殪伪丞相汪得胜等多名,〔一〕馀众遁。汝航等乘势穷追,斩擒焚溺殆尽。捷闻,上以汝航综理水师营务,叠著战功,命以道员尽先选用。寻贼复由擂鼓台连樯上窜,汝航等督兵迎击,歼贼甚夥。越日,贼复以二百馀艘伏城陵矶,其罗山对岸之夹洲亦泊舟千馀,欲诱官军深入。汝航偕夏銮暨都司杨载福等,督兵直逼城陵矶。逆众方欲钞截,陆军伏兵四起,水军复分途迎击,贼大溃。夹洲泊船亦被延毁。上嘉汝航躬亲督战,胆力俱壮,赏加盐运使衔。

嗣仍剿贼于城陵矶下游一带,总兵陈辉龙率所部水师前击,汝航等统战舰继进,排阵合攻,多所歼毙,并火其舟,贼下窜。时风逆舟胶,贼艘复蚁集兜裹,兵勇陷入重围,陈辉龙及游击沙镇邦等俱阵殁。汝航与夏銮督军驰救,均被巨创,死之。事闻,谕曰:“道员褚汝航屡次督战,叠获胜仗。兹以奋勇殒命,着交部照升衔议恤。”寻赐恤如例,赏骑都尉世职,袭次完时,以恩骑尉世袭罔替。

【校勘记】

〔一〕殪伪丞相汪得胜等多名　“多”原误作“八”。今据褚汝航传稿（之四二）改。

福咸

福咸,乌齐格里氏,蒙古正红旗人。父倭仁,文华殿大学士,自有传。福咸由拔贡生,于道光三十年分发河南,以知县用。咸丰三年,以守城出力,巡抚陆应穀奏保,赏知州衔。四年,援例以直隶州知州在任候选。旋署孟津县知县,办理河防。五年,左副都御史王履谦以福咸防守河岸两载有馀,弹压稽查,均无贻误,奏请留于河南以直隶州知州用，诏如所请。寻援例捐道员。八年，授江苏盐法道。九年，署安徽徽宁池太广道。

十年，粤匪大股由江、浙窜扑宁国。其时江、皖上下千里，皆为贼踞，宁国孤立其间，兵单饷乏，岌岌难支。福咸偕提督周天受等激励兵勇，登陴固守，并设法筹备米粮，以济军食，昼夜不懈者七十馀日。城陷，福咸率队巷战，死之。幕友从九品王棨昌，家丁郑荣、陈陞、刘祥随同杀贼，均殁于阵。事闻，谕曰："福咸巷战受伤，旋即殉难。着从优议恤，附祀周天受宁国专祠，以慰忠魂。"寻赐恤如例，赏骑都尉世职，袭次完时，以恩骑尉世袭罔替。同治十三年，安徽巡抚英翰奏称："福咸见危授命，大节懔然！请于宁国府城建立专祠，并将随同阵亡之王棨昌、郑荣等分别附祀。"得旨允行。

子衡峻，户部员外郎，袭；衡瑞，钦赐举人。

丰陞额　德安

丰陞额，乌苏氏，满洲镶白旗人，吉林驻防。咸丰三年，奉调随征发逆。贼自广西窜入湖南，丰陞额随剿于黄蜡山，力战获胜，斩馘甚多。钦差大臣湖广总督官文保奏，赏六品蓝翎，旋补披甲。十年，贼踞湖北麻城县，官军进攻，败之。丰陞额在事有功，以骁骑校补用。十一年八月，随同楚军援皖，击桐城贼，奋力血战，叠有斩擒。捷入，赏换花翎。十一月，击贼于庐江等处，有功，晋防御。同治元年，大兵攻桐城、宿松两城，连克之。丰陞额战绩最著，得旨以佐领即补。寻以协领尽先补用。二年，随营移剿陕西贼，转战于临潼、高陵等处。既而贼众大至，丰陞额等奋不顾身,卒以众寡不敌,偕镶黄旗协领衔即补佐领德安同殁于阵。^{〔一〕}事闻,均得旨下部议恤。寻赐恤如例,赏云骑尉世职,袭次完时,以恩骑尉世袭罔替。丰陞额子禄全,袭;德安无嗣,未承袭。

德安,温佳氏,满洲镶黄旗人,吉林驻防。咸丰二年,由披甲随征江南。十一年,偕楚军追剿援贼陈玉成,进攻桐城、宿松等处,克之,以骁骑校尽先即补。同治元年,大军克庐州。叙功,免补骁骑校,以佐领尽先补用。二年,随官军移剿陕西逆回,攻毁王阁村、羌白镇等处回巢,赏加协领衔。

【校勘记】

〔一〕偕镶黄旗协领衔即补佐领德安同殁于阵　原脱"同"字。今据丰陞额传稿(之三九)补。

李鹤章

李鹤章,安徽合肥人。咸丰三年,由廪生倡举本籍团练。八月,粤匪自长江入裕溪口,助官军击走之。九月,以团练著有成效,得旨嘉奖。五年,叙击庐州援贼功,赏戴蓝翎。六年,叙克无为州功,加五品衔。七年,援例以州同选用。十一年,官军荡平菱湖贼垒,收复安庆。鹤章在事有功,以知县留于湖北补用,并赏换花翎。

同治元年,其兄江苏巡抚李鸿章由上海进兵,规复青浦,以鹤章率亲兵督战。八月,湖州贼伪慕王谭绍光等截我后路,薄北新泾营,蔓延二三十里,援兵不能达,鏖战经月,军粮火药垂罄。

鹤章分军之半留守,以其馀急趋贼后,奋击获胜,解北新泾围。九月,会各军克嘉定。十月,谭逆等纠贼十馀万,自昆山分股并进:一由北路安亭窜方泰镇,扑南翔,欲截嘉定后路;一由南路蟠龙镇窜四江口,图扑黄渡,以扼青浦要隘。鹤章击北路贼于陆家行,败之;南路贼甚劲,官军被围急,鹤章疾驰至黄渡,约总兵程学启合军夹击,贼始披靡。官军逼垒苦战,突有悍贼出拒,鹤章等三路围剿,贼溃,毁其营二百馀座。四江口围解。十二月,钱森仁以常熟、昭文纳款,鹤章勒兵应之,复其城,并拔福山、许浦各海口。上以四江口围解,鹤章击退援贼,与在事员弁功足相埒。鸿章引嫌,未经请奖,敕令查明劳绩,一体议叙。二年二月,鸿章疏言:"鹤章随同剿贼,乃义所当为,不敢邀叙。"谕曰:"五品衔分发补用知县李鹤章,战功卓著,岂可没其微劳?着赏加四品衔,以知州用。"

三月,太仓踞贼蔡元隆诈降,列队迎官军入,伏发,鹤章中枪子伤,贼势张甚,程学启等力战却之。鹤章裹创偕进,斩伪将十九人、悍逆以百计,毁卡三,破石垒二。燃炮裂城垣,麾众毕登,擒蔡元隆诛之,遂复太仓。五月,鸿章规取苏州,以鹤章当常熟进江阴之路,驻军王庄,贼党数万赴救。鹤章令中右会军伏河岸,伪欲潜渡,而水师急进南漍,焚其炮船。夜半,袭贼营,以大队截要口,火发,贼奔溃。官军鼓噪进,拔北漍、麦市、南漍贼营八十五座。比晓,江阴、无锡贼来援,鹤章饬各军以小队冲阵,大队围裹之,贼反奔,穷追,尽毁其垒,擒逆酋百馀。顾山以西,纵横七八十里,扫除一清。八月,偕总兵郭松林等下江阴。累功,擢知府,晋三品衔。九月,贼犯大桥角营,鹤章驰援,解其围。十月,败梅村、西仓、茅塘桥贼,复偕提督刘铭传转战十昼夜,破贼垒百馀。

时大军克复苏州,鹤章方进取无锡、金匮,苏州败贼麋至,力战却之,而城贼黄子隆父子负嵎死守。鹤章令知州丁日昌手燃开花炮烧贼帐,乘其震恐,督率道员张树声等破亭子桥,复连破东北南三门贼营十馀座,及西南二营,分饬水陆各军奋勇登城。黄逆弃城走,官军追擒之,复无锡、金匮。捷入,命交军机处记名,遇有道员缺出,请旨简放。旋谕曰:“李鹤章能与其兄同心戮力,为国宣勤。此次未行破格之奖,正为该员系李鸿章之弟,以示该抚功不自私,俾得推劳将士,鼓舞众心。李鹤章当益自勉励,指日常郡、金陵次第奏捷,克成全功。更当与刘铭传、郭松林等同膺懋赏。”时鹤章督总兵周盛波等趋常州,[一]袭破城东石营二座,馀营次第悉毁。鹤章复约提督刘铭传会攻,拔北门外土城;分兵拔孟河汛。贼大股来援,鹤章自督诸将迎击,败之。十二月,官军驻奔牛者,为贼所困。鹤章拔队驰援,少失利,增兵战益力。三年正月,遂解奔牛之围。三月,偕提督郭松林等遏贼三河口,断其浮桥,贼弃械乞降,数以万计。乃偕刘铭传等合攻常州,四月,克之,尽歼其众。捷闻,赏穿黄马褂。九月,授甘肃甘凉道。

十月,湖北馀贼由黄、孝窜扰德安,两江总督曾国藩奏调鹤章领军入楚。四年正月,以甘肃回乱,命往助剿。三月,命迅赴本任。鹤章伤发,未遽行。四月,疾甚,乞假回籍。五月,曾国藩疏请开甘凉道缺,襄办行营事务,允之。寻以伤疾交作,在籍养病。光绪五年,捐助山西赈金,赏二品衔。六年,卒。

　　七年，陕甘总督曾国荃疏言："鹤章不缘勋阀，独当一面。咸丰三年，随其父兄带练剿贼，声威著于淮甸。九年，随臣兄曾国藩大营，叠著劳绩。同治元年，檄赴上海，助李鸿章剿办苏、常诸路之贼，卒使悍竖授首。名城恢复，鹤章无役不从。淮军名将以程学启为最著，鹤章统率一路，与程学启方驾并轨。战功事迹，宜宣付国史馆立传。并请于立功地方，建立专祠。"从之。八年，安徽巡抚裕禄疏言："鹤章以书生毁家纾难，首办民团。咸丰三年，夏村土匪夏金书作乱，结定远县土匪陆遐林约期大举。鹤章立率百馀人亲往围捕，格杀金书父子，解散乱党千人。增立东北乡团防，陆逆不敢窥伺，居民安堵。远近各练乡兵擒治匪徒，不致蔓延贻害者，皆由鹤章联结乡民，办团防剿之力。是时乡团日广，官无资粮可发，鹤章劝殷户输资，壮夫效力，相持年馀，人无懈心。洎大军进驻庐州，深知练勇可恃，堵剿兼资其力，所向有功。鹤章身亲督战，往往出奇制胜，履险如夷。巢湖之役，东关之防，暨收复旁近州县，击退大股援贼，战绩赫赫，在人耳目。曾国藩谓其战守之才，超越时贤，奏调襄办营务。论其捍灾御患，固不止庐州一隅；而功在桑梓，尤足动人思慕。至建修文庙、考棚、书院，创立义仓积谷，捐资赡族，发粟济贫，犹为馀事。合肥士民自愿集资建祠，吁恳奏附祀典，由地方官春秋致祭。"疏入，得旨允行。

【校勘记】

〔一〕时鹤章督总兵周盛波等趋常州　原脱"总兵周盛波等"六字。今据李鹤章传稿（之三九）补。

王鑫

王鑫,湖南湘乡人。咸丰三年,粤匪窜扰湖南永州一带,鑫以生员防堵出力,署巡抚潘铎保奏,以县丞归部即选。七月,桂东、永兴等处土匪滋扰,鑫奉檄驰赴大汾墟,盘获奸细卢元泮等三名,供出逆匪屯聚竹坑。因分路进攻,悉数扫除。适广东乐昌土匪窜至兴宁境内,复由水路扑城,鑫迎击杀贼甚夥,生擒头目,夺获器械多件。复会同各路守卡兵勇,歼擒多名,兴宁肃清。湖南巡抚骆秉章以鑫倍道赴援,尤为奋勇奏保,得旨以同知直隶州升用,先换顶带,并赏戴蓝翎。

四年三月,鑫规取岳州,督勇由湘阴进攻,遇贼杉木桥,败之,毁其船十馀号;沿途叠有斩获,遂克岳州。旋以出境追剿,贼乘机回窜,官军失利,岳州复陷。骆秉章劾其疏于防范,奏入,上以鑫平素剿贼,尚属奋勉,革职留营效力。四月,克复湘潭。十一月,贼复窜逼永、郴所属各县,鑫偕参将周云耀等星驰赴援,分道追讨,累战皆捷,围尽解。湖南南界次第肃清。以功开复原官,并赏换花翎。五年正月,会剿潜窜道州之贼,阵斩数百名,生擒逆首欧玉光等七名,复败贼马山,生擒罗天灿等三名,夺获刀矛、器械无算。会另股贼匪自古城西岭,攻陷广西富川,鑫偕周云耀等各带兵勇追剿,叠获胜仗。贼复分股勾合连州败匪,从龙虎关窜逼湖南,漫山遍野,势张甚。鑫等卷甲疾趋,奋勇冲杀,毙贼二千馀,并头目多名,馀匪逃窜。骆秉章保奏,奉旨以知府遇缺即选。六月,广西灌阳贼朱洪英遣其党陷东安,鑫督带湘勇会同广西游击王海清、署金州知州苏凤文等,克复灌阳;复偕周云耀等驰赴东安，搜伏而进，至城下，乘胜环攻，贼势不支，由南门窜出，东安遂复。[一]其窜出之贼，由浦里桥与伪定南王胡有禄合，谋窜四明山。鑫等分路钞击，生擒胡有禄等六十馀名，其窜入四明山之贼亦悉数剿除。捷闻，[二]上嘉其奋勇出力，命以道员选用。

六年正月，骆秉章奏言："自贼窜湖南以来，蔓延郴州、桂阳等处，鑫等由耒阳进剿，先后接仗二十馀次，毙五千馀匪，立克坚城；并将由广西灌阳窜攻永明之贼剿杀殆尽，洵属异常出力。请赏给伊父母四品封典。"允之。三月，论克复郴州、江华功，谕曰："王鑫督勇剿贼，厥功最著。着以道员归部即选，并免其缴纳前次捐复银两。"嗣因剿贼湖北，[三]克复通城等县，赏加按察使衔，并以湖北道员记名简放。骆秉章以鑫带兵分驻岳州，练团搜匪，相机进剿，正属得力。请俟军务告竣，再行请旨简放，允之。七年六月，鑫军进规江西吉安，攻破水东贼垒，而宁都贼首胡寿阶由沙溪来援，鑫分队迎击，大败之，阵斩胡寿阶及大小贼目六七十名，生擒二百馀名，毙匪六千名。骆秉章暨江西巡抚耆龄先后奏闻，上嘉其以寡击众，歼除巨憝，赏给爱什兰巴图鲁名号。

旋因驰抵永丰，由沙溪追贼，积劳成疾，九月，卒于军。奏入，谕曰："王鑫由湖南生员带勇剿除衡、永、郴、桂各属土匪、两粤会匪；并越境进剿湖北、江西逆匪。纪律严明，身经数百战，前后杀贼十馀万，克复城池二十馀处，厥功甚伟。着加恩晋赠布政使衔，即照二品例从优议恤，并准其予谥，仍于湖南、江西地方建立专祠。该故员父母赏给二品封典，以奖励劳而褒忠义。"寻赐恤如例，予谥壮武，荫一子入监读书，期满以知州用。同治元年，上追念死事诸臣,命各赐祭一坛,鑫与焉。

子诗正,候选知州。

【校勘记】

〔一〕东安遂复　原颠倒作"遂复东安"。今据王鑫传稿(之三九)
　　改正。

〔二〕捷闻　"捷"原误作"事"。今据王鑫传稿(之三九)改。

〔三〕嗣因剿贼湖北　"贼"原误作"办"。今据王鑫传稿(之三九)改。

温绍原

温绍原,湖北江夏人。道光二十五年,以捐输议叙盐运司经
历,分发两淮补用。二十七年,捐输米石,奏奖,以知县归双月选
用。二十九年,复捐备经费,以知县分发江苏补用。

咸丰二年,署六合县知县。时粤匪陷湖北武昌,骎骎南下。
绍原以六合为南北要隘,乃劝绅民捐储义谷,庀工修城垣,治楼
橹,颁团练法于乡,严整齐一,联百馀堡为一气;别募壮士数百
人,躬教之,皆可战。三年二月,江宁陷,贼游骑至境,辄歼于乡
团。俄而大至,御之龙池,以兵单退保南关。会日暮,贼营火发,
率众猛攻之,斩伪丞相一、伪统制四,馀众悉歼。绍原益增守厄
塞,浚品字坑伏地雷,以断贼径。贼至,随机御之,每战擒斩过
当。贼惮其威,不敢逼。钦差大臣向荣、两江总督怡良先后上其
功,得旨以知府用,并赏戴花翎,仍留本任办理防剿。自是截贼
江上,七战皆捷;进破南岸七里洲贼垒,聚其船毁之。贼不得北
渡,乃出陆路窜高资港、下蜀街,筑坚垒,重濠环之。巡抚吉尔杭

阿橄绍原会攻,绍原以其弟同知温纶将千馀人往,贼望见,辄溃走,尽平其垒。会扬州大营溃,贼陷江浦,进犯浦口,踞六合葛塘集。绍原会总兵张国樑战于龙池,大破之,追至藏军营、盘城集,再破之,连复江浦、浦口。捷入,诏以道员补用。未几,贼再陷江浦,进犯六合,绍原水陆御之,贼不得逞,相惊以为铁铸六合。四年,贼营九洑洲,结木簰长数十丈,筑垒其上,旁置巨炮,翼以战舰,蔽江而下,次八卦洲。绍原夜以小舟载火器袭之,火发,率勇士跃入,斩贼无算。木簰既烬,乃移师攻九洑洲贼营,偕署江浦县知县曾勉礼、水师总兵武庆等,分带水陆兵勇,由金汤门外五路进剿。时值重雾,官军架浮桥以渡,奋勇争先,轰毙执黄旗贼目多名。逆匪纷窜,自相践踏,遂平其垒。江宁将军托明阿录其功入告。五年,以捐输兵饷,皆下部议叙。

贼既不得志于六合,衔绍原甚,纠集悍党,意在必逞。屡自浦口来犯,绍原随机堵御,且战且守。时大江以南名城要隘,尽为贼踞,而六合以蕞尔弹丸,巍然无恙,且时分其兵力,搜剿伏莽。统军诸大帅亦深倚任之,橄在任兼署江宁府知府督办江宁所属团练事宜。时江宁陷贼久,即以六合为侨治也。七年,安徽天长枭匪、来安山匪突踞县西,绍原激励军士进讨,一日三战,大破之。因列上诸将战绩,钦差大臣德兴阿以越境邀功,置弗录。绍原力争,遂以干预保举,疏劾之,奉旨革职,仍留六合带勇防堵。旋以两江总督何桂清疏辨,命先行开复知府。四月,绍原随大军进剿,克复来安县城,经德兴阿奏入,赏加盐运使衔。

九月,贼又倾巢来扑,绍原靴刀帕首,婴城固守,卒以援师未至,众寡不敌,力竭城陷,死之。十月,德兴阿奏闻,谕曰:"温绍原督团募勇,六载守城,久为江北重镇。此次贼围六合,婴城固守,几及一月。卒以援师未集,力竭捐躯,殊深悯惜！候补道温绍原着追赠布政使衔,照阵亡例从优议恤;并于六合县地方建立专祠,以慰忠魂。"寻赐恤如例,予谥壮勇,赏骑都尉世职,袭次完时,以恩骑尉世袭罔替。同治元年,上以死事诸臣勋绩卓著,着各赐祭一坛,绍原与焉。

王懿荣

王懿荣,山东福山人,原籍云南。光绪六年进士,改翰林院庶吉士。九年,散馆,授职编修。

十年二月,奏请以古本尚书附入十三经注疏,与今本尚书并行。略谓:"伏查前山东督粮道孙星衍撰尚书今古文注疏三十卷,搜辑前汉古今文及各家古注之仅存者,编辑成书;又采前人传记之涉书义者,备疏其下,不逞私臆,最称矜慎。所录古文为真古文,所采古注为真古注,就今本区别言之,犹两唐书、两五代史之当分称新、旧,不得不以古文之名名之。伏请法高宗纯皇帝以旧唐书、旧五代史附入二十四史并行之意,敕下武英殿及今补刊群书板叶之时,行文江苏学臣,征取其书,刊附十三经之内,使与今本尚书并行。并请特旨通饬各省督抚、学政,凡遇大小考试命题,尚书一经,准其两本并行,颁为功令,用资久远,以存二帝、三王遗书逸文之真,以见我皇上法祖同天之美。"

又奏京员津贴,请敕各省妥筹闲款,更定名目,作正开销,以端政体、维士风。疏曰:"窃臣伏见去年部臣以议给京员津贴银两入奏,得旨允准。各省督抚通筹外销闲款,相继登覆,或有不择名目及未作正开销者，以朝廷宽厚正大之举，而臣下拟议乃为苟且敷衍一时之计。言之无文，行之不远。政体何存？士风何在？是以詹事府右春坊右庶子宗室盛昱、山西巡抚张之洞踧踖难安，先后上言，属词微至。然臣犹惜其或激或谅，陈义不古。臣维君臣之论，以道相合，见知闻知，昔为一体。三代而下，臣节日卑。自汉以来，以文学得官，始于叔孙通。请太常试士，首自公孙弘。寖及后世，士风儒气，荡焉无存。史典深文，自然流露。始曰尊贤，渐曰用人；始曰重道，渐曰察廉。下士承流，昧其本谊。目不见书，习焉若忘。万钟礼义，不辨久矣。岂知讲学习业，所托甚尊，一命初膺，讵便稍亵？夫自视太薄者，予人亦将不厚。臣节日卑，则臣道不古；臣道不立，则出治难期。窃维我朝大化涵濡二百馀年，上之待士，与士之自立，当不出此。臣家累世受国厚恩，八代生计，皆资官禄。臣之值此，岂敢重有所矫？盖有所重矫者，必有所甚贪；有所甚贪，遂不可问，臣固病之。伏请皇太后、皇上宸衷独断，敕下部臣及各省督抚，将此项银两妥筹闲款，更定名目，作正开销，既维士风，亦端政体。正名之义，自昔所重。取与之际，始节必严。臣职为京员，此项银两，固在受之之列，不得不先事请命。以臣愚见，何足尚论？明知臣此疏一出，望者嫌怨，议者违驳，至于讥弹，亦所不避。诚以一介虽微，所关者大。欲洁先乱，鲁论有诛。若臣当此隐忍弗言，同乎流俗，诚恐一世士风，江河日下，讵复有所底止？傥臣此言幸存，即令格于吏议，俾不得行，至执礼经少贱之说，以相纠绳，臣固无所逃命。然使天下后世知当时朝廷崇儒重道之意，与一时士大夫抱道自重之心，以及所以上答天恩、下立臣极，臣万死何辞？

臣为政体士风起见,谨具疏奏闻,不胜惶悚待罪之至。"均得旨交部议奏。十五年,奉旨,记名以御史用。十九年,简放河南乡试正考官。二十年,京察一等,记名以道府用。四月,大考一等,诏以侍读升用。旋补侍读。五月,命在南书房行走。

是冬,中东战起,日本兵寇山东甚急。懿荣父祖源咸丰间曾由部员奏调回籍,办登州海疆一带团练。至是,懿荣自请回籍办团,并请调记名提督王鸿发军驰援威海,鸿发,懿荣从父弟也。二十一年正月,疏入,奉上谕:"翰林院侍读王懿荣奏请回籍帮办团练,并请酌带援兵一折,王懿荣着准其回籍办理登州团练事宜,以卫桑梓。至请带记名提督王鸿发驰援一节,王鸿发系总兵马心胜营中分统,此军已归牛师韩统带,业经刘坤一调赴榆关。所请着勿庸议。"寻升补国子监祭酒。二十二年正月,丁母忧,二十四年,服阕,命仍在南书房行走。旋以会典全书过半,懿荣曾充总纂,赏加二品衔。

二十六年五月,拳匪倡乱,京师戒严,派充团练大臣。七月,联军陷东便门,激励团勇,巷战移时,溃兵塞途,人心惶乱,遂不能军。归顾家人曰:"吾身渥受国恩,又膺备卫之责。今城破,义不可苟生。"家人环跪泣劝,厉斥之,遂仰药,未即绝,复投井中死。其妻谢氏及其长子妇张氏,亦同时殉难。其案上遗绝命词,文曰:"主忧臣辱,主辱臣死。于止知其所止,斯为近之。"事闻,谕曰:"二品衔国子监祭酒王懿荣,敦品绩学,持躬清正。侍从南斋,叠承恩眷。平日素怀忠义,思济时艰。本年七月间,临难捐躯,从容就义,洵属大节凛然!加恩追赠侍郎衔,照侍郎例赐恤。其妻谢氏及其长子妇张氏亦同时殉难,忠烈孝义,萃于一门。允宜特予褒扬，以彰贞节。<u>王谢氏</u>、<u>王张氏</u>均准其旌表。伊长孙<u>王福坤</u>，俟服阕后，以主事分部行走。"寻赐恤如例，荫一子，以知州候铨。予谥<u>文敏</u>。

成肇麐

<u>成肇麐</u>，<u>江苏</u><u>宝应</u>人。父<u>孺</u>，诸生，列<u>儒林传</u>。<u>肇麐</u>，由举人于<u>光绪</u>六年大挑知县，分发<u>直隶</u>。十七年，叙筹赈功，赏加同知衔。十八年，<u>直隶</u>总督<u>李鸿章</u>檄办<u>热河</u>教匪善后事宜，奏保补缺后，以直隶州知州用。十九年，署<u>沧州</u>知州。二十二年，署<u>静海县</u>。所至皆有治绩。二十五年，补<u>灵寿县</u>。县固僻远，多盗贼。<u>肇麐</u>诛破奸猾，殄其支党，然后兴学校，养生徒，洁己修礼。志行之士，莫不宗之，未数月，风教大洽。

二十六年，拳匪变起，联军入京师，纵兵旁掠，延及<u>灵寿</u>，责供牲畜、粮刍甚厉。<u>肇麐</u>壹不应，又自念义不受辱，作绝命诗见志，中有"屈己全民命，捐躯表素怀"之语。即于二十七年三月初一日投井死。将死时，自缮遗牒附绝命诗，由间道达府，具言："连日洋兵纷至，西向力攻，自系大局决裂。若再接待供应，是以臣子助攻君父，私心何安？守土之义，避无可避。势处万难，只有一死。"总督<u>李鸿章</u>据以入告，疏称："洋兵入犯以来，所过残破，各郡县因先奉布政使<u>廷雍</u>檄饬礼待，冀免驿骚。臣不显言峻斥者，以非我族类，所欲不遂，必至焚杀相仍。与其激怒之而肆彼凶残，不如优柔之而使之驯扰。然而官民畏祸，所至靡然，反颜事仇，四维垂尽。此风俗人心之大可虑，而臣独居深念所愤郁难解者也。今<u>成肇麐</u>独能伸此大义，精忠亮节，昭若日星，使天

下后世知臣子效忠,理当如此。则<u>泰山</u>之重,与被迫戕生者不可同年语矣。况彼族联旆长驱,臣身在局中,尚不敢谓要盟之可信。<u>成肇麐</u>身居僻壤,见势之不可止遏,乃以一死报我朝廷,苟非忠赤性生,安能从容若此? 臣既伤良吏云亡,复慨世风日下,且钦且悯,悼叹奚穷!”

奏入,谕曰:“<u>直隶灵寿县</u>知县<u>成肇麐</u>,恪守官箴,夙怀忠愤。本年二月间,见大局阽危,地方蹂躏,深维守土效忠之义,势处万难,誓以一死报国,洵属从容就义,大节懔然,深堪褒尚! 着照知府例从优赐恤,并加恩予谥,准于死事地方建立专祠,宣付国史馆立传,以彰忠节。”寻赠太仆寺卿衔,予谥恭恪。赏云骑尉世职,袭次完时,以恩骑尉世袭罔替。并荫一子入监,以知县候铨。二十八年,<u>直隶</u>总督<u>袁世凯</u>复疏请追赠布政使升衔,照布政使例从优议恤,并在<u>直隶</u>省城添建专祠,以示旌异。奉旨着准其于<u>直隶</u>省城添建专祠。二十九年,<u>两江</u>总督<u>魏光焘</u>、<u>江苏</u>巡抚<u>恩寿</u>复徇<u>江苏</u>绅民请,[一]于原籍捐建专祠,春秋官为致祭,据以上闻,俞旨可之。

子一,<u>静生</u>,难荫知县。

【校勘记】

〔一〕复徇江苏绅民请　“徇”原作“循”,音形近似而讹。今依文理改之。

清史列传卷六十六

儒林传上一

孙奇逢　子博雅　魏一鳌　赵御众

孙奇逢,字启泰,直隶容城人。少倜傥,好奇节,而内行笃修。负经世之学,欲以功业自著。年十四,谒尚宝杨补庭。问曰:"设在围城中,外无救援,内无粮刍,如之何?"对曰:"效死勿去。"补庭奇之。年十七,举明万历二十八年乡试。与定兴鹿善继讲学,一室默对,以圣贤相期许。既,连丁父母忧,哀毁成疾,庐墓六年。家故贫,饔飧不给,巨室以金粟馈,婉却之。尝自言于哀恸穷苦中证取本来面目,觉向来气质之偏。其学问实得力于此。

后入京师,见曹于汴,举仁体以告,恍然此心与天地万物相通。左光斗、魏大中、周顺昌皆与定交。天启末,魏忠贤窃柄,左、魏被逮,遣子弟相投,奇逢与善继之父正及张果中共调护之。时善继赞大学士孙承宗军事,奇逢上书承宗,责以大义,请急营救。承宗疏请入觐，忠贤惧，绕御床哭，诏止承宗。狱益急，坐赃酷拷，奇逢复与正、果中集士民醵金代输，至都，左、魏已死。逾年，周顺昌被逮，醵金一如左、魏时。俄而顺昌又死，奇逢、正、果中咸倾身护济，使得归骨。世所称范阳三烈士也。孙承宗以奇逢有经世才，欲以职方题授，命茅元仪致意，奇逢辞不就，谓元仪曰："朝野倚重者，关门一片地。将相不调，未有能立功于外者。君文士，与二三大帅共事，傥一有见才之心，便不能容人，人肯为我用乎？"元仪服其言。后祖大寿以疑惧东奔，元仪鼓励马世龙追还，得和衷共事，奇逢一言之力也。崇祯时，督学李蕃举孝行，建坊旌表，御史黄宗昌、给事中王正志咸交章保荐。

大兵薄畿辅，容城被围，土垣将圮，奇逢率宗党矢志守御，城赖以完。巡抚张其平甚器之，疏请擢用，尚书范景文亦以军务聘，并辞不赴。时畿内盗贼数惊，乃携家入易州五峰山，门人亲故相保者数百家。奇逢为条教部署守御，又以其暇赋诗习礼，弦歌声相闻，寇盗屏迹。国朝顺治二年，祭酒薛所蕴具疏让官，以元许衡、吴澄相拟，有旨征为国子监祭酒，奇逢以病辞。三年，移居新安县。七年，南徙辉县之苏门。九年，工部郎中马光裕奉以夏峰田庐，乃辟兼山堂，读易其中，率子弟躬耕自给，四方来学愿留者亦授田使耕，所居遂成聚。居夏峰二十五年，屡征不起。

奇逢之学，原本象山、阳明，而兼采程、朱之旨，以弥阙失。其论学，以慎独为宗，以体认天理为要，以日用伦常为实际，而其大本主于穷则励行，出则经世。其治身务自刻励，而于人无町畦。有问学者，随其高下浅深，必开以性之所近，使自力于庸行。上自公卿大夫，下及野人、牧竖、武夫、悍卒，壹以诚意接之。用此,名在天下而人无忌嫉。尝学易于雄县李对,及老,乃撮其体要,以象、传通一卦之旨,由一卦通六十四卦之义,发明义理,切近人事,所言皆关法戒,著读易大旨四卷。又于四子书挈其要领,统论大指,间引先儒之说,以证异同,著四书近指二十卷。又表周、程、张、邵、朱、陆及薛瑄、王守仁、罗洪先、顾宪成为十一子,以为直接道统之传,别为诸儒考附之,著理学宗传二十四卷。[一]他著有尚书近指、圣学录、两大案录、甲申大难录、乙丙纪事、孙文正年谱、岁寒居文集、答问、日谱、畿辅人物考、中州人物考、孝友堂家乘、[二]四礼酌等书,凡百馀卷。

奇逢之学,盛于北方,与李容、黄宗羲鼎足。年逾耆耋,讲道不倦。尝自言六十以后,工夫每十年而较密。生平于姻族故旧恩意笃厚,闻节孝事,必为之表扬。闺门肃穆,寂若无声。每晨兴,拜谒家祠,退坐空斋,终日无惰容。子孙甥侄数十人揖让进退皆有成法。康熙十四年,卒,年九十二。河南北学者祀之百泉书院,容城与刘因、杨继盛同祠,保定与孙承宗、鹿善继并祠。道光八年,奉上谕:“孙奇逢学术中正醇笃,力行孝弟。其讲学著书,以慎独存诚,阐明道德,实足扶持名教,不愧先儒。着从祀文庙西庑,以崇儒术而阐幽光。”

子六人,博雅最知名。弟子甚众,而新安魏一鳌,滦州赵御众、清苑高镳、范阳耿极从游最早,睢州汤斌、登封耿介皆以仕至监司,归里后往受业焉。

博雅,字君侨,奇逢第四子。明亡,绝意仕进。奇逢迁苏门,独留奉母,母殁,三年不见齿。奇逢年老重听,诸弟子问难,必藉博雅转达,间有未畅,辄援据经传,发言外之意,闻者往往洒然解悟。奇逢著书不下数百卷,编摩订正,博雅力居多。康熙八年,郡守程启朱以山林隐逸荐,以父老辞。奇逢卒,哀毁骨立,庐墓三年。十五年,弟韵雅坐事逮系刑部,博雅竭产供弟,凡四年,往来省视,徒步烈日中,两足皆肿;或遇雨雪饥渴,僵仆于途,卒以致病。病时假寐,口中喃喃皆其弟事也。及弥留,犹张目曰:“吾弟免矣!”遂卒,年五十五。卒后数日,弟事渐解。蔚州魏象枢称其爱弟忘身,成仁取义云。所著有约斋集。

魏一鳌,字莲陆,河南新安人。明举人。官山西忻州知州,有惠政。搜访遗逸,折节下士。去官之日,匹马双童而已。少从奇逢游,遭时丧乱,共患难者三十馀年。及奇逢迁苏门,一鳌自山右归,率间岁一至,每至必数月留。后构雪亭于夏峰,为奇逢订正年谱。白雪盈山,孤镫午夜,上下古今,视千秋如旦暮。故及门问答,一鳌为多。尝记其所闻为雪亭梦语。奇逢命一鳌辑北学编,命汤斌辑洛学编。及斌官京师,一鳌策蹇访之,见斌绳床破被,数椽不蔽风雨,慨然曰:“此犹见雪亭风味也。”斌尝称一鳌才大而养之以静,学博而守之以约,世俗升沉得失无足介其胸中,后日必为师门颜子。所著有四书偶录、诗经偶录、雪亭诗草。康熙三十一年,卒。

赵御众,字宽夫,直隶滦州人。诸生。少从孙奇逢游,绝意仕进,于六经及秦、汉以来诸大儒书,多所发明。与汤斌、魏一鳌并称高弟子。奇逢尝曰:“汤孔伯之端亮,赵宽夫之善补过,求之古人,亦不多得。”手辑夏峰遗书为传信录二十五卷,以志渊源。又辑奇逢粹语为夏峰答问五卷,又录其所见以合于师教,为弗措录。又著困亨录,大旨以事心为主,谓人之事心如事天,但敬吾心,使之洁净光明,遇事即以此应之;一切顺逆成败,惟天所命,不宜参以畔援希冀之意。故曰"天下本无事"。居恒懔懔,如恐失之。尝自诵曰:"垂名千古易,无愧一心难。"他著又有山晓堂集。

时密县钱佳选亦从奇逢学,所居超化邬,洰绥交流,有林泉之胜。上蔡张沐及耿介、御众常相寄处。卒后,密人即其讲聚之地立祠祀焉。高鐈,字渊颖,振奇慕义,好游名山水,著有渊颖集四卷。耿极,字保汝,与兄权并以孝友称。太康耿炳慕其为人,订为兄弟,割田宅与居。与御众交最善,奇逢怀友诗云:"浑穆称保汝,不以穷失意。"其见重如此。汤斌仕至工部尚书,谥文正,见列传。耿介别有传。

【校勘记】

〔一〕著理学宗传二十四卷 "四"原误作"六"。今据清诗纪事初编(邓之诚文如师著,一九六五年中华书局上海版,以下简称清诗纪事)卷二页一四〇改。按耆献类征卷三九七叶二五上不误。

〔二〕孝友堂家乘 "乘"原误作"规"。今据耆献类征卷三九七叶三五下改。

刁包 杜越

刁包,字蒙吉,直隶祁州人。明天启七年举人。李自成躏畿西,包散家财纠众御之,祁得不破。贼退,流民载路,包设屋养之,疾伤者予之药,或护而归诸其家。自成建伪号,以官授包,包以死拒之,贼败乃免。入国朝,遂不仕,为斋曰潜室,亭曰肥遁,著书养母,凡二十馀年。

包少有志圣贤之学,闻容城孙奇逢讲良知,心向之,奇逢南游过祁,馆之二年,与相质正。又与张罗喆、王馀祐诸人讲学,为上谷会语。既读高攀龙书,大喜曰:"不读此书,几虚过一生矣。"为主奉之,有过即跪主前自讼。其学由高、顾、罗、薛上溯程、朱,而以谨言行为要。尝曰:"君子之道三:言语不苟,取与不苟,出处不苟。"又曰:"吾日三省吾身,心无乃有妄念,言无乃有妄发,事无乃有妄为乎?"其勇于自克如此。初居父丧,哀毁,须发尽白,三年不饮酒、不食肉、不入内。及母卒,号恸呕血,曰:"待罪馀生,恃老母在耳,母逝矣,惟齐衰报本从母而已。"寻卒,年六十六,时康熙六年也。

生平著书,一以明道为主,尝读易传有得,曰:"天地间有一部易经,合当有一部程传。"著易酌十四卷,推阐易理,明白正大,足以羽翼程朱。又有四书翼注十六卷、辨道录八卷、用六集十二卷、斯文正统十二卷。[一]其潜室札记二卷,多躬行心得之言,世谓醇正胜奇逢书云。

杜越,字君异,直隶定兴人。明诸生。少师鹿善继,究极理奥,善继异之,因字曰君异。与奇逢友善,互相砥砺。左、魏诸人被逮,倡同志醵金纳赎。又匿魏学洢、朱祖文复壁间,不少避。家贫,布衣蔬食,授徒自给。一时名彦咸师事之。乱后居新安,新安人化之,风俗一变。为学不立门户,每举罗念庵答何善山、蒋道林两书示学者,总归脱凡近游高明之旨;而大本在孝弟,得力在分晰义利。生平志行高洁,以礼进退,严于取与,即弟子以一纨为寿,亦拒不受。然性和易,年八十馀,未尝一日不乐。新城王士禎称"邵子居洛四十载,未尝攒眉。越殆庶几"云。康熙十八年,举博学鸿儒,以老病不就试,特旨与傅山俱授内阁中书。二十一年,卒,年八十七。著有紫峰集十四卷。

【校勘记】

〔一〕斯文正统十二卷　"十二"原误作"九十六"。今据耆献类征卷三九八叶二一上下及叶二三上改。

沈国模　　史孝咸　王朝式　韩当　邵曾可

沈国模,字叔则,浙江馀姚人。明诸生。馀姚自王守仁讲学,得山阴王畿、泰州王艮,遂风行天下。艮传吉安颜钧,钧传南城罗汝芳,汝芳传嵊县周汝登。国模少见传习录,心好之,问于汝登,汝登契之曰:"吾老矣! 越城陶奭龄、刘宗周,今之学者也。子其相与发明之,何患吾道不兴乎?"国模至越,遂请奭龄、宗周主教事,为会于古小学,证人社所由起也。既归,以明道为己任。创姚江书院,与同里管宗圣、史孝咸辈讲明良知之说。其所学或以为近禅,而言行敦洁,皎然不欺其志,故推醇儒。与山阴祁彪佳友,彪佳以御史按江东,一日,杖大憝数人,适国模至,欣然述之。国模瞠目字祁曰:"世培,亦闻曾子言'哀矜勿喜'乎?"后彪佳尝语人曰:"吾每虑囚,必念国模言,恐仓卒喜怒过当也。"明亡,闻宗周死节,为位哭之恸,而讲学益勤。性平易近人,虽村叟顽童,能得其意。皆曰:"近从沈先生学,不敢为恶。"时学其学者不绝也。顺治十三年,卒,年八十有二。

史孝咸,字子虚,亦馀姚人。明诸生。少思以文章名世,而于良知之旨尤为笃好。宗周家居时,孝咸往谒,恨相见晚。宗周创证人社,复以书招,孝咸与奭龄同主讲。居恒与弟孝复互相取益,有箪瓢不改之致。家贫,日食一粥,泊如也。后继国模主姚江书院,尝曰:“良知非致不真。”又曰:“空谈易,对境难。于‘居处恭,执事敬,与人忠’三语,精察而力行之,其庶几乎!”同时纯洁之士多归之。顺治十六年,卒。将卒,召及门曰:“吾七十八年,浮生于兹尽矣!所恃穷理尽性,以无负圣贤之训,于心稍慊耳。然必如程朱之铢黍弗渝,斯为无弊。汝等识之!”

　　王朝式,字金如,浙江山阴人。国模弟子,尝入证人社。宗周主诚意,朝式守致知曰:“学不从良知入,必有诚非所诚之弊。”嵊县饥,朝式往赈,全活四万馀。又与苏元璞、郑锡元营立姚江书院。顺治初,卒,年三十八。

　　韩当,[一]字仁父,馀姚人。亦国模弟子。自沈、史殁,书院辍讲垂十年。康熙九年,当复主院事,以倡明理学自任,弟子七十馀人。其学兼综诸儒,以致知为宗,求友改过为辅,尤严于儒、佛之辨。家贫甚,破衣盂粥,终身晏如,未尝向人称贷。痛近世吉凶不遵古礼,风俗敝而物力殚,曰:“志圣人之学,当自立身处家始。”出陆棱山居家四则示学者曰:“能仿此亦自足用也。”人有过,于讲学时以危言动之,而不明言其过。闻者内愧沾汗,退而相语曰:“比从韩先生来,不觉自失。”卒,年七十三。疾亟,谓弟子曰:“吾于阳明宗旨觉有心得,然检点于心,终无受用。小子识之!”味其言则知其学不尊守仁而尊朱子矣。

　　邵曾可,字子唯,亦馀姚人。孝咸弟子也。性孝友恺悌。少好书画,一日读孟子,至“伯夷圣之清者也”,忽有悟,悉弃去,壹志于学。初立姚江书院，人颇迂笑之，曾可厉色曰：“不如是，便虚度此生！”遂往学。其初以主敬为宗，自师孝咸后，专守良知。尝曰：“于今乃知知之不可以已。日月有明，容光必照，不尔，日用跬步，鲜不贸贸者矣。”孝咸病，走十馀里，叩床下问疾，不食而反。如是，月馀亦病。同侪推为笃行。年五十一，卒。

【校勘记】

〔一〕韩当　“当”上原衍一“孔”字。今据耆献类征卷三九五叶二上册。

　　张履祥　凌克贞　何汝霖　张嘉玲　祝泩　陈梓

　　张履祥，字考夫，浙江桐乡人。九岁丧父，哀毁如成人。家贫，母沈教之曰：“孔、孟亦两家无父儿也，只因有志，便做到圣贤。”及长，与同里颜统、钱寅、海盐吴蕃昌辈以文行相砥。时东南社事方兴，各立门户，统与履祥戒勿往。年三十二，见漳浦黄道周于杭州，道周以近名为戒，履祥谨志之。年三十四，如山阴，受业刘宗周之门，归而自谓有得。年三十九，友人规之曰：“欲诚其意，先致其知。”因觉人谱独体犹染阳明，遂一意程朱之学。与乌程凌克贞、海盐何汝霖、归安沈磊切劘讲习，专务躬行。

　　其学大要以仁为本，以修己为务，而以中庸为归，穷理居敬，宗法考亭，知行并进，内外夹持，无一念非学问，无一事非学问。与汝霖书曰：“承喻头脑之说，按论语一书谨言慎行为多，不亟亟于头脑也。颜子述善诱之功，则曰‘博文约礼而已’；请为仁之目，则曰‘非礼勿视听言动而已’。此即所谓约礼之实也。曾子一贯之旨,则曰'忠恕而已'。子思受曾子之学者也,中庸所述与论语、曾子之言如合符节,故曰忠恕违道不远。孟子传子思之学者也,其言曰'居仁由义',曰'求放心'。其曰'求其志无暴其气',即求放心之谓也。求放心则中庸戒慎恐惧之谓,而论语日省其身、临渊履冰之旨也。仁义二字,论语未尝并举,易传则曰'立人之道,曰仁与义',中庸则曰'仁者人也,义者宜也',则亦夫子之言也。至云反身而诚,乐莫大焉;强恕而行,求仁莫近焉,则与曾子、子思先后一辙矣。三代而下,濂溪则曰主静立人极;关中则曰知礼成性;程门则曰敬义夹持,曰存心致知,曰理一分殊;朱子则曰居敬穷理。要而论之,岂有异旨哉? 居敬所以存心也,穷理所以致知也。惟居敬故能直其内,惟穷理故能方其外。惟内之直故能立天下之大本,惟外之方故能行天下之达道。然居敬穷理,又非截然有两种工夫也,博学审问,慎思明辨,是为穷理;其不敢苟且从事,勤始怠终,及参以二三,即为居敬。故又曰学者用功当在分殊上,其曰知礼成性即约礼之谓,亲亲之杀,尊贤之等,皆天理也。故曰礼所生也,三百、三千所从出也。所谓分殊,其曰主静立极者,定之以中正仁义而已也。仁义不轨于中正,则仁或流于兼爱,义或流于为我,而人极不立矣。礼以敬为本,敬则自无非僻之干,人欲退而天理还矣。欲退理还,则终日言,言所当言;终日行,行所无事而静矣。故又曰'无欲故静'。然则濂溪、横渠虽不言主敬,而敬在其中矣。由是而上质之邹鲁,岂不同条而共贯哉? 吾人学问,舍居仁由义,更无所谓学问;吾人工夫,舍居敬穷理,更无所谓工夫。凡先儒之言,若志伊尹之所志,学颜子之所学。若为天地立心,为生民立命,若以兴起斯文为己任，种种道术，举不外是，更何有于头脑之求？古人骑驴觅驴之喻，是之谓矣。特患居敬之不熟，而有或得或失之忧；穷理之未精，而有或然或不然之虑。要亦无他道也，有不熟则勉进于熟而已；有未精则勉求其精而已。平日工夫，惟在涵养其本原，以为制事酬物之主尔矣。朋友讲习，养也；独居思索，亦养也。读书考究，养也；饮食动作，亦养也。念兹在兹，释兹在兹，如伏雌之抱卵；其退不舍，其进不锐，如日月之贞恒。修其疆畔，时其秄耘，如农夫之力穑，而后可致其精也，而后可几于熟也。必若先儒云满腔子皆恻隐之心，盎然若太和元气之流行于天地之间；必若先儒云在我之权度精切不差，截然如万物之各正性命。子思所云择善固执，孟子所云深造自得，其或以此也欤！夫学问者，将以尽性命之理也。苟不本于天之所赋，物之所受，非学问之正也，安可使之有两截乎？事物者身心之准则也。苟事至物来，而处之不当，其分正身心之病也，安可视为两途乎？事物之不能不日至者，势也。迎之非也，拒之亦非也。以其皆不免于自私而用智也，非顺应之道也。无事则读书，读书者所以维持此心而不使其或怠也，非以务博也；默坐则思索，思索者所以检点其身而不使其有阙也，非以眈寂也；事至则泛应，泛应者所以推行天理于事事物物而不使其有过不及也，非以外驰也。无众寡，无小大，无敢慢，则一矣；无有事无事，无有人无人，无敢慢，则一矣。一则穷通一矣，寿夭亦一矣，死生亦一矣。"

晚为汝霖评王氏传习录，以为读其书使长傲文过，轻自大而无得。又曰："一部传习录，'骄吝'二字足以蔽之。"所自著备忘录，笃实正大，足救俗学之弊。论者比之河津读书续录。他著有愿学记、读易笔记、读史偶记、言行见闻录、经正录、初学备忘、近鉴、近古录、训子语、补农书、丧葬杂说、^{〔一〕}训门人语及诗文集，凡五十四卷。^{〔二〕}

履祥少有大志。明亡，乃避世，畏声利若浼。以训蒙自给，交友尽规，而不喜讲学。来学之士，一以友道处之。黄宗羲方以绍述宗周，鼓动天下。履祥曰："此名士，非儒者也。"岁耕田数十亩，草履箬笠，提筐佐馌。尝曰："许鲁斋言：'学者以治生为急。'愚谓治生当以稼穑为先，能稼穑则无求于人，而廉耻立；知稼穑艰难则不妄取于人，而礼让兴。廉耻立，礼让兴，世道可复古矣。"又尝言："嘉郡水利不讲，时被旱潦，其要在浚吴淞江。"其后嘉善柯耸建议浚之，本履祥说也。康熙十三年，卒，年六十四。同治十年，礼部奏请从祀文庙，在东庑先儒孙奇逢之次。奉旨依议。

初，履祥弱冠时，兄事统。周钟之寓桐乡也，至其门者踵接。统曰："钟为人浮伪，不宜为所惑。"履祥尝曰："自得统而始闻过，余不失足于周钟、张溥之门者，皆其力也。"及从宗周游，与寅偕。宗周曰："二子有亲乎？"对曰："俱幼丧父。"宗周色动，徐曰："修身所以事亲也。"海宁祝渊抗疏论宗周，被逮，履祥与寅送之吴门。寅造履端谨，寇盗充斥，不废学，与统俱早卒。

凌克贞，字渝安，浙江乌程人。交履祥三十年，谊最笃。履祥尝曰："钱寅既殁，复得克贞，不幸中之幸也。"克贞为学笃守程、朱，尝与履祥书，谓："学者入手当思有着力处，便求超脱不得。"又言："古今人物，史册外何限？修身立行，当怀遁世不见知之心；读书论世，应具不受前人欺之见。"又言："今日人士不患不聪明，患不笃实。士不笃实，聪明愈多，适以济其伪。"见贫士不事课授，即不乐。或劝其治生，答曰："授徒即吾之治生也。"履祥卒，克贞序其遗书以行。

何汝霖，字商隐，浙江海盐人。隐居澉浦紫云村，与履祥志同道合，相交十七年。尝语友人曰："周、程、张、朱一脉，吾辈不可令断绝。"居丧三年，自卧疾外，未尝饮酒食肉。嗣弟殁，家破，遗孤无托，汝霖衣食教诲，为安定其室家。履祥尝命子维恭受业于克贞、汝霖及秀水吕璜、嘉兴屠安世、同邑邱云，曰："数人皆深造自得君子人也，吾切磋受益为多。"其见重如此。履祥病革，以全稿托汝霖。及卒，汝霖经纪其丧，率友朋弟子数十人为会葬焉。

张嘉玲，字佩葱，江南吴江人。居父丧，三日不食，小祥内蔬食水饮，三年中衰麻不去身，未尝沐浴、入内室。履祥闻而敬之。嘉玲介克贞执赟往见，固求纳拜，不许。逾五年，致书汝霖，乞正师弟之称，仍不许。履祥尝曰："佩葱质敏而志刚，行修而气下，肫肫有德君子也。"又与友人书曰："近得畏友佩葱，庶慰日暮之怀，以其能策颓惰耳。吾人德业不及后生，大为可耻。"嘉玲从履祥久，所诣独粹。世比之黄勉斋。其讲学排陆王而宗程朱，尝曰："陆王学术之可忧，本为贤智之过。今之言陆王者，皆出于愚不肖之不及，所以为患愈深。"方欲有所论著，病作，遂卒，年仅三十四。惟与履祥答问一卷，刻杨园全书中。其后私淑履祥者，有海宁祝洤、馀姚陈梓。

祝洤，字贻孙。乾隆元年举人。四岁丧父，母日取数字教之。每课必首人字，曰："人须是顶天立地。"洤感动，遂自号人斋。及长,嗜理学书,读履祥集,谓其昌言贞教,与朱子一揆。因取备忘录增删之为淑艾录十四卷。又由履祥而上溯朱子,掇取文集、语类分十四门,编次之为下学编十四卷。又尝为友人删节礼记注疏,兼博考诸家,择其长说,为书七十卷,未及订正。二十四年,卒,年五十八。

陈梓,字俯恭。少读书,有大志,书体古别,与李锴齐名,时称南陈北李。吴江姚瑚曾及履祥之门,梓弱冠从瑚游,与祝洤交最契,私淑履祥。撰四书质疑,以教学者。隐居事亲,不求闻达。雍正二年,举孝廉方正,辞不就。晚居临山,聚徒讲学。海昌范鲲表彰履祥遗书,梓复为订定年谱。他著有删后文集。乾隆二十四年,卒,年七十七。

【校勘记】

〔一〕丧葬杂说　“说”原误作“录”。今据耆献类征卷三九六叶四下改。

〔二〕凡五十四卷　“五十四”原误作“四十五”。今据清诗纪事卷一页一四〇改。

沈昀　陈确　屠安世　郑宏　叶敦艮　恽日初　刘汋　汋子茂林

沈昀,字朗思,原名兰先,字甸华,浙江仁和人。明诸生。父之龙以学行著闻。昀读书好古,闻刘宗周讲学蕺山,渡江往听,遂为正学。室无容榻,桁无悬衣,披帙览书,凝坐终日。以贫故,与父皆教授于外。及侍亲庭,动循法度,不苟言笑。其学以诚敬为宗,以适用为主,专宗考亭,不杂金溪、姚江之绪,于二氏则辞而辟之。晚节见习之者多,亦不与较辨也。平居,日有课,月有程。每月则综其所得与同人相质难。闻四方有贤士,即书其姓氏置夹袋中,冀一见之。然不肯妄交,于取与尤介。连日绝炊,掘阶前马兰草食之。邻有馈之米者,昀宛转谢辞,怠而仆,其人骇走,良久始苏。因笑曰:"其意可感,然适以困我耳!"同邑应㧑谦与昀友善,尝叹曰:"辞受一节,生平自谓不苟,然以视沈先生,犹觉愧之。"宗周卒后,传其学者颇滋诤讼。昀曰:"尼父言'躬行君子',若腾其口说以求胜,非所望于吾辈也。"遭明亡,弃举业。诲二子,止令下学,弗令干禄,虽极困踬不变。疾革,门人问曰:"此时先生诚敬之功,当无稍间!"昀曰:"唯,唯。"至夜半,遂卒,年六十三。时康熙十九年也。卒后贫无以殓,㧑谦至,涕泣不知所出,曰:"我不敢轻受赙禭,以污先生。"其门人姚宏任趋进曰:"若宏任者,可以殓先生乎?"㧑谦曰:"子笃行,殆可也。"乃殓而葬焉。

昀著有宋五子要言、四先生辑略、四书宗法、七经评论、名臣言行录、居求编等书,以贫累无副本。㧑谦所见不过数卷,后全祖望求其遗书,竟不可得。昀居父丧时,订士丧礼,荟萃先儒之言,定其可行者,以授门人钱塘陆寅。

寅,字冠周。康熙二十七年进士。性孝友。尝因家祸系狱,与兄争取重索自縶,而让其轻者。后以父圻遁迹去,走万里寻之,竟以劳卒。著有玉照堂集,并佚,不传。时浙中从宗周游者有海宁陈确、秀水屠安世、海盐郑宏、西安叶敦艮。

陈确,字乾初。明诸生。少读书卓荦,不喜理学家言,如是者四十年。已,问学宗周,乃刮磨旧习。宗周卒,确得其遗书尽读之,憬然而喻。著性解、禅障、大学辨。其言性,谓:“性善之说,本于孔子,得孟子而益明,迄诸儒而转晦。孟子言人性无不善,于扩充尽才后见之。故谆谆教人存心求放心,充无欲害人之心,无穿窬之心,不一而足。易继善成,性皆体道之全功,正对仁智之偏而言。继之即须臾不离,戒惧慎独之事;成之即中和位育之能。在孟子则居仁由义,有事勿妄者,继之之功;反身而诚,万物咸备者,成之之候。从来解者昧此,乃求父母未生以前,几何不胥天下而禅乎?”又曰:“资始流行,天之生物也,各正性命;天之成物也,物成而后性正,人成然后性全。物之成以气,人之成以学。”又曰:“本体二字不见经传,此宋儒从佛氏脱胎来者。”又曰:“乐记‘人生而静,天之性也’二语,本是禅宗,其书大半在荀子。不意遂为圣学渊源,可怪也。”又曰:“周子无欲之教亦近禅,吾儒只言寡欲,不言无欲。”尝与馀姚黄宗羲书曰:“世儒习气敢于诬孔孟,必不敢背程朱,言之痛心。”宗羲称其于圣学已见头脑,惟主张太过,不善会诸儒意者有之。同时张履祥辈贻书诤之,确不顾也。

确居家有法度,天未明,机杼之声达于外。男仆昧爽操事,无游惰之色。子侄力行孝友,雍雍然。于朋友,有过,正色相告。社集讲会,亦谓衎衎醉饱,无益身心。议礼尤精,痛地理惑人,著葬论一篇。履祥举葬亲社,特请确为宾。福王时行鬻爵,令童试者纳银免郡县考。确曰:“此输银就试之心,即异日迎贼献降之本也。父兄令子弟以是进取,必不以节义相勉,人心如此,天下何幸乎?”明亡,杜门息影,足不及中庭者十五年。〔一〕康熙十六年,卒,年七十四。

屠安世，字子威。年二十一，闻宗周讲学，喜曰："苟不闻道，虚生何为？"遂执贽内拜焉。宗周既殁，从父兄偕隐于海盐之乡。病作，不粒食者十七年。得宗周书，力疾钞录。反躬责己，无时或息。尝曰："朝闻夕死，何敢不勉！"卒，年四十六。

郑宏，字休仲。明谥端简。晓曾孙，与弟宝俱从宗周受业，笃于友爱，子弟有失，互加惩责，不为嫌。明亡，绝意进取。躬灌园蔬养母，屡空，晏如。不肯见富贵人，虽故人仕宦，勿与通。尝徒跣行雨中，人不能识也。卒，年五十六。

叶敦艮，字静远。少游宗周之门。时宗周已老，教之曰："学者立身，总不可自家轻易放了一些出路。"敦艮谨志其言。性端重，每读一书，必盥手奉置几上，再拜而后开卷。若先圣先师，则四拜。晚贻书陆世仪，讨论学术。世仪喜曰："证人尚有绪言，吾得慰未见之憾矣！"又访张履祥、何汝霖于海滨，履祥谓敦艮能尊所闻，因述所亲炙仪刑于宗周者，与交勉焉。

恽日初，字仲升，江南武进人。明副贡生。亦宗周弟子，黄宗羲尝称为宗周门下第一人。崇祯末年，应诏上备边五策，不报，遂归。宗周殉国难，为位以哭。顺治十一年，拜宗周墓于下蒋，纂刘子节要十四卷。无锡高世泰重葺东林书院，日初与同志习礼其间，因作高、刘两先生正学说。知府骆钟麟屡求见不纳，去官后与一见，言中庸要领，喜而去曰："不图今日得闻大儒绪论也。"康熙十七年，卒，年七十八。著有驳陆桴亭论性书一卷、野乘五卷，见则堂四书讲义语录、逊庵诗文集。

刘汋，字伯绳，浙江山阴人。宗周子。宗周讲学，诸弟子闻教未达，辄私于汋。汋应机开譬，具有条理。尝语叶敦艮曰："学问之要,只是于伦常日用间,事事不轻放过,自然造到广大高明田地。"宗周殉国难,明唐、鲁二王皆遣使祭,荫汋官,汋辞,治丧毕,隐剡溪之秀峰。手辑宗周文集、语录,撰年谱二卷,数易稿,皆精楷,目为损明。顺治九年,张履祥至山阴见汋,蔬布如居丧时。劝之曰:"礼,有疾,饮酒食肉,三年内犹得行之。"汋曰:"不敢,吾大痛于心,不忍食也。"凡杜门绝人事者二十年。康熙三年,卒,年五十二。临卒戒其子曰:"若等安贫读书,守人谱,终身足矣。"人谱者,宗周所著书也。所卧榻假之祁氏,强起易之,曰:"吾岂可终于祁氏之榻?"

　　初,宗周欲著礼经考次一书,属汋撰成。汋日夕编纂,以夏小正为首编,而附月令,帝王所以治历明时也。次丹书而附王制,正己以正朝廷百官万民也。于是原礼之所由起而次礼运焉,推礼之行于事而次礼器焉,验乐之所以成而次乐记焉。然后述孔子之言,次哀公问,次燕居、闲居、坊记、表记,设为礼典;次以祭法、祭义、祭统、大传,施于丧葬;次以丧大记、丧服小记、杂记,申以曾子问、檀弓、奔丧、问丧;终之以间传、三年问、丧服、四制,而丧礼无遗矣。君子常服深衣、雅歌投壶不可不讲也,则次以深衣、投壶;男女冠笄婚姻所有事,则次以冠义、昏义;而终之以乡饮酒义、〔二〕射义、燕义、聘义,合三十篇,谓之礼经;别分曲礼、少仪、内则、玉藻、文王、世子、学记七篇,谓之曲礼。垂老未卒业,其子茂林始克成之,凡正集十四卷,分集四卷。

　　茂林,字子本。幼侍宗周,闻慎独之旨。既长,移居证人书院,静验独体,阐用绝学,与外父黄宗羲复兴证人社,讲学不辍。晚岁诣益纯,著吾屯子微言内外六十四篇,分上下十二卷,内篇以阐天人性命、阴阳理气、修己立诚之道；外篇以道纲常伦纪、礼乐刑政、致君泽民之务。又著九经翼原一书。茂林孝友性成，兢兢自守，惟期克扬先业云。

【校勘记】

〔一〕足不及中庭者十五年　"十五"原误作"二十"。今据耆献类征卷三九八叶二八下改。

〔二〕而终之以乡饮酒义　原脱"终之以"三字，语法不通。今依上文"终之以间传"例补。

　　陆世仪　陈瑚　盛敬　江士韶

　　陆世仪，字道威，江南太仓州人。年十六，父勖之曰："一饮一食，常维经义，可以收放心；或坐或卧，如对圣贤，可以却邪念。"世仪揭之座隅。年二十七，为主敬之学，虑敬之或至散漫，时奉一天以临之，功乃大进。尝欲从刘宗周问学，不果。后与同里陈瑚、盛敬、江士韶诸人倡明正学，虑惊世骇俗，深自韬秘。或横经论难，或即事穷理，反覆以求一是。甚有商榷未定，彻夜忘寝，质明而后断，或未断而复辨者。

　　世仪之学笃守程朱，自言初有得于"心为严师，随事精察"八字，谓心为严师，即居敬；随事精察，即穷理。既有得于"理一分殊"四字，谓圣贤工夫，随事精察是起手，一以贯之是究竟；而此四字自精察而造一贯之阶梯也。既而旷观天地古今，无有不贯，谓邵子遇物皆成四片，此只是于阴阳老少处看得熟，然终落气数，若见得理一分殊亲切，则遇物一片亦可，千万片亦可。其论太极图说,谓"主敬"二字是立人极之本,"中正仁义"又是主静之实落处。周子自注云:"无欲故静,无欲则纯乎理。是以天理为静,人欲为动。乃知仁义中正之外,别无主静也。"其论性谓:"孟子只就四端发现处言,不必说到浑然至善。"又谓:"论性离不得气质,一离气质,便要离天地,盖天地亦气质也。离天地则于阴阳外别寻太极,太极不落空虚即同于一物。"世仪不喜陈王之学,然能平心以论之。其论白沙曰:"世多以白沙为禅宗,非也。白沙、曾点之流,其意一主于洒脱旷闲以为受用,故与禅思相近。其静中养出端倪之说,中庸有之,然不言戒惧慎独,与惟咏歌舞蹈以养之,则近于手持足行,无非道妙之意矣;不言睹闻见显,而惟端倪之是求,则近于莫度金针之意矣。白沙本与敬斋俱学于吴氏,皆以居敬为主,后来自成一家,始以自然为宗,而敬斋则终身无所转移,此狂狷之分。其实白沙所谓自然者,诚也,稍有一毫之不诚,则粉饰造作,便非自然。或者以率略放诞为自然,非也。"其论阳明曰:"阳明之学,原自穷理读书中来,不然,龙场一悟,安得六经皆凑泊?但其谓庭前格竹七日而病,是则禅家参竹篦之法,原非朱子格物之说,阳明自误会耳。盖阳明少时实尝从事禅宗,而正学工夫尚寡。初官京师,虽与甘泉讲道,非有深造。居南中三载,始觉有得,而才气过高,遽为致良知之说,自树一帜。是后毕生鞅掌军旅之中,虽到处讲学,然终属聪明用事,而少时之熟处难忘,不免逗漏出来。要之,致良知,固可入圣,然切勿打破'敬'字,乃是坏良知也,其致之亦岂能废穷理读书?然阳明之意主于简易直捷,以救支离之失。故聪明者,厌穷理读书之繁,动云一切放下,直下承当,心粗胆大,只为断送一

'敬'字。不知即此简易直捷之一念,便已放松脚根也。"论者谓其洞见得失,足废诸家纷争之说。生平于象纬、律历及礼乐、政事异同,无所不究。所著思辨录,疏证剖析,盖数百万言,分小学、大学、立志、居敬、格致、诚正、修齐、治平、天道、人道、诸儒、异学、经史、子籍十四门,凡三十五卷。大旨主于敦守礼法,不虚谈诚敬之旨;施行实政,不空为心性之功。于近代讲学诸家最为笃实。故其言曰:"天下无讲学之人,此世道之衰;天下皆讲学之人,亦世道之衰。嘉、隆之间,书院遍天下,呼朋引类,动辄千人,甚有借以行其私者,此所谓处士横议也。"又曰:"今所当学者止六艺,〔一〕如天文、地理、河渠、兵法之类,皆切于世用,〔二〕不可不讲。"其言足砭虚憍之弊。后仪封张伯行序其书,谓:"世称世仪为朱子后一人,余不敢知,然其于内圣外王之道,思辨有素,不可谓非正学干城云。"明季流寇事亟,世仪谓:"平贼在良将,尤在良有司。宜大破成格,凡进士、贡、监诸生不拘资地,但有文武干略者,辄与便宜,委以治兵。积粟守城之事有功,即以为其地之牧令。如此则将兵者所至有呼应。今拘以吏部之法,重以贿赂,随人充数,是卖封疆也。"时不能用。

明亡,不复出。凿地十亩,筑亭其中,不通宾客,自号桴亭。顺治十五年,始应学政张能鳞聘,为辑儒宗理要。十七年,应诸生之请,讲学东林。康熙五年,复讲学毗陵,已复归讲。里中当事屡欲荐之,力辞。十一年,卒,年六十二。他著有论学酬答、宗礼典礼折衷、礼衡、易窥、诗鉴、书鉴、春秋考论等四十馀种。国朝诸儒恪守程、朱家法者,世推二陆,谓世仪及陇其也。光绪元年,礼部议覆江苏巡抚张树声疏奏,奉旨从祀文庙。

　　陈瑚,字言夏,亦太仓州人。明崇祯十六年举人。世仪作格致篇,首提"敬天"二字。瑚由此用力,遂得要领。每日课程以"敬怠善过"自考。尝与世人论致中和工夫,瑚答之曰:"工夫全在存养省察。玩注中'约之精之'二语,约之有渐,渐收敛入内意;精之有渐,渐扩充向外意。即如戒慎恐惧,何得偏择?所谓不睹不闻者,而用功只是持敬于己,不问其睹闻与否,步步存天理于胸中,然后渐渐收敛,直至梦寐所不及简,精神所不及持,纯是一团天理。此之谓约之,此之谓致中。慎独则先从己所独知之地用力,然后推向外去,自一事一物以至万事万物,无不各当,绝无一毫人欲。此之谓精之,此之谓致和。"世仪诸人皆然其言。著圣学入门,书分小学为六:入孝、出悌、谨行、信言、亲爱、学文;大学为六:格致,诚意,正心,修身,齐家,治国。〔三〕谓小学先行后知,大学先知后行。小学之终,即大学之始。

　　瑚之学博大精深,尤讲求经济大略。暇则横槊舞剑,弯弓注矢,其击刺妙天下。值娄江堙塞,江南大饥。瑚上当事救荒书,其预备之政四,曰:筑围岸,开港浦,广树艺,预积储;防挽之政四,曰:〔四〕慎灾眚,早奏报,惩游惰,〔五〕劝节省;补苴之政四,曰:通商,劝分,兴役,弭乱;轸恤之政四,曰:招流亡,缓征索,审刑狱,恤病因。又陈支吾三议,其议食四条曰:劝义助,勤转输,招商米,优米肆;议兵八条:曰严保甲,练乡民,设侦探,劝习射,练夫役,练牙兵,备城守之人,备城守之器;议信六条:曰励士节,和大户,巡郊野,安典肆,清狱囚,严督察。又筹江南二策曰:"定常赋以绝蠹渔,此治标之法;兴水利以辟田畴,此治本之法。"皆精切可施行,时不能用。其论理财,谓:"管子富国之法,大约笼山泽之利,操轻重之权,可施之一国,不可施之天下,苟利吾国,邻国虽害不恤也,为天下则不然。此有馀彼不足,不足者亦王土也;此享其利,彼受其敝,敝者亦王民也。故桑、孔用之汉而耗,王、吕用之宋而亡。"时称为笃论。瑚尝自言其学如医之治病,求之于古犹方药也,求之于今犹切脉也。按脉求病,按病定方,按方用药,故百发不爽。然主人讳疾,则良医亦束手矣。

明亡,绝意仕进,奉父寓昆山之蔚村。田沮洳,瑚导乡人筑岸御水,用兵家束伍法,不日而成,岁获丰稔。又立孝弟、力田、为善三约,众皆悦从。父病,刺血吁天,愿以身代。父卒,遗产悉让之弟。康熙八年,诏举隐逸,知州白登明将以其名上,瑚力辞乃已。游其门者,多俊伟英略之士。十四年,卒,年六十三。卒后,村人立祠祀之。巡抚汤斌即其居为安道书院。他著有求道录、淮云问答、筑围说、治病说、救荒定议等书。其孙搜辑汇编,为五十八卷。

盛敬,字圣传,亦太仓州人。诸生。长世仪一处,矢志存诚主敬之学。笃于孝友,居丧三年,不饮酒食肉。有弟,遇之无礼,敬始终怡怡。家贫,齑盐不给,读书穷昼夜。瑚尝称其深思静气,学力日进,虽论事或有未当,而严儒释之分、敬怠之辨,至为精密。

江士韶,字虞九,亦太仓州人。诸生。其学以世仪为归,盛敬尝以世仪开辟、士韶恳到称之。同时诸人多务著述,士韶以为三代圣贤之旨,尽于昔儒论说,惟在躬行而已。晚年,取所作焚之,故不传于后。惟世仪所著思辨录,未有伦次,士韶纂辑精要,类分而书之,遂行于世。

【校勘记】

〔一〕今所当学者止六艺　"止"原误作"不止于"。今据国史儒林传（民国铅字单行本，以下简称儒林传）卷上叶一下删。按耆献类征卷三九八叶一下不衍。

〔二〕皆切于世用　"世用"原颠倒作"用世"。今据儒林传卷上叶一下改正。按耆献类征卷三九八叶一下不误。

〔三〕治国　"国"原误作"平"。今据清诗纪事卷一页五八改。

〔四〕筑围岸开港浦广树艺预积储防挽之政四曰　原脱此十八字。今据儒林传卷上叶一下补。按耆献类征卷三九七叶一下不脱。

〔五〕惩游惰　"游"原误作"浮"。今据耆献类征卷三九七叶一下改。

芮长恤　蔡所性　吴光　张怡　雷士俊

芮长恤，字嵩子，原名城，江苏溧阳人。明诸生。博极群书，文行为一时冠。有书贾挟二十一史，截僻句挑之，应声指卷叶，无一错，贾不取直而去。与同邑陈名夏、赵理之、吴颖、彭旭、史熑、马世杰、世俊等合社讲学，以忠孝大义相切劘，称濑上十三子。名夏、世俊并师事之。甲申之变，名夏自给事中污伪命，长恤悲咤忿恨，赋沧浪吟数十篇。福王称制，捕诸从逆者，名夏逃归里，诣长恤，长恤面壁卧曰："君亡不死，安用子见为？"名夏跪且哭曰："尝再缢，不幸为救者误。"长恤厉声曰："胡不三？"亟麾令去，曰："吾不忍鸣汝罪也。"时彭旭率诸同学讦名夏。名夏既入国朝，修旧郤，中旭以法，成狱矣；会名夏奉命来江南，长恤肩舆往局其外，名夏喜出迎叩何言。长恤隔帷语曰："从公乞彭旭耳！"名夏诺，即释旭，然讫不一见而返。自是耕穷山中，足不履城市四十年。名夏以大学士还乡，求一面，卒不可得。贻书候问，亦不发视，曰："山泽之臞，一与贵人接，便失所守矣！"时目为真隐。

长恤在明时，初以制艺名。既，潜心理学，曰："学者自有富贵大路，安用科第为？然欲得程朱真传者，须取太极图、西铭、易传叙、春秋传叙四篇，精研讨究，豁然无疑，然后可以上问濂、洛、关、闽之学。"又曰："昌黎一代儒宗，其学杂驳，故不见满二程。若学者求为韩子，不求为朱子，未可与言道也。"生平端方，一言一动必轨于道，学者多宗之。其为学博而能醇，经史疑义，考证尤精。尝以纲目分注为赵师渊作，不出朱子手，乃取分注之删削通鉴失其本事者，悉列原文于前，而推求事理考辨于后，著纲目分注补遗四卷。论者谓元汪克宽力崇道学，笃信新安而作考异一篇，订讹正舛，至今与纲目并列。长恤是书证佐分明，具有条理，非凭虚肆辨如姚江末流者比，可称纲目功臣。他著又有易象传解、四诗正言、礼记通识、匏瓜录。

蔡所性，字仲全，江苏武进人。少喜读儒先语录，通五经。明亡，绝意干禄，研究诸史及历算、律吕、皇极、洪范等书，以绝学自任。友人从之讲五经同异，所性踞高坐，言如河汉，听者皆屏息。又尝访陆世仪于娄中，诸贤与接席者，无不称叹。性孝友，父病目，舐以舌；病结，以指导粪。居丧，蔬食异寝，如古礼。修脯所入，辄代弟完逋赋。然有机权，谈言能微中。大盗高三倭，官兵莫敢近，所性往说之，即诣城中降。里中人素有城府者，见所性无不立化也，时人以比康节、西山。著有律吕解。

吴光，字与严，亦武进人。明诸生。十龄丧母，哀毁如成人。

及长,日诵数千言,为文说理而华。既,究心经济,博综典、坟,及九流百氏、自成一家言。明亡,太息流涕,取所著付诸火,结庐于滆东僻壤,玩易自适,作野翁传以见志。盩厔李容至常州,与光论学甚契。容称光所著易粗十笺、象数易理兼诣其极,足为来学指南。他著有大学格致辨、中庸臆说、论孟合参各一卷,弄丸吟一卷,时同县陆卿鹄、杨瑀皆尝与容论学,为容所称。卿鹄,字俊公,明副榜贡生。瑀,字雪臣,与昆山顾炎武友善。炎武著日知录,每就正焉。尝与瑀书曰:“仆所以深服先生者,在不刻文字,不与时名,教子博探文籍,而不求仕进。”又曰:“读书为己、探赜洞微,吾不如雪臣。”其倾倒如此。

张怡,字瑶星,初名鹿徵,江苏上元人。父可大,明登莱总兵。毛文龙被杀,边兵叛,可大死之。怡以诸生荫锦衣卫千户。闯贼陷京师,逼怡降,怡大骂曰:“吾父子受国厚恩,恨不能灭汝以报,负罪多矣! 肯降汝耶?”贼怒械之,不食求死,其党或异而逸之。久之归里,隐摄山僧舍,不入城市,杜户著书,自号白云山人。当事高其节,数招之,不往。或造谒,即逾垣走,虽再三不得见也。怡性嗜学,恶喧,喜晏坐。其学务淹博而兼主姚江良知之说,所著述数十百卷,或请贰之,弗许,曰:“吾以尽吾年耳。已市二瓮下棺则并藏焉。”康熙三十年,卒,年八十八。病革,友人遗以美木,怡闻之泣曰:“先将军致命海岛,无人视含敛、吾受兹忍乎!”趋易之,乃卒。著有读易私钞二十卷,尚书策取十五卷,白云言诗十二卷,三礼合纂二十八卷,四书会通十六卷,大学古本钞二卷,中庸通一解二卷,史絜二十四卷,咨闻随笔续笔八卷,金陵私乘八卷,蠹酌四十八卷,志林二卷,上律篇四卷,诗文集二十馀卷。

雷士俊,字伯籲,江苏江都人。先世居陕西泾阳。明诸生。少攻古文,专力经史,已究心性理书,著读大学孟子二篇,其言合于濂、洛、关、闽之旨。又谓:"欲亦原于天,天有理有气,人得其理以成性,得其气以成形。有形而有欲,使无欲,理亦无从附而见,又何殊于释氏绝色声香味而归于虚无寂灭之道哉!"漳浦黄道周以劾宰辅抵罪,客或讥其好名,士俊斥之,著好名辨。南都立,著甲申私议,谓:"宜正位号,树藩卫,饬纪纲。"上之史可法。明亡,筑室艾陵湖上,闭户著书,惟施闰章、王士禛诸人始得相通问。年五十八,卒。著有艾陵文集二十八卷。

同里张问达,字天民,明末为诸生。高杰欲屯兵扬州城内,问达诣史可法军门,力陈不可,可法怒,将斩之,或呼曰:"此壮士也,不可杀。"召入,论时事,改容谢焉。问达为学得力于致良知之说,刻文成全集以志私淑。著有易经辨疑七卷、左传分国纪事、河道末议。后举康熙五年乡试官,赵城知县。

李容按中孚名颙,史馆因避讳改作容。

李容,字中孚,陕西盩厔人。父可从,为明材官。崇祯十五年,张献忠寇郧西,巡抚汪乔年总督三边军务,可从随征讨贼,临行,抉一齿与容母彭曰:"如不捷,吾当委骨,子善教儿矣!"兵败,死之。容母葬其齿,时容年十六,母日言忠孝节义以督之。容事母孝,饥寒清苦,无所凭藉,而自拔流俗,以昌明关学为己任。自经、史、子、集以至二氏书无不博观,而不滞于训诂,文义旷然、见其会通。其学以尊德性为本体,以道问学为工夫,以悔过自新为始基,以静坐观心为入手。关学自冯从吾后渐替,容日与其徒讲论不辍。当事慕其名,踵门求见,力辞不得,则一见之,不报谒,曰:"庶人不可入公府也。"有馈遗者,虽十反不受。或曰:"交道接礼,孟子不却。"容曰:"我辈百不能学孟子,即此一事不守孟子家法,正自无害。"陕抚欲荐之,哀吁得免。然关中利害在民者,亦未尝不为当事言之也。先是,容欲求父遗骸,以母老而止。既而母殁,庐墓三年,乃徒步之襄城,遍觅不得。服斩衰,昼夜哭,知县张允中感其孝,为其父立祠,且造冢战场,名之曰"义林"。常州府知府骆钟麟官陕时,尝师事容,谓:"祠未能旦夕竣,请南下诣道南书院,发顾高遗书,且讲学以慰东林学者之望。"容赴之,凡讲于无锡,于江阴,于靖江、宜兴,所至学者云集。既而幡然悔曰:"不孝!此行何事,而喋喋于此?"即戒行赴襄城。常州人士思慕之,为建延陵书院,肖像其中。容既至襄城,适祠成,乃哭祭招魂,取冢土西归附诸墓,持服如初丧。

康熙十二年,陕督鄂善以隐逸荐,有诏起之,固辞以疾。十八年,〔一〕诏举博学鸿儒,礼部以海内真儒荐,大吏亲至其家促之起,舁床至省。容绝粒六日,至拔刀自刺,大吏骇去,乃得予假治病。容戒其子曰:"我日抱痛自期永栖垩室,平生心迹颇在垩室录感一书。万一见逼而死,敛以粗衣白棺,勿受吊也。"自是闭关不与人接,惟昆山顾炎武及同邑惠思诚至则款之。思诚,容四十年所心交也。四十二年,圣祖西巡,召容见,时容已衰老,遣子慎言诣行在陈情,以所著四书反身录、二曲集奏进。上谓慎言曰:"尔父读书守志,可谓完节。"特赐御书"志操高洁"及诗幅以奖之。

容学亦出姚江,谓学者当先观陆九渊、杨简、王守仁、陈献章之书,阐明心性,然后取二程、朱子以及吴与弼、薛瑄、吕楠、罗钦顺之书,以尽践履之功。初有志济世,著帝学宏纲、经筵僭拟、经世蠡测、时务急策等书,既而尽焚其稿。又著十三经注疏纠缪、二十一史纠缪、易说、象数蠡测。亦谓无当身心,不以示人。居恒教人一以反身实践为事。谓孔、曾、思、孟,立言垂训,盖欲学者体诸身,见诸行,充之为天德,达之为王道,有体有用,有补于世。否则假途干进,岂圣贤立言之初心,国家期望之本意耶?时容城孙奇逢之学盛于北,馀姚黄宗羲之学盛于南,与容鼎足,世称三大儒。惟容起自孤根,上接关学之传,尤为难及云。晚年寓富平,有富平答问。四十四年,卒,年七十六。

门人王心敬传其学,其四书反身录七卷、二曲集二十二卷,亦心敬所摭次。

【校勘记】

〔一〕十八年 “八”原误作“七”。今据耆献类征卷四〇六叶一下改。按本卷应撝谦传亦照改。

白奂彩　党湛　李士瑸　马碱士

白奂彩,字含章,陕西华州人。明诸生。其伯兄尝及冯从吾之门,奂彩闻其绪论,私窃向往。遂弃帖括息进取,一反之于经,玩易洗心,诗、礼、春秋,多所自得。明末,与马嗣煜论学寄园,律身愈严。康熙七年,闻李容倡道鳌屋,奂彩与同州党湛、李士瑸、王四服、马枃、张珥及蒲城王化泰迎容于家,诸人皆年长于容,折节北面,请教惟谨。奂彩于进修之要靡不究极,最后以向上一机请。容欣然告以安身立命之旨,脱去支离直探原本,奂彩录之,以告同学,题曰"学髓",后编入二曲集中。容既西去,奂彩率同志结社切劘,恪守师说,不入城市,不谒官府,终日晏坐一室,手不释卷。同知郝斌式庐聆其论议,叹曰:"关中宿儒也。"二十三年,卒,年七十八。奂彩与化泰、四服及湛皆先容殁,容尝致书守令,表三人墓曰"高士",表湛墓曰"理学孝子"。

党湛,字子澄,陕西同州人。尝言:"人生须作天地间第一等事,为天地间第一等人。"故自号两一。性至孝,父病癫,家人莫敢近,湛侍养不离侧,及殁,庐墓三年。根究理道,玩诸儒论学语,揭其会心者于壁,居恒默坐土室,澄心反观,久之,恍然有契。自是动静云为,卓有把持。及从容学,盘桓日夜未尝有惰容。卒,年八十四。

李士瑸,字文伯,亦同州人。以诸生贡太学。天性孝友,父疽发于背,口吮之而愈。亲殁,丧葬一遵文公家礼。笃好正学,容至同州示以"学髓",喜跃如狂,自是凝神内照,研究先儒语录,二十年如一日。尝四举乡饮大宾,州守表其闾曰"关中文献"。年九十,卒。著有文学正谱二卷、[一]群书举要二卷、孝经要义二卷、四书要谛四卷、小学约言一卷、理学宗言二卷、王陈宗言二卷、诗馀小谱一卷、问疑录一卷、玉山前后集十卷。

马稤士,字相九,亦同州人。父嗣煜,生平以正学自许,著有五经初说、寄园会语、群玉阁集。明崇祯间,守武定州,殉难死,赠太仆少卿。稤士少孤,力学,由廪生充贡,既而叹曰:"圣贤之学不在是也!"乃一意暗修根极性命之要,行不径,坐不倚,虽酷暑未尝解衣。痛父殉国难,忌日哭泣不食。与族祖枺同师李容,容为析经书同异之辨,秫士顿悟。或诘其故,曰:"无声无臭,六经之所以出,亦六经之所以归也。"秫士事容尤谨,康熙十七年,容迫诏命,谢绝人事,惟秫士及富平惠霝嗣昕夕侍侧。卒,年八十。著有白楼存草、卷石斋集。

关学初以马嗣煜嗣冯从吾,后李容出,奂彩及秫士诸人同师事容,有名于时,而郿县冯云程、武功张承烈、朝邑关独可、咸宁罗魁、韩城程良受,蒲城宁维垣、邠州王吉相、淳化宋振麟皆笃志励学,得知行合一之旨。至乾隆间,武功孙景烈亦能接关中学者之传。

【校勘记】

〔一〕著有文学正谱二卷 "文"原误作"大"。今据中国丛书综录(上海古籍出版社,一九八二年版)册二页七三九右改。

王夫之

王夫之,字而农,湖南衡阳人。兄介之,邃于经学,明亡,匿不复出,著有周易本义质四卷、诗经遵序十卷、春秋四传质十二卷。夫之少负俊才,读书十行俱下,与兄介之同举崇祯十五年乡试。流贼张献忠陷衡州,设伪官招夫之,夫之走匿。贼执其父为质,夫之引刀自刺肢体,舁往易父,贼见其创也,免之,父子俱得脱归。既而何腾蛟屯湖南,堵胤锡屯湖北,不相能,夫之上书章旷,请调和两军,旷不能用。顺治四年,大兵下湖南,夫之入桂林依大学士瞿式耜。尝三上疏劾王化澄,化澄欲杀之,会有救者,得不死。闻母病,乃间道归。筑土室石船山,名曰"观生居"。

杜门著述,其学深博无涯涘。以汉儒为门户,以宋五子为堂奥,所作大学衍、中庸衍皆力辟致良知之说,以羽翼朱子。而于正蒙一书,尤有神契,精绎而畅衍之,为正蒙注九卷,思问录内外篇各一卷。以为张子之学上承孔、孟之志,下救来兹之失,如皎日丽天,无幽不烛,圣人复起,未之能易。惟其门人未有,殆庶世之信从者寡,道之诚然者不著,是以不百年而异说兴,又不二百年而邪说炽。因推本阴阳法象之状,往来原反之故,反覆辨论,所以归咎上蔡、象山、姚江者甚峻。

所著诸经有易、书、诗、春秋稗疏,共十四卷,其说易不信陈抟之学,亦不信京房之术,于先天诸图及纬书杂说排之甚力,而亦不空谈玄妙附合老庄之旨。其说尚书,诠释经文,多出新意,驳苏轼传及蔡传之失,大都辞有根据,不同游谈。其说诗,辨正名物训诂,以补传笺诸说之遗,不为臆断。辨叶韵一篇,持论明通,足解诸家之轇轕。其说春秋,考证地理,多可以纠杜注之失。国朝经学继起者无虑百十家,然诸家所著有辄为夫之所已言者,如子纠为齐襄公子之说,梁锡玙据为新义;翚不书族,定妠非谥之说,叶酉亦据为新义:皆未见其书也。

他著有周易内外传、大象解、尚书引义、诗广传、礼记章句、春秋家说、世论、续左氏传博议、四书、稗疏、训义、俟解、[一]读四书大全说、诸经考异、说文广义、读通鉴论、宋论、永历实录及注释老、庄、吕览、淮南、楚辞,姜斋诗文集等书,凡三百馀卷,后人汇刊之为船山遗书。

康熙间,吴逆在衡湘,夫之又逃入深山。吴逆平,巡抚郑端嘉之,馈粟帛请见。夫之以病辞,受粟反帛。三十一年,卒,年七十四。时海内儒硕，推馀姚黄宗羲、昆山顾炎武。夫之多闻博学，志节皎然，世谓相亚云。

夫之同时又有郴州喻国人，辰溪米元倜，衡山谭琼英、刘宗源，皆以明亡不仕，讲学衡湘间，著书授徒，成就甚众。

【校勘记】

〔一〕俟解　"俟"原误作"详"。今据耆献类征卷四〇三叶三七上改正。

谢文洊　甘京　封濬　黄熙　宋之盛　之盛孙士宗

谢文洊，字秋水，江西南丰人。明诸生。年二十馀，入广昌之香山，阅佛书，好之。后读王畿及王守仁书，大悔，遂与友讲阳明之学，会于新城之神童峰。有王圣瑞者，力攻阳明，文洊与争辨累日，为所动，取罗钦顺困知记读之，始一意程、朱。邑城西有程山，在独孤及弹琴、马退石之左，文洊辟学舍其间，名其堂曰尊雒。与其徒敦实行，修古礼，昼之所为，宵必书之，考业记过，朔望相质订。出入循循，里中人不问而知为程山弟子也。时宁都易堂九子，节行文章为海内所重；星子髻山七子，亦以节概名。文洊独反己暗修，务求自得。髻山宋之盛过访文洊，文洊遂邀易堂魏禧、彭任会程山。讲学旬馀，皆推文洊，谓其笃躬行，识道本。

所著有大学中庸切己录二卷，首以君子有三畏讲义一篇，发明张子主敬之旨，以为为学之要，"畏天命"一言尽之矣。圣人一生战兢惕厉，无非畏天命之心法。学者常当提持此语注目而视,唯此倾耳而听,唯此稍有一念之私,急须当下提醒痛责,速自洗涤,以无犯帝天之怒。工夫既久,乐天境地可得而臻也。次为程山十则,亦以躬行实践为主。末附西铭解一篇,谓此为学者究竟指归,因尊之曰"事天谟",自言八九易稿乃定,窃欲折衷先儒启发来学云。他著又有易学绪言二卷,风雅伦音二卷,左传济变录二卷,大臣法则八卷,程门主敬录一卷,初学先言二卷,义正编一卷,兵法类案十二卷,程山集十八卷。

康熙二十年,卒,年六十七。同邑甘京与文洊友,少文洊七岁,已而服其诚也,遂师之。

甘京,字健斋,南丰人。诸生。好学,能诗文。负气慷慨,慕陈同甫之为人,讲求有用之学。尝区画田赋上下,上有司行之。值邑荒乱,京请免荒税,均赋役,赈饥平寇。又潜身走山寨下,知贼中险易,陈策请剿,人称其经济。闽中令闻其名,欲以重金聘入幕中,弗应。及师文洊,立身砥行,温润栗理,魏禧兄事之。其论学谓朱、陆归宿不异,所趋之途异,途异自有失,护其失而争之则害矣。著有通鉴类事钞一百二十卷,轴园稿十卷,不焚草二卷,无名高士传一卷。京与同邑封濬、黄熙、曾曰都、危龙光、汤其仁同师文洊,时号程山六君子。

封濬,字禹成。顺治间贡生。性孝友,父病,祈天请代;兄不得于父,为慰解而曲成之。年二十四,教授里中,生徒且百人。至四十,师文洊,少文洊五岁,执礼恂恂,如未成人。性耐劳勚,为人排难解纷,秩秩有次序。值清丈邑田,濬与黄熙任其事,毋敢干以私。后彭士望以出位为戒,因自号位斋。

黄熙,字维缉。顺治十五年进士。官临川教谕。以亲老乞养归。文洊长熙仅六岁，熙服弟子之事，常与及门之最幼者旅进退。朔望四拜，侍食，起馈唯诺，步趋维谨。彭士望比之朱子之事延平。文洊于人少许可，独引熙为入室弟子。性至孝，父殁，蔬食三年。后奉母居山寨，母丧，山居延燎，熙抚棺大恸，愿以身同烬。俄而风返火灭，人以为孝感。卒，年六十二。著有仿园遗稿。魏禧尝曰："程山之门，濬为最长，其德宇尤大醇，笃行有道，君子也。"又曰："曰都毅而介，其仁和而有守。京与龙光坦中而好义，熙虚己而挚。此五君子者，性情行己不同，而孝友于家，廉于财，不苟且于言行，学古贤者之学，而缺然以为若将弗及，则无不同。"其推挹甚至云。

宋之盛，字未有，江西星子人。崇祯十二年举人。少孤，事两兄如父。国变后，足不入城市，结庐髻山，与同里查辙、吴一圣、余晫、查世球、夏伟及门人周祥发讲学，时称髻山七隐。其学以明道为宗，识仁为要，于二氏微言奥旨，皆能抉摘异同。与文洊交最笃。尝与甘京论祭立尸，丧复之礼不可废，魏禧亟称之。禧语京学道必工文章，使其言可法可传。之盛非之曰："若是则教儒者以作文矣！"晚读胡居仁居业录，持敬之功益密。康熙七年卒，著有求仁编、丙午山间语录、程山问辨、髻山语录。孙士宗能传其学。

士宗，字司秩，雍正四年举人，官南丰教谕。乾隆元年举博学鸿词，以部驳不与试。士宗学守程、朱，谓"陆、王与老、佛之言日与吾党争理，即濂、洛、关、闽复生，不能骤起而胜也"。著学统存二十四卷，又有史学正藏五卷。

彭士望　彭任

彭士望,字达生,江西南昌人。明诸生。少与新建欧阳斌元相厉为有用之学。父晢,闻漳浦黄道周平台召对语,叹曰:"铁汉也!"临卒,语士望师之。道周为江西布政都事,以党祸逮。士望周旋缇骑间,慷慨不挠。明年,太学生涂仲吉上疏讼道周冤,并下狱。辞连士望,几不测,道周论戍,事乃解。史可法督师扬州,招士望。斌元已先在,士望至,则进奇策,请用高、左兵清君侧之恶,斌元助之。可法不能用,遂辞归。会金声桓入南昌,士望乃挈妻子走宁都。赣州破,故职方司主事杨廷麟以孤属诸生彭锟。锟死,孤为兵所掠,士望赎之。

遂与同郡林时益依魏禧兄弟居翠微峰,讲学易堂,与程山谢文洊、髻山宋之盛诸人相往复。尝携其子婿读书程山独孤之琴台,与文洊论学,为日记。其学以阳明、念庵为宗,谓:"从二先生书,以仰溯周、程、朱、陆,其源无不同者;其有不同,仅循途之迹或舟或车,或马或步,然并达于所诣之地。"又谓:"阳明致良知,体用完备,从万死一生得来,非可幸致。念庵表之曰:'世间那有现成良知?'此最足救龙溪辈狂禅之弊。"晚讲求实用,与之盛书曰:"天下五六十年,患虚病极矣!其下者不足言文章经义,名誉气节皆虚病也。相延而至于理学之议论,郏廓经济之影响,云雾袞袞坐谈行义高举,顾为世之龙肉醴泉,而不能为世之布帛菽粟,于民生之酷烈饥寒,气运之倾危陷溺,则相与从容拱手,恃虚美以救之,谓可以易天下,亦徒见其迂疏愦乱,至困弊而莫之救,而相随以死也。其真欲救之者,亦惟核名实,黜浮伪,专事功,省议论,毕力于有用之实学,胆识以充,器量以宏,精神以敛,博杂以去,强力以优,以生为寄,以死为归,以沟壑为家,以忠信才敏之友为性命,操练精熟,宠辱不惊,庶足以任宇宙之大常,大变无所于挠耳。"时之盛、文洊颇不谓然,士望自信益坚,不自悔也。

生平嗜朋友,海内宿望结纳殆遍,规诤过失,竦切深痛,而乐道人之善,至老不衰。著有手评通鉴、春秋五传、〔一〕五传通鉴及诗文集二十八卷。卒,年七十四。

彭任,字中叔,江西宁都人。诸生。少与同邑温应抟友,邑少年尚兵斗,应抟欲以讲学弭之,为乱民所害。时寇盗纵横,人不敢昼行,任独往购其尸,哭殓之。连遭内外丧,疑大小戴记丧服诸篇多杂乱无序,乃分类次,辑为礼记类编十卷。隐居甘贫约,结庐蠙山,名所居曰草亭,足不履城市。尝访其友谢文洊、甘京于程山;魏禧集同志彭士望等九人讲学易堂,任其一也。任务为有用之学,论朱陆异同,谓学者之病,不在辨之不晰,而在于行之不笃,持论颇平。著有理学弗措录十卷,周易解说四卷,文集一卷。年八十四,卒。任之后有星子于特、高安吴瑗,俱为象山之学,为临川李绂所称。

【校勘记】

〔一〕著有手评通鉴春秋五传　"手评通鉴春秋五传"原颠倒作"手评春秋五传通鉴"。今据耆献类征卷四〇〇叶一六上改正。

张自勋　张时为

张自勋,字不兢,江西宜春人。兄自烈,字尔公,博物洽闻。

与同里袁继咸善,继咸为山西提学,遭诬获罪,自烈上书讼其冤。后继咸督师江上,招自烈为助,不赴。明亡,隐居庐山,累征不就。年七十七,卒。著有四书大全辨四十卷、正字通十二卷、莒山文集。

自勋与自烈齐名,端方孝友,重然诺,慎取予。少即潜心性理,论学以求放心为本。谓阳明言良知,是偶有所见,故从此推出,遂主张立说不若言正心,尤为探本穷源之论。著有卓庵心书四卷。宣城施闰章官江西,重建昌黎白鹭两书院,集多士会讲其中。自勋与论学,闰章推服无间言。生平博极群书,性耻蹈袭,绝无剿说。以纲目一书,非惟分注非朱子手定,即正纲亦多出赵师渊手,刘友益误以晚年未定之本为中年已定之本,遂不求端讯末,强辨诬真。因详加考证,辨别是非,著纲目续麟二十卷,校正凡例一卷、附录一卷、汇览三卷。如唐以前太子即位皆书名,至唐独不书,刘友益曲为之说。自勋则以为太子即位前史皆书名,至唐书本纪独否,纲目不过误从史文,不必强为穿凿。又唐贞观元年书征隋秘书监刘子翼不至,刘友益、尹起莘俱以为美之。自勋据唐书刘祎之传载子翼后复召,拜吴王府功曹参军,终著作郎、弘文馆直学士。谓纲目失考,误以为陶潜一例。如斯之类,皆凿凿有征,足破陋儒附会之说。他著有五经大全正误、四书众解合纠、朱陆折衷、二十一史独断二十一卷。

张时为,字景明,江西馀干人。幼孤,育于祖母。既长,佣耕以养,好学不辍。明福王时举贡,怃然曰:“仕以为亲也,而养不逮,栖栖何为?”遂弃去。性方严,以道自任,读礼至头容直,目容端,憬然心省,自是一从事于礼。自题读书处曰内续,欲内力相续不间断也。及耄，复悟曰："专求诸内，有径约之失，乃取主一无适之旨密求之，无事则存养此心，有事则念不他及。"又随所得作札记，曰六一寱言，谓前此梦今始觉也。他著有为学约言四卷、读近思录纪言一卷、丧礼去非一卷。江右之学多宗陆氏，时为生胡居仁之乡，独从居仁宗朱子，故其言平正笃实为多。又有语录一卷、读左言一卷，诗文集六卷。

朱用纯　　王喆生　陆求可

朱用纯，字致一，江苏昆山人。明诸生。父集璜，以诸生贡太学，大兵下江东，城陷，不屈死。用纯恫焉，慕王裒攀柏之义，自号曰柏庐。授徒赡母，潜心宋儒书。其学确守程、朱，知行并进，而一以主敬为程。长洲徐枋言先须发悟而后可以言学。用纯曰："圣贤之道，不离乎事事物物，即事事物物而道在，即事事物物而学在。苟欲先得乎道而后言学，则离道与事物而二之，亦析学与道而二之矣。"又曰："圣贤之学，不外一敬。敬犹长堤巨防，滴水不漏，敬之至也。一敬而天下之理得，天下能事毕，变通鼓舞，尽利尽神，希圣希天之学俱在。"于是居平精神宁谧，动止有常。晨起谒家祠，即庄诵孝经，友爱诸弟，白首无间。为学戒十则以教学者，虽祁寒酷暑，讲论终日无倦容。已复作辍讲语曰："中庸成己成物，只是一诚字统括，实实做得圣贤学问，不逾一分；实实尽得圣贤道理，不欠一分：方始是诚。余今自反，果能如是否？而欲妄居皋比，多见其不知量也。"又曰："今人日用常行，无非种种恶习，人心中只办得卑鄙二字，伦理上只办得苟且二字，必须勘破从前魔障，跳出坑坎，更从上面探讨精微，方可进道。诸君猛力向前,某亦愿拜下风,何必鄙言是听哉?"乡里争曲直,得用纯一言即解。尝曰:"识得天理熟,当机立应。如离弦之矢,更不拟议,更不矜张,真是何思何虑,真是行所无事。"病革,语弟子曰:"学问在性命,事业在忠孝。言尽此矣。"康熙三十七年卒,[一]年七十二。著有删补易经蒙引、四书讲义、无欺困衡诸录、愧讷集。其家训一篇,海内称诵焉。同里弟子王喆生,能得其传。

王喆生,字醇叔,亦昆山人。康熙二十一年进士,改翰林院庶吉士,散馆授编修。二十四年,充会试同考官。寻乞养归。少孤,母抚之成立。初师用纯,后游长洲彭定求之门。读书敦行,经义性理,日有札记以自检。考归后,两任邑中,清田事,为巡抚赵士麟、宋荦所推重。其为学遵程朱而攻陆王,谓孙奇逢初守程朱甚笃,自鹿善继诱以文成讲习,遂复异趣。尝邀讲学诸人结会,每一会静坐七昼夜,以验心学。著七规一卷,又著懿言日录四卷。仪封张伯行称其精深博大,比之抑戒。卒,年八十一。又有素岩文稿二十六卷。

陆求可,字咸一,江苏山阳人。十龄而孤,事祖母与母极孝。笃志好学,贯通经史。顺治十二年进士,授河南裕州知州。时大兵一日数至,赭阳一驿,事增于前十倍,而费减十之八。求可贷军府子钱,市马六十充急发,民力遂苏。旧额垦田一万九千三百馀顷,近垦八百馀顷而已。又以塞河之役,逃荒三百馀顷,求可设法诱垦污莱之田,二而当一;确瘠之田,三而当一:人劝于农。又为之减盐引,新学校,民以父母歌之。以最,入为刑部员外郎,历郎中,升福建提学佥事,转布政司参议。康熙十八年,卒,年六十三。求可为学以主敬为先务，而本乎治心，言必述六经，而所宗者朱子。馀录其长去其短，上自象山，下至阳明诸弟子，未尝排击，持论甚平，而其大旨在兼善天下。尝谓君子所养，要令暴慢之气不设于身体，居官必操切击断之意少，而平易中和之政多。又谓理为事之本，事为理之用，临事不为私意所动，所藉平日有居敬穷理之学然矣。秀水朱彝尊称儒者讲学之效，见诸行事，求可有焉。著有语录四卷、密庵文集二十卷、诗集八卷。

【校勘记】

〔一〕康熙三十七年卒　"三"原误作"二"。今据耆献类征卷四〇五叶七下、九下改。

费密

费密，字此度，四川新繁人。父经虞，明云南昆明县知县。

密年十四，父病，医言："尝粪甘苦，可知生死。"密尝而苦，父病果起。未几，流贼张献忠犯蜀。密上书巡按御史刘之勃，陈战守之策，不省。已而，全蜀皆陷，密辗转穷山中，会有人传其父消息，闻之痛哭，遂去家人滇，奉父归。至建昌卫，为凹者蛮所得，赂之乃脱。

广元伯杨展闻密名，遣使致聘。密说展曰："贼乱数年，民无食，今非屯田，无以救蜀民，且兵不能自立。"展纳其言，命子总兵璟新偕密屯田于荥经瓦屋山之杨村，以次举其法，行诸州县。后展为袁韬、武大定所杀，密与璟新整师，为复仇计。尝与贼战，躬自擐甲，左手为刃所伤。时璟新营于峨眉，裨将有与花溪民殴争者,称言:"花溪居民下石击吾营,势且反。"璟新欲引兵诛之,密力争曰:"花溪吾民也,方与贼战而杀吾民,彼变从贼,是益贼也。"璟新乃止,全活者数百家。后密还成都省墓,至新津为武大定所掠,欲杀之,以计得免。密叹曰:"既不能报国,又不能庇亲及身,不如舍而他去。"遂奉父北行入秦,溯汉江,下吴越,流寓泰州,老焉。〔一〕密父邃于经,著毛诗广义、雅论诸书,以汉儒注说为宗。密尽传父业,又博证学士大夫,与王复礼、毛甡、阎若璩交。后往苏门,谒孙奇逢,称弟子。逾月归,奇逢题"吾道其南"四字为赠。奇逢卒,密哭于泰州,设主受吊,二十一日始焚主,然心丧未去怀也。

杜门三十年,著书甚多。谓宋人以周程接孔孟,尽黜二千馀年儒者为未闻道,乃上稽古经正史,旁及群书,著中传正纪百二十卷,序儒者授受源流,为传八百馀篇,儒林二千有奇,自子夏始。又著弘道书十卷:曰统典论,曰辅弼录,明大统必归帝王,不得以儒生干之也;曰道传,述明七十子及汉唐诸儒功,不可没也;曰古经旨论,曰原教,明圣道具于经,无所谓不传之秘也;〔二〕曰圣门育材论,明圣人取人甚宽,不可举一废百也;曰祀先圣礼乐旧制议,曰先师旧制议、七十子封爵旧制议,〔三〕曰七十子为后议,曰从祀旧制议,明汉唐以来学制不可废,先儒不可黜,不可予汉唐过薄而予宋儒过厚也;曰圣门言道述,曰先儒言道述,明圣人授受有旧章,不可杂不可改易也;曰吾道述,明圣教不同于二氏也。又有古今笃论四卷、朝野净论四卷、中旨定录四卷、中旨辨录四卷、中旨申惑四卷,皆申明弘道书之旨。又有尚书说一卷、周官注论一卷、二南偶说一卷、中庸大学驳义一卷、四礼补篇十卷、史记笺十卷、古史正十卷、历代选举合议二卷、奢乱纪略一卷、蚕北遗录二卷、荒书四卷、二氏论一卷、家训四卷、集四十卷。密一足跛，工诗古文。晚岁取给于授徒卖文，人咸重其品，悲其遇。扬州守为之除徭役。年七十七，卒。

子锡琮、锡璜，世其学。初，新城王士禛赏密诗，遂与定交。后锡琮、锡璜并以诗名。至今谈蜀诗者，推费氏为大宗。

【校勘记】

〔一〕老焉　"老"原误作"家"。今据费密传稿（之三四）改。

〔二〕无所谓不传之秘也　原脱"之"字。今据费密传稿（之三四）补。

〔三〕曰先师旧制议曰七十子封爵旧制议　原脱此十七字。今据费密传稿（之三四）补。

耿介　　陈榕

耿介，字介石。初名冲璧，读北山移文，至"耿介拔俗"之句，遂更今名。河南登封人。顺治九年进士，改翰林院庶吉士。在馆中与睢州汤斌共处一室，以澹泊宁静相砥砺。授内秘书院检讨，出为福建按察司副使。巡视海道，历福、兴、泉、漳、延、建六府，所过禁迎送馈遗。造船命下，介入山采木监造，未尝告劳。大兵复闽安，檄筑城海上。介昼督工役，夜备海盗，四十馀日成，表里石城三百六十丈，复修营房二百馀间，屹为重镇。

康熙元年，转江西湖东道，缺裁，改直隶大名道。所至除积弊，革冗费，戒贪墨，恩威大著。时方严旗逃之令，株连动三四十人。介恻然曰："功令固严，曲全由我，独不可行仁于法中乎？"

在任期年,清三百餘案,不牵一人,民咸感之。丁母忧归,服除,不出。诣苏门,受业孙奇逢,执弟子礼,甚坚。笃志躬行,以昌明绝学为己任。体明道"内主于敬而行之以恕"语,以敬恕名其堂。兴复嵩阳书院,定讲课,汲引不倦,来学者众。二十五年,斌疏荐介赋质刚方,践履笃实,家居澹泊,潜心经传,学有渊源。召为侍讲学士,旋升詹事府少詹事,特命辅导皇太子。上尝命书字,介书"孔门言仁言孝。盖仁孝一理,仁者孝之本体,孝者仁之发用。不言仁无以见孝之广大,不言孝无以见仁之切实"四十三字以进,上悦,书"存诚"二大字赐之。会斌被劾,介引疾乞休。詹事尹泰劾介诈疾,并劾斌不当荐介。部议革职,奉旨:"耿介免革职,依原道员品级休致。"在朝凡五十三日,遂归。归后,仍主嵩阳,讲学不辍。

介之学,大旨以朱子为宗。尝与斌书,以为"道本中庸,作不得一些聪明,执不得一些意见,逞不得一些精采"。斌然其言。所著孝经易知,斌开府吴中,颁行所属。他著有中州道学编、理学要旨、敬恕堂存稿。二十七年,卒于家。时中州讲学者,有上蔡张沐,新安陈惵。沐见循吏传。

陈惵,字元熙。康熙三年进士。官马邑知县,边陲残破,惵招集流亡,赈贫恤孤,民困渐苏。旋以告归。少专意宋儒之学,检身制行,以邑先达孟化鲤、吕维祺为法。病学者悖谬朱注,潜心体认,著四书认注说。归后,主嵩阳,以所注性理诸书讲授,问业者满户外。后以疾卒于家。

介著中州道学编,凡五十七人,始二程子,终于惵。

崔蔚林　张潘

崔蔚林,字夏章,直隶新安人。顺治十五年进士,改翰林院庶吉士。同年孝感熊赐履倡明理学,蔚林与之游,遂研究诸儒书,曰:"道在是矣!"逾年散馆,授检讨,迁弘文院侍读,晋侍读学士,转翰林院侍读学士。康熙初,迁侍讲学士,乞假归,时年甫三十。曰:"吾归事吾学耳!"既归,研究诸经,尤潜心于易。已,往苏门,从孙奇逢游,登啸台,历邵窝,观梅弄竹,自谓有春风舞雩之乐。寻丁继母忧,服阕,补原官。充日讲起居注官,诏撰易经讲义。蔚林闭门谢客,覃竭思虑,冀有所裨助。上尝问家居时有何著作,蔚林书致知格物说进,上命之讲。既毕,上曰:"然则朱王之说皆非与?"对曰:"臣不敢以为非,但臣十年体认如此。"寻以疾告归。初论学,谓学有三关:义利、毁誉、死生。晚而所得邃深,曰:"其实义利二字尽之矣!"戒著书太早,不轻立言,有四书讲义、解易。蔚州魏象枢、睢州汤斌道义交也。蔚林闻其先后卒,伤悼不止,疾益笃,二十六年卒,年五十三。

张潘,字上若,直隶磁州人。明兵部尚书镜心子。崇祯末,寇躏河朔,奉母行遁,崎岖二千里,追寻其父于姑湖。顺治六年,成进士,授内弘文院庶吉士。在馆中,与汤斌切磨,为圣贤之学。闻母病,即告归,日夜侍汤药,偕妻刘、弟衍刲股以进。既,连丁内外艰,哀毁骨立。念妻孝于姑,妻卒终身不再娶。家居二十年,不妄交游,惟与孙奇逢往复论学,尝曰:"真学问在行谊,若知而不行,犹未知也。"又曰:"除忠孝伦常外,别无道学。"年五十八,卒。著有读书堂集十卷。

马光裕　曹续祖

马光裕,字玉笋,山西安邑人。顺治四年进士。五年,授工部都水司主事。六年,奉使管理卫河,力督疏浚,著卫河图说。林虑山寇据险自固,为民患。光裕致书总镇,谓宜慑以威,抚以恩,使知投戈为良。总镇如其言,山寇遂降。九年,使竣,转吏部文选司主事,升考功司员外郎,晋稽勋司郎中。历验封、考功凡五迁。在文选日,会推大臣,侃侃持正,为公论所服。在考功日,议天下官吏功罪,悉平心以处,柱联有"事必告天,心惟向日"语。十三年正月,掌计典,竭七日夜,逐人逐事,剖析注册,录手夹志之,时以为烦。及上问降级不同之故,光裕据手夹,一夕疏成,咸骇为神奇。寻以母老,乞养归。

光裕幼庄雅,步履不苟,而浑厚中有风采,无敢以亵狎见者。其学以主敬为把柄,以明伦反己为工夫。奉使时,访容城孙奇逢于苏门;官京师,与蔚州魏象枢比邻。皆往复辨论,期体之冠衣、蔬醴、寝兴、坐立之际。尝作康窝记,谓:"愿为君子之居易,不为小人之戚戚,庶几理顺心安,虽有他嗜好,弗移此乐。"又言:"人一念悚惕不为私累,便是理欲分界,便是人定胜天。"其潜修自反如此。归里后,日依母侧,必得欢心。处祖免以下至于里党,一以至诚恻怛相流通。建育德书院,集邑之才俊,月三会。崇正学,黜浮词,人咸兴起焉。晚年,诫子曰:"天地惟无物不有,无物不容,所以成其大。若有一毫计较,便生间隔,与天地生物之心便不相似。"象枢言交光裕二十年,其反躬实践,往往自愧弗逮,可谓醇儒。康熙十年,卒,年六十一。著有止斋集。

　　曹续祖，字子成，山西乡宁人。顺治十一年举人。性至孝，既举于乡，念母春秋高，闭门侍养，终身不出。母殁，自始丧暨虞仪节，悉遵家礼。妻死亦然，且为帖辞杀牲赙钱之奠。洪洞范鄗鼎尝录其事，入理学备考中。

　　雅嗜读书，尤专精理学家言。尝作原命，谓："天之命以天道而言，天命之以天道之及于人物者而言，命体也，命之用也，体用一原，不得区而二之。"又作原性，谓："在天曰理，在人曰性，性即理也。一理而二其名，非二其名而不一其理。"又作原心，谓："心为形气之属，而独号神明，所以能具众理而应万事，能具众理者心之量，能应万事者心之才，非此心之外别有一心。然非聪明睿知如圣人学问开拓之功必不容已。孟子以其心为同然义理之心，于其放也必学问求之。"又曰："尽其心，充其心，是明以理不外气必用功夫，以全本体而后能立此大者也。彼静坐之学，有流而为瞑目入定者；良知之学，有流而为披剃参方者。因而只言冥悟，不事诗书，直将腔中之物，置为死地，而心之为心，皆追逐于无何有之乡，心学顾如是耶？"

　　续祖隐居城西之卧云洞凡二十年，于实事实理，推勘到极精细处。年八十犹庄诵宋六子书，不少辍。有四书纲领、四书窃疑、易书启蒙约义、太极通书、薛录等书，而文集则皆阐发义理之言。

范鄗鼎　　李生光　党成

　　范鄗鼎，字彪西，山西洪洞人。康熙六年进士。祖弘嗣，父芸茂，俱及绛州辛全之门。芸茂天性孝友，力行全所讲执敬之学。崇祯末,负母避寇,又只身代父入见伪官,俱得免。明亡,杜门不出,卒于家。

鄗鼎少时,父授以全所著养心录,曰:"此辛先生第一书也!"初以五经应试,嗜左国秦汉之文,务为奇奥。既而曰:"人不为理学,将为何如人? 文不为理学,将为何如文?"自是益究心濂、洛、关、闽诸书,阐明辛全之学。性至孝,父往见伪官时,牵衣仆地,竟夜乃苏。及通籍,养母不仕,闭户读书。立希贤书院,置学田,赡学者,河汾人士多从受经。与钱塘应撝谦、盩厔李容以理学著于南北。十八年,太常寺卿朱裴荐举博学鸿儒,以母老辞。四十二年,圣祖西巡,鄗鼎迎驾,进所辑理学书,御书"山林云鹤"四字赐之。后卒于家。

鄗鼎为学不开讲堂,不事著作,不主一家言,惟汇辑古今嘉言懿行以教学者。初辑理学备考,剟取辛全、孙奇逢书十卷,续补己说六卷;后复剟取熊赐履、张夏、黄宗羲书,合三十四卷。尝以寄平湖陆陇其及李容。陇其谓薛、胡、王、陈不当并列,容则谓姚江一变至道,孙钟元明目张胆,主张姚江,可谓卓见。然鄗鼎复新城王士禛书云:"冯恭定有言,除却气节、事功、文章,将于何处见道学? 近人指文成为异端,狃侮前哲,讪谤学官。先生谓其无羞恶之心,仆更谓其失为下不倍之道也。至于黄梨洲学案属意专在文成,亦属偏见。仆取其收罗宏富,自叙处不讳浅深,各得醇疵互见之意耳。"萧山毛奇龄序其书,谓鄗鼎无偏陂之见存于中云。他著有五经堂文集五卷、语录一卷、三晋诗选一卷;又以祖弘嗣有晋垂棘编,作续编十九卷。鄗鼎初得世祖所颁劝善要言,牛戒汇钞刊布乡里,故垂棘续编兼言感应之说,然网罗放失,山右文献赖之。

李生光,字暗章,山西绛州人。幼端方,不与群儿伍。未冠,为诸生。闻辛全倡学河间,遂往受业。笃于内行,事亲至孝,全深重之。明亡,绝意仕进,自号汾曲逸民。构一草堂,日夕读书其中。以二南大义、程朱微言训门弟子。著有儒林辨正、崇正辟邪汇编,凡万馀言,卫道之力甚勇。学者多传诵之。

党成,字宪公,亦绛州人。幼为学有志圣贤,村居键户,日诵濂、洛、关、闽书,以身体之。其学以明理去私为本。生平不求人知,鄗鼎曾扬之于人,意甚不怿,时目为狷者。家贫,取与不苟。与人语,悉本诸经。尝为友人作一斋解云:"朱子曰:一者诚而已矣。周子曰:圣可学乎? 曰可。有要乎? 曰:一为要,一者无欲也。经传所载,若一德,若一贯,诚之说也,所谓圣也。若惟一,若克一,无欲之说也,所谓学圣者也。致力于无欲,则圣可学矣。"鄗鼎尝称其言。其辨朱陆异同,谓:"论者多以陆为尊德性,朱为道问学,此言殊未然。盖朱子之道问学,实以尊德性也。陆氏则自锢其德性矣,何尊之可云? 陆子尝曰:不求根本,驰心外物,理岂在于外物乎? 此告子义外之学也。朱子曰:本心物理,原无内外,以外物为外者,是告子义外之学也。即此数语,可以见二家之异同矣。"其辨析精当,类如此。蔚州魏象枢闻其名,敦请讲学,三返,卒不答,象枢益高之。著有学庸澹言、日知录等书。弟子同里李毓秀传其学。

毓秀,字子潜。谨守师说。尝曰:"西铭、太极相为表里:西铭言其当然,太极言其所以然;西铭犹大学,太极犹中庸也。"年八十三,卒。

胡承诺　彭大寿　萧企昭

胡承诺,字君信,湖北天门人。明崇祯举人。入国朝,隐居不仕,卧天门、巾柘间。顺治十二年,部铨县职。康熙五年,檄征入都,六年,至京师,以老丐归。构石庄于西村,自号石庄老人。穷年诵读,于书无所不窥,而深自韬晦。晚著绎志,绎志者,绎己所志也。由圣贤修身立命以及帝王之任官行政、制事治人,名臣贤士之所以持躬成业,凡民之所以居室尽伦,莫不兼综条贯。原本道德,切近人情,考据古今,推准时会,为有体有用之学。自志学至自叙,凡六十一篇,二十馀万言。其言有曰:"性原于天,其体常明,非物欲所能蔽;其或蔽之,则以学扫除之。命通于性,其理常定,非吉凶所能侵;其或侵之,则以学持守之。故学者性所由尽,命所由正也。人有蔽塞,求通则通矣,以其知学也。物无求通之志,故蔽塞自如,以其不知学也。然则为学之功,非直通塞之关,又人物之别也。"又曰:"性授于情而后有益于天下,情依于性而后无害于天下。"又曰:"醉饱伤生,多于饥渴;文字伐性,甚于颛蒙;法令诲奸,捷于教导。"又曰:"根本未固,不必丰其枝叶;亲戚多怨,不必问其交游;言行多疾,不必观其事业;不见敬于州里,不必论其立于朝廷,临于民庶也。"又曰:"物必有措置之所,措诸其所,圣人不能易也。义者事之所也,事有常有变,而义以为中。常之所宜,圣人用其中,非用其常也,故处常足以应变;变之所宜,圣人从其中,不从其变也,故应变所以守常。"又曰:"六经者,复性之书也。其议道也,以圣人为则;其制法也,以众人为心。于圣人见道之极,于众人见道之同。众人之所同,即天心也。治法尽是矣。舍此求治，必秦汉以下任势之为，不久而遂敝，似治而实乱。"又曰："欲立法度，先正人心；欲明号令，先慎起居；欲用刑辟，先崇教化；欲拨乱兴治，先使一纲举而万目张。"又曰："圣王之有用舍，所以变化人才，不但澄清流品，意在澄清，则综核之念多于爱养。官常虽励，侥幸者亦叨窃其间。意在爱养者，长育之指既切，名实之辨自著。贤者无不遂其志，不肖者有改悔之益。"又曰："法之将坏，纰缪居多。如绳之将绝，不能缚物也。有司更加以苟且，是引将绝之绳，缚难系之物，健者放逸莫追，所系缚者跛躄而已。"又曰："古之人不敢轻言变法，必有明哲之德，于精粗之理，无所不昭。不独精者为之地，即粗者亦为之地。有和悦之气，于异同之见，无所不容，不独同者乐其然，即异者亦乐其然。然后可夺其久安之法，授以更新之制而不惊顾、不謷哗也。"又曰："能聚敛者未必能富国也，能富国者未必能安天下也。富在筐篚府库，则上溢而下漏；富在大夫之家，则本颠而末蹶；富在市廛，则金生而粟死。必也富在四野，然后货财流，天下安矣。"又曰："欲富国者，当使君民之力皆常有馀。民之馀力，生于君之约取；君之馀力，生于民之各足。"皆根柢经史，旁罗百姓，而折衷于周、程、张、朱之说。承诺自拟其书于徐幹中论、颜之推家训，然其精粹奥衍，非二书所及也。

　　二十年，卒，[一]年七十五。别有读书说六卷，文体类淮南、抱朴，鳞杂细碎，随事观理而体察之，殆绎志取材之馀，与是书相表里。又有菊佳轩诗，今不传。

　　彭大寿，字松友，湖北孝感人。明诸生。少端谨。及长，有志伊洛之学,博探先儒语录,参考经传,寒暑不辍。入国朝,绝意进取,授徒自给,屡空,晏如。有邀之会讲者,辞曰:"我辈闭户潜修,固贵同志商订。然徒仆仆都邑,互相标榜,意将何为?"大吏闻其名,冀一见,俱以老辞。康熙二十九年,卒,年七十九。著有大易诗经春秋合解、鲁冈通礼等书,共一百三十四卷。其鲁冈或问四卷,言身心治道,有功圣学。

同县程大纯,字汉舒。康熙中贡生,黄冈县教谕。好学,敦行谊,奖训士类,多所成就。所著笔记二卷,皆讲学之言,谓"陆王虽矫枉过正,然用以救口耳之学,不为无功。"所见殊为平允。

萧企昭,字文超,湖北汉阳人。顺治十四年,副榜贡生。少禀异姿,博闻强记,下笔数千言。与孝感熊赐履友善,锐志正学。尝游京师,与赐履辨儒佛之邪正,朱陆之异同。赐履见其功夫精进,畏服非常,彼此箴规,拳拳不已。企昭之学,尊法朱子,排斥陆王,而心平气和,无明人喧哄之习。其东林要录序曰:"当其始也,出于士大夫意见之相歧,声名之相夺;而其后也,举国家之大命随之。"其同时尚论录书后曰:"当日东林、魏珰之门户,牢结而不可破。一胜一败,正不敌邪。遂至杀戮忠良,剥削元气,感召灾祲,酝酿盗贼。虽食小人之肉而寝其皮,宁足以纾其恨哉? 然而小人不足责也,彼所称为君子者,持意见,快恩仇,以和衷易处之事为诟语相加之行,激而生变,祸贻于国。又安得尽归罪于小人乎?"均平心之论。体清羸善病,而潜心著述。康熙八年,卒,年三十三。著有客窗随笔一卷、再笔二卷,日记一卷,杂笔一卷。后人裒为一编,总名性理谱。又暗修斋稿一卷。

【校勘记】

〔一〕二十年卒　"十"下原衍一"六"字。今据清诗纪事卷二页一九六

改。按历代人物年里碑传综表（姜亮夫著，一九六五年中华书局

再版，以下简称碑传综表）页四九八不衍。

曹本荣　　陈大章　万年茂　刘梦鹏

曹本荣，字欣木，〔一〕湖北黄冈人。顺治六年进士，改翰林院
庶吉士。布袍蔬食，以清节自励。八年，授秘书院编修。九年，
应诏上圣学疏千言，其略云："皇上得二帝三王之统，则当以二帝
三王之学为学。诚宜开张圣德，修德勤学，举四书、五经及通鉴
中有裨身心要务、治平大道者，内则深宫燕闲，朝夕讨论；外则经
筵进讲，敷对周详。君德既修，祈天永命，必基于此。"有诏嘉纳。
十年，擢右春坊右赞善。寻升国子监司业，以正学为六馆倡，刊
白鹿洞规以教士。十一年，转中允。十二年，世祖章皇帝甄拔词
臣品端学裕者，充日讲官，本荣与焉。十三年，升秘书院侍讲、左
春坊左庶子，兼侍读。日侍讲幄，辨论经义。世祖章皇帝谕曰：
"易自魏王弼、唐孔颖达有注与正义，宋程颐有传。朱熹本义
出，学者宗之。明永乐间，命儒臣合元以前诸儒之说，汇为大全，
皆于易理多所发明。但其中同异互存，不无繁而可删，华而寡
要。且迄今几三百年，儒生学士发挥经义者，亦不乏人，当加采
择，折衷诸论，简切洞达，辑成一编，昭示来兹。"乃敕本荣与傅以
渐撰易经通注九卷，镕铸众说，词简理明，为说经之圭臬。本荣
素善病，上遣医诊视，御笔仿巨然画赐之。上一日读孟子"人知
之亦嚣嚣"，顾本荣曰："自得无欲，汝足当之。"十四年，充顺天

乡试正考官。九月,充经筵讲官。十一月,以失察同考官作弊,
吏部议革职,上以其侍从讲幄日久,宥之。十八年,迁翰林院侍
讲学士,转侍读学士,改国史院侍读学士。康熙四年,以病乞归,
卒于扬州,年四十四。

　　本荣之学,从阳明致良知入,而加以践履笃实之功。尝谓:
"明德与仁,皆心之妙用,性原不睹不闻。见此之谓见道,闻此之
谓闻道。"又谓:"颜子不改其乐,从戒慎恐惧中来。"初著居学
录,自序谓:"孩稚知能而同然之仁义,已达墟墓哀敬,而百千之
礼制以生,仁体事而皆存,心随处而各具。"又著五大儒语要,以
程、朱、薛与陆、王并叙。又著王罗择编,二溪之后,附以白沙。
他著有周张精义、格物致知说及书绅录十卷、奏议稽询四十四
卷。病亟时,行李萧然。门生计东在侧,犹教以穷理尽性之学。
其卒也,容城孙奇逢哭之,比之元许衡。

　　子宜溥,由荫生荐举博学鸿儒,试授检讨。本荣之后,黄州
学者有陈大章、万年茂、刘梦鹏。

　　陈大章,字仲夔,亦黄冈人。康熙二十七年进士,改翰林院
庶吉士。以母老,乞归。少侍父官粤,交梁佩兰、陈恭尹。工诗
古文。归后,筑室松湖,键户读书,究心天人之理,学益邃。深于
毛诗,著诗传名物集览一百卷,凡三易稿乃成。后摘录鸟、兽、
虫、豸、鳞、介、草、木,十二卷付梓,征引繁富,可为多识之助。他
著又有读史随笔、抱节轩类记、玉照亭诗、北山文钞。卒,年六
十九。

　　万年茂,字少懷,亦黄冈人。乾隆元年进士,改翰林院庶吉
士,散馆授编修。澹于荣利,与赵青藜、蔡新辈以道义相切劘。

时史馆例进经义,年茂指陈时事,不避忌讳。掌院鄂尔泰让之,不为动。六年,充山东乡试正考官。七年,充会试同考官。梁国治、刘墉皆出其门。寻擢御史,遇事敢言。如请免苏州米豆税,斗殴未及丁请勿偿,皆议行。越二年,上疏劾于振、陈邦彦,其略曰:"廉耻为国之维,大学士列清华之长。顷者皇上赐宴瀛台,殊恩异数,千载一时。际此隆施,正当深自砥砺,讵有侍读学士于振、陈邦彦向侍郎傅恒越礼献媚,近前屈膝。观礼之场,众目惊骇。请予罢斥,俾知无礼之逐,共敦羞恶之心。"奏入,上因其语稍戆,抑之,遂免归。后修高宗实录,仁宗览其疏,命勿讳。归后,主讲麟山、涑水、鹭洲、豫章、河东、岳麓、江汉各书院,学者咸尊仰之。著有周易图说六卷,发体用一源之旨。杨名时见而叹曰:"历圣心传在是矣!"五十七年,重宴鹿鸣。卒,年九十。

刘梦鹏,字云翼,蕲水人。乾隆十六年进士,官直隶饶阳县知县。饶故多奸猾,梦鹏缉之力,案无留牍。缓徭役,免浮税,造士抚民,循声卓著。以丁艰归,寻卒。著有春秋义解十二卷,大旨推本公穀,谓公穀比事属辞,义不诡于儒者。又著有屈子章句。

【校勘记】

〔一〕字欣木　"欣木"原颠倒作"木欣"。今据曹本荣传稿(之四一)改正。按碑传综表页五一七及耆献类征卷四七叶一二上均误。

张贞生　张烈　张能麟

张贞生,字干臣,江西庐陵人。少入塾受经,即有志圣贤之学。顺治十五年进士,改翰林院庶吉士,散馆授编修。居京邸,以苦节称。尝上谏止游畋一疏,论者以比陆宣公。擢国子监司业,课诸生严正。寻迁侍读。康熙十年,充日讲起居注官。在经筵讲书,陈说无馀,上命之赋诗,贞生辞以小道不足为。荐升侍讲学士。时议遣大臣巡方,贞生言徒扰百姓无益,察吏安民,当责成督抚。以出位言事,降二级,然卒罢巡方之差。贞生初阐阳明良知之说,后读罗钦顺困知记,乃专宗考亭,以慎独主敬为归,粹然一出于正。与孝感熊赐履并以理学名,尝与赐履书曰:"若提明善二字,谓可包知行。姚江复起,将有词于我矣。"蔚州魏象枢问孔颜乐处从何处寻,贞生曰:"下学上达,克己复礼。"因举山居联语曰:"孔子何以乐,发愤忘食;颜子何以乐,既竭吾才。"尝谓:"学问有渐进工夫,别无顿悟法门。"又谓:"诸家言自然,言顿悟,不问元气虚实,专用表散之剂,不害人不止矣。"所居蓬蒿满径,突无炊烟。大书座右曰:"最危是人禽之界,吃紧在义利一关。"归时不能具装,故人馈赆,一无所受。家居构我师祠,祠薛、胡、罗、高四先生。又捐宅为诚意书院。自于玉山下葺颓垣居之。十四年,奉旨召用,至京卒,年五十三。病笃,友人候之,犹惓惓言学不已。著有唾居随录四卷、庸书二十卷、玉山遗响六卷。后平湖陆陇其见其书,深为嘉与,称:"贞生气能抗万乘之威,力足却纷华之习。乃区区整庵一书,遂退然自下,尽改其故学,非天下大勇,其孰能之?"因钞其粹语入集中。陇其同辈中最嘉与者,有张烈。

张烈,字武承,顺天大兴人。康熙九年进士,授内阁中书。十八年,举博学鸿儒,试列一等三名,改翰林院编修,预修明史。

二十一年,充会试同考官。二十四年,迁左春坊左赞善。寻卒,年六十四。烈少聪颖,读书目数行下。及长,潜心理学,事继母至孝,委曲承顺,无间言。居官以清白自励,不屑世俗荣利,纯如也。在史馆时,作史法质疑一书,通论史体。分纂孝武两朝,刘健、李东阳等传,时推其有史迁笔意。又修明史典训及四书讲义诸书,编辑精当。其学以程朱为宗,深疾阳儒阴释之徒,以闲邪卫道为己任。谓:"人之心非别有一物,在窈窈冥冥中,视听言动,皆心所在也。善治心者,治视听言动,即治心也。治伦物政事,即治心也。象山、阳明言本心,言良知,以下学讲习为支离无本领,此禅门直指人心之说,圣门无是也。"著王学质疑六卷,分五篇:一辨性即理之说,一辨致知格物之说,一辨知行合一之说,一为杂论,一为总论。其攻击姚江甚力。陆陇其序,谓其能尽扫王畿、周汝登之毒,罗钦顺、陈建后此最为深切著明。同时宗洛、闽者,皆奉为圭臬。惟持之太过,以明之亡国,归罪守仁,未免锻炼云。生平著述,皆有关人心世道之文。于经尤邃于易,所著读易日钞六卷,删改四十馀过。易箦前数日,犹合蒙引、通典存疑诸书,补订知来、藏往二义。其书一宗朱子本义,因象设事,就事陈理,说易家之不支蔓者也。又有孜堂文集二卷。

张能麟,字玉甲,亦大兴人。顺治四年进士,除浙江仁和县知县。荐升四川按察司副使。康熙十八年,举博学鸿儒,试罢归。其学宗程朱,于金溪姚江直指为禅。陆陇其亦甚称之。尝督学江南,著儒宗理要、孝经衍义二书,以教学者。又有诗经传说取裁十二卷、西山文集九卷。

应撝谦　姚宏任　秦云爽

应撝谦,字嗣寅,浙江仁和人。明诸生。生而有文在手,曰"八卦",左耳重轮,右目重瞳。少即以斯道为己任。年二十三,作君子自勉论,殚心理学,以躬行实践为主。与钱塘虞鈖、蒋志春等为獂社,取有所不为也。性至孝,授徒养母,三旬未娶。人问之,曰:"娶则无以养母,鳏居可俟也。"归安沈士毅慕其义,妻以兄女,资使奉养,撝谦终不肯入私室。母殁,除丧,始成礼。家居,足不出百里,隘屋短垣,贫甚,淡如也。杭州府知府嵇宗孟数式庐,欲有所赠,嗫嚅未出。及读撝谦所作无闷先生传,乃不敢言。海宁知县许酉山请主书院,造庐者再。撝谦辞曰:"使君学道,但从事于爱人以德足矣。"康熙十八年,诏征博学鸿儒,内阁学士项景襄、李天馥交章荐撝谦,舁床以告,客有劝者曰:"昔太山孙明复尝因石介等请,以成丞相之贤,何果于却荐哉?"撝谦正色曰:"我不能以我之不可学明复之可。"巡抚为言实老病不能行,乃免征。撝谦为学,不喜陆王家言,尝谓阳明之功谲而不正,又谓阳明自少独学无师,坚于自用。其论性、论太极,亦颇与程朱不同。然其教人用功,必以穷理格物为本,谨守朱子家法,读书务穷底蕴。

所著述二十八种,于经有周易集解、诗传翼、书传拾遗、春秋传考、礼学汇编、论孟拾遗、学庸本义、孝经辨定,而古乐书二卷议论醇正,考订简核,深得要领。自序曰:"夫乐何为而作也?民受天地之生,禀阴阳之气,有清浊之声,而性情形焉。声之变有万,而不离于五,喉音宫,齿音商,牙音角,舌音徵,唇音羽。五者备矣,无中声则不发;中气实矣,无五者则不声。此民之具于天者也。然此五者,惟中土之人得其中。九州之外偏气所极,皆得其一方之音而不能变。至于禽虫,则唯具一声。圣人惧人之习于偏音而失其中性,乃取十二月之中气,命神瞽考中声而量之以制,此十二律所由起也。其声之下而浊者,至黄钟而极;高而清者,至应钟而极。彼此旋宫,因时发敛,大声不至震越,小声不至哀细,使天下之人皆以为节,听而法之,以和其声,以平其心。然后耳目聪明血气流行,风俗变化,师讼不兴,职是故也。今宗伯不考声,学宫不正律,使俗乐恣行于天地之间,以败乱人心而蛊惑风俗。呜呼,岂不痛哉!"又著性理大中二十八卷,因性理大全增损之,而退太极图说于末卷。其论阳明一卷,陆陇其尝特表之,曰王学考。又教养全书四十一卷,分选举、学校、治官、田赋、水利、国计、漕运、治河、师役、盐法十考,略仿文献通考,而于明代事实尤详。其不载律算者,以徐光启已有成书;不载舆地者,以顾炎武、顾祖禹方事纂辑也。又潜斋文集十卷。康熙二十六年卒,[一]年六十九。门人钱塘凌嘉印、沈士则能传其学,而姚宏任尤以笃行称。

　　嘉印,字文衡。著有春秋集解绪馀一卷、春秋提要补遗一卷。康熙三十七年卒,年六十一。

　　士则,字志可。深于礼学,后嘉印之卒三年。

　　姚宏任,字敬恒,亦钱塘人。少孤,隐市廛,其母偶见贸丝银下劣,愠甚,曰:"汝亦为此乎?"宏任长跪谢,愿得改行。乃授学于撝谦,日诵大学一过,一言一行,服膺师说。撝谦不轻受人物,惟宏任馈,不辞,曰:"吾知其非不义也。"然宏任不敢多有所将,每时其乏而致之,终身不倦。應谦殁,宏任执丧如古师弟子之礼。馀姚黄宗炎称之曰:"是独行传中人也。"晚年以非罪陷缧绁,宪使阅囚入狱,宏任方朗诵大学,异之;入其室,案上皆程朱书。与语大惊,即日释之。然卒以贫死。

秦云爽,字开地,亦钱塘人。受业于同里虞鈖,鈖之学兼取陆王,而以朱子为正。云爽始从事阳明之学,后颇疑朱子晚年定论之说,乃著紫阳大旨八卷,分八门:一曰朱子初学,二曰论已发未发,三曰论涵养本源,四曰论居敬穷理,五曰论致知格物,六曰论性,七曰论心,八曰论太极。大旨以第一卷为未定之论,二卷以下则真知灼见,粹然一出于正。然其谓阳明之弊,在以无善无恶为心之体,若良知之说,不可谓非孟子性善之旨。又谓:"阳明独崇大学古本,能绝支离之宿障,有功吾道。"又谓:"先儒所见各有不同,吾人最急无如为己。若阳窃卫道之虚名,竟立相持之门户。开罪名教,不敢效尤。"其说颇涉调停。云爽与应應谦交数十年,應谦初为之序,后屡贻书相诤。陆陇其亦贻书云爽,以为于王学扫除未尽云。

同里施相,字赞伯。亦学于鈖,明亡,弃诸生隐居河渚,为小阁祀鈖,与應谦、云爽及万斯选、徐狷石等,数谭宴其间,相与论学,不分门户,不标宗旨。所著书毁于火,仅存遗诗一卷。

【校勘记】

〔一〕康熙二十六年卒 "六"原误作"二"。今据碑传综表页五一二改。按耆献类征卷四〇一叶二四上不误;清史稿册四三页一三一二三误。

汪佑　吴曰慎　施璜　汪璲

汪佑，字启我，安徽休宁人。十岁，读孟子，夜梦天日晦冥，举手麾之。觉而询诸师，师曰："汝今所读正人心，息邪说，孟子良为此也。"稍长，慕元刘因所评周、程、张、邵、朱、吕之说，以幸生朱子乡，愿私淑终身。笃好小学、近思录，遵朱子半日静坐，半日读书法。明崇祯末，寇事棘，佑忧之，著平寇十六策，思效伊川诣阙上书故事，后以时不可为，不果上。遂隐居，事亲，教授生徒，以供甘旨。友人邀讲还古书院，佑见所讲多杂陆王说，乃与同人发明正学，以陈建学蔀通辨互相研究。尝曰："至善无恶，性之体；有善有恶，情之动。知善知恶，为良知；为善去恶，为良能。扩而充之，尽其才，穷理尽性，至于命，斯为大中至正，斯为至诚无妄。乃阳明反以无善无恶为心之体，何耶？顾端文有言：'释藏十三部，五千四百八十卷。一言以蔽之，曰无善无恶。'其祸可胜言哉？"佑为学以"实心穷实理，实功成实修"二语自警。歙汪知默、汪德元、江恒、胡胐讲学紫阳书院，佑以紫阳者明道之坛坫，乃与知默等订六邑同人振兴其会，岁以朱子生日行释菜礼，讲学三日。遵白鹿遗规、天宁诲言，严斥歧趋，使循正轨。知默等辑会讲语，名理学归一，以寄无锡高世泰。世泰合魏裔介、刁包诸人语并梓之，为紫阳通志录。当时徽州学者崇尚朱子，佑功为多。著有易传阐要、礼记问答、大乐嘉成、四书讲录、五子近思录、星溪文集，其尤注意者，明儒通考一书，世泰千里借钞，谓得见此书，瞑目无憾焉。

吴曰慎，字徽仲，安徽歙县人。诸生。笃行好学，尤致力宋五子书。其学以敬为主，故号曰敬庵。尝作性情说，谓："孟子道性善,当时有异论,盖未尝为气质之说以通之。然推<u>孟子</u>口之于味之类而曰性也。"又曰:"动心忍性,则亦就形气嗜欲而言。又犬之性不若牛之性,牛之性不若人之性,亦谓气禀之殊。是<u>孟子</u>虽未言气质,而其意已跃如言外也。性囿于气质,发而为情,不能尽善,欲理性情,非治心不可;欲治心,非敬义不可。盖中和者性情之德,敬者所以中,义者所以和。中庸之戒惧,敬也;慎独,义也。敬义者所以变化气质,克己复礼之道也。"又以<u>金溪</u>之徒援儒入<u>释</u>,非痛切明辨无以尽绝根株,悉祛障蔽,因著<u>就正录</u>、<u>敬庵存稿</u>诸编。尝游<u>梁溪</u>,从<u>高世泰</u>游。后还<u>歙</u>,会讲<u>紫阳</u>,兴起甚众。著书三十馀种,易学尤深,有<u>周易本义翼</u>、<u>周易集粹</u>、<u>爻征</u>数十卷。<u>爻征</u>取史以证象,尤晓然于贞胜之旨。<u>御纂周易折中</u>,曾取其书数十则。

　<u>施璜</u>,字<u>虹玉</u>,<u>安徽休宁</u>人。少应郡试,入<u>紫阳书院</u>听讲,瞿然曰:"学者当如是矣!"遂弃举业,发愤躬行。已而会讲推<u>璜</u>,<u>璜</u>先一日斋宿,务设诚以感人,教学者九容养外,九思养内,以造于诚。先后主讲,垂四十馀年。康熙三十二年,<u>圣祖</u>赐"学达性天"额于<u>紫阳书院</u>,<u>璜</u>因辑<u>书院志</u>十卷。初,<u>璜</u>好学不敢自是,闻四方名贤,徒步千里。尝过<u>梁溪</u>,访<u>高世泰</u>,将归,与<u>世泰</u>约期某年月日当赴讲。及期,<u>世泰</u>设榻以待,或曰:"千里之期,能必信乎?"<u>世泰</u>曰:"<u>施生</u>,笃行君子也。"言未终,<u>璜</u>果至。又尝应聘<u>金陵</u>,与<u>孝感熊赐履</u>论学,尤相契。<u>赐履</u>称其<u>易说</u>、<u>西铭问答</u>、<u>太极图注翼</u>,有功经传。及<u>赐履</u>再用,<u>璜</u>遗之书曰:"国家岁漕东南粟输京师,累费巨万;如使<u>畿甸</u>及<u>齐晋</u>之地,相水利以兴稻田,则数百万之粟,可取之如反掌也。"<u>赐履</u>善其言。其学以复性为宗

旨，主敬为工夫，自为日记，立存心、行事、读书、接人、吐论五目，注其旁曰："无录，怠也；录善掩不善，欺也。怠则耻，欺则甚耻。"每日从朝至暮，以所行所得注于下，题曰思诚录。如是者亦四十馀年。又以文成之道不熄，朱子之道不著，讲论之馀，悉力排击。论者谓其崇尚正学，与汪佑同功。他著有诚斋问答、性理发明、易书诗四书释注、五经臆说订、学庸或问、辨学汇言、四礼要规、新安塾讲录、紫阳通志续录，其五子近思录发明、小学发明二书，尤为海内传诵。

汪璲，字文仪，亦休宁人。十岁通经史，十六即潜心性理书，力于躬行，一言一动，必秉成法。平生不妄交游，所师友者，高世泰、吴曰慎诸人。为学一遵朱子，而得力尤在学蔀通辨一书。主讲东林，力严阳儒阴释之辨。深于易，著读易质疑二十卷，凡八易稿乃成。熊赐履极称之。湘潭陈鹏年与论易，璲为反覆于吉凶消长进退存亡之道。及鹏年作令西安，犹贻书勉以古之循吏。卒年七十四。他著有周易补注、大学章句绎义、语馀漫录、悠然草、诗文集。后仪封张伯行见汪佑、吴曰慎、施璜及璲所著书，谓佑五子近思录择朱子书之精粹而纂集之，其惓惓为道之心甚至；曰慎晰理精，解经密，不淆于俗，而能救俗之蔽；璜见道卓，行道勇，卫道力，不愧为紫阳嫡系，因编曰慎文集为六卷，璜文集为四卷，刊以行世；而璲读易质疑、语馀漫录亦谓其理本程朱，足以信今传后云。

汤之锜　金敞　顾培

汤之锜，字世调，江苏宜兴人。年二十四，遭国变，屏居田野。至性纯笃,居亲丧,一循古礼。事诸父如父。于儒先书,无所不读,而以周子主静之说为宗。尝寓居无锡,四方来学者众,之锜仿高攀龙复七规,春秋两会,教以默识大原,实体伦物。常州知府骆钟麟请暨屋李容讲学东林,遣使聘之,不赴,后又延主东林、延陵诸讲席,亦不就。尝论出处之道曰:“潜龙勿用,潜要确,不确则遁世,不见知而悔矣。”为学专务切近,无缘饰。或问朱陆异同,之锜曰:“顾力行何如耳,多辨论何益?”年六十二卒。及门武进金敞、无锡顾培建书院惠山之麓,奉主祀之。著有偶然云集十卷。

金敞,字廓明。少负气节,有经济才。尝从鲁王海上,颠沛流离,不忘忠孝。大兵定浙江,乃易服归乡里,从之锜游,敞长之锜三岁,执礼恭谨。搜辑顾高遗书,谓圣贤为必可学。之锜殁后,卜居梁溪,立山居会约,兴起甚众。疾革时,呼弟子取缶吐血盈器,曰:“一腔热血尽矣!”遂卒。著有暗修集十二卷。

顾培,字昀滋。与族弟鏊同从之锜问学。之锜殁,筑共学山居,以延敞朝夕讲贯。守高攀龙静坐说,默识未发之中,久之遂笃信性善之旨。张伯行抚吴,诣东林讲学,颇以静坐为疑。培往复千言,畅高氏之旨,伯行无以难之。

鏊,字隽生。习静三十年,与培共主讲席,虽严毅而诚意恳挚,亦为学者所服。

高愈　严毅　张夏　华学泉

高愈,字紫超,江南无锡人。诸生。明左都御史攀龙从孙。东林高、顾子弟入国朝后,颇传其学。

攀龙从子世泰,字汇旃,少侍讲席,学甚该究。尝著五朝三楚文献录,学者重之。攀龙殁后,与嘉善陈龙正订正遗书,崇祯十年成进士,授礼部主事,历官湖北提学佥事。明亡,不仕。晚年以东林先绪为己任,葺道南祠、丽泽堂于梁溪。一时同志恪遵遗规,祁州刁包闻声谒之,相与论学,时称南梁北祁。盩厔李容至常州,与会讲于东林书院,欢若平生。

同时顾枢,字庸庵,宪成长孙。天启元年举人。尝从攀龙讲性命之学,明亡,闭户读书,足不入城市,与世泰俱以理学名。著有西畴日钞二卷。世泰有高子节要十四卷、紫阳通志录四卷。

愈十岁,读攀龙遗书,即知向学。及壮,日诵遗经及先儒语录,孝友肫恳,言动不苟。攀龙尝作静坐说示学者,愈私淑前徽,平居体安气和,虽子弟未尝谯诃。终日凝坐不欠伸,当盛署不裸跣。其忿争者至愈前,辄愧悔。县中人好以道学相诋諆,独称愈曰君子。尤严取舍之辨,尝曰:“士求自立,须自不忘沟壑始。”巡抚张伯行延主东林讲席,辞以疾;有司馈之人参,不受。年七十,门弟子以新冠为寿,亦却之。既而大困,啜粥七日矣,挈其子登城上眺望,充然乐也。治经精密,尤长于礼。保德姜橚佐督学高裔校阅赏其文,语人曰:“江南宿学之士,愈及桐城方苞而已。”同县顾栋高尝从愈游,说经娓娓不倦。栋高叹曰:“便便之腹,真五经笥,但不为假卧耳。”卒年七十八。著有高注周礼二十二卷,又小学纂注六卷。乾隆中督学尹会一以小学取士,颁行其书。

严毅,字佩之,亦无锡人。性孝友,家贫,屏迹不出。笃学好古,经史百家,靡不研究。尝读高子遗书,叹曰:“吾舍是将安归?"高世泰推为东林主讲,督学张能麟欲礼致之,不赴;贻以"力扶正学"额,不受。或劝以野服谢,亦不答。所著有易说、易同、春秋论、春秋集说、尚书讲义、四书讲义、生轩存稿。

张夏,字秋绍,亦无锡人。明诸生。隐居菰川,孝友力学。初受业于马世奇,博通经史。后从高世泰学,归本自治,积十馀年,遂入世泰之室。世泰殁,其子弟相与立夏为师,事之如世泰。汤斌抚吴,至东林,与夏讲学,韪其言。聘讲孝经、小学于学宫,退而著孝经衍义、小学瀹注。其论学谓东林顾、高两先生:一提性善,以破无善;一提格物,以救空知。辨析丝毫,俾夜复旦。著雒闽源流录十九卷,取有明一代讲学之儒,分别其门户,大旨阐洛、闽之绪,而力辟新会、姚江之说,然于陆氏之派,亦节取所长。又以东林之学始宋杨时,因重辑杨文靖年谱二卷,又著锡山宦贤考略三卷。

华学泉,字天沐,亦无锡人。键户读书,穷日夜不倦。与高愈友善,所著仪礼丧服答问,愈极称之。又著春秋类考十二卷、春秋疑义一卷,大旨崇尚宋儒,尤多主胡传。张伯行抚吴,延主东林讲会,谢不赴。后数年卒,年七十八。

王弘撰　　王建常　康吕赐

王弘撰,字山史,陕西华阴人。明南京兵部侍郎之良子。少与兄弘学、弘嘉互相师友,博雅能古文,尤深于易。隐居华山下,筑读易庐居之。其论易,辟焦京之术,阐周文之理,推本经义,一以朱子、邵子为归。尤究心濂、洛、关、闽之学,尝以周子无极之说,陆九渊争之于前;朱子格物之说,王守仁轧之于后。弘撰则谓格物当以朱子所注为是，无极则以陆九渊所辨为是。又谓："崇朱学者，称先期之乱由于学术不正，其首祸为阳明；崇陆学者，称无极二字出于老子，为周子真赃实犯。其说皆为太过。"又谓："阳明之定论，予不敢以为定；篁墩之道一，予不敢以为一，即陈建之通辨亦间有已甚之词。"又谓："学者为学，以平心静气为第一义。凡读书论人，当求其实为吾所最尊之人，或有一失，不必为之掩；为吾所深排之人，或有一得，不必为之废。本诸天地之地，证诸圣贤经传，反之为心，惟求其是而已。"

初与李因笃不识，一日邂逅长安茶肆，各以意拟姓名。及询之，皆不谬，遂定交焉。昆山顾炎武遍观四方，至华阴，谓："秦人慕经学、重处士，持清议，他邦所少。"欲定居，弘撰为营斋舍。炎武曰："好学不倦，笃于友朋，吾不如山史。"尝一至延安，著延安屯田议，谓："今延安、绥德、宜君等处，各设兵防，人不下数千。大乱之后，闲田颇广。诚谕令所在地方有司并镇守将官，一心规画，设给牛粮，每军一人量给闲田若干，务有馀裕。期年之间，将变荒碛为丰壤，易流徙为乐康。足食足兵，莫善于此。"又著延安纺织议，谓："延安布帛，价贵于西安数倍，生计日蹙，国税日逋，非尽其民之情，无教之纺织者耳。今当于每州县各发纺织具，令有司依式造成，散给里下，募外郡能织者为师，即以民之勤惰工拙为有司殿最。一二年间，民享其利，将自为之，不烦程督矣。"康熙十八年，举博学鸿儒，征至京师，居城西昊天寺，不谒贵游。左都御史魏象枢招之，亦不往，遂以老病不能试，罢归。卒后，睢州汤斌题其像曰："胸怀渊穆，立行介确，盖具经纶天下之才，而退藏不见其崖略也。"其推挹如此。古文简洁有法、汪琬称其得史迁遗意。当时关中碑志,非三李则弘撰,而弘撰工书法,故尤多于三李。三李者,因笃及容、柏也。著有周易筮述八卷、正学隅见述一卷、山志六卷、砥斋集。

弘学,字而时,尝及冯从吾之门,履规蹈矩,惟宋儒是程,乡里咸敬之。著有孔时图、达天说九章、石渠阁文集。入国朝,与弟弘嘉俱隐居,力学不复仕。

王建常,字仲复,陕西朝邑人。明赠刑部侍郎之寀从子。少失怙恃,事继母以孝闻。年二十,为诸生。已乃弃去,锐意正学。顾炎武寓华下,慕之,数以疑义相质,见所著律吕图说二卷,叹曰:“吴中未有也!”李因笃、王弘撰数称其名于当道,督学许孙荃持金币为寿,不受;赠以诗请和,亦不答,题其门曰“真隐”。其学以主敬存诚为功,穷理守道为务。生平注意尤在小学句读记四卷,以此为入德之门。尝自言:“年三十时遭国变,即谢绝世故,啖荠读书。至年近八十,又值岁饥,或日不举火,然泰然自得,未尝启口告人。盖幸闻朱子述其师延平之语。”后同邑李元春称建常气节足维世风,理学足翼圣道,其纯正在李容上云。著有大学直解一卷、论语辑说十卷、诗经会编五卷、尚书要义六卷、春秋要义四卷、太极图集解一卷、四礼慎行一卷、思诚录一卷、复斋录六卷、别录一卷、日记二卷、馀稿六卷。

康吕赐,字复斋,陕西武功人。为诸生,绝意仕进。思欲倡明正学,刻苦数十年,自谓有得,以致良知为宗,主慎独为功夫,以体用一原、内外两忘为究竟。谓:“阳明以格物致良知,此知行并进,自是切实周详。”又谓:“中庸揭出慎独,即孔子修己以敬血脉,阳明更提掇明快。”督学朱轼访士于泾阳王承烈,以吕赐及王心敬对。轼造庐访焉，然吕赐居远，谢交游，世未之识也。所著有大学中庸日录二卷、南阿集二卷。

李因笃　李柏

李因笃，字天生，陕西富平人。明诸生。时天下大乱，因笃走塞上，求勇敢士歼贼以报国，无应者。归而闭户读书，博闻强记，贯串注疏。康熙间，诏举博学鸿儒，因笃夙负重名，公卿交荐，母劝之行，试列一等，授翰林院检讨。未逾月，以母老乞养，疏曰："臣窃惟幼学壮行者，人臣之盛节；辞荣乞养者，人子之苦心。故求贤虽有国之经，而教孝实人伦之本。比者内阁学士项景襄、李天馥，大理寺少卿张云翼等，旁采虚声，联尘荐牍，陕西巡抚促臣赴京。臣自念臣母年逾七十，属岁多病，困顿床褥，转侧需人。臣止一弟因材，从幼过继；臣年四十有九，并无儿女，跬步难离，屡具呈辞，叠奉部驳。窃思己病或可伪言，亲老岂容假借？臣虽不肖，讵忍藉口所生，指为推卸之端乎？痛思臣母垂暮之年，不幸身婴残疾，臣若贪承恩诏，背母远行，必致倚门倚闾，夙病增剧。况衰龄七十，久困扶床，辇路三千，难通啮指。一旦祷北辰而已远，回西景以无期。万一有为人子所不忍言者，则是毛义之捧檄，不逮其亲；温峤之绝裾，自忘其母。风木之悲何及，瓶罍之耻奚偿！臣永为名教罪人，不惟始进已乖，无颜以对皇上；而循陔负咎，躁进贻讥，则于荐臣亦为有腼面目。去岁台司郡邑络绎遣臣长行，急若风火，臣趋朝之限，虽迫于戴星；问寝之私，倍悬于爱日。然呼天莫应，号泣就途，志绪荒迷，如堕云雾。低头转瞬，辄见臣母在前，寝食俱忘，肝肠进裂，其不可渎官常而干禄位也明矣。况皇上至仁至孝,远迈前朝,而甘违老亲,致伤风化;有臣如此,安所用之?乃臣自抵都以来,屡次具呈具疏,九重严邃,情壅上闻。随于三月朔扶病考试,复蒙圣恩授职检讨,纂修明史,受恩深重,何忍言归?惟是臣自去秋入京,奄更十月,数接家信,臣母以昼夜思子,流涕无已,双目失明。臣仰图报君,俯迫恋母,欲留不可,欲去未能,瞻望阙廷,进退维谷。查现行事例,凡在京官员,家无次丁,听其终养。臣身为独子,与例正符。伏祈特沛恩慈,许臣归养,以终天年。臣母子衔环镂骨,永矢毕生矣。"疏入,诏许归养,母殁仍不出。

因笃性忼直,然尚气节,急人之急。顾炎武在山左,被诬陷,因笃走三千里,为脱其难。尝著诗说,炎武称之曰:"毛郑有嗣音矣!"又著春秋说,汪琬见之,亦折服。与毛奇龄论古韵不合,奇龄强辨,炎武是因笃而非奇龄,所著音学五书,因笃与有力焉。归后,岐山令及淳化宋振麟等请讲学于朝阳书院,因笃首发横渠以礼教人之旨,次论有守有为之义,而断之于审几,以著思诚之体。其论学必绾以经,说经必贯以史,使表里参伍,互相发明。当时学者洒然有得,因记之为会讲录。尤熟于有明事迹,王鸿绪史稿成,就正因笃,时老病卧床褥,令二人读稿,命之窜易,半载而毕,由是史稿知名。他著有受祺堂集三十五卷、汉诗音注五卷、汉诗评五卷、古今均考一卷。

李柏,字雪木,陕西郿县人。九岁失怙,事母至孝,备历艰辛而色养不衰。稍长,读小学,曰:"道在是矣!"遂尽焚帖括,日诵古书。尝东登首阳,拜夷齐墓,归而师扑之,曰:"汝欲学古人,吾必令汝学今人也。"则应曰:"必学古人。"师再三扑之,应如前。

以母命一就试,遂补诸生。母卒,入太白山中,布衣蔬食,极人之
所不堪。时自诵曰:"贫贱在我,实有其门。出我门死,入我门
存。"又曰:"牛被绣,鸾刀就。"又曰:"古之人有七日不火食者,
有三旬九飧者,有食木子橡栗者,有屑榆者,有一日长坐者,有餐
毡啮雪十九年者。盖有主于中,不动于外,所谓不忘沟壑也。"年
四十八,将贡,或劝之行,怆然曰:"昔为吾母应此役,今奚恋
耶?"康熙三十三年,卒,年七十一。著有槲叶集十卷。蟊屋李容
与因笃及柏相善,康熙间关中称儒者,咸曰三李也。

王心敬　康乃心

王心敬,字尔缉,陕西鄠县人。为诸生,督学待之不以礼,弃
去。从李容游,讲明正学。其论学以明新止至善为归,谓:"诸儒
主静、识仁穷理、居敬立大本、致良知诸旨,总不出明新止至善之
范围。"至推阐易理,尤为笃实,谓:"学易可以无大过,是孔子明
易之切于人身,即是可知四圣人系易之本旨。"又谓:"汉唐之易
只成训诂,宋明之易多簸弄聪明。训诂非易而易在,聪明乱易而
易亡。"著丰川易说十卷,明白正大,切近人事,有裨学者。督学
朱轼数造庐问业,总督额伦特、年羹尧先后以隐逸荐,不赴。羹
尧尝招心敬,亦不往。世宗闻而重之。乾隆元年,举孝廉方正,
以老病不赴京,大学士鄂尔泰尝寄声问安否。其见重当世如此。
心敬为学明体达用,西陲边衅初开,即致书戎行将吏,筹画精详,
所言多验。集中选举、饷兵、马政、区田法、圃田法、井利说、井利
补说诸篇,皆可起行。桂林陈宏谋官陕时,闻其绪论,小试辄效。
所著又有尚书质疑八卷、诗说二十卷、礼记汇篇八卷、春秋原经

二卷、关学编五卷、丰川全集二十八卷、续集三十四卷。

康乃心，字孟谋，陕西郃阳人。康熙三十八年举人。父姬冕，砥德砺操，李容称为独行君子。乃心少禀庭训，能诗文，姬冕使从容游，戒空谈，敦实行，进退辞让，一以圣贤为准则。时昆山顾炎武往来关中，与容及王弘撰等读书讲道，乃心复与之游。新城王士祯奉使祭告西岳，见所题秦襄王墓绝句于慈恩塔上，亟称之。翌日，诗名遍长安，而乃心不知也。性耿介，家贫而自守甚峻，司土之吏望风式闾。时侃侃陈利弊，有功于人。四十二年，圣祖西巡，问经明行修之士，韩城刘荫枢以乃心对，上嘉许焉。秦人语曰：“关中二李，不及一康。”其见重如此。四十六年，卒，年六十五。著有毛诗笺、家祭私议、莘野集、韩城、平遥二县志。

彭珑　子定求　钱民

彭珑，字云客，江苏长洲人。少喜读先儒语录，方言矩步，同辈事之如严师。与宋实颖弟兄及尤侗、汪琬、吴敬生为慎交社。年近四十，以贡入成均。黄冈曹本荣见之，喜曰：“此载道器也！”顺治十六年，成进士，授广东长宁知县。县在荒山中，又当前任朘削之后，珑革火耗，恤里排，戢衙役，息词讼，兴文教，民渐苏息。寻以廉直忤知府，罢归。珑自少壮迄老，惟以读书为务。初颇参二氏，年六十馀，得梁溪高、顾二家书读之，乃悚然叹曰：“始吾涉猎汎滥，好语浑同，此骑墙见耳。今得所依归矣！”自是屏弃玩好，专寻绎宋儒书，昼考夜思，勤笃甚于诸生时。常携子定求过锡山，谒道南祠，会讲东林，益大感发。归遂取主一之义，自号一庵，又自称信好老人，署所居曰志矩斋。年七十，语定求曰：“圣学至穷神达化，究归一矩。故吾党为学，居敬穷理，须臾不容少懈，尚何旷逸之敢耽、驰骛之敢逞耶？”无锡张夏过其居，见其凝尘满榻，静对穆如，问曰：“比者亦登虎阜乎？”曰：“二十年不到矣！”指庭中拳石曰：“此我之虎阜诸山也。”性孝友，常谒选，忽心动遽归，归则父疾已革。遭兄丧，为罢秋试。汤斌抚吴，重其道谊，时屏驺从，就质所疑，移暑乃去。及入朝，上询吴中士大夫，斌首举珑以对。斌殁，珑岁时往拜其祠，辄欷歔久之，曰：“吾不复见正人矣！”康熙二十八年，卒，年七十七。

定求，字勤止。年二十馀，珑被诬落职，定求除夕冒雪往，溯滩涉岭，崎岖四千馀里，不四旬至粤，见珑抱哭，士民皆感动。康熙二十五年，一甲一名进士。初置第三，圣祖以策末有“劝勉朕躬”语，擢第一，授修撰。寻请归省，居二年，珑促之入京，充纂修两朝圣训，官日讲起居注官，迁国子监司业。编孝经旁训，翻译国书，颁示八旗官学生，立月课条约，禁吏胥括索，考到出咨，不受一钱。晋侍讲，复乞假归，未至，珑卒。抵家，抚棺恸绝。自是忌日前半月斋居，哀慕如丧时，终其身。圣祖南巡，命中使赐御书，传旨云：“汝学问好，品行好，家世好，不管闲事。”并问病痊否。已，命就扬州书局与校全唐诗，许销假照现任官升转。定求在局二载，竣事即还，亦未尝销假也。

初，珑授定求以梁溪高氏之学，定求又师事汤斌。后读传习录，于阳明良知之说，憬然深省，自是以陆王为宗。尝作高望吟七章，以慕七贤。七贤者，陈献章、王守仁、邹守益、罗洪先、顾宪成、刘宗周、黄道周也。其与门人林云銮书曰：“有愿进于足下者二：一曰无遽求高远而略庸近。吾夫子以庸德庸言自勉勉人，孟子曰尧舜之道,孝弟而已矣。然则舍现前实地而钩深索隐,以为圣人之道有出于人心同然之外者,必反流入异端坚僻之行矣。一曰无徇声闻而遗践履。陆子鹅湖之会,讲义利章,闻者流涕。阳明拔本塞源,论直接孟子正人心之义,深切著明。白沙曰:"名节者道之藩篱,固未有理学而不名节者也。若徒纷论异同,自附坛坫,迹其趋向,正在乡愿之窠窟,而自绝于狂狷之羽翼中行,纵使著书等身,正蹈程子玩物丧志之戒,可堕其术中乎?"又曰:"鞭辟近里工夫,舍致良知三字蔑由。伐毛洗髓,迩来真儒得力于此者,惟夏峰、二曲深信不疑。大约圣学必动静合一,而下学之始,须由静坐,延平未发以前气象,的是师传心法也。"时陆陇其书出,附和之者多以排击阳明为功,故定求云然。定求沉潜笃志,初乞假归省,跪请曰:"儿愿得闭门读书,如童子入塾时,庶少补前过乎?"及家居,禁绝鼓吹。时举豆腐会,招老友谈道竟日。著有学易纂录、儒门法语、密证录、姚江释毁录、周忠介遗事及南畇文稿十二卷。五十八年,卒,年七十五。

定求孙启丰,启丰子绍升,颇传家学。然彭氏学参朱陆,识兼顿渐,启丰、绍升遂流入于禅,休宁戴震尝移书绍升辨之。启丰,雍正五年一甲一名进士,官至兵部尚书,自有传。

钱民,字子仁,江苏嘉定人。早孤,弃书学贾,数为乡里所侮。年三十,慨然有学圣之志。闻青浦有孔子衣冠墓,斋戒往谒。读四子书,务求心得,题所居室曰存养庼。陆陇其宰嘉定,从之论学。又五年,自谓所学已成,复往平湖相质。陇其怪其不合,民曰:"公从朱子入,民从孔孟入耳。"尝与友人书曰:"先圣之学,贵乎本末兼尽、始终有序。大学所谓知本者,作圣之基也;

诚正者，作圣之功。中庸所谓尊德性，先也、本也；道问学，后也、末也。即物穷理，其误在于无本；六经注我，其误在于无末。"又曰："尧舜之知，不能遍物，况初学乎？朱子教初学者，即责以知尽而后意诚，此未合乎孟子也。"又曰："今之学者，不知追求孔孟之实，而纷纷焉争朱陆之异同，是谓舍己田而芸人之田，终亦必亡而已矣。"民之学从静坐入，自谓直追孔孟，然说者终以其近陆，不甚宗之也。康熙中卒。

陆元辅　周象明

陆元辅，字翼王，江苏嘉定人。康熙十八年，召试博学鸿儒，罢归。少师同里黄淳耀，在直言社中，小有指摘，必痛悔流涕，淳耀称其学行。尤研精经术，常夏夜斗室中，聚蚊如雷，同学过之，见元辅危坐读仪礼，汗流被肘，呼之不应，因劝少休。元辅曰："果热耶？吾心入书中，不自觉也。"明亡，弃诸生，以经学教授。宋德宜、徐乾学、徐元文、叶方蔼皆以兄礼事之，力趣入都。都中士大夫就质经义典故，无虚日，称陆先生而不名。宛平王崇简、孙承泽，蔚州魏象枢，江宁王弘泽皆遣子弟授经。常购宋、元、明人经说至数十种，溯其渊源，剖其得失，辄为题跋。秀水朱彝尊经义考多取其言为据。又常为纳兰性德撰合订删补大易集义粹言、陈氏礼记集说补正二书，[一]共百馀卷。先后客京师几二十年。其论学虽本淳耀，晚益充实，不杂佛老。常与友人书，谓："六经，千圣之道法；四书，六籍之精华。当循序致精，一一返诸己。"自早年以存诚主敬自励，至老而自强不息，有得于濂溪所云学圣以一为要者，期自寡欲进于无欲，以实践斯言。又论："明代理学以方正学、薛文清、胡敬斋、罗整庵为正,白沙之后流为甘泉,阳明之后流为龙溪、近溪、泰州、卓吾、山农、心隐。狂澜既倒,回之者惟无锡高忠宪、顾泾阳,东莞陈清澜,闽中陈仲好,武水陈几亭数贤。至若周海门圣学宗传一书,并驱伏羲以来诸圣贤俱入二氏,尤无忌惮。后有真儒,火其书可也。"陆陇其宰嘉定,见元辅称以为博闻朴实君子。常为友人校阅,同事有抹兽人司原句者,恐直言之不悦,因曰:"依稀记得此语出左传。"令取韵书查得之。陇其曰:"元辅直而婉,处世之良法也。"笃于师友,淳耀殁,图其像悬之室,晨起必肃揖,并搜其遗稿付梓。所自著有十三经注疏类钞、续经籍考、明季争光录、菊隐纪闻及文集。三十年,卒,年七十五。

周象明,字悬著,江苏太仓州人。康熙十一年举人。家贫力学,髫年即为童子师。性耿介。父殁,以遗产让弟。外祖龚氏无子,所遗赀,却不受,置后而归之。乡举后不再上公车,僦舍虞山下,僻处荒祠废冢间。家无儋石,啸傲自如。常从同里黄与坚游,与论图书之奥,与坚曰:"予易学尚可为汝师,他非所及也。"台司延请讲学,象明正容就席,为说洪范九畴大旨及先贤敬一箴,精切详明,一时父老子弟无不拱听。著有七经同异考三十四卷,其体例近黄东发日钞、章如愚山堂考索。又有事物考辨、性理发微、尚友编、苏松田赋考,共数百卷。三十年,卒,年五十八。卒后,门人春秋祀之。

【校勘记】

〔一〕陈氏礼记集说补正二书　"氏"原作"民",形似而讹。今据清史稿(一九七六年中华书局点校本)册一五页四二三六改。

窦克勤　　子容邃　田兰芳　徐邻唐　汤准

窦克勤,字敏修,河南柘城人。父大任,诸生,为学以不欺为本,喜成就后学。

克勤少读大学章句序,跃然曰:"道在是矣!"自是益研究先儒书,作槃水歌以自警。闻登封耿介讲学嵩阳,从游者六年。乡举后至京师,谒睢州汤斌,日夕讲业。斌言:"师道不正,由校官不职。"劝克勤就教职,选泌阳教谕。泌阳地小而荒,人鲜知学。克勤立五社长,月朔,稽善过而劝惩之。每月五日,集童子习礼仪。稍长,教之性理。人皆力学兴行。公馀读书,饘粥不继,晏如也。康熙二十七年,成进士,改翰林院庶吉士。丁母忧归,服阕,散馆授检讨。会顺天学政李光地遭母丧,有请假九月之疏。克勤忿,陈书给事中彭鹏,劾之。及鹏谪河工,勒限出京。克勤赋"海外孤鸿来"一章,祖于道。三十九年,充会试同考官,有贵显干以私,克勤力拒之。圣祖命翰林作楷书,克勤书"治法尧舜,是为至治;学宗孔孟,是为正学。有天德便可语王道,其要只在慎独"数语以进。再试,皇太后万寿无疆赋称旨,赐御书,加俸金。所居狭隘,僮仆皆辞去,使诸子应门,暇则绕坐授经。蠡县李塨曰:"克勤位望俱重,而最谨饬,可法也。"寻以父老乞归。

先是,克勤于柘城东郊立朱阳书院,倡导正学;及归,远近来学,讲舍不能容。中州自夏峰、嵩阳外,朱阳学者称盛矣。大吏重其行,克勤为陈乡邦疾苦,多赖以更除。四十七年,卒,年五十六。士友悲恸,门弟子心丧三年,邑之饿夫顽人,亦匍匐赴哭而去。其感人如此。克勤学术渊源考亭,于金溪、姚江辨析必求至当,不为附和之词。著理学宗传十五卷,始宋周子,终明薛瑄,凡十五人。自序云:"尚有邵康节、蔡元定书,俟学者既通六经而后可及。"又著有孝经阐义、四书阐义、泌阳学条规、事亲庸言、寻乐堂家规、文集等。子容邃,能承其家学。

容邃,字闻子。康熙四十四年举人,官兵部主事,改授四川新宁县知县。县处西徼,百务凋敝。始至,誓于神曰:"令有不明,惟神启之;令有不公,惟神殛之!"一时利兴弊绝,称极治。创宕渠书院,立学规以教其子弟,人皆兴起。荐升山西忻州知州,以疾告归。归后主朱阳讲席四十年。其学以诚敬为宗,以日用伦常为实际。澄心危坐,衣冠肃然,接引后进,亹亹不倦。乾隆十九年,卒,年七十三。著有孝经管窥、二思编、敬义堂集。

田兰芳,字梁紫,河南睢州人。诸生。少聪颖而豪放自喜,人多侧目疾之。年四十,乃悔其失,研心性理,一以不自欺为根柢。与商丘徐邻唐、上蔡张沐参稽互考,不惮驰驱。汤斌谢病归,往来论学,远如朱陆,近如龙溪、念庵,析疑辨惑,绝无一毫盖藏。斌常言:"求友四方,所中心向往者,兰芳而外,无多人也。"平湖陆陇其见所作呻吟语序,深服其学问渊源;惟以语及阳明为疑。兰芳闻之,与陈子万书曰:"仆初通文字,便觉王学跷蹊,读学蔀通辨,愈心朗目开。但生平不敢强所不知,必自信于心然后立说。窃谓伯安当日见人读书支离,使反而求诸自心,大声疾呼,不啻如病痛之在身。其学或未免有弊,原其始念,决非为惑人而设。今时之患,唯利之一字,蚀人心最深,一切当为,举皆视为不急。彝伦日斁,廉耻日丧,风俗日偷,率由于此。似不因讲良知,读传习录,然后成此世界也。我辈于今只当于日用之间,本分所当为者,无所为而极力以为之。在己既尽,然后见人陷溺,示以解脱,则不必言朱人已入朱之室,不必斥王人自不堕王之弊矣。"兰芳事继母余氏,以孝闻。食贫处约,不干求于人。常食薄粥粝饼,日取半饱,行尽矣,闭门待毙。自以为干净还天地、洁白还祖宗也。晚岁学益粹,从游者甚众。康熙四十年,卒,年七十四。著有逸德轩文集。弟子同里张森能传其学。

森字玉标,亦诸生。著有周易探旨五卷、春秋衷义八卷、皇极韵谱三卷、律吕津梁一卷。

徐邻唐,字迩黄,河南商丘人。岁贡生。幼力学,经传百家,无不综贯。古文奇崛骀荡。同里侯方域邀与宋荦、徐作肃、贾开宗诸人为文社,久之疑所学未得指归,乃求所以为圣贤之道,谢绝交游,研求宋儒书。或诮之曰:"圣贤岂闭户为之哉?"不答。静坐返观,验诸行事。常叹以为人之所以役役者,不知有我也,著我庵传以见意。昆山顾炎武与书,有驳正阳明之说,邻唐复之曰:"我辈吃紧在察自己身心,不必较量他人是非。今之儒者,往往自己百孔千疮,全不料理,终日哓哓在口头上争胜负,究竟有何干涉?"其笃实如此,自是恶为词章。田兰芳初见之,偶以一赋相质,不喜也。兰芳悔之,遂受业焉。年六十九,卒。生平不事著书,卒后,兰芳辑其笔札,为我庵语略。

汤准,字稚平。父斌,官至工部尚书,谥文正,自有传。准年十三,书"圣贤自可师"字。斌喜,勖以正学,遂体究儒先书,作励志、居敬、体仁、惩忿、迁善、穷理六箴以自警。生平澹泊自甘,不慕荣仕。务实践,不立讲学名。所著赘言十卷,近里著己,不作惆悦高明状。盖斌晚年有得朱子之学,一归确实,准濡染者深也。又著有临漪园稿二十八卷。准常与兄溥佐斌修明史,性孝友,居丧毁几灭性;侍诸兄疾,若痛在身。雍正元年,举贤良方正,辞不就。十三年,卒,年六十五。

从子之旭,字孟升。康熙四十五年进士,由编修官至左通政。丁外忧归,以毁卒。之旭讲学以求诚为本,生平无一毫涉于欺罔。居官不尚威猛,而风采肃然,有祖风。

冉觐祖　李经世

冉觐祖,字永光,河南中牟人。先贤伯牛之裔。生而静重寡言。明季,父于兵燹中授章句,沉潜服习。年十一,父卒,号恸,依柩旁,昏夜独居,无惧色。少而多艺,汶上袁生精等韵之学,五日尽得其传。中岁屏除殆尽,究心濂、洛、关、闽之书。康熙二年,举于乡。十八年,诏举博学鸿儒,巡抚将荐之,欲一见,觐祖曰:"是求荐也。"坚不往。登封耿介延主嵩阳书院,生徒云集。讲孟子一章,剖天人理欲之界,众皆悚然。三十年,成进士,改翰林院庶吉士,散馆授检讨。是岁,圣祖遍试翰林,御西暖阁,询觐祖家世学业甚详,有"气度老成"之褒。越旬日,赐宴瀛台,上独识之,曰:"尔是河南解元耶?"三十六年,充会试同考官。寻乞假归。仪封张伯行创请见书院,延主讲席。觐祖以太极、西铭指示圣学脉络,向道者益众。假满补原官。越二年,告归。

觐祖之学,壹尊程朱,于陆王不少假借。著天理主敬图一卷,上标天理明性道之重;中列存养、省察、讲学、力行四项,为体道之功;下书一"敬"字,示心法之要,盖为姚江言超悟者而发。

其训释宋儒书,有性理纂要八卷、正蒙补训四卷。主嵩阳时,著为学大指十八则,以示学者;又著一本论三篇,以辟异教死生之说。大旨谓:"乾父坤母,阴阳之气合而生万物;父乾道、母坤道,阴阳之气合而生子。谓父母之气不通于天地之气,非也。譬之掘地为井,井之水犹然地中之水,而此井与彼井甘苦不同味,盈涸不同时,天地父母皆本也。天地者本之大公,父母者本之至真者也。至真无二,故曰一也。"于四书集注覃研二十年,章求其旨,字求其解,句求其训,订正群言,归于一是。著四书玩注详说,又著易、书、诗、礼记、春秋详说,兼采汉、宋诸儒,亦时出以己意。时方纂修五经,安溪李光地以闻,上命取其书以供采择。他著有孝经详说、阳明疑案、孔子生卒考及诗文、杂著。

觐祖性淡退,惟以读书为事。绝欲三十馀年,晨夕起居,伴以两僮。晚岁作四时读书乐诗,遇风日晴和,偕门弟子过鲁庙诸村,徜徉倡和,及暮而归,行道者以为神仙中人。五十七年,卒,年八十二。伯行与觐祖最契,其卒也,两为文祭之,称生平义利之辨、邪正之分,屡遭困厄而信愈坚,皆觐祖教诲之力云。

李经世,字函子,河南禹州人。诸生。明末,州人任德辰煽乱,父出与语,贼感德,解去。州守疑之,拘入狱。经世方弱冠,号诸庭曰:"必吾父与贼通,尔时当随去,公焉可得执?执不可白,其无他乎?"遂得直。亲殁,走大冶,值流寇至,横刃胁之,徐徐言曰:"尔为饥寒困耳,奈何遂至此?"拂衣从容去。乱定归里,乃求性命之学,昼夜默坐,忘寝食者数月。既以为近禅,出从上蔡张沐游,究心宋儒书。其学以仁孝为本,而主于敬。或问敬与静孰要?曰:"敬乃所以为静也,静固静,动亦静,非敬何由矣。

方吾流离时,安所得静?吾持吾敬,志定气亦定,即所谓静也。"沐因颜其室曰静庵。晚岁师耿介、冉觐祖。康熙三十七年,曳杖庭中,作逍遥歌,逾二日,正襟就枕卒,年七十三。著有寻乐集、一得录。

李来章　刘宗泗

李来章,本名灼然,以字行,河南襄城人。康熙十四年举人。明谥恭靖敏之后。敏尝于县西南紫云山创立书院,讲学其中,至曾孙继业,复兴之,立为学程规,一遵敏教,世推理学。

来章,继业曾孙,生有神识。尝观石工集庭中断石,辗转弗合,语之曰:"去宿土,当自合。是即吾学人心道心之谓。"闻者异之。及长,以光复先绪为己任。就学孙奇逢,会李容来襄招魂葬父,来章与襄其事,复就容学。后游魏象枢门,闻象枢言欲除妄念,莫如立志,作书绅语略。时奇逢讲学百泉,来章与耿介、冉觐祖讲学嵩阳。两河相望,一时称盛。已,主南阳书院,作南阳学规,以教学者。寻以母老谢归,重葺紫云书院,读书其中,学者多自远至。母病目,来章夙兴舐之,目复明。四十二年,选广东连山县知县。连山民仅七村,丁二千馀,皆瑶户,大排五、小排十七,数盈万;又重冈复岭,田裁十之一。时甫经瑶乱,犹弗靖。来章慨然曰:"瑶虽异类,亦有人性,当推诚待之。"乃仿明王守仁遗意,日延耆老问疾苦,招流亡,劝之开垦,薄其赋。复深入瑶穴,亲与设誓,焚妖书,平物价,禁抢掠,解仇忿,殷勤诰戒;复为之设约,延师训其弟子,又创连山书院,进瑶民之秀者亲教之。行之三年,诵读声彻岩谷。督抚交奖之曰:"忠信笃敬,蛮貊信可行矣。"四十八年,行取,授兵部主事,监北新仓,革运官馈遗。寻引疾归,侍郎田从典、李先复交章以实学可大用荐,得旨征召,辞不出。六十年,卒,年六十八。

来章幼读二程遗书,沉潜反覆,积三十馀年,尝作嵩阳书院记曰:"道者非他,即易之所谓太极,书之所谓中,大学之所谓至善,其实皆一,天也。故董子言道之大原出于天。然自有生以后,去天渐远,其能全而无失者,必出于聪明睿智之圣;而大贤以下,率必由学问思辨以致其精,笃行固执以致其一,戒慎恐惧以贯其终始,则践履既久,性命流行,行止动静,无非天理,斯所谓下学而上达也。"故其为学以合天为归,克己为要,慎独为先。尝以质之耿介,介然之。因著袭影录、达天录。其教人以小学、近思录,曰:"天地间一大缺陷事,无如废却小学,使一团天真,尽为功利夸诈之俗所夺,后虽欲收其放心,亦捍格而不入。"又曰:"近思录一书,为周孔真命脉,学者不从此入手,皆断港绝潢,欲求至道难矣。"及官连山,读白沙全集,谓其直捷痛快,然下学之功,略焉不讲。时县人卫立组著白沙要语补,来章序之,以为当再取阳明传习录,采其要语为之补正。晚岁尤笃实,答李容书云:"学求自信,若有一毫求人说好之念,便如优伶登场,涂饰粉黛,徒求观者喝采,心术岂复可问? 此实人鬼关头,学者须先辨取。不然,虽读破万卷,于为学无涉也。"他著有洛学编、紫云连山两书院志、连阳八排风土记、岭海拾遗、京华见闻录、随笔等书。古文摹仿欧曾,不失典型,有礼山园集八卷。

刘宗泗,字恭叔,亦襄城人。康熙二十九年举人。仲兄恩广,十岁时,父为流寇所害,号呼奔救,贼截其耳鼻,不肯去,卒负父尸而归。宗泗性孝友,与两兄同居,养母四十馀年,恩广病,默祷于神,愿以身代。母殁,两兄以毁卒,宗泗抚遗孤,勉之学,皆克成立。居家有法,类唐柳氏、宋司马氏,无晚近薄陋习。李容至襄城,宗泗与谈道,尤相契,容去,为其父捐良田,树墓木,岁时祠祀,五十年如一日。鄠县王心敬奉容命过襄城,谒于寝庐,北面称弟子。宗泗学宗程朱,持己谦恕,尤以笃行孝弟为先。时容讲学关中,盛有名。宗泗独守其学,修之身以施于家。年七十七,卒。著有中州道学存真录、恕斋语录、抱膝庐文集。子青莲、青芝,皆能世其家学,以友爱著声。

青莲,字华岳,岁贡生,邃于经,有学礼阙疑八卷。

刘源渌　范明徵　孙若群　刘以贵

刘源渌,字昆石,山东安丘人。生五岁,问身所从来,父奇之。十四岁而孤,事母至孝。遇难,负母逃,卒免于祸。年二十馀,值明季盗贼蜂起,与仲兄率乡人列堡而守,贼至,守者多死。仲兄身中九矢,战益力,源渌从之,发数十矢,矢尽,仲兄麾之去。源渌大呼曰:"离兄一步,非死所。"乃斩二渠帅,获马六匹,贼遁去。乱定,以力耕致富。既而推膏腴与仲兄,以其馀为长兄立后,兼赡亡姊家。仲兄疾,吁天请代,及卒,水浆不入口三日。

源渌入国朝后,伏处海滨,购经史及宋儒书,日夜读之,尤笃好朱子书,反覆推究四十馀年。葺朱子祠于东郭,祭必致其诚。与弟子讲论,每至夜分,有所得,辄札记,积数万言,而大要归于主敬、集义。其论主敬,以戒惧慎独为始,而归之于参前倚衡;论集义,以致知格物为先,而极之于不获其身,不见其人。尝曰:

"学者居敬、穷理二者,皆法文王而已矣。小心翼翼,昭事上帝,居敬之功也;不识不知,顺帝之则,穷理之功。"又曰:"二程恐惧忧勤,故周子令寻孔颜乐处。今人宜先收定此心,不放周子令二程寻乐,吾今欲世人寻苦。"又曰:"学者推测道理,似能觉悟;及发言处世,便多窒碍。故朱子临终,谆谆教门弟子云:'惟事上审求其是,决去其非。'积习久之,心与理一,自然所发,皆无私曲。学者离物与形而求道,终无得也。"生平所服膺者,在明惟薛瑄,在国朝惟陆陇其。自叙其学,谓始去外物而见身,继去身而见心,又去心而见理。盖自道其实云。以丧祭礼废,俗日偷,斟酌古今,定为品式,邑人化之。又为乡人置义仓,俭岁煮粥以待饿者,曰:"人与我一天也,何畛域之有?"康熙三十九年,卒,年八十二。著有近思续录四卷、读书日记四卷、冷语三卷。冷语诋刘安世为奸邪,谓其害甚章惇、邢恕,则以其与程颐不协,而未见尽言集也。同时为理学者,有范明徵、孙若群、刘以贵。

范明徵,字仲亮,山东沾化人。少慕古学,九岁通左氏传。及长,贯穿经史及宋儒书,由博返约,折衷诸家之论,而一以大公为断。康熙十八年,开史局,秉笔者多齮龁阳明。明徵愤之,作朱陆异同或问,其略曰:"象山尊德性而略问学,是蹊于禅者也,岂圣贤之旨乎?曰:此非象山意也。使尊德性而舍问学之道,亦非所以尊德性矣。自禅宗有不立文字之说,而曹溪之书遂满天下,有谓不必识字而可明心见性者。今谓象山不识一字也,可乎?试观象山集所载,未尝不教人读书穷理,使之理会文字也。考亭固以道问学为事者,而言非存心无以致知,何尝不尊德性乎?阳明之是象山也,皆其求之心而自得者也;既自得于心而成其为阳明，以之事君取友，建功立业，卓然于天地，可传于后世，安在其异于孔孟而谓之为禅耶？曰：象山谓告子亦有高处，此象山自为告子之学已异于孟子矣。曰：此未足为象山病也。孟子曰：告子未尝知义，以其外之也。是言告子之勇辨不察，未尝以告子为杨墨也。湍水杞柳应口而斥其言生之谓性，孟子不遽斥之，以此语未大失也，失在于犹白之谓白也；白之谓白，犹未大失也，失在于等雪与玉羽而一之，则诬矣。使谓犬牛与人各有所生之性，亦复奚失哉？孟子不云形色天性乎？象山所以高告子者，以为非孟子不能折之；阳明谓告子毫厘之差，亦以为非孟子不能辨之也。胡敬斋，考亭之孝子也，谓告子亦自认为圣门全体之学，但先著性体之见云云。遂内外两截而本原失矣，其论犹之阳明也。时昆山徐元文为监修官，明徵遗书，论于谦复辟事，及张居正相业。又著孔子王号辨，力诋吴沈、张璁之非，皆超越常论。生平事亲孝，葬祭皆准古礼。乡人化之，有不善，惟惧明徵知。新城王士禛称以为通经学古大儒。年八十，卒。著有天文图、文庙崇祀考、雪崖集。

孙若群，山东淄川人。品端学赡，言动有则，乡里称为“小圣人”。康熙三年进士，谒选在都，刑部侍郎任克溥延之课子，供张丰腆。若群坐不易床，食不兼味，虽盛暑，亦衣冠禙如，如见大宾。有二子应童试，克溥与山东学政善，欲为之地，而不知其名，屡欲请之，惮其严，不敢发。平居端默，有问难者，指画滔滔不倦。尤善论文，穷通寿夭，皆能以文决之。出知山西交城县，多异政。秩满，迁四川知州，卒于官。

刘以贵，字沧岚，山东潍县人。康熙二十七年进士，官广西苍梧县知县。县瑶、僮杂处，号难治。以贵革除陋习，营茶山书院，以诗书为教。年四十，告归，杜门著述。常谓郑康成之罢从祀，成于张璁而实始于程敏政。敏政博利之徒，著道一编，举朱陆绪论，颠倒年月，谓其早异晚同，姚江因之，成朱子晚年定论之说。盖始以私智议先儒，后遂以学术教人心，其流弊不可胜言。又谓："世讥康成信纬，不知康成所据之纬，书之醇者也。且如三纲五常之说，尚书纬之文也，朱子以之注论语；周天三百六十五度四分度之一，易纬之文也，蔡氏以之注尚书。后人不议论朱蔡，独毁康成，何耶？"其论与朱彝尊康成不当罢从祀议，皆为卓识。至雍正二年，遂复奉旨从祀。著有古本周易十六卷、析疑二十卷，于注疏外，旁搜一百四十馀家，而考其异同，辨其得失。又有藜乘集三卷、初学正鹄、正命录、莱州名贤志等书。卒，年六十五。

詹明章　郑文炳　陈九龄

詹明章，字峨土，福建海澄人。隐居自乐，不求闻达。尝游广西，值滇黔师兴，为当事设挽输法。客琼州，佐平黎峒，终身不言功。后徙建昌，作兼山楼以居。漳浦蔡璧尝谓子世远曰："明章，隐君子也。在都门尝为我言河洛之学甚粹。"仪封张伯行抚闽闻其名，问于世远，曰："是家君子所敬畏也。"时同邑郑亦邹亦荐明章，伯行乃聘使修书，周、张、朱子之编，多所手定。晚还漳州，知府魏荔彤为筑景云楼，月馈以粟，属以参订其父裔介所辑四书朱子全义，用进乙览。安溪李光地假归，将礼聘之，以老病辞。久之，贫甚。遭大风，坏屋庐，景云楼亦倾。世远往候之，见明章居斗室中，日不再食，诸孙多有饥色，顾萧然自得也。生平力学不倦,贯穿六经诸史,不肯为无用之学;而于易尤深。著有易经提要、易义先后卦说、河洛通解、洛范启要、四书提要等二十馀种。荔彤尝欲取其书缮写进呈,未及行而明章卒,年九十三,时康熙五十九年也。世远为表其墓,曰兼山先生。

郑文炳,字慕斯,福建莆田人。诸生。少有志操,长探性命之学,要以洛闽为归。父光春客游四方,音问久绝。文炳问于母,记其状貌,辗转踪迹,至滇南,忽相见,号泣请还,不果,父趣之归。未几,父卒,复奔赴,负遗骸归。孑身跋涉万馀里,一笠一橐,露宿草行,傍徨江、楚、黔、蜀间,屡濒于死。人目为孝子。事母尤备极色养。母殁,椎胸呕血,庐墓三年。张伯行抚闽,重其学行,选入鳌峰书院,使从蔡世远游。伯行抚江苏,复遣使请之至,讲学年馀而归。雍正、乾隆间,两举孝廉方正,皆不就。晚主洞桥书院,训迪不倦。年八十六,卒。文炳为学,讲明践履。尝取文之有关五伦者,敬录而服习之,为明伦初集五卷、续集五卷。所自著有周易要义、性理广义、省心堂家训、文集。其后嗣皆守道能文。乡里咸曰郑孝子家。

陈九龄,字希江,福建福清人。康熙中,随父就学张伯行,伯行授以濂、洛、关、闽书,谨守不忘。后从蔡世远游,以第一等人相勖。尝谓程朱守一“敬”字,我辈尤当致力。乾隆元年,成进士,授四川珙县知县。下车,拜范符山孝子坊,为邦人士劝,民有讼,不假箠楚。进士于塾,躬自为师。以丁忧去官,士民走送百里外。服阕,补江南铜陵,却例金,修民堤,令民输钱于匮,吏不得染指。潘思榘移抚闽,问治民之策,九龄曰:“鳌峰为人材根本,多一二立志为己之学者;台湾为全闽要害,得一二实心为民之将吏，其庶几乎！"寻改教归，年七十八，卒。著有易卦发明二卷、诗经发明八卷、左氏发明四卷、四书发明十八卷、小学发明六卷、纲目发明二卷。

　　张鹏翼　　林赤章　李梦箕　梦箕子图南　童能灵

　　张鹏翼，字蜚子，福建连城人。岁贡生。幼嗜学，塾师教以作文取科第，心疑之。十四岁，熟读四书大全，忽悟曰："心当在身内，身当在心内。"值明亡，播迁饥馑而学不废。闽疆既定，以亲老复求进取。年四十，遭耿逆变，乃返初志。连城处万山中，无师友，鹏翼锐志问学。同邑林赤章授以近思录、朱子全集，幡然曰："学者舍朱子而他求，即与下乔木入幽谷，何异？"又十年，见薛瑄读书录，学益进。尝曰："读书当实践，毋徒事文艺。"又曰："考亭易箦之时，乃我下帷之始。"盖俯焉日有孳孳，不知其老且耄也。平居自治严整，终日端坐，虽跬步不苟，盛暑不袒裼。事亲养志无违，居丧蔬食三年，不内寝，不外游。所居乡曰新泉，男女往来分二桥。市中交易，先让客。其礼教行于乡如此。

　　鹏翼为学，宗主程朱，不濡染明季学术。尝自识心得，为读经说略；又辑濂、洛、关、闽要旨，为理学入门；又采历代名臣，为将相谏臣三谱；又考古今疆域、九边厄塞、黄河原委，为中华世统说；又取史籍旧事，仿谳狱之法，每一条为一案，而以己意断之，为芝坛史案五卷。他著有孝子传、芝坛杂说、芝坛日读小记、圣道元亨颂，皆切于日用伦常之道，考其得力戴记为多。又有芝坛集二卷，其诗文亦皆以讲学为宗。康熙五十四年，卒，年八十三。

漳浦蔡世远尝书"醇学"二字表其闾。宁化雷鋐亦言闽汀学者，以鹏翼为冠云。

林赤章，字霞起，亦连城人。岁贡生。隐居冠豸山中，山无水，祷而得泉。尝与鹏翼论心性之学，谓鹏翼曰："求道之要，尽在论语矣。"耿逆之乱，伪将刘应麟闻其善鼓琴，掳至郡，赤章白衣抱琴入，长揖不拜，曰："此非鼓琴所。"拂袖竟去。著有易辨、书经约旨、读礼私言、四书遵注、小训私淑录、爱莲堂集。

李梦箕，字季豹，亦连城人。岁贡生。年十五而孤，即知崇尚朱子之学，以孝友著称。耿逆之乱，胁就伪职，脱儒冠遁山中。性介洁，不事干谒，自号稳卧先生。教人辄言为善最乐，人易而忽之，梦箕曰："为之难，汝为之否乎？继善成性，善之原；仁义忠信，善之实。善不择则不明，不固执则不能得而弗失。"人问曰："其乐何如？"曰："不愧不怍。"曰："孰与孔颜之乐？"曰："熟之而已矣。"家苦俭，然好施与，或倡于人而力助之，曰："苟利于物，惠无小也。能成其惠，不必出于己也。"每语诸子以气质之偏，使知变化。易箦时，谓所亲曰："吾生平竭力检身，将毋有不及省者？第言之，得闻过而终，亦幸矣！"卒，年八十二。著有四书训蒙、稳卧轩集。子图南，能传其学。

图南，字开士。康熙六十一年举人。初工诗古文，既而叹曰："吾学自有身心性命所急，可以虚名骛乎？居连峰、点石诸山者久之，究心濂、洛、关、闽书，以反躬切己为务。尝曰："学者惟利名之念为害最大。越此庶可与共学。"雍正九年，吏部檄天下举人需次县令者，先赴京学习政事。图南至，隶户部湖广司，以母病亟归。十年，卒，年五十七。尝与蔡世远讲明修身穷理之要,世远甚重之。又与雷鋐论学,意相激切。鋐谓:"学圣人必自狷者始,图南庶几近之。"又谓:"余喜畅谈,图南赠余'静穆'二字。然气质难变,以此甚愧云。"著有简庵集。

童能灵,字龙涛,亦连城人。贡生。乾隆元年,举博学鸿词,累举优行,皆以母老辞。母年九十,兄弟白首同居,居丧以礼,化及乡人。年六十三,卒。能灵为学,守程朱家法,不失尺寸。自以僻处寡闻,尝游金陵,考先朝遗迹,访武彝精舍,广求朱子遗书。归而筑室冠豸山下,潜心探讨十馀年,默契诚意致知之学,以朱子早晚异同之辨,大要数端:曰一贯忠恕,曰未发已发,曰太极动静,曰仁,曰心性,曰体用,曰理一分殊,曰空妙,曰实理,曰默识而存,曰循序而进。因考其为学次第,分年记载,加以案语,为朱子为学考三卷。又于日用体验间,札记其言心、言性、言仁、言情者,为理学疑问四卷。尝与雷鋐论易,能灵主河图以明象数之学,著周易膡义二卷。其论乐律,谓洛书为五音之本,河图为洛书之源。河图圆而为气,洛书方而为体。五音者气也,气凝为体,体以聚气然后声音出焉。蔡氏律吕新书沿淮南子、汉书之说,误以亥为黄钟之实,惟所约寸分厘毫丝忽之法,其数合于史记律书,因取其说,为之推究原委,著乐律古义二卷。他著有洪范膡义、诗大小序辨、三礼分释中天、河洛太极辨微、朱陆渊源考、五伦说、冠豸山堂文集。

连城理学始自宋之邱鳞、明之童昱,而鹏翼、能灵继之,力敦伦纪,严辨朱陆异同。仪封张伯行抚闽时,建文溪书院祀鳞、昱,后增建五贤书院,祀宋五子,而以鹏翼、能灵配焉。

颜元　王源

颜元,字易直,直隶博野人。明末,父戍辽东,殁于关外。元年五十,贫无立锥,百计负骨归葬,世称孝子。居丧,守朱子家礼惟谨。古礼初丧朝一溢米,夕一溢米,食之无算。家礼删去无算句。元遵之,过朝夕不敢食,当朝夕遇哀至,又不能食,病几殆。又丧服传,既练,舍外寝,始食菜果,饭素食,哭无时。家礼改为练后止朝夕哭,惟朔望未除服者会哭,凡哀至皆制不哭。元亦遵之。既觉其过抑情,校以古丧礼,非是。因叹先王制礼尽人之性,后儒无德无位,不可作也。其为学以尧舜之道,在六府三事,周公教士以三物,孔子以四教,非主静专诵读,流为禅宗俗学者所可托。乃易静坐以习恭,内而敬直,外而九容交摄。读书择经史有用者,馀不尽究。严课孝弟谨信,稽礼乐兵农之允宜今古者,为倡六艺以教来学。又置日记,自省时下一圈,心慊则书白,否则黑。与蠡县刘崇文、王养粹、李塨等以圣贤相勉,每会各出日记相质,劝善规过,或诤讥,致愧赧无以自容。元尝欲置妾,为媒所欺,塨责之,亦即屈服也。

同时容城孙奇逢讲学百泉山中,元尝上书辨论,谓不宜徒为和通朱陆之说。又与祁州刁包、上蔡张沐辨学,谓世儒躐讲性天,非孔子不可得闻之教法,且圣门经世之撰皆废失,何以学成致用? 因著存性篇二卷,大旨谓:"孟子言性善,孔子言性相近,习相远,语异而意同。宋儒误解相近之意,以善为天命之性,相近为气质之性,遂使为恶者诿之气质。不知理即气之理,气即理之气,清浊厚薄,纯驳偏全,万有不齐,总归一善,其恶者引蔽习染耳。譬之于目，光明能视，则目之性，其视之也，则情之善，视之详略远近，则才之强弱，皆不可谓之恶。惟有邪色引动，然后有淫视，是所谓非才之罪，是即所谓习。"又谓："性之相近如真金，轻重多寡虽不同，其谓金俱相若也。惟其有差等，故不曰同。惟其同一善，故曰近。举天下不一之姿，以性相近一言包之，是即性善，是即人皆可以为尧舜。举世人引蔽习染无穷之罪恶，以习相远一言包之，是即非才之罪，是即非天之降材尔殊。"其说虽稍异先儒，而于孔孟之旨会通一理。同时陆世仪、李光地颇见及之，而牵于程张不能决。乾隆中，休宁戴震作孟子字义疏证，始本此说而畅其旨。又存学编四卷，大旨谓圣贤立教所以别于异端者，以异端之学空谈心性，而圣贤之学则事事征诸实用。自儒者失其本原，以心性为宗，一切视为末务，其学遂与异端近。如无极、太极、河洛、先后天之说，皆出自道家，而以之当圣人言性与天道，至谓与伏羲画卦同功，宜其参杂二氏而不自知也。又存治编一卷，大旨欲全复井田、封建、学校、征辟、肉刑，及寓兵于农之法。又存人编四卷，大旨戒愚民奉佛，及儒者谈禅。肥乡有漳南书院，邑人郝文灿请元往教。元为立规制，有文事、武备、经史、艺文等科，从游者数十人。会天大雨，漳水溢，堂舍悉没。元叹曰："天不欲行吾道也！"乃辞归。康熙四十三年，卒，年七十。

李塨弱冠与元交，年三十一，乃投门人刺，与元门人王源同编元年谱二卷，钟錂又辑言行录二卷、辟异录二卷。元之学，大抵亦出姚江，而加以刻苦，介然自成一家。以明季诸儒崇尚心学，无补于时，驯至大乱，士腐而靡，兵专而弱。故其学主于励实行、济实用，常谓后人动诋宰我、樊迟、季路、冉求、子贡、子张、游、夏诸子,而欲升周、程与颜、曾接席。然圣门弟子以兢业为本,惟在实学实行实用之天下。后儒薄事功,故其视诸贤甚卑也。又常语友人曰:“如天不废予,将以七字富天下:垦荒、均田、兴水利;以六字强天下:人皆兵,官皆将;以九字安天下:举人材,正大经,兴礼乐。”其自负如此。然矫枉过正,攻驳先儒,未免已甚;其欲复三代之制,亦近于泥古云。

王源,字昆绳,顺天大兴人。兄洁,少从梁以樟游。以樟谈宋儒学,源方髫龄,闻之不首肯,唯喜习知前代典要,及关塞险隘、攻守方略。常从宁都魏禧学古文,自谓必传于世。年四十馀,游京师,公卿皆降爵齿与之交。与鄞万斯同订明史稿兵志,源所作也。或病其不为时文,源笑曰:“是尚须学而能乎?”因就有司求试,中康熙三十二年举人。或劝更应礼部试,谢曰:“吾寄焉为谋生计,使无诟厉已耳。”昆山徐乾学开书院于洞庭山,招致天下名士,源与焉,于侪辈独与刘献庭善,日讨论天地阴阳之变,伯王大略兵法、文章典制、古今兴亡之故,近代人才邪正,其意见皆相同。献廷殁,言之辄流涕。未几,遇李塨,大悦之,曰:“自献廷殁,岂意复见君乎?”塨微言圣学,源闻之沛然,因持塨所著大学辨业去,是之。塨乃为极言颜元明亲之道。源曰:“吾知所归矣!”遂介塨往博野执贽元门,时年五十六矣。效元为日记,立省身录以纠身心得失,习礼终日,正衣冠,对仆隶必肃然。然自负经世之略益坚。每曰:“吾所学乃今始可见之行事,非虚言也。”康熙四十九年,客死山阳,年六十三。著有易传十卷、平书十卷、兵论二卷、文集二十卷、或庵评春秋三传三卷。后元门人筑道传祠,祀元,源配焉。

李塨　恽鹤生　程廷祚

李塨,字刚主,直隶蠡县人。康熙二十九年举人。年六十,选通州学正,居官八十馀日,以病告归。父明性,明诸生,入国朝不与试,以孝行旌。与博野颜元善,元见其所辑性理诸书,深叹服焉。卒,年六十九。

塨弱冠学礼于元,又学琴于张而素,学射于赵思光,学数于刘见田,学书于彭通,学兵法于王馀祐。于田赋、禘祫、郊社、宗庙诸大典,靡不研究。捃摭史志所载经史大略,为瘳志编,以备用。既而深服元六艺之教,遂执贽称弟子。友人郭金汤知桐乡县,邀塨往议政。遂之萧山,学乐于毛奇龄,尽得其旧所传五声、二变、四清、七始、九歌、十二律诸遗法,并受其经学。时与往复论易,辨太极图、河洛之伪;论尚书辨攻古文为伪之误;论诗,言小序不可废。奇龄常称为盖世一人。寻游京都,交鄞万斯同,斯同见所著大学辨业,为之序。时四方名士,竞聚都门,斯同凤有讲会,每讲皆显宦主供张,翰林、部郎、处士数十人环听。一日,塨往,斯同揖众,言曰:“此李先生也,负圣学正传,请先讲以为求道者路。”塨逊谢去。已而诸人复固请讲,塨乃畅发以周官大司徒“三物”解大学“格物”之旨,曰:“人受天地之中以生,则有仁义礼智之性。性先见于行,则为子臣弟友;行实以事,则为礼乐兵农。周公以三物教天下,三物之六德,有圣忠和,犹是四德而分其名也。六行有睦姻任恤,五伦所推及也。六艺有射御书数,兵农礼乐之分判也。非六德无以善六行,非六行无以成六德,而非六艺则无以尽六德六行之实事。三者乃本末兼赅之道,外此则异端曲学,乌可训哉?"众皆曰:"然。"友人杨勤知富平县,复邀塨往,既至,陈光陛、黎宋淳、鲁登阙、蔡麟、张中等皆从之游。时会诸名士于寓,相与论学。塨喜曰:"光陛学易,宋淳学礼,登阙学乐,麟学兵,中学平书,吾道其遂兴乎!"平书者,大兴王源所著,塨订之,为分民、分土、建官、取士、制田、武备六政者也。安溪李光地闻塨学行,使徐用锡招之,不往。已而诸王交聘,皆避去。晚交桐城方苞,苞与塨所学不同而志相得,其游如家人。时有谤塨者,苞释之,为作释言。苞尝以程朱之学规塨,塨虽引以自责,然不能革也。

　　塨性至孝,父在时,与嫡母乡居,留塨及生母居城。率四弟课读,每朔望前一日薄暮,步二十五里至乡省安,夙兴拜父母各四,乃返城拜生母。父殁,擗踊痛绝,三日不食。敛葬虞祭,皆如礼。雍正十一年,卒,年七十五。著有周易传注七卷、筮考一卷、郊社考辨一卷、论语传注二卷、大学传注一卷、中庸传注一卷、传注问一卷、李氏学乐录二卷、大学辨业四卷、圣经学规纂二卷、论语二卷、小学稽业五卷、拟太平策七卷、阅史郄视五卷、恕谷后集十三卷。

　　塨之学出于元,时称颜李。然塨广交游,有名于时,其学务以实用为主,惟自命太高,于程朱讲习、陆王证悟,皆谓之空谈。盖自明季心学盛行,儒禅淆杂,其曲谨者反阔于事情。沿及国初,犹存馀说。故元及塨独力以务实相争存其说,可补诸儒枵腹高谈之弊。其解释经义,多与宋儒相反,然其论易以观象为主,兼用互体,谓:"圣教罕言性天,乾坤四德必归人事,屯蒙以下亦皆以人事立言。陈抟龙图、刘牧钩隐,以及探无极、推先天者,皆使易道入于无用。其说颇醇实,不涉支离恍惚之谈。其于大学,所争在以格物为周礼三物，谓孔子时三物教法尚存，人人所习，不必再言，惟以明德亲民标其目，以诚意指其入手而已。格物一传，可不必补。"奇龄独恶其说异己，作逸讲笺以攻之，然当时多翘塨说焉。塨弟子甚众，清苑冯辰、威县刘调赞皆能传其学。辰为撰年谱四卷，调赞又续一卷。

恽鹤生，字皋闻，江苏武进人。康熙四十七年举人，官金坛教谕。少师常熟钱陆灿为诗文，初喜禅学，既读宋儒书，服膺主静之旨。又疑儒者之盛莫如宋，而势之屡亦莫如宋，以朱子过称张浚，大非之。后游蠡，交李塨，见颜元及塨所著书，大折服，以为宋世之不振，皆学术无用之故，遂为颜李之学。尝与塨会京师，出日记相质，塨称其乾乾惕厉，谓可与共明斯道也。生平研究经术，著有读易谱三卷、禹贡解一卷、思诚堂说诗十二卷、春秋解属辞比事说六卷、大学正业一卷、先民易用二卷、文集五卷。其诗说初尊毛驳郑、塨贻书诤之，乃改从其说，并以毛郑为宗。卒，年七十九。

程廷祚，初名默，字启生，江苏上元人。诸生。初识恽鹤生，闻颜李之学。康熙五十九年，塨南游金陵，廷祚屡过问学，读颜元存学编，题其后曰："古之害道，出于儒之外；今之害道，出于儒之中。颜氏起于燕赵，当四海倡和翕然同风之日，乃能折衷至当，而有以斥其非，盖五百年一人而已。"故尝谓为颜氏者，其势难于孟子，其功倍于孟子，于是力屏异说，以颜元为主，而参以顾炎武、黄宗羲。读书极博，而皆归实用。乾隆元年，召试博学鸿词。有要人慕其名，曰："主我，翰林可得也。"廷祚拒之，卒报罢。十六年，江苏巡抚雅尔哈善复以经学荐，亦罢归。三十二年,卒,年七十七。

　　廷祚深于经学,能确然言其所言,无所依附。尝曰:"墨守宋学,已非;墨守汉学,尤非。"其论易,力排象数,惟以义理为宗,于汉人爻变互体、飞伏纳甲诸法、宋人河洛、先天诸图,及乘承比应诸例,悉扫而空之。著大易择言三十六卷、易通十四卷、易说辨正四卷。他著又有尚书通议三十卷、青溪诗说二十卷、礼说二卷、春秋识小录九卷、鲁论说四卷。于书攻毛奇龄古文冤词之说,于春秋考官名、地名、人名,颇为精核。惟学宗颜李,好非议程朱。后桐城姚鼐见所著书,称廷祚好学深思,博闻强识,而持论稍偏,与休宁戴震颇相似云。

清史列传卷六十七

儒林传上二

劳史　桑调元　茅星来

劳史,字麟书,浙江馀姚人。世为农。史幼而端凝,不与群儿伍。未就塾,辄从旁舍耳诵十三经。及长,躬耕,养父母,夜则披卷庄诵。年十七,反复朱子大学中庸序,遂慨然立志为真儒,举动必依于礼。继读朱子近思录,立起设香案,北面稽首曰:"吾师在是矣!"尝馆上虞顾氏,有藏书数万卷,三年卒读。自是研极性理,常自刻责,谓:"天之命我者,若君之诏臣,父之诏子。一废职即膺严谴,一坠家业即穷无所归,可不慎哉?"其论学以为下学之功,始于不妄语、不妄动,极之至诚,无歇手处。引接后学,[一]委曲尽诚,虽佣工下隶,皆引之向道。曰:"尽尔职分,务实做去,终身不懈,即圣贤矣。勿过自薄也!"闻者多化之。里中负贩者,近史居,不敢货伪物。刍儿牧童,或折弃缯缴,毁机阱,有斗争者,就史质,往往置酒求解。晚年涵养益冲粹,预知死期,沐浴更衣,移卧正寝,无疾而逝。年五十九,时康熙五十二年也。

史之学,精于易。尝谓易之为道,细无不该,远无不届。故其所著述,多本易理以推人物之性,有馀山遗书十卷。门人桑调元、汪鉴编次付梓。

鉴,字津夫,亦馀姚人。父死于云南,鉴护丧归,至汉川,遇大风,舟且覆,抱棺大哭,誓以身殉。忽风回,阁沙渚乃免。众呼为孝子。为人尚气节,史戒之曰:"英气,客气也,其学以镕之。"自是研心朱子之学,粹然儒者矣。史之殁也,鉴实左右焉。

桑调元,字伊佐,浙江钱塘人。父天显,性至孝,亲病膈,合羊脂,和粥以进。亲死,抱锸而哭,人为绘抱锸图。调元少有异才,下笔千言,屈其侪辈。年十五,受业于史,得闻性理之学。性耿介,不妄交人,尤严取与之辨。雍正四年,举顺天乡试。十一年,会试后,遴选举人之明习性理者,得八人,调元与焉。特旨赐进士,授工部主事。丁父忧,庐墓三年,服阕补官。厘正规约,吏馈以羡金,却不受。旋引疾归。尝主九江濂溪书院,构须友堂,祠史,以著渊源有自。又辟馀山书屋于东皋别业,友教四方之士,一以程朱为法。晚主泺源书院,益畅师说。著有论语说二卷,所言皆阐集注未尽之义,颇为细密。又躬行实践录十五卷,言敬言仁,一宗程朱,持论亦极醇正。其时文纵横排奡,自成一家。有弢甫集八十四卷。乾隆三十六年,卒,年七十七。同时为程朱之学,有归安茅星来。

茅星来,字岂宿。诸生。少锐志为学,研究经史,欲以著述自见。初读书圆义精舍,览近思录,有得于"科举夺志"一语,遂弃帖括,潜心是书三十馀年。以叶采集解粗浅舛错,乃参校同异,荟萃众说,于治道治法,逐一疏证,名物训诂,亦必析其本末,著近思录集注十四卷。其后序云:"自宋史分道学、儒林为二,而言程朱之学者,但求之身心性命间,不复以通经学古为事。窃尝论之,马、郑、贾、孔之说经,譬则百货之所聚也;程、朱诸先生之说经,譬则操权度以平百货之轻重长短也。微权度则货之轻重长短不见,而非百货所聚,则虽有权度无所用之。故欲求程朱之学者,必自马郑诸传疏始。愚于是编,备著汉唐诸家之说,以见程朱诸先生之有本,俾空疏者毋得而藉口焉。"其持论光明洞达,足观心术之正。星来工古文辞,尝曰:"为诗文之用,而读书不杂则陋,必去其有所为之意而后可与语于古。"游京师,桐城方苞、溧阳任兰枝见其稿,誉之不容口。性迂执,复口吃,故无敢荐达之者。又尝游滋阳,土人不知食鳝蠃,而署中人食之,星来愀然,为述明道为上元主簿,教民勿持竿黏飞鸟为戒。乾隆十三年,卒,年七十一。又著有钝叟文集。

【校勘记】

〔一〕引接后学　原脱"引"字。今据耆献类征卷四〇七叶八上补。

邵廷采

邵廷采,字念鲁,浙江馀姚人。诸生。曾可孙。幼时,曾可偶举宋儒语教之,兴曰:"其人安往耶? 愿师事之!"曾可以为有志,即送之姚江书院。时沈国模年八十,为诸生设讲,廷采立听久之,执卷诣曰:"孩提不学不虑,尧舜不思不勉,同乎?"国模叹曰:"孺子知良知矣！能敬以恕,吾何加焉?"自是从韩当受业,[一]又问学于黄宗羲。初读传习录,无所得;既读刘宗周人谱,曰:"吾知王氏学所始事矣!"蠡县李塨贻书,问明儒异同,廷采答曰:"致良知者主诚意,阳明而后,愿学蕺山。"又尝与人论学,廷采曰:"天泉四言阳明原本无极之说,儒也;龙溪浸淫无生之旨,释也。孝感熊赐履以辟王学为己任,廷采曰:"是不足辨,顾在力行耳。"

廷采虽讲学,好求经世大略。论改学校曰:"重经术,废时文,如试颂说可也。用征辟,严保举,罚其不称可也。立明师,养岁贡,如经义治事分课可也。行科目,复对策,如贤良方正三试可也。"又曰:"学校兼骑射,然后用之,可以当大事。今西北之人不知耕,东南之人不知战,皆危事也。"生平于历算、占候、阵图、击刺无不学,尝与将军施琅纵谈沿海要害,琅奇之。既游西北,走潼关,讲学于黄冈之姚江书院;复入京师,商邱宋荦、鄞万经欲招入一统志馆,以老辞。晚岁,思托著述以自见,以为阳明扶世翼教,作王子传;蕺山功主慎独,忠清节义,作刘子传;王学盛行,而艮、畿舛杂,罗杨诡乱,务使合乎规矩,作王门弟子传;金铉,祁彪佳、张兆鳌、黄宗羲等确守师说,作刘门弟子传。尝从宗羲问逸事,于明末诸臣尤能该其本末,所作宋明遗民所知传,倪文正、施忠愍诸传,凡数十篇,欲勒成一书,未竟。有东南纪事十二卷、西南纪事十二卷。康熙五十年,卒,年六十四。弟子刻其文为思复堂文集二十卷,[二]又姚江书院志略四卷。

【校勘记】

〔一〕从韩当受业 "当"上原衍一"孔"字。今删。参卷六六沈国模传校勘记〔一〕。

〔二〕弟子刻其文为思复堂文集二十卷 原脱下"文"与"二"二字。今据耆献类征卷四〇六叶四七下补。

沈佳　向璿

沈佳,字昭嗣,浙江仁和人。康熙二十七年进士。初知湖广监利县,调安化,卒于官。佳儿时即有志伊洛之学,及长,研究性理,尝与柘城窦克勤、巩姚尔申,及钱塘王廷灿、秀水范景,俱及睢州汤斌之门。斌集中语录,佳诸人所手述也。然佳之学,虽出于斌,斌参酌朱陆之间,佳则一宗朱子,以馀姚黄宗羲明儒学案于姚江末流颇为回护,乃著明儒言行录十卷、续录二卷,以补救其偏。其书仿朱子名臣言行录例,大旨以薛瑄为宗,于陈献章则颇致不满,虽收王守仁于正录,而守仁弟子删汰甚严,王畿、王艮咸不预焉。同里应撝谦称其书去取至慎,有所不足,仍载先儒论定之言以为断,甚不得已,始出己说,以微示其旨。鄞万斯大,宗羲弟子也,平生笃守师说,然序是书,亦但微以过严为说,不能攻击其失,盖心许之云。佳好学深思,考订博洽,尝贻书撝谦论易四德及礼禘祫义。所居名学土园,自少壮至老未尝辍书卷。他著有礼乐全书四十卷、易大象玩易解、春秋学、大全粹语、明代人物考、乐府中声、省谇录、复斋遗集。

向璿,字荆山,浙江山阴人。五岁,母口授四子书,即了大义。及居母丧,哀毁逾礼,事父以孝闻。闻郡城阳明后裔王行九讲良知之学,即纠同人为辅仁会,沉酣其说者六七年。人目为痴,因著痴人传以自况。后得薛瑄、高攀龙书,反覆玩味,知王学之非,自是确守程朱。尝言:"为学大纲,不外居敬、穷理、力行三者,而以居敬为本。穷理而不以敬,知必不精;力行而不以敬,行必不笃。"又言:"人一刻不畏天,便是罪过;一事不反躬,便涉怨尤。"故其平居,虽小过自责甚严,日之所为,夜必告天。家贫,授徒自给,或终日不举火,处之怡然。又善启发人,亦未尝强聒也。雍正九年,卒,年五十。著有四书记疑、志学后录。

徐世沐　黄商衡　华希闵　张云章　王步青

徐世沐,字尔瀚,江苏江阴人。诸生。少孤,力学自立,见太极、西铭诸书,发愤志道。年二十馀,往见太仓陆世仪,读所著酬答理要,深信之。世仪谓:"众人之学,不泛滥文词,即沿习二氏。惟世沐读书穷理,以求自得。"又谓:"世沐好推伊川,不畏拘检,所向甚正。"因申言理一分殊之旨,以示世沐。世沐又与无锡高世泰诸人往来论学,以资其益。其为学笃信朱子,切己反求,辨别异同,务归于下学实践,俾人无惑歧途而后已。鳌峰李容南游,与世沐论学,容曰:"子学笃而行未广。"世沐曰:"先生行高而学不醇。"其不苟同如此。后得容四书反身录读之,曰:"容学从陆王入,而出入于程朱四子。余学从程朱入,而准则于周宋八贤。虽沐染南风,刚峻良有不逮,而古人所云醇正,则当仁不欲多让。"因著四书惜阴录二十一卷,大旨以为圣贤之学,随知随行。若知而不行,虽尽读经史,徒敝精神。其光阴可惜,尤深痛举业之驱人入鄙。欲学者实从事于圣贤之道,而勿务空知,一章之中,三致意焉。"晚岁,以子恪选拔,携入都,仇兆鳌见而惊叹,言于众。安溪李光地遂与订交,平湖陆陇其嘉其笃学,摘录中精要语,置行箧中,为之跋。康熙五十六年,疾革,遗命勿作佛事,息心静气以卒,年八十五。[一]他著有易书诗三礼春秋惜阴录共八十四卷,又周易存义录十二卷、周易惜阴诗集三卷、性理吟二卷。世沐之后,有长洲黄商衡、无锡华希闵、嘉定张云章、金坛王步青。

黄商衡,原名师宪,字景淑。父农以孝子旌。商衡少孤,奉母教,刻苦于学,夜寝,刻香系铁锤下承铜盘,香尽锤堕,击盘声铿然,即惊起,读达旦。年四十馀,补诸生,不复进取。日读儒先书,尤好蕺山人极图说,推衍其义,贯以论语、大学、中庸及横渠、考亭绪言,辑为一书,题曰困学录,自命又次学人。乾隆六年,卒,年六十五。

华希闵,字豫原,康熙五十九年举人。乾隆元年,举博学鸿词,不赴试。十六年,年八十,高宗南巡,迎驾惠山,赐知县。寻卒。希闵嗜学,能古文,以力扶正学为己任。生平慷慨尚气节,巡抚张伯行与总督噶礼互揭,主其狱者为张鹏翮,欲庇噶礼罪伯行,希闵上书斥之,几罹祸。后伯行劾布政使牟钦元,鹏翮复劾伯行狂妄,革职,逮镇江。希闵冒死入狱,与伯行相劳苦。鹏翮旧视学江左有声,吴人祠之江阴。至是,鹏翮坐伯行挟诈欺公,议斩,吴人闻之涕泣。希闵因言伯行摧折状,遂共毁鹏翮祠。以此名闻江淮间。家素裕,于义举无不为,抚幼弟成立,即以父遗金畀之。布政使鄂尔泰设春风亭招致贤俊,希闵与沈德潜同以耆德见重。著有大学约言、中庸膡语、论孟讲义、易书诗礼春秋集语、性理注释、延绿阁集。

　　张云章,字汉瞻。太学生。尝从陆陇其游,讲学论道,有悠然自得之趣。游京师,客徐乾学家,为校勘宋元经解。张伯行抚吴,延纂礼经,成服制四卷。性静默,不驰逐声气,惟以名节相砥砺。陇其为当路所排,云章上书乾学以救之。及伯行与噶礼互劾,奏谳久未决,复上书李光地,责其别白是非。为桐城方苞所推重。后与修尚书汇纂,书成,议叙知县,不谒选。伯行总督仓场,留主潞河书院,逾年,辞归。雍正初,举孝廉方正,以老辞。四年,卒,年七十九。所为文,宗南宋,服膺朱子暨南轩、东莱、止斋、同甫诸家。著有朴邨集二十卷。

　　王步青,字汉阶。雍正元年进士,改翰林院庶吉士,散馆授检讨,以告归。步青长身玉立,少以文名,然覃心正学。张伯行抚吴,集十五郡知名士,讲学紫阳书院,课以语录。步青三试,皆第一,伯行称其能窥道之本原,契圣贤之旨趣。尝与桂林陈宏谋书十馀通,皆以道义相勖,兴正学,整吏治,励风俗,期以一代名臣。宏谋谓步青以濂、洛、关、闽为宗传,以日用伦常为实际,躬行心得,不徒饰以空言。其教学者,一遵白鹿洞遗规。晚尤勤学,颜其斋曰无逸所。谓我朝用经义取士,士子当因文见道。著朱子四书本义汇参四十五卷,又著有己山文集十卷、别集四卷。乾隆十六年,卒,年八十。

【校勘记】

〔一〕年八十五　“五”原误作“八”。今据碑传综表页五二九改。按耆献类征卷四〇七叶一五下作“年八十二”,异。“二”疑是“五”字之笔误。

焦袁熹 杨履基

焦袁熹,字广期,江苏金山人。康熙三十五年举人。袁熹穿穴经传,于诸经注疏,皆有笔记。其说易,专主义理;说礼,推言礼意;而于春秋尤邃,著春秋阙如编八卷,自穀梁发常事不书之例,孙复衍有贬无褒之文,后代承流,转相摹仿,务以刻酷为经义,遂使游夏赞之而不能者,申韩为之而有馀。袁熹独酌情理之平,立褒贬之准,谨持大义,刊削烦苛,如谓隐公盟蔑继好息民,犹愈于相虞相诈。至七年伐邾,事由后起,不容逆料,而加贬辞,谓会潜之戎,本杂处中国,修好亦衰世之常事,褒贬俱无可加;谓无骇之书名,若后世帝室之胄不系以姓,非贬而去之;谓书齐侯弟年,见齐之重我,使其亲贵,非讥过宠其弟;谓书螽为虫伤稼,即当留意补助,不以此一事便为恶。如此之类,皆一洗曲说。至于武氏子求赙,乃鲁不共命,天王诘责,岂敢反讥? 天王家父求车,乃天子责贡赋有阙,经婉其文,曰求车,不应舍其下责上,尤大义凛然,非陋儒所及。又著此木轩四书说九卷,疏理简明,引据典确,间与章句集注小有出入,要能厘然有当于人心。

性至孝,事亲著书,不求闻达。乡荐后,自以非用世材,遂不会试。五十二年,李光地、王顼龄俱以实学通经荐,以亲老固辞。后铨授山阳教谕,仍乞终养,不赴。生平心师陆陇其,不名不字,而不走其门。王鸿绪纂辑明史,招袁熹预其事。月馀,以持论不合,辞去。尝自作经生歌云:"章句微细,必无豪贤,可哀哉! 说经铿铿,乃毕吾之馀生。"其志不近名,学问笃实如此。雍正十三年,卒,年七十六。又著有经说汇编六卷、读四书注疏八卷、太极图说就正编一卷、太玄经解一卷、潜虚解一卷、九歌解二卷、纪年略五卷、经世辑论五卷、杂著八卷、谈佛乘赘语五卷、尚志录一卷、诗文集二十馀卷。

杨履基，初名开基，字履德，亦金山人。优贡生。生而颖敏，五岁授汉魏六朝诗，即能成诵。高宗南巡，召试诗赋，取入二等，有内府文绮之赐。生平博涉群书，从平湖陆奎勋游，私淑陆陇其，以陇其松阳讲义为晚年手定之书，张伯行删本殊失初意，因重编其书，附以己意，为二卷。事亲孝，居丧，一遵家礼仪节。尝与友人论丧礼，谓记云：“居丧未葬，读丧礼；既葬，读祭礼。此为平日未读礼者言也。张子言居丧，他书不可观。盖谓非圣之书，读圣贤之书，未必越于礼外。圣贤之学，岂以居丧而遂忘之耶？”著有三礼臆说、观礼编、春秋四传存疑、律吕指掌图、铁斋偶笔、诗文集。乾隆四十年，卒，年六十有三。

张自超　刘齐　刘捷　姜兆锡

张自超，字彝叹，江苏高淳人。康熙四十二年进士。少孤，课耕奉母，博通经史，以躬行实践为主，视人世所歆羡，泊如也。为诸生，负重名。迨通籍，年已五十。长洲韩菼欲其就馆职，以母老辞。又以己非用世材，不谒选，遂归。无子，母病笃，为买妾，命入侧室，泣曰：“儿方寸乱矣！虽入室不能欢合成子姓。天果不绝张氏，儿何患无子？”后终母丧数年，妾卒不孕，人服其知命不惑。治经尤长春秋，著春秋宗朱辨义十二卷，大旨本朱子据事直书之旨，不为隐深阻晦之说，惟就经文前后参观，以求其义。篇首总论二十条，颇得比事属辞之旨。其中如单伯逆王姬则从王氏之说,以为鲁之大夫;于秦获晋侯,辨所以不书名之故;于宋师败绩,辨所以不书公之故;于司马华孙来盟,辨胡传义系乎名之说;[一]于盟宋罪赵武之致弱,于楚公子比、公子弃疾弑立书法,见春秋微显之义;于齐杀高厚,谓非说晋;而于卫人立晋一条,尤得春秋深意。虽以宗朱为名,而博参经传,务求心得,实非南宋以来穿凿附会之说。后桐城方苞作春秋通论,多取材是书。所为诗古文,皆从经学中出,而未尝争名于时。

　　归后授经讲学,文行日著。浙抚徐元梦聘主万松书院,一以程朱遗法教人。董邦达、汪由敦皆出其门。性明决,所不为,众莫能夺;所欲为,虽困不悔。高淳故湖堨,以圩障水于外而耕其中,岁大潦,堤溃。自超独毁其船以板筑堤,堤完,大有年。众归其值,不受。后岁连祲,道殣相藉。自超与知县筹赈,先贱价卖其田,捐二百金,为富室倡。时有孔某饷以金,作诗却之曰:"众饥天所灾,独饱忌鬼神。"孔得诗即出粟助赈。晚岁家日落,然不受馈遗。乡人有不善,常畏其知。五十六年,昆山徐乾学以经学荐,召入都,行至茌平,无疾而卒,年六十馀。方苞尝以自超与大兴王源、无锡刘齐、上元刘捷,并称四君子。源附颜元传。

　　刘齐,字言洁。拔贡生。性耿介。初入太学,徐乾学方收召后进。齐闭门修业,与友三数人诫勿往应顺天试。有欲援进者,作闺女词谢之。教习期满,以不谒吏部侍郎某授州佐,或劝纳粟为教官,齐曰:"教官虽微,当为诸生明义利之辨,奈何先以纳粟进?"遂归。年四十七,卒。方苞初薄视宋儒书,及交齐,劝以讲索,乃深嗜焉。齐卒后,苞题其墓曰"狷者"。

　　刘捷,字月三。康熙五十年举人。年羹尧巡抚四川,请与偕,议加赋,力争而止。遂以他故行,曰:"其心神外我矣! 能守吾言以期月乎?"张鹏翮督学江南,招入使院。有故人夜诣,出千金请事,峻拒之。卒,年六十九。方苞与四人交最久,而捷兄辉祖及青阳徐念祖、宿松朱书,亦与方苞善。苞尝言志趣之近者,则自超、齐、捷、念祖;术业之近者,则源、书、辉祖云。

姜兆锡,字上均,江苏丹阳人。康熙二十九年举人。乾隆元年,以大学士鄂尔泰荐,充三礼馆纂修官。兆锡采辑群书,折衷众说,寅入申出,以勤博称。时方苞长于三礼,与兆锡集议,多不合。苞据书"望于山川",释"四望"为"山川"之祭。兆锡谓大司乐"四望"与"山川"异乐,典瑞"四望"与"山川"异玉,当从郑说。苞谓春人序官"奄二人"恐不给用,意周室后夫人节俭,躬率嫔御任春揄之事。兆锡谓司厉"女子入于春稾"系罪人,不可限以数,宁寡毋多,本职奄与女奚止九人者,约举之词耳。王后以阴礼妇职统嫔御,安得自任春揄? 诸如此例,日有数端。然兆锡论出,苞亦不能难也。

兆锡自壮年钻研三礼,后益殚精,著述有书经蔡传参义六卷、周礼辑义十二卷、仪礼经传内编二十三卷、外编五卷、礼记章义十卷、春秋公穀汇义十二卷、胡传参义十二卷、孝经本义一卷、尔雅参义六卷。自题曰九经补注,谓补朱子所未注也。其礼记章义,谓汉儒掇拾成章,往往误断误连,当分章以明义。其所指谬,多有考证,较陈澔集说为密。其公穀汇义,谓二传主于发义,与左传主于记事者不同,然有混其文以害义者,有泥其文以害义者,并有窜其文而事与义俱害者,惟正终以正始,贵道不贵惠之属,固卓乎道义之权衡,圣哲之轨范也。因汇编二传异同之处,别白其是非，而左氏发例释经之文附见焉。于三家褒贬之例，无所偏主，足资参考。又有周易本义述蕴四卷、周易蕴义图考二卷、诗蕴四卷、大戴礼删翼四卷、春秋事义慎考十四卷、家语正义十卷、孔丛子正义五卷。所居白鹤溪之藤村，姜氏族将万人，兆锡以孝友忠信为祠正。十年，卒，年八十。高宗南巡，孙奭以其所著书进，赐文绮。

【校勘记】

〔一〕辨胡传义系乎名之说　"系"上原衍一"不"字。今据耆献类征卷四一五叶二下删。

陈迁鹤　子万策

陈迁鹤，字声士，福建龙岩人。康熙二十四年进士，改翰林院庶吉士，散馆授编修。历官至左春坊左庶子，入直南书房。四十七年，年七十，致仕归，又六年，卒。

迁鹤邃于经学，不墨守前人成说。尝为太极无极说曰："周子曰：'无极而太极。'邵子曰：'道为太极，心为无极。'异端者流，窃此为空虚之说，至理晦焉。愚谓天地之道，动静而已，舍动静无所为天地者。人心之妙，亦动静而已，舍动静无所为人心者。必曰有物立乎动静之先，思之不得其解，遂以冥漠无为者当之，是为佛、老张其帜也。夫天地之道，纯粹精也。所谓太极，以其纯粹者而动，万物生焉，得名之曰阳；以其纯粹者而静，万物成焉，得名之曰阴。太极即在阴阳中也。人心具仁义礼智之全德，太极也。静而敛精固神，阴也；动而举事宣谋，阳也。太极即在动静中也。是故阴阳者生成之气也，[一]太极者生成之理也，气存理周，先后无次。然天地将生万物，始有温气；将成万物，乃有肃气。理先气后，无次而微有次者也。生者出也，因时呈见之谓，既不得谓阴阳本无因，太极始有；又不得谓有生于无，太极乃无也。"安溪李光地见其说，惊异曰："经生中有是人耶？"遂与接席谈论，晨夕不倦。

迁鹤治易，自王韩注、孔疏，旁及胡、苏诸说，而折衷于程朱，以卦意推爻辞，别其时位与才，纷互错综，归于一是。治诗，谓毛诗朱传，大旨不甚相远，然二程、张子、杨时、胡安国、吕祖谦、真德秀、黄幹引诗皆用序，至于马贵与护序尤力，诗序实不可废。治春秋，疑胡传深文臆断，不尽出圣人之意，因读韩愈诗"春秋书王法，不诛其人身"，及言"春秋据事迹实录，而善恶自见"，怡然有得。乃上考三传，下逮啖、赵、陆、张，穷讨端绪而条辨之。其言曰："记曰'春秋之失乱'，非圣经错乱难读，释经者乱之也。孔子综二百四十二年之事，而纪其终始，大义数十，炳如日星。中间或抑或扬，或进或退，奥赜难知，揭其大要，莫过于正名分、明王法而已。是故荆楚虽有小善，纪其事而非进之也，以其僭王之罪大也。君虽无道，非人臣所得弑也，以天泽之分不可逾也。纷纷战伐，总以王法为断。能尊周而攘楚、斥秦、败狄者，皆予之也。以恩怨别曲直者，私情而非王法也。孟子曰：'春秋天子之事。'盖挈大权而归之天子，而非孔子自王，视孔子太高，俨然奉天命，行天讨，衮冕南面而黜陟辟公，恐孔子不敢居也。曾子曰：'夫子之道，忠恕而已矣。'春秋立法甚严，而待人甚宽，刑人、杀人、劓人、刖人，动辄得罪，至于无所容，恐圣人意不如是刻也。"其论春秋书人书爵，不可一律拘，论春秋无诛意之法，无治党与之法,皆为有见。光地尝谓人曰:"声士五十穷经,经学甚明。要在志坚而力果耳。何患晚暮哉?"归里后,犹矻矻订所著书,有易说十五卷、尚书私记一卷、毛诗国风绎一卷、春秋纪疑三卷、闲居卮闻一卷、小学疏意大全二卷、文集四卷。

自海上军兴,泉州有里长大当之费,胥役缘为奸,富室多破产。及海上平,弊犹存。迁鹤请于总督兴永朝厘革之。又海滨居民避贼内徙,荒其田,名曰"界外",而蠲其赋。比台湾平,有司按籍征科,民莫知其业,大困。迁鹤请就现耕地履亩定税,界外之人苏焉。子万策,能传其学。

万策,字对初。康熙五十七年进士,改翰林院庶吉士,散馆授编修。历詹事府詹事,以事降检讨,复累迁侍讲学士。雍正十二年,卒于官,年六十八。万策少奇慧,九岁能属文。乡试后,困公车者二十六年。从李光地游,讲究经学及六书、九数,莫不该贯。助光地分修御纂周易折中,创为启蒙诸图,多前人所未发。又修性理精义、钦定诗经传说汇纂,善为进奉文。通籍后,撰祭告诸文,皆称旨。桐城张廷玉尝言:"读陈学士文,辄能发人意。"每举以为后进式。又尝受算法于梅文鼎。所著近道斋文集六卷,其论中西算法异同,能究其所以然。又有馆阁丝纶二卷、诗集四卷。

【校勘记】

〔一〕是故阴阳者生成之气也　"气"原误作"器"。今据耆献类征卷一
　　二一叶一二下改。

李光坡　从弟光墺　光型　从子钟伦　钟伦子清馥

李光坡，字耜卿，福建安溪人。父兆庆，明诸生，究心程朱之学。兄光地，官至大学士，自有传。光坡生五岁，与伯叔兄弟俱陷贼垒，会仲父日爆纠众与战，乃得拔归。少受学家庭，宗尚宋儒及乡先正蒙引、存疑诸书。弱冠为诸生，次第讲治十三经、濂、洛、关、闽书，旁及子史。质不甚敏，以勤苦致熟。其论学主程朱，论易主邵子，兼取扬雄太玄，以为雄僭经虽有罪，而存易则有功。壮岁专意三礼，以三礼之学至宋而微，至明几绝，仪礼尤世所罕习。积四十年，成周礼述注二十四卷、仪礼述注十七卷、礼记述注二十八卷，其书以郑注为主，疏解简明，不蹈支离，亦不侈奥博，自成一家言。其礼记述注自序云：“始读陈氏集说，疑其未尽。及读注疏，又疑其未诚。如礼器篇，斥后代封禅，为郑祖纬启之。秦皇、汉武前郑数百年，亦郑注启之乎？”又讥汉唐儒者，说理如梦。此程朱进人以知本，吾侪非其分也。今于礼运则轻其出于老氏，乐记则少其言理而不及数。其他多指为汉儒之附会，而训礼运之“本仁以聚”亦曰“万殊一本”，“一本万殊”。仲尼燕居之“仁鬼神”，“仁昭穆”，亦曰“克去己私”，“以全心德”。欲以方轶前人，恐未能使退舍也。其论实能持是非之公心，扫门户之私见。康熙四十五年，入都，与兄光地讲贯，著性论三篇，辨论理气先后动静，以订近儒之差。及归，光地贻以诗曰：“后生茂起须家法，我老栖迟望子传。”其惓惓光坡如此。

光地尝论昆山顾炎武与光坡皆数十年用心经学，精勤不辍，卓然可传云。台湾既平，诏督抚大臣筹度机宜，光坡谓防海之道,有慎设其守者,有探止泊而遏之者,有度要需而绝之者,因为策上之。性至孝,父病笃,焚香祷天,燃及于掌,不知也。母老多病,日夕侍寝。居丧十旬内,只饮勺水,哀慕终身。雍正元年,举孝廉方正,有司以光坡应,已寝疾矣。是年卒,年七十三。又著有皋轩文编一卷。[一]从弟光墺、光型。

光墺,字广卿。好读书,尝入高会山中,结茅力学。自六经、子史,及宋儒书,皆披览融贯。康熙六十年,成进士,改翰林院庶吉士,散馆授检讨。旋请终养归。后入都,充一统志、八旗人物志纂修官。乾隆元年,进三年丧议,上深嘉之。是冬,朝臣以宿学耆儒荐,出督山东学政。奏两闱春秋合题非经指,春秋四传宜并习,不宜独宗胡传;又以四氏学宜遍习,五经不得专习毛诗。均如所请。刊宋儒学要语,颁教行教经之条以训士。寻擢国子监司业,充纂修三礼官。卒,年六十九。光墺与弟光型齐名,时称二李。著有二李经说,仪封张伯行抚闽时,为序以行。又与临川李绂、桐城方苞论学,老而弥笃。他著有考工发明、黄庭二景互注、沈馀诗文集。

光型,字仪卿。事父母以色养称。少与兄光墺问学于光地,研究性理,尤得力于西铭。雍正四年举人。十一年,诏举理学大臣,以光型荐,特赐进士,出为河南彰德府同知。著农书辑要以教民,忠信慈惠,有古循吏风。乾隆元年,举博学鸿词,试罢。寻擢刑部主事,充三礼馆、律吕馆纂修官。卒,年七十九。光型深通经术,得其本原,能继光地一家之学。所作易通正、洪范解、诗六义说、文王世子解、天问解,皆见称于时。有趋庭录、台湾私议、崇雅堂文集。

李钟伦,字世德,光地长子。康熙三十二年举人。幼异敏,甫十岁,即知孝敬。侍大父母、父母疾,夜阑仆惫,犹亲视药物。笃志经学,以身体之,书礼记九容于壁间以自警。尝云:"人于苦处不能寻乐,如何于乐处有得?"初受三礼于叔父光坡,又与宣城梅文鼎、长洲何焯、宿迁徐用锡、河间王之锐、同县陈万策等,互相讨论。其学穷极幽渺,具有本原,文鼎所谓无膏肓之疾者也。著有周礼训纂二十一卷,于五官诠释大义,惟考工记不释,以所补非古经也。其父光地尝著周官笔记,叔光坡亦著周礼述注,皆标举要旨,弗以考证辨难为长,〔二〕与钟伦书相近,盖其家学如是。然如辨禘祫、社稷、学校诸篇,及论司马法车乘士卒之数,亦皆考证精核。钟伦通算律,甲数乙数本以赤道求黄道,尝准其法以黄求赤,作为图论,又制器以象之。其训大司徒土圭之法,谓百六十馀里景已差一寸,亦得诸实测,非讲学家之空言。他著有尚书典谟说、四书节记、菜园遗书。四十五年,卒,年四十四。子清馥。

清馥,字根侯。生四岁而孤,光地授以太极图解、通书、西铭、正蒙等书,即知以古学自期。桐城方苞称其质厚,安雅气度,于光地为近。以荫授盛京户部员外郎,迁户部四川司郎中。出知直隶大名府,调广平,以疾告归。清馥居官以廉正著声,门人有因节致馈者,却之;不肯去,受饼饵二簏。旋悔之,分给胥役。后常指以为戒。尝以二程之学,自杨时、罗从彦、李侗及朱子,辗转授受,多在闽中,因述杨时以下分别支流,下迄元明,凡某派传某人,某人又分某派,其中家学相承,以及友而不师者,亦皆并列,以明其学所自来。著闽中理学渊源考九十二卷,其例每人各为小传，而以语录、文集论学之语，摘录于后，考据特为详核。又著闽学志略十七卷，仿汤斌洛学编之例，而大旨以朱子为宗。他著又有榕村谱录合考、清溪李氏世学考、道南讲授温陵学略等书。

安溪李氏代有撰述，光地次子钟佐，钟佐子清植，清植子宗文，皆能传其学。清植、宗文俱官至礼部侍郎。光地季弟鼎徵、鼎徵子天宠、钟侨、钟旺，天宠子清时，亦以经术称于时。清时，字授侯。乾隆七年进士，由编修官至山东巡抚，以治水著称，尤深于易及宋五子书。著有周易经义十二卷、朱子语类或问合纂二十二卷。

【校勘记】

〔一〕又著有皋轩文编一卷　"一"原误作"四"。今据耆献类征卷九〇七叶三三上改。

〔二〕弗以考证辨难为长　"难"原误作"论"。今据耆献类征卷四〇七叶三三上改。

方迈

方迈，字子向，福建闽县人。为诸生。有才名，仗义负气，为憸人罗织下狱。郡守与按察使爱其才，援之得免。康熙三十二年，成进士，知萧山县，调兰溪。以不善事长官，罢归。

迈论学，谓：周子太极图说出于陈抟，本之参同契水火匡郭、三五至精二图而增益之，为太极先天合一之图，盖道家升降阴阳、抽添水火之术，周子以其阴阳五行化生万物之说，可与易理相发明,故为之说。然陈抟作图,自有陈抟之说;周子说图,即成周子之图。但周子原文首句,乃是"自无极而为太极",见宋史本传。此发端之词,犹云自无而有也。其后收以"太极本无极"一言,犹云有本于无也。故结之曰"原始要终,故知死生之说"。自朱子刻于乾道间,去"自为"二字,遂失立言本意。盖有"自为"二字,则是流行语,无极字轻而归重于太极;去"自为"二字,则是对待语,无极与太极更无宾主异同之见,由此蜂生,成聚讼矣。又辨陆王之学,谓:象山得力于孟子,以先立其大为主,其自言功力,以人情物理事势言之,正与紫阳穷理致知、反躬实践之论,互相印证。紫阳固欲引象山为益友,而后人乃反以仇敌视之,此岂紫阳意耶?阳明少泛滥于词章,驰骋于孙吴,苦紫阳格物穷理之学为烦杂,乃究心佛、老,炼习伏藏,得其见性抱一之旨,自谓有悟,遂取孟子良知一言,合之大学致知之解,自立一说。朱子以天下之方员皆有定理,必外之物格而后内之知致,阳明则以事务之理,皆不外于一念之良知,规矩在我,而天下之方员,不可胜用。即象山亦言束书不观,游谈无根,而阳明则以为礼乐名物、古今事变,皆不必学。是阳明与朱陆皆为冰炭也。然阳明犹善修饰,至其徒王畿,则登堂说法,至李贽遂公然髡首儒服,李斯凶焰,谓为荀卿教之,岂诬也哉?其说经,谓:易大衍之数,与河图无异,五十者大衍之数,五十有五者天地之数。如谓大衍法天地则何以去五不用,谓虚其六以当六爻,则大衍止是五十而用四十九,所虚者一耳。以天地之五合大衍之一以当六爻,恐无此事外牵连之法。又谓:乾凿度以乾坤巽艮四隅卦为四门,坎离震兑四方卦为四正,皆伏羲所定,则在汉时皆以帝出乎震,八卦次序为羲画原文,固非文王所改。邵子以先天为伏羲八卦,然经明云水火不相射,图则水火相射矣。图与经反,恐伏羲不如是悖,孔子赞易不如是疏。又谓:伏羲画卦明白简易,止有八与六十四、三画与六画而已,无所谓一画、二画、四画、五画及十六卦、三十二卦之纷纭舛错也。其卦象则只以父母六子相生为次序,亦并无东西南北方隅位数之殊也。先天卦位方图员图诸法,皆宋儒之易,非庖羲之易。又谓:书泰誓惟十有三年春,十三者连文王九年言之,蔡传以为武王之十三年,大戴礼文王十五而生武王,则文王殂时武王已八十三岁,明年即位,若又十三年,已死四年矣。文王受命改元称王之说,宋儒力辟其谬,受命之说,本出后人,推原或未必然。惟改元则于事理非谬,盖文王于囚羑里后失国,再复后改元年,多方曰天惟五年,须暇之子孙诞作民主,则武王立五年而即伐纣。其所谓十三年者,果武合文年无疑也。若称王之说,夫子之言有之,周公追王太王、王季,不及文王,已称王故也。又谓:卫康叔之封出于成王,书传往往有之,蔡传谓成王诰叔不当称弟,[一]且不当至此时始封。不知康叔在武王时已封于康,为畿内诸侯,至营洛邑,迁殷顽,乃封于卫。康诰之称弟者,非成王弟之。周公摄政,实假王命,曰朕其弟者,周公弟之也。又谓:韩诗外传纪召伯在朝,有司请营召以居召伯,曰以吾一身而劳民,此非吾先君文王之志也。然则召伯之封召,在文王后。朱子谓出自文王,此未可信。又谓:风、雅、颂者,诗之三体,王即有雅有颂,奈何不容其有风?朱子云:黍离降为国风而雅亡者,亦非。又谓:春秋许世子止之恶,书法甚明。止实自用药以弑其父,[二]无异于操刃。胡氏、欧阳氏、金仁山乃责其不择医,不躬进药,怜止之不幸,其说为颠。又谓:胡安国以私意解春秋,欲以书人书字书爵名号时地之间,为圣人用意之所存。圣人用意不如是之浅;或又以为春秋圣人之寓意,则直以为庄列之放言,非圣人之大法,于春秋之旨,愈求愈远。其说皆能析疑破滞。官萧山时,与毛奇龄往复问难,凡所驳摘,咸有依据。其他所说繁缛络绎,不减范蔡,惟不信周礼、仪礼,以为互校三礼,彼此舛异,疑战国所依托。其持论类吕坤之四礼疑问,通人以是病之。迈尝取中庸、九经条纂之,以配大学衍义,为九经衍义一百卷。又著经义考异七卷、四书讲义六卷、春秋补传十二卷、五灯摘谬一卷、考证资治通鉴前编十八卷、古今通韵辑要六卷、文集二卷、诗集一卷。

【校勘记】

〔一〕蔡传谓成王诰叔不当称弟　"诰"原误作"告"。今据耆献类征卷二二四叶四六下改。

〔二〕止实自用药以弑其父　"弑"原误作"杀"。今据耆献类征卷二二四叶四九下改。

陈法

陈法,字定斋,贵州安平人。康熙五十二年进士,改翰林院庶吉士,散馆授检讨。五十六年,充顺天乡试同考官。五十七年,充会试同考官。雍正初,特旨举翰林才堪部务者,改刑部郎中。八年,授直隶顺德府知府。所属平乡牛产子一角,龙鳞而牛蹄,知县以为麟,将上之,法抑不许。寻引疾归。高宗登极,以孙嘉淦荐，授山东登州府知府。擢运河道，调江南庐凤道，复调淮扬道。法考论河务，著河干问答，谓："河、济为北纪，江、淮为南纪，不可易置。今河、淮二渎交流为害，宜导河自张秋以东入大清河，循济、漯之故渎以入于海。"嘉淦见其书，善之。乾隆十年，调直隶大名道。是岁河决江南陈家浦，河督白钟山被劾去，责令赔补。法念旧与钟山同事，不可使独受谴，牒部科自引咎，且为钟山辨析。奉旨下部议革职，发军台效力。法以四骆驼负书数万卷赴第十六台，日著书自娱。台旧无井，法示其地，掘之，得泉而甘，人号陈公井。以子庆升呈恳为父赎罪，得旨放归。法居官为政，以教养为先。兴利除弊，力挽颓风。公牍文告皆手治，情词恳款。既久，人犹感诵之。

生平潜心性理，尤服膺朱子之学。其伯父尝弃诸生，入深山中求道，静坐月馀，云忽见此心光明洞澈，与天地万物为一体。法疑之，后以忧归里，于山寺中遍观楞严、圆觉、法华诸经，乃知象山、阳明之说，实类禅宗，因著明辨录，以辟其非。谓："象山心学，即释氏直指人心，以顿悟为道妙本。集中于杨慈湖有双明阁之悟，于詹子南有下楼之悟，于徐仲诚有槐堂镜中观花之悟，此即廖子晦静坐中见所谓充周而洞达者，万物在其中各各呈露，朱子斥之以为此思虑泯绝恍惚间瞥见心性影象，与圣贤真实知见不同者也。阳明在龙场端居默坐，一夕大悟，汗出，踊跃若狂，即钱绪山、蒋道林、罗念庵凡学堕于禅者，无不有此顿悟之机，与子晦所见无二。子晦得朱子就正，乃悟所见之非。象山独学无师，而于孟子所谓本心、所谓求放心者，有契合焉。然其言求放心则遗学问，言先立乎其大，则废思俱未暇深求其义，而于其本心之明,或静中体究,或因事感触,此知觉之知恍惚呈露,盖不难矣。遂于此而谓此心本灵。此理本明,云收拾精神,自作主宰,当恻隐即恻隐,当羞恶即羞恶,谁能欺得? 是此心已全乎仁义礼智,发之无不当,如大舜之由仁义行,更何俟四端之扩充,岂孟子教人之旨乎? 夫圣贤所谓复其本心者,复其皆备之心。象山所谓复其本心者,复其虚灵知觉之心,则一心之外无馀事,故诋格致为支离,视集义为外义。本源既差,功效自不能不异,而儒释遂以此分矣。"又谓:"良知之说,本之孟子,惟孟子本爱敬而言,阳明离爱敬而言,是假良知之名以文其灵觉之知也。阳明既曰良知即理,又曰良知所知之天理,是以歧而二之矣。既曰良知即性,又曰佛氏本来面目,即儒门所谓良知,佛氏本来面目果性耶,天理耶? 其所谓致者,一若不假推致之力,纯任自然,无往非道。孔子生安犹至七十而始不逾矩。今欲人人不学不虑,坐致于此,其不致猖狂妄行者几希? 此任心废学之弊也。"其论格致,谓:"程子以格训至,如祖考来格之格,即书所谓格于上下之格。罗整庵引吕成公通澈无间之义,极为得之。夫子孙之精神即祖考之精神,当其未格,不能无幽明之异;格则精神欣合而无间矣。物之理即吾心之理,当其未格,不能无彼此之间;格则理皆浑合而无间矣。而阳明以为至物不可通,此泥于训诂之失也。"书凡十篇,辨论至明晰。

　　居军台时,著易笺八卷,取程朱传义发明之大旨,以人事为主,而深辟来知德错综之说。桂林陈宏谋与法最契,迎居苏抚署中,尝应诏举贤,再疏荐法。法无意仕进,归主贵山书院十有八年而卒。又著有内心斋稿。

李文炤 王元复

李文炤,字元朗,湖南善化人。康熙五十二年举人。母孕十六月而生。幼读书,过目成诵,时称神童。及长,潜心理学,与同邑熊超,宁乡张鸣珂,邵阳车无咎、王元复等相切劘。其学邃于经,而于天文地理、子史百家,及释氏书,亦必批其根柢。尝言:"不察二氏之所以非,安知吾儒之所以是;不观诸子之有醇有驳,安知吾儒之醇乎?其醇不审秦汉以下之成败得失,安知三代以上帝德王猷之尽善尽美也。"生平力肩斯道,惟恐濂、洛、关、闽之说不传于世。尝曰:"陆九渊议太极之非,是大原可得而湮也;林栗攻西铭之失,是宏纲可得而绝也;程迥诋主敬之误,是圣功可得而废也;陈亮疑道治天下之迂,是王猷可得而杂也。"又曰:"晦翁缵正叔之绪而底于大备,子静袭伯淳之诒而入于歧途,遂至朋分角立,历数百年而未已。以故德温、叔心方续晦翁之传,公甫、伯安复张子静之帜,而有明末代之学术,卒沦于淫辞诐行之归。呜呼,其亦不思而已矣!"著太极通书拾遗后录三卷、西铭拾遗后录二卷、正蒙集解九卷、近思录集解十四卷、家礼拾遗五卷。其解经一以朱子为归,有周易本义拾遗六卷、周礼集传六卷、春秋集传十卷,又有语类约编、圣学渊源录、增删仪礼经传通解、四书详说、恒斋文集。

湖南自王夫之以学术闻天下,文炤继起,名与之埒。性至孝,母得乳癌疾,亲吮之;医用参至四五斤,或言疾不可起,须惜费。文炤泫然曰:"为人子岂有知其难为而不下药者乎?"居丧哀毁,一循古礼。后选榖城教谕,不赴。主讲岳麓书院,著学规及学庸讲义，成就者众。雍正十三年，卒，年六十四。

弟芳华，字实庵。雍正七年举人。学宗程朱，与文焰互相师友，同著四书详说，又有通鉴纲目集义五十九卷、澹园文集。

王元复，字能愚，湖南邵阳人。岁贡生。邃于经术，与车无咎齐名。于皇极经世、洪范内篇、律吕新书，皆有心得。文焰初留意庄、列书，自见元复后，不敢涉目。尝以所未彻者问元复，元复作广道、鬼神、死生、蠡测四论示之。著有榴园管测五卷。

车无咎，字补旃，亦邵阳人。岁贡生。事父母诚孝，母殁，扶枢过资水清溪滩，暴风，挽绝，舟将覆。无咎号痛，誓以身殉，俄风止，得无恙。

胡方　　陈遇夫　冯成修　劳潼　冯经

胡方，字大灵，广东新会人。岁贡生。方敦崇实行，独守坚确。年十二，应童子试。广州司李涂某奇其文，延与语，谓当荐之学使，方端坐不答。总督吴兴祚闻其名，使招之，走匿，不能得也。事父母色养备至，而心如不及。侍疾，忧形于色，药尝而后进。夜必衣冠侍，未尝就寝。居丧，藉草宿枢旁，三年不入内。先人田庐悉与弟，授徒自给，得钱置砚侧，族姻贫者，令取之尽乃止。有达官赍重金乞其文为寿，不应；吏慑之，不应；家人告以绝粮，不应。子弟不肖，有愿就鞭扑，不愿闻于方者。里人语曰："可被他人笞，勿使胡君知；他人笞犹可，胡君愧杀我！"从学者仕与未仕，白首犹懔其教，虽困甚，终不入公庭。或以荫得官，则大惭，曰："吾未能信，得毋辱我夫子？"

四十后，杜门著述，取朱子易本义而阐其旨，为周易本义注六卷；又取四子书，句梳字栉，补先儒所未及，为四子书注十卷；又著庄子注四卷、鸿桷堂诗文集六卷。新会为明陈献章讲学之乡，方集中谒白沙祠诸作，及白沙子论，具见渊源。其梅花四体诗，亦寓言讲学，如白沙之以诗教也。雍正四年，学政惠士奇疏荐，称"方品端学醇，一介不苟。所著书接理学之传，而大要以力行为主。其年衰老，宜有以宠异之。"先是，方侨居盐步，士奇舣舟村外，遣吴生求见，方急挥手曰："学政未蒇事，不可见！不可见！"出吴而扃其门。士奇索所著书去。试毕，仍介吴生以请，则假一冠投刺，至，长揖曰："今日斋沐谢知己！方年迈无受教地，不能执弟子礼。"数语遂起，士奇谓吴生曰："方貌似顾炎武，必享大名。"当时知方者，士奇一人而已。年七十四，卒。郡中励学笃行者，有陈遇夫、冯成修、劳潼。

陈遇夫，字廷际，广东新宁人。康熙十五年举人。生平洁身砥行，敦崇礼节，淹贯群书，究心宋学。乡举后四十年，四方贵显无有识其面者。知县姜朝俊造庐问政，所言皆切中时弊。雍正元年，诏举孝廉方正，朝俊荐之，力辞。遇夫论学，谓："明自薛、胡与陈、王异派，迨其后也，各标宗旨。夫道一而已，自小学以至大学，经训各具，可考而知，有何宗旨秘传？"又谓："陈献章世指为陆学，然观明儒学术之裂、门户之争，献章不以讲学自居，不以议论强人听从，诚为深识。"因重订杨起元所辑白沙语录，以明献章之学由博返约，非由禅悟。又著白沙年谱一卷、白沙门人录一卷。又不韪宋人道丧千载之语，采自汉迄唐二十七人，据本传而加论断，以明诸儒学统相承，未尝中绝，为正学续四卷。他著有史见一卷、迂言百则一卷。年七十，卒。

冯成修,字逊求,广东南海人。生有至性,七龄丧母,哀毁如成人。父远游不归,每语及,辄涕交颐。乾隆四年,成进士,改翰林院庶吉士,散馆授吏部主事、迁员外郎。十五年,充福建乡试副考官,寻迁郎中。十八年,充四川乡试正考官。二十四年,督学贵州,揭条约十四则以训士。成修初计偕,即遍访其父踪迹;得官后,再乞假寻亲,卒无所遇。年六十一,告归,不复出,授经里中,粹然师范。至年八十,计其父已逾百龄,乃持服三年,终身衣布。六十年,重宴鹿鸣,逾年卒,年九十五。著有养正要规、学庸集要等书。

劳潼,字润之,亦南海人。乾隆二十年举人。髫龄时,母授毛诗,长遂习焉。应乡试,诗经房溢额者再,或劝改经,潼曰:"吾不敢忘母教也。"既举于乡,以母老,不肯再应礼部试。凤受知馀姚卢文弨,文弨视学湖南,强召之往,至冬归。母思念殊切,抵家,漏三下,跪母榻前,母且泣且抚之曰:"其梦也耶!"潼悲不自胜,自是不复出游。侍养十有六年而母卒,哀毁骨立,家人或失潼所在,即趋殡所视之,已恸哭失声矣。又痛早孤,故以莪野为号。家居,以倡明正学、利济乡党为己任。尝言:"读孔子书,得一言,曰务民之义;读孟子书,得一言,曰强为善而已矣;读朱子书,得一言,曰切己体察。"立学约八,戒约七,曰:"苟犯此,勿入吾门!"粤连岁荐饥,力行捐振,存活无算。尝言:"三代井田之法不可复行,所恃以活民者,惟在积贮。"乃倡立义仓,不经官理,司事公举轮值,侵渔者罚,粤人善之。著有四书择粹十二卷、孝经考异选注二卷、救荒备览四卷、荷经堂稿四卷。嘉庆六年,卒。

冯经,字雁山,亦南海人。乾隆三十五年举人,官教谕。笃学强记,受知于督学翁方纲。尝读诗至衡门之下一章,怡然自得,曰:"此君子素位不愿外之说也。孔、颜乐处,岂外求哉?"授徒三十年,讲说不倦。来学之士,至廨舍不能容。尝谓:"说经必统会一经之始终,而融贯诸经以证之。"其说乃确不可易。尤邃于易,释卦象以十翼为据,释爻辞以象辞为本,河洛之数,以周髀经为宗,而旁及于笔算、筹算,随手指画,不差秒忽。诸生有问难者,辄色喜,曲为开导,务使明达。少左目失明,其一仅能辨字画,每观书,目光去纸不一寸,攻治益力。生平以至诚感人,未尝有暧昧事。免母丧逾年,讲论语至喜惧两言,呜咽泣下,门弟子皆起立动容。卒,年七十八。著有四书学解、周易略解、诗经书经略解、考工记注、群经互解、算略。

殷元福　夏锡畴

殷元福,字梦五,河南新乡人。七岁读小学、近思录,欣然乐之,举动即以为法。少孤家贫,依母纺车前,假灯光终夜朗诵。康熙三十三年,成进士,改翰林院庶吉士,散馆授广西柳城县知县。重农课士,行乡饮及宾兴礼,雍然可观。以艰归,服阕,补江南武进县,[一]吏胥慢易,书生捧牒至,元福咄嗟裁决,咸惊服,两江有神明之颂。摄无锡,谒东林讲堂,拔识名宿邹升恒辈,时以为知人。寻以告归,高安朱轼抚浙,倡明正学,拔士之好学能文者,送敷文书院,请元福主讲席。元福以明体达用为教,人材奋兴,时呼"小白鹿洞"。生平设施,皆本实践。精研周易,诠发图书太极之旨,所著一遵程朱,于陆王过当之处,多所纠正。其论文,谓:"学能自得,必不蹈袭成言,而所言皆得人心之所同然。

孟子性善养气之论,为前圣所未发,自得故也。"论诗,谓:"必敦乎理以为志,而理必资于学。"著有寓理集、候鸣集、知非草、读易草。年六十四,卒。元福之后,中州河北学者,有夏锡畴。

夏锡畴,字用九,河南河内人。乾隆四十八年举人。事继母以孝闻。治经通大义,不为章句之习,笃志励行,昼之所为,夜必书之。生平寡交游,与俗不苟合。喜读易,结庐吟诵其中,题曰独寐斋。家世素贫,以耕自给,不足乃张药室于市。尝谓:"许鲁斋言学者治生,最不可忽。治生以务农为上,商贾次之,决不可以教学作官图为生计也。"作陶隐氏传自况。其为学,鞭辟近里,而不喜良知之说,曰:"良知者即心以为学,故以格物为务外,以读书为溺心,犹造衡者不准诸天下之所同然,而擅私以自信。"教人以躬行实践为主,曰:"言伪则多沮,行伪则多败。吾人言行之际,妻子见之,奴仆见之,乡党望之,朋友责之,欲以饰己欺人,得乎?"又曰:"伪言伪行伪意去尽,才成真君子。"乡举后,以亲老不愿仕,乃建宗祠,立宗法,置义田,敦本训俗,讲学西墅中,以故夏氏之族,无涉讼庭者。著有读易私钞、私说、强学录、日省格、邵窝文集。嘉庆三年,卒,年六十七。

【校勘记】

〔一〕补江南武进县　"南"原误作"西"。今据耆献类征卷二二四叶六一上改。

胡具庆　　郭善邻　　王聿修

胡具庆,字徐也,本直隶容城人,迁河南杞县。康熙五十九年举人。乾隆七年,中明通榜,官石泉县知县。具庆六岁从商州李栋学,栋老儒,究心性理,观书之暇,瞑目静坐,如泥塑然。以具庆年少,未之语也。至年十六,读近思录,好之,问于栋,栋以书答曰:"人之一生,以心为主,故曰天君。吾子时时提醒此心,声色货利,毫不撄我方寸。万事当前,天理澄湛,即此是道,即此是入道之方。"具庆服膺师训,如是者三十馀年。时蠡县李塨斥静坐为禅学,具庆谓:"程门设教,以静坐为入手,盖静坐则神气清明,乃能徐见义理所在。书言坐以待旦,礼言坐如尸,非坐禅入定之谓。"故其为学,合动静一致,而期于慎独。著独知论三篇,谓:"独即明德之本体,天命之性之蕴于吾心者也。譬之于日,朱子所谓独知者,是日之光;吾所谓独者,是日之体。"又谓:"独与几不同,几有善有恶,独有善无恶。以太极图证之,几则其分阴分阳之际,而独则其浑然太极之体。故审几,诚学者之切务;而慎独,又切务中之先务。大学、中庸皆以此为扼要之功。"又著证独说三篇,谓:"独即尧舜以来相传之心法。书云:'允执厥中。'中者独之体也,允执者慎之功也。"又谓:"孔子语曾子以一贯,一者何,独是也。曾子传大学,言三纲领八条目,而扼要在慎独絜矩。慎独,忠也;絜矩,恕也:恕由忠出。然则夫子所谓一贯,惟在于慎独而已矣。"又谓:"孟子所言求放心、扩四端者,无非发明慎独之旨,盖独体即心体,亦即性体。离其独体心即放,慎之于独心即收,性发为情,则有四端,慎之于独,而端可充。孟子之言,发前圣所未发,而实则慎独二字已包蕴于其中。"生平最恶科举之学,谓:"科举欲利之心中人膏肓,非先去此痼疾,不足与言正学。"又谓:"三代井田、封建、肉刑不可复,而学校之制则必当复。今之所以治不古若者,由于人材衰少;而天下鲜知道之士,则以学校不立,而上所以教之者,非其道也。"具庆与睢州汤准、长垣崔渭源友善,以正学相砥砺。准,斌之子;渭源,蔚林之子。其学盖渊源夏峰云。著有克己要录、孝经章句、求志山房文集。同时学者,有商丘郭善邻、禹州王聿修。

郭善邻,字畏斋。乾隆元年举人。少受知于虞城孙伟男,伟男尝从徐邻唐、田兰芳游,笃学力行,居丧庐墓,有驯蛇白雉之异。雍正元年,举孝廉方正,不就。卒,年八十。善邻研精经史,笃志圣贤,而为学务归平实。尝曰:"学术经济,皆本分内事。后世士人薄于自待,规摹制义外,不复知所学,更有何事? 求其有益身心家国,难矣!"平时教人,必以孝悌忠信讽谕于道,而不轻课以文词,亦雅不欲以文词自见也。著畏说,谓:"大凡人心不可不知所畏,畏心之存亡,善恶所由判也。"故字曰畏斋。尝与同人为回澜社,仿文潞公真率会、渑池张氏脱粟会意,惟以讲学劝善为务。其所著述,大抵有关于人心世道,非仅经生家言。有春秋解疏、兴观录、先贤模范、春山文集。

王聿修,字念祖。乾隆元年举人。七岁时,父偶出未返,雪夜庭立以待,不肯入户。曰:"父受寒也!"家贫,爇香节映书,诵达旦。语同学曰:"存心在精一,行事先孝弟,记诵词章不足毕学者事。"授徒以仁义为教,不及荣利,身示之则,人多化之。尝馆于叶,梦父呼痛,亟归省,则疮生肘间,家人犹未知也。以大挑二等,授确山教谕。始至谒庙,庙前毁已久,捐岁入修之,三年始成,祭器乐舞皆备。擢四川珙县知县,珙无城,聿修兴筑之。会祷雨,雨辄以夜,不妨工作。珙人为诗歌,勒之石。历官不携妻子,布衣蔬食,一钱不入家。以失察,去官。已,复补云南南安州州判,驻州西南境之碨嘉,故明县治也,倮夷居之。夷俗,亲死,戾其颈至断,曰使还顾子孙;焚而扬其灰,曰使升天。前官劝戒不能止,聿修知其俗尚鬼,使工图倮鬼数十百,皆焦头烙背,骨折肠出,杂汉鬼间,汉鬼峨然冠带如生人。遍张之,示曰:"吾夜梦倮鬼哀我如此。"夷人皆恸自悔恨,俗遂革。聿修曰:"是犹未知孝。"乃择其子弟秀者,入村塾,导之礼让。倮夷多踊跃剃发,争诵言孝悌。旋以老乞归。五十三年,卒,年八十一。卒后数年,白莲教起,官军诛讨,获郏、宝丰人甚众,独禹州无一人入其党。知州崇士锦询之,皆曰:"王先生之教也。"士锦大惊异,序其事而传之。著有四书五经讲义、全史提要、琪志、碨嘉志。

王植　黄叔璥　王之锐

王植,字槐三,〔一〕直隶深泽人。康熙六十年进士,授广东和平县知县。调阳江,擢罗定州知州。历署平远、海丰、新会、香山及德庆州、钦州。巡抚王安国特荐之,召见,发山东,补沾化,调郯城,以老病乞休。植敦励名节,思效长孺之戆,自号曰戆思。居官廉直持平,有强项吏称。所至兴利除弊,名大著。尤务先教化,听讼必劝谕使服,然后去。尝曰:"刑罚中之教化,其效尤捷。"乞休时,值圣驾将南巡,以规避夺职,仍留办差。事竣,大吏欲为奏请引见,谢曰:"进退,士人之大义。既称老病,病可愈,老可返少乎?"遂归。性勤敏,经史百家,靡不研究,而一以宋五子为宗。著正蒙初义十七卷,谓:"张子见道,原从儒、释异同处入,故其言太虚皆与释氏对照。"又谓:"太虚有三义。"又谓:"程朱多不满太虚二字,然晰其本旨,殊涂同归,不必执程朱绪论以相诋。"又谓:"诗笺、书序、礼疏旧说,张子所用为多。当分别观之,不宜横生訾议。"其论皆持平,无门户之见。又取太极图说、通书、西铭以朱子注列前,诸家说附后,参以己意。著濂关三书三卷,又著皇极经世全书解八卷、道学渊源录一卷。晚著四书参注二卷,大旨在辨朱陆之异同,解仁义性道极为通贯,盖其学根柢之所在。尝语子侄曰:"宋儒书言治身克己,幽隐毕照。以此自检觉,时时不能无过。所自信者,大德不逾闲尔。"年八十六,卒。又著有韵学五卷、读史纲要一卷、权衡一书四十卷、崇德堂集八卷。〔二〕

　　黄叔璥,字玉圃,顺天大兴人。兄叔琳已入列传。叔璥,康熙四十八年进士,由户部主事,迁吏部员外郎。以荐,擢御史,巡视东城。时王公以追私逋相属甚夥,叔璥告同列曰:"御史非王官,何琐琐若是?下所司理之。"有衔邸命至署者,昂然坐满御史上,叔璥斥使彻坐,将劾之,其人悚惕谢罪去。六十年,台湾乱甫定,上择台臣廉静有才识者,往巡视,特遣叔璥。至则翦馀孽,释胁从,反侧遂安。暇考其地攻守、险隘、控制机宜,著台海使槎录八卷。雍正初,任满,世宗命以所行事告后任,因列海疆十要。既还,或以蜚语中之,遂落职。乾隆初,起河南开归道,调驿盐道。抚灾民,浚河渠,勤恤周至。性至孝,以不获迎养,作思归图以见志。寻以母忧归,服除,补江南常镇扬道,以老致仕。家居七年卒,年七十七。

　　叔璥记闻博洽,晚岁尤究心先儒书。其学以立诚为本,要其功于笃敬,故自号笃斋。尝语人曰:"道学即正学也,亲正人,闻正言，行正事，斯为实学。不然，空谈性命，何补乎？"博野尹会一巡抚河南，叔璥为其属，每见会一，释辞自下若后进之接师儒，二司为之动色相诧。会一曰："叔璥立不易方，和而不流，君子人也！"尝取孙承泽增订宋陈普字义及陈北溪字义、程达原字训，为广字义三卷。他著有近思录集注、慎终约篇、既惓录，南台旧闻十六卷，南征纪程一卷，中州金石考八卷。

王之锐，字仲颖，直隶河间人。幼有志正学。年十四，读论语吾十有五章，瞿然曰："吾去成童一年耳，曾小学之未通乎？"督学李光地按试河间，召与语，叹曰："南方无此学质也！"选贡之使从游七年，尽闻光地之学。时景州王廷珍、交河王兰生，以及光地门，皆入翰林。之锐独澹然冲默，与江阴杨名时相切劘，光地尝曰："从吾游者，不翅千人，然而潜心学问，不求闻达，南杨北王而已。"以纂修周易折中，议叙教职。乾隆四年，以荐擢国子监助教。十四年，左都御史梅毂成、侍郎何国宗复以经学荐，以病不能行。性孝友，兄暴横，之锐事之谨；及殁，欲去官遂服，格于例而止。桐城方苞称："之锐孝友本天性，学问法程朱，其廉静之操，虽光地有不如也。"十八年，卒，年七十九。

【校勘记】

〔一〕字樨三　"樨"原误作"怀"。今据耆献类征卷二二九叶一〇上改。

〔二〕崇德堂集八卷　"德"原误作"雅"。今据耆献类征卷二二九叶一〇上改。

王懋竑

　　王懋竑,字予中,江苏宝应人。少从叔父式丹学,刻厉笃志,耻为标榜声誉。精研朱子之学,身体力行。康熙五十七年,成进士,年五十一矣。在吏部乞就教职,授安庆府教授。雍正元年,与漳浦蔡世远同被召引见,授翰林院编修,命在三阿哥书房行走。二年,以母忧去官,特赐内务府白金为丧葬费,谕以治丧毕即来京,不必俟三年。素善病,居丧毁瘠,明年入都,谢恩毕,遂以老病辞归。乾隆六年,卒,年七十四。

　　懋竑性澹泊,少时尝谓友人曰:“老屋三间,破书万卷,平生志愿足矣!”归里后,杜门著书,以明李默所定朱子年谱多删改原编,与晚年定论道一编暗合,因取文集、语类等书,条析而精研之,以正年月之后先、旨归之同异,订为年谱四卷、考异四卷、附录二卷。未第时,即编是书,至易箦前数日乃成。大旨在辨为学次序,以攻姚江之说。同邑朱泽澐潜心朱学,据答南轩书云:“敬贯动静,而以静为本。”谓必从主敬以透主静消息,懋竑辨之曰:“人之有动静也,犹其有呼吸也。静则必动,动则必静。论其循环,则有互根之妙;论其时节,则有各致之功。朱子已发未发说作于己丑,有以静为本之说。甲午、乙未以后,不复主此说矣。主静之指出于濂溪,而朱子丙申作濂溪书堂记,己亥作隆兴祠记,癸卯作韶州祠记,癸丑作邵州祠记,俱不一言主静。盖敬可以贯动静,而静不可以该动,专言静则偏矣。”

　　又著白田杂著八卷,于朱子书考订尤详,谓易本义前九图、筮仪,皆后人依托,非朱子所作。其略云:“朱子于易有本义,有启蒙,与门人讲论甚详;而此九图,曾无一语及之。九图之不合于本义、启蒙者多矣,门人何以绝不致疑也?本义之叙画卦云:自上而下,再倍而三以成八卦;八卦之上各加八卦,以成六十四卦。初不敢参以邵子之说。至启蒙则一本邵子,而邵子所传止有先天方圆图,其伏羲八卦图、文王八卦图,则以经世演易图推而得之。同州王氏汉上朱氏易皆有此二图,启蒙因之。至朱子所自作横图六则注大传及邵子语于下,而不敢题曰伏羲六十四卦图,其慎重如此。今直云伏羲八卦次序图、伏羲八卦方位图、伏羲六十四卦次序图、伏羲六十四卦方位图,是孰受而孰传之耶?乃云伏羲四图之说皆出邵氏,〔一〕邵氏止有先天一图,其八卦图后来所推,六横图朱子所作,以为皆出邵氏,是诬邵氏也。”又云:“邵氏得之李之才,之才得之穆修,修得之希夷。此明道叙康节学问源流如此。汉上朱氏以先天图属之,已无所据;今乃移之四图,若希夷已有此四图者,是并诬希夷也。文王八卦说卦明言之,本义以为未详,启蒙别为之说,而不以入于本义。至于乾,天也,故称父一节,本义以为揲蓍以求爻,启蒙以为乾求于坤,坤求于乾,与乾为首两节,皆文王观于已成之卦,而推其未明之象,与本义不同。今乃以为文王八卦次序图,又孰受而孰传之耶?卦变图启蒙详之,盖一卦可变为六十四卦,彖传卦变偶举十九卦以为说尔。今图卦变皆自十二辟卦而来,以本义考之,惟讼晋二卦为合,馀十七卦皆不合,其非朱子之书明矣。”其说为宋、元儒者所未发,又谓家礼亦后人依托之书。又为朱子答江元适书薛士龙书考一篇,皆根柢全集、语录,钩稽年月,辨别异同,几微得失,无不周知,其言尤允当。他著有朱子文集注、朱子语录注、读经记疑、读史记疑、白田草堂存稿。

【校勘记】

〔一〕乃云伏羲四图之说皆出邵氏　"之"原误作"其"。今据耆献类征
卷一二二叶二五下改。

朱泽沄　乔莅　任瑗

朱泽沄,字湘陶,江苏宝应人。诸生。祖克简,顺治四年进
士,官云南道御史,出巡福建。值海寇周鹤芝围省城,率兵赴援,
与巡抚合力擒贼,请增兵仙霞岭,筑漳浦十馀城。又度民利病,
上汰冗员、革带办、禁株连、蠲盐课、恤驿困诸疏,均蒙允可。所
治在延平、陵溪,与诸生讲明朱子圣学。秩满归,郡人配享李延
平祠。著有奏疏、政略、石崖集。

泽沄少勤学,得程氏读书分年日程,即寻次序,刻苦诵习,数
年略遍。更学天文于泰州陈厚耀,能得其意。久之,有志于圣人
之道,念朱子之学,实继周、程,绍颜、孟,以上溯孔子。有谓朱子
为道问学,陆王为尊德性者,以是蓄疑于中;复取朱子文集、语类
观之,按其收敛身心,体验道理,先后浅深,曲折次第之故,选录
成卷,一字一句,无不精心研究,反身体认,初从中和旧说序、已
发未发说,与湖南诸公、答张钦夫书,知其用功亲切,惟在静中持
守,动中省察,而又以静中之动,动中之静,终未融澈,不能无疑。
与同邑王懋竑寓书质问,懋竑屡书答之。乃复玩答陈超宗、陈器
之、林德九、林泽之书,玉山讲义及太极图说、西铭解注,恍然悟
未发时四德浑具,自有条理;已发时四端各见,品节不差;而以语

类中陈北溪所录穷究根源来历一条为教人入门下手处。由是深信朱子居敬穷理之学,为孔子以来相传的绪,不可移易。穷即穷其所存之心,存即存其所穷之理,止是一事。喟然叹曰:"尊德性者,莫如朱子;道问学者,亦莫如朱子矣。"著朱子未发涵养辨、格物说辨等篇,发明朱子之精蕴,其辨析陆王,皆粒破铢分,毫无含糊。

尝讲学锡山,一时学者多从之游。雍正六年,诏举贤良,直隶总督何世基、刘师恕交章荐之,师恕使其弟造庐请,皆弗应。泽澐读书,未明起,肃容庄诵,事至斯应,应已复诵。日昃无事,闭关静坐。既暮,挑灯讽咏,率至夜分,未尝一日间。晚得脾疾,犹然。一日读易,至益卦,谓其子光进曰:"益象言迁善改过,此功夫无时可已。直到曾子易箦,犹是进益处。"又曰:"圣贤功夫,正于困苦时验之。若稍纵弛,便至堕落,可不惧哉?"疾甚,吟邵雍诗,怡然而逝,年六十七。著有止泉集八卷、朱子圣学考略十卷、朱子诲人编、先儒辟佛考、王学辨、阳明晚年定论辨、吏治集览、师表集览。

光进,字宗洛,能传父学。居母丧,以毁卒。有过庭纪闻、梁溪纪闻、读礼偶钞、诗文集。

乔溍,字星渚,亦宝应人。少有气节,水决子婴堤,众走避。溍倡捍塞,十日堤成。从泽澐受学,遵朱子教人读书次第,取朱子书切己体察,有疑辄质泽澐,时年五十矣。泽澐称之曰:"从吾游者众矣,惟乔君刚甚。"因举或问过时后学语,语类训石洪庆语告之,溍益奋。泽澐殁,复与光进相砥砺。乾隆元年,举孝廉方正,辞不就。与王懋竑论学,书凡再三。自谓向道晚,须用己百之功。闻弟卒江陵，即日冒雪行数千里，扶榇归。疾革，曰："吾自顶至踵，无一处不痛，惟此心凝然不乱耳！"沐浴正衣冠而逝，年六十五。著有省身录、训子要言、困学堂遗稿。萧山汤金钊谓其学术刚健笃实，发为辉光粹然有德之言。

任瑗，字恕庵，江苏山阳人。年十八，弃举子业，讲学静坐三年。既而叹曰："圣人之道，归于中庸，极于尽性。精义入神，以致用也；利用安身，以崇德也。岂是之谓哉？"于是取先儒书，潜玩力索，遵程朱遗规，以上求孔孟，谓："不得圣贤心精，不足以尽道之极致。近世所谓心学者，以为探本握要，不知道精微而难穷，心易蔽而多私，心其所心，非圣人之心也。"著反经说一卷、阳明传习录辨二卷、小泉笔记一卷。大旨与平湖陆陇其同，皆以遵朱子辟陆王为急。瑗笃实暗修，不炫于时，为高安朱轼所引重。潍县韩梦周游淮安，与之交，尝与人曰："任君体用具备，有明以来无此大儒。"乾隆元年，两江总督赵宏恩举博学鸿词，廷试罢归。三十九年，卒，年八十二。瑗讲经世之务，尝随父官延平，佐平顺昌寇，兴举淮安水利，俱有成效。他著有纂注朱子文类一百卷、论语困知录二卷、中庸困知录四卷、易学象数传心录一卷、太极图说析疑一卷、通书测一卷、读经管见一卷、读史衡说二卷、困学恐闻二卷、知言劄记二卷、朱子年谱一卷、文集十馀卷。

陆奎勋

陆奎勋，字聚侯，浙江平湖人。少工文辞，随叔父葇于京师，名噪公卿间。葇尝与同里陆陇其辨析义利，奎勋展玩书札，独契其妙。年五十九，成康熙六十年进士，改翰林院庶吉士，散馆授编修,充明史纂修官。撰拟制诏,多称旨。寻以病乞休,主广西秀峰书院,创立学规,仿朱子白鹿洞遗意,成就甚众。

奎勋淡荣利,不为崭岸峻绝之行,而秉持不贰。薄田不足供饘粥,无戚戚容。生平诵法朱子,不遗馀力,剖朱陆异同之处,不激不随。仪封张伯行命作正学论,奎勋以为“有孟子,斯可以辟杨墨;若以仪秦而距杨墨,未信为圣人之徒也。有朱子斯可与象山、同甫往复辨论,即入室弟子如北溪、果斋诸儒,亦未闻有舍己姱修,而日事排击者。且诵法朱子,不徒诵其遗书,必当效法其持身之严、教家之肃,正心诚意,以格君非;建书院,刊六经,以教育士子;举行社仓,兴复水利,蠲减木炭税银,以利济民生;然后足称朱门嫡嗣也”。伯行深以为然。

初于医卜、术数、韬钤、步算,以及二氏书,靡弗泛览;后乃一意说经。当其覃思冥索,即暑月漏三下,飞蟊交嘬,若不知然。有所论述,听者忘倦。自谓:“六经注我,而后可以我注六经,兼合六经以注一经。”著有陆堂易学十卷,宗朱子者十之六,宗诸儒者十之四,间亦有释以己意。得力在说卦一篇,足该全易,而以坤以藏之章为归藏象,帝出乎震章为连山象。又言:“商之归藏本于神农,夏之连山本于黄帝。人知画卦重卦皆由伏羲,不知黄帝始立蓍数及乾坤八卦之名,屯蒙诸卦名则尧舜始增,序卦之错综乃文王始定。”又诗学十二卷,不取正变之说,不特楚茨十诗断为成康盛世之音,凡斯干、无羊、考室、考牧均归正雅,淇澳、楚丘、缁衣、蟋蟀均归正风。郑谱时代,舛谬不伦,欧公强为厘正,尤多牵合。周召二南,以地不以人;王风乃时为之,非有意于贬平王。如此类有辨正精核者,大致与何楷诗世本古义相近;且以为不遵孔孟之传,第守毛郑之学。极诗之用,不过三百而止。是以有鲁诗补亡之作。又今文尚书说三卷,病蔡沈集传,于禹贡黑水、三危之属,生长南疆,末由考订。洪范中以五事配五行,专主相生,不兼相克,未免后人滋议。故参其疑阙,所解惟伏生二十八篇,而古文则置之,用元吴澄书纂言例也。又戴礼绪言四卷,纠正汉人穿凿附会,其间指曲礼之汉仪,识乐书之补阙,摘燕义之非古,下至檀弓"榆沈"少仪"几颖",悉为矫其谬而析其精。又春秋义存录十二卷,凡经传子纬所载孔子之言,尽援为义,力主春秋非以一字褒贬,能扫公穀拘例之失,与宋儒深刻之论。其疑胡传而信左氏,亦足破以经解经之空谈。金山杨履基谓朱子后大儒,无如许衡、吴澄,陇其似许,奎勋则似吴云。然奎勋经学,自信太勇,务出新奇,是其所短。最后撰古乐发微,已属稿,疾剧,未成而卒。又尝辑八代诗揆、唐诗安、字音举要等书。诗文自弱冠时已充箧笥,后乃以馀事为之,有文集二十卷、诗正续集二十四卷。同时陇其弟子有嘉善徐善建、嘉定吴台硕。

善建,字孝标。究心周易及宋五子书,教人以朱子小学、北溪字义,谓先识体段,方可入精微处。陇其著读礼志疑,善建与为参订。母殁,哀恸呕血数升,时称其孝。

台硕,字位三。著有心印正说三十四卷,取学术治功之要,分三十四类,各为论以发明之,陇其为之序。

汪绂　余元遴　元遴孙龙光　洪腾蛟　董桂敷

汪绂,初名烜,字灿人,安徽婺源人。诸生。少禀母教,八岁,四子书、五经悉成诵。家贫,父淹滞江宁,绂侍母疾累年,十日未尝一饱。母殁,绂走诣父,劝之归。父曰:"昔人言家徒四壁,吾壁亦属人,若持吾安归?"叱之去。绂乃之江西景德镇,画碗佣其间,然称母丧不御酒肉。后飘泊至闽中,为童子师。及授学浦城,从者日进。闻父殁,一恸几殆,即日奔丧,迎榇归。

绂自二十后,务博览,著书十馀万言,三十后尽烧之。自是凡有述作,凝神直书,自六经下逮乐律、天文、地舆、阵法、术数,无不融畅,而一以宋五子之学为归。著有易经诠义十五卷、尚书诠义十二卷、诗经诠义十五卷、四书诠义十五卷、春秋集传十六卷、礼记章句十卷、礼记或问四卷、参读礼志疑二卷、乐经律吕通解五卷、乐经或问三卷、孝经章句一卷、读阴符经一卷、读参同契一卷、读近思录一卷、读读书录一卷、读困知记一卷、读问学录一卷、先儒晤语一卷、理学逢源十二卷、山海经存九卷、物诠八卷、策略四卷、琴谱一卷、诗韵析六卷、大风集六卷、诗文集各六卷。

绂与江永生同乡,未尝晤面,尝寓书论礼书、乐律,往复千百言。绂谓:"度生于律,非律生于度。然非度无以得律,此如天非有度以日之行而起度,日非有分以昼夜之长短而分分,然分分而日之长短有数可求,定度而周天之行有迹可纪,同一理也。度数者,理气流行之节次,生气之和自然流出,故河图之数所以成变化而行鬼神,律管何独不然?"永以为真能言造化之妙,谨志其言。其论学,谓"学不可不须知要,然所以得要,正须从学多后乃能拣出要处";谓"易理全在象数上乘载出来";谓"书历象、禹贡洪范着力去考,都是经济";谓"诗只依字句吟咏,意味自出;谓"看周礼须得周公之心,乃于宏大处见治体之大,于琐屑处见法度之详";谓"春秋非理明义精,殆未可学"。又谓"格物之格训至,如书言格于上下、格得皇天,皆至到之义;上文致知字为推致,则格物为穷至物理甚明,惟性与天道,不可得闻,直是不可得闻。陆王家因早闻性天,而未尝了悟,以至害了终身。又果于自信,遗害后人也"。

生平著述,耻于自炫,多藏巾笥。尤注意理学逢源一书,书分内外篇:上篇明体,下篇达用,凡积二十馀年乃成。自序谓:"自天人性命之微,以及日用伦常之著,自方寸隐微之地,以达经纶斯世之猷,庶几井井有条,通融贯彻,所以反求身心,以探乎天命之本源者,亦可不待外求而得终身焉足矣。"性俭约,无故不御酒肉。岁荒,屑豆作糜。或数日无米,处之怡然。少聘于江,比归,娶江,年二十八矣。江尝语诸弟子曰:"吾归汝师三十年,未尝见一怒言、一怒色也。"乾隆二十四年,卒,年六十八。

子思谦,增生,以毁卒。同邑余元遴,传其学。

余元遴,字秀书。诸生。家贫,读书,躬行樵汲。少有志为己之学,究心经义及宋五子书。后师事绂,得闻为学要领,著庸言四卷,皆克治身心、考验自得之语。绂阅之,称其践履笃挚。平居坐不倚,立不跛。授徒所入,分恤亲族。弟子贫者,却其贽。已而空乏,泊如也。绂父子殁,经纪其丧,迎其妻江养于家;复力写遗书,献之督学朱筠,卒赖以传。乾隆四十三年,卒,年五十五。又著有诗经蒙说、画脂集。

孙龙光,字黼山。道光十五年举人。官江苏娄县知县,署昆山,值水灾,力行捐赈,多所全活。署元和,劝增丰备仓田八千馀亩。署青浦,有至圣衣冠墓,援案请给奉祀生,劝捐田亩为祭扫费,并倡建庭闻书院。又擒治匪类徐漾,论如律。以续缉匪党周立春，未获，罢归。龙光早岁读金溪、姚江书，于永康、永嘉事功，马氏通考、顾炎武遗书，皆能得其要略。后乃渊源家学，笃志程朱，以居敬、穷理、力行为宗旨。尝谓："朱子之学广大精纯，为孔子后一人。绂尊信朱子，昌言保卫，特定一尊，虽或病其言太尽太急切，然欲救时俗之歧误，不得已焦唇敝舌以警觉之，其设心良苦也。"绂与永俱为婺人，所推永学兼汉宋，其徒戴震始专崇汉学，后遂诋斥程朱。故龙光云然。所著有广唐书三十卷，朱子祠记考、元明儒学正宗录、表章儒硕录各二卷，吴康斋学案、汪仁峰学案各一卷，仁峰年谱一卷，汪双池年谱四卷，经学管窥六卷，诗文集三十七卷。

洪腾蛟，字鳞雨，亦婺源人。乾隆十五年举人。研究经训，尤嗜宋儒书。尝以置闰法及经学、理学诸疑质于汪绂，绂报书言为学之概甚悉。腾蛟欲往执赞，未行而绂殁。又尝著禹贡黑水说，为时所称。钱塘袁枚方之杨子行、井大春。著有寿山存稿、稽年录各十二卷，寿山丛录、郭麓常谈各二卷，婺源埤乘三卷，思问录五卷。五十六年，卒，年六十六。

董桂敷，字宗邵，亦婺源人。嘉庆十年进士，改翰林院庶吉士，散馆授编修，以疾归。桂敷少孤，事继母以孝闻。稍长，博综经史及儒先语录，为学恪宗程朱，躬行实践，颜其室曰自知。大学士汤金钊尝曰："桂敷自励励人，真无负性分职分也。"归后，主讲豫章书院，教学者读书穷理，贵在反躬。士林以"文范""道范"颜其讲堂。永丰刘绎出其门，以学行称。年五十八，卒。著有十三经管见、书序蔡传后说、周官辨非解、夏小正笺注、诸史蠡测、诸子异同得失参断、儒先语录汇参、见闻赘语、自知室文集。

初,绂所著书,惟参读礼志疑刊行,得上四库馆,馀惟邑人董昌玙录有副本。自桂敷尊其学,谓得朱子真传,以其书公之同好,乃稍稍行于世云。

马翮飞　胡国钺

马翮飞,字震卿,安徽桐城人。天资纯粹。弱冠,读四书章句集注,慨然叹曰:"正途在程朱矣! 学者舍是而入旁蹊,乌足以为学耶?"于是研求六艺暨五子书,久之涣然有得。其学以居敬为本,以随时省察为功,以随事实践为要,署其斋曰翊翊,自号一斋,用自励也。乾隆元年,开博学鸿词科,有欲见之而后举者,谢不往。常熟知县聘主讲席,月吉会讲,反覆详切,听者忘倦。吴中风气,时尚考证,往往蔑视宋儒,或兼综陆王,浸淫禅学。翮飞独戒及门谨守程朱矩矱,勿入歧途。尝谓:"君子下学而上达,鄙下学之功,而高谈尽性至命,此明季儒者之失,讲学之过也。禁上达之事不道,终身用力于训诂考订,此近代儒者之失,不讲学之过也。"又谓:"宋元以来,儒者多近笃实,至姚江始立异论,天下靡然从之。近世张履祥、陆陇其力辟其非,一轨于正,实学者所当则效。惟酌其义之是,准乎心之安,推之四达而不悖。何者? 所守一,故所见通也。"少失母,事父尽孝。父殁,庐墓哀毁如礼。平居危坐一室,未尝少息。布衣蔬食,处之晏如。故旧稔其贫,欲有所遗,多不能言而退。巡抚潘思榘修造庐礼,固辞不见。乾隆二十一年,卒。著有读易录二卷、禹贡初辑一卷、笔记二卷、诗文钞二卷。

胡国钺,字弦五,亦桐城人。岁贡生。少丧母,事父及继母,以孝闻。及长，读程朱书，好之，慨然肆力于圣贤之学。教授乡里，不求仕进。其教人主于内外交修，文行并进。凡所讲贯，必举义理归之身心，恶明季心学浸淫佛氏之说。尝曰："今之浮屠，佛氏之罪人也。今之学者，孔孟之罪人也。"又谓："学不讲则道不明，欲令郡邑各学循月课之例，每月集诸生取经书、性理、史鉴，共征其信，质其疑，有能发明学术治道者，札记之，汇呈学使者裁定，而即以讲学之勤惰、立言之是非，为学官之殿最、诸生之优劣。"时题其言。晚岁探讨益精，后进以礼来者，教之必尽其诚。著有大学指南及诗文十馀卷。年六十二，卒。

时同县方日新，字汉良；孙学颜，字用克：俱宗程朱之学，与国钛友善，称桐城三隐。学颜有文稿二卷，雅洁纯粹，为世所称。

黄永年　　陈道　邓元昌　宋昌图

黄永年，字静山，江西广昌人。初，南城黄采师事谢文洊，笃志力行，事父母以孝称。著性图一卷，本孟子四端为说，力矫静观未发之失。同里陶成传其学。居母丧，昼授徒养父，暮衰经宿墓间，三年如一日。康熙四十八年，成进士，改翰林院庶吉士，散馆授检讨。寻告归，主豫章书院，立教规，斥功利，摈俗学，以居敬有耻为穷理致用之本。著有皇极数钞二卷、丧礼三卷、存轩日程五十二卷、四书讲习录、吾庐遗书。

永年少师南丰梁份，已，独居白田山中者十年，静证实验，得立身行己之要。闻成讲学，从之游。成少许可，独引进之。乾隆元年，巡抚常安举博学鸿词，是年成进士，不预试，授刑部主事。敝车蹇驴入曹，矻矻治案牍，疑狱多所平反。归则闭门，手一编，萧然自得。一日,有客入谒,及见,伏地叩头,谢曰:"某陷冤狱,非公久登鬼箓矣!"出一盒珠献之,永年变色曰:"嘻,我为刑官,据法出无罪,职尔。何比于汝而乃污我?"客大惭,纳珠袖中去。大学士鄂尔泰与宁化雷鋐论当世人才,鋐称永年,鄂尔泰贤之。内阁学士秦蕙田至举以自代,荐升郎中。寻奉命决狱江南,平反宣城知县段云翮,为时所称。十年,授甘肃平凉府知府,改江苏镇江,又改常州。为政宽重有体,尤尽心沟渠之利。行部所至,咨访高才,尊礼有德。寻以事去官。十六年,卒,年五十三。

永年为学不专主一说,以适用为贵,尤好明罗洪先书。生平介节凛然,一时贤士若方苞、陈大受、尹继善,俱重之。喜诱掖后进,尝曰:"善人君子,不可绝于世,如嘉种焉,生人之命所恃以立也。"著有希贤编、静子日录,及南庄类槁八卷、白云诗钞二卷、奉使集一卷。永年乡试出长洲彭启丰门,往还问学,气谊深至。卒后,启丰题其遗集曰"其思静如渊,其行直如矢"云。

陈道,字绍洙,江西新城人。乾隆十三年进士。幼从父受小学、近思录,庄诵不倦。比长,肄业国子监。合河孙嘉淦一见,许为大器。及师事黄永年,闻为学之要,遂沉潜先儒书,致力于日用动静之际,旁及水利、农田、军政、边防诸务。其论学,专宗濂洛,兼资陆王,尤服膺寂感相资之说,与雷鋐、祝洤善,二人断断不少假借,道守师说,不为夺也。既,成进士,以亲老不仕。家居,值岁歉,和调贫富,行平粜法,编户计口以振,桀黠者得食,亦驯服,远近以安。自是值岁歉,踵行之。立义田二千亩,仿范仲淹遗法。暇则集亲族讲肄冠婚、丧祭之礼,孝友睦姻之行。永年卒于吴,子光理承父志,不受赙,道独为之经纪其丧。祝洤以饥驱走四方,艰于嗣。道方疏春秋五传,约诠注礼记,资以馆谷,俾无远游,为似续计。祝后举子,名曰陈禾,志其德也。二十五年,居母丧,毁卒,年五十四。门人鲁九皋哀其遗文,为凝斋集八卷。九皋见文苑传。同时学者,有赣县邓元昌、雩都宋昌图。

邓元昌,字慕濂。诸生。年十七,得宋五子书,读之涕泗被面下,曰:“嗟夫,吾乃今知为人之道也! 出入禽门,忍不自返,何哉?”遂弃举子业,致力于学。宋昌图以通家子往谒,元昌喜曰:“吾小友也!”馆之于家,昕夕论学,为日程,言动必记之,互相考核。一日,昌图读朱子大学或问首章,元昌过窗听之,感恸不能起,谓昌图曰:“子勉之! 毋蹈吾所悔,永为朱子罪人偷息天地也。”元昌有长兄,瞽而顽,大小事必禀而后行。后母性琐刻,每怒,必长跪请罪,得解乃起。后母弟亡,弟妇有子,请于元昌曰:“感兄公之德,愿苦守抚孤儿。”元昌泣拜之,自是不入处室,挟子与弟子处于堂,督课之。有田在城南,秋熟视获,见贫子拾秉穗者,招之曰:“来! 汝无然,吾自与汝谷,教汝读书。”群儿争趋之,始教以识字,既使讽章句,以俚语晓譬之,群儿踊跃受教。既卒获,群儿噪曰:“先生且归,奈何?”有泣者。后每秋获,群儿来学以为常。城南人无少长,皆称邓先生。见元昌来,必起立。有衣冠问元昌者,则曰我邓先生客也,不敢慢。其感人如此。著有慕濂遗集。乾隆三十年,卒,年六十馀。

宋昌图,字道昌。诸生。初谒元昌,以为圣贤可学而至。居恒以敬为主,言动必宗礼法,终身无倦容。尝为持敬、主一二铭,授瑞金罗有高。有高素治兵家言,昌图引以见元昌,遂弃而学焉。著有畏轩集二卷。

曾受一　邓纯

曾受一,字正万,广东东安人。乾隆三年举人。二十五年,拣发四川。初署珙县,至则创南广书院,增膏火,作劝学诗百韵,诸生断断向学。农时巡郭外,作劝农悯农歌,令儿童歌之。凡宾兴、乡饮、读法诸令典,必敬谨举行。旋调江津县,号难治,又值岁荒,受一联邑人作"救命会",以有馀贷不足。逾年秋熟,捐谷千石,劝立义仓。又作训俗琐言,立旌善坊以教愚民,民俗丕变。人称曾夫子而不名。寻以署合州事降秩,囊箧萧然,江津人醵金资之。三十八年,开复,补长寿,兼摄巴县,其治视江津时。金川军兴络绎,受一不累民,不误公,供张悉办。四十三年,告归,珙人预奉主入名宦祠,巴人作有四亭以比郑子产,江津人建祠曰曾夫子祠。所尝莅事如涪、开、綦江、阆中、广安诸州县,民过祠者,咸瞻拜伏谒。每岁八月,受一诞日,绅耆率子孙鞠膭祠外,陈俳优百戏,三日乃罢。

受一少好读朱子书,玩性命之旨者数十年。尝谓朱子集注主释经贵严约而不尽其辞,故作或问以畅达其意。盖注采程门诸家之精粹,而或问辨程门诸家之得失,因著四书解义、朱子或问、语类文集义纂。清江杨锡绂敦崇正学,以人才为性命,见受一书,即以理学相期许。又博稽史传,考洙泗以来,下逮元明诸儒获闻斯道之传者,著尊闻录八卷。漳浦蔡新称其定见知闻知之统,屏俗学杂学之陋,严阳儒阴释、近理乱真之防,粹然一出于正。又于听政之暇,举历代礼乐刑政、治乱得失之大,推本经义,旁及诸史,著学古录六卷。大兴朱珪称其思精体大,读之见本知末,如见古圣人之迹之心,以是为有本之学、有用之文。归后九载,授徒讲学,复著易说四卷、春秋解义四卷。卒,年七十七。

邓纯,字粹如,广东东莞人。道光元年,举孝廉方正。少读书,有志于正学,一言一动,日记之为乾惕录。遍读历朝儒先书,尤爱白沙、阳明诸集。初习静行导引术,既乃悟其非,遂弃去不事。博览群籍,好藏书,往往弃产购之,坐是家益落。然性廉介,不苟取于人。岁饥,则倾赀赈族人无所吝。年七十五,卒。尝辑粤东名儒言行录二十四卷。搜访粤东故事,著岭南丛述六十卷;又著有主一斋随笔、家范辑要、宝安诗正。

孙景烈　王巡泰　刘绍攽

孙景烈,字孟扬,陕西武功人。乾隆四年进士,改翰林院庶吉士,散馆受检讨,以言事放归。少家贫力学,读小学、近思录诸书,确然有守。为诸生时,入院试,有公役无礼于一生,不可堪。景烈怒,援以见督学,督学察其意气非常,为之责役。尝官商州学正,革陋规,倡社学,为诸生阐发经义,究义利之辨。当道为举孝廉方正,及放归,陈宏谋、尹继善先后延主关中兰山书院,后复主鄠县明道书院。日与生徒讲性命之学,虽盛暑必肃衣冠。学使者慕其名,夏日见之,不敢摇扇。其为学恪守朱子,而以四书集注为主,诸经子史,悉荟萃印证。以此讲学,亦体之以持身涉世。其讲大学格致,谓陆王之说,混穷理于去私;讲中庸天命之谓性,谓天命善,不命恶;讲四勿章复礼,谓礼即为国以礼之礼。尝举真西山语曰:"古之学者为己,为青紫而明经,为科举而业文,去圣人之旨远矣。"十五年,宏谋欲以经明行修荐,景烈固辞。

韩城王杰、临潼王巡泰皆其入室弟子。杰尝语人曰:"先生冬不炉,夏不扇,如邵康节;学行如薛文清。"又曰:"先生归籍三十年,虽不废讲学,而独绝声气之交。"四十七年,卒,年七十七。著有关中兰山明道书院讲义、易经管窥、诗经讲义、性理讲义、康海武功志注、漦封闻见录、菜根园慎言录。古文似庐陵,有逸气,有酉麓山房存稿、可园集。

王巡泰,字岱宗,陕西临潼人。乾隆三十三年进士,历官山西五寨、广东兴业、陆川知县。所至以经术饰吏治,有惠政,擢吏部主事。巡泰少从景烈游,深达理奥。其论说多阐儒先之秘,正偏曲之谬。尝为今日说以示学者,不可自懈。景烈尝曰:"吾门治古文者王杰,治义理者巡泰也。"先后主讲临潼、渭南、华阴、望都、解州、运城诸书院,多所成就。著有四书日记、解梁讲义、格致内编、齐家四则、服制解、仕学要言、丁祭考略、河东盐政志、知命说、零川日记等书,又诗文集六卷。杰官至大学士,自有传。

刘绍攽,字继贡,陕西三原人。雍正十一年,拔贡生。时交河王兰生以李光地高弟,视学关中,举绍攽博学鸿词,亲老未就。兰生谓:"关中人士,其刊落浮华,切实用力者,惟绍攽一人而已。"寻以朝考第一,出为四川知县,补什邡县,调南充,以艰归。服阕,授山西太原县。大计卓异引见,赐蟒衣内缎。调阳曲,告归。绍攽博学通明,所至以经术饰吏治,遇灾振恤,全活无算。归里主兰山书院,多所造就。尝以陆王之学,窃取佛似陈建,辨之而未得所征。因读周密齐东野语,知张子韶尝参宗杲,陆子静又参杲之徒德光,因穷究源委,著卫道编二卷:上卷辟异学,下卷明正学。其论读朱子书,谓:"世之叛朱者,非宗良知,则诵古注。

然尊朱者守其一说,不知兼综众说,非善学朱子也。"乃举黄勉斋复叶味道书,以为学者法。后桐城方宗诚见其书,称其言"洁净精微,平湖陆陇其外,未有如此之纯粹者,可谓真儒。"他著有四书凝道录十二卷、周易详说十八卷、书考辨二卷、春秋笔削微旨二十六卷、春秋通论六卷、九畹文集十卷。

官献瑶

官献瑶,字瑜卿,福建安溪人。以拔贡生授国子监学正。笃好经学,少嗜同里李光地书,后受业于漳浦蔡世远、桐城方苞。大学士朱轼重之,曰:"吾老矣,斯道之托,将在吾子!"乾隆元年,滇督杨名时还朝,疏荐七士,献瑶与焉。是岁,举顺天乡试,晋助教。甫入学,上事宜六条于其长,名时暨孙嘉淦、赵国麟先后摄国学事,献瑶与南靖庄亨阳、无锡蔡德晋等为六堂之长,志合道乎,每朔望释菜毕,登讲座,六堂师分占一经,各就其斋会讲。南北学弦诵之声,夜分不绝。都下有四贤五君子之号。四年,成进士,改翰林院庶吉士,充三礼馆纂修官。七年,散馆,授编修。九年,充浙江乡试副考官,寻提督广西学政。十二年,复提督陕甘学政,迁司经局洗马。居官廉慎,导士以诚。在关中,求得宋张载二十馀代孙,嘱学官教之。识韩城王杰于诸生时,以为大器。少孤,事母孝。自秦还,遽乞终养归,事奉二十馀年,母年九十乃终。家居,修宗祠,增祭田,立乡规,教宗人,置义租,恤亲族,然其家故寒素也。

献瑶治经,以治身教人,欲于经求道。其说经斟酌众家而择其粹,尤邃于礼。在史馆时,进周官讲义,论遂人治沟洫,稻人稼下地,因推明水田旱田之法,以为沟洫修而水旱有备,西北地利未尝不胜东南。又举太宰九职,以明生财之道,曰:"王者以天下之利养天下之民,莫详于太宰九职。盖农工商贾之生财,人知之至推而及于嫔妇,又及于臣妾闲民,则非周公尽人物之性不能也。九职中生财最多,莫如农。而经曰三农,则博民于生谷者无不尽也。曰九谷,则所以顺性辨土宜无不尽也。乃其为天下万世筹赡足之计,而终不虞于人满者,良由园圃、虞衡、薮牧之政,兼收而备举焉。盖以天下地势论之,不过五土。就五土之中,可耕者不过坟衍、原隰止耳。若山林、丘陵、川泽间,或择其可耕者,以授山农泽农;其不可耕者,弥望皆是也。是生于山林、丘陵、川泽之民,且有时而穷,故因地之利而任圃以树事,任牧以畜事,任衡以山事,任虞以泽事,而民遂得享其利,不至于穷。且非惟三者之民不穷也,贸迁有无,互相灌输,而商贾所阜通之货财从此出矣。又嫔妇化治之丝枲,即园圃之所树也;百工饬化之八材,臣妾聚敛之疏材,即山泽之所产也。至闲民之转移,无非此数者,而天下之地利尽,即人力亦无不尽矣。今自大江以西、五岭以南,山则皆童,林则如赭,而长淮以南、大河以北,大薮大泽,第为积水之区。又燕、冀、齐、鲁地宜种植,然所谓千树枣、千树栗者,不数见也。如是而物安得不匮?民安得不困?夫小民趋利如骛,岂甘为惰窳?不图所以相视不前者,甲业之而乙戕之,理之于官而莫之省尔。若为之明立禁条,焚山林,竭川泽,漉陂池者,有罚;盗取横侵者,有罚。有犯禁者,官为申理,得实严惩。或于所治内著有成效者,优予上考;不称者罚。数年之间,吏习民安,生之有道,取之有时,用之有节。孟子所云不可胜食胜用者,岂虚语哉?"上嘉纳其言,特命阁臣改撰谕旨,颁天下。

献瑶于仪礼主郑康成、敖继公,善说礼服,得经意。其略曰:"丧服首陈父,上杀、下杀、旁杀,凡以恩制者,皆由父推也。次陈君,为君父母、小君、长子,凡以义制者,皆由君推也。次陈传重者与受重者,为宗子、宗子母妻、大夫宗子,凡以尊服者,皆由此推也。次陈妻为夫,妾为君,妻为夫党,妾为君党、女君党,凡以亲服者,皆由此推也。服莫重于斩,而斩衰之升数有二,齐衰功升数各有三;衰莫重于降,而正次之,义亦次之,齐衰升数多于穗衰,而穗之缕细大小功升数多于缌麻,而缌之缕细,归于称情而后已。父卒然后为祖后者斩,承高曾重者亦然。内宗外宗为君服斩,与诸侯为兄弟者亦然。如不二斩,通例也。为君斩,仍为父斩,尊君也。为人后者降本宗,通例也。世叔父降则有大功,义也。故不尽乎礼之变者,未足与言礼。父在为妻不杖,辟尊者也。为母杖而堂上不杖,辟尊者之处也。故知父在为母期,所以达父之情而便其事也。父必三年后娶,所以达子之志也。妻亡无子,将不三年欤? 夫妇人伦之首,一与之齐,终身不改。故夫死不嫁,知妇之隆于夫,则知夫不可杀于妇矣。服以首貌,貌以首心,人情有不能已者,圣人弗禁,于是乎有心丧之礼。为人后者为其父母期,而哀之发于容貌,与发于声音者,未尝不可以三年也。抑发于饮食,与发于居处者,未尝不可以三年也。后世乃屑屑于称谓之间,其下相与其名而为上者,又未知果能称其实也,其亦不达于斯义也。"又曰:"传曰适子不得后大宗。汉儒谓假令小宗仅有适子,而大宗无后亦当绝小宗以后之,可谓达礼之权矣。沈存中谓由祖而上皆曾祖,虽百世而有相逮者,皆为之服三月。乃今思之,犹信小宗为大宗,亲尽犹服,为始祖也。圣人所以忧之深而虑之切也。"

所著有读易偶记三卷、尚书偶记一卷、尚书讲稿思问录一卷、读诗偶记二卷、周官偶记六卷、仪礼读三卷、丧服私钞并杂记一卷、春秋传习录五卷、孝经刊误一卷、石溪文集十六卷、诗集二卷。卒,年八十。

孟超然

孟超然,字朝举,福建闽县人。乾隆二十五年进士,改翰林院庶吉士,散馆授兵部主事,调吏部。三十年,充广西乡试副考官,升员外郎。三十三年,充顺天乡试同考官。寻奉命提督四川学政,迁郎中。使还,以亲老请急归。超然视学四川,廉正不苟,遇士有礼,表宋儒魏了翁以为矜式。以蜀民父子兄弟异居者众,作厚俗论以箴其失,蜀人为立去思碑。性淡泊,既归,杜门却扫。久之,巡抚徐嗣曾延主鳌峰书院。鳌峰自漳浦蔡世远主讲,倡明正学,一时称盛。其后超然继之,人奋于学,恒舍不能容。性至孝,侍父疾,躬执厕牏。遇戚族丧娶,虽空乏必助。尝叹服徐陵"我辈犹有车可卖"之言。

其学以惩忿窒欲、迁善改过为主。尝曰:"变化气质,当学吕成公;刻意自责,当学吴聘君。"又曰:"谈性命,则先儒之书已详,不如归诸实践;博见闻,则将衰之年无及,不如返诸身心。"其论王安石,谓:"商子论至德者,不和于俗;成大功者,不谋于众。圣人苟可以强国,不法其故;苟可以和民,不循其礼。此安石之先驱也。然鞅犹明于帝王霸之说,安石乃以言利为尧舜周公之

道，又鞅之不如矣。"其论杨时，谓："龟山得伊洛之正传，开道南
之先声，然为人身后文，如温州陈君、李子约、许德占、张进、孙龙
图诸墓志，往往述及释氏之学，而赞之曰'安'、曰'定'、曰'静'，
毋惑乎后之学者援儒入墨，纷纷不已也。"

　　闽之学者，以侯官李光地、宁化雷鋐为最，超然辈行稍后，而
读书有识，不为俗学所牵，则先后一揆云。居丧时，考士丧礼、荀
子及宋司马光、程子、朱子说，并采近代诸儒论说，以正闽俗丧葬
之失。著丧礼辑略二卷，伤不葬其亲者惑形家言以速祸，取孟子
"掩之诚是"语，作诚是录一卷。又记检身实践之要，为焚香录
一卷，取周易复卦之义，归之损、益二象；辑先儒格言，比类为求
复录四卷；[一]辑朱子与友朋弟子问答以资规诲，为晚闻录一卷；
杂考经史，识遗佚，为避暑录一卷；又有广爱录一卷、家诫录二
卷、文集六卷、诗集二十卷。嘉庆二年，卒，年六十七。

【校勘记】

〔一〕比类为求复录四卷　"四"原误作"一"。今据耆献类征卷一四五
　　叶五三上改。

戴祖启

　　戴祖启，字敬咸，江苏上元人。弱冠，潜心经义，有志儒者体
用之学。与族人震同举于乡，时有二戴之目。四库馆开，大学士
于敏中嘱震召祖启，祖启辞不往。毕沅抚陕，聘主关中书院，随
材善诱，安西、迪化诸州来学者踵接。沅奏于朝，称祖启学术纯
正，训迪有方，六年后有成效，乞格外奖用。乾隆四十三年，成进

士,复还关中。逾年,沅复奏荐,召见试四书文一篇,奉旨以国子监学正学录用。四十八年,卒,年五十九。

祖启制行廉静,教人以孝弟为先,尤专力于经。其治春秋统以五事:一曰常文以定体,二曰变文以别嫌,三曰互文以通义,四曰便文以修辞,五曰阙文以慎疑。著春秋测义十二卷。其治尚书,谓吴草庐后学者,咸力攻古文,其实考之古注及经传子史,正义中三十三篇,与伏生所授,不过古今文字小异,而究不失大同。先著尚书协异八卷,经文既定,复兼综众说,断以己意,著尚书涉传十六卷,曰"涉传"者,取马迁语也。同里严长明称二书谨严有义法,其道根于彝伦秩叙,其义资乎天下国家云。他著有史记协异十六卷、道德经解一卷、师华山房文集六卷。

阎循观　韩梦周　姜国霖　张镠

阎循观,字怀庭,山东昌乐人。乾隆三十一年进士,授吏部考功司主事。当官议事,务持大体。事或龃龉,不画押。同列强之,答曰:"吾学何事,岂至是变耶?"吏舞文,不遽责,取陈宏谋所刻在官法戒录为讲说,俾知悔改。一同年友为外官,遗之金,不受,曰:"忝居此职,不敢受,且不可以贫累君也。"居二年,引疾归。归一年而卒,[一]年四十五。

循观性颖敏,初好佛氏说,既读宋儒书,乃一奉程朱为宗。其学以忠恕为根本,以伦常为实际,主敬克己,时时提醒此心,刻苦自立,而谆谆致戒于近名,于河津之派为近。尝作去惰堂记,谓:"年二十后,有意于克己之学。久之知心实多欲,于是强制吾欲,然时复横决。复自念曰欲之所起,由于为善不诚,因从事于谨微而求诚。自是私伪之萌颇少，萌亦易除，然终不能禁也。年来德不加进，学不加修，每一念及，嗟咨流涕，忽若有诱于中者，乃知吾之恶曰惰，要在去惰而已矣。惰于实践，故终不能释然于异说；惰于矫其所便安，故力不能继；惰于去伪，故恒心不坚。"因胪为三目以自诏，曰："存省勿忘，〔二〕躬行勿怠，常业勿废。"又尝读书程符山中，抄秋木落，读屈贾传，累欷无穷，忽自省曰："此非情之正，君子忧德不戚年，修身不垢俗。"更取仪礼读之，已天晶月明，澹然见古人素位之意。时潍县韩梦周亦居山中，相友善，好学者多从之游。两人论学，皆斥阳明，而循观谓"王氏发明知行合一之旨，最为有味，然由其说，终任心而废讲习，言虽高非贞则"。其论为持平。

说经明白简易，先儒有误，依文释之，不改字。著有尚书读记一卷，大旨不信古文，解金縢弗辟为弗辟摄政之嫌；康诰首四十八字非错简；费誓伯禽征徐戎，为周公在时事。皆根据史记为说。又春秋一得一卷，于笔削大义多所发明，如曰武氏子来求赙，罪鲁也；曰州吁不称公子，绝之于卫也；曰诸侯不得专杀大夫，故凡大夫之杀，春秋皆称国举官，不论有罪无罪及杀当其罪否也；曰梁山崩，榖梁氏曰君亲缟素，帅群臣而哭之，既而祠焉，斯崩山之壅河流者矣，此术者之言也；左氏曰君为不举，降服乘缦，彻乐出次，祝币史辞以礼焉，此有司之存也；胡氏曰古之遭变异，而外为此文者，必有恐惧修省之心生于内，徒举其文而无实以先之，何以弭灾变乎？此儒者之道也。其持论正大，多类此。他著有毛诗读记、困勉斋私记、西涧草堂集、名人小传、见闻随笔。性至孝，少孤，未谙葬事，地卑水啮冢。既长，以为大戚。阴雨辄号泣不食,绕墓走达夜。后墓虽迁,终以此致羸疾,浸淫而终。

韩梦周,字公复,山东潍县人。少孤力学,揭"毋不敬"、"思无邪"二语于座右,跬步必以礼。乾隆二十二年,成进士,授安徽来安知县。始至,斥蠹役,劝农功,训民节俭,逐黠商之以窳物罔民者。来安北绕群山,南多圩田,民凋瘵甚。梦周令依山种桑,募兖、沂人习蚕者教之蚕。尝欲开浦口黑水河,使县南之水不由瓜埠口可直达江,则圩田不受灾,而民利数倍。因著圩田图三记,具详其地里、丈尺工程,上之总督高晋,晋许为奏请。会以捕蝗不力,罢归。去之日,士民炷香携酒,相属于道。归后,讲学程符山二十七年。嘉庆三年,卒,年七十。

梦周为学,以存养为根本,省察为修治,穷理为门户。笃守程朱,检身若不及。尝曰:"震惊百里,不丧匕鬯,诚敬之效也。能诚敬则心之理得矣。"其辨陆王,谓:"宋南渡后,杲堂出于佛徒,最为黠桀。语张子韶曰:'侍郎把柄在手,便须改头换面,以诱来学。'子韶欣然从之。于是儒佛之界始大乱。然子韶之徒,智不足自全,每供败阙。象山、阳明则阴证释氏之谛,而巧为改换之术。"又谓:"阳明即心即理,与释氏即心即佛,词异而实同。"又谓:"阳明功业轩烁,不必尽由讲学。盖人本豪杰,凤究于经世之务,又能内定其心,足以乘机制变,故成功如此。至于圣贤体用之全,为学之功,则不可一毫借也。"又谓:"为阳明之学者有二:其一学问空疏,不耐劳苦,乐其简易而从之;其一博览典籍,勤而无得,见其专主向里,遂悔而从之。前者多高明之人,后者亦沉潜之士,皆有造道之资,乃蹈于一偏,不复见古人之大全,可惜也!"交游中,与山阳任瑗最契,于彭绍升、汪缙、罗有高,皆谓其学陆王而卒归于佛。又不喜戴震孟子字义疏证,谓程朱以理为我所本有,学以复之;戴氏以理为我所本无,但资之于学。即此观之,孰为得失,不待繁证深辨也。著有理堂文集、日记、阴符经注等书。梦周少与阎循观师昌乐滕纲。

纲,字建三。岁贡生。隐居穷经,不称人过失。一钱之馈,不苟受。母疾,尝一日夜行五百里求药,疗母良已。嘉庆三年,卒,年七十。

姜国霖,字云一,亦潍县人。父客京师,病。国霖往省,至则已殁,无钱市棺,以衣裹尸负之,乞食而归。里中怜其孝,醵金以葬。母善怒,一日怒甚,国霖作小儿嬉戏状,长跪膝前,持母手披其面,母大笑,自是不复怒,是年五十矣。师事昌乐周士宏,士宏有高致,与国霖至莒,乐其山水,家焉。死即葬于莒。国霖筑室墓侧,安贫守素,不求于人,年七十,躬亲耕耘。乾隆十三四年,潍大饥,劚菜根为食,貌转腴。阎循观问国霖喜读何书,曰:"论语,终身味之不尽也。"其自述生平学力,年四十始能不以贫富撄其心,五十始能不以死生动其心。及卒,循观为作言行记。

张镠,字紫峰,山东乐陵人。乾隆九年举人,官临清州学正,以告归。镠殚心著述,有志圣贤之学。尝馆于惠民李氏山庄,短榻孤檠,习静坐,心志渐觉明净。既而曰:"此未足恃也。惟'主一无适'一语,随处皆可致力耳。"以张伯行刻张子全书不无讹谬,因仿近思、渊源二录遗意,择张子粹言,程朱论定者,汇为一集,间有删节,皆从程朱所辨,而张子晚年所未及改者,为张子渊源录十卷。尤究心朱子书,辑朱子四书汇编二十五卷。他著有周易晚学编十六卷、春秋大意十七卷、四书择中录十五卷、中庸九经衍义二卷、古训集汇一卷、一铭斋择中录四卷。镠与阎循观、韩梦周同时而地近,其讲学大概相同。四十七年,卒,年七十七。

【校勘记】

〔一〕归一年而卒　"年"原误作"月"。今据耆献类征卷一四六叶三五下改。

〔二〕存省勿忘　"忘"原误作"忌"。今据耆献类征卷一四六叶三六上改。

　　法坤宏　　梁鸿翥

　　法坤宏,字镜野,山东胶州人。乾隆六年举人。以年老,授大理寺评事。曾祖若真,字汉儒,顺治三年进士,官至河南布政使。康熙十八年,举博学鸿儒。古文学樊宗师,诗学李贺,有黄山诗留十六卷。卒,年八十四。坤宏少为学不肯事章句,性澹泊,不谐俗。与人言陈义至高,人以为迂,因自号迂斋。初读宋儒书,未厌也。既得传习录,大喜,以为如己意所出。其学以阳明为宗,以不自欺为本。同时阎循观、韩梦周皆讥切之,坤宏曰:"此无事口谈也。君子之学,譬之饮食,得其甘者果其腹,饫其精者泽其体。徒谍谍然为他人辨是非,所谓舍尔灵龟,观我朵颐也。"

　　坤宏博通诸经,尤邃于春秋,著春秋取义测十二卷,凡九易稿而后成。自序曰:"取义测,测孔子窃取鲁春秋之义也。史家记事之法,自有大例,君举必书,诸侯之会,其德刑礼义,无国不记。鲁之春秋,虽能有惩恶劝善之义,而其事其文无关教义,拘于史例者固已多矣。孔子于是笔而削之,笔其事文之足为法戒者,削其事文之无足为法戒者,故曰其义则某窃取之矣。其义,鲁春秋之义,孔子以笔削取之,故曰取义。盖春秋之教,主于征信达道,据事直书,而其义自见;而说经者纷纷谓:‘孔子作春秋,假鲁史以讥贬当世。隐闵之薨,旧史实书弑,孔子讳其事,改曰公薨。温之会,旧史实书召王,孔子嫌其文,改曰天王狩于河阳。’又谓:‘例当书爵,或黜而称人;例当书名,或进而书字。’是孔子以己意变更旧章,创作一部春秋,取义之旨隐矣。或曰:若然,孔子直钞鲁史耳,何以云作春秋?曰:鲁史以劝惩举王法,春秋以笔削章圣教,取义之旨寓于笔削,故曰作。鲁史举法而是,春秋特笔之以彰其是。如赵盾与州吁宋督之弑同书,许止与商臣蔡般之弑同书,孔子并取之。此义明而乱臣贼子之党无所逃其诛矣。鲁史举法而非,春秋特削之以章其非。如鲁群公之锡命则书,王使召伯廖赐齐侯,命王子虎策,命晋侯为侯伯则不书,盖孔子削之。此义明而假仁袭义之奸无敢僭其赏矣。然诛赏者法也,是非者教也。法非天子不敢明,教虽庶人亦可明。春秋,天子之事也;笔削之春秋,庶人明天子之事也。故孔子尝曰:知我者其惟春秋乎!罪我者其惟春秋乎!记曰:属辞比事,春秋教也。韩子曰:春秋书王法,不诛其人身,此知孔子者也。若纷纷之论,皆罪孔子者也。”又以纲目提要后人传述,或失其初,非朱子手订,因略加删订,于其中事关劝惩,与春秋义法相应者揭录之,为纲目要略。古文严于义法,史记八家外,好归有光、方苞,然善下不自足，喜人讥弹，每一字屡更不厌。循观、梦周皆甚称其文。著有学古编。五十年，卒，年八十七。

梁鸿翥，字志南，山东德州人。优贡生。穷老笃学，月必诵九经一过。每治一经，案上不列他书，有疑义，思之累日夜，必得而后已。乡里目为痴人。益都李文藻一见奇之，为之延誉，遂知名于世。卒，年五十九。著周易观运、尚书义、书经续解、春秋辨义、春秋义类、仪礼纲目等书。

谢金銮　陈庚焕　阴承方

谢金銮，字巨廷，福建侯官人。乾隆五十三年举人，以大挑二等，历官邵武、南靖、安溪、南平、彰化及台湾嘉义教谕。金銮少读宋儒书，悦心性之说，后悟其非，返求之四书、五经而得其要：曰忠信、曰好学。尝曰："士不喜读书，空言存诚、慎独、主敬、存养，有体无用。"其说经不事章句训诂，与友人书曰："学者讲求六经，有得于心，以之治己有术，治人有术，是谓经术。近世喜搜古书以为新博，愈古愈废之说则以为愈佳。学虽博，以语修己治人之方，则无术焉。此谓经学，不足言经术也。"官安溪，峣阳乡械斗，知府捕所名数人，不得，归咎于士。金銮请于督学恩普曰："漳泉无狱不及士，设案牒而罪之，不出二年，庠序空矣。"恩普壮其言，事乃已。悯漳泉好斗，教化不行，著漳泉治法论一卷。官嘉义，值海盗蔡牵陷凤山，知县急延问计，金銮曰："此间士民经林爽文之乱，守御有成法，召而谋之，咄嗟可集也。"如其言，众果至。金銮指麾分守，夜三鼓而办，一县获安。先是，蔡牵欲得蛤仔难为巢穴。其地本瓯脱，在台湾东北，土沃而险。金銮考其始末，详其利害，谓当抚之为保障，著纪略一卷。知当事惮于兴作，请同里梁上国上之，上可其奏，即新设噶吗兰厅是也。

金銮居教职，训课有法，而吏治民情，尤关休戚。性廉介，诸生知其贫，馈之不受。尝作退谷自警文，大旨谓："天下之理，进常不足，退常有馀。故进而见，不如退而藏；进而求诸人，不如退而求诸己。"退谷，金銮号也。晚调安溪，不乐居官，作教谕语四篇，赠诸生，质实切当，多卑近砭俗之言。山阳汪廷珍谓在吕司寇呻吟语上。嘉庆二十五年，卒，年六十四。又著有论语读注补义四卷、二勿斋文集六卷。

陈庚焕，字道由，福建长乐人。岁贡生。少好学，父勖之曰："秀才不知时务，授以官如暮夜徒行，岂非俗学误之耶？"庚焕自是留心世道，读有用之书。既与谢金銮交，所学益务实践。其论学深辟陆王，谓阳明右陆绌朱，至盛推达磨、慧能，而谓尧舜万镒，孔子九千镒。其他见于言语文字间者，初未尝掩讳。嘉隆大儒，私淑姚江，勇猛精进，莫如罗近溪；明德之谥，上拟明道，乃手传二子轩辂往生之异，至于坐化之顷，亲为拜斗府之章，持弥陀之号，欢喜赞叹，得未曾有。然则近溪所明之德，果何德也？其详辨学术，多类此。生平不言人过，于经传传讹多所考正。性至孝，亲病尝药涤秽，昼夜不懈。居丧蔬食，不入内。嘉庆元年，郡县议举孝廉方正，固辞。卒，年六十四。著有五经补义、二十二史人物表、干麓塾谈、庄岳谈、童子摭谈、师门瓣香录、尊闻录、崇德同心录、易堂隐德录、北窗随笔、畜德随笔，惕园文稿十六卷，诗稿四卷。

阴承方，字静夫，福建宁化人。少研究心性之学，刻意励行，终身无惰容。有问学者,先教以小学、近思录。尝著学颜子所学论,谓:"颜子博文,即大学格物致知,约礼克复,即诚意正心修身,陆王以捍外物为格物,致良知为致知,而谓读书穷理为支离。此为君子儒而误者也。"同里伊秉绶问学,承方举朱子答林伯和、陈师德书示之,以为要在慎独。雷鋐视学浙江,重其学行,招之入幕,以未专使聘,辞不往。及鋐告养归,即造门,相得甚欢。以所著文集,与商订焉。建宁朱仕琇亦折节交承方,以为操心纯,践履笃,不如也。

尤精丧礼,著丧礼述三卷,以仪礼经传通解、家礼为主,兼摭唐开元礼、宋政和礼、明会典诸书,取不背于古、无强于今者,而附以己意。年七十三,卒。又有遗文二卷。

卿彬　子祖培　苏懿谐

卿彬,字雅林,广西灌阳人。岁贡生。彬五岁而孤。年十二丧大父母,哀毁如成人。事母先意承志,侍疾累夕不寐。及殁,哭踊之地成坳,经年不栉发,仅有存者。三年中,非受吊不见客。既禫,或求为子师,力辞。自伤少孤母亡,绝意进取,以石营父墓而室其旁,夜则拱立向墓。遇家有嘉事,每涕泣不能自已。岁惟祀先、除夕一至家,如是者三十馀年。有时家居,夜诵书琅琅,既歇,独立室外,望西山泫然泣下。西山在县西南灌水阳,彬父葬处也。乡人因颜其室曰"永瞻"。彬为学严于律己,一言一行,未尝自欺。尝见诸子作字,告之曰:"学书如修身,自有定则。若以趋时,讵有真品乎?"

子祖一,官广东海丰县知县,遣人迎养,作书却之曰:"居官以清慎为主,初得官即分心眷属,何以保清白乎?吾守先人遗泽,足以自供,不赖汝禄也。"祖一承其教,以廉善称。卒于官,海丰之民,不远数千里送柩归葬。彬生平邃深经学,晚尤嗜易,著周易贯义,自序谓"天地万物备于易,而皆贯以一心。然不敢曰一贯,故称贯义"云。又著有洪范参解、律吕参解、楚词会真、古诗十九首注等书。嘉庆十八年,卒,年六十六。子祖培,能承其学。

祖培,字锡祚。嘉庆七年进士,改翰林院庶吉士,散馆授编修。二十一年,迁湖广道监察御史。二十三年,擢工科给事中,转兵科。道光元年,擢内阁侍读学士。二年,擢太常寺少卿。是年卒,年四十七。

祖培天性纯笃,居亲丧,亦先后庐墓六年。读书力追古人,以圣贤自律。官京师,闭户钻研,每食止一蔬,妻为执炊。岁用仰给禄米,一介不取于人。尝寝疾,同年生往省,见其裘敝见鞞。乡人张鹏展自山东学政回,馈以百金,不肯受。尤留心当世之务,官御史时,劾吏部温某恃势横行,有旨逮问,都下肃然。又奏请厘剔南新仓积弊,吏无所容其奸。每念学者侥幸弋获,束宋儒书不观,因上疏曰:"国家以经艺取士,欲其讲求大义,体诸身心,施诸事也。今士之急于进取者,但揣摩形似之言,转相仿效,其弊将置儒书于不问,而本心之理,日以锢蔽,则有才而适以滋弊。若使聪明特出之才,研求义礼之精微,使本心益明,而不为人欲所陷溺,庶才足致用,不负乎经义取士之意矣。伏读御纂朱子全书,御制序文冠诸篇首,颁发海内。诚以宋儒阐发前人之秘,而朱子集其成。观其所论为学之方,并推阐持敬主一无适之说,委曲详尽,令人晓然于天理之必当循,性分之不容亏。而向来学臣按试,未有以其书直切指示,乡曲之士终身或不得一见。乞敕下各省学政,将此书化导诸生,举其要义,往复申论;或令书院山长、各学教官,广为训迪,不必明设科条以饰观听,务使大公之理,众著于人心,餍饫优游,有所自得。在学臣平日身范既端,又与多士讲之有素,及临试又能因其文以取其才。趋向既正,随所造就,必不致误用聪明,而可以为国家培养元气。一乡一邑之中,得一二读书明理之士,以薰德而善良,则醇朴成风,宇宙之内,莫非太和之所翔洽矣。"疏入,得旨,通饬遵行,时以为"朝阳鸣凤"。祖培封奏无虚日,大抵皆培士风,振官常,除民害,关系天下大计,仁宗屡称其直。尝请圣驾所经,除道毋虚设多员,以省扰累,并见施行。桂林朱琦称吾乡名御史,陈宏谋、谢济世外,厥推祖培云。

苏懿谐,字淑阶,广西郁林州人。贡生。道光元年,诏举孝廉方正,大吏以懿谐荐,辞不赴。少喜读儒先书,年十二,于友人处见孝经、小学,以他书易归,庄诵不辍。尝拟畏友七人,几席相对,名整冠、镜心、唤梦、知秋、采药、佩玦、完璧七先生。又以巨竹作枕,纳钢铃于内,题曰"无逸枕"。其刻苦如此。其学以居敬为本,自少至老,于孝经、大学、西铭、二南,日必诵一遍,揭三语于壁,曰"体父母之心待手足,体祖宗之心待宗族,体天地之心待生育"。又绘先后天、作人图、五伦图、困学日课图、困学掌环图、所性图、广居图、张子西铭图、危微图、精一之传图、执中举类图、忧患图、民行图,每图皆系以序,或作为箴铭以自镜。所为文朴质简茂,一泽于古。著述极富,好藏书,购书外未尝一履城市。

年六十,卒。著有孝经合本二卷、邹鲁求仁绎三卷、传心显义一卷、人为录二卷、古今自讼录一卷、民彝汇六卷、两关日课一卷、乐闲斋文集十卷、学庸弦诵一卷、防维录二卷、至文窥测一卷、畴图体要二卷、尼徒从政录一卷、迪知录二卷。

姚学塽　潘咨

姚学塽,字晋堂,浙江归安人。性静介。童时,父兄坐庭上,久侍立,足不倚。既长,读书,毅然以身学。父丧,哀毁感动乡里。父嗜蟹,终身不食,筵宴遇之,涕泣,友朋相戒勿设也。嘉庆元年,成进士,官内阁中书。时和珅为大学士,中书例执弟子礼,学塽耻之,遂归。和珅伏诛,始入都任职。十三年,充贵州乡试副考官。归道,闻母忧,痛不得躬养侍疾,终身不以妻子自随。服阕,至京,转兵部主事,迁职方司郎中。居京师先后四十年,中外馈遗,一无所受。敝衣蔬食,若旅人之厄者。所僦僧寺破屋,风号霜华盈席,危坐不动,晏如也。尚书初彭龄调兵部,请学塽至堂上,躬起肃揖之,学塽亦不往谢。大学士百龄兼管兵部,欲学塽诣其宅一见,终不可得。同里姚文田贻酒二罂为寿,固辞。文田曰:"他日以此相报,可乎?"乃受之。仁和龚自珍于时少所许可,独心折学塽,称曰姚归安。

学塽之学,由狷入,中行以敬存诚,从严毅清苦中发为光霁。尝曰:"人必内自定,然后可以应物。"又曰:"吾视万物,莫不有真趣。"然暗然自修,未尝向人讲学。答友人书曰:"自宋以来,讲学之书多矣。然大略有三:以致知启其端,以力行践其实,以慎独握其要。三者之中,慎独尤急,不慎独则所知皆虚,而所行亦伪。"又曰:"宋儒之书,非尽于宋儒之书也,本之于经以深其源,博之于史以广其识,验之伦常日用以践其实,参之人情物理以穷其变。不必终日言心言性而后谓之理学,亦不必终日言太极、阴阳、五行而后谓之理学也。"道光六年,西陲用兵,职方司任重事繁,以积劳卒官,年六十一。病笃,握其友会稽潘咨手曰:"君勉矣!人生独知之地,鲜无愧者。我生平竭蹶竟如此止,君亦就衰,尽所得为俟年而已。"著有竹素斋集。

潘咨,字少白,浙江会稽人。少卓荦,好独游奇山水,足迹逾数万里。后与学埙友善,日求寡过,以无玷古人。与长民者言,言爱人;与里老言,言耕凿树畜;与士人言,言孝弟忠信;遇名下士,则告以实行为首。尤兢兢于义利之辨,居惟一襆被,日两蔬食,食有馀则以给人之困者。有数人赍金为其母寿,不可返,乃各取少许。其母怒曰:"汝见僧以如来象丐市者乎?吾其为像也!"乃谢而尽散之。尝云:"大学诚意独为一章,格致后一段极结实细密工夫,人于此一关最难自信。阳明谓格致外,非更有诚意之功。此其门人病所由种。格致是识得此理,坚志定力,正从此起。"其精到可入宋人语录。间为诗古文,超旷绝俗,著有古文八卷、诗五卷、常语二卷。

唐鉴　窦垿

唐鉴,字镜海,湖南善化人。仲父冕,乾隆五十八年进士,由知县官至陕西布政使。学有本原,为政务大体,不喜操切,而察吏惩奸,无稍姑息。母殁,葬肥城,尝结庐墓侧,教授岱下,撰岱览三十二卷;又著陶山文录、诗录。年七十五,卒。

鉴,嘉庆十四年进士,改翰林院庶吉士,散馆授检讨。二十三年,迁浙江道御史,疏劾湖南武陵知县顾焵圻贪劣状,一时称快。坐论淮盐引地,吏议镌级,以员外郎降补。宣宗登极,诏中外大臣各举所知,诸城刘镮之荐鉴,出知广西平乐府,擢安徽徽宁池太广道,调江安粮道。擢山西按察使,调贵州按察使。擢浙江布政使,调江宁布政使。所至革陋规,不以一钱自污。守平乐,屡磔剧盗,境内肃然。安抚熟瑶,立五原学舍,延师教读,瑶大悦。在江宁,拯灾修废,百度毕张。总督陶澍寝疾,鉴代行使院事。言者劾其废阁,上遣使按问,无左验,内召为太常寺卿。海疆事起,鉴劾琦善、耆英等,直声震天下。

生平学宗朱子,笃信谨守,无稍依违。及再官京师,倡导正学。蒙古倭仁、湘乡曾国藩、六安吴廷栋、旌德吕贤基、昆明何桂珍、罗平窦垿,皆从鉴问。鉴尝语倭仁曰:"学以居敬穷理为宗,此外皆邪径也。"又曰:"人知天之与我者,至尊且贵;则我重物轻,便有不淫、不移、不屈气象。"倭仁悚然。语国藩曰:"读书有心得,不必轻言著述。"又曰:"经济之学,即在义理内。"又曰:"检摄于外,只有'整齐严肃'四字;持守于内,只有'主一无适'四字。"国藩谨志其言。鉴以有明王学讲良知,矜捷获,足乱圣道藩篱。著国朝学案小识十五卷。以陆陇其、张履祥、陆世仪、张伯行四人为传道,馀为翼道、守道,而以张沐等为心宗,于孙奇逢亦致不满。国藩、桂珍及垿皆为后跋,后贤基复取其书进呈御览,皆推服甚至。已,致仕归,主讲金陵书院。咸丰元年,诏召入京,进对十五次,中外利弊,无所不罄。进所著畿辅水利书,上嘉纳焉。将起用,力辞以老,特旨褒美,赏加二品衔,令还江南,矜式多士。后居宁乡善岭山,深衣蔬食,泊然自怡。著朱子学案,以发紫阳之蕴。十一年,卒,年八十四。又著有易牖读易识、读易反身录、读礼小事记、四经拾遗、四砭斋省身日课、平瑶纪略、朱子年谱考异及诗文集十卷。卒后,国藩为上遗疏,赐谥确慎。倭仁、国藩官至大学士,廷栋、贤基官至侍郎,桂珍官至徽宁池太广道,殉难死,皆自有传。

　　窦垿,字兰泉,云南罗平州人。道光九年进士,授吏部主事,荐擢郎中,迁监察御史。垿与倭仁、吴廷栋、曾国藩、何桂珍友善,以道义相切劘。为学以集义为宗,笃实力行,尤严理欲之辨,小而应事接物,大而患难死生,必讲求一至当之义。尝谓:“弃富贵而就贫贱,不难处之,不失其道为难;死不难,必求合于义为难。”官吏部,搜剔弊端,守正不苟,胥吏不能欺。迁御史,值文宗践阼,疏劾前办外交诸臣,而荐林则徐之贤。旋以继母老,乞假归里。回匪事起,上命垿为副团练使,巡抚议抚回,回要索省城正街,巡抚与之,垿不可,遂劾以激烈褫职。已,以守云南省城功,复原官。同治初,倭仁及河南巡抚严树森先后疏荐,召入都,以知府发往贵州差遣,时年六十馀矣。既至,一月卒。

　　垿审于进退,倭仁迁盛京户部侍郎,垿遗书责以依违迁就,养成自欺之意。吴廷栋官山东布政使,垿复责其不能行道,即当引退。其严正如此。避地四川,生子才数龄,被召即行,曰:“此何时,敢念幼子乎?”过安庆,曾国藩欲疏留襄助,知其不可而止。及卒,国藩甚悔惜之。里居时,著书讲学,感激时艰,成铢寸录四卷。其论有曰:“养痈者获令名,决痈者受实祸。韩侂胄以战亡宋,故邱琼山且以秦桧为南宋功臣也。宋之痈养成于桧,决亦亡,不决亦亡。桧之罪,实浮于侂胄。然则痈可治乎？曰:决之以时,则病可愈。未决之先,使病者自强,然后一决而毒可尽去。既决之后,使病者自保,然后一决而患不复生。然此非良医不能,非病者信医专而修身有道亦不能,二者既不多觏,天下之庸医每以养痈求令名,虽天下之良医,亦不敢以决痈贾实祸矣。然则将如之何？曰:烈士决之以速祸,庸人养之以待亡。君子则必修不可亡之道,以听亡不亡之天。所谓修不可亡之道者,自强自保而已。所恶于养痈者,为其图苟安而长人泄泄沓沓之心,以底于必亡也。故必先存决痈之心,而慎施决痈之术。先存必决之心,则不敢泄泄沓沓以待祸;慎施决痈之术,则不致一溃无馀以戕生。未讲用人行政,而先论祸福是非,不揣其本而齐其末,此琼山之蔽也夫。"国藩称其辨论十馀首,多阅历之言。又有读小学一书。

胡达源　　丁善庆

胡达源,字清甫,湖南益阳人。父显韶,诸生,博览经史,训子弟用小学、近思录、大学衍义等书,以身体力行为主。人比之陈太丘、王彦方。

达源六岁,祖授以古人嘉言善行,辄有感触。既长,承父师教,不敢放逸。嘉庆二十四年,一甲三名进士,授翰林院编修,擢国子监司业。道光初,充睿庙实录馆纂修官。宣宗嘉其书有法,召对,命为提调官,尽领馆事。八年,充云南乡试正考官。复命提学贵州大定武举。吴甲父子横踞一乡,徒党遍郡县,尝辱学官,蹃之地。达源至,尽发其奸状,置于理,一郡称快。任满,入都,赈饥清白口,^{〔一〕}仿富弼青州法,人给五日粮,男女异路,升斗筹票,亲为验发。同官疑非成例,达源引古义,察近情,奏闻,上嘉纳焉。荐升侍讲学士,大考,擢詹事府少詹事,充日讲起居注官。以武会试总裁失察,降侍讲。寻以艰归。

达源为学,鞭辟近里,尝示子林翼曰:"孟子言充无穿窬之心,穿窬可免也,穿窬之心不易免也。人能无愧此心,则无愧君父矣。"又曰:"孟子推至于以言餂之,以不言餂之,有意探取于人,即为穿窬之类。其用情最隐,其为事易忽,其用力防闲愈密,扩充之即是圣贤。"所著弟子箴言十六卷,为目十有六。自序曰:"士莫先于奋志气,而学问则择执之;功莫切于正身心,而言语则荣辱之。主修其彝伦族党之谊,谨其直谅便佞之闲,严其礼教范围之防,辨其义利公私之界。谦让节俭,善之修也;骄惰奢侈,恶之戒也。德备而才全,体明而用达,故以扩才识,裕经济终焉。"其书融会先儒诸说,语皆心得,有裨世教。寿阳祁寯藻甚称之。他著有闻妙香轩文集。年六十四,卒。子林翼,官至湖北巡抚,谥文忠,自有传。

丁善庆,字伊辅,湖南清泉人,宛平籍。道光二年进士,改翰林院庶吉士,散馆授编修。八年,充贵州乡试正考官。十一年,充广东乡试正考官。十六年,督学广西,荐擢侍讲学士。宣宗尝问翰林中孰为笃学,大学士曹振镛以善庆对,上器之。以母老乞养归。善庆幼孤,早岁事母,执爨必躬,淅米必洁。及归,益加谨。母或不适,忧皇如不终日;意有不怿,则长跪引咎,既解乃起。毕生孺慕,自顺亲外,不知天地更有何事也。母殁,主讲岳麓书院。粤匪寇长沙,矢死坚守,寓书其弟曰:"城陷,收吾骨桂树旁井中矣!"贼退,趣治战船以济水师;立共武社,使诸生肄习火器。以城守功,赏加三品卿衔。主岳麓二十馀年,念俗方抚敝,奢丽亡等,不端士习,无以率齐民,因示以洛闽正轨,为修身立命之要。湘乡曾国藩言"善庆庶几以身教者"。其学详于治经,尤嗜易、春秋,著有左氏兵论。同治八年,卒,年八十。

【校勘记】

〔一〕赈饥清白口　"清"原误作"青"。今据耆献类征卷一三二叶六一下改。

朱文炌　　刘传莹

朱文炌,字慎甫,湖南浏阳人。少颖敏。年十六,弃举子业,闭户潜修,笃志性命之学,以宋五子为归。尝曰,"读书所以明道也,未有不通四子、五经而能明道者,亦未有不明濂、洛、关、闽之道而能通四子、五经者。"〔一〕其学以诚为本,以敬为宗,以精义集义为程途,以明体达用为究竟。后益殚心易象、春秋。谓:"易象内圣之学,春秋外王之书,学不明易象,无以窥道之全体;不通春秋,无以极道之大用。"又谓:"性道,学之本也;经济,学之用也。学不博,难以致用。"故凡历算、方舆、律吕及诸子百家,靡不研究。性至孝,省父武昌,交江陵训导胡大章、监利王柏心,及奉两亲南还,遗以金,不受。父殁,蔬食三年。善化贺长龄聘掌书记,以母老辞。后家益窘,复奉母之鄂,依大章授徒以养,养独腆而身有饥色。时竞尚汉学,或劝为之,以广名誉。文炌笑曰:"吾于科目且弃而背之矣,又屑觊彼耶?"卒不顾。道光十九年,卒,年

五十二。所著大易粹言、〔二〕春秋本义、三传备说,俱佚。有易图
正旨一卷、五子见心录二卷、从学劄记一卷、文集一卷。湘乡曾
国藩称文炑"日抱遗训以自镌其躬,暗然至死而不悔,可谓笃志,
不牵众好"云。

刘传莹,字椒云,湖北汉阳人。道光十九年举人,官国子监
学正。少读顾炎武、江永书,慨然以通经史、立功业为志,尤熟于
胡渭、阎若璩方舆之学。凡字书、音韵、天文、推算、古文家之说,
皆刺取大旨,日夜钩稽不懈。久之疾作,自以所业繁杂,无当身
心,欲追古为己之学,乃反覆濂洛以下书,综核于伦常日用之地,
而尤以辞受取与为初基。语其友湘乡曾国藩曰:"君子之学,务
本而已。吾与子敝精神于雠校,费日力于文词,徼幸身后不知谁
何之誉。自今以后,可一切罢弃。各敦内行,没齿无闻,誓不复
悔。"遂移疾归养,家居授徒。著明性、明教、明治三篇,以诏学
者。首言人之所以异于禽兽,以其得性命之正而已。性命之实,
著于五伦,愚不肖者日用而不知,贤知之过又好高而失实,此所
以违禽兽不远也。中言二帝三王之立教,皆以明伦学校之劝惩,
朝廷之举错,悉不外是。是以其时风俗醇厚,三代而下,惟汉置
孝弟力田科,举孝廉方正,犹存此意,故其风俗近古。自唐以后,
专以诗赋帖经取士,不复知先王立学本意。士苟长于词章记诵,
则虽不孝不友、无礼无义,皆可以掇巍科,取高位,无怪乎风俗薄
恶,而凶荒盗贼不绝于史策也。终谓帝王之治,通乎神明,光于
四海,不过尽人伦之实,推之天下,使各尽其实而已。后世不乏
有志治平之士,或徒以事功为意,而忽于家室彝伦之近,亦见其
推之无本,行则必踬而已矣。传莹继娶邓,其父腾以财数千金,

不乐,尽反之。二十八年,卒,年三十一。<u>国藩</u>称其"湛深敦厚,内志外体,一准于法"。世以为知言。<u>朱子</u>所编<u>孟子</u>要略久佚不传,<u>传莹</u>于<u>金履祥</u><u>孟子集注考证</u>中辑出,复还其旧,<u>国藩</u>为校刊之。<u>桐城</u><u>方宗诚</u>复编其遗集,为四卷。

【校勘记】

〔一〕闽之道而能通四子五经者　原脱"四子"二字。今据<u>耆献类征</u>卷四一二叶四二上、四四下补。

〔二〕所著大易粹言　"易"原误作"义"。今据<u>耆献类征</u>卷四一二叶四四上改。

李元春　贺瑞麟　薛于瑛

<u>李元春</u>,字时斋,<u>陕西</u><u>朝邑</u>人。<u>嘉庆</u>三年举人。<u>道光</u>十六年,吏部截取知县,改大理寺评事。<u>咸丰</u>三年,以劝捐出力,奉旨赏加州同衔。<u>元春</u>幼时,父以诸生游贾<u>楚</u>中。家贫,奉母居,拾薪饷驴,代贫家砲碾得麸糠,和蔬为食。一日,过里塾,闻诵声,归告母欲读书,母喜,遣入学,犹半日负薪以为常。稍长,塾师讲<u>仁而不佞</u>章,辄苦思前后言仁不同处,悟圣门求仁之旨。年十四,得<u>薛瑄</u><u>读书录</u>,益究性命之学,遍求<u>程</u><u>朱</u>文集,熟读精思。乡荐后,以父殁母老,绝意进取。迭主<u>潼川</u><u>华原书院</u>,导诸生以正学,兴起者众。其学以诚敬为本,而要于有恒。读书观理以为行之端,处事审理以验知之素,本末兼该,内外交养,一宗<u>程</u><u>朱</u>。谓"<u>朱子</u>之学之精,全由与友朋讲论而得。禁伪学,忌讲学,世衰政乱时也。扶衰救乱,还在明正学,此根本事"。谓"<u>阳明</u><u>朱子</u>晚

年定论,全是援儒入墨,是己之见,牢不可破。在朱子公心卫道,初无此意。然后来卫朱子者讥陆王亦太甚"。谓"白沙、甘泉不尽与阳明同而亦相近。高忠献、顾泾阳,陈几亭、冯少墟不欲与程朱异而亦有殊,不可不辨"。谓"李二曲亦有争名立名之意。其以文章推山史,以节介推复斋,而云'躬行实践,世无其人',则自谓也。是明争名矣。然山史不止文章,复斋不止节介"。山史,王弘撰号;复斋,王建常号也。

　　生平博通经史,深恶支离,著学术是非论,曰:"学术至今日而愈歧矣,有记诵之学,有词章之学,有良知之学,而又有考据之学,而皆不可语于圣贤义理之学之精。良知之学,窃圣贤之学,而失之过者也;考据之学,袭汉儒之学,而流于凿者也。讲良知者,尊阳明而溺于空虚,势必与佛、老之教等。然陆王学偏,而行谊事功犹有可取。高明之士窃此,而与朱子为敌,其实荡检逾闲,有不可问者,此真所谓伪学也。务考据者,右汉儒而左朱子。彼谓汉儒近古,其所讲说,皆有传受。夫近孔子而解经者,孰如春秋之三传? 然盟蔑盟眛,其地各异;尹氏君氏,其人云讹。此类疑窦,不可胜数,何论汉儒? 吾尝思之,生数千载之下,欲讲明于数千载之前,圣人已远,简编多缺;兼以伪书日出,将一一而考其实,有可据必有不可据者,有可通必有不可通者。不可据,不可通,是终不能考其实也。故断不如朱子说理之为真。嗟乎,朱子岂不知考据者哉? 今人好立说以驳朱子,名心胜也。此与讲良知者之意等也。然则儒者果将何所择而守乎? 曰:杨墨、佛老吾斥之,记诵、词章、考据吾为之,而一以朱子之明其理而履其事为宗,又不入于良知之家,庶乎与圣学相近矣。"元春有所纂述,皆以扶世教、正人心为己任,不务空言。常辑张子释要、先儒语录为关中道脉书,增补冯从吾关学编,学者宗之。

性廉介,未尝乞假于人。每思以俭救世,谓俭只在守礼,作礼俗辨以见意。居家严恪,与人则和易可亲。义所当为,必毅然行之。尝率所居十六村联为一社,行保甲法,邻盗相戒,不敢犯。关中旱,捐谷赈给村民,著救荒策数万言上之当道。大致谓当村各护村,族各护族,时赖以全活甚众。南乡灞渭各村,以滩地构讼。元春为请正经界以息争。有械斗者,元春至,数言立解。所居高阁,手植四桐,积书数万卷,自号桐阁主人。年八十,犹夜半起读书。语学者曰:"愈勤则精神愈生。"四年,卒,年八十六。所著有诸经绪说、经传撷馀、春秋三传注疏说、左氏兵法、诸史闲论、诸子杂断、图书拣要、百里治略、循吏传、刍荛私语、丧礼补议、闲居镜语、益闻散录、学荟性理论及文集等书,凡百馀卷。又辑关中诗文钞四十七卷、青照楼丛书三编,共九十馀卷。弟子三原贺瑞麟,能传其学。

贺瑞麟,字角生,陕西三原人。恩贡生。有志正学,父以"半耕半读"嘱对,应曰"全受全归"。父异之。及父母殁,居丧一遵家礼,筑庐墓侧,颜曰有怀草堂。年二十四,闻李元春讲学朝邑,从之游,遂弃举业,致力于儒先之书。其学以朱子为准的,于阳儒阴释之辨尤严。与芮城薛于瑛、朝邑杨树椿友善,以道义相切劚。同治元年,关中乱,避地绛州,颠沛之中,仍与于瑛、树椿讲学不辍。乱定归里,知县余赓飏请主学古书院。手定学要六则:曰审途,以严义利之辨;曰立志,以大明新之规;曰居敬,以密存养之功;曰穷理,以究是非之极;曰反身,以致克复之实;曰明统,以正道学之宗。性严正,虽盛暑严寒,必正襟危坐,无欹侧容。接引后进,皆规以礼法,不为谤讟所动。赓飏举孝廉方正,不就。巡抚刘蓉、总督左宗棠复聘主关中兰山书院,皆固辞。晚辟清麓精舍于泾阳之清凉原,来学者益众。生平以倡复横渠礼教为己任,或延讲古礼,不远千里。郡县屡请行古乡饮酒礼,观者如堵墙,风俗一变。时人于妻丧服多略,瑞麟独依礼而行,作妻服答问以解众惑。居恒不入城市,惟于振穷、垦荒、均田、积谷诸事,则莫不躬亲赞治。同治十三年,学政吴大澂疏荐,奉旨加国子监学正衔。光绪十七年,督学柯逢时复以经明行修荐,奉旨加五品衔。十九年,卒,年七十。著有五子信好录、读朱录要、养蒙书、诲儿编、清麓文钞、语录。

树椿,字仁甫。尝问学元春,及交于瑛,益绝意举业,以正学为归。于瑛尝规之曰:"坐交胫,非学者所宜。"遂力改之。其服善如此。

薛于瑛,字贵之。山西芮城人。岁贡生。年十八,父殁,遗言补读小学书。既悟学所以为己,遂誓父墓,焚弃举业,读小学万遍,凡十八年,于先儒书程、朱、薛、胡外,尤喜许鲁斋。性孝友,父殁,伯兄继亡,继母待之虐,于瑛服事维谨。母怒,辄长跪请罪,与嫂妻同食糠粃,而母极滋味。生平用功勤苦,少即亲力农事,析薪推碓,多自为之,而门庭涓洁如洗。每中夜危坐诵读,床衾整齐,未尝见其展敛。时称"铁汉",或戏呼为"薛圣人"。同治元年,发贼由陕西东窜函谷,于瑛劝乡里办团防河,部署分明。四十馀日,目不交睫。时树椿游晋,于瑛谓之曰:"学者进德,当自生于忧患始。此我辈今日之义也。"树椿服其言。其为学以立志居敬、穷理反身为用功之准,以熟读精思为读书之法,以守正崇礼为变俗之本,以不言举业为教学之则。瑞麟尝曰:"仁斋不辨陆王,却无一语似陆王。"树椿亦曰:"吾熟不如仁斋,大不如复斋。"仁斋,于瑛号;复斋,瑞麟号也。其授徒不计修脯,必礼聘始就。学规整肃,兴起者众。光绪元年,督学谢维藩以究心正学荐,奉旨加国子监学正衔。四年,巡抚曾国荃延办解州赈务,查验四阅月,遂卒,年七十二。著有小学浅解、大学圣经讲义、小学心术条讲义、必有事编、豫养编、为己图解、告君录、遗集等书。

路德　柏景伟

路德,字闰生,陕西盩厔人。嘉庆十四年进士,改翰林院庶吉士,散馆授户部主事。十八年,考补军机章京。以目疾,请假归里。德廉静寡欲,家贫,母兄老,藉讲学为祛病。静摄三年,目复明。以母老,不复仕。历主关中、宏道、象峰、对峰各书院,教人专以自反身心、讲求实用为主,尤以不外求、不嗜利为治心立身之本。生平研经耽道,不事偏倚。尝著墨子论,谓:"孟子兼距杨墨,然距墨易,距杨难。墨子之道,爱人济物之道也;杨子之道,自私自利之道也。自私自利,人情类然,末俗尤甚,是即杨子之徒也。墨子之道:非儒,其意则不背于儒;兼爱,与摩顶放踵,犹是己溺己饥、杀身成仁之心。特儒者得乎中,墨子过乎中,故不能无失。然此皆杨子所不肯为。从墨子之道,则富拯贫,贵庇贱,强扶弱,智诲愚,民康物阜,勤素成风,禁攻寝兵,狱讼衰息,不害为治世。从杨子之道,将使富者生,贫者死,贱者悲,贵者喜,强者智者务为自全,弱者愚者举不得免,臣不忠其事,子不竭其力,兄弟不同其心,虽人人服儒服,诵儒书,而生理固已灭矣。"著有柽华馆诗文集、杂录十馀卷。弟子朝邑阎敬铭为刊行。敬铭师事德最久,称其怀抱峻洁,遗弃荣利,言学言理,切近踏实,无门户标榜气习。平江李元度亦谓德行谊为文名所掩,其诗古文又为时艺试律所掩,然德弟子著录千数百人,所选时艺,一时风行,俗师奉为圭臬,并取其五经节讲之本以教学者,不复知读其全,颇为世所诟病云。咸丰元年,卒,年六十八。

孙桓,咸丰十年进士,改翰林院庶吉士。同治元年,蓝逆窜踞鳌屋,桓时家居,被执,不屈死。

柏景伟,字子俊,陕西长安人。咸丰五年举人。以选授定边县训导未赴任,会回匪乱作,奉父母匿南山,转徙荒谷间。亲殁、哀毁骨立。寻以在籍办团防,巡抚刘蓉奏请以知县选用。回匪窜甘肃,景伟偕提督傅先宗助剿。同治五年,解巩昌围,并克熟阳城,叙功,赏戴蓝翎。六年,钦差大臣左宗棠督师入关,与谋军事。景伟谓宜筑堡寨以卫民居,设里局以减徭役,提耗羡以足军食,徙回居以清根本,开科举以定士心。又上办理回匪臆议十四事,宗棠深才之,以属帮办军务刘典。八年,典以景伟积年劳勚,特疏保荐,诏以知县分省补用,赏加同知衔。嗣典以终养回籍,景伟遂归里,不复出。光绪三年,秦大饥,景伟请于大吏,发粟振恤,创为邻各保邻法,以贫民稽富民粟使无匿,以富民核贫民户使无滥。手定章程,全活数十万人。

景伟少刻苦于学。既归,主泾干、味经、关中各书院,思造士以济时艰。创立求友斋,令以经史、道学、政事、天文、地舆、掌故、算法、时务分门肄习，造就甚众。其为学似陈同甫、王伯厚，而实以刘念台慎独实践为的。尝谓："圣贤之学，以恕为本，以强为用。强恕而行，则望于人者薄，而责于己者厚。"又谓："同此性命，同此身心，同此伦常，同此国家天下，道未尝异，学何可异？凡分门别户者，非道学之初意也。故理一分殊之旨，与立人极主静体认天理之言，学者不以为异；而其所持究未尝同。然则主敬穷理，致良知，先立乎其大之数，说者得其所以同，亦何害为异乎？"其大旨如此。所著有沣西草堂集。

方垧　顾广誉　乐尧　邵懿辰　陈寿熊

方垧，字思臧，浙江平湖人。嘉庆二十一年举人。少从武康徐熊飞为诗，兼治古文训诂。后笃志程朱之学，虽贫病交迫，不顾也。道光十年，摄武义县训导。武义属金华，有何基、王柏、金履祥、许谦、章懋之绪论，久不讲。垧至，以小学、近思录为教，反覆晓解，士子翕然信从，执经问业满庠序。持身极严，非其义一介不取。时郡学杨道生、汤溪县学沈宝龄并以理学倡诸生，二人出入姚江。垧寓书规之，不少假借也。以母丧归，邑中父老以为百年来所仅见，攀留不已。十四年，选授钱塘训导，未抵任卒，年四十三。

垧为学初谨，步趋尺寸凛凛，念己所不足者四端：曰密，曰裕，曰虚，曰慎，各作一箴以自警。既，闯见端倪，毕力锐赴，乃拓逼仄，归于平夷。常卧病两月，恍觉天理呈露，取程子易传读之，益洞明其理，以旁通于诸经，无不合者。又常看大学，于朱子论天之明命处，阅之洞心，有手舞足蹈之乐。晚年，体验延平喜怒哀乐未发之说，益以暇豫。其言曰："外整肃而内虚静，湛然寂然，冲漠无朕是之谓居敬，敬则一，一则诚矣。"又曰："动而后有善恶，当其静则未有不善者也。故圣贤主静，静即人生而静之静，不与动对，乃贯乎动静之中者静，固静，动亦静也。太极是已。"因作静坐箴以见意。又作生斋记，曰："天地之道，生生而不已，人得天地之心以为心，皆宜有慈祥岂弟之意，否则其心与天地不相似，而生理息矣。生之理息，不可以为人。故曰：仁，人心也。又曰：仁也者，人也。乾四德，元为之长，仁之于人亦然。昔周子令学者观天地生物气象，所以体仁也。"著有读易日识六卷、春秋说四卷、生斋自知录三卷、生斋日识二卷、诗文稿十七卷、重订张杨园年谱五卷。又欲录周、程、张、朱及勉斋、北山、敬轩、敬斋、杨园、清献遗言，兼取念庵、景逸为学准一书，未成而殁。

　　平湖自陆陇其后，乾隆间有蒋元，字大始，诸生。究心理学，谨循绳墨。著有人范六卷、读书劄记八卷。至坰潜思力行，以诣其极，尤妙契前贤云。

　　顾广誉，字维康，亦平湖人。优贡生。咸丰元年，荐举孝廉方正，会寇难，未赴廷试。广誉自幼慕其乡张履祥、陆陇其为人，刻意励行，依程端礼读书分年日程以治经。又晨夕紬绎宋五子书，身体而力行之。时竞尚汉学，广誉独以程朱居敬穷理为本，以之自勉，即以之勉人。与同里方坰为道义交，常挈家就坰白华书舍，朝夕讲论。坰因出所为生斋日识以相质证。及坰殁，奔护其丧，复为釀金刻其遗书。吴县吴钟骏两督浙学，重其学行，与钱唐伊乐尧并目为浙士之冠。晚肆力于儒先疏义，而精力尤萃于诗，著学诗平说三十卷，以毛、郑、陆、孔、朱、吕为主，参之以欧阳、苏、李、范、严诸儒之说，复博采宋、元、明、国朝诸家，择其合于经者取之，违者去之。说似可通而实非正义者辨之，用以窥寻四始六义之本。又悯晚近丧祭礼废，恩谊衰薄，婚娶僭侈逾度，乃变通古礼而酌乎时俗之宜，著四礼摧疑六卷。他著有正诂五卷、乡党图考补正四卷、悔过斋文稿十四卷。娄县姚椿称其学博而行高，其扶树世教，当与吴江张履同为一时宗匠云。同治五年，卒于上海龙门书院，年六十八。

乐尧，字遇羹。咸丰元年举人，按察使段光清入觐，文宗问杭通经学古之士，以乐尧对，上称叹久之。十一年，发匪陷杭州，奉继母出乞食山中，逾年，竟以寒饿死。

邵懿辰，字位西，浙江仁和人。道光十一年举人，考取内阁中书，荐升刑部员外郎，入直军机处。性戆直，大学士琦善以枉杀熟番案入狱，懿辰拟十九事将诘问，或忌之，撤懿辰名，使不得与为问官。大学士赛尚阿视师广西，懿辰复手疏七不可，上执政诤之，由是龃焉，不得安其位。咸丰四年，坐济宁防河无效，罢归。归后，家居养亲，覃思经籍，论学宗朱子，经学宗李光地，文宗方苞，不喜汉学家言。与上元梅曾亮、临桂朱琦游处，尤与湘乡曾国藩为石交。十年，发逆陷杭州，懿辰奉母先去，得无恙。母殁，既葬，贼再至，懿辰与巡抚王有龄固守城中，朝夕策战备，暇则偕同里伊乐尧穷经不懈。十一年，城陷，骂贼死，年五十二。所著书，多散佚，有礼经通论、位西遗稿一卷。其忱行录一卷，论家国天下之道，尤有慨乎言之。

陈寿熊，字献清，江苏吴江人。诸生。少孤，能自树立，作座右箴,言入孝出弟之方,居敬穷理之旨,朝夕观玩以自警。读书好深沉之思。友平湖顾广誉,益治经学。广誉持谦退,未尝为学者尽言寿熊。授经吴淞间,诱掖如不及,人渐尊向之。家贫,不能葬其亲。应省试,舟次大江,涕泣酹江流为誓。归仿桐乡张履祥法,为葬亲会,自是获葬者数十家。咸丰十年,粤匪陷吴江,寿熊纠乡兵击贼,贼大至,家人被害,寿熊亦受创。时有欲款贼者,寿熊厉声斥之,遂愤不欲生,绝粒五日而卒,年四十九。寿熊学宗程朱,暗然自修,不侈讲学名。常言:“数十年检摄此心,自今日始,能不妄用。”又言:“死生之际,视之淡然。”著有周易集义、周易正义举正、周易本义笺、读易启蒙私记、读易汉学私记、冬官补亡、考工记释、诗说参同契注、诗文集。

方东树　　方宗诚

方东树,字植之,安徽桐城人。诸生。父绩,博学,工文词。著有经史劄记十二卷、屈子正音三卷、诗文钞七卷。

东树幼承家范,年十一,效范云慎火树诗,惊其长老。年二十馀,用功心性之学。又学古文于同里姚鼐。四十后,不欲以诗文名世。研极义理,于经史百家、浮屠、老子之说,罔不穷究,而最契朱子之言。尝言立身为学,固以修德立行内全天理为极,而于人世事理,亦必讲明通贯以待用。惟当知本末先后之次,不可以玩物丧志劳心,失其远者大者耳。时海内竞尚考证,号曰汉学。鼐尝为文辨之,东树因著汉学商兑三卷。自序谓:“近世汉学辟宋儒,攻朱子,以言心、言性、言理为厉禁。观其所著书,不出训诂、小学、名物、制度,弃本贵末,于圣人躬行求仁修齐治平之教，一切抹摋，名为治经，实足乱经。"又曰：
"经者，良苗也；汉儒者，农夫之勤菑畬者也，耕而耘之，以植其
禾稼。宋儒者，获而舂之，蒸而食之，以资其性命，养其躯体，
益其精神也。非汉儒耕之，则宋儒不得食。宋儒不舂而食，则
禾稼蔽，亩弃于无用，而群生无以资其性命。今之为汉学者，
则取其遗秉滞穗而复殖之，因以笑舂食者之非，日夜不息，曰：
吾将以助农夫之耕耘也。卒其所植，不能用以置五升之饮，先
生不得饱，弟子长饥，以此教人，导之为愚；以此自力，固不获
益。其求在外，使人狂，使人昏，荡天下之心而不得其本，其去
经也远矣。"同时阳湖陆继辂、元和沈钦韩皆重其书。武进李
兆洛言："曩时读书，甚不喜康成，于朱子亦时时腹诽。读先生
书，敬当力改其失。"其推服如此。

　　东树又著辨道论，跋黄宗羲南雷文定，以破姚江、山阴之失。
少有用世志，游粤东，值大臣请禁洋烟，著匡民正俗对，陈所以禁
之之道。英人肇衅，著病榻罪言，论所以御之之策。时皆不用。
客游五十年，晚岁家居，益穷性道之旨，自言所学无时不有新益。
咸丰元年，卒，年八十。古文简洁，涵蓄不及鼐，能自开大，以成
一格。然桐城自东树后，学者多务理学云。他著有书林扬觯、一
得拳膺录、思适居铃语、半字集、考槃集、山天衣闻考正、待定录、
进修谱、未能录、大意尊闻、最后微言、老子章义、阴符经解、昭昧
詹言、文集、诗集，共百馀卷。

　　方宗诚，字存之，东树从弟。弱冠，师同里许鼎，又从东树
游。清勤刻苦，读书有一理之未通、一事之未践、一过之未悟，如
痼疾在身。论学宗程朱，谓："象山立大，阳明良知，念台慎独，亦

皆本于孔孟,特见其偏,不见其全,是以失之。然大伦大节,究无不同,要当各取所长。"咸丰三年,发匪陷桐城,避居鲁䭫山中先世之享堂,堂前古柏半枯,宗诚日坐其下,读书痛饮,名曰柏堂。每念致乱之由、拨乱之道、处乱之策,反覆推论,归其本于忠孝廉耻,成俟命录十卷。时乱氛日炽,宗诚独授经山中,与同里朱道文、方潜、赵献、张勋诸人过从讲学,人比之魏禧易堂。八年,三河兵败,乃挈家入山东,布政使吴廷栋招至署中,与共论学,推为硕果。湘乡曾国藩闻其名,致书速归。至大梁,道阻,巡抚严树森留司章奏,多所赞助。后返安庆,追随戎幕中。曾国藩奏以知县留补江苏,复奏调直隶。同治十年,补枣强县知县。既至,清积牍,释滞囚,治奸宄,平反冤狱。建正谊讲舍、敬义书院,立学规,集诸生会讲。刻小学经正录、弟子规及先贤遗书,采邑中国朝有学行之儒郑端、刘琯、刘士毅,附祀董仲舒祠,以资观感。岁旱,祷雨,辄应。值灾年,筹赈周至。于贞孝寒儒,别加馈赠。凡教养之事,知无不为。总督李鸿章疏称宗诚湛深经术,留心济世,举卓异,将擢升滦州,以创修义仓,积谷未成,辞不往。光绪六年,告归,年六十三矣。

宗诚说经,于诸子百家,靡不采撷,而一衷程朱。论文精究义法,必归诸正学。尤虚怀受善,自少至老,无时不以朋友切磋为事。一言可录,佩之终身。学无不窥,而能折中以求至是。著有志学录八卷、续三卷、辅仁录四卷、读书笔记十三卷、春秋集义十二卷、周子通书讲义一卷、思辨录记疑二卷、宦游随笔二卷、柏堂文集六编,九十馀卷。

夏炘　弟炯

夏炘,字欣伯,安徽当涂人。父銮,字德音,嘉庆元年,巡抚朱珪举孝廉方正,后以优贡官徽州训导。事母以孝闻。学宗程朱,务笃行,不事著述。训士极严,有屈辱,必为之直。尝谓士习宜整顿,士习亦宜培养也。先是当涂旱,銮倡捐平粜。道光二年,复大水,銮即贷千金,命炘持散亲族,署中惟朝一粥、夕一饭,曰:"省米石馀,即活一穷人命矣。"年七十,卒。

炘,道光五年举人。以武英殿校录议叙,官吴江婺源教谕。生平不求闻达,辑过庭闻见录,以述先德。官婺源十八年,与生徒讲学,惟以诵法朱子相勖。刊发小学、近思录,示学者入德之门,士习丕变。农隙之时,周历乡村,与民讲约,以浅语敬阐圣谕十六条,附刊律例之简明者于后。尝曰:"教官以教为职,非独教士,虽庶民与有责焉。"咸丰初,粤匪扰东南,炘倡团练,与婺人约曰:"七十老翁不能任天下事,愿与若死守婺而已。"城赖以全。左宗棠督办浙江军务,闻炘曾佐浙抚阮元平海寇,聘参戎幕。炘建议以徽为江浙门户,救婺即以图浙,后路肃清而后浙可安枕。又谓:"用兵之要,以慎为先。未复之地,慎进攻,不可轻犯贼锋,致堕诡计。已复之地,慎回顾,不使贼出我后,顿弃前功。"宗棠韪其言。炘又筹贷银米,给留徽及金、严诸军。以功保内阁中书,加四品衔,擢颍州府教授。

炘为学,兼综汉宋,长诗礼二经,而尤深于朱子之书,义理、训诂、名物、制度、说文、小学,皆能博考精研,深造自得。其所撰著,以辅翼世教为心。桐城方宗诚尝称其檀弓辨诬三卷,有功孔子;述朱质疑十六卷,有功朱子。三纲制服尊尊述义三卷,实于古圣制礼以维系纲常之意,有所发明。晚岁,潜心玩易,著易君子以录二卷。同治七年,门人刑部侍郎胡肇智,以所绎圣训附律,易解及檀弓辨诬、述朱质疑进御,有"耆年笃学不倦"之褒,并命武英殿刊刻颁发,天下荣之。十年,卒,年八十三。他著有学礼管释十八卷、读诗劄记八卷、附录五卷、学制统述三卷、六书转注说二卷、养疴三编八卷、贾谊政事疏考补一卷、陶主敬先生年谱一卷、景紫堂文集十四卷。

炘弟炯,字卯生。少承父学,兄弟自相师友。通诸经小学,遭父丧,乃体玩宋、元、明以来诸儒书,发其旨趣,辨其诬谬,粹然一轨于正。又著选法、河务、醝政诸议,论者谓其可见施行。年五十二,卒。有夏仲子集。

许鼎　苏惇元　朱道文　方潜

许鼎,字玉峰,安徽桐城人。幼有卓识,读书金縢篇,能辨注疏谬误。及长,父授以薛瑄读书录,奋然有求道志。年三十,弃举子业,兀坐一斋,日读先儒书,言动必准矩矱,人咸迂笑之。尝爱谢上蔡语"克己宜从难处克",因思未能寡欲,何以入道。自是清苦守节,不求人知,人亦无有知者。其学以程朱为宗,于陆王书亦取所长,谓:"阳明以朱子格物穷理之旨为非,专以致良知为教,亦得鱼忘筌耳。阳明未谪龙场前,物无不格,理无不穷。至是乃悟天下之理,即在吾心,而以向之求理于事物者为非。不知理之全体,统具于吾心,而散殊于事物,即物穷理,下学之功也。悟天下之理即在吾心,上达之候也。使向未尝穷事物之理,安有此悟乎?"居乡授徒,严幼仪而以身率之。事父母有孝行。母病痹,数年常在床褥,鼎亲涤中裙,永夜侍床下,夏则为扇枕席。母命去,乃潜立户外。不挥蝇蚋,惟恐惊母,闻母呻吟声,即趋至。母殁,寝枢侧,夜不张幕,以家贫敛薄,时时长跪自罚。父病痔,馆舍离家数十里,十日必一归省。盛寒溽暑,抱病徒行,不自知其惫也。居父丧,亦如母丧。家人以年老敦劝,惟进疏食菜羹而已。道光二十二年,卒,年六十一。著有正志录、正学录。同县方东树称其纯粹深通,皆由本之躬行,反身理会,推见至隐。又有遗文二卷。

苏惇元,字厚子,亦桐城人。监生。天性孝谨,母殁,不入内、听乐、饮酒、食肉者三年。年三十时,好朱子之学,师事方东树,名其堂曰仪宋。后读桐乡张履祥书,以为得朱子正传,体用兼备,巨细毕举,为撰订年谱一卷。又谓:"学不足以修己治人,则为无用之学;文不足以明道析理,则为虚浮之文。有行而无学,其行无本;有学行而无文章,则无以载道而行远。"宋以后,文之纯正者惟方苞,为辑望溪年谱二卷。性严正守礼。家贫甚,一介不妄取与。值连岁水灾,佐知县筹画拯救,乡里得实惠焉。道光三十年,举孝廉方正,辞不就。咸丰七年,卒,年五十七。著有逊敏录四卷、四礼从宜、钦斋诗文钞。卒后,遇乱未葬。江督曾国藩至安徽,为营墓,立之石。时同县为理学者,又有朱道文、方潜。

朱道文,字鲁存。诸生。学通老庄,而归重于程朱。豁达有大志,能诗文。咸丰三年,粤贼陷桐城,家属遇害,道文亦被杀,已而苏,躬至爨下烹食奉母,血淋漓不觉其痛。母卒,有贼感其孝,奉钱二万,道文固却之,贼叹息去。七年,卒。有遗集八卷。

方潜,初名士超,字鲁生。尝与霍山吴廷栋、大学士倭仁往复论学。同治七年,卒,年六十。著有毋不敬斋全书。

汪桂月　吕缉熙　杨德亨

汪桂月,字秀林,安徽宿松人。贡生。道光元年,举孝廉方正。少笃志圣贤之学。事亲曲致敬养,居丧,谢绝僧巫,三年不入内,虽盛夏不脱缞。其学以守身为本,及物为用,而尤以人伦日用切近纤悉为求仁之实际。其言曰:“为子止一亲,为臣止一君,为人止一心。心定静则身安,身镇静则家养。”又曰:“忠孝皆至性,然有性情不可无学问,有学问不可无涵养。”尝玩孟子存心养性之旨,自号曰养园。家贫,授徒四十馀年,诱掖恳至,从游者甚众。尤善处人骨肉之间,有兄弟不和者,语其兄曰:“五伦之中,有诤子、诤臣、诤友,父曰严父,师曰严师,独兄弟无以诤严为词者。斯干曰式好无犹,论语曰怡怡,是宜尽吾性真爱,勿以督责为义也。”语其弟曰:“世俗多以兄弟为平等,然尧之命契,不曰兄弟,而曰长幼,且申之曰有序。诚恐后世之视为平等也。孔子以事兄未能与事君事父一例,告子游曰:‘弟子服劳。’言子而及弟,且总承之曰曾是以为孝。则孝固兼弟言之,未有非悌弟能为孝子者。”其引申经义,善诱如此。生平乐闻己过,喜道人善,而临财一介不苟。训其子曰:“学者当为天地立心、生民立命,而要必以饿死事小、失节事大为立身之基。”所著养园随笔、亦寄斋文存,皆体验有得之言,时称为“慥慥君子”。咸丰元年,卒,弟子同里石广均传其学。

广均，字方墀。道光六年进士，授兵部主事。数月以请养归。笃学好礼，嗜善不倦，为乡里所称。尝撷性理书之精粹者，为内讼斋随录，又著有人谱、诗笺、亦园遗集。

吕缉熙，字敬甫，安徽安丰人，迁居六安。诸生。家世积善，人称"积善吕氏"。缉熙幼颖悟，通诸子百家，继悟正学，潜心义理。或劝以应举求仕，则曰："学不足，无暇及也。"时正学衰歇，谤议群兴。缉熙怡然受之，曰："吾生平隐过多矣，或天假人言，以示之罚乎？"笃行潜修不息。嘉兴沈维鐈、顺德罗惇衍视学安徽，皆重缉熙，谕士子读书励行，以缉熙为则。惇衍两试六安，撤防后，造庐访焉。所著求志篇，多格言，惇衍以为似明儒。吕氏尝谓周秦诸子之精语，有宋儒所未及者，因汇辑之，为诸子述醇。他著有大学约旨、述孟子、程子晰疑、国语存液等书。性好善，来学者衣食与共。兄弟亲戚一体视之，财物未尝共计公私，有馀则以济穷困。谓门人曰："为善则智慧生，不为善则障蔽生。吾于道粗明，善之力也。"道光二十九年，卒，年四十九。

杨德亨，字仲乾，安徽石埭人。贡生。少穷经修行，事亲先意承志，左右不离者八年。弟治生计于外，负千金。德亨虑亲意弗舒，请往代，令弟侍养。居五年，尽偿其债，家益起，复归养，兄弟间怡怡如也。咸丰初，粤逆攻长沙，德亨曰："乱将至矣！"散其产千金与姻族故旧，后多赖以全活。既避乱江西，颠沛中，笃学不懈。初喜王守仁书，著读阳明拙语数卷。以乱故，复求体用之学。湘乡曾国藩闻其贤，屡招致之。德亨于兵政吏治，知无不言。又言当整顿学术，为拨乱反治之本，国藩益重之。久之，读近儒罗泽南、倭仁、吴廷栋书，叹曰："是正学也！"遂反求诸程朱。廷栋致仕居江宁,德亨朝夕请益,尽弃所学。研究近思录诸书,时年六十四矣。国藩叹曰:"勇撤皋比,张横渠岂能过哉?"光绪二年,卒,年七十二。

德亨躬行实践,见廷栋后,所学益力,所养益醇。尝语友人方宗诚曰:"丑莫过于无实而浪得名,祸莫烈于力小而辄任重。"又曰:"学问路径不同无妨,惟用心于内,与用心于外,不可不辨。"又曰:"人每日须读圣贤书,以提醒此心。看得读书当与吃饭并重。一说不暇,此心放倒矣。"宗诚言克己为善,终身不见有疾言遽色者,生平所见,惟国藩、廷栋及德亨三人而已。著有尚志居集四卷、补遗一卷、读书记四卷。

刘绎　龙文彬

刘绎,字瞻岩,江西永丰人。道光十五年一甲一名进士,授翰林院修撰,入直南书房。十七年,提督山东学政。事竣,温旨询问家世,命侍父母居直庐。寻以亲老,乞归里。性至孝,主讲鹭洲书院,去家百馀里,每月必一归省以为常。咸丰元年,廷臣交荐,诏入京。时父已殁,召对,仍以母老陈情归。六年,粤匪陷郡邑城,奉母避山中。八年,命加三品京堂衔,督办江西团练。绎出入兵间,不辞劳瘁,多所保全。旋丁母忧,乞终制。同治初,诏嘉其学优品正,复召入京,时年已七十,以老疾辞。光绪四年,卒,年八十二。

绎官京师,与户部尚书祁寯藻相契。时有以开矿奏者,绎为言明季矿害,寯藻具疏上,事遂寝。尝言:"为国必先培元气,其要在得人才、固民心。上无言利之臣,则贤才进;下无贪黩之吏,则间阎安。元气之复，必由于此。"督学山东，刻劝课条规。著崇正黜邪论一卷，以鼓舞善类。主讲鹭洲及青原书院四十馀年，与生徒讲学，不涉偏激，不落虚空，一以省察躬行为本，成就甚众。生平文不苟作，必求合立言之旨。自序称："进未尝一日诡遇，退未尝一日暇逸。"盖非虚云。著有存吾春斋文钞十二卷、诗钞十三卷。

龙文彬，字筠圃，江西永新人。同治四年进士，改吏部主事。光绪元年，充校穆宗实录，赏加四品衔，赏戴花翎。六年，乞假归，主讲友教、经训、鹭洲、章山、秀水、联珠、莲洲各书院，成就甚众。文彬少从刘绎游，为绎所器重。说经贯综汉宋之间，论学以诚敬为宗旨，言朱、陆、罗、王异同之故，皆有条理。鉴明季讲学家标榜之习，殚精儒先语录，身体力行，不立讲会。尝谓："以圣人之道自淑，贵实践而不尚浮谈；以圣人之道交修，贵直谅而不矜门户。"又谓："养气工夫，在于积理。积理既深，则时见我躬阙失，自不暇攻人之非。"病革时，召其子曰："数十年读书养气，乃得此心洒洒落落，荣辱毁誉，无动于心。而今而后，吾知免夫！"十九年，卒，年七十三。所著周易绎说四卷，经督学龙湛霖呈进，奉旨留览。他著有明会要八十卷、明纪事乐府三百首、永怀堂诗文钞十卷。

吴嘉宾

吴嘉宾，字子序，江西南丰人。道光十八年进士，改翰林院庶吉士，散馆授编修。嘉宾究心当世利病，尝条陈海疆事宜，谕旨以非言官而言事，与礼部主事汤鹏同见嘉纳。二十七年，缘事谪戍军台,越四年释回。粤匪蔓延江楚,以防堵武阳,复新城、彭泽诸县,及督团兵援郡城功,赏内阁中书,加侍读衔。同治三年,贼犯南丰,率乡兵战三都墟口,遇害,年六十二。奉旨赐恤,并建专祠。

嘉宾好学深思,学宗阳明,与蒙古倭仁、湘乡曾国藩友善。尝言:"性是人之命根,与天呼吸相关处。此处一断绝,便自弃其天,无以为人。"倭仁称其言。又言:"圣人言保国保天下,老氏言取国取天下。吾道只自守,老氏有杀机。"国藩亦称其言。治经字疏句释,以求据依,其要归于潜心独悟,力求自得。尤长于礼,著礼说二卷,自序曰:"宋以来取大学、中庸与论、孟,列为四书,世无异议。余独以礼运、内则、乐记、孔子闲居、表记诸篇,为古之遗言,备录其文,以资讲肄。其馀论说多者,亦全录之。先王之礼,行于父子、兄弟、夫妇、养生送死之间,而谨于东西出入、升降辞让、哭泣辟踊之节,使人明乎吾之喜怒哀乐莫敢逾。夫亲疏、贵贱、长幼、男女之分,而其至约者,则在于安定其志气而已,故曰'礼乐不可斯须去身'。乐者动于内者也,礼者动于外者也。礼乐不外吾身之自动,而奚以求诸千载而上不可究诘之名物象数也乎?"其大旨如此。又著丧服会通四卷,谓:"先王之制有时而易,人道则无易。丧服者人道也,苟观其会通,则先王之道虽欲稍为损益,其于吾心必有愀然不安者。"他著有周易说十四卷、书说四卷、诗说四卷、求自得之室文钞十二卷、尚絅庐诗存二卷。

苏源生　刘廷诏

苏源生,字泉沂,河南鄢陵人。道光二十年副榜贡生。少失怙,十岁即知守身之义。母病疟,昼夜侍侧,憔悴无人状。病剧,刺背血为文,祷于神,病旋愈。嘉兴钱泰吉主大梁书院,源生从之游,言动无放,出入不苟,自为课程甚密。时假归省母,母恐其废学,趣之往;而依恋怊怅,见于词色。泰吉曰:“是家母子如是,苏氏其兴乎!”咸丰元年,举孝廉方正,辞不就。八年,皖匪窜扶沟,时鄢城久圮,源生不惮劳怨,倡修之,并为规画守御计。贼至,宿城上,指挥抗拒,以故旁邑多蹂躏,鄢陵独完。生平读书,笃实为己,专一而不杂。以鄢陵地近河洛,为明薛瑄寄籍之乡,故其学远宗二程,近法薛瑄,刊读书录等书,以教学者。时蒙古倭仁讲正学,中州源生、河内李棠阶、内乡王检心皆负时望,以醇正称。尝谓:“程朱之言,皆程朱所已行,遵其言必当遵其行。”著省身录十卷。又以大学格致一传,纷纷聚讼,源生谓一切不必辨,但就章句发明之,是非自见。著大学臆说二卷。又鸠集乡邦著述,录其法言懿行,可传于后者,为中州文征五十四卷。同治二年,学使景其濬以学养纯粹荐,奉旨以训导用。八年,以历年守城劳绩,赏加光禄寺署正衔。他著有师友劄记四卷、纪过斋文稿二卷、鄢陵文献志四十卷。所著中州学案,未成。九年,卒,年六十二。

　　刘廷诏,字虞卿,河南永城人。官考城教谕,以忧归。服阕,署孟津教谕。咸丰初,流寇至孟津,廷诏冠服入文庙,俟命终日,而贼从关外过,城得无恙。秩满,归。六年,卒。廷诏为诸生时,读朱子书,恍然曰:“吾所学乃记诵词章之末尔。”遂弃举子业,覃精经史,及儒先性理,于阳儒阴释之书不肯假借。以孙奇逢理学宗传正宗列十一子,登陆王于周、程、张、朱之后,谓:“道统之传不宜轻议,于五子外,乃退诸儒于列传,屏陆王及其门人于附录。"著理学宗传辨正十六卷,倭仁见其书,序之曰:"夏峰书调停两可,归于一家,而特病其混然而无以别也。未学必合于天理之正,即乎人心之安,乃可以信今而传后。廷诏此书,统绪分明,厘然不紊,可谓趋向端而取舍审矣。"其推重如此。他著有五经默记,乱后佚,不传。

刘熙载　　宗稷辰

刘熙载,字融斋,江苏兴化人。十岁丧父,哭踊如礼。道光二十四年进士,改翰林院庶吉士,散馆授编修。咸丰二年,入直上书房,与故大学士倭仁以操尚相友重,论学则有异同。倭仁宗程朱,熙载兼取陆王,以慎独主敬为宗,而不喜学菑通辨以下掊击已甚之谈。上尝问所养,对以闭户读书,御书"性静情逸"四大字,赐之。以病归里。巡抚胡林翼特疏荐熙载贞介绝俗,同治三年,征为国子监司业,迁左中允。督学广东,作惩忿、窒欲、迁善、改过四箴训士,谓士学圣贤,当先从事于此。所至萧然如寒素,未满任,乞归,襆被箧书而已。

熙载治经,无汉宋门户之见:其论格物,兼取郑义;论毛诗古韵,不废吴棫叶音;读尔雅释诂,至印吾台予,以为四字能摄一切之音,以推开齐合撮,无不如矢贯的。又论六书中较难知者,莫如谐声,叠韵、双声皆谐声也。许叔重虽未有叠韵双声之名,然河可,叠韵也;江工,双声也。孙炎以下切音,下一字为韵,取叠韵;上一字为母,取双声:盖开自许氏。又作天元正负歌,以明加减乘除、相消开方诸法。生平于六经子史,及仙释家言,靡不通晓,而一以躬行为重。尝戒学者曰："真博必约，真约必博。"又曰："才出于学，器出于养。"又曰："学以尽人道而已。士人所处，无论穷达，当以正人心、维世道为己任，不可自待菲薄。"平居尝以"志士不忘在沟壑"、"遁世不见知而不悔"二语自励。自少至老，未尝作一妄语。主讲上海龙门书院十四年，以正学教弟子，有胡安定风。著持志熟言二卷，笃近切实，足为学者法程。又有艺概六卷、四音定切四卷、说文双声二卷、说文叠韵二卷、昨非集四卷。光绪七年，卒，年六十九。

宗稷辰，字涤甫，浙江会稽人。道光元年举人，官内阁中书，荐升户部员外郎，转御史。出为山东运河道，以疾告归。稷辰潜心理学，遍览诸儒书，其书以和同朱陆为宗。尝著朱王致知本同考，曰："余于通志堂经解中，得朱子旧说，谓致知乃致不虑而知之知；又于语类中，见答郑仲履曰：'致知乃本心之知。'快然曰：不虑而知非良知乎？本心之知非良知乎？朱子以立教当从平实，改去旧说而不行，然而无相异也。人之虚明无不根于性初，性初何所为虑有不虑之知，而后充之为格物穷理之知，而成其定静安虑以完得止之知。朱子虽隐其初说而不虑之知，实致知之本源，所谓理者，要不能过乎是。则致知中实含致良知之意可见矣。"又答桐城方潜书曰："承询朱陆合一之故，夫道本大同，理原一致，惟用功致力，各有所不合之故。象山致广大而不肯从事于精微，阳明极高明而不遑曲导乎中庸，其实义利之辨八字着地，知能之良一语幠天，真至处故协于克一也。"

稷辰年甫三十，历主湖南、群玉、濂溪、虎溪书院，皆立讲规，为学者所宗。尤留心当世之务，官御史时，上实行保甲、变通钱法诸疏,多切实用;又上平寇需才疏,举湘阴左宗棠。时服其有知人鉴。出赴河工,值捻逆肆扰,稷辰倡议筑战墙于南北岸,又于北岸设营防御,贼不敢犯。归后,主蕺山书院,发明刘宗周慎独宗旨,救王学流弊。又以尹和靖、朱子先后至越,特于家塾为四贤义学,躬亲指授,成就者众。顺天府尹蒋琦龄尝特疏称大学士倭仁及稷辰,为近时理学中硕果,推崇甚至。同治六年,卒,年八十。著有四书体味录、躬耻斋文钞二十四卷、诗钞二十八卷。

范泰衡

范泰衡,字宗山,四川隆昌人。道光十四年举人,以大挑二等,选万县训导。性孝友,幼失怙恃,哀毁骨立。遇岁时祭奠,辄痛哭,终其身。待弟泰亨尤友爱。生平为学不喜权术,惟曰仁曰诚,而行之以恕。泰亨官刑部,教以力保仁心,举平时心得之言,撰我心录以勖之。及泰亨殁,闻耗,一恸几绝。尝主隆昌书院,课诸生以宋五子书,朔望行释奠礼,讲大学一章以为条教。湘乡曾国藩称泰衡理学,庶几躬行实践者。及官万县,为国藩采办川米,以饷安庆军;又上书谓设局万县,不如设局金沙,无滩险而省运费,国藩纳其言。骆秉章督蜀,过万,咨以军情,为陈防剿之策。会粤逆石达开及蓝大顺、二顺等先后窜近万,泰衡筹办团防,分守软耳、铜锣诸要隘,贼不敢犯。同治元年三月,蓝二顺窜万之武宁,大顺亦由分水至郭罗坝,县中戒严。泰衡日夜登陴,分团军营城北外山,为掎角势。贼知有备,乃走云阳。遣诸军分道追剿,擒获甚众。叙功,奉旨加五品衔,以知县用。鄂抚严树森过万,与语竟日,出告人曰:"范先生议论事理,颠扑不破,真可与决大疑、定大计也！"三年，以病告归。

居恒自奉澹泊，而见义必为。归后置义田赡亲族，选子弟为宗正董其事。语子孙曰："吾一身志在大学，虽穷居不损也。博施济众，无是事，要必有是心。汝等以事窥我，失我矣！"所著有读周易记六卷、读尚书记一卷、读孝经记一卷、读大学中庸记二卷、读论语记二卷、读孟子记二卷。晚岁益肆研讨，足不出户六年，折衷群说，粹然一出于正。贵筑黄彭年、湘乡刘蓉谓其书足衍程朱之绪云。光绪十三年，卒，年八十四。

成孺

成孺，原名蓉镜，字芙卿，江苏宝应人。诸生。性至孝，父殁三日，哭气绝而复属者再。授经养母，岁歉，粗粝或弗继，母所御必精凿；又惧伤母心，辄戒家人戛槃盂于堂，若会食然。母苦瘵，寒夜尤剧。孺屏息牖户外，廉其衰数而调剂之，或至申旦。事母垂六十年，起居饮食之节，有礼经所未尝言，而以积诚通之者。早邃经学，旁及象纬、舆地、声韵、字诂、靡不贯彻。于金石审定尤精确，久之寝馈儒先书，益有所得。取紫阳日用自警诗，以"味真腴"颜其居，自号曰心巢。

孺于汉宋两家，实事求是，不为门户之见。尝曰："为己则治宋学，真儒也，治汉学亦真儒；为人则治汉学，伪儒也，治宋学亦伪儒。"又曰："义理，论语所谓识大是也，考证，识小是也。莫不有圣人之道焉。事父事君，识大也，多识鸟兽草木之名，识小也，皆师教所不废，然不可无本末轻重之差。"湖南学政朱逌然延主校经堂。孺立学程，设博文、约礼两斋，湘中士人争自兴学。著有禹贡班义述三卷,据地志解禹贡于今古文之同异,及郑注与班偶殊者一一辨证,即有不合亦不曲护其非;尚书历谱二卷,以殷历校殷,周历校周,从违以经为断。又考太初历即三统,为太初历谱一卷、春秋日南至谱一卷;又有切韵表五卷,二百有六表,分二呼,而经以四等,纬以三十六母,审辨音声,不容出入。晚年著述,一以朱子为宗。所编我师录、困勉记、必自录、庸德录、论语论仁释、明明德解义、太极衍义、东山政教录、下学上达,体用兼备。又有国朝学案备忘录一卷、国朝师儒论略一卷、经义骈枝四卷、五经算术二卷、步算释例六卷、文录九卷、诗录一卷、宋书州郡志校记一卷、唐诗可兴集六卷、宝应儒林事略一卷、宝应文苑事略一卷、成氏先德传一卷。

子肇麐,举人,直隶灵寿知县,庚子殉难,谥恭恪,列忠义传。门弟子甚众,同邑姚江、曲阜孔广牧、金坛冯煦,皆有著述,传其学。

余焕文

余焕文,字伟斋,四川巴州人。咸丰十年进士,授礼部主事。焕文方数岁,见父母色微愠,则持书左右朗诵,怒解乃已。长,好古文辞,而讨论农田、水利、边防、军政诸书尤勤,凡山川厄塞、民食缓急,学校之废兴,尽察其轻重本末,虽亲历者无以难也。咸丰二年,举于乡,以父病不与会试。逾年,居父丧,礼与哀称。既官礼部,思迎养之难也,遂投告归,杜门教子,壹以奉母为事。会蓝、李为寇,全蜀骚然。焕文立起治团练,与兄浩散家财,制器械,选丁壮,部勒之,数百里内外皆应,警召立至。所居曰岳家场,有寇辄败去,复越境助官军讨捕。当是时,岳家场之团,名闻川北。寇往来苦绥、顺、潼、保间,终不敢近岳家场。骆秉章督蜀,闻其名,礼延至署,叹为异才;欲奏辟之,不可。秉章就请督办川北团练,语人曰:"川北付之余君,吾无忧矣!"

布政使刘蓉故以理学经济名湘中,曾国藩、左宗棠所尊事也,于当世士少许可,独奇重焕文。及蓉抚陕,遂疏荐焕文品正学纯,通达时务,办理团练,井井有条,才望尤著,请调陕自助。诏赏员外郎,随营治秦军。焕文以母老辞,蓉请至数四,母感其意,命之行。乃与蓉约曰:"不叙功,不署职,事平当即归。"蓉皆许之。于是克汉中,定剑北,治善后,赈抚事,疏奏章程,悉仰焕文手,关右略靖。蓉知焕文可大用,谋试以西安府事,焕文申前约,固辞;蓉固留,复遣客说喻,终不听,蓉益叹服。焕文自是遂归,不复出。金山者巴州胜处也,焕文筑室山中,聚书数万卷,吟诵自适。西安将军多隆阿及骆秉章、刘蓉时时致书询治军方略,裁复辄数千言,然聘词则不报。所居南有天井坝山,溜发则田皆为壑。焕文采古区田沟田法,为从衡沟,间以塘堰,取其填淤,杀其冲突。夹沟为路,度沟路间植桑、梨、枣、橘,以尽地利。水旱不害,岁入大丰。远近高其行,争造庐延主讲席,先后主讲本州宕渠、云屏及绥定、汉章、龙山书院,以身行为之师。谓:"穷经者穷其义理,以裨身心也;读史观古人是非得失,所以证己之是非,时事之得失,在身有益于身,在国有益于国,非漫然作书肆说铃也。"

其为学始务博览,三史外,如三通、五礼、国朝掌故诸编,下逮顾炎武、王夫之、黄宗羲各集,无不提要钩玄,附以己意,著之简端。晚益嗜宋五子之学,以慎独主敬为体,穷理致知为用。尝图五子像于斋中,颜之曰"默养吾诚",而取程子活泼泼地、谢良佐常惺惺法书楹以自励。读王守仁集,谓知行合一,即文言知至至之、知终终之之义也。读李容集,谓返观内照之说,直认本体,而悔过自新,切实可师,无异程朱也。年六十,犹日诵五子书暨注疏各十篇。尝谕其子曰:"学为人当自五子书入,学为文当自注疏入。"故其见于行也,躬行实践,能以至诚感人。尝扩张岳家场义塾,条举经史大义训生徒,至夜分不倦,累年如一日。捐千金倡置学田,募集万馀金,以租赢资宾兴费。子入翰林,贺金千,悉购书籍,益以修金所入,立经史馆以教巴人士,服教者千馀人,或仕或处,皆恂恂然守古礼、重公义,无敢轶尺寸。州试时,士役牴牾,众大哗。焕文至,各惭沮引退。山民械斗,有司将禁以兵,焕文疾驰二百里,譬晓之,立解散。尝遣仆道出新宁遇盗,继知焕文寄其子京师费也,愕然曰:"余以盛德,何可劫乎?"遣其党二人卫之。又前行,群盗麇至,此二人晓之故,欢然去。仆感而酬之,终不受。其积诚所化,多类此。光绪十六年,四川总督刘秉璋疏荐焕文持身清介,处世和平,学术深纯,孝行卓著,特赏四品卿衔。十八年,卒,年六十八。赴葬者千人,所在树碑设祀,志其德。著有日记杂录二卷、两汉读史论断二卷、鞭心录四卷、大中讲义二卷、梦传文钞八卷。